에듀윌과 함께 시작하면,
당신도 합격할 수 있습니다!

이 일 저 일 전전하다 관리자가 되려고 시작해
최고득점으로 동차 합격한 퇴직자

4살 된 딸아이가 어린이집에 있는 동안 공부해
고득점으로 합격한 전업주부

밤에는 대리운전, 낮에는 독서실에서 공부하며
에듀윌의 도움으로 거머쥔 주택관리사 합격증

누구나 합격할 수 있습니다.
시작하겠다는 '다짐' 하나면 충분합니다.

마지막 페이지를 덮으면,

에듀윌과 함께
주택관리사 합격이 시작됩니다.

15년간
베스트셀러 1위

기초서

기본서

기출문제집

핵심요약집

문제집

네컷회계

베스트셀러 1위 교재로 따라만 하면 합격하는 커리큘럼

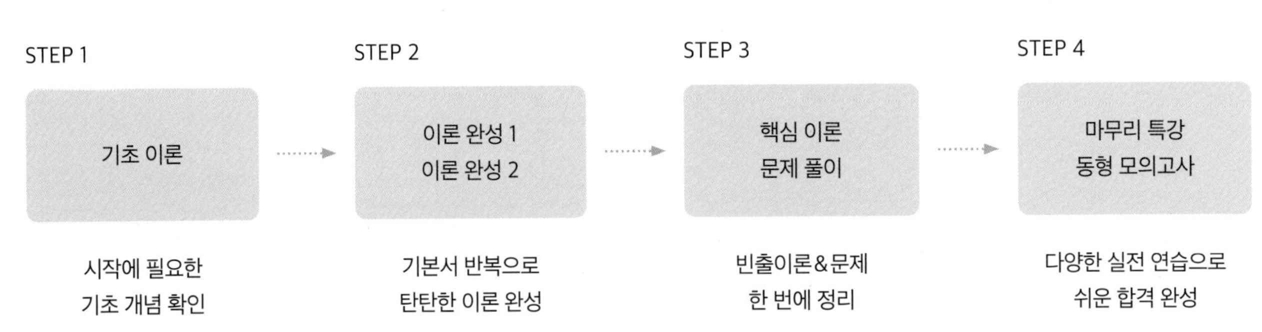

* 커리큘럼의 명칭 및 내용은 변경될 수 있습니다.

* 2023 대한민국 브랜드만족도 주택관리사 교육 1위 (한경비즈니스)
* YES24 수험서 자격증 주택관리사 베스트셀러 1위 (2010년 12월, 2011년 3월, 9월, 12월, 2012년 1월, 3월~12월, 2013년 1월~5월, 8월~11월, 2014년 2월~8월, 10월~12월, 2015년 1월~5월, 7월~12월, 2016년 1월~12월, 2017년 1월~12월, 2018년 1월~12월, 2019년 1월~12월, 2020년 1월~7월, 9월~12월, 2021년 1월~12월, 2022년 1월~12월, 2023년 1월~12월, 2024년 1월~7월 월별 베스트, 매월 1위 교재는 다름), YES24 국내도서 해당분야 월별 베스트 기준

업계 유일 5년 연속 최고득점자 배출

에듀윌 주택관리사의 우수성, 2023년에도 입증했습니다!

2023 최고득점자

제26회 시험 공동주택관리실무 최고득점자

김○우 합격생

과목별로 최고의 교수님들을 다수 보유하고 있다 보니 그중 제게 맞는 교수님을 선택해서 수강할 수 있었습니다. 2019년부터 매년 과목별 최고 득점자들을 배출했다는 말을 듣고 망설임 없이 에듀윌 주택관리사를 선택하게 됐습니다. 게다가 합격 이후 취업까지 도와주는 '주택 취업지원센터'가 있다는 것도 큰 장점이 아닌가 싶습니다. 에듀윌 교수님들 덕분에 원하는 목표 이상의 성과를 이뤄냈습니다. 에듀윌의 완벽한 교육 시스템에 본인의 노력을 더한다면 분명 누구나 원하는 목표를 달성할 수 있으리라 생각합니다.

* 2023년, 2022년 공동주택관리실무 시험 최고득점 / 2021년, 2020년 주택관리관계법규, 공동주택관리실무 시험 과목별 최고득점 / 2019년 주택관리관계법규 시험 최고득점

eduwill

주택관리사, 에듀윌을 선택해야 하는 이유

오직 에듀윌에서만 가능한 합격 신화

5년 연속 최고득점자 배출

합격을 위한 최강 라인업

주택관리사 명품 교수진

주택관리사

합격부터 취업까지!

에듀윌 주택취업지원센터 운영

합격생들이 가장 많이 선택한 교재

15년간 베스트셀러 1위

* 2023 대한민국 브랜드만족도 주택관리사 교육 1위 (한경비즈니스)
* 2023년, 2022년 공동주택관리실무 최고득점 / 2021년, 2020년 주택관리관계법규, 공동주택관리실무 과목별 최고득점 / 2019년 주택관리관계법규 최고득점
* YES24 수험서 자격증 주택관리사 베스트셀러 1위 (2010년 12월, 2011년 3월, 9월, 12월, 2012년 1월, 3월~12월, 2013년 1월~5월, 8월~11월, 2014년 2월~8월, 10월~12월, 2015년 1월~5월, 7월~12월, 2016년 1월~12월, 2017년 1월~12월, 2018년 1월~12월, 2019년 1월~12월, 2020년 1월~7월, 9월~12월, 2021년 1월~12월, 2022년 1월~12월, 2023년 1월~12월, 2024년 1~7월 월별 베스트, 매월 1위 교재는 다름), YES24 국내도서 해당분야 월별, 주별 베스트 기준

시간을 두고 꼼꼼히 공부하고 싶다면?

회계원리 3회독 합격플래너

나의 3회독 PLAN 1회독 ___월___일 ~ ___월___일 | 2회독 ___월___일 ~ ___월___일 | 3회독 ___월___일 ~ ___월___일

단원		권장학습기간			회독체크		
PART	CHAPTER	1회독	2회독	3회독	1회독	2회독	3회독
1. 재무회계	01. 회계의 이론적 구조 ★	1주	1주	1주	☑	☐	☐
	02. 회계의 기술적 구조				☐	☐	☐
	03. 재무보고를 위한 개념체계	0.5주			☐	☐	☐
	04. 자산의 일반이론				☐	☐	☐
	05. 금융자산 Ⅰ ★	1주	1주		☐	☐	☐
	06. 금융자산 Ⅱ				☐	☐	☐
	07. 재고자산 ★	1주	1주	1주	☐	☐	☐
	08. 유형자산 ★	1.5주	1주		☐	☐	☐
	09. 무형자산과 투자부동산				☐	☐	☐
	10. 부채 ★	1주	1주	1주	☐	☐	☐
	11. 자본회계				☐	☐	☐
	12. 수익 · 비용회계 ★	1주			☐	☐	☐
	13. 회계변경과 오류수정				☐	☐	☐
	14. 재무제표 ★	1주	1주		☐	☐	☐
	15. 재무제표 비율분석 ★				☐	☐	☐
2. 원가 · 관리회계	01. 원가의 기초 ★	1.5주	1주	1주	☐	☐	☐
	02. 원가의 배분 ★				☐	☐	☐
	03. 개별원가계산				☐	☐	☐
	04. 종합원가계산 ★				☐	☐	☐
	05. 전부원가계산과 변동원가계산	1주			☐	☐	☐
	06. 표준원가계산 ★		1주		☐	☐	☐
	07. 원가추정(원가행태)	1주			☐	☐	☐
	08. C · V · P분석(손익분기점) ★				☐	☐	☐
	09. 단기 의사결정 ★	0.5주			☐	☐	☐
총 학습기간		12주	8주	4주	☐	☐	☐

* 권장학습기간은 에듀윌 이론강의에 기반하였습니다. 커리큘럼에 따라 2회독을 마친 뒤, 내 약점 위주로 3회독을 완성하세요.
이론강의에 대한 자세한 내용은 에듀윌 홈페이지(house.eduwill.net)에서 확인하세요.

* 최근 5개년 출제빈도가 높았던 단원에는 ★표시를 하였습니다. 더 주의 깊게 학습하세요.

짧은 기간 안에 확실히 공부하고 싶다면?

회계원리 12주끝장 합격플래너

단원		권장학습기간	학습할 날짜	학습 여부
PART	CHAPTER			
1. 재무회계	01. 회계의 이론적 구조 ★	1주	/ ~ /	○ △ ×
	02. 회계의 기술적 구조		/ ~ /	○ △ ×
	03. 재무보고를 위한 개념체계	0.5주	/ ~ /	○ △ ×
	04. 자산의 일반이론		/ ~ /	○ △ ×
	05. 금융자산 Ⅰ ★	1주	/ ~ /	○ △ ×
	06. 금융자산 Ⅱ		/ ~ /	○ △ ×
	07. 재고자산 ★	1주	/ ~ /	○ △ ×
	08. 유형자산 ★	1.5주	/ ~ /	○ △ ×
	09. 무형자산과 투자부동산		/ ~ /	○ △ ×
	10. 부채 ★	1주	/ ~ /	○ △ ×
	11. 자본회계		/ ~ /	○ △ ×
	12. 수익 · 비용회계 ★	1주	/ ~ /	○ △ ×
	13. 회계변경과 오류수정		/ ~ /	○ △ ×
	14. 재무제표 ★	1주	/ ~ /	○ △ ×
	15. 재무제표 비율분석 ★		/ ~ /	○ △ ×
2. 원가 · 관리회계	01. 원가의 기초 ★	1.5주	/ ~ /	○ △ ×
	02. 원가의 배분 ★		/ ~ /	○ △ ×
	03. 개별원가계산		/ ~ /	○ △ ×
	04. 종합원가계산 ★		/ ~ /	○ △ ×
	05. 전부원가계산과 변동원가계산	1주	/ ~ /	○ △ ×
	06. 표준원가계산 ★		/ ~ /	○ △ ×
	07. 원가추정(원가행태)	1주	/ ~ /	○ △ ×
	08. C · V · P분석(손익분기점) ★		/ ~ /	○ △ ×
	09. 단기 의사결정 ★	0.5주	/ ~ /	○ △ ×
총 학습기간		12주	/ ~ /	○ △ ×

⊕ 기본서 외에 꼭 필요한 공부가 있다면?

기본서로 이론학습을 한 후에는 반드시 문제풀이를 해야 합니다. 내가 공부한 이론이 실제로 어떻게 문제에 적용되는지를 연습해야 제대로 시험을 준비할 수 있어요. 문제 중에서도 가장 베스트는 기출문제라는 사실! 기출문제와 예상문제를 많이 풀어보세요!

처음에는 당신이 원하는 곳으로
갈 수는 없겠지만,
당신이 지금 있는 곳에서
출발할 수는 있을 것이다.

– 작자 미상

2025

에듀윌 주택관리사

기본서 1차

회계원리 上

시험 안내

주택관리사, 무슨 일을 하나요?

주택관리사란?

주택관리사(보) 합격증서 + 대통령령으로 정하는 주택 관련 실무 경력 → 주택관리사 자격증 발급

하는 일은?

공동주택, 아파트 등의 관리사무소장은 물론, 주택관리 전문 공무원, 공동주택 또는 건물관리 용역 업체 창업 등 취업의 문이 넓습니다.

주택관리사(보) 시험에서는 어떤 과목을 보나요?

제1차

1교시 (총 100분)	회계원리	세부과목 구분 없이 출제 ※ 회계처리 등과 관련된 시험문제는 한국채택국제회계기준(K-IFRS)을 적용하여 출제
	공동주택 시설개론	목구조 · 특수구조를 제외한 일반건축구조와 강구조, 홈네트워크를 포함한 건축설비개론 및 장기수선계획 수립 등을 위한 건축적산 포함
2교시 (총 50분)	민법	총칙, 물권, 채권 중 총칙 · 계약총칙 · 매매 · 임대차 · 도급 · 위임 · 부당이득 · 불법행위

▶ 과목별 각 40문항이며, 전 문항 객관식 5지 택일형으로 출제됩니다.

제2차

1교시 (총 100분)	주택관리 관계법규	다음의 법률 중 주택관리에 관련되는 규정: 「주택법」, 「공동주택관리법」, 「민간임대주택에 관한 특별법」, 「공공주택 특별법」, 「건축법」, 「소방기본법」, 「화재의 예방 및 안전관리에 관한 법률」, 「소방시설 설치 및 관리에 관한 법률」, 「승강기 안전관리법」, 「전기사업법」, 「시설물의 안전 및 유지관리에 관한 특별법」, 「도시 및 주거환경정비법」, 「도시재정비 촉진을 위한 특별법」, 「집합건물의 소유 및 관리에 관한 법률」
	공동주택 관리실무	시설관리, 환경관리, 공동주택회계관리, 입주자관리, 공동주거관리이론, 대외업무, 사무 · 인사관리, 안전 · 방재관리 및 리모델링, 공동주택 하자관리(보수공사를 포함한다) 등

▶ 과목별 각 40문항이며, 객관식 5지 택일형 24문항, 주관식 16문항으로 출제됩니다.

상대평가, 어떻게 시행되나요?

2024년 제27회 1,600명 선발 예정!

국가에서 정한 선발예정인원(선발예정인원은 매해 시험 공고에 게재됨) 범위에서 고득점자 순으로 합격자가 결정됩니다.

제1차는 평균 60점 이상 득점한 자, 제2차는 고득점자 순으로 선발!

제1차	매 과목 40점 이상, 전 과목 평균 60점 이상 득점한 사람 중에서 선발합니다.
제2차	매 과목 40점 이상, 전 과목 평균 60점 이상 득점한 사람 중에서 선발하며, 그중 선발예정인원 범위에서 고득점자 순으로 결정합니다. 선발예정인원에 미달하는 경우 전 과목 40점 이상자 중 고득점자 순으로 선발하며, 동점자로 인하여 선발예정인원을 초과하는 경우에는 동점자 모두를 합격자로 결정합니다.

2020년 상대평가 시행 이후 제2차 시험 합격선은?

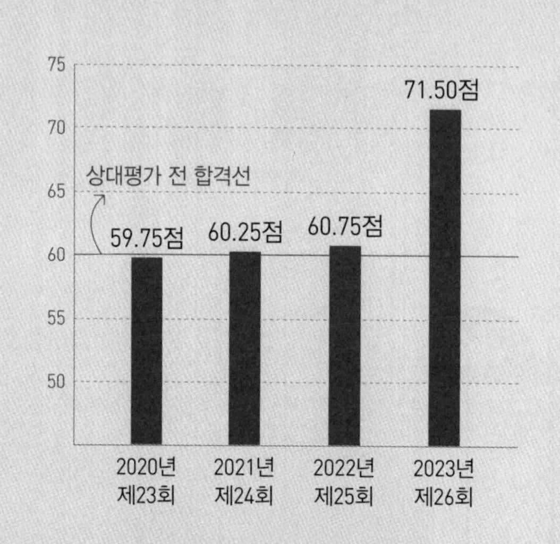

4개년 합격선 **평균 63.1점!**

상대평가 시행 이후 제25회 시험까지는 합격선이 60점 내외로 형성되었지만, 제26회에는 평균 71.50점에서 합격선이 형성되며 합격에 필요한 점수가 상당히 올라갔습니다. 앞으로도 에듀윌은 변화하는 수험 환경에 맞는 학습 커리큘럼과 교재를 통해 수험자 여러분들을 합격의 길로 이끌겠습니다.

에듀윌 기본서로 합격해야 하는 이유!

여러분이 마주한 합격이라는 산 앞에서,
기본서는 언제든 돌아올 수 있는 든든한 베이스캠프가 되어줄 것입니다.

그래서, 아무 책이나 보시면 안 됩니다!

베스트셀러 1위, 합격생이 인정한 교재!

* YES24 수험서 자격증 주택관리사 기본서 베스트셀러 1위
  – 회계 2024년 5월, 시설 2024년 4월, 민법 2023년 8월 월별 베스트
  – 법규 2023년 7월 3주 주별 베스트, 실무 2024년 6월 월별 베스트

주부 동차합격생
김○○님

기본서 내용을 확실하게 이해해서 넘어가는 학습을 했습니다. 또 중요 용어나 헷갈리는 내용은 따로 기본서 페이지를 정리해 자주 자주 찾아봤습니다.

직장인 동차합격생
정○○님

교수님들의 강의와 교재는 타의 추종을 불허합니다. 내용 자체가 기출문제로 그대로 나오는 짜릿함을 시험 현장에서 경험했습니다.

철저한 기출분석 + 시험 필승전략 제공!

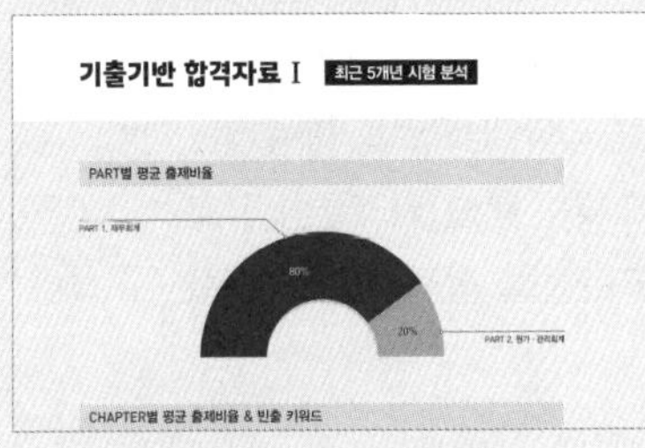

과목별 기출기반 합격자료

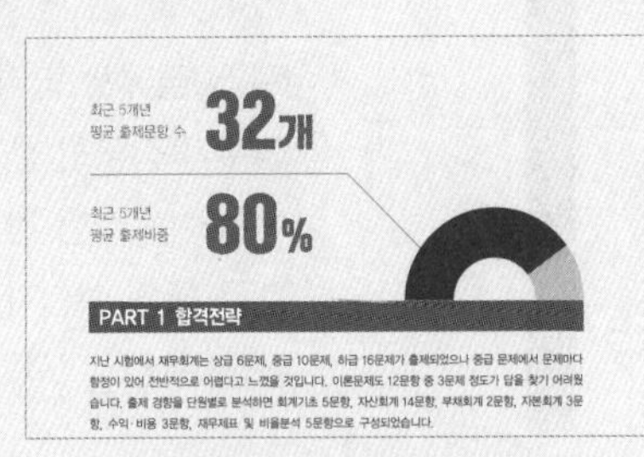

PART별 기출분석 & 전략

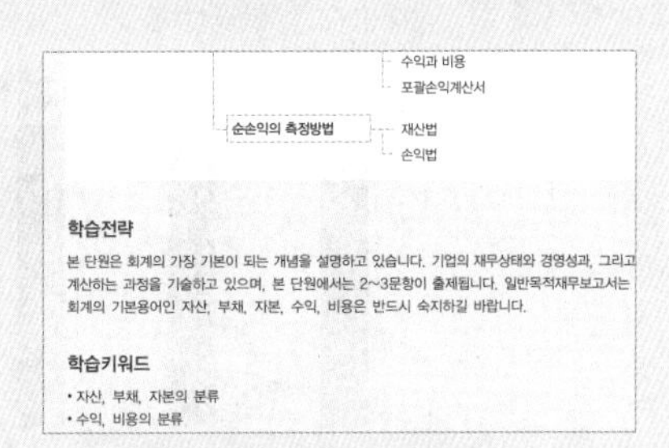

CHAPTER별 학습전략

기출문제로 검증된 합격이론 수록!

에듀윌 주택관리사 회계원리 기본서

34. (주)한국의 기초재고자산은 ₩80,000이고, 당기순매입액은 ₩120,000이다. 기말재고 관련 자료가 다음과 같을 때, 매출원가는? (단, 정상감모손실은 매출원가로, 비정상감모손실은 기타비용으로 처리한다)

- 장부상재고수량 300개
- 기말재고단위당원가 ₩200
- 실제재고수량 250개
- 재고자산 감모의 20%는 정상적인 감모로 간주한다.

① ₩148,000 ② ₩142,000
③ ₩140,000 ④ ₩138,000
⑤ ₩132,000

지문 유사

주택관리사 회계원리 기출문제

12. (주)한국은 재고자산감모손실 중 40%는 비정상감모손실(기타비용)로 처리하며, 정상감모손실과 평가손실은 매출원가에 포함한다. (주)한국의 20×1년 재고자산 관련 자료가 다음과 같을 때, 매출원가는?

- 기초재고자산 ₩10,000(재고자산평가충당금 ₩0)
- 당기매입액 ₩80,000
- 기말장부수량 20개(단위당 원가 ₩1,000)
- 기말실제수량 10개(단위당 순실현가능가치 ₩1,100)

① ₩74,000 ② ₩74,400
③ ₩76,000 ④ ₩76,600
⑤ ₩88,000

PLUS 기본서 학습이 끝난 후에는?

약점체크 기출문제집(2종)

주택관리사(보) 최근 기출문제로 약점 극복, 실전 완벽 대비!

출제가능 문제집(5종)

주택관리사(보) 문제 해결능력 키우기, 학습 내용 정리!

* 상기 교재의 이미지는 변경될 수 있습니다.

구성과 특징

STEP 1 이론, 꼼꼼하게 파헤치기!

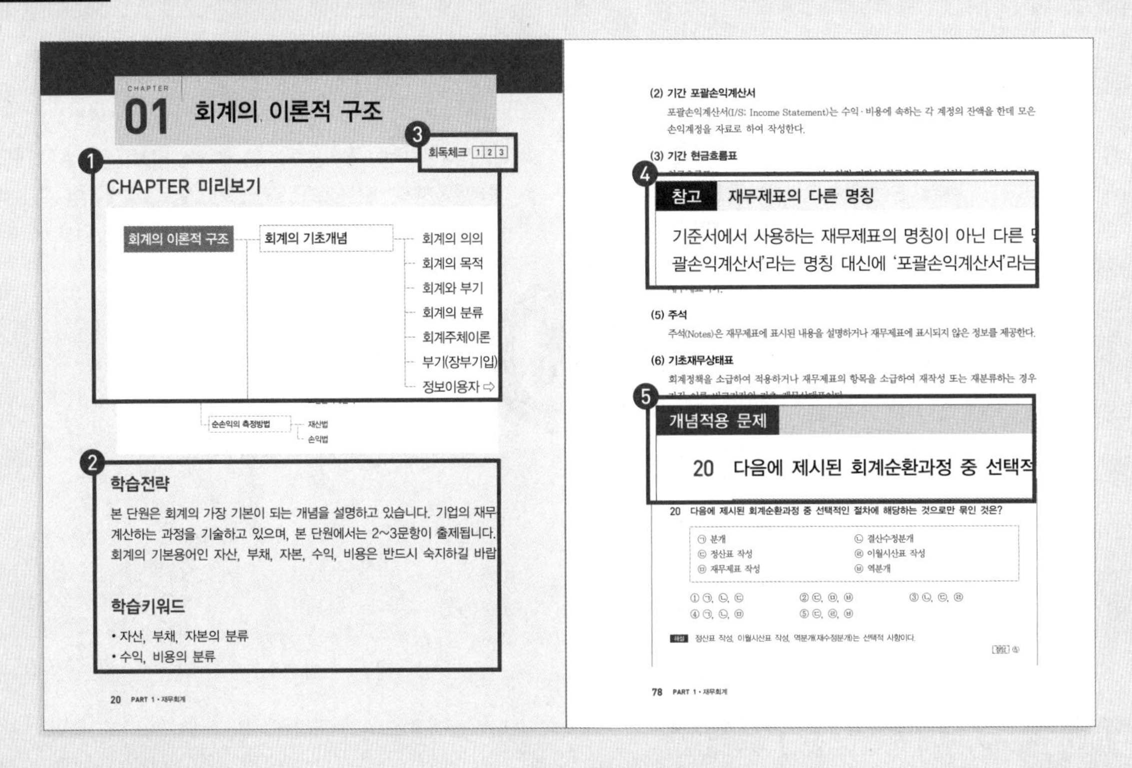

❶ CHAPTER 미리보기
방대한 이론, 학습 전 구조 미리보기

❷ 학습전략 + 학습키워드
CHAPTER별 전략과 키워드로 학습 방향 설정

❸ 3회독 체크표
반복 학습을 도와주는 3회독 체크표

❹ 참고
고득점을 원한다면, 참고 이론으로 깊이 있는 학습

❺ 개념적용 문제
문제를 풀어보며 이론과 실전의 연결고리 확인

⊕ 특별제공

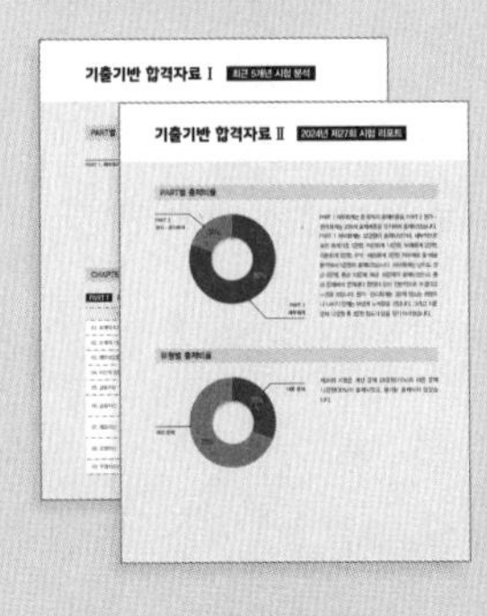

기출기반 합격자료

최근 5개년 출제경향과 2024년 제27회 시험 리포트로 본격적인 학습 시작 전 최신 출제 경향을 파악해 보세요.

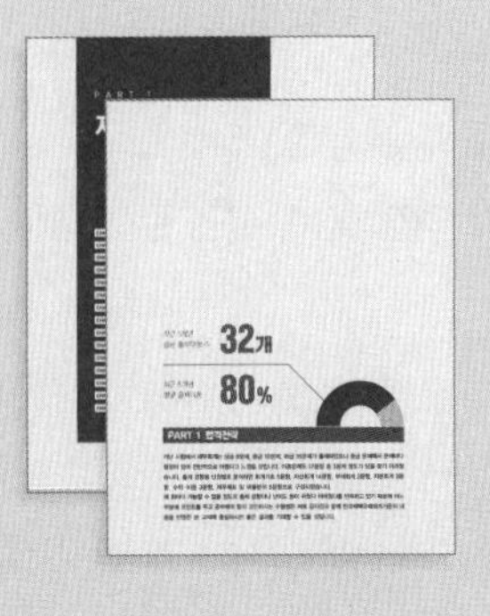

PART별 합격전략

최근 5개년 출제경향을 반영한 PART별 합격전략을 먼저 확인하고 전략적으로 학습해 보세요.

STEP 2 더 가볍게, 더 빠르게 복습하기!

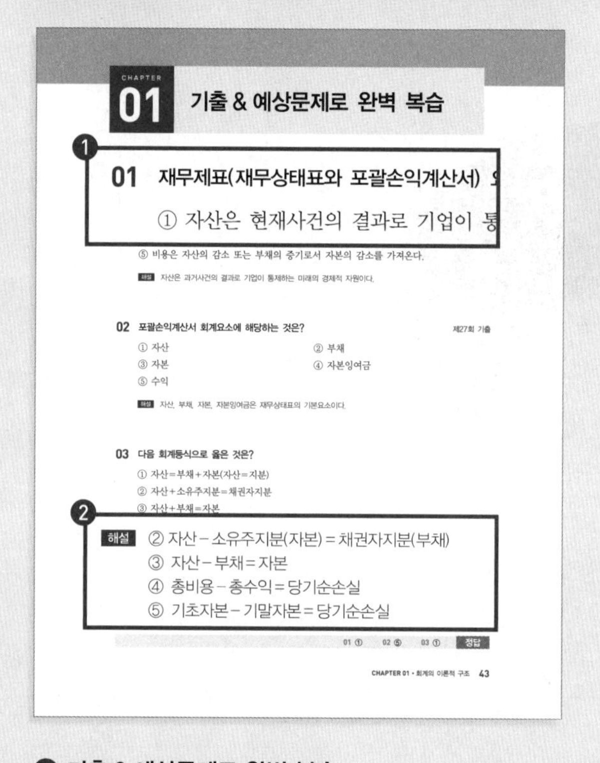

+ 기본용어 다시보며 한 번 더 복습!

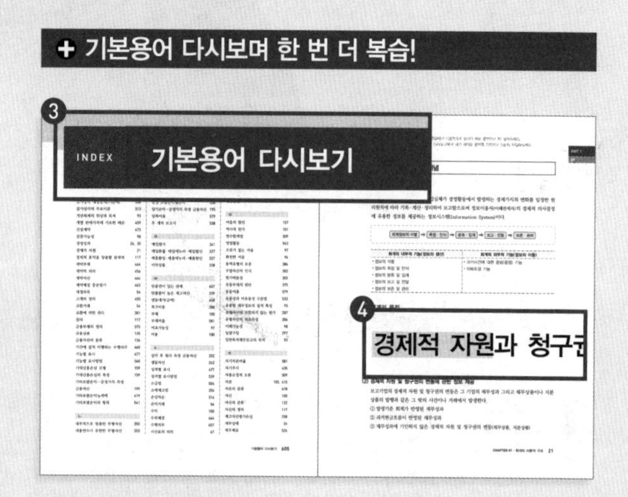

❶ 기출 & 예상문제로 완벽 복습
CHAPTER 종료 후 기출 & 예상문제로 가볍고 빠른 복습

❷ 해설
상세한 해설을 확인하며 나의 약점 극복

❸ 기본용어 다시보기
기본서 학습이 끝났다면, 기본용어를 다시보며 이해도 체크

❹ 기본용어 형광펜
헷갈리는 용어는 본문에 표시된 형광펜을 확인하여 기본서 한 번 더 복습

⊕ 합격부록

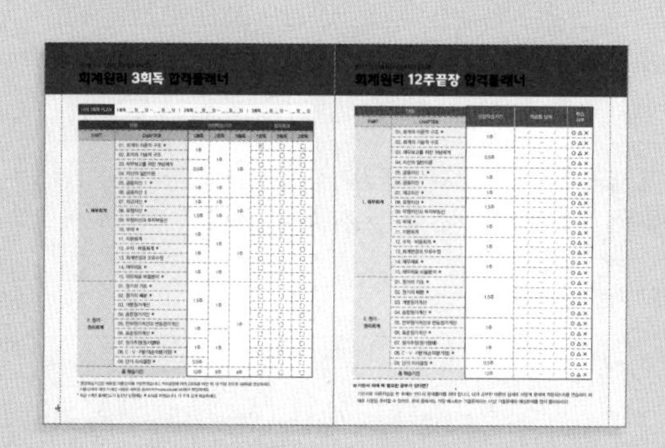

3회독 & 12주끝장 합격플래너

꼼꼼하게 3회독? 빠르게 12주 끝장?
나의 학습 스타일에 맞출 수 있는 플래너를 활용하여
기본서 학습 계획을 짜 보세요.

기출기반 합격자료 Ⅰ 최근 5개년 시험 분석

PART별 평균 출제비율

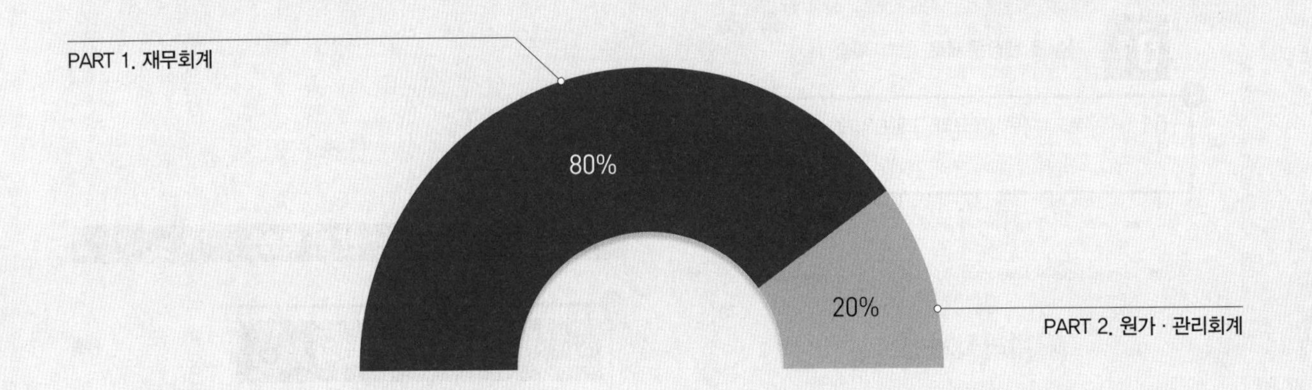

CHAPTER별 평균 출제비율 & 빈출 키워드

PART 1 재무회계 (총 80%)

CHAPTER	출제비율	빈출 키워드
01. 회계의 이론적 구조	3%	순손익의 측정방법, 재무상태와 경영성과
02. 회계의 기술적 구조	4.5%	회계의 순환과정, 결산
03. 재무보고를 위한 개념체계	5.5%	재무보고를 위한 개념체계
04. 자산의 일반이론	3%	자산의 분류
05. 금융자산 Ⅰ	8%	현금및현금성자산, 매출채권의 손상(대손)회계, 대여금 및 수취채권
06. 금융자산 Ⅱ	3%	당기손익-공정가치 측정 금융자산(FVPL 금융자산), 상각 후 원가 측정 금융자산(AC 금융자산)
07. 재고자산	10%	재고자산의 측정(평가), 감모손실과 평가손실, 재고자산의 의의 및 분류
08. 유형자산	9.5%	원가모형과 재평가모형, 유형자산의 감가상각, 유형자산의 인식과 측정, 유형자산의 처분 및 손상, 유형자산의 취득형태
09. 무형자산과 투자부동산	3%	무형자산의 기초개념, 투자부동산

10. 부채	5.5%	사채, 충당부채와 우발부채
11. 자본회계	6.5%	자기주식과 주당순이익
12. 수익 · 비용회계	6.5%	거래형태별 수익인식, 결산정리 및 수익 · 비용의 이연과 예상
13. 회계변경과 오류수정	2%	오류수정
14. 재무제표	5.5%	재무제표의 일반이론, 현금흐름표
15. 재무제표 비율분석	4.5%	안정성비율, 활동성비율, 수익성비율

PART 2 원가 · 관리회계 (총 20%)

CHAPTER	출제비율	빈출 키워드
01. 원가의 기초	2%	원가의 기초개념, 원가의 흐름
02. 원가의 배분	2.5%	부문별 원가계산, 제조간접비의 배부, 활동기준원가계산
03. 개별원가계산	0%	–
04. 종합원가계산	3%	종합원가계산의 개념, 결합(연산품, 등급별)원가계산
05. 전부원가계산과 변동원가계산	2%	전부원가계산과 변동원가계산
06. 표준원가계산	2.5%	표준원가계산
07. 원가추정(원가행태)	1.5%	고저점법
08. C · V · P분석(손익분기점)	3%	손익분기점 매출액 · 매출수량, 공헌이익(률)
09. 단기 의사결정	3.5%	의사결정

기출기반 합격자료 Ⅱ 2024년 제27회 시험 리포트

PART별 출제비율

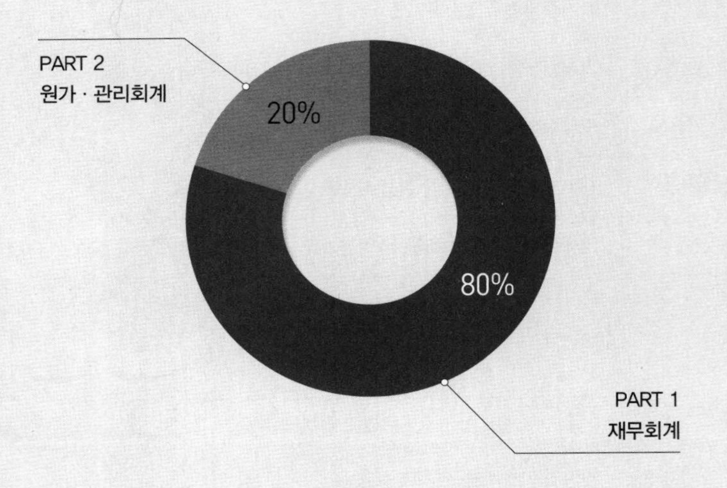

PART 1 재무회계는 총 80%의 출제비중을, PART 2 원가 · 관리회계는 20%의 출제비중을 유지하며 출제되었습니다. PART 1 재무회계는 32문항이 출제되었으며, 세부적으로 보면 회계기초 5문항, 자산회계 14문항, 부채회계 2문항, 자본회계 3문항, 수익 · 비용회계 3문항, 재무제표 및 비율분석에서 5문항이 출제되었습니다. 재무회계는 난이도 상급 6문제, 중급 10문제, 하급 16문제가 출제되었으나, 중급 문제에서 문제마다 함정이 있어 전반적으로 어렵다고 느꼈을 것입니다. 원가 · 관리회계는 3문제 정도는 쉬웠으나 나머지 문제는 어렵게 느껴졌을 것입니다. 그리고 이론 문제 12문항 중 3문항 정도가 답을 찾기 어려웠습니다.

유형별 출제비율

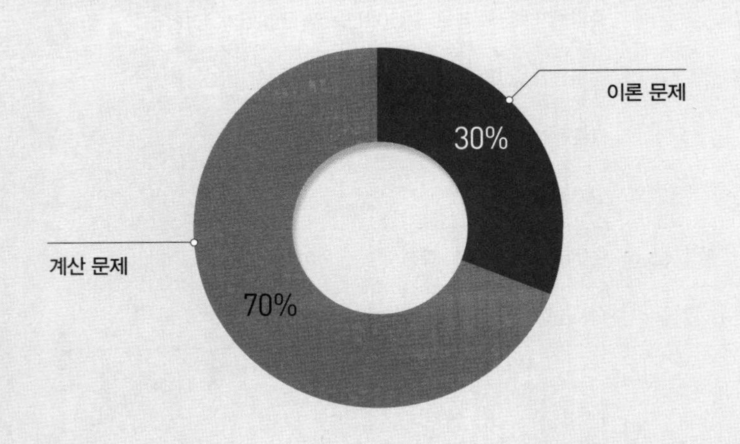

제27회 시험은 계산 문제 28문항(70%)과 이론 문제 12문항(30%)이 출제되었고, 분개는 출제되지 않았습니다.

전반적인 출제경향

회계의 기본원리 이해

회계원리는 이론 문제보다 계산 문제의 비중이 큽니다. 따라서 기본원리를 보다 충실히 알고 있어야 하며, 단순 암기보다는 이해를 중심으로 학습하여 응용력을 키워야 합니다. 이번 시험은 지난 시험과 유사한 수준의 문제가 출제되었으나, 매 시험마다 가늠할 수 없을 정도로 출제경향, 난이도, 범위 등의 변동성이 크기 때문에 기본서와 문제집을 위주로 충실히 학습하여야 합니다.

전반적인 주제의 파악

회계원리는 각 단원에서 골고루 출제되는 경향을 보이므로, 전반적인 이해가 필요합니다. 회계기초 5문항, 자산회계 14문항, 부채회계 2문항, 자본회계 3문항, 수익 · 비용회계 3문항, 재무제표 및 비율분석 5문항, 원가 · 관리회계 8문항이 출제되었습니다.

총평

이번 시험은 지난 26회와 비슷한 난이도였습니다. 하지만 재무회계에서 5문제와 원가회계에서 5문제 정도가 난이도가 상당히 높아서 대부분의 수험생들이 답을 구하기 어려웠을 것으로 생각합니다. 그러나 에듀윌에서 제공한 기본서와 문제집, 그밖에 특강 등을 위주로 차분히 공부한 수험생이라면 20문제에서 25문제 정도는 충분히 맞힐 수 있었던 시험이었습니다.

지난 시험과 비슷한 난이도

기본서와 문제풀이 위주의 반복 학습이 중요

이해를 중심으로 응용력 키우기

머리말

회계원리, 이해와 반복으로 정복하라!

회계원리는 주택관리사(보) 시험 합격을 좌우하는 아주 중요한 과목입니다. 또한 수험생들이 가장 어렵다고 생각하지만, 원리를 이해한다면 정복하기 어려운 과목은 아닙니다. 암기가 아닌 이해를 바탕으로 꾸준히 공부하신다면 회계원리가 합격의 전략과목이 될 수 있으리라 생각합니다.

회계원리는 계산 문제에서 60% 이상 출제되고 있는데, 이에 앞서 주요 이론을 이해하는 것이 무엇보다도 중요합니다. 저자는 오랜 강의 경험을 바탕으로 수험생들이 쉽게 이해하고, 반복적으로 학습할 수 있도록 본 교재를 다음과 같이 구성하였습니다.

1. 최신 출제경향이 반영된 예제문제 수록
   각 단원마다 '개념적용 문제'를 수록하여 이론을 충분히 이해할 수 있도록 하였고, 기출문제를 수록하여 응용력과 적응력이 향상될 수 있도록 하였습니다. 또한 공인회계사, 감정평가사, 공무원, 세무사 등의 최신 기출문제도 반영하여 본 교재만으로도 충분히 합격할 수 있도록 하였습니다.

2. 회계용어의 체계적인 배열 & 정확하고 상세한 해설 기술
   회계용어 등을 기초과정부터 심화과정까지 체계적으로 배열하여 쉽게 이해할 수 있도록 심혈을 기울였습니다. 또한 시간 제약을 받는 동영상 강의 수강생을 위해 문제에 정확한 해설을 덧붙여 시간을 최대한 절약할 수 있도록 하였습니다. 회계원리 공부는 이해와 반복 그리고 숙달, 손으로 푸는 문제풀이가 전부라고 생각하시고 그대로만 실천하신다면 꼭 합격하실 것입니다.

수험생 여러분께 기본서가 합격의 길잡이로서의 역할을 충분히 하기를 바라며, 기본서가 출간되기까지 많은 노력을 아끼지 않으신 에듀윌 대표님을 비롯한 출판사업본부 식구들, 물심양면으로 많은 도움을 주신 여러 교수님들, 그리고 항상 부족한 저에게 큰 힘이 되어 준, 그래서 늘 미안하고 사랑하는 아내에게 고마움을 전합니다. 끝으로, 본 교재와 함께한 수많은 합격생과 본 시험을 준비하는 수험생 여러분께 거듭 감사의 인사를 드리며, 앞으로도 더 좋은 수험서를 선보일 수 있도록 노력할 것을 약속드립니다.

회계원리 저자 윤재옥

차례

| 上 |

PART 1 | 재무회계

| 下 |

PART 2 | 원가·관리회계

PART 1

재무회계

최근 5개년
평균 출제문항 수 **32개**

최근 5개년
평균 출제비중 **80%**

PART 1 합격전략

지난 시험에서 재무회계는 상급 6문제, 중급 10문제, 하급 16문제가 출제되었으나 중급 문제에서 문제마다 함정이 있어 전반적으로 어렵다고 느꼈을 것입니다. 이론문제도 12문항 중 3문제 정도가 답을 찾기 어려웠습니다. 출제 경향을 단원별로 분석하면 회계기초 5문항, 자산회계 14문항, 부채회계 2문항, 자본회계 3문항, 수익·비용 3문항, 재무제표 및 비율분석 5문항으로 구성되었습니다.
매 회마다 가늠할 수 없을 정도로 출제 경향이나 난이도 등이 쉬웠다 어려웠다를 반복하고 있기 때문에 어느 부분에 포인트를 두고 공부해야 할지 고민하시는 수험생은 저희 강사진과 함께 한국채택국제회계기준의 내용을 반영한 본 교재에 충실하시면 좋은 결과를 기대할 수 있을 것입니다.

CHAPTER

01 회계의 이론적 구조

회독체크 1 2 3

CHAPTER 미리보기

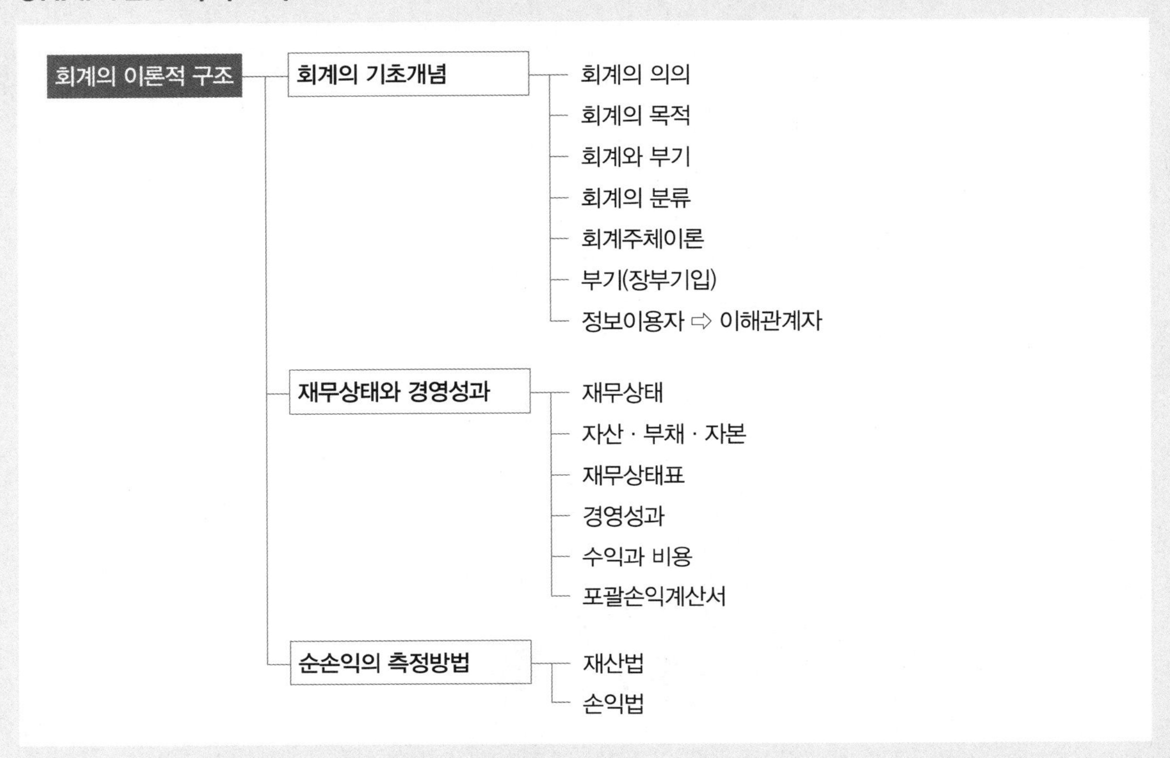

학습전략

본 단원은 회계의 가장 기본이 되는 개념을 설명하고 있습니다. 기업의 재무상태와 경영성과, 그리고 기업의 순손익을 계산하는 과정을 기술하고 있으며, 본 단원에서는 2~3문항이 출제됩니다. 일반목적재무보고서는 암기가 필요하며, 회계의 기본용어인 자산, 부채, 자본, 수익, 비용은 반드시 숙지하길 바랍니다.

학습키워드

- 자산, 부채, 자본의 분류
- 수익, 비용의 분류
- 순손익의 계산

※ 본문에 형광펜 처리가 된 용어는 회계원리 학습에서 기본적으로 알아야 하는 용어이니 꼭! 알아두세요.
학습이 끝난 후에는 교재 맨 뒤의 '기본용어 다시보기'에서 내가 제대로 용어를 기억하고 있는지 되짚어보세요.

제1절 회계의 기초개념

1. 회계의 의의

회계(會計, Accounting)는 기업실체가 경영활동에서 발생하는 경제가치의 변화를 일정한 원리원칙에 따라 기록·계산·정리하여 보고함으로써 정보이용자(이해관계자)의 경제적 의사결정에 유용한 정보를 제공하는 정보시스템(Information System)이다.

회계의 내부적 기능(정보의 생산)	회계의 외부적 기능(정보의 이용)
• 정보의 식별 • 정보의 측정 및 인식 • 정보의 분류 및 집계 • 정보의 보고 및 전달 • 정보의 보존 및 관리	• 과거사건에 대한 증빙(증명) 기능 • 이해조정 기능

2. 회계의 목적

한국채택국제회계기준(K-IFRS)에서는 회계의 목적과 관련하여 일반목적재무보고의 목적은 현재 및 잠재적 투자자, 대여자와 그 밖의 채권자가 기업에 자원을 제공하는 것과 관련된 의사결정을 할 때 보고기업의 유용한 재무정보를 제공하는 것으로 규정하고 다음의 정보를 필요로 한다.

(1) 보고기업의 경제적 자원과 청구권

일반목적재무보고서는 보고기업의 재무상태에 관한 정보, 즉 기업의 경제적 자원 및 보고기업에 대한 청구권에 관한 정보를 제공한다.

(2) 경제적 자원 및 청구권의 변동에 관한 정보 제공

보고기업의 경제적 자원 및 청구권의 변동은 그 기업의 재무성과 그리고 채무상품이나 지분상품의 발행과 같은 그 밖의 사건이나 거래에서 발생한다.

① 발생기준 회계가 반영된 재무성과
② 과거현금흐름이 반영된 재무성과
③ 재무성과에 기인하지 않은 경제적 자원 및 청구권의 변동(채무상품, 지분상품)

참고	일반목적재무보고서

- **주요이용자**
  현재 및 잠재적 투자자, 대여자, 그 밖의 채권자
- **부수적 이용자**
  경영진, 감독당국, 일반대중 등
- **일반목적재무보고서의 한계점**
  일반목적재무보고서는 현재 및 잠재적 투자자, 대여자 및 그 밖의 채권자가 필요한 모든 정보를 제공하지 않으며 제공할 수도 없다(일반 경제적 상황 및 기대, 정치적 사건과 정치 풍토, 산업 및 기업 전망 등은 다른 수단으로 입수한 정보를 고려할 필요가 있다).

개념적용 문제

01 재무회계의 일반목적에 해당하지 않는 내용은?

① 회계정보이용자에게 재무상태에 관한 유용한 정보제공
② 재무성과 및 수익성에 관한 유용한 정보제공
③ 재무상태변동에 관한 정보제공
④ 경영자의 수탁책임 평가에 유용한 정보제공
⑤ 경영관리목적에 유용한 정보제공

해설 경영관리목적에 유용한 정보를 제공하는 것은 관리회계이다.

정답 ⑤

02 회계의 정의와 관련하여 설명하고 있는 것으로 옳지 않은 것은?

① 회계실체를 중심으로 하여 그 실체의 경제적 사건을 측정하여 보고한다.
② 관리회계에 의한 회계보고서는 불특정 다수인을 대상으로 하는 일반목적의 회계이다.
③ 회계의 주된 서비스 활동은 경제적 사건을 식별하고 측정하여 커뮤니케이션하는 것이다.
④ 이해관계자의 정보요구에 따라 재무제표라는 형식을 빌려 정보를 제공하는 시스템이다.
⑤ 재무제표는 이미 발생한 과거의 경제적 정보를 알려주는데, 과거의 사건이 미래를 예측할 수 있는 잠재력을 가지고 있기 때문에 이는 유용성이 있다.

해설 관리회계에 의한 회계보고서는 내부경영자를 위한 내부관리목적의 회계이며, 불특정 다수인을 대상으로 하는 일반목적의 회계는 재무회계이다.

정답 ②

3. 회계와 부기

부기는 '장부기입'의 약칭으로 기업실체의 경제적 사건을 일정한 원칙에 따라 기록·계산·정리하는 기술적인 절차이며, 회계는 그러한 과정을 통해 생산된 정보를 정보이용자에게 보고·

전달하여 정보이용자가 의사결정에 유용한 정보가 되도록 이용하는 과정으로, 회계는 정보의 생산과정과 이용과정을 포함한 광범위한 개념이다.

4. 회계의 분류

(1) 재무회계와 관리회계

① **재무회계**: 일반회계라고도 한다. 이는 기업실체의 외부정보이용자에게 경제적 의사결정에 유용한 정보를 제공할 목적인 외부보고목적의 회계이다. 재무회계에 의해 작성되는 재무제표는 모든 회계의 기본이 되고 있다. 즉, 모든 회계의 정보를 위한 자료를 제공해 주고 있는데, 예를 들면, 관리회계·세무회계의 기초자료가 되고 있다. 관리회계에서는 재무회계에 의한 회계정보를 관리적으로 이용하는 측면에서 수정하며, 세무회계에서는 재무회계에 의해 작성된 재무제표를 세무회계상의 원칙에 따라 조정하여 세무신고서를 작성하게 된다.

② **관리회계**: 기업실체의 내부정보이용자인 경영자가 경영의사결정을 하는 데 필요한 회계정보를 제공하는 내부보고목적의 회계이다.

(2) 미시회계와 거시회계

① **미시회계**: 주로 기업의 경제활동을 다루는 회계로서 개별회계단위로 이루어진다.

② **거시회계**: 국민경제적 차원 또는 국제경제적 차원에서의 경제활동을 다루는 회계이다.

(3) 기업회계와 세무회계

① **기업회계**: 기업의 생성·유지·발전을 위하여 한국채택국제회계기준에 따라 회계처리하는 것으로, 기업의 재무상태와 재무성과를 파악하고 기간손익을 확정하는 것을 목적으로 하는 회계이다. 이에는 재무회계와 관리회계가 있다.

② **세무회계**: 국가재정의 조달을 위하여 세법의 규정에 따라 공평·타당한 조세부담의 기준으로서 과세소득의 계산·파악을 목적으로 하는 회계이다.

5. 회계주체이론

기업에서 외부정보이용자에게 자산, 부채, 자본 및 이익을 측정하여 보고할 때는 어떤 정보이용자의 입장에서 또는 어떤 정보이용자의 이해관계를 중심으로 측정하고 보고하느냐에 따라 같은 경제현상이라도 내용과 측정치가 달라질 수 있다.

회계주체이론은 지분이론이라고도 하며, 누구의 입장에서 회계상의 판단을 하고 회계행위를 할 것인가를 규명한 이론으로 경제적 실체의 소유주지분에 대한 본질을 설명하고, 회계행위의 입장과 정보의 범위를 결정해 주는 현대 회계상에서의 중요한 이론이다.

(1) 자본주이론

자본주이론은 기업과 관련된 모든 이해관계의 중심을 자본주에 두고 자본주의 입장에서 모든 회계상의 판단을 한다는 것으로서, 기업을 자본주의 소유물로 보고 기업 자체와 자본주를 동일시한다. 따라서 기업재산은 자본주의 입장에서 판단하며 자산은 자본주의 적극적 재산으로, 부채는 자본주의 소극적 재산으로, 자본은 자본주의 지분으로 본다.

▶▶ 자본주이론에 의한 자본

자본 = 적극적 재산(자산) − 소극적 재산(부채)

(2) 기업실체이론

기업실체이론(Entity Theory)은 기업을 소유주(주주)나 채권자와는 독립된 별개의 실체로 보며, 회계의 주체는 기업 그 자체이며, 기업의 자산과 부채는 기업실체의 소유로 하는 이론이다. 회계의 주체가 기업 그 자체이므로 기업실체의 부(富)를 극대화하는 데 있다.

▶▶ 기업실체이론에 의한 자산

자산 = 부채 + 자본, 자산 = 지분

6. 부기(장부기입)

(1) 부기의 정의

부기는 회계의 일부분으로서 '장부기입'의 약칭이며, 자산·부채·자본의 증감변화를 일정한 원리·원칙에 따라 기록·계산·정리하여 보고서를 작성하는 절차를 말한다.

(2) 부기의 목적

부기는 기업에서 영업활동 결과 발생한 재무상태의 증감변화를 일정한 원리·원칙에 따라 조직적으로 기록·계산·정리하여 기업의 재무상태표와 손익계산서를 작성하는 것을 목적으로 하고 있다.

① 일정 시점에 기업의 재무상태를 파악하기 위한 재무상태표의 작성

② 일정 기간에 걸쳐 기업의 경영성과를 파악하기 위한 포괄손익계산서의 작성

(3) 부기의 종류

① 기록방법에 따른 분류

㉠ 단식부기: 현금의 수입과 지출 또는 채권·채무의 증감변화를 일정한 기준 없이 기록·계산하는 방법이다.

㉡ **복식부기:** 기업에서 영업활동 결과 발생한 재무상태의 증감변화를 일정한 원리·원칙에 따라 조직적으로 기록·계산하는 방법이다.

▶▶ 단식부기와 복식부기의 비교

단식부기	복식부기
• 주관적이며 원칙이 없음 • 필요한 거래 사실만 기록 • 기간손익계산이 불가능 • 기장상의 오류 발견이 어려움 • 기장사무의 분담이 불가능 • 주로 소비경제(가계)부기	• 객관적이며 원리·원칙이 있음 • 모든 거래를 체계적으로 기록 • 정확한 기간손익계산이 가능 • 오류 발견이 용이(자기검증기능) • 기장사무의 분담이 가능 • 주로 기업에서 이용하는 부기

참고 복식부기의 유래

복식부기에 관한 세계 최초의 기록은 1494년 이탈리아 베네치아에서 출간된 루카 파치올리(Lucas Pacioli, 1447~1514)의 「산술, 기하, 비례총람」에서 찾아볼 수 있다. 그후 17~18세기에는 이탈리아식 부기가 유럽 각 지역에 전파되었고, 20세기 초까지 영국·미국을 중심으로 발전하였으며, 조선 말기에 서양의 신문물이 소개되면서 우리나라에 전해지게 되었다.
우리나라에서는 고려시대에 개성을 중심으로 '송도사개치부법(松都四介治簿法, 송도부기, 개성부기)'이라는 고유의 복식부기가 생성·사용되었다고 하는데, 이 송도부기는 이탈리아식 부기보다 약 200년 이상 앞선 것으로 추정되고 있다.

② **영리유무에 따른 분류**

㉠ **영리부기:** 영리를 목적으로 하는 경영주체에서 사용하는 부기로서 상업부기, 공업부기, 은행부기, 보험부기, 농업부기, 수산업부기 등이 있다.

㉡ **비영리부기:** 영리를 목적으로 하지 않는 단체에서 사용하는 부기로서 가계부기, 학교부기, 관청부기, 재단부기 등이 있다.

(4) 회계단위(장소적 범위)

기업은 영업장소에 따라 독립적인 장부를 갖출 수 있다. 다시 말해, 하나의 기업은 여러 개의 장부조직으로 구성된다는 뜻이다. 예를 들면, 본점과 지점, 본사와 공장은 각각의 독립된 장부를 가지고 있다. 장부는 기업의 경영활동에서 발생하는 거래를 기록하는 장소적 조직이며, 장부의 종류에는 주요부와 보조부가 있다.

① **주요부:** 주요부는 모든 거래를 기록하는 장부로서 분개장과 총계정원장이 있다.

㉠ **분개장:** 거래의 발생순서에 따라 가장 먼저 기록하는 최초의 기록수단이며 분개가 누락되면 장부기입에 오류가 발생한다. 분개장의 내용이 총계정원장에 전기하는 기초 자료가 된다.

㉡ **총계정원장:** 장부의 핵심이며, 거래를 계정과목별로 집계하므로 결산의 자료로 제공한다.

② **보조부**: 보조부는 주요부의 기록을 보조하는 장부로서 보조기입장과 보조원장이 있다.

㉠ 보조기입장: 분개장을 보조하는 장부로서, 특수분개장으로 사용이 가능하다.

현금출납장	현금의 수입과 지출을 기록하는 현금계정의 보조장부
당좌예금출납장	당좌예입과 인출(수표발행)을 기록하는 당좌예금계정의 보조장부
매입장	상품매입을 기록하는 매입(상품)계정의 보조장부
매출장	상품매출을 기록하는 매출(상품)계정의 보조장부
받을어음기입장	받을어음의 증감을 기록하는 받을어음계정의 보조장부
지급어음기입장	지급어음의 증감을 기록하는 지급어음계정의 보조장부

㉡ 보조원장: 총계정원장을 보조하는 장부로서, 총계정원장의 특정 계정(통제계정)을 상세히 기록하는 장부이다.

상품재고장	상품의 재고현황을 기록하는 상품계정의 보조장부
매출처원장	매출처별 외상매출금의 증감을 기록하는 외상매출금계정의 보조장부
매입처원장	매입처별 외상매입금의 증감을 기록하는 외상매입금계정의 보조장부
물류원가 및 관리비대장	물류원가와 관리비를 기록하는 물류원가와 관리비계정의 보조장부
주주원장	출자자(주주)별 출자금의 현황을 기록하는 보조장부
유형자산대장	유형자산의 종류별 내용을 기록하는 보조장부

(5) 회계기간(회계연도, 보고기간)

기업은 경영을 보다 더 효율적으로 수행하기 위하여 기업의 경영성과를 6개월 또는 12개월 단위로 구분하여 보고하게 되는데, 이러한 기간을 회계기간(Accounting Period) 또는 회계연도(Fiscal Year)라 하고, 기업에서 인위적으로 결정한다. 회계기간은 정기적인 보고와 정기적인 성과계산을 하도록 하고 있기 때문에 계속기업이 전제되어야 한다.

① 우리나라 기업은 연 1회 이상 결산을 하여야 한다.

② 「상법」에서는 회계기간을 12개월을 넘지 못하도록 규정하고 있다.

㉮ 회계기간을 1년으로 정한 경우: 1월 1일 ~ 12월 31일

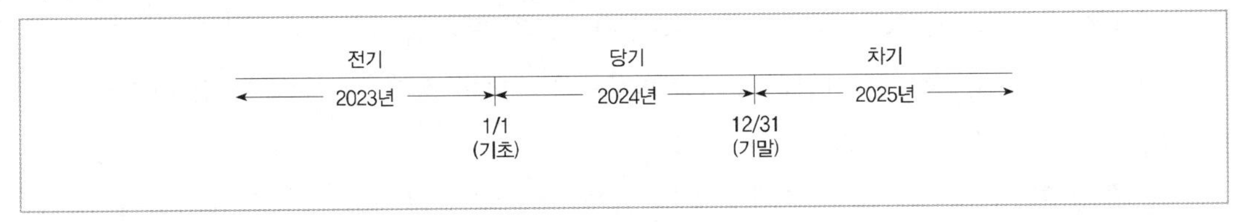

7. 정보이용자 ➡ 이해관계자

회계정보이용자(이해관계자)	외부이해관계자: 주주·채권자·그 밖의 채권자·정부 ⇨ 재무회계
	내부이해관계자: 경영자·중간관리자 ⇨ 관리회계

재무제표의 광범위한 이용자는 현재 및 잠재적 투자자, 종업원, 대여자, 공급자와 그 밖의 거래 채권자, 고객, 정부와 유관기관, 일반대중 등을 포함한다. 이들은 서로 다른 다양한 정보수요를 충족하기 위하여 재무제표를 이용한다. 이러한 정보수요는 다음을 포함한다.

구분	재무회계	관리회계
목적	외부정보이용자에게 유용한 정보의 제공	내부정보이용자(경영자)에게 유용한 정보의 제공
보고수단	재무보고서(재무제표 + 기타의 정보)	특수목적의 보고서
원칙의 여부	일반적으로 인정된 회계원칙의 지배를 받음	일반적인 기준이 없음
시간적 관점	과거정보 위주	미래정보 포함
보고단위	화폐정보	화폐정보 및 비화폐정보
보고주기	정기보고(1년, 반기, 분기)	수시보고
감사의 여부	회계감사제도가 있음	회계감사제도가 없음

(1) 투자자

투자위험을 감수하는 자본제공자와 그들의 투자 자문가는 투자에 내재된 위험과 투자수익에 대한 정보에 관심을 갖는다. 그들은 매수, 보유 또는 매도에 관한 의사결정을 위해 정보를 필요로 한다. 소유주는 또한 기업의 배당능력을 평가할 수 있는 정보를 필요로 한다.

(2) 종업원

종업원과 종업원을 대표하는 기구는 고용주인 기업의 안정성과 수익성에 대한 정보에 관심을 갖는다. 그들은 또한 기업의 보수, 퇴직급여 및 고용기회 제공능력을 평가할 수 있는 정보를 필요로 한다.

(3) 대여자

대여자는 대여금과 대여금에 대한 이자가 지급기일에 적절히 지급되는지를 결정하는 데 도움을 줄 수 있는 정보를 필요로 한다.

(4) 공급자와 그 밖의 거래 채권자

공급자와 그 밖의 거래 채권자는 기업의 지급기일 내 지급능력을 결정하기 위한 정보를 필요로 한다. 거래 채권자는 당해 기업을 주 거래처로서 장기적인 관계를 유지할 목적이 아닌 한, 당해 기업에 대해 대여자보다는 단기적인 관심을 가질 가능성이 높다.

(5) 고객

고객은 기업의 통상적인 활동의 산출물인 재화나 용역을 대가와 교환하여 획득하기로 그 기업과 계약한 당사자를 말한다.

(6) 정부와 유관기관

정부와 유관기관은 자원의 배분과 기업의 활동에 관심을 가진다. 이들은 기업 활동을 규제하고 조세정책을 결정하며 국민 소득이나 이와 유사한 통계자료의 근거로 사용하기 위해 정보를 필요로 한다.

(7) 일반대중

기업은 다양한 방법으로 일반대중에게 영향을 미친다. 예를 들어, 기업은 종업원의 고용과 지역 내 공급자의 양성과 같은 다양한 방법으로 지역경제에 상당한 기여를 할 수 있다. 일반대중은 재무제표에서 기업의 성장과 활동범위에 관한 추세와 현황에 대한 정보를 얻을 수 있다.

(8) 경영자(경영진)

경영진은 재무보고의 책임자인 동시에 재무제표의 이용자이다.

① 경영진은 재무제표의 작성과 표시에 대한 1차적 책임을 진다.

② 경영진에게는 경영활동의 수행에 필요한 재무정보가 필요하다.

개념적용 문제

03 기업과 관련된 회계를 정보이용자 기준으로 분류할 경우 가장 옳은 것은?

① 재무회계와 기업회계
② 관리회계와 정부회계
③ 공공회계와 기업회계
④ 재무회계와 관리회계
⑤ 기업회계와 정부회계

해설 재무회계는 외부정보이용자에게 보고할 목적으로, 관리회계는 내부정보이용자(경영자)에게 보고할 목적으로 분류된다.

정답 ④

제2절 재무상태와 경영성과

1. 재무상태

재무상태는 기업의 일정 시점에 있어서 재산상태 또는 재정상태를 말한다. 회계에서 기업의 재무상태는 자산·부채·자본으로 구성되어 있는 재무상태표에서 파악할 수 있다.

2. 자산·부채·자본

(1) 자산

자산(Assets)은 기업이 소유하고 있는 재화와 채권을 총칭하는 것으로서, 기업의 경제적 자원을 화폐액으로 표시한 것으로 다음의 특징을 가지고 있다.

① 과거사건이나 거래의 결과로 취득한 것이어야 한다.
② 현재 특정 실체가 그 지배하에 두고 배타적(통제)으로 사용할 수 있어야 한다.
③ 미래의 경제적 효익을 제공할 수 있어야 한다.
④ 자산은 경제적 자원이어야 한다.
⑤ 자산은 교환 가능해야 하고 화폐단위로 측정이 가능해야 한다.

▶ 자산의 분류

유동자산	당좌자산	현금및현금성자산, 당기손익-공정가치 측정 금융자산, 매출채권, 단기대여금, 미수금, 미수수익 등
	재고자산	상품, 제품, 재공품, 반제품, 원재료 등
	기타유동자산	선급금, 선급비용 등
비유동자산	투자자산	기타포괄손익-공정가치 측정 금융자산, 상각 후 원가 측정 금융자산, 관계기업투자주식, 장기대여금, 투자부동산, 기타의 투자자산 등
	유형자산	건물, 토지, 구축물, 기계장치, 선박, 건설중인자산 등
	무형자산	영업권, 산업재산권, 광업권, 어업권, 저작권, 개발비 등
	기타비유동자산	보증금, 이연법인세자산 등

▶ 자산의 항목

계정과목	내용
현금	통화(한국은행권) 및 통화대용증권(수표 등)
당좌예금	당좌수표를 발행할 목적으로 은행에 당좌예금을 했을 때
현금및현금성자산	현금, 소액현금, 보통예금, 당좌예금, 현금성자산 등
당기손익-공정가치 측정 금융자산	단기시세차익 목적(매도)으로 보유하는 주식, 사채 등
상각 후 원가 측정 금융자산	만기 또는 특정일에 현금흐름(원리금)을 수취할 목적 사채 등
기타포괄손익-공정가치 측정 금융자산	현금흐름(원리금)의 수취와 매도를 위해 보유하는 주식, 사채 등

외상매출금	상품이나 제품을 외상으로 매출했을 때
받을어음	상품이나 제품을 매출하고 약속어음을 받았을 때
매출채권	외상매출금 + 받을어음
단기대여금	타인에게 차용증서나 어음을 받고 현금을 빌려주었을 때
미수금	상품(제품)이 아닌 재화를 처분하고 대금을 외상(또는 어음)으로 했을 때
선급금	상품을 매입하기로 주문하고 계약금을 지급했을 때
상품	판매를 목적으로 매입한 재화(판매용)
소모품	사무용품을 구입하였을 때
비품	영업활동에 사용할 목적으로 보유하고 있는 사무용 책상, 의자 등
건물	영업활동에 사용할 목적으로 보유하고 있는 건물
토지	영업활동에 사용할 목적으로 보유하고 있는 토지
차량운반구	영업활동에 사용할 목적으로 보유하고 차량 등
기계장치	영업활동에 사용할 목적으로 보유하고 있는 기계설비 등
투자부동산	임대수익이나 시세차익을 얻기 위해 보유하고 있는 부동산
영업권	합병대가가 순자산가액을 초과하여 지급한 금액
개발비	개발단계에서 지출한 비용
특허권등	무형의 권리가 있는 산업재산권 등

(2) 부채

부채(Liabilities)는 기업이 다른 기업 등에게 현금 또는 경제적 자원으로 미래에 갚아야 할 채무를 화폐액으로 표시한 것이다.

▶▶ 부채의 분류

유동부채	매입채무, 단기차입금, 미지급금, 선수금 등
비유동부채	사채, 장기차입금, 충당부채, 이연법인세부채 등

▶▶ 부채의 항목

계정과목	내용
외상매입금	상품을 외상으로 매입했을 때
지급어음	상품을 매입하고 약속어음을 발행했을 때
매입채무	외상매입금 + 지급어음
미지급금	상품이 아닌 재화를 외상(또는 어음)으로 매입했을 때
단기차입금	차용증서나 어음을 지급하고 현금을 빌려왔을 때
선수금(계약부채)	상품을 매출하기로 주문받고 계약금(착수금)을 받았을 때
상품권선수금	기업이 상품권을 발행했을 때
소득세예수금	종업원의 급여 등에서 차감하여 보유한 소득세 등
사채	기업이 거액의 자금을 빌리기 위해서 발행한 채무증권

충당부채	기업이 미래에 지출할 것이 명확한 의제의무
이연법인세부채	기업이 미래에 납부할 법인세

(3) 자본

자본(Capital)은 소유주지분 또는 주주지분이라고도 한다. 이는 기업의 잔여지분으로서 자산에서 부채를 차감한 잔액이다.

▶ 자본 등식

자본 = 자산 − 부채

▶ 자본의 분류

납입자본	자본금	보통주자본금, 우선주자본금
	자본잉여금	주식발행초과금, 감자차익, 자기주식처분이익 등
기타자본 구성요소	자본유지조정	자기주식, 주식할인발행차금, 감자차손, 자기주식처분손실 등
	기타포괄손익 누계액	재평가잉여금, 순확정급여부채(자산)의 재측정요소, 기타포괄손익-공정가치 측정 금융자산평가손익, 해외사업환산손익, 파생상품평가손익
이익잉여금	법정적립금	이익준비금, 기타 법정적립금
	임의적립금	사업확장적립금, 신축적립금, 결손보전적립금, 배당평균적립금 등
	미처분이익잉여금	전기이월이익잉여금, 당기순이익

3. 재무상태표

(1) 의의

재무상태표는 기업의 일정 시점에 있어서 재무상태를 나타내 주는 정태적 보고서로서, 기업이 보유하고 있는 경제적 자원인 자산과 그 자산의 조달원천인 부채와 자본의 현황을 보고한다. 이와 같이 재무상태는 기업의 재무적 안전성에 관한 정보를 제공한다.

▶ 재무상태표 등식

자산 = 부채 + 자본

(2) 양식

① **계정식**: 계정식은 약식으로 재무상태표를 왼쪽(차변)과 오른쪽(대변)으로 구분하여 차변에는 자산을, 대변에는 부채와 자본을 기입하는 형식이다.

재무상태표(계정식)

(주)한국	20×1. 12. 31. 현재	(단위: 원)
자　　　산	부　　　채	
	자　　　본	

▶ 재무상태표 작성 시 반드시 기재해야 하는 것(필수적 기재사항): 명칭, 회사명, 보고기간종료일, 보고통화 및 금액단위 등

② **보고식**: 보고식은 재무상태표를 양쪽으로 구분하지 않고, 자산·부채·자본 순으로 위에서 아래, 즉 수직으로 기입하는 형식이다.

재무상태표(보고식)

(주)한국	20×1. 12. 31. 현재	(단위: 원)
자	산	×××
부	채	(×××)
자	본	×××

(3) 종류

① **기초재무상태표**

재무상태표

(주)한국	20×1. 1. 1. 현재		(단위: 원)
기 초 자 산	100	기 초 부 채	40
		기 초 자 본	60

② **기말재무상태표**

㉠ 당기순이익인 경우

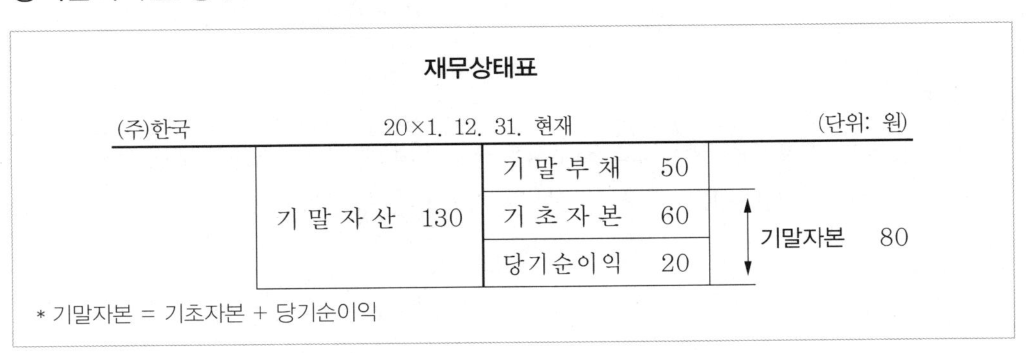
재무상태표

(주)한국	20×1. 12. 31. 현재		(단위: 원)
기 말 자 산	130	기 말 부 채	50
		기 초 자 본	60
		당기순이익	20

* 기말자본 = 기초자본 + 당기순이익

ⓛ 당기순손실인 경우

재무상태표

(주)한국　　20×1. 12. 31. 현재　　(단위: 원)

기말자산	130	기말부채	80	
당기순손실	10	기초자본	60	기말자본 50

* 기말자본 = 기초자본 − 당기순손실

개념적용 문제

04 다음 과목 중 자산은 A, 부채는 P, 자본은 K로 표시하시오.

(1) 현금( )	(2) 건물( )	(3) 단기차입금( )
(4) 외상매출금( )	(5) 외상매입금( )	(6) 당좌예금( )
(7) 미수금( )	(8) 미지급금( )	(9) 상품( )
(10) 단기대여금( )	(11) 자본금( )	(12) 비품( )
(13) 선급비용( )	(14) 선급금( )	(15) 받을어음( )
(16) 지급어음( )	(17) 미수수익( )	(18) 소득세예수금( )
(19) 선수수익( )	(20) 당기손익-공정가치 측정 금융자산( )	(21) 선수금( )

정답
- A: (1), (2), (4), (6), (7), (9), (10), (12), (13), (14), (15), (17), (19), (20)
- P: (3), (5), (8), (16), (18), (19), (21)
- K: (11)

05 (주)한국은 20×1년 1월 1일에 현금 ₩500,000을 출자하여 영업을 시작한 결과 20×1년 12월 31일의 재무상태는 다음과 같다. 20×1년 12월 31일의 재무상태표를 작성하시오.

• 현금	₩300,000	• 당좌예금	₩200,000
• 당기손익-공정가치 측정 금융자산	400,000	• 매출채권	350,000
• 상품	450,000	• 건물	500,000
• 외상매입금	650,000	• 지급어음	400,000
• 단기차입금	600,000		

재무상태표

(주)한국 20×1. 12. 31. 현재

자산	금액	부채 및 자본	금액

해설
- 기초자본금: ₩500,000(현금)
- 기말재무상태표 등식: 기말자산 = 기말부채 + 기초자본 + 당기순이익

∴ ₩2,200,000 = 1,650,000 + 500,000 + 50,000

정답

재무상태표

(주)한국 20×1. 12. 31. 현재

자산	금액	부채 및 자본	금액
현금및현금성자산	₩500,000	매입채무	₩1,050,000
당기손익-공정가치 측정 금융자산	400,000	단기차입금	600,000
매출채권	350,000	자본금	500,000
상품	450,000	당기순이익	50,000
건물	500,000		
	₩2,200,000		₩2,200,000

06 다음은 (주)한국의 20×1년 말 재무상태표 자료이다. (주)한국의 20×1년 말 이익잉여금은?

제21회 기출

• 현금	₩70,000	• 자본금	₩50,000
• 매출채권	15,000	• 이익잉여금	?
• 매입채무	10,000	• 장기차입금	20,000
• 상품	30,000	• 주식발행초과금	5,000

① ₩20,000 ② ₩25,000 ③ ₩30,000
④ ₩35,000 ⑤ ₩40,000

해설

재무상태표

현금	₩70,000	매입채무	₩10,000
매출채권	15,000	장기차입금	20,000
상품	30,000	자본금	50,000
		주식발행초과금	5,000
		이익잉여금	30,000
	₩115,000		₩115,000

정답 ③

4. 경영성과

경영성과(經營成果, Results of Operations)는 기업의 일정 기간 동안 경영활동의 결과로 나타난 경제적 성과를 의미하는데, 이는 포괄손익계산서에서 파악할 수 있다. 즉, 포괄손익계산서(I/S; Income Statement)는 일정 기간 동안의 경영성과를 파악하기 위하여 작성하는 동태적 보고서로서, 한국채택국제회계기준에서는 포괄손익계산서의 작성을 의무화하고 있다. 포괄손익계산서는 수익총액에서 비용총액을 차감하여 당기순손익을 계산하고, 여기에 기타포괄손익을 가감하여 총포괄손익을 표시하는 손익계산서를 말한다.

5. 수익과 비용

(1) 수익

수익(收益, Revenues)은 기업의 일정 기간 동안 경영활동을 통한 자본의 증가 원인으로서, 고객에게 재화나 용역을 제공한 대가로 받은 자산의 증가 또는 부채의 감소액이다.

▶▶ 수익의 분류

매출액	상품 또는 제품매출액
기타수익	이자수익, 배당금수익(주식배당액은 제외), 임대료, 금융자산처분이익, 금융자산평가이익, 외화환산이익, 투자자산처분이익, 유형자산처분이익, 사채상환이익, 지분법이익, 손상차손환입, 자산수증이익, 채무면제이익, 보험차익 등

▶▶ 수익의 항목

계정과목	내용
매출액	상품 또는 제품의 판매금액
상품매출이익(매출총이익)	상품(제품)을 원가 이상으로 매출하여 생긴 이익
유형자산처분이익	유형자산의 처분으로 발생한 이익
금융자산처분이익	금융자산을 원가 이상으로 처분하면
금융자산평가이익	금융자산을 원가 이상으로 평가하면
잡이익	영업활동 이외의 중요하지 않은 이익
배당금수익	현금배당을 받았을 때
이자수익	이자를 받았을 때
수수료수익	수수료를 받았을 때
임대료	집세를 받았을 때

(2) 비용

비용(費用, Expenses)은 기업의 일정 기간 동안 경영활동을 통한 자본의 감소 원인으로서, 수익을 획득하기 위하여 소비한 자산의 감소 또는 부채의 증가액이다. 비용은 성격별 분류방법 또는 기능별 분류방법으로 구분할 수 있으며, 비용 분류방법에 따라 손익계산서도 성격별 분류방법에 의한 포괄손익계산서와 기능별 분류방법에 의한 포괄손익계산서로 구분한다.

▶▶ 비용의 분류

성격별 분류	매입액, 상품의 변동, 급여, 임차료, 광고선전비, 감가상각비, 수선비, 접대비, 보험료, 금융자산 평가손실, 유형자산처분손실 등
기능별 분류	매출원가, 물류비용(물류원가), 관리비용(일반관리비), 마케팅비용(판매비), 홍보비(광고비), 기타비용, 법인세비용 등

참고 비용의 분류

- 성격별 분류방법은 비용이 나타내고자 하는 성격을 그대로 표현한 것이다.
- 기능별 분류방법은 비용에는 기능이 유사한 경우가 있으며, 서로 기능이 유사한 것들을 묶어놓은 것이다.

① **매출원가**

㉠ 판매업: 기초상품재고액 + 당기상품매입액 − 기말상품재고액

㉡ 제조업: 기초제품재고액 + 당기제품제조원가 − 기말제품재고액

② **물류원가와 관리원가**: 급여(임원급여, 급료, 임금 및 제수당 포함), 퇴직급여, 복리후생비, 임차료, 접대비, 감가상각비, 세금과공과, 광고선전비, 연구비, 경상개발비, 손상차손(대손상각비) 등

③ **기타비용**: 이자비용, 기타의 대손상각비, 당기손익−공정가치 측정 금융자산 처분손실, 당기손익−공정가치 측정 금융자산 평가손실, 재고자산감모손실, 외환차손, 외화환산손실, 기부금, 투자자산처분손실, 유형자산처분손실, 사채상환손실, 지분법손실, 기타포괄손익−공정가치 측정 금융자산 처분손실, 법인세추납액, 재해손실 등

④ **법인세비용**

▶▶ 비용의 항목

계정과목	내용
매출원가	상품 또는 제품의 판매금액의 원가
상품매출손실(매출총손실)	상품(제품)을 원가 이하로 매출하여 생긴 손실
금융자산처분손실	금융자산을 원가 이하로 처분하면
잡손실	금액이 적고 중요하지 않은 손실
이자비용	이자를 지급했을 때
수수료비용	수수료를 지급했을 때
임차료	집세를 지급했을 때

급여	임원, 종업원의 급료를 지급했을 때
복리후생비	종업원의 복지를 위해 지급했을 때
수선비	수리비를 지급했을 때
소모품비	사무용품(문구) 등을 구입하여 사용했을 때
잡비	신문구독료, 도서인쇄비 등을 지급했을 때
여비교통비	교통비, 출장비 등을 지급했을 때
운반비	상품 판매 시의 운임을 지급했을 때
통신비	전신, 전화, 우편요금, 인터넷요금 등을 지급했을 때
수도광열비	수도요금, 전기요금, 가스요금 등을 지급했을 때
세금과공과	재산세, 자동차세, 공과금, 적십자 회비 등을 지급했을 때
보험료	자동차, 화재 보험 등의 보험료를 지급했을 때
광고선전비	광고, 홍보, 마케팅비용을 지급했을 때
감가상각비	유형자산을 사용함으로써 가치가 감소되었을 때
손상차손(대손상각비)	매출채권이 회수불능되었을 때
포장비	상품 판매 시의 포장비
자산의 평가손실	자산의 공정가치가 장부금액보다 하락한 손실
유형자산처분손실	유형자산을 원가이하로 처분 시 손실

6. 포괄손익계산서

(1) 의의

포괄손익계산서(I/S; Income Statement)는 일정 기간 동안의 경영성과를 파악하기 위하여 작성하는 동태적 보고서이다.

(2) 양식

▶ 포괄손익계산서 등식

- 총수익 = 총비용 + 당기순이익
- 총포괄이익 = 당기순이익 + 기타포괄이익
- 총비용 = 총수익 + 당기순손실
- 총포괄손실 = 당기순손실 + 기타포괄손실

포괄손익계산서에는 수익과 비용 그리고 기타포괄손익항목이 모두 표시된다. 한국채택국제회계기준에서는 단일포괄손익계산서로 작성하거나 두 개의 보고서(손익계산서와 포괄손익계산서로 분리하여 표시)로 작성하는 방법 중 한 가지를 선택하도록 하고 있다. 또한 비용의 분류방법을 성격별 또는 기능별로 구분하여 작성할 수 있다.

① **계정식**

손익계산서

(주)한국 20×1. 1. 1. ~ 20×1. 12. 31. (단위: 원)

차변		대변	
총 비 용	80	총 수 익	100
당기순이익	20		

손익계산서

(주)한국 20×1. 1. 1. ~ 20×1. 12. 31. (단위: 원)

차변		대변	
총 비 용	80	총 수 익	70
		당기순손실	10

② **보고식**

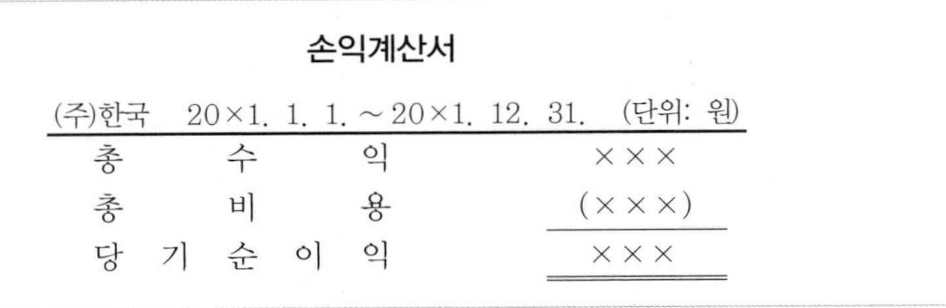

손익계산서

(주)한국 20×1. 1. 1. ~ 20×1. 12. 31. (단위: 원)

총 수 익	×××
총 비 용	(×××)
당 기 순 이 익	×××

개념적용 문제

07 다음의 계정과목을 수익과 비용으로 구분하여 ( ) 안에 기입하시오.

(1) 임대료 ( )	(2) 소모품비 ( )
(3) 이자수익 ( )	(4) 수수료수익 ( )
(5) 매출 ( )	(6) 운반비 ( )
(7) 잡이익 ( )	(8) 매출원가 ( )
(9) 보험료 ( )	(10) 임차료 ( )
(11) 급여 ( )	(12) 잡비 ( )
(13) 잡손실 ( )	(14) 배당금수익 ( )
(15) 이자비용 ( )	(16) 광고선전비 ( )
(17) 세금과공과 ( )	(18) 수도광열비 ( )
(19) 자산처분손실 ( )	(20) 당기손익-공정가치측정금융자산평가이익 ( )

정답
- 수익: (1), (3), (4), (5), (7), (14), (20)
- 비용: (2), (6), (8), (9), (10), (11), (12), (13), (15), (16), (17), (18), (19)

08 (주)한국은 20×1년 1월 1일에 현금 ₩500,000을 출자하여 영업을 시작한 결과 20×1년 말 수익과 비용은 다음과 같다. 포괄손익계산서를 작성하시오.

〈기간 중의 수익과 비용〉

•매출	₩250,000	•이자수익	₩100,000
•임대료	60,000	•매출원가	160,000
•여비교통비	20,000	•통신비	50,000
•광고선전비	100,000	•잡비	30,000

정답

손익계산서

(주)한국 20×1. 1. 1. ~ 20×1. 12. 31.

비용	금액	수익	금액
매출원가	₩160,000	매출	₩250,000
여비교통비	20,000	이자수익	100,000
통신비	50,000	임대료	60,000
광고선전비	100,000		
잡비	30,000		
당기순이익	50,000		
	₩410,000		₩410,000

09 재무제표의 구성요소 중 잔여지분에 해당하는 것은? 제22회 기출

① 자산
② 부채
③ 자본
④ 수익
⑤ 비용

해설 자산합계에서 부채합계를 차감한 잔액을 잔여지분 또는 자본(순자산)이라 한다.

정답 ③

제3절 순손익의 측정방법

(1) 재산법(자본유지접근법, 재무상태표접근법)

재산법은 기초자본에 추가출자액(유상증자)과 인출액(유상감자, 현금배당)을 가감한 후 이를 기말자본과 비교하여 기말자본이 많으면 당기순이익이 발생하고, 기말자본이 적으면 당기순손실이 발생한다. 이 방법은 재무상태표접근법(Stock개념)이라 한다.

- 기말자본 − 기초자본 = 순이익(또는 순손실)
- 기말자본 − {기초자본 + 추가출자(유상증자) − 인출(현금배당, 감자)} = 순이익(또는 순손실)

(2) 손익법

손익법은 일정 기간 동안의 수익총액과 비용총액을 비교하여 수익총액이 비용총액보다 많으면 당기순이익이 발생하고, 비용총액이 수익총액보다 많으면 당기순손실이 발생한다. 이 방법은 손익계산서접근법(Flow개념)이라 한다.

- 총수익 − 총비용 = 당기순이익
- 총비용 − 총수익 = 당기순손실

(3) 재산법과 손익법과의 관계

재산법에 의해서 계산된 당기순손익과 손익법에 의해서 계산된 당기순손익은 반드시 일치한다. 그러므로 재무상태표에 당기순손익과 포괄손익계산서에 당기순손익은 일치하여야 한다. 만약 양쪽의 당기순손익이 일치하지 않으면 오류가 발생되었음을 알 수 있다(자기검증기능).

- 기말자본 > 기초자본 = 당기순이익 = 총수익 > 총비용
- 기말자본 < 기초자본 = 당기순손실 = 총수익 < 총비용

(4) 회계 등식

- 자본 등식 ⇨ 자본 = 자산 − 부채
- 재무상태표 등식 ⇨ 자산 = 부채 + 자본
- 포괄손익계산서 등식 ⇨
  - 총수익 = 총비용 + 당기순이익
  - 총비용 = 총수익 + 당기순손실
- 재산법 ⇨
  - 기말자본 − 기초자본 = 당기순이익
  - 기초자본 − 기말자본 = 당기순손실
- 손익법 ⇨
  - 총수익 − 총비용 = 당기순이익
  - 총비용 − 총수익 = 당기순손실
- 잔액시산표 등식 ⇨ 기말자산 + 총비용 = 기말부채 + 기초자본 + 총수익

개념적용 문제

10 (주)한국의 재무제표 자료가 다음과 같을 때, 기말부채는? 제26회 기출

• 기초자산	₩12,000	• 총수익	₩30,000
• 기초부채	7,000	• 총비용	26,500
• 기말자산	22,000	• 유상증자	1,000
• 기말부채	?	• 현금배당	500

① ₩12,500
② ₩13,000
③ ₩13,500
④ ₩14,500
⑤ ₩15,000

해설
- 기초자본: 기초자산(12,000) − 기초부채(7,000) = ₩5,000
- 당기순이익: 총수익(30,000) − 총비용(26,500) = ₩3,500
- 기말자본: 기초자본(5,000) + 당기순이익(3,500) + 유상증자(1,000) − 현금배당(500) = ₩9,000
- 기말부채: 기말자산(22,000) − 기말자본(9,000) = ₩13,000

정답 ②

11 (주)한국의 20×1년 자료가 다음과 같을 때, 기말자본은? 제22회 기출

• 기초자산	₩1,000,000	• 기초부채	₩700,000
• 현금배당	100,000	• 유상증자	500,000
• 총비용	1,000,000	• 총수익	900,000

① ₩800,000
② ₩600,000
③ ₩500,000
④ ₩300,000
⑤ ₩200,000

해설
- 기초자본: 기초자산(1,000,000) − 기초부채(700,000) = ₩300,000
- 당기순손실: 총비용(1,000,000) − 총수익(900,000) = ₩100,000
- 기말자본: 기초자본(300,000) + 유상증자(500,000) − 현금배당(100,000) − 당기순손실(100,000) = ₩600,000

정답 ②

12 한국의 20×1년 기초 자산총액은 ₩110,000이고, 기말 자산총액과 기말 부채총액은 각각 ₩150,000과 ₩60,000이다. 20×1년 중 현금배당 ₩10,000을 결의하고 지급하였으며, ₩25,000을 유상증자하였다. 20×1년도 당기순이익이 ₩30,000일 때, 기초 부채총액은? 제21회 기출

① ₩60,000
② ₩65,000
③ ₩70,000
④ ₩75,000
⑤ ₩80,000

해설
- 기말자본: 기말자산(150,000) − 기말부채(60,000) = ₩90,000
- 기초자본: 기말자본 − (기초자본 + 유상증자 − 현금배당 + 당기순이익)
- 기초자본(x): ₩90,000 = x + 25,000 − 10,000 + 30,000 ∴ x = ₩45,000
- 기초부채: 기초자산(110,000) − 기초자본(45,000) = ₩65,000

정답 ②

13 다음의 자료를 이용하여 계산된 기말자본 금액은? 제20회 기출

〈기초자본 자료〉

자 본 금	₩20,000
이익잉여금	500
재평가잉여금	800
계	₩21,300

- 당기 중 액면금액 ₩500의 보통주 10주를 주당 ₩1,000에 발행
- 당기순손실: ₩200
- 당기 재평가잉여금 증가액: ₩100

① ₩26,200
② ₩29,800
③ ₩30,050
④ ₩31,200
⑤ ₩33,200

해설

자본

차변	금액	대변	금액
당기순손실	₩200	기초자본	₩21,300
기말자본	31,200	주식발행	10,000
		재평가잉여금	100
	₩31,400		₩31,400

정답 ④

CHAPTER 01 기출 & 예상문제로 완벽 복습

01 **재무제표(재무상태표와 포괄손익계산서) 요소의 정의에 관한 설명으로 옳지 않은 것은?**

① 자산은 현재사건의 결과로 기업이 통제하는 미래의 경제적 자원이다.
② 부채는 과거사건의 결과로 기업이 경제적 자원을 이전해야 하는 현재의무이다.
③ 자본은 기업의 자산에서 모든 부채를 차감한 후의 잔여지분(순자산)이다.
④ 수익은 자산의 증가 또는 부채의 감소로서 자본의 증가를 가져온다.
⑤ 비용은 자산의 감소 또는 부채의 증가로서 자본의 감소를 가져온다.

해설 자산은 과거사건의 결과로 기업이 통제하는 미래의 경제적 자원이다.

02 **포괄손익계산서 회계요소에 해당하는 것은?** 제27회 기출

① 자산 ② 부채
③ 자본 ④ 자본잉여금
⑤ 수익

해설 자산, 부채, 자본, 자본잉여금은 재무상태표의 기본요소이다.

03 **다음 회계등식으로 옳은 것은?**

① 자산=부채+자본(자산=지분)
② 자산+소유주지분=채권자지분
③ 자산+부채=자본
④ 총비용−총수익=당기순이익
⑤ 기초자본−기말자본=당기순이익

해설 ② 자산−소유주지분(자본)=채권자지분(부채)
③ 자산−부채=자본
④ 총비용−총수익=당기순손실
⑤ 기초자본−기말자본=당기순손실

01 ① 02 ⑤ 03 ① 정답

04 다음 자료를 이용하여 계산한 기초자산은?

제24회 기출

• 기초부채	₩50,000	• 기말자산	₩100,000
• 기말부채	60,000	• 유상증자	10,000
• 현금배당	5,000	• 총포괄이익	20,000

① ₩55,000
② ₩65,000
③ ₩70,000
④ ₩75,000
⑤ ₩85,000

해설
- 기말자본: 기말자산(100,000) – 기말부채(60,000) = ₩40,000
- 기초자본: 기말자본(40,000) + 현금배당(5,000) – [유상증자(10,000) + 총포괄이익(20,000)] = ₩15,000
- 기초자산: 기초부채(50,000) + 기초자본(15,000) = ₩65,000

05 다음 자료를 이용하여 계산한 당기의 비용총액은?

제16회 기출

• 기초자산	₩22,000	• 기말자산	₩80,000
• 기초부채	3,000	• 기말부채	50,000
– 현금배당	1,000		
– 유상증자	7,000		
– 수익총액	35,000		

① ₩10,000
② ₩20,000
③ ₩30,000
④ ₩40,000
⑤ ₩50,000

해설
- 기초자본: 기초자산(22,000) – 기초부채(3,000) = ₩19,000
- 수정 후 기초자본: 19,000 – 현금배당(1,000) + 유상증자(7,000) = ₩25,000
- 기말자본: 기말자산(80,000) – 기말부채(50,000) = ₩30,000
- 당기순이익: 기말자본(30,000) – 기초자본(25,000) = ₩5,000
- 비용총액: 총수익(35,000) – 당기순이익(5,000) = ₩30,000

06 (주)한국의 다음 자료에 의하여 계산한 기초의 부채총액은?

•기 말 자 산	₩400,000	•기 말 부 채	₩150,000
•기 초 자 산	200,000	•유 상 증 자	50,000
•무 상 증 자	20,000	•현 금 배 당	10,000
•당 기 순 이 익	80,000	•기타포괄손익-공정가치 측정 금융자산평가손실	20,000

① ₩40,000
② ₩20,000
③ ₩50,000
④ ₩30,000
⑤ ₩10,000

해설
• 기말자본: 기말자산(400,000) − 기말부채(150,000) = ₩250,000
• 기초자본: 250,000 − (80,000 + 50,000 − 10,000 − 20,000) = ₩150,000
• 기초부채: 기초자산(200,000) − 기초자본(150,000) = ₩50,000

07 (주)한국의 수익계정과 비용계정을 마감한 후 집합손익계정의 차변합계는 ₩71,800이며 대변합계는 ₩96,500이다. 이익잉여금의 기초잔액이 ₩52,000이고 자본금의 기초잔액이 ₩120,000일 경우 (주)한국의 기말자본은? 제15회 기출

① ₩185,200
② ₩186,200
③ ₩195,700
④ ₩196,200
⑤ ₩196,700

해설

자본

인출(배당)	₩0	기 초 자 본	₩172,000
기 말 자 본	196,700	당기순이익	24,700
	₩196,700		₩196,700

• 당기순이익은 손익계정 차변합계(비용)와 대변합계(수익)의 차액이다.
• 당기순이익: 96,500 − 71,800 = ₩24,700

정답 04 ② 05 ③ 06 ③ 07 ⑤

08 **(주)한국의 당기 포괄손익계산서에 보고할 당기순이익은?** 2019년 관세직 공무원 수정

- 기초자본은 자본금과 이익잉여금으로만 구성되어 있다.
- 기말자산은 기초자산에 비해 ₩500,000 증가하였고, 기말부채는 기초부채에 비해 ₩200,000 증가하였다.
- 당기 중 유상증자 ₩100,000이 있었다.
- 당기 중 기타포괄손익-공정가치 측정 금융자산의 평가손실 ₩10,000을 인식하였다.
- 당기 중 재평가모형을 적용하는 유형자산의 재평가이익 ₩20,000을 인식하였다. (단, 전기 재평가손실은 없다)

① ₩180,000
② ₩190,000
③ ₩200,000
④ ₩250,000
⑤ ₩300,000

해설
- 기말자본: 자산(500,000) − 부채(200,000) = ₩300,000
- 당기순이익: 기말자본(300,000) + 평가손실(10,000) − 유상증자(100,000) − 재평가(20,000) = ₩190,000

09 **(주)한국의 기초부채 잔액이 ₩80,000이었고, 기말부채 잔액이 ₩42,000이었다. 기말의 순자산이 ₩105,000이고, 기말자산총계는 기초보다 ₩23,000 증가하였다. 당기 중에 증자로 인해 자본금이 ₩37,000만큼 증가했다면, 당기순이익은 얼마인가?** 제7회 기출

① ₩61,000
② ₩24,000
③ ₩23,000
④ ₩60,000
⑤ ₩55,000

해설
- 기말자산: 기말부채(42,000) + 기말자본(105,000) = ₩147,000
- 기초자본: 기초자산(124,000) − 기초부채(80,000) = ₩44,000
- 당기순이익: 기말자본(105,000) − [기초자본(44,000) + 유상증자(37,000)] = ₩24,000

10 다음은 12월 31일이 보고기말인 (주)한국의 전기말과 당기말 재무정보이다.

	전기말	당기말
• 자산합계	₩500,000	₩900,000
• 부채합계	400,000	600,000

당기 중 순이익은 ₩120,000이고 주식발행(유상) ₩100,000과 현금배당 ₩50,000이 있었다면, 포괄손익계산서에 보고되는 기타포괄이익은 얼마인가? (단, 이외의 자본거래는 없다고 가정한다)

① ₩30,000
② ₩40,000
③ ₩50,000
④ ₩150,000
⑤ ₩120,000

해설
- 기초자본: 기초자산(500,000) − 기초부채(400,000) = ₩100,000
- 기말자본: 기말자산(900,000) − 기말부채(600,000) = ₩300,000
- 총포괄이익: 기말자본(300,000) − [기초자본(100,000) + 유상증자(100,000) − 현금배당(50,000)]
  = ₩150,000
- 기타포괄이익: 총포괄이익(150,000) − 당기순이익(120,000) = ₩30,000

11 (주)한국의 기초 및 기말의 자산, 부채 현황이다. (주)한국은 당기 중에 ₩100,000의 유상증자를 실시하였으며, ₩50,000의 현금배당과 20%의 주식배당을 완료하였다. (주)한국의 당기순이익은? (단, 당기 중 해당 내용 외의 자본거래는 없었으며, 기타포괄손익은 발생하지 않았다)

	기초	기말
• 자산	₩3,500,000	₩3,900,000
• 부채	2,000,000	2,200,000

① ₩150,000
② ₩300,000
③ ₩400,000
④ ₩450,000
⑤ ₩500,000

해설
- 당기순이익: 기말자본(1,700,000) − [기초자본(1,500,000) + 유상증자(100,000) − 현금배당(50,000)]
  = ₩150,000
- 주식배당 20%는 고려하지 않는다.

08 ② 09 ② 10 ① 11 ① 정답

12 (주)한국의 20×1년 초 자산총계와 부채총계는 각각 ₩40,000과 ₩10,000이고, 20×1년 말 자산총계와 부채총계는 각각 ₩60,000과 ₩20,000이다. 한편, (주)한국은 20×1년 중에 ₩2,000의 현금배당을 실시하였으며, 20×1년도 당기순이익으로 ₩5,000을 보고하였다. (주)한국이 20×1년도 포괄손익계산서에 인식한 기타포괄손익과 총포괄손익은 얼마인가? (단, 20×1년 중 현금배당 이외 자본거래는 없었다고 가정한다)

① 기타포괄이익 ₩3,000, 총포괄이익 ₩7,000
② 기타포괄이익 ₩5,000, 총포괄이익 ₩7,000
③ 기타포괄이익 ₩5,000, 총포괄이익 ₩12,000
④ 기타포괄이익 ₩7,000, 총포괄이익 ₩10,000
⑤ 기타포괄이익 ₩7,000, 총포괄이익 ₩12,000

해설
- 기타포괄이익: 기말자본(40,000) − [기초자본(30,000) − 현금배당(2,000) + 순이익(5,000)] = ₩7,000
- 총포괄이익: 당기순이익(5,000) + 기타포괄이익(7,000) = ₩12,000

12 ⑤ **정답**

CHAPTER
02 회계의 기술적 구조

회독체크 1 2 3

CHAPTER 미리보기

학습전략

회계의 기술적 구조는 기업의 영업활동 결과를 장부기입을 통해 정보를 생산하는 것으로 본 단원은 부기의 가장 기본이 되는 개념을 설명하고 있습니다. 시험에서는 1~2문항 정도가 출제됩니다. 기업의 거래, 분개, 전기, 시산표, 결산절차 등은 반드시 숙지해야 하며, 이 중에서도 시산표는 출제빈도가 아주 높습니다.

학습키워드

- 분개
- 거래의 식별, 종류
- 시산표
- 시산표에서 발견할 수 있는 오류
- 시산표에서 발견할 수 없는 오류
- 당기순이익에 영향을 주는 거래

제1절 회계의 순환과정

1. 의의

회계의 순환과정(Accounting Cycle)은 인위적으로 구분된 회계기간을 단위로 회계목적을 수행하기 위하여 매년 반복적으로 수행하는 기술적인 과정을 말한다. 즉, 회계대상의 증감변동인 거래를 식별하여 인식하고 이를 기록·계산·정리하여 최종적인 재무제표를 작성하는 단계까지의 작성자와 정보이용자 사이의 정보전달의 순환과정을 말한다.

2. 회계의 순환과정

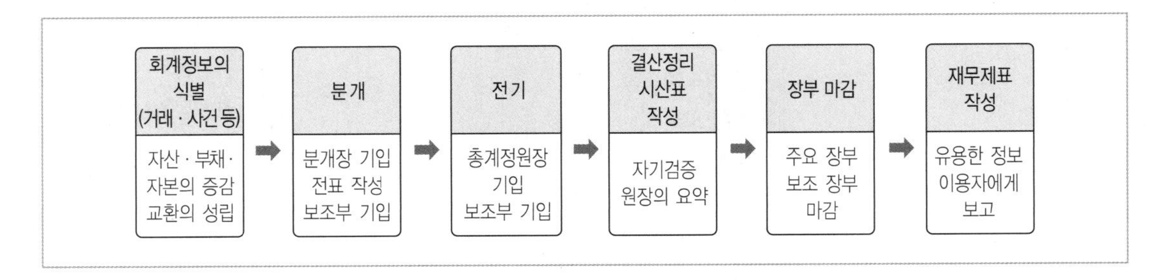

3. 거래의 정의

회계상 거래(Transactions)는 장부에 기록할 경제적 사상(事象, Events)으로 자산·부채 및 자본에 증감변화를 일으키는 모든 사건 또는 현상을 뜻하는 것으로서, 일상적인 의미의 거래(계약, 협상, 업무추진 등)와 반드시 일치하지는 않는다.

(1) 회계상 거래가 되는 것

상품·비품 등의 매매, 채권·채무의 발생과 소멸, 비용의 지급, 수익의 발생, 화재 및 도난에 의한 손실, 비품·건물의 사용에 의한 가치소모, 주식배당 등

(2) 회계상 거래가 되지 않는 것

상품의 매매계약, 토지·건물의 임대차계약, 상품의 주문·보관, 담보제공, 종업원의 채용·퇴직, 신용제공, 주식분할(액면분할) 등

▶ 회계상 거래는 일반적인 거래와는 차이가 있다.

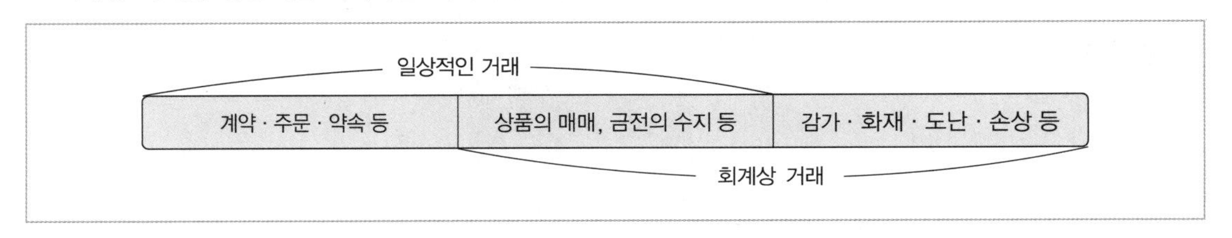

회계상 거래 ○	회계상 거래 ×
• 현금의 대차 • 현금의 분실(도난) • 상품의 파손, 부패, 도난 • 채권·채무의 발생과 소멸 • 매출채권의 회수불능(손상) • 주식배당 • 유형자산(건물 등)의 감가상각 • 재산세 등의 고지서 수취 등 • 화재 등으로 인한 손실 등	• 상품주문, 매매계약 • 건물사무실의 임대차계약을 맺음 • 담보, 신용제공 • 약속, 의뢰, 보관, 위탁 • 종업원의 채용 및 해임 • 주식분할(액면분할) • 현금 이외의 자산의 대여

4. 거래요소의 결합관계

모든 거래는 자산의 증가와 자산의 감소, 부채의 증가와 부채의 감소, 자본의 증가와 자본의 감소, 비용의 발생과 수익의 발생이라는 8개의 요소로 구성되어 있는데, 이를 거래의 8요소라고 하며, 거래의 8요소가 서로 결합되어 여러 가지 조합을 이루는 관계를 거래요소의 결합관계라고 한다.

▶▶ 거래요소의 결합관계

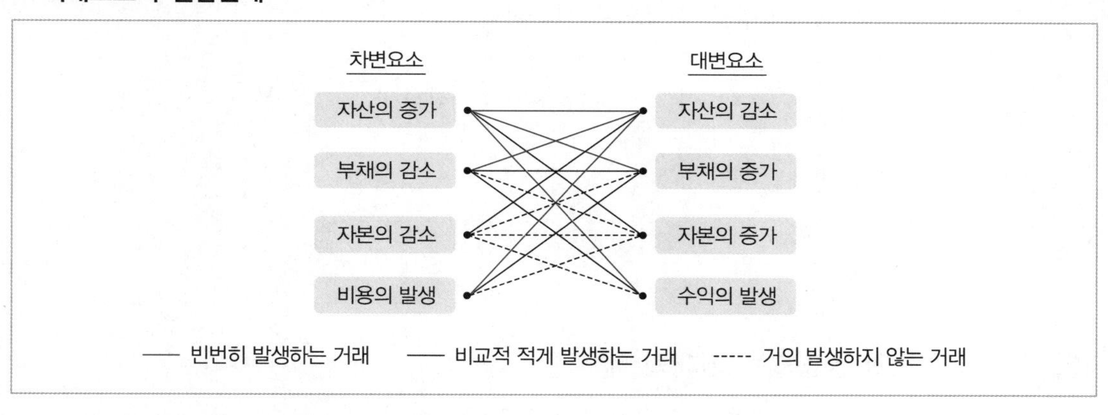

이들을 자세히 살펴보면 다음과 같다.

(1) 자산의 증가와 성립되는 거래의 예

① 상품을 매입하고 현금으로 지급하다.

(차) 상 품	×××	(대) 현 금	×××

② 상품을 외상으로 매입하다.

(차) 상 품	×××	(대) 외 상 매 입 금	×××

③ 현금을 출자하다.

(차) 현　　금	×××	(대) 자 본 금	×××

④ 이자를 현금으로 받다.

(차) 현　　금	×××	(대) 이 자 수 익	×××

(2) 부채의 감소와 성립되는 거래의 예

① 외상매입금을 현금으로 지급하다.

(차) 외 상 매 입 금	×××	(대) 현　　금	×××

② 약속어음을 발행하여 외상매입금을 갚다.

(차) 외 상 매 입 금	×××	(대) 지 급 어 음	×××

③ 전환사채(부채) 중 일부를 주식으로 전환하다.

(차) 전 환 사 채	×××	(대) 자 본 금	×××

④ 단기차입금을 면제받다.

(차) 단 기 차 입 금	×××	(대) 채 무 면 제 이 익	×××

(3) 자본의 감소와 성립되는 거래의 예

① 기업주가 기업의 현금을 개인용도로 사용하다.

(차) 자 본 금	×××	(대) 현　　금	×××

② 점주 개인의 외상값을 기업의 부채로 변경하다.

(차) 자 본 금	×××	(대) 외 상 매 입 금	×××

③ 甲의 출자금을 乙의 출자금으로 변경하다.

(차) 자 본 금 (甲)	×××	(대) 자 본 금 (乙)	×××

④ 丙사원이 퇴사하면서 丙의 출자금의 일부를 지급면제받다.

(차) 자 본 금 (丙)	×××	(대) 잡 이 익	×××

(4) 비용의 발생과 성립되는 거래의 예

① 여비를 현금으로 지급하다.

(차) 여 비	×××	(대) 현 금	×××

② 단기차입금의 이자를 원금에 포함하다.

(차) 이 자 비 용	×××	(대) 단 기 차 입 금	×××

③ 甲의 급여 일부를 甲의 출자금에 대체하다.

(차) 급 여	×××	(대) 자 본 금 (甲)	×××

5. 거래의 이중성

모든 거래는 차변요소(왼쪽)와 대변요소(오른쪽)의 결합으로 이루어지는데, 이 경우에 차변요소의 금액과 대변요소의 금액이 일치하는 것을 거래의 이중성이라고 한다.
다음 거래를 보자.
"상품 ₩150,000을 현금지급하고 매입하다."
상품이라는 자산이 ₩150,000 증가(차변)하고, 현금이라는 자산이 ₩150,000 감소(대변)하는 거래로서, 양쪽 모두 금액은 ₩150,000으로서 일치한다.

6. 거래의 종류

(1) 거래의 발생원천에 따른 분류

① **외부거래**: 특정 실체와 다른 실체 간에 발생한 거래로 이는 구입거래와 판매거래가 있다.
② **내부거래**: 특정 실체의 내부에서 발생한 거래로 본점과 지점 간의 거래가 이에 해당한다.

(2) 현금수지의 수반 여부에 따른 분류

① **현금거래**: 현금의 수입과 지출이 수반된 거래이다. 이는 다시 입금거래와 출금거래로 나누어진다.

② **대체거래**: 현금이 전혀 수반되지 않거나 일부만 수반되는 거래를 말한다. 이는 현금이 전혀 수반되지 않는 전부대체거래와 현금이 일부만 수반되는 일부대체거래로 나누어진다.

(3) 거래의 손익발생 여부에 따른 분류

① **교환거래**: 자산·부채·자본의 증감을 일으키나, 순손익에는 영향을 주지 않는 거래이다.

② **손익거래**: 수익·비용이 발생하는 거래이며, 순손익에 영향을 주는 거래이다.

③ **혼합거래**: 교환거래와 손익거래가 혼합되어 있는 거래이다.

개념적용 문제

01 다음 사항 중 회계상 거래인 것에는 ○, 회계상 거래가 아닌 것에는 ×를 ( ) 안에 표시하시오.

(1) 상품 ₩50,000을 매출하고 대금은 외상으로 하다. ··············( )
(2) 상품 ₩50,000을 매출하기로 주문받다. ··············( )
(3) 화재로 인하여 건물 ₩50,000이 소실되다. ··············( )
(4) 은행에서 현금 ₩50,000을 차입하기로 하다. ··············( )
(5) 재산세 ₩50,000의 납부 통지서를 받다. ··············( )
(6) 건물을 사용하여 ₩50,000의 가치가 감소하다. ··············( )
(7) 현금 ₩50,000을 분실하다. ··············( )
(8) 월급 ₩50,000씩 지급하기로 하고 경리사원을 채용하다. ··············( )
(9) 한국상점으로부터 컴퓨터 1대(₩50,000)를 기증받다. ··············( )
(10) 상품 ₩50,000을 창고회사에 보관하다. ··············( )
(11) 점포 30평을 월세 ₩50,000의 조건으로 계약을 하다. ··············( )
(12) 옆집에서 책상 ₩50,000과 의자 ₩50,000를 빌려오다. ··············( )

정답
- 회계상 거래인 것(○): (1), (3), (5), (6), (7), (9)
- 회계상 거래가 아닌 것(×): (2), (4), (8), (10), (11), (12)

02 다음 거래 중 교환거래는 '교', 손익거래는 '손', 혼합거래는 '혼'이라고 ( ) 안에 표시하시오.

(1) 현금 ₩500,000을 출자하여 영업을 시작하다. ··············( )
(2) 전화요금 ₩80,000과 수도요금 ₩20,000을 은행에 현금으로 납부하다. ( )
(3) 원가 ₩200,000의 상품을 ₩250,000에 외상매출하다. ··············( )
(4) 외상매출금 ₩250,000을 현금으로 회수하다. ··············( )
(5) 단기대여금에 대한 이자 ₩5,000을 현금으로 받다. ··············( )
(6) 단기차입금 ₩300,000과 이자 ₩7,000을 현금으로 지급하다. ··············( )

(7) 상품 ₩80,000을 매입하고 대금 중 ₩50,000은 현금으로 지급하고, 잔액은 외상으로 하다. ························( )
(8) 현금 ₩200,000을 은행에 당좌예금으로 예입하다. ························( )
(9) 집세 ₩10,000과 이자 ₩20,000을 수표를 발행하여 지급하다. ············( )
(10) 상품(원가 ₩50,000)을 ₩40,000에 매출하고 대금은 외상으로 하다. ···( )

정답
- 교환거래: (1), (4), (7), (8)
- 손익거래: (2), (5), (9)
- 혼합거래: (3), (6), (10)

03 회계거래에 해당되지 않는 것은?

제18회 기출

① 기숙사에 설치된 시설물 ₩1,000,000을 도난당하다.
② 원가 ₩1,300,000의 상품을 현금 ₩1,000,000에 판매하다.
③ 이자 ₩500,000을 현금으로 지급하다.
④ 영업소 임차계약을 체결하고, 1년분 임차료 ₩1,200,000을 현금으로 지급하다.
⑤ 직원과 월급 ₩2,000,000에 고용계약을 체결하다.

해설 직원과 월급 ₩2,000,000에 고용계약을 체결하는 것은 회계상 거래에 해당하지 않는다.

정답 ⑤

04 회계상 거래에 해당하는 것들로만 짝지어진 것은?

㉠ 기계장치 ₩50,000을 매각하기로 약속하다.
㉡ ₩150,000 상당의 컴퓨터를 무상으로 기증받다.
㉢ 예금이자 ₩10,000이 통장에 가산되다.
㉣ 월 급여 ₩20,000을 주기로 하고 종업원을 채용하다.
㉤ 천재지변으로 인하여 ₩30,000의 상품이 유실되다.
㉥ 외상매입금 ₩10,000을 면제받다.

① ㉡ – ㉢ – ㉣ – ㉥
② ㉠ – ㉡ – ㉤ – ㉥
③ ㉠ – ㉢ – ㉣ – ㉤
④ ㉡ – ㉢ – ㉤ – ㉥
⑤ ㉠ – ㉡ – ㉢ – ㉣ – ㉤

해설 회계상 거래란 자산·부채·자본에 증감변화를 일으키거나 수익·비용의 발생을 일으키는 모든 거래를 말한다. 그러나 상품의 매매계약, 종업원의 채용계약 등은 일상적인 거래이나 회계상 거래에는 해당하지 않는다.

정답 ④

05 다음 사건에서 발생시점에 분개하여야 할 회계거래는? 2019년 관세직 공무원 수정

① 제품포장을 위해 계약직 직원을 일당 ₩100,000의 조건으로 매월 말 급여를 지급하기로 하고 채용하였다.

② 물류창고에서 화재가 발생하여 보유 중인 재고자산(장부가액 ₩2,000,000)이 전부 소실되었다.

③ 거래처로부터 신제품 100개를 개당 ₩1,000의 조건으로 월말까지 납품해달라는 주문서를 받았다.

④ 다음 달 사무실을 이전하기로 하고 매월 말 ₩1,000,000의 임차료를 지급하는 계약을 건물주와 체결하였다.

⑤ 금융회사에서 현금 ₩100,000을 차입하기로 하고 건물 ₩200,000을 담보로 제공하였다.

해설 물류창고에서 화재가 발생하여 보유 중인 재고자산(장부가액 ₩2,000,000)이 전부 소실되었다면 자산이 감소한 것이므로 회계상 거래에 해당한다.

정답 ②

7. 계정의 의의

거래의 발생으로 인하여 나타나는 자산·부채·자본·수익·비용의 변동을 상세히 기록하기 위하여 설정한 기본적인 계산단위를 계정(A/C; Account)이라고 하며, 계정의 명칭을 계정과목, 기록하는 장소를 계정계좌라 한다. 계정계좌의 왼쪽을 차변, 오른쪽을 대변이라고 한다.

(1) 계정과목

각 계정에 붙여진 항목의 이름을 계정과목이라 한다.

(2) 계정계좌

각 계정의 기입장소를 계정계좌라 한다.

(3) 계정형식

계정의 형식에는 표준식과 잔액식이 있으나 학습의 편의상 T계정(T-form)을 많이 사용한다.

(4) 차변과 대변

계정의 왼쪽을 차변(Dr; Debtor), 오른쪽을 대변(Cr; Creditor)이라 한다.

8. 계정의 분류

계정은 기업의 종류와 성질에 따라 여러 가지로 분류할 수 있으나 재무상태표계정과 포괄손익계산서계정으로 대별되며, 이를 세분하면 다음과 같다.

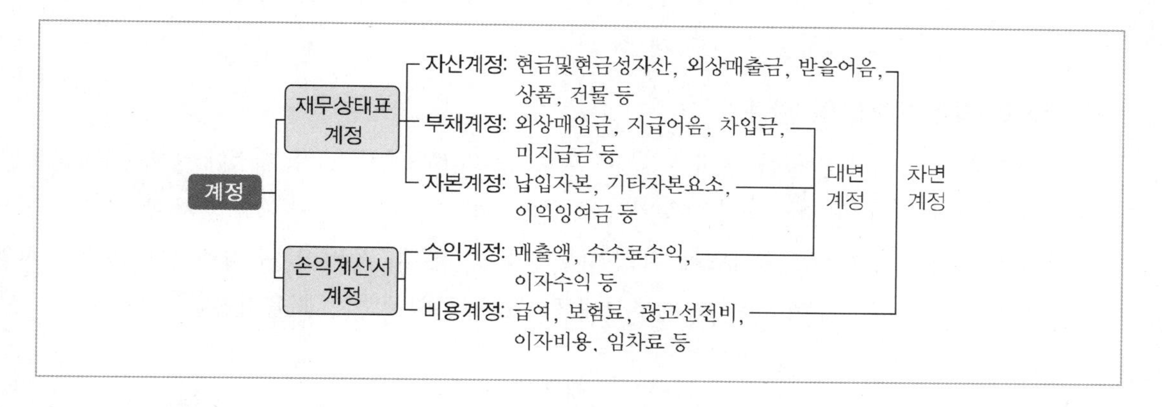

9. 계정기입의 법칙

각 계정에 기입되는 모든 거래는 증가와 감소 또는 발생과 소멸 등의 서로 반대되는 두 가지 측면을 가지고 있다. 자산·부채·자본 및 비용·수익에 대한 각 항목의 증가 및 감소가 각 계정의 차변 및 대변에 어떻게 기입되는지를 표시하면 다음과 같으며, 이를 계정기입의 법칙이라 한다.

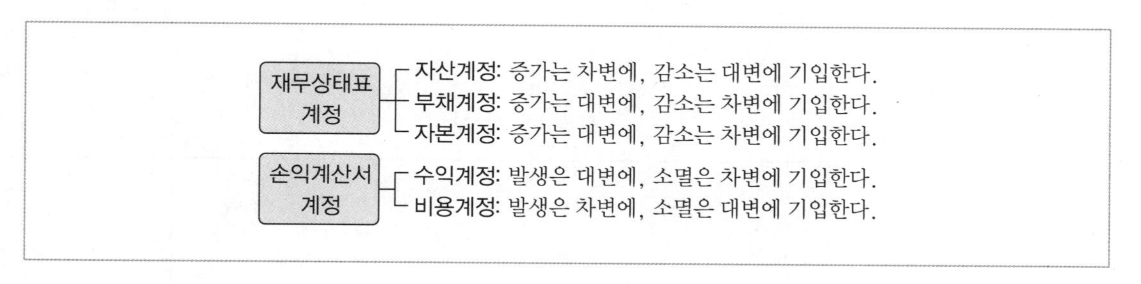

(1) 재무상태표계정의 기입방법

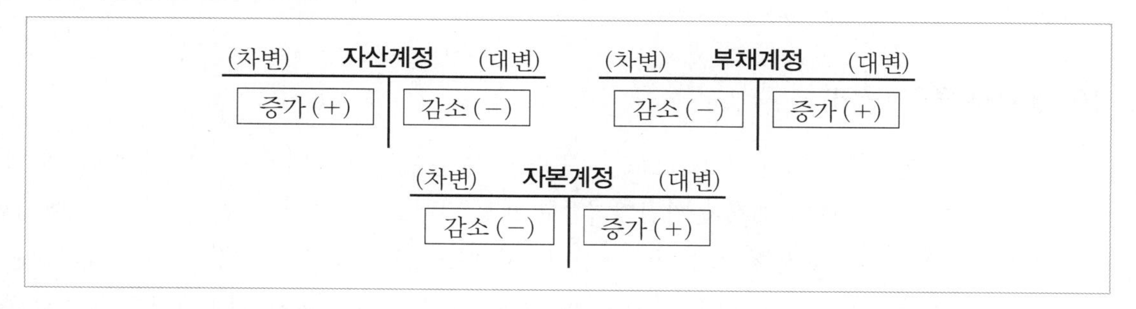

(2) 포괄손익계산서계정의 기입방법

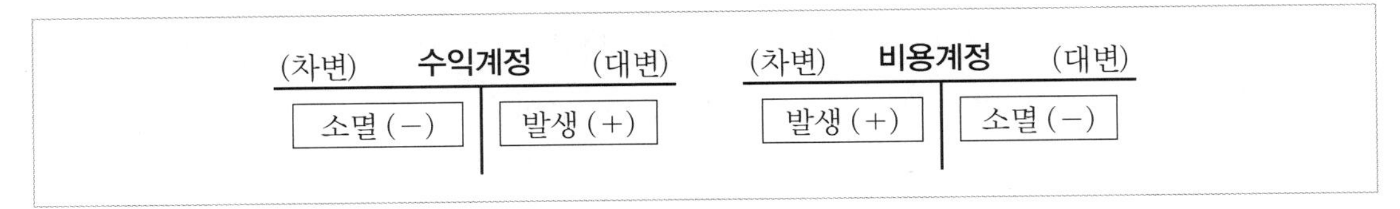

(3) 계정과 재무제표와의 관계

한 회계기간 동안에 발생한 거래는 자산·부채 및 자본과 수익·비용계정에 증가 또는 감소의 영향을 미치게 되며, 감소금액은 증가금액을 초과하지 못한다. 즉, 어느 한쪽에 잔액이 발생하는데, 자산·비용계정은 차변에 잔액이 발생하고, 부채·자본 및 수익계정은 대변에 잔액이 발생한다. 그리고 이 잔액은 재무상태표와 포괄손익계산서에 옮겨진다.

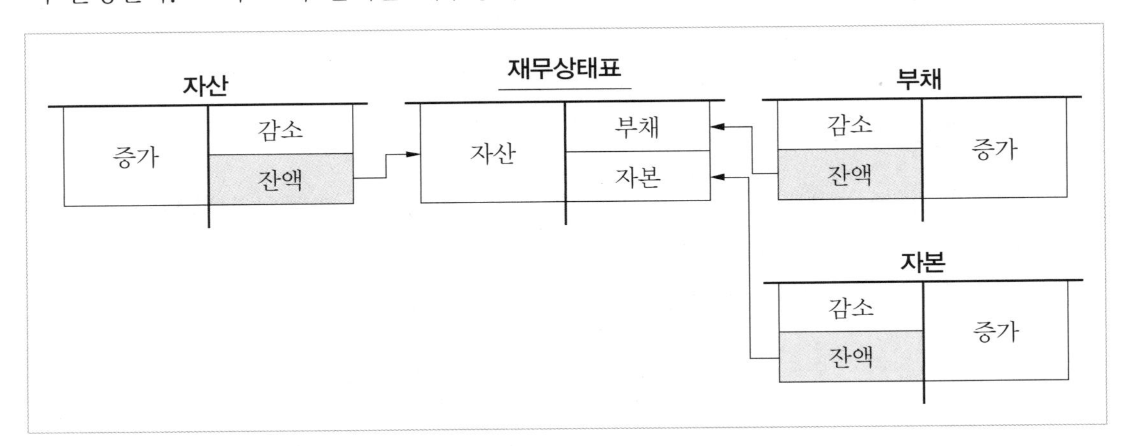

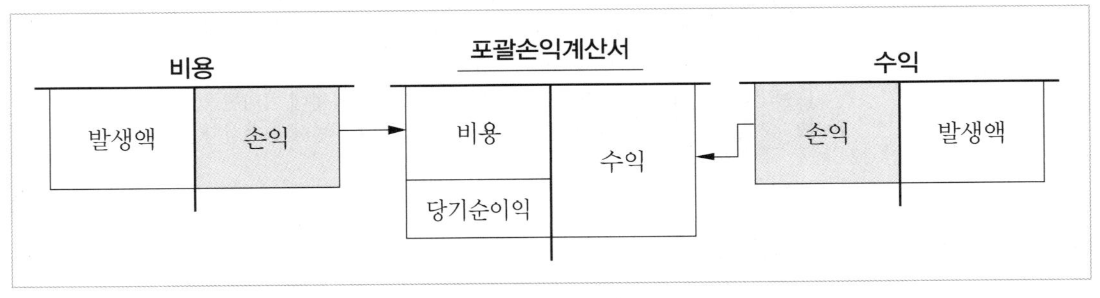

10. 대차평균의 원리

거래가 이루어지면 반드시 어떤 계정의 차변과 또 다른 계정의 대변에 똑같은 금액을 기입하므로, 아무리 많은 거래가 계정에 기입되더라도 계정 전체를 통해서 본다면 차변금액 합계와 대변금액 합계는 반드시 일치하게 된다. 이 일치관계를 대차평균의 원리라고 한다. 대차평균의 원리는 복식부기의 가장 중요하고 기본적인 원칙으로서, 계정 전체의 차변금액 합계와 대변금액 합계의 일치 여부를 확인함으로써 장부기장과 계산의 정확 여부를 판단할 수 있다. 만약 양쪽 금액이 일치하지 않는다면 장부기장이나 계산에 있어서 오류가 발생했다는 것을 알려주는데, 복식부기의 이러한 기능을 일컬어 자기검증기능이라 한다.

개념적용 문제

06 다음 내용에 해당하는 알맞은 계정과목을 ( ) 안에 표시하시오.

(1) 지폐 및 주화, 통화대용증권(자기앞수표 등) ············( )
(2) 은행에 당좌예입하거나 수표를 발행하였을 때 ············( )
(3) 통화 및 자기앞수표 등 통화대용증권과 당좌예금·보통예금을 합한 것 ···( )
(4) 만기가 1년 이내인 정기예금에 가입하였을 때 ············( )
(5) 단기 시세차익의 목적으로 매입한 지분상품(주식) ············( )
(6) 계약상 현금흐름(원리금)의 수취와 매도를 위하여 취득한 주식 또는 사채 ·····( )
(7) 원리금만을 수취할 목적으로 매입한 채무상품(사채) ············( )
(8) 상품을 매출하고, 대금은 외상으로 하였을 때 ············( )
(9) 상품을 매출하고, 대금은 약속어음으로 받았을 때 ············( )
(10) 상품이 아닌 건물·토지 등을 매각처분하고 월말에 대금을 받기로 하였을 때 ···( )
(11) 현금을 타인에게 빌려 주고, 차용증서(또는 어음)를 받았을 때 ············( )
(12) 상품을 주문하고, 계약금으로 지급하였을 때 ············( )
(13) 판매를 목적으로 외부로부터 매입한 물품 ············( )
(14) 사무용품을 구입하였을 때 ············( )
(15) 영업용 책상, 의자, 금고, 응접세트, 컴퓨터, 복사기 등을 구입하였을 때 ···( )
(16) 영업에 사용할 목적으로 점포, 창고 등을 구입하였을 때 ············( )
(17) 상품을 매입하고 대금은 외상으로 하였을 때 ············( )
(18) 상품을 매입하고 대금은 약속어음을 발행하였을 때 ············( )
(19) 상품이 아닌 비품·건물 등을 구입하고, 월말에 대금 지급하기로 하였을 때 ··( )
(20) 현금을 빌리고, 차용증서(또는 어음)를 써 준 경우 ············( )
(21) 상품을 주문받고, 계약금을 받았을 때 ············( )
(22) 기업이 주식을 발행하여 납입한 현금이나 토지, 건물 등 ············( )
(23) 상품을 원가 이상으로 매출하고 생긴 이익 ············( )
(24) 단기대여금 또는 은행예금에서 얻어진 이자 ············( )
(25) 집세를 받았을 때 ············( )
(26) 중개역할을 하고 중개수수료를 받았을 때 ············( )
(27) 폐품 등을 처분하고 생긴 이익금 또는 영업활동 외에서 생기는 적은 이익금 ···( )
(28) 상품을 원가 이하로 매출하고 생긴 손실 ············( )
(29) 점원의 월급을 지급하였을 때 ············( )
(30) 단기차입금에 대한 이자를 지급하였을 때 ············( )
(31) 집세를 지급하였을 때 ············( )
(32) 택시요금, 시내교통비를 지급하였을 때 ············( )

(33) 전기요금, 수도요금, 가스요금을 지급하였을 때 ······························( )
(34) 전화요금, 인터넷 사용요금 등을 지급하였을 때 ······························( )
(35) 사무용 장부, 볼펜 등을 구입하여 사용하였을 때 ····························( )
(36) 재산세, 자동차세 및 상공회의소 회비를 지급하였을 때 ····················( )
(37) 화재보험료, 자동차보험료를 지급하였을 때 ···································( )
(38) MBC(문화방송)에 TV광고료를 지급하였을 때 ································( )
(39) 신문구독료를 지급하였을 때 ··( )
(40) 상품 발송비 및 짐꾸리기 비용을 지급하였을 때 ·····························( )

정답 (1) 현금 (2) 당좌예금 (3) 현금및현금성자산 (4) 단기정기예금
(5) 당기손익-공정가치 측정 금융자산 (6) 기타포괄손익-공정가치 측정 금융자산
(7) 상각 후 원가 측정 금융자산 (8) 외상매출금
(9) 받을어음 (10) 미수금 (11) 단기대여금 (12) 선급금
(13) 상품 (14) 소모품 (15) 비품 (16) 건물
(17) 외상매입금 (18) 지급어음 (19) 미지급금 (20) 단기차입금
(21) 선수금 (22) 자본금 (23) 상품매출이익 (24) 이자수익
(25) 임대료 (26) 수수료수익 (27) 잡수익 (28) 상품매출손실
(29) 급여 (30) 이자비용 (31) 임차료 (32) 여비교통비
(33) 수도광열비 (34) 통신비 (35) 소모품비 (36) 세금과공과
(37) 보험료 (38) 광고선전비 (39) 잡비 (40) 운반비

07 부채에 해당하는 것은?

제26회 기출

① 소득세예수금 ② 미수금
③ 감자차손 ④ 받을어음
⑤ 대여금

해설 ②④⑤ 자산에 해당한다.
③ 자본에 해당한다.

정답 ①

08 포괄손익계산서에 표시되는 계정과목은?

제18회 기출

① 금융원가 ② 이익잉여금
③ 영업권 ④ 매출채권
⑤ 미지급법인세

해설 금융원가는 차입금에 대한 이자비용 등으로 포괄손익계산서에 표시되는 계정이다.
②③④⑤ 재무상태표에 표시되는 계정이다.

정답 ①

09 기업이 종업원에게 급여를 지급하면서 소득세 등을 원천징수하여 일시적으로 보관하기 위한 계정과목은?

제27회 기출

① 예수금 ② 선수금
③ 선급금 ④ 미수금
⑤ 미지급금

해설 기업이 종업원에게 급여를 지급하면서 소득세 등을 원천징수하여 일시적으로 보관하는 계정과목은 예수금이다.

정답 ①

10 차기로 이월되는 계정(영구계정)에 해당하지 않는 것은?

제16회 기출

① 단기대여금 ② 장기차입금
③ 산업재산권 ④ 자본금
⑤ 이자비용

해설 영구계정(실재계정)은 자산, 부채, 자본을 말하며, 이자비용은 비용으로 임시(명목)계정이다.

정답 ⑤

제2절 분개와 전기

1. 분개

거래가 발생하면 거래의 내용을 분석하여 어느 계정에 얼마의 금액을 기입할 것인가를 구체적인 과목별로 결정해야 하는데, 이와 같은 과정을 분개(分介, Journalizing)라고 하며, 분개를 거래의 발생순서에 따라 기입하는 장부를 분개장(Journal)이라고 한다. 분개장은 모든 거래를 날짜별로 기록하므로 영업일지의 역할을 하기도 한다.

(1) 분개의 절차

① 거래를 식별한다. ⇨ 회계상의 거래인가를 확인한다.
② 계정과목을 결정한다.
③ 계정기입의 법칙(분개의 법칙)에 따라 어느 곳(차변 또는 대변)에 기입할 것인가를 결정한다.
④ 기입해야 할 금액을 결정한다.
⑤ 차변금액과 대변금액의 일치 여부를 확인한다.

(2) 분개장 제도

분개장은 회계상의 거래를 최초로 기입하는 원시기입장으로서 보통분개장(General Journal)과 특수분개장(Special Journal)으로 분할하여 복수분개장제도를 이용하는 경우가 있다.

참고 복수분개장제도

- 분개장과 보조부에 이중으로 기장하는 노력과 시간을 절약할 수 있다.
- 원장에 합계전기를 할 수 있다.
- 기장업무를 분담함으로써 내부견제기능을 갖는다.
- 책임한계를 명확히 할 수 있다.

2. 전기와 총계정원장

거래를 분개하여 분개장에 기입이 끝나면 분개한 것을 해당 계정에 옮겨 적는 절차를 전기(Posting)라고 한다. 전기는 분개의 차변에 있는 계정은 당해 계정의 차변에 기입하고, 대변에 있는 계정은 당해 계정의 대변에 기입한다. 이와 같이 모든 거래는 분개를 통하여 각 총계정원장에 전기되는 것이다. 총계정원장은 거래를 계정과목별로 기입하는 장부로서 복식부기에서 절대적으로 필요한 것이며, 거래를 발생순서대로 기록하는 분개장과 더불어 모든 장부의 중심이 되는 주요부이다. 원장의 양식에는 표준식과 잔액식이 있고, 그중 잔액식이 널리 이용되고 있다.

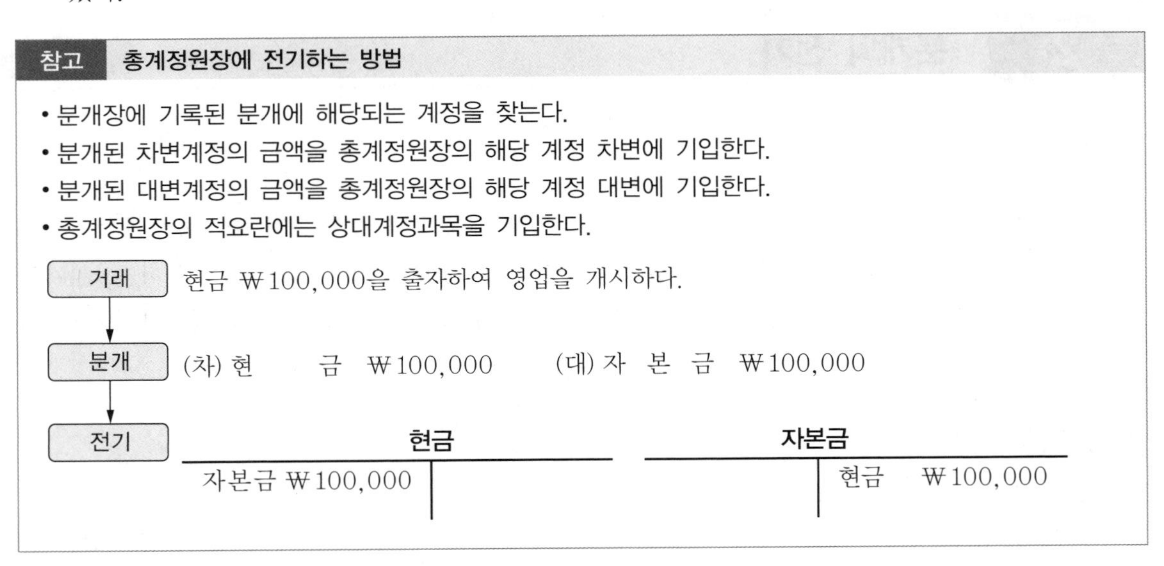
참고 총계정원장에 전기하는 방법

- 분개장에 기록된 분개에 해당되는 계정을 찾는다.
- 분개된 차변계정의 금액을 총계정원장의 해당 계정 차변에 기입한다.
- 분개된 대변계정의 금액을 총계정원장의 해당 계정 대변에 기입한다.
- 총계정원장의 적요란에는 상대계정과목을 기입한다.

개념적용 문제

11 다음 거래를 분개하시오.

(1) 현금 ₩50,000과 건물 ₩100,000으로 영업을 개시하다.
(2) 신문구독료 ₩8,000을 현금으로 지급하다.
(3) 상품 ₩420,000(원가 ₩350,000)을 외상으로 매출하다.
(4) 이달분 종업원 급여 ₩20,000이 미지급되었다.
(5) 외상매입금 ₩150,000을 수표를 발행하여 지급하다.
(6) 우표 및 엽서 구입대금 ₩45,000을 현금으로 지급하다.
(7) 단기대여금 ₩500,000과 그 이자 ₩20,000을 현금으로 회수하다.
(8) 영업용 트럭 ₩800,000을 구입하고, 대금 중 ₩500,000은 수표를 발행하여 지급하고 잔액은 약속어음을 발행하여 지급하기로 하다.
(9) 상품 ₩100,000을 매입하고 약속어음을 발행하여 지급하다.
(10) 영업용 비품 ₩80,000을 구입하고, 대금은 약속어음을 발행하여 지급하다.
(11) 단기차입금 ₩600,000에 대한 이자 ₩5,000을 현금으로 지급하다.
(12) 상품 ₩520,000(원가 ₩550,000)을 매출하고, 대금 중 ₩200,000은 현금으로 받고, 잔액은 약속어음으로 받다.
(13) 이달분 임대료 ₩40,000이 미회수되었다.
(14) 현금 ₩100,000을 대여하고 약속어음을 받다.
(15) 현금 ₩10,000권 지폐를 ₩1,000권 지폐 10장으로 교환하다.

정답

(1)	(차) 현금	50,000	(대) 자본금	150,000
	건물	100,000		
(2)	(차) 잡비	8,000	(대) 현금	8,000
(3)	(차) 매출원가	350,000	(대) 상품	350,000
	외상매출금	420,000	매출	420,000
(4)	(차) 급여	20,000	(대) 미지급급여	20,000
(5)	(차) 외상매입금	150,000	(대) 당좌예금	150,000
(6)	(차) 통신비	45,000	(대) 현금	45,000
(7)	(차) 현금	520,000	(대) 대여금	500,000
			이자수익	20,000
(8)	(차) 차량운반구	800,000	(대) 당좌예금	500,000
			미지급금	300,000
(9)	(차) 매입(또는 상품)	100,000	(대) 지급어음	100,000
(10)	(차) 비품	80,000	(대) 미지급금	80,000
(11)	(차) 이자비용	5,000	(대) 현금	5,000
(12)	(차) 매출원가	550,000	(대) 상품	550,000
	현금	200,000	매출	520,000
	받을어음	320,000		
(13)	(차) 미수임대료	40,000	(대) 임대료	40,000
(14)	(차) 단기대여금	100,000	(대) 현금	100,000

(15) 분개 없음(현금을 현금으로 교환하였으므로 증감이 없음)

12 다음 거래를 분개하여 분개장에 기입한 후 총계정원장(T자형)에 전기하시오. (단, 상품의 매입, 매출은 상품계정을 사용한다.)

(1) 1월 1일 현금 ₩500,000을 출자하여 영업을 개시하다.
(2) 1월 3일 현금 ₩100,000을 은행에 당좌예금하다.
(3) 1월 5일 대한상점에서 상품 ₩120,000을 매입하고 대금은 외상으로 하다.
(4) 1월 7일 한국상점에 상품 ₩80,000(원가 ₩50,000)을 외상으로 매출하다.
(5) 1월 15일 책상과 의자를 ₩50,000에 구입하고 대금은 수표를 발행하여 지급하다.
(6) 1월 25일 이달분 임차료 ₩10,000을 현금으로 지급하다.
(7) 1월 30일 이달분 급여 ₩15,000을 현금으로 지급하다.

정답

분개장

월	일	적요	원면	차변	대변
		(현금)	1	₩500,000	
1	1	(자본금)	10		₩500,000
		현금 출자하여 영업개시			
		(당좌예금)	7	100,000	
	3	(현금)	1		100,000
		현금을 은행에 당좌예입하다.			
		(상품)	4	120,000	
	5	(외상매입금)	9		120,000
		대한상점으로부터 상품매입			
		(외상매출금)	6	80,000	
	7	(상품)	4		50,000
		(상품매출이익)	13		30,000
		한국상점에 상품을 외상매출			
		(비품)	8	50,000	
	15	(당좌예금)	7		50,000
		비품 구입			
		(임차료)	11	10,000	
	25	(현금)	1		10,000
		임차료 지급			
		(급여)	12	15,000	
	30	(현금)	1		15,000
		급여 지급			
				₩875,000	₩875,000

현금 (1)

차변		대변	
1/ 1 자본금	500,000	1/ 3 당좌예금	100,000
		1/25 임차료	10,000
		1/30 급여	15,000

상품 (4)

차변		대변	
1/ 5 외상매입금	120,000	1/ 7 외상매출금	50,000

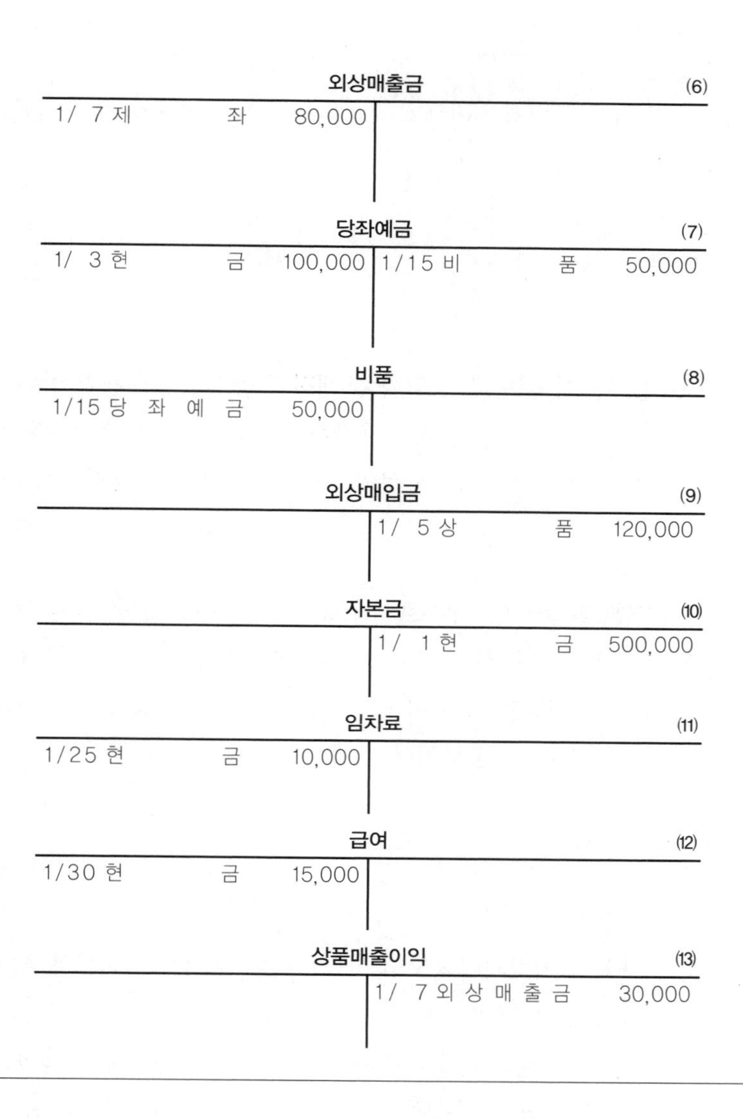

외상매출금 (6)

차변		
1/ 7 제 좌	80,000	

당좌예금 (7)

차변		대변	
1/ 3 현 금	100,000	1/15 비 품	50,000

비품 (8)

차변		대변	
1/15 당 좌 예 금	50,000		

외상매입금 (9)

차변		대변	
		1/ 5 상 품	120,000

자본금 (10)

차변		대변	
		1/ 1 현 금	500,000

임차료 (11)

차변		대변	
1/25 현 금	10,000		

급여 (12)

차변		대변	
1/30 현 금	15,000		

상품매출이익 (13)

차변		대변	
		1/ 7 외 상 매 출 금	30,000

제3절 회계장부

- 주요부
  - 분개장(전표)
  - 총계정원장
- 보조부
  - 보조기입장: 현금출납장, 당좌예금출납장, 소액현금출납장, 매입장, 매출장, 받을어음기입장, 지급어음기입장
  - 보조원장: 상품재고장, 적송품원장, 유형자산대장, 매입처원장, 매출처원장, 주주원장
  - 기타 보조부

1. 회계장부

회계장부(Accounting Books)는 기업에서 발생하는 각종 거래를 조직적으로 기록·계산·정리하기 위한 기록부를 말한다.

2. 회계장부의 분류

(1) 주요부

주요부는 회계장부의 기본이 되는 장부로서 분개장과 총계정원장을 말한다. 분개장은 거래를 처음 기록하는 장부로 원시기록이 된다는 점에서 중요하고, 원장은 분개장에 기록된 거래를 계정과목별로 기록함으로써 재무제표 작성의 기초가 된다는 점에서 중요하다.

(2) 보조부

보조부는 주요부에 대한 보충적인 장부로서 주요부의 부족한 점을 보충해 주거나 주요부 내 어떤 금액의 내역을 상세하게 표시해 주는 장부이다. 보조기입장은 거래를 발생순서에 따라 기입하는 장부이고, 보조원장은 원장계정의 명세를 기입하는 장부이며, 기타 보조부는 주로 비망기록을 하기 위해 작성하는 장부이다.

3. 전표

회사의 규모가 커지고 조직이 세분화됨에 따라 각각의 부서에서 발생하는 많은 거래를 분개장에만 기록하는 것이 사실상 어렵거나 불가능하므로 대부분의 기업실무에서는 분개장을 대신하여 전표를 사용하고 있다. 전표(傳票, Slip)는 거래를 최초로 인식하여 기록하는 일정한 양식지로서 분개장을 거래단위별로 분리하여 기록하므로 분개장에 비하여 다음과 같은 장점이 있다.

① 거래가 발생하는 각 부서별로 분담하여 작성할 수 있다(기장사무 분담).
② 분개집계표(일계표, 주계표, 월계표)를 사용하므로 전기의 횟수를 줄일 수 있다.
③ 분개장을 작성하지 않아도 되므로 장부조직을 간소화시킬 수 있다(분개장 대용).
④ 거래내용을 다른 부서에 쉽게 전달할 수 있다.
⑤ 결재과정을 통해서 책임소재를 명확히 할 수 있다.

▶▶ 전표의 종류

전표제도	전표의 종류
1전표제	분개전표만 사용
3전표제	입금전표, 출금전표, 대체전표
5전표제	매입전표, 매출전표, 입금전표, 출금전표, 대체전표

개념적용 문제

13 장부는 주요부와 보조부로 나눌 수 있다. 다음 중 특수분개장으로 사용이 불가능한 것은?

① 받을어음기입장
② 적송품원장
③ 소액현금출납장
④ 현금출납장
⑤ 매출장

해설 보조기입장은 특수분개장으로 사용이 가능하다. 그러나 적송품원장은 보조원장이다.

정답 ②

14 다음 장부에 모두 기장되는 거래는?

• 분개장
• 총계정원장
• 매출장
• 매출처원장
• 상품재고장

① 상품 ₩50,000을 매출하고, 대금은 수표로 받다.
② 상품 ₩50,000을 외상으로 매입하다.
③ 매출한 상품 중 품질불량으로 ₩50,000을 에누리하여 주다.
④ 상품 ₩50,000을 외상으로 매출하다.
⑤ 상품 ₩50,000을 현금으로 매출하다.

해설 상품을 외상으로 매출하면 기본적으로 분개장에 기입하고 총계정원장에 전기한다. 또한 보조부는 매출과 관련하여 매출장 및 상품재고장에 기입하고 외상거래장인 매출처원장에 기입한다.

정답 ④

제4절 시산표와 정산표

1. 시산표(試算表)

(1) 시산표의 의의

시산표(T/B; Trial Balance)는 총계정원장의 기입이 바르게 되었는지 검증하기 위하여 작성하는 일람표로서, 작성시기와 목적에 따라 결산정리전시산표, 결산정리후시산표, 이월시산표로 구분되며 결산정리전시산표는 합계시산표, 잔액시산표, 합계잔액시산표로 분류한다. 시산표를 작성하는 목적은 차변합계와 대변합계가 일치되어 분개장에서 원장으로서 전기가 정확하게 이루어졌는가를 검토하고, 결산 전에 재무상태와 경영성과의 개요를 알기 위하여 작성한다.

(2) 시산표의 종류

① **합계시산표**: 합계시산표는 원장 각 계정의 차변합계액과 대변합계액을 모은 것으로, 합계시산표의 합계액은 그 회계기간에 있어서의 총 거래액이므로 분개장의 합계와도 일치한다.

합계시산표

차변	원면	계정과목	대변
₩15,000	1	자 산	₩3,000
4,000	2	부 채	12,000
	3	자 본	2,000
	4	수 익	8,000
6,000	5	비 용	
₩25,000			₩25,000

② **잔액시산표**: 잔액시산표는 원장 각 계정의 차변합계액과 대변합계액의 차액인 잔액으로써 작성되는 시산표이다. 자산계정과 비용계정은 차변합계액이 대변합계액보다 크므로 그 잔액은 차변에 발생하고, 부채와 자본 및 수익계정은 대변합계액이 차변합계액보다 크므로 그 잔액은 대변에 발생한다. 이를 시산표 등식이라고 한다.

▶▶ 시산표 등식

기말자산 + 총비용 = 기말부채 + 기초자본 + 총수익

잔액시산표

차변	원면	계정과목	대변
₩12,000	1	자 산	
	2	부 채	₩8,000
	3	자 본	2,000
	4	수 익	8,000
6,000	5	비 용	
₩18,000			₩18,000

③ **합계잔액시산표**: 합계잔액시산표는 원장 각 계정의 차변합계액과 대변합계액 그리고 잔액을 모아서 작성한 표이다. 즉, 합계시산표와 잔액시산표를 집계한 표이다.

합계잔액시산표

차변		원면	계정과목	대변	
잔액	합계			합계	잔액
₩12,000	₩15,000	1	자 산	₩3,000	
	4,000	2	부 채	12,000	₩8,000
		3	자 본	2,000	2,000
		4	수 익	8,000	8,000
6,000	6,000	5	비 용		
₩18,000	₩25,000			₩25,000	₩18,000

개념적용 문제

15 다음 총계정원장의 잔액을 근거로 하여 잔액시산표를 완성하시오. (단, 자본금은 각자 계산할 것)

• 현금	₩210,000	• 매출	₩150,000
• 당기손익-공정가치 측정 금융자산	140,000	• 이자수익	48,000
• 외상매출금	106,000	• 매출원가	100,000
• 상품	60,000	• 급여	34,000
• 비품	50,000	• 보험료	10,000
• 외상매입금	84,000	• 잡비	20,000
• 지급어음	50,000	• 소모품비	2,000
• 자본금	(?)		

정답

잔액시산표

차변	원면	계정과목	대변
₩210,000		현 금	
140,000		당기손익-공정가치 측정 금융자산	
106,000		외 상 매 출 금	
60,000		상 품	
50,000		비 품	
		외 상 매 입 금	₩84,000
		지 급 어 음	50,000
	(생략)	자 본 금	400,000
		매 출	150,000
		이 자 수 익	48,000
100,000		매 출 원 가	
34,000		급 여	
10,000		보 험 료	
20,000		잡 비	
2,000		소 모 품 비	
₩732,000			₩732,000

(3) 시산표의 합계 불일치

합계시산표나 잔액시산표의 차변과 대변의 합계액이 일치하지 않을 때에는 분개장의 분개로부터 시산표를 작성할 때까지의 절차를 역으로 조사(시산표 ⇨ 총계정원장 ⇨ 분개장)하여 다음과 같이 불일치의 원인을 조사하여 오류를 정정한다.

① 시산표 차·대변의 합계액 계산에 틀림이 없는지 검산한다.
② 총계정원장의 각 계정합계액 또는 잔액을 시산표에 틀림없이 이기하였는지 조사한다.
③ 총계정원장의 각 계정합계액과 잔액의 계산에 틀림이 없는지 검산한다.
④ 분개장으로부터 총계정원장에의 전기에 잘못이 없는지 검산한다.
⑤ 분개 자체에 오류가 없는지 검토한다.

참고 시산표에서 발견할 수 없는 오류

- 거래 전체의 분개가 누락되거나 전기가 누락된 경우
- 어떤 거래를 이중으로 분개하거나 또는 대·차 양변에 이중으로 전기한 경우
- 계정과목을 잘못 설정하였거나 타 계정에 전기한 경우
- 대·차변에 다같이 틀린 동일금액으로 분개하거나 전기한 경우
- 오류가 우연히 상계된 경우

개념적용 문제

16 시산표에 관한 설명으로 옳은 것은? 제15회 기출

① 시산표는 재무상태표와 포괄손익계산서를 작성하기 위한 필수적인 장부이다.
② 시산표는 각 계정과목의 잔액을 사용하여 작성할 수 있다.
③ 수정전시산표에는 선급비용과 선수수익의 계정과목이 나타나지 않는다.
④ 발생된 거래를 분개하지 않은 경우 시산표의 차변합계와 대변합계는 일치하지 않는다.
⑤ 수정후시산표에는 수익과 비용 계정과목이 나타날 수 없다.

해설 ① 시산표는 재무상태표와 포괄손익계산서를 작성하기 위한 필수적인 장부는 아니다.
③ 수정전시산표에는 선급비용과 선수수익의 계정과목이 나타날 수 있다.
④ 발생된 거래를 분개하지 않은 경우 시산표의 차변합계와 대변합계는 일치한다.
⑤ 수정후시산표에는 수익과 비용 계정과목이 나타날 수 있다.

정답 ②

17 시산표를 통해서 발견할 수 있는 오류는 어떤 것인가?

① 거래의 이중분개 또는 이중전기가 행해진 경우
② 거래의 분개 시 계정과목을 잘못 선택한 경우
③ 실제 거래금액과는 다르지만 대차 동일한 금액으로 전기한 경우
④ 거래의 분개가 행해지지 않은 경우
⑤ 해당계정의 대변에 전기할 것을 차변에 전기한 경우

해설 ①②③④ 시산표에서 발견할 수 없는 오류이다.

정답 ⑤

2. 정산표

(1) 정산표의 의의

정산표(W/S; Working Sheet)는 잔액시산표를 기초로 하여 예비적으로 포괄손익계산서와 재무상태표를 작성하는 일람표로서 임의적 절차로 생략할 수 있다.

(2) 정산표의 작성방법(6위식)

① 잔액시산표를 통하여 원장의 모든 계정의 잔액을 그대로 시산표란에 옮겨 적는다.
② 시산표란의 각 계정과목의 금액 중 수익과 비용에 속하는 과목의 금액은 포괄손익계산서란에, 자산·부채 및 자본에 속하는 과목의 금액은 재무상태표란에 옮겨 적는다.
③ 포괄손익계산서란 및 재무상태표란의 대차차액을 각각 당기순이익(또는 순손실)으로 하여 금액이 적은 편에 기입하고, 대차를 평균시켜 마감한다.

▶ **정산표 기입의 예**

정산표

계정과목	잔액시산표		포괄손익계산서		재무상태표	
	차변	대변	차변	대변	차변	대변
자산계정	100,000				100,000	
부채계정		20,000				20,000
자본계정		70,000				70,000
수익계정		30,000		30,000		
비용계정	20,000		20,000			
당기순이익			10,000			10,000
	₩120,000	₩120,000	₩30,000	₩30,000	₩100,000	₩100,000

제5절 결산

1. 결산의 정의

결산(Closing)은 재무정보를 명확하게 계산하고 정리하여 그 결과를 정보이용자에게 보고하는 재무회계의 순환과정 중 마지막 절차이며, 모든 장부를 마감하는 과정이다.

2. 결산절차

결산절차는 예비절차, 본절차, 후절차의 순서를 거친다.

(1) 결산 예비절차(장부검증)

① **시산표의 작성**: 원장기록의 요약, 원장 전기를 검증

② **재고조사표의 작성**: 장부상 금액과 실제금액을 조사하여 수정하는 표

참고 재고조사(기말결산) 시 수정사항

- 소모품의 결산정리
- 미수수익, 미지급비용 계상
- 유·무형자산의 감가상각
- 실지재고조사법에 의한 매출원가 계산
- 선급비용, 선수수익의 계상
- 손실충당금의 추정(설정)
- 자산·부채의 평가 및 손상차손

③ **정산표의 작성**(임의절차)

(2) 결산 본절차(장부 마감)

① 총계정원장의 마감

② 분개장의 마감

③ 기타장부의 마감

(3) 결산 후절차(재무제표의 작성)

① 기말 재무상태표의 작성

② 기간손익과 기타포괄손익계산서의 작성

③ 기간 현금흐름표의 작성

④ 기간 자본변동표의 작성

⑤ 주석

⑥ 비교기간의 기초 재무상태표(재무제표 항목을 소급 재작성 또는 재분류하는 경우)

3. 총계정원장의 마감

(1) 집합손익계정의 설정

집합손익계정은 수익계정과 비용계정의 금액을 집합시켜 당기순손익을 산출하기 위하여 기말 결산 시 새로 설정하는 집합계정이다.

(2) 수익·비용계정의 마감

손익계정을 설정하여 수익과 비용계정의 각 잔액을 집합손익계정에 집합시켜 당기순손익을 계산한다.

① **수익계정:** 수익에 속하는 계정은 그 잔액이 항상 대변에 발생하므로 집합손익계정의 대변에 대체한다.

② **비용계정:** 비용에 속하는 계정은 그 잔액이 항상 차변에 발생하므로 집합손익계정의 차변에 대체한다.

③ **대체와 대체분개:** 한 계정에서 다른 계정으로 금액을 옮기는 절차를 대체(Transfer)라 하고, 이때 행하는 분개를 대체분개라 한다.

비용계정의 대체	(차) 집 합 손 익 8,000	(대) 비 용 8,000
수익계정의 대체	(차) 수 익 10,000	(대) 집 합 손 익 10,000

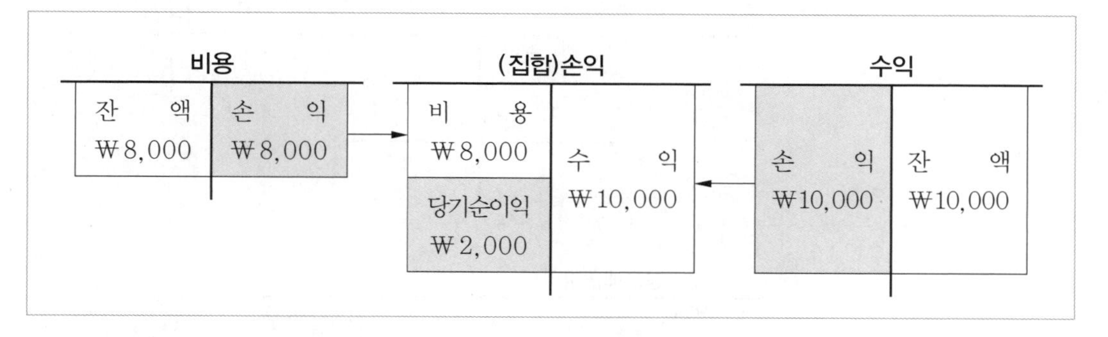

(3) 순손익의 대체

집합손익계정의 차변합계는 비용의 총액이며, 대변합계는 수익의 총액이므로 비용총액과 수익총액을 비교하여 잔액이 대변에 생기면 당기순이익이고, 차변에 생기면 당기순손실이 된다. 그리고 집합손익계정에서 계산된 당기순손익은 자본금계정으로 대체한다.

① **순이익의 대체:** 당기순이익은 자본금계정 대변에 대체한다.

② **순손실의 대체:** 당기순손실은 자본금계정 차변에 대체한다.

순이익의 대체	(차) 집 합 손 익 2,000	(대) 자 본 금 2,000
순손실의 대체	(차) 자 본 금 2,000	(대) 집 합 손 익 2,000

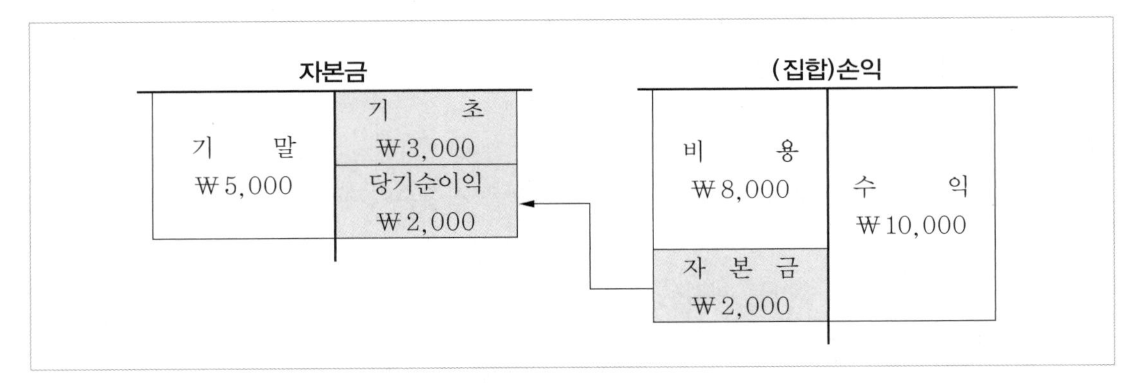

개념적용 문제

18 다음은 총계정원장의 수익 및 비용계정이다. 각 계정을 마감하고 필요한 대체분개와 당기 순손익을 자본금계정에 대체하는 분개를 하시오.

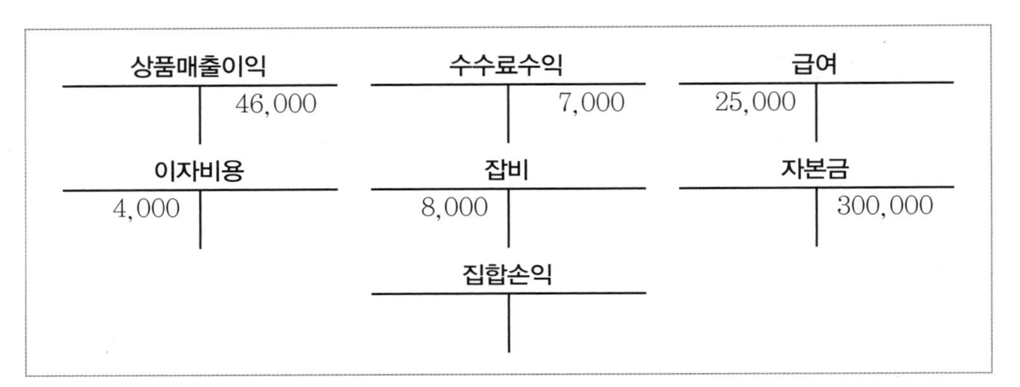

정답

상품매출이익

집 합 손 익	₩46,000		₩46,000

수수료수익

집 합 손 익	₩7,000		₩7,000

급여

	₩25,000	집 합 손 익	₩25,000

이자비용

	₩4,000	집 합 손 익	₩4,000

잡비

	₩8,000	집 합 손 익	₩8,000

자본금

차기이월	₩316,000		₩300,000
		손익	16,000
	₩316,000		₩316,000

집합손익

급여	₩25,000	상품매출이익	₩46,000
이자비용	4,000	수수료수익	7,000
잡비	8,000		
자본금	16,000		
	₩53,000		₩53,000

(1) 비용계정의 대체

(차) 집합손익	37,000	(대) 급여	25,000
		이자비용	4,000
		잡비	8,000

(2) 수익계정의 대체

(차) 상품매출이익	46,000	(대) 집합손익	53,000
수수료수익	7,000		

(3) 당기순이익의 대체

(차) 집합손익	16,000	(대) 자본금	16,000

(4) 자산·부채·자본계정의 마감

자산·부채·자본계정의 마감 방법에는 영미식결산법과 대륙식결산법이 있으나 본서에서는 영미식결산법만을 학습하기로 한다.

① **자산계정의 마감**: 자산에 속하는 계정은 잔액이 차변에 생기므로 대변에 '차기이월'이라 기입하고 대·차를 일치시켜 마감한다.

② **부채계정의 마감**: 부채에 속하는 계정은 잔액이 대변에 생기므로 차변에 '차기이월'이라 기입하고 대·차를 일치시켜 마감한다.

③ **자본계정의 마감**: 자본계정은 당기순손익을 계산하여 반영한 후, 부채계정과 마찬가지로 잔액이 대변에 생기므로 차변에 '차기이월'이라 기입하고 대·차를 일치시켜 마감한다.

④ **이월시산표의 작성**: 영미식결산법에서는 자산·부채·자본, 각 계정의 '차기이월액'을 모아서 이월시산표를 작성한다(임의적절차).

개념적용 문제

19 다음은 총계정원장의 자산·부채·자본계정이다. 각 계정을 영미식으로 마감하고, 이월시산표를 작성하시오.

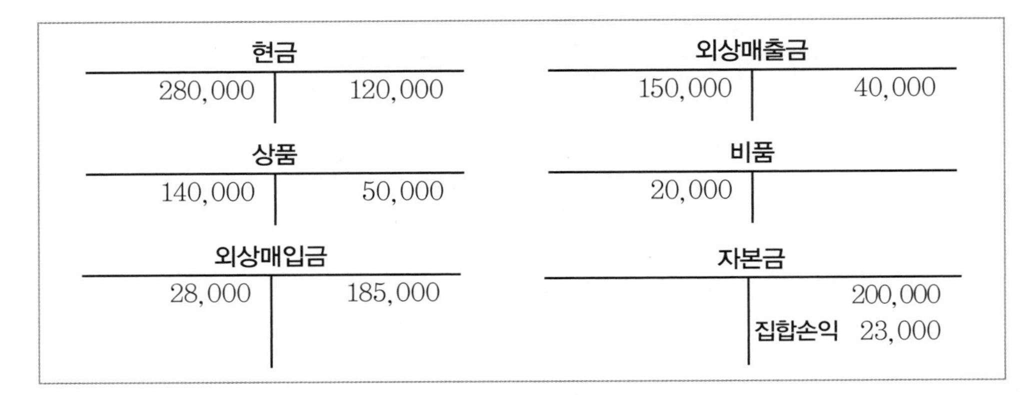

현금	
280,000	120,000

외상매출금	
150,000	40,000

상품	
140,000	50,000

비품	
20,000	

외상매입금	
28,000	185,000

자본금	
	200,000
	집합손익 23,000

정답

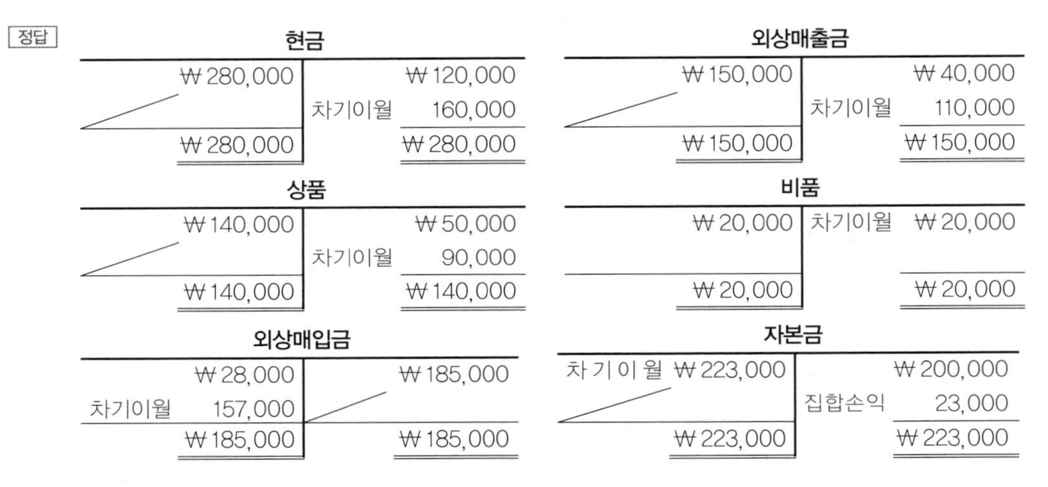

현금			
	₩280,000		₩120,000
		차기이월	160,000
	₩280,000		₩280,000

외상매출금			
	₩150,000		₩40,000
		차기이월	110,000
	₩150,000		₩150,000

상품			
	₩140,000		₩50,000
		차기이월	90,000
	₩140,000		₩140,000

비품			
	₩20,000	차기이월	₩20,000
	₩20,000		₩20,000

외상매입금			
	₩28,000		₩185,000
차기이월	157,000		
	₩185,000		₩185,000

자본금			
차기이월	₩223,000		₩200,000
		집합손익	23,000
	₩223,000		₩223,000

이월시산표

차변	계정과목	대변
₩160,000	현 금	
110,000	외 상 매 출 금	
90,000	상 품	
20,000	비 품	
	외 상 매 입 금	₩157,000
	자 본 금	223,000
₩380,000		₩380,000

(5) 결산절차의 도해

자산·부채·자본·수익·비용계정의 마감과 이월에 따른 과정을 그림으로 나타내면 다음과 같다. 이때 집합계정인 손익계정을 기초로 하여 포괄손익계산서를 작성하게 되며, 이월시산표를 토대로 하여 재무상태표를 작성하게 된다.

▶▶ 결산절차의 도해

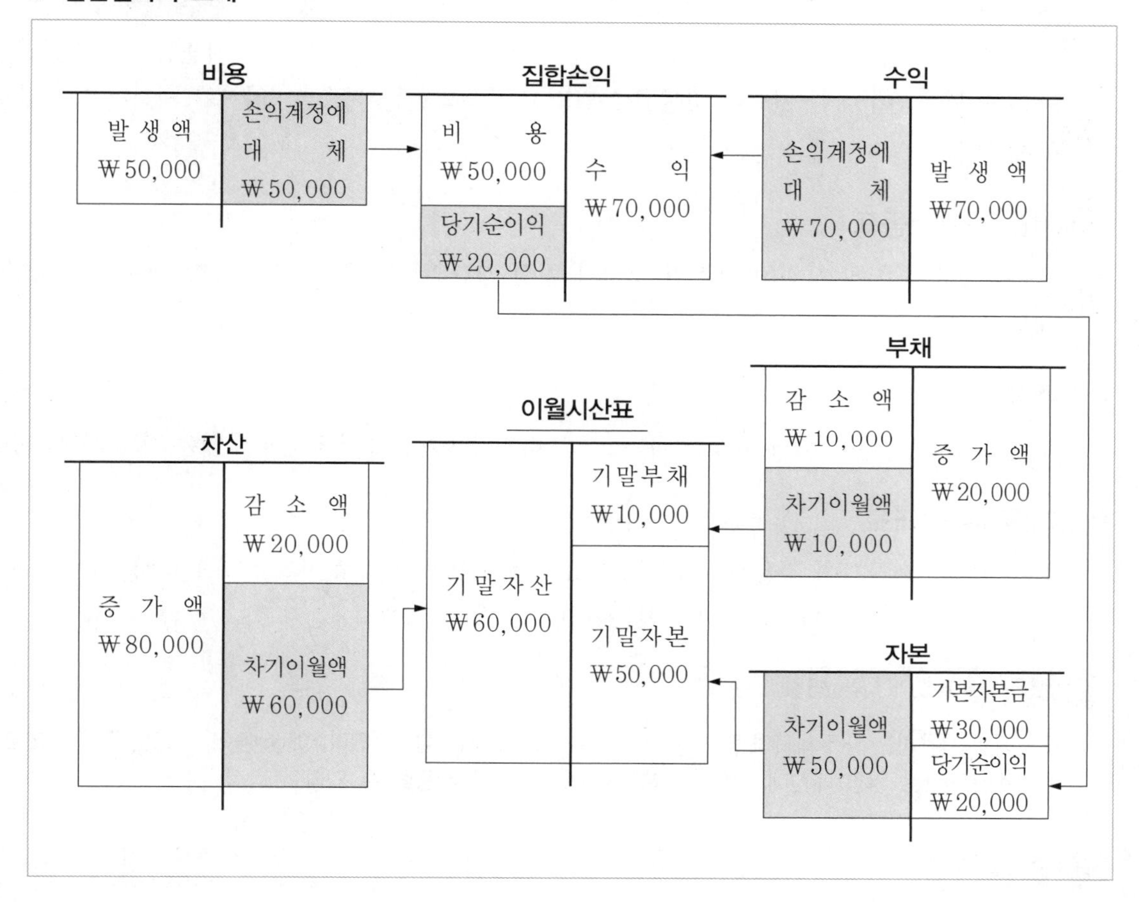

4. 기타장부의 마감

결산 시에는 원장뿐만 아니라 분개장 및 각종 보조부도 마감하여야 한다.

5. 재무제표의 작성

(1) 기말 재무상태표

재무상태표는 원장의 자산·부채·자본에 속하는 각 계정의 차기이월액에 의해서 작성된 이월시산표를 토대로 작성한다.

(2) 기간 포괄손익계산서

포괄손익계산서(I/S; Income Statement)는 수익·비용에 속하는 각 계정의 잔액을 한데 모은 손익계정을 자료로 하여 작성한다.

(3) 기간 현금흐름표

현금흐름표(Statement of Cash Flows)는 일정 기간의 현금흐름을 표시하는 동태적 보고서로서, 기업의 현금이 기초에 비하여 증가 또는 감소한 원인을 영업활동, 투자활동, 재무활동으로 구분하여 현금이 어떤 원인에 의하여 조달되고 사용되었는가를 분명하게 표시하는 중요한 재무제표이다.

(4) 기간 자본변동표

자본변동표는 일정 시점의 자본의 크기와 일정 기간의 자본의 변동에 관한 정보를 나타내는 재무제표이다.

(5) 주석

주석(Notes)은 재무제표에 표시된 내용을 설명하거나 재무제표에 표시되지 않은 정보를 제공한다.

(6) 기초재무상태표

회계정책을 소급하여 적용하거나 재무제표의 항목을 소급하여 재작성 또는 재분류하는 경우 가장 이른 비교기간의 기초 재무상태표이다.

참고 재무제표의 다른 명칭

기준서에서 사용하는 재무제표의 명칭이 아닌 다른 명칭을 사용할 수 있다. 예를 들어, '기간손익과 기타포괄손익계산서'라는 명칭 대신에 '포괄손익계산서'라는 명칭을 사용할 수 있다.

개념적용 문제

20 다음에 제시된 회계순환과정 중 선택적인 절차에 해당하는 것으로만 묶인 것은?

㉠ 분개	㉡ 결산수정분개
㉢ 정산표 작성	㉣ 이월시산표 작성
㉤ 재무제표 작성	㉥ 역분개

① ㉠, ㉡, ㉢　② ㉢, ㉤, ㉥　③ ㉡, ㉢, ㉣
④ ㉠, ㉡, ㉤　⑤ ㉢, ㉣, ㉥

해설 정산표 작성, 이월시산표 작성, 역분개(재수정분개)는 선택적 사항이다.

정답 ⑤

21 수정후시산표의 각 계정잔액이 존재한다고 가정할 경우, 장부마감 후 다음 회계연도 차변으로 이월되는 계정과목은? 제24회 기출

① 이자수익 ② 자본금
③ 매출원가 ④ 매입채무
⑤ 투자부동산

해설 다음 회계연도 차변으로 이월되는 계정과목은 자산(투자부동산)계정이다. 수익, 비용은 차기로 이월되지 않는 계정이고 부채와 자본은 잔액이 대변으로 이월된다.

정답 ⑤

22 포괄손익계산서에 나타나는 항목이 아닌 것은? 제24회 기출

① 미수수익 ② 매출액
③ 유형자산처분이익 ④ 이자비용
⑤ 법인세비용

해설 포괄손익계산서에 나타나는 항목이 아닌 것은 자산, 부채, 자본이다. 미수수익은 자산에 해당하므로 포괄손익계산서에 나타나지 않는다.

정답 ①

CHAPTER 02

기출 & 예상문제로 완벽 복습

01 복식부기의 특징에 관한 설명으로 옳지 않은 것은?

① 복식부기는 대차평균의 원리에 따라 분개와 전기 등의 기장상 발생하는 모든 오류를 발견할 수 있다.
② 기간 중 언제든지 재무상태를 파악할 수 있다.
③ 기간 중 영업활동의 성과를 발생주의에 따라 기간손익으로서 정확하게 파악할 수 있다.
④ 기간 중 재무제표이용자가 관심을 갖는 내용을 계속 기록·유지하므로 언제든지 쉽게 파악할 수 있다.
⑤ 복식부기는 회계절차를 분담하여 기록하므로 내부통제기능을 강화할 수 있다.

해설 복식부기는 대차평균의 원리에 따라 기장하지만 모든 오류를 발견할 수 없다. 즉, 발견할 수 없는 오류도 존재한다.

02 회계상 거래에 해당하지 않는 것은?

제22회 기출

① 재고자산을 ₩300에 판매하였으나 그 대금을 아직 받지 않았다.
② 종업원의 급여 ₩500 중 ₩200을 지급하였으나, 나머지는 아직 지급하지 않았다.
③ 거래처와 원재료를 1kg당 ₩100에 장기간 공급받기로 계약하였다.
④ 비업무용 토지 ₩1,200을 타 회사의 기계장치 ₩900과 교환하였다.
⑤ 거래처의 파산으로 매출채권 ₩1,000을 제거하였다.

해설 거래처와 원재료를 1kg당 ₩100에 장기간 공급받기로 계약한 것은 회계상 거래가 아니다.

03 회계상 거래에 해당하지 않는 것으로만 묶인 것은?

㉠ 발행된 주식을 액면분할하다.	㉡ 창고에 보관 중이던 상품을 도난당하다.
㉢ 건물을 차입금의 담보로 제공하다.	㉣ 재산세 고지서를 받다.
㉤ 주주에게 주식을 배당하다.	

① ㉠, ㉡
② ㉠, ㉤
③ ㉢, ㉤
④ ㉢, ㉣
⑤ ㉠, ㉢

해설 자산·부채·자본의 증감변화를 일으키지 않는 것은 회계상 거래가 아니다. 따라서 액면분할이나 건물을 차입금의 담보로 제공한 것은 회계상 거래가 아니다.

04 회계상 거래가 아닌 것은?

제19회 기출

① 거래처의 부도로 인하여 매출채권 회수가 불가능하게 되었다.
② 임대수익이 발생하였으나 현금으로 수취하지는 못하였다.
③ 기초에 매입한 단기매매금융자산의 공정가치가 기말에 상승하였다.
④ 재고자산 실사결과 기말재고 수량이 장부상 수량보다 부족한 것을 확인하였다.
⑤ 기존 차입금에 대하여 금융기관의 요구로 부동산을 담보로 제공하였다.

해설 담보제공은 회계상 거래가 아니다.

05 (주)한국의 회계상 거래 중 비용이 발생하고 부채가 증가하는 거래는?

제26회 기출

① 전기에 토지를 처분하고 받지 못한 대금을 현금수취하였다.
② 화재로 인하여 자사 컴퓨터가 소실되었다.
③ 당해 연도 발생한 임차료를 지급하지 않았다.
④ 대여금에서 발생한 이자수익을 기말에 인식하였다.
⑤ 전기에 지급하지 못한 종업원 급여에 대하여 당좌수표를 발행하여 지급하였다.

해설 당해 연도 발생한 임차료를 지급하지 않았다면 비용(임차료)이 발생하고 부채(미지급임차료)가 증가한다.

01 ① 02 ③ 03 ⑤ 04 ⑤ 05 ③ **정답**

06 자산과 비용에 모두 영향을 미치는 거래는?

제25회 기출

① 당기 종업원급여를 현금으로 지급하였다.
② 비품을 외상으로 구입하였다.
③ 현금을 출자하여 회사를 설립하였다.
④ 매입채무를 당좌예금으로 지급하였다.
⑤ 기존 차입금에 대하여 추가 담보를 제공하였다.

해설 • 자산과 비용에 모두 영향을 미치는 거래는 손익거래에 해당한다.
• ②③④는 교환거래이고 ⑤는 거래가 아니다.
① 비용 발생 – 자산 감소
② 자산 증가 – 부채 증가
③ 자산 증가 – 자본 증가
④ 부채 감소 – 자산 감소

07 자산을 증가시키면서 동시에 수익을 발생시키는 회계거래는?

제21회 기출

① 상품판매 계약을 체결하고 계약금을 수령하였다.
② 은행으로부터 설비투자자금을 차입하였다.
③ 건물에 대한 화재보험계약을 체결하고 1년분 보험료를 선급하였다.
④ 전기에 외상으로 매입한 상품 대금을 현금으로 지급하였다.
⑤ 경영컨설팅 용역을 제공하고 그 대금은 외상으로 하였다.

해설 경영컨설팅 용역을 제공하면 용역수익으로 회계처리하므로 수익이 발생하고 자산(외상매출금)이 증가한다.

08 자본을 증가시키는 거래는?

제23회 기출

① 고객에게 용역을 제공하고 수익을 인식하였다.
② 주식배당을 결의하였다.
③ 유통 중인 자기회사의 주식을 취득하였다.
④ 소모품을 외상으로 구입하였다.
⑤ 건물을 장부금액보다 낮은 금액으로 처분하였다.

해설 고객에게 용역을 제공하고 수익을 인식하였다면 수익이 발생하여 자본이 증가한다. 회계처리는 다음과 같다.

(차) 현 금	×××	(대) 매 출 수 익	×××

09 포괄손익계산서에 표시되는 당기손익으로 옳지 않은 것은? 제26회 기출

① 최초 인식된 토지재평가손실
② 기타포괄손익-공정가치 측정 금융자산으로 분류된 지분상품의 평가손익
③ 원가모형을 적용하는 유형자산의 손상차손환입
④ 투자부동산평가손익
⑤ 사업결합 시 발생한 염가매수차익

해설 기타포괄손익-공정가치 측정 금융자산으로 분류된 지분상품의 평가손익은 기타포괄손익으로 당기손익에는 영향이 없다.

10 회계거래의 기록과 관련된 설명으로 옳지 않은 것은? 제19회 기출

① 분개란 복식부기의 원리를 이용하여 발생한 거래를 분개장에 기록하는 절차이다.
② 분개장의 거래기록을 총계정원장의 각 계정에 옮겨 적는 것을 전기라고 한다.
③ 보조 회계장부로는 분개장과 현금출납장이 있다.
④ 시산표의 차변 합계액과 대변 합계액이 일치하는 경우에도 계정기록의 오류가 존재할 수 있다.
⑤ 시산표는 총계정원장의 차변과 대변의 합계액 또는 잔액을 집계한 것이다.

해설 회계장부로는 주요부와 보조부가 있다. 주요부에는 분개장과 총계정원장이 있으며, 보조부에는 보조기입장과 보조원장이 있다. 분개장은 주요부에 속한다.

11 수익 또는 비용에 영향을 주지 않는 것은? 제24회 기출

① 용역제공계약을 체결하고 현금을 수취하였으나 회사는 기말 현재 거래 상대방에게 아직까지 용역을 제공하지 않았다.
② 외상으로 제품을 판매하였다.
③ 홍수로 인해 재고자산이 침수되어 멸실되었다.
④ 거래처 직원을 접대하고 현금을 지출하였다.
⑤ 회사가 사용 중인 건물의 감가상각비를 인식하였으나 현금이 유출되지는 않았다.

해설 용역제공계약을 체결하고 현금을 수취하였다면 선수금(부채)으로 회계처리한다.

06 ① 07 ⑤ 08 ① 09 ② 10 ③ 11 ① 정답

12 계정과목에 대한 설명으로 옳은 것은?

① 비업무용 목적으로 취득한 땅을 토지로 기록한다.

② 기업이 원리금을 수취할 목적으로 타사 발행 사채를 취득한 경우, 이를 사채로 기록한다.

③ 냉장고를 타 회사로부터 매입하여 판매하는 회사는 냉장고를 상품으로 기록한다.

④ 다른 회사에게 약속어음을 받고 현금을 빌려 준 경우, 이에 대한 채권을 받을어음으로 기록한다.

⑤ 운동화를 판매하는 회사가 건물을 취득하면서 대금의 일부를 현금으로 지급하고 나머지를 나중에 지급하기로 하였을 경우, 이에 대한 채무를 외상매입금 또는 매입채무로 기록한다.

해설 ① 비업무용 토지는 투자부동산으로 기록한다.
② 원리금만을 수취할 목적으로 취득한 사채는 상각 후 원가 측정 금융자산으로 기록한다.
④ 약속어음을 받고 대여 시 단기대여금으로 기록한다.
⑤ 영업에 사용할 목적의 건물 취득대금은 미지급금으로 기록한다.

13 다음의 거래를 기록하더라도 자산, 부채, 자본의 변동이 없는 거래는?

① 이익배당을 현금으로 지급하였다.

② 주식을 발행하여 현금으로 납입 받았다.

③ 기계를 취득하고 미지급하였다.

④ 외상매출금을 현금으로 회수하였다.

⑤ 자기주식을 현금으로 매각하였다.

해설 자산의 증감이 동시에 발생하므로 재무상태에는 영향을 주지 않는다.

14 시산표 등식으로 옳은 것은?

① 기말자산 + 총비용 = 기말부채 + 기초자본 + 총수익
② 기말자산 = 기초자본 + 기말부채 + 기말자본 + 총수익
③ 기말자산 + 총비용 + 순이익 = 기말부채 + 기초자본 + 총수익
④ 기말자산 + 총비용 + 순이익 = 기말부채 + 기말자본 + 총수익
⑤ 기말자산 + 총비용 + 순이익 = 기말부채 + 기초자본 + 순이익 + 총수익

해설 시산표 등식에는 기초자본금액이다.

15 수정전시산표에 관한 설명으로 옳지 않은 것은? 제20회 기출

① 통상 재무제표를 작성하기 이전에 거래가 오류 없이 작성되었는지 자기검증하기 위하여 작성한다.
② 총계정원장의 총액 혹은 잔액을 한 곳에 모아놓은 표이다.
③ 결산 이전의 오류를 검증하는 절차로 원장 및 분개장과 더불어 필수적으로 작성해야 한다.
④ 복식부기의 원리를 전제로 한다.
⑤ 차변합계와 대변합계가 일치하더라도 계정분류, 거래인식의 누락 등에서 오류가 발생했을 수 있다.

해설 시산표는 총계정원장 기록을 요약하고 검증하는 일람표로서 필수적 장부(주요부: 분개장, 총계정원장)로 분류되지 않으며, 결산보고서에 속하지 않기 때문에 필수적으로 작성해야 하는 것은 아니다.

16 다음 오류 중에서 시산표의 작성을 통하여 발견할 수 없는 것은?

① ₩100,000의 상품을 현금매입하고 거래에 대한 분개는 하였으나 전기를 누락하였다.
② ₩100,000의 매출채권 회수 시 현금계정 차변과 매출채권계정 차변에 기입하였다.
③ ₩100,000의 매출채권 회수에 대한 분개를 하고, 매출채권계정에는 전기하였으나 현금계정에 대한 전기는 누락하였다.
④ ₩110,000의 매입채무 지급 시 현금계정 대변에 ₩110,000을 기입하고 매입채무계정 차변에 ₩101,000을 기입하였다.
⑤ ₩100,000의 비품 외상구입에 대한 분개를 하고, 비품계정 대변과 외상매입금계정 대변에 각각 전기하였다.

해설 ₩100,000의 상품을 현금매입하고 거래에 대한 전기를 누락하였다면 시산표의 대차에는 영향을 주지 않는다.

12 ③ 13 ④ 14 ① 15 ③ 16 ① **정답**

17 **시산표에 대한 설명으로 옳지 않은 것은?**

① 합계시산표의 합계액은 분개장의 합계액과 반드시 일치한다.
② 수정전시산표는 회계연도 거래종료 후 총계정원장을 자료로 작성되고, 수정후시산표는 결산종료 후 재무제표를 자료로 작성된다.
③ 잔액시산표는 재무상태와 경영성과를 개괄적으로 파악할 수 있다.
④ 시산표의 장점은 대차평균의 원리를 이용하여 오류를 검증하는 것이다.
⑤ 합계시산표는 거래총액을 나타낸다.

해설 수정기입(재고조사표 작성) 이전에 작성하는 것은 수정전시산표이고, 수정기입 이후에 작성하는 것은 수정후시산표이다.

18 **시산표에 의해서 발견할 수 없는 오류는 어느 것인가?**

① 기계장치 ₩150,000을 외상으로 매입하면서 기계장치계정 차변과 외상매입금계정 대변에 기입하였다.
② 대여금 ₩35,000을 회수하고 회계처리는 적정하였으나 전기할 때 현금계정 차변에 ₩53,000으로 잘못 전기하였다.
③ 매출채권 ₩65,000을 현금으로 회수하고, 현금계정 차변에 ₩65,000으로 기입하고 매출채권계정 대변에 ₩56,000으로 기입하였다.
④ 비품 ₩50,000을 외상구입하면서 미지급금 대변에 전기하는 것을 누락하였다.
⑤ 매출채권 ₩50,000을 현금으로 회수하고 현금계정 차변에 ₩50,000을 기입하고 매출채권 차변에 ₩50,000을 기입하였다.

해설 기계장치를 외상으로 매입하면 기계장치계정과 미지급금계정에 기입하여야 한다. 그러나 계정과목을 잘못 기장하였다면 발견할 수 없는 오류이다.

19 시산표의 차변금액이 대변금액보다 크게 나타나는 오류에 해당하는 것은? 제23회 기출

① 건물 취득에 대한 회계처리가 누락되었다.
② 차입금 상환에 대해 분개를 한 후, 차입금계정에는 전기를 하였으나 현금계정에는 전기를 누락하였다.
③ 현금을 대여하고 차변에는 현금으로 대변에는 대여금으로 동일한 금액을 기록하였다.
④ 미수금 회수에 대해 분개를 한 후, 미수금계정에는 전기를 하였으나 현금계정에는 전기를 누락하였다.
⑤ 토지 처분에 대한 회계처리를 중복해서 기록하였다.

해설 총계정원장에 전기 시 어느 한쪽만 전기하였다면 대차가 불일치한다. 차입금 상환에 대해 분개를 한 후, 차입금계정에는 전기를 하였으나 현금계정에는 전기를 누락하였다면 대변의 금액이 적게 나타난다.

20 시산표에서 발견할 수 있는 오류는? 제16회 수정

① 비품을 현금으로 구입한 거래를 두 번 반복하여 기록하였다.
② 사채계정의 잔액을 기타포괄손익–공정가치 측정 금융자산계정의 차변에 기입하였다.
③ 건물계정의 잔액을 투자부동산계정의 차변에 기입하였다.
④ 개발비계정의 잔액을 연구비계정의 차변에 기입하였다.
⑤ 매입채무를 현금으로 지급한 거래에 대한 회계처리가 누락되었다.

해설 시산표에서 발견할 수 있는 오류는 시산표의 대차가 일치하지 않는 경우에 발견할 수 있다. 그러므로 사채계정의 잔액(대변)을 기타포괄손익–공정가치 측정 금융자산계정의 차변에 기입하게 되면 대차가 일치하지 않는다.

21 기말수정사항으로 옳지 않은 것은?

① 소모품을 구입하다.
② 금융자산의 공정가치가 하락하여 평가하다.
③ 매출채권의 기대신용손실을 추정하다.
④ 선급이자비용을 계상하다.
⑤ 현금과부족을 정리하다.

해설 소모품을 구입하는 것은 일반적인 거래이다. 소모품의 정리와 구분하여야 한다.

17 ② 18 ① 19 ② 20 ② 21 ① 정답

22 **회계기말에 행할 수 있는 수정분개에 해당하지 않는 것은?**

① (차) 당기손익-공정가치 측정 금융자산	×××	(대) 당기손익-공정가치 측정 금융자산평가이익	×××
② (차) 손 실 충 당 금	×××	(대) 매 출 채 권	×××
③ (차) 임 차 료	×××	(대) 미 지 급 임 차 료	×××
④ (차) 미 수 이 자	×××	(대) 이 자 수 익	×××
⑤ (차) 소 모 품 비	×××	(대) 소 모 품	×××

해설 대손충당금과 매출채권을 상계하는 회계처리는 결산시점에서 할 수 있으나 일반적으로 기중에 매출채권의 회수불능 시 행하는 회계처리이다.

23 **집합손익 계정의 차변 합계가 ₩250,000이고, 대변합계가 ₩300,000일 경우, 마감분개로 옳은 것은? (단, 전기이월미처리결손금은 없다)** 제17회 기출

① (차) 집 합 손 익	50,000	(대) 자 본 잉 여 금	50,000
② (차) 집 합 손 익	50,000	(대) 이 익 잉 여 금	50,000
③ (차) 자 본 잉 여 금	50,000	(대) 집 합 손 익	50,000
④ (차) 이 익 잉 여 금	50,000	(대) 집 합 손 익	50,000

⑤ 마감분개 필요없음

해설 집합손익계정의 차변합계 ₩250,000은 비용이고, 대변합계 ₩300,000은 수익이므로 차액 ₩50,000은 당기순이익이다. 당기순이익은 이익잉여금으로 대체한다.

24 **다음 사항을 수정분개하였을 때 잔액시산표의 합계금액을 변동시키지 않는 항목은?** 제14회 기출

① 차입금에 대한 미지급이자의 인식
② 보험료 중 기간 미경과분을 선급비용으로 인식
③ 건물 손상차손의 인식
④ 유형자산 감가상각비의 인식
⑤ 대여금에 대한 미수이자의 인식

해설 잔액시산표의 합계금액은 같은 변끼리 거래가 발생하면 다른 한쪽에는 변동을 주지 않기 때문에 시산표의 합계는 변동하지 않는다. 그러므로 보험료(비용) 중 기간 미경과분을 선급보험료(자산)로 인식하면 시산표의 합계는 변동하지 않는다.

25 (주)한국의 수정전합계시산표의 합계액은 ₩800,000이었다. 다음의 사항을 수정한 후의 시산표합계액은 얼마인가?

• 임대료미경과액	₩12,000	• 소모품미사용액	₩15,000
• 손상차손	20,000	• 미수이자	30,000

① ₩862,000
② ₩865,000
③ ₩850,000
④ ₩827,000
⑤ ₩877,000

해설 수정분개 시 같은 변끼리 거래가 성립되면 다른 한쪽에 변동을 주지 않기 때문에 시산표의 합계에는 영향을 주지 않는다. 임대료 미경과액 및 소모품 미사용액에는 영향이 없다. 그러나 손상차손 ₩20,000과 미수이자 ₩30,000은 영향을 주므로 시산표상의 합계액은 ₩850,000이다.
∴ 800,000 + 20,000 + 30,000 = ₩850,000

26 (주)한국은 회계연도 중에는 현금주의에 따라 회계처리하며, 기말수정분개를 통해 발생주의로 전환하여 재무제표를 작성한다. (주)한국의 기말 수정후시산표상 차변(또는 대변)의 합계금액은 ₩1,025,000이다. 기말수정사항이 다음과 같을 때, 수정전시산표상 차변(또는 대변)의 합계금액은?

2019년 관세직 공무원 수정

• 소모품재고액	₩30,000	• 미경과보험료	₩55,000
• 미수수익계상액	15,000	• 미지급이자계상액	10,000

① ₩915,000
② ₩965,000
③ ₩1,000,000
④ ₩1,025,000
⑤ ₩1,050,000

해설 • 시산표 차변과 대변합계에 영향을 주지 않는 거래는 소모품과 선급비용, 선수수익이다.
• 수정전시산표 ₩1,000,000 = 1,025,000 − 15,000 − 10,000

22 ② 23 ② 24 ② 25 ③ 26 ③ 정답

27 다음의 결산정리사항을 반영한 후의 시산표 합계금액에 영향을 주는 금액은 얼마인가? (단, 정리 전 시산표 합계액은 ₩200,000이다)

• 선수이자	₩10,000
• 미지급임차료	15,000
• 선급보험료	10,000
• 소모품미사용액	5,000
• 당기손익－공정가치 측정 금융자산평가이익	25,000
• 미수이자	10,000

① ₩55,000
② ₩60,000
③ ₩65,000
④ ₩45,000
⑤ ₩50,000

해설 • 시산표에 영향을 주지 않는 거래는 선급, 선수(미경과)이며 나머지는 영향을 주는 거래이다.
• 미지급임차료(15,000) + 평가이익(25,000) + 미수이자(10,000) = ₩50,000

28 결산순서를 나타낸 것으로 옳은 것은?

㉠ 재무제표 작성
㉡ 시산표 작성
㉢ 원장 및 기타장부 마감
㉣ 정산표 작성
㉤ 재고조사표 작성

① ㉡ ⇨ ㉢ ⇨ ㉣ ⇨ ㉤ ⇨ ㉠
② ㉡ ⇨ ㉤ ⇨ ㉣ ⇨ ㉢ ⇨ ㉠
③ ㉠ ⇨ ㉡ ⇨ ㉢ ⇨ ㉣ ⇨ ㉤
④ ㉠ ⇨ ㉡ ⇨ ㉤ ⇨ ㉣ ⇨ ㉢
⑤ ㉠ ⇨ ㉡ ⇨ ㉣ ⇨ ㉢ ⇨ ㉤

해설 결산의 절차
• 결산 예비절차: 시산표 작성, 재고조사표 작성, 정산표 작성
• 결산 본절차: 원장 마감, 기타장부 마감
• 결산 후절차: 재무제표 작성

29 **한국채택국제회계기준에서 정하는 전체 재무제표에 포함되지 않는 것은?** 제22회 기출

① 기말 세무조정계산서

② 기말 재무상태표

③ 기간 손익과 기타포괄손익계산서

④ 기간 현금흐름표

⑤ 주석(유의적인 회계정책 및 그 밖의 설명으로 구성)

해설 한국채택국제회계기준의 전체 재무제표는 다음과 같다.

- 기말 재무상태표
- 기간 손익과 기타포괄손익계산서
- 기간 현금흐름표
- 기간 자본변동표
- 주석(유의적인 회계정책 및 그 밖의 설명으로 구성)

30 **자산·부채·자본계정으로만 나타나는 표는?**

① 정산표

② 수정전시산표

③ 이월시산표

④ 수정후시산표

⑤ 잔액시산표

해설 이월시산표는 총계정원장의 마감 후 차기이월된 금액만으로 작성되기 때문에 수익과 비용은 기입되지 않는다.

27 ⑤ 28 ② 29 ① 30 ③ 정답

CHAPTER

03 재무보고를 위한 개념체계

회독체크 1 2 3

CHAPTER 미리보기

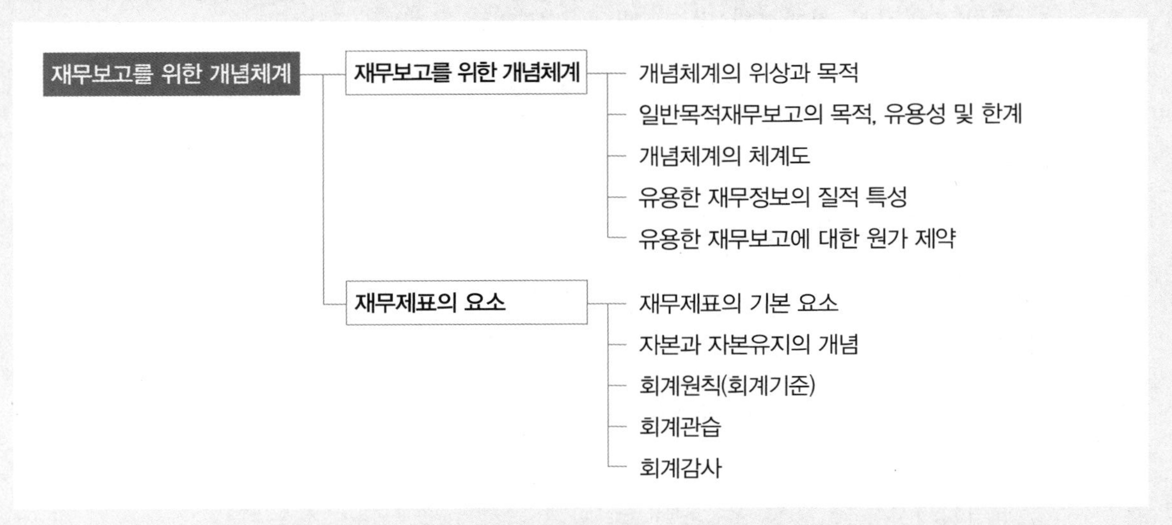

학습전략

본 단원은 회계이론의 기초가 되는 개념을 정립한 개념체계의 내용으로 회계원칙과 구별하여야 합니다. 또한 수험생들이 가장 어려워하는 이론 부분이기도 합니다. 시험에서는 1~2문항 정도 출제되며, 개념체계의 위상 및 한계, 일반목적재무보고의 목적, 유용한 재무정보의 질적 특성인 근본적 질적 특성과 보강적 질적 특성 등은 반복해서 읽고 반드시 이해해야 합니다.

학습키워드

- 위상과 제정목적
- 근본적 질적 특성
- 보강적 질적 특성
- 감사의견

제1절 재무보고를 위한 개념체계

1. 개념체계의 위상과 목적

'재무보고를 위한 개념체계'(이하 '개념체계'라 한다)는 일반목적재무보고의 목적과 개념을 서술한다. '개념체계'의 목적은 다음과 같다.

(1) 한국회계기준위원회(이하 '회계기준위원회'라 한다)가 일관된 개념에 기반하여 한국채택국제회계기준(이하 '회계기준'이라 한다)을 제·개정하는 데 도움을 준다.

(2) 특정 거래나 다른 사건에 적용할 회계기준이 없거나 회계기준에서 회계정책 선택이 허용되는 경우에 재무제표 작성자가 일관된 회계정책을 개발하는 데 도움을 준다.

(3) 모든 이해관계자가 회계기준을 이해하고 해석하는 데 도움을 준다.

> '개념체계'는 회계기준이 아니다. 따라서 이 '개념체계'의 어떠한 내용도 회계기준이나 회계기준의 요구사항에 우선하지 아니한다.

2. 일반목적재무보고의 목적, 유용성 및 한계

일반목적재무보고의 목적은 현재 및 잠재적 투자자, 대여자와 그 밖의 채권자가 기업에 자원을 제공하는 것과 관련된 의사결정을 할 때 유용한 보고기업 재무정보를 제공하는 것이다. 현재 및 잠재적 투자자, 대여자와 그 밖의 채권자는 다음의 정보를 필요로 한다.

(1) 기업의 경제적 자원, 기업에 대한 청구권 및 그러한 자원과 청구권의 변동

① 일반목적재무보고서는 보고기업의 재무상태에 관한 정보, 즉 기업의 경제적 자원 및 보고기업에 대한 청구권에 관한 정보를 제공한다.

② 보고기업의 경제적 자원 및 청구권의 성격 및 금액에 대한 정보는 이용자들이 보고기업의 재무적 강점과 약점을 식별하는 데 도움을 줄 수 있다. 또한 기업에 대한 청구권이 있는 자들에게 미래현금흐름이 어떻게 분배될 것인지를 예측하는 데 도움이 된다.

③ 보고기업의 경제적 자원 및 청구권의 변동은 그 기업의 재무성과 그리고 채무상품이나 지분상품의 발행과 같은 그 밖의 사건이나 거래에서 발생한다.

㉠ 발생기준 회계가 반영된 재무성과

㉡ 과거현금흐름이 반영된 재무성과

㉢ 재무성과에 기인하지 않은 경제적 자원 및 청구권의 변동

(2) 기업의 경영진과 이사회가 기업의 경제적 자원 사용에 대한 그들의 책임을 얼마나 효율적이고 효과적으로 이행했는지 여부

(3) 많은 현재 및 잠재적 투자자, 대여자 및 그 밖의 채권자는 정보를 제공하도록 보고기업에 직접 요구할 수 없고, 그들이 필요로 하는 재무정보의 많은 부분을 일반목적재무보고서에 의존해야만 한다. 따라서 그들이 일반목적재무보고서의 대상이 되는 주요이용자이다.

(4) 일반목적재무보고서는 보고기업의 가치를 보여주기 위해 고안된 것이 아니다. 그러나 그것은 현재 및 잠재적 투자자, 대여자와 그 밖의 채권자가 보고기업의 가치를 추정하는 데 도움이 되는 정보를 제공한다.

(5) 보고기업의 경영진도 해당 기업에 대한 재무정보에 관심이 있다. 그러나 경영진은 필요로 하는 재무정보를 내부에서 구할 수 있기 때문에 일반목적재무보고서에 의존할 필요가 없다.

(6) 재무보고서는 정확한 서술보다는 상당 부분 추정, 판단 및 모형에 근거한다. '개념체계'는 그 추정, 판단 및 모형의 기초가 되는 개념을 정한다.

> 일반목적재무보고서는 현재 및 잠재적 투자자, 대여자와 그 밖의 채권자가 필요로 하는 모든 정보를 제공하지는 않으며 제공할 수도 없다. 그 이용자들은, 예를 들어, 일반 경제적 상황 및 기대, 정치적 사건과 정치 풍토, 산업 및 기업 전망과 같은 다른 원천에서 입수한 관련 정보를 고려할 필요가 있고, 각 주요이용자의 정보수요 및 욕구는 다르고 상충되기도 한다. 회계기준위원회는 회계기준을 제정할 때 최대 다수의 주요이용자 수요를 충족하는 정보를 제공하기 위해 노력할 것이다.

3. 개념체계의 체계도

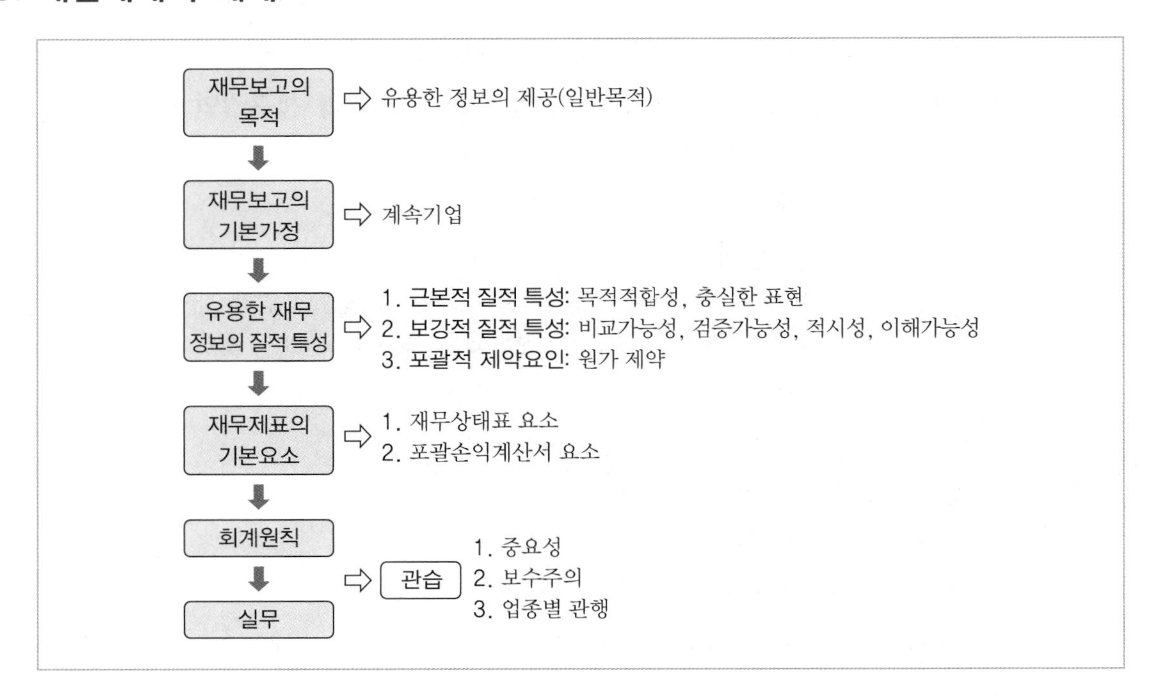

개념적용 문제

01 재무보고를 위한 개념체계의 위상 및 목적에 관한 설명으로 옳지 않은 것은?

① 한국회계기준위원회(이하 '회계기준위원회'라 한다)가 일관된 개념에 기반하여 한국채택국제회계기준(이하 '회계기준'이라 한다)을 제·개정하는 데 도움을 준다.
② 특정 거래나 다른 사건에 적용할 회계기준이 없거나 회계기준에서 회계정책 선택이 허용되는 경우에 재무제표 작성자가 일관된 회계정책을 개발하는 데 도움을 준다.
③ 모든 이해관계자가 회계기준을 이해하고 해석하는 데 도움을 준다.
④ 개념체계는 한국채택국제회계기준에서 허용하고 있는 대체적인 회계처리방법의 수를 확대하기 위한 근거를 제공하여 한국회계기준위원회가 재무제표의 표시와 관련되는 법규, 회계기준 및 절차를 조화시킬 수 있도록 도움을 제공한다.
⑤ '개념체계'는 회계기준이 아니다. 따라서 이 '개념체계'의 어떠한 내용도 회계기준이나 회계기준의 요구사항에 우선하지 아니한다.

해설 한국채택국제회계기준에서 허용하고 있는 대체적인 회계처리방법의 수를 축소하기 위한 근거를 제공하여 한국회계기준위원회가 재무제표의 표시와 관련되는 법규, 회계기준 및 절차를 조화시킬 수 있도록 도움을 제공한다.

정답 ④

4. 유용한 재무정보의 질적 특성

유용한 재무정보의 질적 특성은 재무보고서에 포함된 정보(재무정보)에 근거하여 보고기업에 대한 의사결정을 할 때 현재 및 잠재적 투자자, 대여자와 그 밖의 채권자에게 가장 유용할 정보의 유형을 식별하는 것이다.
유용한 재무정보의 질적 특성은 그 밖의 방법으로 제공되는 재무정보뿐만 아니라 재무제표에서 제공되는 재무정보에도 적용된다. 보고기업의 유용한 재무정보 제공 능력에 대한 포괄적 제약요인인 원가도 이와 마찬가지로 적용된다. 재무정보가 유용하기 위해서는 목적적합해야 하고 나타내고자 하는 바를 충실하게 표현해야 한다. 재무정보가 비교가능하고, 검증가능하며, 적시성 있고, 이해가능한 경우 그 재무정보의 유용성은 보강된다.

(1) 근본적 질적 특성

근본적 질적 특성은 목적적합성과 표현충실성이다. 정보가 유용하기 위해서는 목적적합하고 충실하게 표현되어야 한다. 목적적합하지 않은 현상에 대한 표현충실성과 목적적합한 현상에 대한 충실하지 못한 표현 모두 정보이용자가 좋은 결정을 내리는 데 도움이 되지 않는다.
근본적 질적 특성을 적용하기 위한 가장 효율적이고 효과적인 절차는 일반적으로 다음과 같다.

첫째, 보고기업의 재무정보 이용자들에게 유용할 수 있는 정보의 대상이 되는 경제적 현상을 식별한다.

둘째, 그 현상에 대한 가장 목적적합한 정보의 유형을 식별한다.

셋째, 그 정보가 이용가능한지, 그리고 경제적 현상을 충실하게 표현할 수 있는지 결정한다.

① **목적적합성**: 목적적합한 재무정보는 정보이용자의 의사결정에 차이가 나도록 할 수 있다. 일부 정보이용자가 이를 이용하지 않기로 선택하거나 다른 원천을 통하여 이미 이를 알고 있다고 할지라도 의사결정에 차이가 나도록 할 수 있다.

㉠ **예측가치 및 확인가치**: 재무정보에 예측가치, 확인가치 또는 이 둘 모두가 있다면 그 재무정보는 의사결정에 차이가 나도록 할 수 있다. 정보이용자들이 미래 결과를 예측하기 위해 사용하는 절차의 투입요소로 재무정보가 사용될 수 있다면, 그 재무정보는 예측가치를 갖는다. 재무정보가 예측가치를 갖기 위해서 그 자체가 예측치 또는 예상치일 필요는 없다. 또한 재무정보가 과거 평가에 대해 피드백을 제공한다면(과거 평가를 확인하거나 변경시킨다면) 확인가치를 갖는다. 재무정보의 예측가치와 확인가치는 상호 연관되어 있다. 예측가치를 갖는 정보는 확인가치도 갖는 경우가 많다.

㉡ **중요성**: 특정 보고기업에 대한 재무정보를 제공하는 일반목적재무보고서에 정보를 누락하거나 잘못 기재하거나 불분명하게 하여, 이를 기초로 내리는 주요이용자들의 의사결정에 영향을 줄 것으로 합리적으로 예상할 수 있다면 그 정보는 중요한 것이다. 즉, 중요성은 개별 기업 재무보고서 관점에서 해당 정보와 관련된 항목의 성격이나 규모 또는 이 둘 다에 근거하여 해당 기업에 특유한 측면의 목적적합성을 의미한다. 따라서 회계기준위원회는 중요성에 대한 획일적인 계량 임계치를 정하거나 특정한 상황에서 무엇이 중요한 것인지를 미리 결정할 수 없다.

> 중요성은 정보의 성격이나 크기 또는 둘 다에 따라 결정된다. 기업은 전체적인 재무제표의 맥락에서 정보가 개별적으로나 다른 정보와 결합하여 중요한지를 평가한다. 그 정보를 누락하거나 잘못 기재하는 것과 비슷한 영향을 재무제표 주요이용자에게 줄 방식으로 정보가 소통된다면 그 정보는 불분명한 것이다.

② **표현충실성**: 재무보고서는 경제적 현상을 글과 숫자로 나타내는 것이다. 재무정보가 유용하기 위해서는 목적적합한 현상을 표현하는 것뿐만 아니라 나타내고자 하는 현상을 충실하게 표현해야 한다. 완벽하게 표현충실성을 하기 위해서는 서술에 세 가지의 특성이 있어야 할 것이다. 서술은 완전하고, 중립적이며, 오류가 없어야 할 것이다. 물론 완벽함은 달성하기 어렵다. 회계기준위원회의 목적은 가능한 정도까지 그 특성을 극대화하는 것이다.

㉠ **완전한 서술**: 완전한 서술은 필요한 기술과 설명을 포함하여 정보이용자가 서술되는 현상을 이해하는 데 필요한 모든 정보를 포함하는 것이다. 예를 들어, 자산 집합의 완전한 서술은 적어도 집합 내 자산의 특성에 대한 기술과 집합 내 모든 자산의 수량적 서술,

그러한 수량적 서술이 표현하고 있는 기술 내용(예 최초 원가, 조정 원가 또는 공정가치)을 포함한다.

㉡ **중립적 서술**: 중립적 서술은 재무정보의 선택이나 표시에 편의가 없는 것이다. 중립적 서술은 정보이용자가 재무정보를 유리하게 또는 불리하게 받아들일 가능성을 높이기 위해 편파적이 되거나, 편중되거나, 강조되거나, 경시되거나 그 밖의 방식으로 조작되지 않는다. 중립적 정보는 목적이 없거나 행동에 대한 영향력이 없는 정보를 의미하지 않는다. 오히려 목적적합한 재무정보는 정의상 정보이용자의 의사결정에 차이가 나도록 할 수 있는 정보이다.

> 중립성은 신중을 기함으로써 뒷받침된다. 신중성은 불확실한 상황에서 판단할 때 주의를 기울이는 것이다. 신중을 기한다는 것은 자산과 수익이 과대평가(Overstated)되지 않고 부채와 비용이 과소평가(Understated)되지 않는 것을 의미한다.

㉢ **오류가 없는 서술**: 표현충실성은 모든 면에서 정확한 것을 의미하지는 않는다. 오류가 없다는 것은 현상의 기술에 오류나 누락이 없고, 보고 정보를 생산하는 데 사용되는 절차의 선택과 적용 시 절차상 오류가 없음을 의미한다. 이 맥락에서 오류가 없다는 것은 모든 면에서 완벽하게 정확하다는 것을 의미하지는 않는다.

(2) 보강적 질적 특성

비교가능성, 검증가능성, 적시성 및 이해가능성은 목적적합하고 충실하게 표현된 정보의 유용성을 보강시키는 질적 특성이다. 보강적 질적 특성은 만일 어떤 두 가지 방법이 현상을 동일하게 목적적합하고 충실하게 표현하는 것이라면 이 두 가지 방법 가운데 어느 방법을 현상의 서술에 사용해야 할지를 결정하는 데에도 도움을 줄 수 있다.

① **비교가능성**: 비교가능성은 정보이용자가 항목 간의 유사점과 차이점을 식별하고 이해할 수 있게 하는 질적 특성이다. 다른 질적 특성과 달리 비교가능성은 단 하나의 항목에 관련된 것이 아니다. 비교하려면 최소한 두 항목이 필요하다. 따라서 보고기업에 대한 정보는 다른 기업에 대한 유사한 정보 및 해당 기업에 대한 다른 기간이나 다른 일자의 유사한 정보와 비교할 수 있다면 더욱 유용하다.

㉠ 일관성은 비교가능성과 관련은 되어 있지만 동일하지는 않다. 일관성은 한 보고기업 내에서 기간 간 또는 같은 기간 동안에 기업 간, 동일한 항목에 대해 동일한 방법을 적용하는 것을 말한다. 비교가능성은 목표이고 일관성은 그 목표를 달성하는 데 도움을 준다.

㉡ 비교가능성은 통일성이 아니다. 정보가 비교가능하기 위해서는 비슷한 것은 비슷하게 보여야 하고 다른 것은 다르게 보여야 한다.

㉢ 단 하나의 경제적 현상을 충실하게 표현하는 데 여러 방법이 있을 수 있으나 동일한 경제적 현상에 대해 대체적인 회계처리방법을 허용하면 비교가능성이 감소한다.

㉣ 근본적 질적 특성을 충족하면 어느 정도의 비교가능성은 달성될 수 있을 것이다.

② **검증가능성**: 검증가능성은 정보가 나타내고자 하는 경제적 현상을 충실히 표현하는지를 이용자들이 확인하는 데 도움을 준다. 검증가능성은 합리적인 판단력이 있고 독립적인 서로 다른 관찰자가 어떤 서술이 표현충실성에 있어, 비록 반드시 완전히 의견이 일치하지는 않더라도, 합의에 이를 수 있다는 것을 의미한다. 계량화된 정보가 검증가능하기 위해서 단일 점 추정치이어야 할 필요는 없다. 가능한 금액의 범위 및 관련된 확률도 검증될 수 있다.

③ **적시성**: 적시성은 의사결정에 영향을 미칠 수 있도록 의사결정자가 정보를 제때에 이용가능하게 하는 것을 의미한다. 일반적으로 정보는 오래될수록 유용성이 낮아진다. 그러나 일부 정보는 보고기간말 후에도 오랫동안 적시성이 있을 수 있다.

④ **이해가능성**: 정보를 명확하고 간결하게 분류하고, 특징 지으며, 표시하면 이해가능하게 된다. 일부 현상은 본질적으로 복잡하여 이해하기 쉽게 할 수 없다. 그 현상에 대한 정보를 재무보고서에서 제외하면 그 재무보고서의 정보를 더 이해하기 쉽게 할 수 있다. 그러나 그 보고서는 불완전하여 잠재적으로 오도할 수 있다. 따라서 아무리 어려운 정보라 하더라도 제외해서는 안 된다.

㉠ 재무보고서는 사업활동과 경제활동에 대해 합리적인 지식이 있고, 부지런히 정보를 검토하고 분석하는 정보이용자를 위해 작성된다.

㉡ 때로는 박식하고 부지런한 정보이용자도 복잡한 경제적 현상에 대한 정보를 이해하기 위해 자문가의 도움을 받는 것이 필요할 수 있다.

참고 보강적 질적 특성의 적용

보강적 질적 특성은 가능한 한 극대화되어야 한다. 그러나 보강적 질적 특성은 정보가 목적적합하지 않거나 나타내고자 하는 바를 충실하게 표현하지 않으면, 개별적으로든 집단적으로든 그 정보를 유용하게 할 수 없다. 보강적 질적 특성을 적용하는 것은 어떤 규정된 순서를 따르지 않는 반복적인 과정이다. 때로는 하나의 보강적 질적 특성이 다른 질적 특성의 극대화를 위해 감소되어야 할 수도 있다.

5. 유용한 재무보고에 대한 원가 제약

원가는 재무보고로 제공될 수 있는 정보에 대한 포괄적 제약요인이다. 원가는 다른 재무보고 결정을 제약하는 것처럼 자산이나 부채를 인식할 때 원가가 발생한다. 재무제표작성자는 자산이나 부채의 목적적합한 측정을 위해 원가를 부담한다. 재무제표이용자들도 제공된 정보를 분석하고 해석하기 위해 원가를 부담한다. 재무제표이용자들에게 제공되는 정보의 효익이 그 정보를 제공하고 사용하는 원가를 정당화할 수 있을 경우에 자산이나 부채를 인식한다.

개념적용 문제

02 유용한 재무정보의 질적 특성에 관한 설명으로 옳지 않은 것은? 제23회 기출

① 근본적 질적 특성은 목적적합성과 표현충실성이다.
② 완벽한 표현충실성을 위해서는 서술이 완전하고, 중립적이며, 오류가 없어야 할 것이다.
③ 정보의 유용성을 보강시키는 질적 특성에는 비교가능성, 검증가능성, 중요성 및 이해가능성이 있다.
④ 일관성은 비교가능성과 관련은 되어 있지만 동일하지는 않다.
⑤ 목적적합한 재무정보는 이용자들의 의사결정에 차이가 나도록 할 수 있다.

해설 정보의 유용성을 보강시키는 질적 특성에는 비교가능성, 검증가능성, 적시성 및 이해가능성이 있다.

정답 ③

03 재무정보의 질적 특성에 관한 설명으로 옳지 않은 것은? 제20회 기출

① 검증가능성은 합리적인 판단력이 있고 독립적인 서로 다른 관찰자가 어떤 서술이 표현충실성이라는 데 대체로 의견이 일치할 수 있다는 것을 의미한다.
② 재무정보에 예측가치, 확인가치 또는 이 둘 모두가 있다면 의사결정에 차이가 나도록 할 수 있다.
③ 완벽하게 표현충실성을 위해서 서술은 완전하고, 중립적이며, 오류가 없어야 할 것이다.
④ 이해가능성은 정보이용자가 항목 간의 유사점과 차이점을 식별하고 이해할 수 있게 하는 질적 특성이다.
⑤ 적시성은 의사결정에 영향을 미칠 수 있도록 의사결정자가 정보를 제때에 이용가능하게 하는 것을 의미한다.

해설 이해가능성은 정보를 명확하고 간결하게 분류하고, 특징지으며, 표시할 것을 요구하는 질적 특성이다. 정보이용자가 항목 간의 유사점과 차이점을 식별하고 이해할 수 있게 하는 질적 특성은 비교가능성에 대한 설명이다.

정답 ④

04 재무정보의 질적 특성에 관한 설명으로 옳지 않은 것은? 제25회 기출

① 근본적 질적 특성은 목적적합성과 표현충실성이다.
② 목적적합한 재무정보는 이용자들의 의사결정에 차이가 나도록 할 수 있다.
③ 재무제표에 정보를 누락할 경우 주요 이용자들의 의사결정에 영향을 주면 그 정보는 중요한 것이다.
④ 재무정보가 과거 평가에 대해 피드백을 제공한다면 확인가치를 갖는다.
⑤ 완벽한 표현충실성을 위해서는 서술에 완전성과 중립성 및 적시성이 요구된다.

해설 완벽한 표현충실성을 위해서는 서술이 완전하고 중립적이고 오류가 없어야 한다. '적시성'은 보강적 질적 특성이다.

정답 ⑤

제2절 재무제표의 요소

1. 재무제표의 기본 요소

거래나 그 밖의 사건의 재무적 영향을 경제적 특성에 따라 대분류하여 재무제표에 나타낸 것을 말한다. 재무상태표에서 재무상태의 측정과 직접 관련된 요소는 자산·부채·자본이다. 그리고 포괄손익계산서에 재무성과의 측정과 직접 관련된 요소는 수익, 비용이다. 재무상태변동표(현금흐름표, 자본변동표)는 일반적으로 재무상태표 요소의 변동과 포괄손익계산서 요소를 반영하므로 재무상태변동표의 고유한 요소에 대해서는 별도로 식별하지 아니한다. 따라서 재무제표의 요소란 자산·부채·자본·수익·비용을 의미하는 것이다.

(1) 재무제표 요소의 의의

① 재무상태표 요소

㉠ **자산**: 자산은 과거사건의 결과로 기업이 통제하는 현재의 경제적 자원이다. 경제적 자원은 경제적 효익을 창출할 잠재력을 지닌 권리이다.

㉡ **부채**: 부채는 과거사건의 결과로 기업이 경제적 자원을 이전해야 하는 현재의무이다.

㉢ **자본**: 자본은 기업의 자산에서 모든 부채를 차감한 후의 잔여지분이다. 자본청구권은 기업의 자산에서 모든 부채를 차감한 후의 잔여지분에 대한 청구권이다. 즉, 부채의 정의에 부합하지 않는 기업에 대한 청구권이다.

② 포괄손익계산서 요소

㉠ **수익**: 수익은 자산의 증가 또는 부채의 감소로서 자본의 증가를 가져오며, 자본청구권 보유자의 출자와 관련된 것을 제외한다. 수익은 정상영업활동의 일환으로 발생하며 매출액, 수수료수익, 이자수익, 배당금수익, 임대료수익, 공사수익 등 다양한 명칭으로 구분된다.

㉡ **비용**: 비용은 자산의 감소 또는 부채의 증가로서 자본의 감소를 가져오며, 자본청구권 보유자에 대한 분배와 관련된 것을 제외한다. 비용은 정상영업활동의 일환으로 발생하며 매출원가, 급여, 감가상각비 등으로 구분된다.

㉢ **자본유지조정**: 자산과 부채의 재평가 또는 재작성에 의한 자본의 증가, 감소액으로서 수익과 비용의 정의에는 부합되지만 자본유지개념에 따라 포괄손익계산서에는 포함되지 않는 항목이다.

> 수익과 비용의 정의에 따라, 자본청구권 보유자로부터의 출자는 수익이 아니며 자본청구권 보유자에 대한 분배는 비용이 아니다. 수익과 비용은 기업의 재무성과와 관련된 재무제표 요소이다. 재무제표이용자들은 기업의 재무상태와 재무성과에 대한 정보가 필요하다. 따라서 수익과 비용은 자산과 부채의 변동으로 정의되지만, 수익과 비용에 대한 정보는 자산과 부채에 대한 정보만큼 중요하다.

(2) 재무제표 요소의 인식

인식은 자산, 부채, 자본, 수익 또는 비용과 같은 재무제표 요소 중 하나의 정의를 충족하는 항목을 재무상태표나 재무성과표에 포함하기 위하여 포착하는 과정이다. 인식은 그러한 재무제표 중 하나에 어떤 항목(단독으로 또는 다른 항목과 통합하여)을 명칭과 화폐금액으로 나타내고, 그 항목을 해당 재무제표의 하나 이상의 합계에 포함시키는 것과 관련된다. 자산, 부채 또는 자본이 재무상태표에 인식되는 금액을 '장부금액'이라고 한다.

참고 재무제표 인식기준

- 해당 항목이 재무제표 요소의 정의를 충족시켜야 한다.
- 그 항목과 관련된 미래경제적 효익이 기업에 유입되거나 기업으로부터 유출될 가능성이 높다.
- 그 항목의 원가 또는 가치를 신뢰성 있게 측정할 수 있다.
- 거래나 그 밖의 사건에서 발생된 자산이나 부채의 최초인식에 따라 수익과 관련 비용을 동시에 인식할 수 있다.
- 자산, 부채 또는 자본의 정의를 충족하는 항목만이 재무상태표에 인식된다. 마찬가지로 수익이나 비용의 정의를 충족하는 항목만이 재무성과표에 인식된다. 그러나 그러한 요소 중 하나의 정의를 충족하는 항목이라고 할지라도 항상 인식되는 것은 아니다.

▶ 추정이 불가능한 항목은 재무상태표나 포괄손익계산서에 인식될 수 없다.

(3) 재무제표 요소의 측정

재무제표에 인식된 요소들은 화폐단위로 수량화되어 있다. 이를 위해 측정기준을 선택해야 한다. 측정기준은 측정 대상 항목에 대해 식별된 속성(예 역사적 원가, 공정가치 또는 이행가치)이다. 자산이나 부채에 측정기준을 적용하면 해당 자산이나 부채, 관련 수익과 비용의 측정치가 산출된다. 재무제표를 작성하기 위해서는 다양한 방법의 측정기준이 사용된다. 그러한 측정기준의 예는 다음과 같으며, 측정기준이 변경되면 회계정책의 변경으로 본다.

① **역사적 원가**: 역사적 원가 측정치는 적어도 부분적으로 자산, 부채 및 관련 수익과 비용을 발생시키는 거래나 그 밖의 사건의 가격에서 도출된 정보를 사용하여 재무제표 요소에 관한 화폐적 정보를 제공한다. 현행가치와 달리 역사적 원가는 자산의 손상이나 손실부담에 따른 부채와 관련되는 변동을 제외하고는 가치의 변동을 반영하지 않는다.

㉠ 자산을 취득하거나 창출할 때의 역사적 원가는 자산의 취득 또는 창출에 발생한 원가의 가치로서, 자산을 취득 또는 창출하기 위하여 지급한 대가와 거래원가를 포함한다.

㉡ 부채가 발생하거나 인수할 때의 역사적 원가는 발생시키거나 인수하면서 수취한 대가에서 거래원가를 차감한 가치이다.

㉢ 금융자산과 금융부채는 상각 후 원가로 측정하는 것이다. 금융자산과 금융부채의 상각 후 원가는 최초인식시점에 결정된 이자율로 할인한 미래현금흐름 추정치를 반영한다.

② **현행가치**: 현행가치 측정치는 측정일의 조건을 반영하기 위해 갱신된 정보를 사용하여 자산, 부채 및 관련 수익과 비용의 화폐적 정보를 제공한다. 이러한 갱신에 따라 자산과 부채의 현행가치는 이전 측정일 이후의 변동, 즉 현행가치에 반영되는 현금흐름과 그 밖의 요소의 추정치의 변동을 반영한다. 현행가치 측정기준은 다음을 포함한다.

㉠ 공정가치: 공정가치는 측정일에 시장참여자 사이의 정상거래에서 자산을 매도할 때 받거나 부채를 이전할 때 지급하게 될 가격이다.

㉡ 자산의 사용가치 및 부채의 이행가치

ⓐ 사용가치는 기업이 자산의 사용과 궁극적인 처분으로 얻을 것으로 기대하는 현금흐름 또는 그 밖의 경제적 효익의 현재가치이다. 그러므로 예측가치를 가질 수 있다.

ⓑ 이행가치는 기업이 부채를 이행할 때 이전해야 하는 현금이나 그 밖의 경제적 자원의 현재가치이다. 그러므로 예측가치를 가질 수 있다.

ⓒ 사용가치와 이행가치는 미래현금흐름에 기초하기 때문에 자산을 취득하거나 부채를 인수할 때 발생하는 거래원가는 포함하지 않는다.

ⓓ 사용가치와 이행가치는 시장참여자의 가정보다는 기업 특유의 가정을 반영한다. 사용가치나 이행가치의 종전 추정치에 관한 피드백을 제공하기 때문에 확인가치를 가질 수 있다.

㉢ 현행원가

ⓐ 자산의 현행원가는 측정일 현재 동등한 자산의 원가로서 측정일에 지급할 대가와 그 날에 발생할 거래원가를 포함한다.

ⓑ 부채의 현행원가는 측정일 현재 동등한 부채에 대해 수취할 수 있는 대가에서 그 날에 발생할 거래원가를 차감한다.

ⓒ 현행원가는 역사적 원가와 마찬가지로 유입가치이다. 이는 기업이 자산을 취득하거나 부채를 발생시킬 시장에서의 가격을 반영한다.

2. 자본과 자본유지의 개념

기업은 정보이용자의 정보요구에 기초하여 자본개념을 선택하여야 한다. 따라서 재무제표의 이용자가 주로 명목상의 자본을 투자된 화폐액 또는 투자된 구매력 유지에 관심이 있다면 재무자본유지개념을 채택하여야 한다. 그러나 이용자의 주된 관심이 기업의 조업능력유지에 있다면 실물자본유지개념을 선택하여야 한다.

(1) 재무자본유지개념

재무자본유지개념하에서 이익은 해당 기간 동안 소유주에게 배분하거나 소유주가 출연한 부분을 제외하고 기말 순자산의 재무적 측정금액(화폐금액)이 기초 순자산의 재무적 측정금액(화폐금액)을 초과하는 경우에만 발생한다. 재무자본유지는 명목화폐단위 또는 불변구매력단위를 이용하여 측정할 수 있다.

① **명목화폐단위**: 화폐를 기준으로 기초자본과 기말자본의 차이를 순이익으로 계상한다.
② **불변구매력단위**: 물가상승을 반영하여 순이익을 계상한다.

(2) 실물자본유지개념

실물자본유지개념하에서 이익은 해당 기간 동안 소유주에게 배분하거나 소유주가 출연한 부분을 제외하고 기업의 기말 실물생산능력이나 조업능력(또는 그러한 생산능력을 갖추기 위해 필요한 자원이나 기금)이 기초 실물생산능력을 초과하는 경우에만 발생한다.

3. 회계원칙(회계기준)

(1) 의의

① 기업이 회계행위를 행할 때에 반드시 준수해야 할 일반적 지침
② 기업의 회계실무를 이끌어 가는 지도원리(규범성)
③ 시대변화와 사회발전에 따라 변화(가변성)
④ 보편타당성

(2) 유형

① **규범적**(規範的) **회계원칙**: 연역적 접근방법에 의해 제정
② **기술적**(技術的) **회계원칙**: 귀납적 접근방법에 의해 제정

(3) 일반적으로 인정된 회계원칙

일반적으로 인정된 회계원칙(GAAP; Generally Accepted Accounting Principles)은 회계기준 중 다수인으로부터 받아들여지고 또 실무에서 사용되는 것들을 권위 있는 기관의 지지를 받아 집약한 것으로서, 우리나라의 경우 한국채택국제회계기준이 이에 해당된다.
① **요건**: 일반적 수용성, 다수권위의 지지
② **제정방법**: 기술적·귀납적 접근방법

4. 회계관습

회계실무에서 오랫동안 지켜지고 있는 관행으로 실무의 편의성 등의 이유로 일반적으로 존중되고 받아들여지는 것이며, 이는 그 타당성이 입증되지 않았다는 점에서 공준과 유사한 개념이다. 또한 회계기준의 경직성을 완화시켜 주기 때문에 수정된 회계기준으로서의 의미도 있다.

(1) 중요성

어떤 회계정보가 정보이용자의 의사결정에 크게 영향을 줄 수 있다면 그 정보는 정보이용자의 이용목적에 중요한 정보라고 할 수 있다.

① 소모품을 구입시점에서 그 구입액을 자산으로 처리하거나 비용으로 처리하는 것
② 재무제표의 표시되는 금액을 기업 규모에 따라 천원 또는 백만원으로 표시하는 것
③ 성격이나 기능이 유사한 과목을 재무제표에 단일항목으로 통합하여 표시하거나 독립된 별도항목으로 표시하는 것

(2) 보수주의

기업에 내재하고 있는 불확실성과 위험성을 충분히 고려하여 신중한 회계처리를 하는 태도를 말한다. 즉, 선택 가능한 대체적 방법이 있을 경우에는 순이익 또는 재무상태에 불리하게 회계처리방법으로 기업의 재무적 기초를 견고히 한다는 장점이 있으나, 장기적으로는 순이익에 영향을 주지 않는다. 또한 한국채택국제회계기준에서는 신뢰성을 해칠 우려가 있으므로 이를 배제하고 있다.

(3) 업종별 관행

5. 회계감사

회계감사는 회계기준에서 정하는 모든 재무제표에 대하여 회계감사에 관한 자격을 가진 독립된 제3자가 일반적으로 인정된 한국채택국제회계기준에 따라 재무제표가 적정하게 작성되었는가를 감사하는 것을 말한다. 우리나라에서는 공인회계사가 이를 대행하고 있으며, 감사의견에는 적정의견, 한정의견, 부적정의견, 의견거절 등이 있다.

(1) 적정의견(Unqualified Opinion)

재무제표가 한국채택국제회계기준을 준수하여 적정하게 작성되었을 때 표명할 수 있는 의견이다.

(2) 한정의견(Qualified Opinion)

기업회계기준의 위반이나 감사범위의 제한으로 인한 영향이 중요하여 적정의견을 표명할 수는 없지만, 부적정의견이나 의견거절을 표명할 정도로는 중요하지 않고 전반적이지 않은 경우에 표명되는 의견이다. 이 경우 감사인은 중간 문단이나 범위 문단에 그 내용을 기술하고 의견문단에서 감사의견을 표명한다.

(3) 부적정의견(Adverse Opinion)

기업회계기준의 위반으로 인한 영향이 특히 중요하고 전반적이어서 한정의견의 표명으로는 재무제표의 오도 또는 왜곡 표시된 내용을 적절히 공시할 수 없는 경우에 표명하는 의견이다.

(4) 의견거절(Disclaimer Opinion)

감사인의 독립성이 결여되어 있거나 감사범위의 제한이 특히 중요하고 전반적이어서 충분하고 적합한 감사증거를 확보할 수 없는 경우에 표명하는 의견이다.

개념적용 문제

05 외부감사인이 감사보고서에 표명하는 감사의견으로 옳지 않은 것은? 제26회 기출

① 적정의견
② 부적정의견
③ 조정의견
④ 한정의견
⑤ 의견거절

해설 감사의견에는 적정의견, 부적정의견, 한정의견, 의견거절이 있으며 조정의견은 없다.

정답 ③

06 감사범위 제한의 영향이 매우 중요하고 전반적이어서 감사인이 충분하고 적합한 감사증거를 획득할 수 없는 경우 재무제표에 대한 외부감사인의 감사의견으로 옳은 것은? 제11회 기출

① 적정의견
② 부적정의견
③ 의견거절
④ 중립의견
⑤ 한정의견

해설 감사인의 독립성이 결여되어 있거나 감사범위의 제한이 특히 중요하고 전반적이어서 충분하고 적합한 감사증거를 확보할 수 없는 경우에 표명되는 의견은 의견거절이다.

정답 ③

07 외부회계감사에 관한 설명으로 옳지 않은 것은? 제25회 기출

① 감사의 목적은 의도된 재무제표 이용자의 신뢰수준을 향상시키는 데 있다.
② 감사인이 충분하고 적합한 감사증거를 입수한 결과, 왜곡표시가 재무제표에 중요하나 전반적이지는 않으면 한정의견이 표명된다.
③ 회계감사를 수행하는 감사인은 감사대상 재무제표를 작성하는 기업이나 경영자와 독립적이어야 한다.
④ 재무제표가 중요성 관점에서 일반적으로 인정된 회계기준에 따라 작성되었다고 판단되면 적정의견이 표명된다.
⑤ 감사대상 재무제표는 기업의 경영진이 감사인의 도움 없이 작성하는 것이 원칙이나, 주석 작성은 감사인의 도움을 받을 수 있다.

해설 감사대상 재무제표는 기업의 경영진이 감사인의 도움 없이 작성해야 한다. 따라서, 주석도 감사대상 재무제표에 포함되므로 감사인의 도움을 받을 수 없다.

정답 ⑤

CHAPTER 03

기출 & 예상문제로 완벽 복습

01 일반목적재무보고에 대한 설명으로 옳지 않은 것은? 2019년 지방직 공무원 수정

① 현재 및 잠재적 투자자, 대여자 및 기타 채권자는 기업의 경영진 및 이사회가 기업의 자원을 사용하는 그들의 책임을 얼마나 효율적이고 효과적으로 이행해 왔는지에 대한 정보를 필요로 한다.

② 일반목적재무보고의 목적은 현재 및 잠재적 투자자, 대여자 및 기타 채권자가 기업에 자원을 제공하는 것에 대한 의사결정을 할 때 유용한 보고기업 재무정보를 제공하는 것이다.

③ 외부 이해관계자들과 마찬가지로 보고기업의 경영진도 해당 기업의 경영의사결정을 위해 일반목적재무보고서에 가장 많이 의존한다.

④ 재무보고서는 정확한 서술보다는 상당 부분 추정, 판단 및 모형에 근거한다.

⑤ 일반목적재무보고서는 현재 및 잠재적 투자자, 대여자 및 기타 채권자가 필요한 모든 정보를 제공하지 않으며 제공할 수도 없다.

해설 보고기업의 경영진은 일반목적재무보고서를 내부에서 구할 수 있기 때문에 일반목적재무보고서에 의존할 필요가 없다.

02 재무정보의 질적 특성 중 목적적합성에 관한 설명으로 옳지 않은 것은? 제21회 기출

① 재무정보가 예측가치를 갖기 위해서는 그 자체가 예측치 또는 예상치이어야 한다.

② 목적적합한 재무정보는 정보이용자의 의사결정에 차이가 나도록 할 수 있다.

③ 재무정보가 과거 평가에 대해 피드백을 제공한다면 확인가치를 갖는다.

④ 정보가 누락되거나 잘못 기재된 경우 특정 보고기업의 재무정보에 근거한 정보이용자의 의사결정에 영향을 줄 수 있다면 그 정보는 중요한 것이다.

⑤ 재무정보의 예측가치와 확인가치는 상호 연관되어 있다.

해설 재무정보가 예측가치를 갖기 위해서는 그 자체가 예측치 또는 예상치일 필요는 없다.

03 재무보고를 위한 개념체계의 보강적 질적 특성으로 옳지 않은 것은?

① 적시성은 의사결정에 영향을 미칠 수 있도록 의사결정자가 정보를 제때에 이용가능하게 하는 것을 의미하며 일반적으로 정보는 오래될수록 유용성이 낮아진다.
② 정보이용자가 과거, 현재 또는 미래의 사건을 평가하거나 과거의 평가를 확인 또는 수정하도록 도와주어 경제적 의사결정에 영향을 미치는 정보를 말한다.
③ 정보이용자가 항목 간의 유사점과 차이점을 식별하고 이해할 수 있게 하는 질적 특성이다.
④ 정보가 나타내고자 하는 경제적 현상을 충실히 표현하는지를 정보이용자가 확인하는데 도움을 준다.
⑤ 정보를 명확하고 간결하게 분류하고, 특징지으며, 표시하면 이해가능하게 된다. 일부 현상은 본질적으로 복잡하여 쉽게 이해할 수 없다.

해설 정보이용자가 과거, 현재 또는 미래의 사건을 평가하거나 과거의 평가를 확인 또는 수정하도록 도와주어 경제적 의사결정에 영향을 미치는 정보는 근본적 질적 특성으로 목적적합성이다.

04 재무보고를 위한 개념체계에서 유용한 재무정보의 질적 특성에 관한 설명으로 옳은 것은?

① 근본적 질적 특성 중 하나인 표현충실성은 그 자체가 반드시 유용한 정보를 만들어 내는 것은 아니다.
② 근본적 질적 특성을 적용하기 위한 가장 효율적이고 효과적인 절차는 보고기업의 재무정보 이용자에게 유용할 수 있지만 경제적 현상을 식별하는 것은 아니다.
③ 완벽하게 표현충실성을 위해서 서술은 완전하고, 검증가능하며, 오류가 없어야 한다.
④ 재무정보에 예측가치가 있다면 그 재무정보는 나타내고자 하는 현상을 충실하게 표현한다.
⑤ 유용한 재무정보의 질적 특성은 재무제표에서 제공되는 재무정보에 적용되며, 그 밖의 방법으로 제공되는 재무정보에는 적용되지 않는다.

해설 ② 근본적 질적 특성을 적용하기 위한 가장 효율적이고 효과적인 절차는 보고기업의 재무정보 이용자에게 유용할 수 있는 경제적 현상을 식별하는 것이다.
③ 완벽하게 표현충실성을 위해서 서술은 완전하고, 중립적이며, 오류가 없어야 한다.
④ 재무정보에 예측가치가 있다면 그 재무정보는 나타내고자 하는 현상을 목적적합하게 표현한다.
⑤ 유용한 재무정보의 질적 특성은 재무제표에서 제공되는 재무정보에 적용되며, 그 밖의 방법으로 제공되는 재무정보에도 적용된다.

01 ③ 02 ① 03 ② 04 ① 정답

05 일반목적재무보고에 관한 설명으로 옳지 않은 것은? 제25회 기출

① 보고기업의 가치를 측정하여 제시하는 것을 주된 목적으로 한다.
② 현재 및 잠재적 투자자, 대여자 및 그 밖의 채권자가 주요이용자이다.
③ 보고기업의 경제적 자원 및 보고기업에 대한 청구권에 관한 정보를 제공한다.
④ 한 기간의 보고기업의 현금흐름에 대한 정보는 이용자들이 기업의 미래 순현금유입창출 능력을 평가하는 데 도움이 된다.
⑤ 보고기업의 경제적 자원에 대한 경영진의 수탁책임을 평가하는 데에도 유용하다.

해설 일반목적재무보고의 목적은 현재 및 잠재적 투자자, 대여자와 그 밖의 채권자가 기업에 자원을 제공하는 것과 관련된 의사결정을 할 때 유용한 보고기업 재무정보를 제공하는 것이다. 일반목적재무보고서는 보고기업의 가치를 보여주기 위해 고안된 것이 아니다.

06 보강적 질적 특성에 관한 설명으로 옳지 않은 것은?

① 어떤 현상에 대한 정보를 재무보고서에서 제외하면 그 재무보고서의 정보를 더 이해하기 쉽게 할 수 있다. 그러나 그 재무정보는 제외할 수 없다.
② 일관성은 비교가능성과 관련되어 있으나 동일하지는 않다. 비교가능성은 비교하려면 최소한 두 항목이 필요하다.
③ 보강적 질적 특성은 만일 어떤 두 가지 방법이 현상을 동일하게 목적적합하고 충실하게 표현하는 것이라면 이 두 가지 방법 가운데 어느 방법을 현상의 서술에 사용해야 할지를 결정하는 데에도 도움을 줄 수 있다.
④ 검증가능성은 나타내고자 하는 현상을 충실하게 표현해야 한다는 표현충실성의 특성에 해당한다.
⑤ 단 하나의 경제적 현상을 표현충실성이라는 데 여러 방법이 있을 수 있으나 동일한 경제적 현상에 대해 대체적인 회계처리방법을 허용하면 비교가능성이 감소한다.

해설 검증가능성은 나타내고자 하는 현상을 충실하게 표현해야 한다는 것으로 보강적 질적 특성에 해당한다.

07 보강적 질적 특성 중 비교가능성은 측정기준의 선택에 영향을 미친다. 다음 중 기업 간 비교가능성을 높이거나 향상시킬 수 있는 측정기준을 모두 고른 것은?

제24회 기출

㉠ 역사적 원가	㉡ 공정가치
㉢ 사용가치	㉣ 이행가치
㉤ 현행원가	

① ㉠, ㉡
② ㉡, ㉢
③ ㉡, ㉤
④ ㉢, ㉣
⑤ ㉢, ㉣, ㉤

해설
- 기업(실체) 간 비교가능성을 높이거나 향상시키기 위해서는 각 기업의 취득시점이 다른 동일한 자산과 부채에 대하여 현재시점에서의 동일한 측정가치가 적용되어야 한다.
- 역사적 원가: 검증가능하고 신뢰성 있는 정보를 제공하지만, 동일한 자산과 부채에 대하여 취득시점이 다른 경우에는 서로 다른 금액(각각 다른 취득시점의 원가)으로 보고되어 기간별 또는 기업(실체) 간 비교가능성을 떨어뜨린다.
- 공정가치와 현행원가: 개별기업의 관점이 아니라 현재시점의 시장참여자의 관점에서 결정되는 측정치로서 취득시점이 다른 자산인 경우에도 동일한 측정가치가 적용되어 기간별 또는 실체 간 비교가능성이 높은 정보를 제공한다.
- 사용가치와 이행가치: 개별기업의 기업 특유의 가치를 반영하기 때문에 동일한 자산이나 부채라 하더라도 기업이 다르면 그 측정치가 달라질 수 있기 때문에 기간별 또는 기업(실체) 간 비교가능성이 떨어진다.

08 유용한 재무정보의 질적 특성에 관한 설명으로 옳은 것은?

제17회 수정

① 목적적합성과 표현충실성은 보강적 질적 특성이다.
② 동일한 경제적 현상에 대해 대체적인 회계처리방법을 허용하면 비교가능성이 감소한다.
③ 재무정보가 예측가치를 갖기 위해서는 제공되는 정보 그 자체가 예측치 또는 예상치이어야 한다.
④ 재무정보의 제공자와는 달리 이용자의 경우에는 제공된 정보를 분석하고 해석하는 데 원가가 발생하지 않는다.
⑤ 재무정보가 과거 평가를 확인하거나 변경시킨다면 예측가치를 갖는다.

해설 ① 목적적합성과 표현충실성은 근본적 질적 특성이다.
③ 재무정보가 예측가치를 갖기 위해서는 제공되는 정보 그 자체가 예측치 또는 예상치일 필요는 없다.
④ 재무정보의 제공자와는 달리 이용자의 경우에는 제공된 정보를 분석하고 해석하는 데 원가가 발생하며 이는 유용한 정보의 포괄적인 제약요인이다.
⑤ 재무정보가 과거 평가를 확인하거나 변경시킨다면 확인가치를 갖는다.

05 ① 06 ④ 07 ③ 08 ② **정답**

09 **재무정보의 질적 특성에 관한 설명으로 옳지 않은 것은?**

① 재무정보가 유용하기 위해서는 목적적합해야 하고, 나타내고자 하는 바를 충실하게 표현해야 한다.

② 유용한 재무정보의 목적적합성과 표현충실성은 어떠한 경우에도 균등하게 나타내어야 한다.

③ 목적적합성은 재무정보에 예측가치, 확인가치 또는 이 둘 모두가 있다면 그 재무정보는 의사결정에 차이가 날 수 있으며, 그 정보는 중요하지 않아도 된다.

④ 재무정보가 비교가능하고, 검증가능하며, 적시성 있고, 이해 가능한 경우 그 재무정보의 유용성은 보강된다.

⑤ 목적적합한 재무정보는 정보이용자의 의사결정에 차이가 나도록 할 수 있다. 일부 정보이용자가 이를 이용하지 않기로 선택하거나 다른 원천을 통하여 이미 이를 알고 있다고 할지라도 의사결정에 차이가 나도록 할 수 있다.

해설 목적적합성은 재무정보에 예측가치, 확인가치 또는 이 둘 모두가 있다면 그 재무정보는 의사결정에 차이가 날 수 있으며, 그 정보는 중요한 정보이어야 한다.

10 **유용한 재무정보의 질적 특성에 관한 설명으로 옳지 않은 것은?** 제19회 기출

① 명확하고 간결하게 분류되고 특징지어져 표시된 정보는 이해가능성이 높다.

② 어떤 재무정보가 예측가치나 확인가치 또는 이 둘 모두를 갖는다면 그 재무정보는 이용자의 의사결정에 차이가 나게 할 수 있다.

③ 검증가능성은 정보가 나타내고자 하는 경제적 현상을 충실히 표현하는지를 정보이용자가 확인하는 데 도움을 주는 근본적 질적 특성이다.

④ 적시성은 정보이용자가 의사결정을 내릴 때 사용되어 그 결정에 영향을 줄 수 있도록 제때에 이용가능함을 의미한다.

⑤ 어떤 정보의 누락이나 오기로 인해 정보이용자의 의사결정이 바뀔 수 있다면 그 정보는 중요한 정보이다.

해설 검증가능성은 정보가 나타내고자 하는 경제적 현상을 충실히 표현하는지를 정보이용자가 확인하는 데 도움을 주는 보강적 질적 특성이다.

11 **재무보고의 질적 특성에 관한 설명으로 옳지 않은 것은?**

① 재무제표의 정보가 갖추어야 할 근본적인 특성의 하나는 정보이용자가 그 정보를 쉽게 이해할 수 있어야 한다는 것이다.
② 비교가능성은 통일성이 아니다. 정보가 비교가능하기 위해서는 비슷한 것은 비슷하게 보여야 하고 다른 것은 다르게 보여야 한다.
③ 표현충실성은 모든 면에서 정확한 것을 의미하지는 않는다.
④ 중립적 서술은 정보이용자가 재무정보를 유리하게 또는 불리하게 받아들일 가능성을 높이기 위해 편파적이 되거나, 편중되거나, 강조되거나, 경시되거나 그 밖의 방식으로 조작되지 않는다.
⑤ 일관성은 비교가능성과 관련은 되어 있지만 동일하지는 않다. 비교가능성은 목표이고 일관성은 그 목표를 달성하는 데 도움을 준다.

해설 재무제표의 정보가 갖추어야 할 근본적인 특성의 하나로 정보이용자가 그 정보를 쉽게 이해할 수 있어야 한다는 것은 보강적 질적 특성인 이해가능성에 관한 설명이다.

12 **다음 설명에 해당하는 재무정보의 질적 특성은?** 제22회 기출

(가) 정보이용자가 항목 간의 유사점과 차이점을 식별하고 이해할 수 있게 한다.
(나) 정보가 나타내고자 하는 경제적 현상을 충실히 표현하는지를 정보이용자가 확인하는 데 도움을 준다.

	(가)	(나)
①	비교가능성	검증가능성
②	중요성	일관성
③	적시성	중립성
④	중립성	적시성
⑤	검증가능성	비교가능성

해설
- (가): 정보이용자가 항목 간의 유사점과 차이점을 식별하고 이해할 수 있게 하는 질적 특성은 비교가능성이다.
- (나): 정보가 나타내고자 하는 경제적 현상을 충실히 표현하는지를 정보이용자가 확인하는 데 도움을 주는 질적 특성은 검증가능성이다.

09 ③ 10 ③ 11 ① 12 ① 정답

13 **재무보고를 위한 개념체계의 관련 문단에서 발췌되거나 파생된 용어의 정의로 옳지 않은 것은?**

제26회 기출

① 근본적 질적 특성: 일반목적재무보고서의 주요 이용자들에게 유용하기 위하여 재무정보가 지녀야 하는 질적 특성

② 미이행계약: 계약당사자 모두가 자신의 의무를 전혀 수행하지 않았거나 계약당사자 모두가 동일한 정도로 자신의 의무를 부분적으로 수행한 계약이나 계약의 일부

③ 부채: 현재사건의 결과로 실체의 경제적 자원을 이전해야 하는 미래의무

④ 인식: 자산, 부채, 자본, 수익 또는 비용과 같은 재무제표의 구성요소 중 하나의 정의를 충족하는 항목을 재무상태표나 재무성과표에 포함하기 위하여 포착하는 과정

⑤ 중요한 정보: 정보가 누락되거나 잘못 기재된 경우 특정 보고실체의 재무정보를 제공하는 일반목적재무보고서에 근거하여 이루어지는 주요 이용자들의 의사결정에 영향을 줄 수 있는 정보

해설 부채는 과거사건의 결과로 실체의 경제적 자원을 이전해야 하는 현재의무이다.

14 **재무정보의 질적 특성에 관한 설명으로 옳지 않은 것은?** 제18회 수정

① 적시성은 의사결정에 영향을 미칠 수 있도록 의사결정자가 정보를 제때에 이용가능하게 하는 것을 의미한다.

② 중요성은 정보가 누락된 경우 정보이용자의 의사결정에 영향을 줄 수 있다면 그 정보는 중요하다는 것을 의미한다.

③ 비교가능성은 정보이용자가 항목 간의 유사점과 차이점을 식별하고 이해할 수 있게 하는 질적 특성이다.

④ 검증가능성은 정보가 나타내고자 하는 경제적 현상을 충실히 표현하는지를 정보이용자가 확인하는 데 도움을 준다.

⑤ 표현충실성은 모든 면에서 정확한 것을 의미한다.

해설 표현충실성은 모든 면에서 정확한 것을 의미하지는 않는다.

15 재무보고를 위한 개념체계 내용 중 재무정보의 질적 특성에 관한 설명으로 옳은 것은?

2013년 세무사 수정

① 개념체계는 유용한 정보가 되기 위한 근본적 질적 특성을 적용하는 데 있어서 가장 효율적이고 효과적인 일반적 절차를 제시하고 있지는 않다.

② 일관성은 비교가능성과 관련은 되어 있지만 동일하지는 않다. 즉, 일관성은 목표이고, 비교가능성은 그 목표를 달성하는 데 도움을 준다고 할 수 있다.

③ 오류가 없다는 것은 현상의 기술에 오류나 누락이 없고, 보고 정보를 생산하는 데 사용되는 절차의 선택과 적용 시 절차상 오류가 없음을 의미하는 것이므로 표현충실성이란 모든 측면에서 정확함을 의미한다.

④ 중요성은 개별 기업 재무보고서 관점에서 해당 정보와 관련된 항목의 성격이나 규모 또는 이 둘 모두에 근거하여 해당 기업에 특유한 측면의 목적적합성을 의미한다.

⑤ 재무보고서는 사업활동과 경제활동에 관해 박식하고, 정보를 검토하고 분석하는 데 부지런한 정보이용자보다는 모든 수준의 정보이용자들이 자력으로 이해할 수 있도록 작성되어야 한다.

해설 ① 개념체계는 유용한 정보가 되기 위한 근본적 질적 특성을 적용하는 데 있어서 가장 효율적이고 효과적인 일반적 절차를 제시하고 있다.
② 일관성은 비교가능성과 관련은 되어 있지만 동일하지는 않다. 즉, 비교가능성은 목표이고, 일관성은 그 목표를 달성하는 데 도움을 준다고 할 수 있다.
③ 오류가 없다는 것은 현상의 기술에 오류나 누락이 없고, 보고 정보를 생산하는 데 사용되는 절차의 선택과 적용 시 절차상 오류가 없음을 의미하는 것이므로 표현충실성이란 모든 측면에서 정확함을 의미하지는 않는다.
⑤ 재무보고서는 사업활동과 경제활동에 관해 박식하고, 정보를 검토하고 분석하는 데 부지런한 정보이용자를 위해 작성된다.

16 유용한 재무보고에 관한 제약요인으로 옳은 것은?

① 적시성 ② 효익
③ 원가 ④ 중요성
⑤ 상충관계

해설 원가는 재무보고로 제공될 수 있는 정보에 관한 포괄적 제약요인이다.

13 ③ 14 ⑤ 15 ④ 16 ③ **정답**

17 **회계정보의 기능 및 역할, 적용환경에 관한 설명으로 옳지 않은 것은?** 제17회 기출

① 외부 회계감사를 통해 회계정보의 신뢰성이 제고된다.

② 회계정보의 수요자는 기업의 외부이용자뿐만 아니라 기업의 내부이용자도 포함된다.

③ 회계정보는 한정된 경제적 자원이 효율적으로 배분되도록 도와주는 기능을 담당한다.

④ 회계감사는 재무제표가 일반적으로 인정된 회계기준에 따라 적정하게 작성되었는지에 대한 의견표명을 목적으로 한다.

⑤ 모든 기업은 한국채택국제회계기준을 적용하여야 한다.

해설 비상장기업은 한국채택국제회계기준의 적용을 의무화하지 않고 있다.

18 **각 기업에 대한 감사의견이 순서대로 올바르게 제시된 것은?** 제27회 기출

- (갑회사) 회계감사를 받기 위해 제출한 재무제표에는 한국채택국제회계기준을 중요하게 위배한 내용이 있었지만, 회계감사 종료 전에 모두 수정되어 최종 재무제표에는 한국채택국제회계기준을 중요하게 위배한 내용이 없었다.
- (을회사) 회계감사 이후 최종 재무제표에 한국채택국제회계기준을 위배한 내용이 포함되어 있었으나 위배 내용이 미미하며 중요하지는 않다.
- (병회사) 감사범위가 중대하게 제한되어 적절한 회계감사를 수행할 수 없었다.

① 적정의견, 적정의견, 의견거절
② 적정의견, 적정의견, 부적정의견
③ 한정의견, 한정의견, 한정의견
④ 한정의견, 적정의견, 의견거절
⑤ 한정의견, 적정의견, 부적정의견

해설 갑회사와 을회사는 적정의견이고 병회사는 의견거절이다.

19 독립된 외부감사인이 충분하고 적합한 감사증거를 입수하였고 왜곡표시가 재무제표에 개별적 또는 집합적으로 중요하지만 전반적이지는 않다는 결론을 내리는 경우 표명하는 감사의견은?

제20회 기출

① 의견거절　② 한정의견　③ 부적정의견
④ 적정의견　⑤ 재검토의견

해설 독립된 외부감사인이 충분하고 적합한 감사증거를 입수하였고 왜곡표시가 재무제표에 개별적 또는 집합적으로 중요하지만 전반적이지는 않은 경우에 표명하는 감사의견은 한정의견이다.

20 다음 각 설명에 해당하는 감사의견은?

제24회 기출

(가) 한국채택국제회계기준을 위배한 정도가 커서 재무제표가 중대한 영향을 받았을 때 표명된다.
(나) 재무제표에 대한 감사범위가 부분적으로 제한되었거나 또는 재무제표가 한국채택국제회계기준을 부분적으로 위배하여 작성된 경우에 표명된다.

	(가)	(나)
①	적정의견	한정의견
②	한정의견	부적정의견
③	한정의견	의견거절
④	부적정의견	한정의견
⑤	부적정의견	의견거절

해설
- (가): 재무제표가 중대한 영향을 받았을 때는 부적정의견을 표명한다.
- (나): 부분적 제한이나 부분적 위배는 한정의견을 표명한다.

17 ⑤　18 ①　19 ②　20 ④　정답

CHAPTER

04 자산의 일반이론

회독체크 1 2 3

CHAPTER 미리보기

학습전략

본 단원은 자산에 관한 가장 기본적인 개념을 설명하고 있습니다. 기업이 소유한 자산의 정의, 최초인식(취득), 측정, 분류 등을 기술하고 있으며, 시험에서는 1문항 정도 출제될 것으로 예상하고 있습니다. 자산을 이해하는 데 꼭 알아야 할 내용으로는 자산의 측정 및 인식, 분류 등이 있습니다.

학습키워드

- 자산의 정의 및 측정기준
- 역사적 원가
- 현행원가(공정가치, 사용가치, 이행가치)

제1절 자산의 정의 및 인식

1. 자산의 정의

자산은 과거사건의 결과로 기업이 통제하는 현재의 경제적 자원이다. 경제적 자원은 경제적 효익을 창출할 잠재력을 지닌 권리이다. 자산은 다음과 같이 정의된다.

① 권리는 현금을 수취할 권리, 재화나 용역을 제공받을 권리, 유리한 조건으로 다른 당사자와 경제적 자원을 교환할 권리 등을 말한다.

② 경제적 자원은 경제적 효익을 창출할 잠재력을 지닌 권리이다. 잠재력이 있기 위해 권리가 경제적 효익을 창출할 것이라고 확신하거나 그 가능성이 높아야 하는 것은 아니다. 권리가 이미 존재하고, 다른 모든 당사자들에게 이용 가능한 경제적 효익을 초과하는 경제적 효익을 창출할 수 있으면 된다.

③ 통제는 경제적 자원을 기업에 결부시킨다. 통제의 존재 여부를 평가하는 것은 기업이 회계처리할 경제적 자원을 식별하는 데 도움이 된다. 기업은 경제적 자원의 사용을 지시하고 그로부터 유입될 수 있는 경제적 효익을 얻을 수 있는 현재의 능력이 있다면, 그 경제적 자원을 통제한다.

2. 자산의 인식

자산은 다음의 경우 재무상태표에 인식한다.

(1) 과거의 거래나 사건의 결과로서 취득되어야 한다.

① 기업의 자산은 과거의 거래나 그 밖의 사건에서 창출된다. 미래에 발생할 것으로 예상되는 거래나 사건 자체만으로는 자산이 창출되지 아니한다. 예를 들면, 재고자산을 구입하고자 하는 의도 그 자체는 자산의 정의를 충족하지 못한다.

② 지출의 발생과 자산의 취득은 밀접하게 관련되어 있으나 양자가 반드시 일치하는 것은 아니다. 관련된 지출이 없더라도 특정 항목이 자산의 정의를 충족하는 것을 배제하지는 않는다. 예를 들어, 자산은 정부가 기업에게 무상으로 부여한 권리 또는 기업이 다른 당사자로부터 증여받은 권리를 포함할 수 있다.

(2) 현재 기업이 통제(특정 실체의 배타권이 존재)하고 있어야 한다.

① 유형자산을 포함한 많은 종류의 자산은 물리적 형태를 가지고 있다. 그러나 자산의 존재를 판단하기 위해 물리적 형태가 필수적인 것은 아니다. 예를 들면, 특허권과 저작권도 미래에 경제적 효익이 창출되어 기업에 귀속되고 기업이 통제한다면 자산이다.

② 수취채권과 부동산을 포함한 많은 종류의 자산은 소유권 등 법률적 권리와 관련되어 있다. 그러나 소유권이 자산의 존재를 판단함에 있어 필수적인 것은 아니다. 예를 들면, 기업이 리스계약에 따라 점유하고 있는 부동산에서 기대되는 경제적 효익을 통제할 수 있다면 그 부동산은 기업의 자산이다.

(3) 미래의 경제적 효익을 기대할 수 있어야 한다.

자산이 갖는 미래경제적 효익은 직접 또는 간접으로 특정 기업의 미래 현금및현금성자산의 유입에 기여하게 될 잠재력을 말하는데, 여기서 잠재력은 기업의 영업활동의 일부인 생산과 관련될 수 있다. 또한 현금및현금성자산으로의 전환 능력의 형태이거나 대체적인 제조과정의 도입으로 생산원가가 절감되는 경우와 같이 현금유출을 감소시키는 능력일 수도 있다.

(4) 자산의 금액을 신뢰성 있게 측정 가능하여야 한다.

재무제표를 작성하기 위해서는 다양한 방법의 측정기준이 사용되며, 측정기준이 변경되면 회계정책의 변경으로 본다. 또한 추정이 불가능한 항목은 재무상태표나 포괄손익계산서에 인식될 수 없다.

참고 자산의 특징

- 자산은 물리적 형태가 필수적인 것은 아니다.
- 자산은 법적 소유권이 자산의 존재를 판단함에 있어 필수적인 것은 아니다.
- 자산의 취득은 현금지출과 밀접하게 관련되어 있으나 양자가 반드시 일치하는 것은 아니다.
- 자산은 부채를 상환하는 데 사용된다.

개념적용 문제

01 자산의 정의에 관한 설명으로 옳지 않은 것은?

① 자산은 과거사건의 결과로 기업이 통제하는 현재의 경제적 자원이다.
② 자산은 현재 기업이 통제하고 있어야 한다.
③ 자산은 잠재력이 있기 위해 권리가 경제적 효익을 창출할 것이라고 확신하거나 그 가능성이 높아야 한다.
④ 지출의 발생과 자산의 취득은 밀접하게 관련되어 있으나 양자가 반드시 일치하는 것은 아니다. 관련된 지출이 없더라도 특정 항목이 자산의 정의를 충족하는 것을 배제하지는 않는다.
⑤ 자산의 존재를 판단하기 위해 물리적 형태가 필수적인 것은 아니다.

해설 자산은 잠재력이 있기 위해 권리가 경제적 효익을 창출할 것이라고 확신하거나 그 가능성이 높아야 하는 것은 아니다.

정답 ③

제2절 자산의 측정

재무제표에 인식된 요소들은 화폐단위로 수량화되어 있다. 이를 위해 측정기준을 선택해야 한다. 측정기준은 측정 대상 항목에 대해 식별된 속성(예 역사적 원가, 공정가치 또는 이행가치)이다. 자산이나 부채에 측정기준을 적용하면 해당 자산이나 부채, 관련 수익과 비용의 측정치가 산출된다. 재무제표를 작성하기 위해서는 다양한 방법의 측정기준이 사용된다.

▶ 자산측정(평가)의 기준

가격 / 시장	과거가치	현행가치
유입가치	역사적(취득) 원가	현행원가
유출가치	–	공정가치, 사용가치, 이행가치

1. 역사적 원가(취득원가)

자산을 취득하거나 창출할 때의 역사적 원가는 자산의 취득 또는 창출에 발생한 원가의 가치로서, 자산을 취득 또는 창출하기 위하여 지급한 대가와 거래원가를 포함한다. 부채가 발생하거나 인수할 때의 역사적 원가는 발생시키거나 인수하면서 수취한 대가에서 거래원가를 차감한 가치이다. 현행가치와 달리 역사적 원가는 자산의 손상이나 손실부담에 따른 부채와 관련되는 변동을 제외하고는 가치의 변동을 반영하지 않는다.

(1) 장점

① 측정이 용이하다.
② 객관적이고, 검증가능성이 있으므로 신뢰성이 높은 방법이다.

(2) 단점

① 취득 후 자산의 현행가치를 반영하지 못한다.
② 현행수익에 과거원가의 대응으로 수익과 비용이 합리적으로 대응되지 않는다.
③ 미래현금흐름을 예측하는 데 유용한 정보를 제공하지 못한다.
④ 물가변동으로 발생하는 손익에 관한 정보를 제공하지 못한다. 즉, 보유손익과 영업손익의 구분이 불가능하다.

2. 현행가치

현행가치 측정치는 측정일의 조건을 반영하기 위해 갱신된 정보를 사용하여 자산, 부채 및 관련 수익과 비용의 화폐적 정보를 제공한다. 이러한 갱신에 따라 자산과 부채의 현행가치는 이전 측정일 이후의 변동, 즉 현행가치에 반영되는 현금흐름과 그 밖의 요소의 추정치의 변동을 반영한다. 현행가치 측정기준은 다음을 포함한다.

(1) 공정가치

공정가치는 측정일에 시장참여자 사이의 정상거래에서 자산을 매도할 때 받거나 부채를 이전할 때 지급하게 될 가격이다.

(2) 자산의 사용가치 및 부채의 이행가치

① 사용가치는 기업이 자산의 사용과 궁극적인 처분으로 얻을 것으로 기대하는 현금흐름 또는 그 밖의 경제적 효익의 현재가치이다. 그러므로 예측가치를 가질 수 있다.

② 이행가치는 기업이 부채를 이행할 때 이전해야 하는 현금이나 그 밖의 경제적 자원의 현재가치이다. 그러므로 예측가치를 가질 수 있다.

③ 사용가치와 이행가치는 미래현금흐름에 기초하기 때문에 자산을 취득하거나 부채를 인수할 때 발생하는 거래원가는 포함하지 않는다.

④ 사용가치와 이행가치는 시장참여자의 가정보다는 기업 특유의 가정을 반영한다. 사용가치나 이행가치의 종전 추정치에 관한 피드백을 제공하기 때문에 확인가치를 가질 수 있다.

(3) 현행원가

현행원가는 동일하거나 동등한 경제적 효익을 가진 자산을 현재 시점에서 취득할 경우에 지급해야 할 현금및현금성자산의 금액이다.

① 자산의 현행원가는 측정일 현재 동등한 자산의 원가로서 측정일에 지급할 대가와 그 날에 발생할 거래원가를 포함한다.

② 부채의 현행원가는 측정일 현재 동등한 부채에 대해 수취할 수 있는 대가에서 그 날에 발생할 거래원가를 차감한다.

③ 현행원가는 역사적 원가와 마찬가지로 유입가치이다. 이는 기업이 자산을 취득하거나 부채를 발생시킬 시장에서의 가격을 반영한다.

④ **장점**

㉠ 현행수익에 현행원가가 대응되어 수익과 비용의 대응이 이루어진다.

㉡ 보유손익과 영업손익의 구분이 가능하여 재무성과를 적절히 평가할 수 있다.

㉢ 미래현금흐름을 예측하는 데 보다 유용한 정보를 제공하며 비교가능성이 높아진다.

⑤ **단점**

㉠ 현행가치의 판단이 주관적이므로 신뢰성이 저하된다.

㉡ 자의성이 개입되어 이익조작 가능성이 높다.

㉢ 특수한 자산의 경우에는 현행원가를 구하는 것이 불가능하거나 어렵다.

3. 실현가능가치와 순실현가능가치

실현가능가치는 자산을 정상적으로 처분하는 경우 수취할 것으로 예상되는 현금및현금성자산을 말하며, 순실현가능가치는 정상적인 영업과정에서 예상 판매 가격에서 예상되는 추가 완성원가와 판매비용을 차감한 금액을 말한다. 이는 모두 현행가치의 범위에 포함된다.

4. 현재가치

자산은 미래에 현금유입을 증가시키거나 현금유출을 감소시키는 능력이 있어야 한다. 현재가치는 정상적인 영업과정에서 미래에 자산이 창출할 것으로 기대되는 미래의 순현금유입액을 현재의 할인가치로 평가하는 것을 말하며, 현행가치의 범위에 포함된다.

개념적용 문제

02 다음 중 그 성질이 다른 하나는 어느 것인가?

① 이행가치
② 공정가치
③ 사용가치
④ 현재가치
⑤ 현행원가

해설 현행원가는 현행가치에 속하지만 이는 역사적 원가와 함께 유입가치이다.
①②③④ 현행가치이며 유출가치이다.

> **현행원가**
> 동일하거나 동등한 경제적 효익을 가진 자산을 현재 시점에서 취득할 경우에 지급해야 할 현금및현금성자산의 금액을 말한다.

정답 ⑤

03 다음에 설명하는 재무제표의 측정기준으로 옳은 것은? 제26회 기출

> 측정일에 시장참여자 사이의 정상거래에서 자산을 매도할 때 받거나 부채를 이전할 때 지급하게 될 가격이다.

① 역사적 원가
② 현행원가
③ 이행가치
④ 사용가치
⑤ 공정가치

해설 측정일에 시장참여자 사이의 정상거래에서 자산을 매도할 때 받거나 부채를 이전할 때 지급하게 될 가격은 공정가치이다.

정답 ⑤

04 재무보고를 위한 개념체계에서 제시한 측정기준에 관한 설명으로 옳은 것은? 제27회 기출

① 공정가치는 자산을 취득할 때 발생한 거래원가로 인해 증가할 수 있다.

② 공정가치와 역사적원가는 유입가치에 해당한다.

③ 사용가치는 기업 특유의 가정보다는 시장참여자의 가정을 반영한다.

④ 자산의 현행원가는 측정일 현재 동등한 자산의 원가로서 측정일에 지급할 대가와 그 날에 발생할 거래원가를 포함한다.

⑤ 역사적 원가를 기반으로 한 이익은 현행원가를 기반으로 한 이익보다 미래 이익을 예측하는 데 더 유용하다.

해설 ① 공정가치는 측정일에 시장참여자 사이의 정상거래에서 자산을 매도할 때 받거나 부채를 이전할 때 지급하게 될 가격이다.

② 공정가치는 유출가치이고 역사적원가는 유입가치에 해당한다.

③ 사용가치는 기업 특유의 가정을 반영한다.

⑤ 역사적 원가를 기반으로 한 이익은 과거 원가를 기반으로 한 이익으로 미래 이익을 예측하는 데 적시성이 없다.

정답 ④

제3절 자산의 분류

1. 자산의 분류

자산과 부채를 재무상태표에 공시할 때에는 정보이용자들이 이해하기 쉽도록 해당 자산과 부채의 성격을 잘 나타낼 수 있는 계정과목을 사용해야 하며, 기업의 재무상태를 용이하게 파악할 수 있도록 표시해야 한다.

(1) 한국채택국제회계기준에서는 유동성 순서에 따른 표시방법이 신뢰성 있고 더욱 목적적합한 정보를 제공하는 경우를 제외하고는 유동·비유동 구분법에 따라 유동자산과 비유동자산, 유동부채와 비유동부채로 재무상태표에 구분하여 표시한다.

(2) 유동성 순서에 따른 표시방법을 적용할 경우 모든 자산과 부채는 유동성의 순서에 따라 표시한다.

(3) 다음의 경우 유동자산으로 분류하고, 그 밖의 모든 자산은 비유동자산으로 분류한다.

① 기업의 정상영업주기 내에 실현될 것으로 예상하거나, 정상영업주기 내에 판매하거나 소비할 의도가 있다.

② 주로 단기매매 목적으로 보유하고 있다.

③ 보고기간 후 12개월 이내에 실현될 것으로 예상한다.

④ 현금및현금성자산으로서, 교환이나 부채 상환 목적으로의 사용에 대한 제한기간이 보고기간 후 12개월 이상이 아니다.

참고 정상영업주기

- 영업활동을 위한 자산의 취득시점부터 그 자산이 현금및현금성자산으로 실현되는 시점까지 소요되는 평균기간으로, 대부분의 영업주기는 12개월 이내이다.
- 정상영업주기를 명확히 식별할 수 없는 경우에는 그 기간이 12개월인 것으로 가정한다.
- 정상영업주기
  현금 ⇨ 원재료·노무비·제조간접비 ⇨ 재고자산 ⇨ 매출채권 ⇨ 현금

2. 유동자산과 비유동자산

한국채택국제회계기준에서 분류·표시하도록 규정되어 있는 자산은 다음과 같다.

(1) 유동자산

① **현금및현금성자산**: 통화 및 타인발행수표 등의 통화대용증권, 당좌예금·보통예금 등의 요구불예금, 현금성자산(유동성이 매우 높은 단기 투자자산으로서 확정된 금액의 현금으로 전환이 용이하고 가치변동의 위험이 경미한 자산 ⇨ 취득 당시 만기가 3개월 이내에 도래하는 채무상품 및 단기금융상품)

② **대여금 및 수취채권**

㉠ **매출채권**: 상품이나 제품 등의 재고자산을 신용판매(외상매출, 어음매출)한 경우에 발생한 채권으로서, 만기가 보고기간 후 12개월 또는 정상영업주기 이내에 도래하는 것

㉡ **대여금**: 타인에게 현금을 대여한 경우에 발생한 채권으로서, 만기가 보고기간 후 12개월 이내에 도래하는 것

㉢ **미수금**: 상품이나 제품 등의 재고자산 이외의 자산을 외상으로 매각한 경우에 발생한 채권으로서, 만기가 보고기간 후 12개월 이내에 도래하는 것

㉣ **미수수익**: 당기에 발생한 수익으로서 아직 회수하지 못한 것

③ **기타금융자산**: 기타금융자산은 금융자산의 관리를 위한 사업모형과 금융자산의 계약상 현금흐름 특성을 고려하여 분류한다. 보고기간 후 12개월 이내에 매도할 목적이거나 원리금의 상환이 도래하는 유가증권(㉧ 주식, 국채, 공채, 사채 등)과 금융기관이 취급하는 정기예금, 정기적금, 기타 정형화된 금융상품으로서, 만기 또는 상환이 보고기간 후 12개월 이내에 도래하는 것

④ **재고자산**

㉠ **상품**: 기업이 정상적인 영업과정에서 판매를 목적으로 구입한 것

㉡ **제품**: 기업이 판매를 목적으로 생산한 것

㉢ **재공품**: 제품의 제조를 위하여 생산과정에 있는 물품

㉣ **원재료**: 제품의 제조 및 가공을 위하여 매입한 원료 및 재료

⑤ **기타자산**: 기타자산은 재고자산, 금융자산, 유형자산, 투자부동산 및 무형자산을 제외한 자산을 말하며 선급금, 선급비용, 보증금 등이 있다.

㉠ **선급금**: 상품 등을 매입하기 위하여 매입대금의 전부 또는 일부를 지급한 것으로, 보고기간 후 12개월 이내에 상품 등을 인수하기로 약정한 것

㉡ **선급비용**: 당기에 지출한 비용 중에서 차기분에 해당하는 것

(2) 비유동자산

① **대여금 및 수취채권**

㉠ 대여금: 타인에게 현금을 대여한 경우에 발생한 채권으로서, 만기가 보고기간 후 12개월 이후에 도래하는 것

㉡ 미수금: 상품이나 제품 등의 재고자산 이외의 자산을 외상으로 매각한 경우에 발생한 채권으로서, 만기가 보고기간 후 12개월 이후에 도래하는 것

② **기타금융자산**

㉠ 기타포괄손익－공정가치 측정 금융자산: 계약상 현금흐름과 금융자산의 매도 둘 다를 통해 목적을 이루는 사업모형에 따라 보유하는 금융자산

㉡ 상각 후 원가 측정 금융자산: 계약상 현금흐름을 수취하기 위해 보유하는 것이 목적인 사업모형에 따라 보유하는 금융자산

③ **투자부동산**: 임대수익이나 시세차익을 얻기 위하여 보유하고 있는 토지나 건물 등의 부동산

④ **유형자산**: 영업활동에 사용할 목적으로 보유하고 있는 물리적 실체가 있는 자산(예 토지, 건물, 비품, 차량운반구, 기계장치, 선박, 구축물, 항공기 등)

⑤ **무형자산**: 영업활동에 사용할 목적으로 보유하고 있는 물리적 실체가 없는 자산(예 영업권, 산업재산권, 저작권, 시추권, 개발비 등)

⑥ **영업권**: 동종의 다른 기업에 비하여 특별히 유리한 사항들을 집합한 무형의 자원

⑦ **기타의 비유동자산**

㉠ 선급금: 상품 등을 매입하기 위하여 매입대금의 전부 또는 일부를 지급한 것으로, 보고기간 후 12개월 이후에 상품 등을 인수하기로 약정한 것

㉡ 보증금: 전세권, 전신전화가입권, 회원권, 임차보증금, 영업보증금, 거래보증금, 하자보증금, 입찰보증금 등

3. 금융자산과 비금융자산

금융자산(金融資産, Financial Asset)은 현금 또는 일정한 현금을 받을 권리인 현금청구권(화폐청구권)을 의미한다.

참고 계약으로부터 발생하는 권리와 의무가 아닌 경우에는 금융자산에서 제외함

- 실물자산(토지, 건물, 상품 등)
- 일정한 용역으로 결제되는 청구권(선급금, 선급비용 등)
- 법적인 권리와 의무(미지급법인세 등)
- 의제의무와 권리(충당부채 등)

개념적용 문제

05 금융자산에 해당하지 않는 것은? 제27회 기출

① 매출채권
② 투자사채
③ 다른 기업의 지분상품
④ 당기법인세자산
⑤ 거래상대방에게서 국채를 수취할 계약상의 권리

해설 당기법인세자산은 비금융상품에 해당한다.

정답 ④

06 다음 항목 중 금융상품으로만 구성되어 있는 것은?

㉠ 현금	㉡ 매출채권
㉢ 선급비용	㉣ 미지급법인세
㉤ 매입채무	㉥ 투자사채
㉦ 지분상품	㉧ 충당부채

① ㉠, ㉡, ㉢　　② ㉠, ㉥, ㉧
③ ㉡, ㉣, ㉤　　④ ㉣, ㉦, ㉧
⑤ ㉤, ㉥, ㉦

해설 ㉠㉡㉤㉥㉦ 금융자산
㉢㉣㉧ 비금융자산

정답 ⑤

4. 화폐성자산과 비화폐성자산

일정 화폐액으로 그 가치가 표시될 수 있는 항목으로서 기간이 경과하거나 화폐가치가 변동하더라도 자산의 가치가 변화하지 않는 정액의 화폐액으로 확정된 경우에 화폐성자산이라고 하고, 그렇지 않은 자산을 비화폐성자산이라고 한다.

(1) 화폐성·비화폐성 항목의 일반적 구분기준

① **일정액의 화폐액으로 표시될 수 있는가의 여부**: 일정액의 화폐액으로 표시되면 화폐성 항목이고, 변동된 화폐액으로 표시되면 비화폐성 항목이다.

② **화폐적 청구권인가 또는 거래용역에 대한 청구권인가의 여부**: 화폐적 청구권(Monetary Claims)이면 화폐성 항목이고, 미래용역에 대한 청구권(Claims on Future Services)이면 비화폐성 항목이다.

③ **관련된 계정의 원래의 분류 여부**: 손실충당금은 매출채권에 관련되어 있으므로 화폐성자산이고, 감가상각누계액은 유형자산에 관련되어 있으므로 비화폐성자산이며, 사채할인발행차금은 사채에 관련되어 있으므로 화폐성부채의 차감계정이다.

(2) 화폐성·비화폐성 구분에 대한 추가설명

① **보통주식**: 발행회사의 자산·이익에 대한 잔여지분을 나타내므로 비화폐성 항목이다.

② **우선주식**: 일반적으로 우선주식은 부채와 비슷하여 화폐성 항목이나, 전환우선주식은 비화폐성 항목이다.

③ **사채**: 일반적으로 사채는 확정액의 채무이므로 화폐성 항목이다. 전환사채는 사채로 취급되면 화폐성 항목이나, 주식으로 보면 비화폐성 항목이다.

④ **선급금과 선급비용**: 보통의 선급금은 확정액과 상쇄되는 것이므로 화폐성 항목이나, 장래상품 등을 인도하기로 약정한 선수금은 비화폐성 항목이다. 선급보험료 등 선급비용은 미래용역에 대한 청구권이므로 비화폐성 항목에 속한다.

⑤ **산업재산권·개발비 등 무형자산**: 이들은 미래용역에 대한 청구권을 나타내므로 비화폐성 항목이다.

⑥ **충당부채**: 제품보증충당부채는 기업이 미래가격으로 제공할 재화·용역을 표시하므로 비화폐성 항목이나, 다른 충당부채는 대부분 일정액의 화폐액으로 표시되는 부채이므로 화폐성 항목이다.

개념적용 문제

07 다음 중 화폐성 항목으로 분류할 수 없는 것은?

① 유형자산
② 사채
③ 받을어음
④ 단기대여금
⑤ 미수금

해설 유형자산, 재고자산, 무형자산, 선급비용 등은 비화폐성자산으로 분류한다.

정답 ①

08 다음 항목 중 비화폐성자산이 될 수 없는 것은?

① 재고자산
② 유형자산
③ 수취채권
④ 무형자산
⑤ 선급비용

해설 화폐성자산은 일정액의 화폐액으로 표시되는 것으로서 기간이 경과하거나 화폐가치가 변동하더라도 변화하지 않는 정액의 자산을 말한다. 예를 들면, 현금·매출채권·대여금 등이 있다.
①②④⑤ 비화폐성자산은 화폐액이 일정액으로 확정되지 않아 변동될 수 있는 항목으로 기간이 경과하거나 화폐가치의 변동 등의 이유로 화폐액으로 표시될 수 있는 자산을 말한다. 예를 들면, 재고자산, 유형자산, 무형자산 등으로서 장래기간에 용역을 제공하기 위해 보유하고 있는 자산 등이 이에 속한다.

정답 ③

CHAPTER 04

기출 & 예상문제로 완벽 복습

01 자산, 부채 및 자본에 관한 설명으로 옳지 않은 것은? 제16회 기출

① 자산은 과거사건의 결과로 기업이 통제하고 있고 미래경제적 효익이 기업에 유입될 것으로 기대되는 자원이다.

② 부채는 과거사건에 의하여 발생하였으며 경제적 효익을 갖는 자원이 기업으로부터 유출됨으로써 이행될 것으로 기대되는 과거의무이다.

③ 자본은 기업의 자산에서 부채를 차감한 후의 잔여지분이다.

④ 자본은 주식회사의 경우 소유주가 출연한 자본, 이익잉여금, 이익잉여금 처분에 의한 적립금, 자본유지조정을 나타내는 적립금 등으로 구분하여 표시할 수 있다.

⑤ 자산이 갖는 미래경제적 효익이란 직접으로 또는 간접으로 미래 현금및현금성자산의 기업에의 유입에 기여하게 될 잠재력을 말한다.

해설 부채는 과거사건에 의하여 발생하였으며 경제적 효익을 갖는 자원이 기업으로부터 유출됨으로써 이행될 것으로 기대되는 현재의무이다.

02 다음 중 유동자산으로 옳지 않은 것은?

① 부동산 매매업자가 소유하고 있는 토지

② 단기매매 목적의 유가증권(주식이나 사채)

③ 생산에 투입할 원재료 보유기간 24개월

④ 분양목적으로 장기간 동안 건설 중인 건설회사의 건축물

⑤ 관계기업투자의 투자주식

해설 관계기업투자는 중대한 영향력을 행사할 수 있는 주식으로 비유동자산으로 분류한다.

03 **다음 중 자산의 본질을 설명한 것으로 옳지 않은 것은?**

① 자산은 과거의 거래나 그 밖의 사건에서 창출된다. 미래에 발생할 것으로 예상되는 거래나 사건 자체만으로는 자산이 창출되지 않는다.
② 일반적으로 지출의 발생과 자산의 취득은 밀접하게 관련되어 있다. 따라서 무상으로 증여받은 재화는 자산의 정의를 충족할 수 없다.
③ 기업이 개발활동에서 습득한 핵심지식을 독점적으로 보유하고 그로부터 미래에 유입될 것으로 기대되는 효익을 통제한다면 자산의 정의를 충족할 수 있다.
④ 수취채권과 부동산을 포함한 많은 종류의 자산은 소유권 등 법률적 권리와 관련되어 있다. 그런데 자산을 인식함에 있어 소유권을 가지고 있는가의 여부가 필수적인 것은 아니다.
⑤ 자산에 내재된 미래경제적 효익이란 미래 현금및현금성자산이 기업에 유입되도록 기여하게 될 용역잠재력을 말한다.

해설 일반적으로 지출의 발생과 자산의 취득은 밀접하게 관련되어 있으나 양자가 반드시 일치하는 것은 아니며, 무상으로 증여받은 재화는 자산의 정의를 충족할 수 있다.

04 **재무보고를 위한 개념체계에서 제시한 자산에 대한 설명으로 옳지 않은 것은?** 제13회 기출

① 자산이 갖는 미래의 경제적 효익이란 직접으로 또는 간접으로 미래 현금및현금성자산의 기업에의 유입에 기여하게 될 잠재력을 말한다.
② 자산의 존재를 판단하기 위해서 물리적 형태가 필수적인 것은 아니다.
③ 자산의 정의를 충족하기 위해서는 관련된 지출이 필수적이다.
④ 소유권이 자산의 존재를 판단함에 있어 필수적인 것은 아니다.
⑤ 미래에 발생할 것으로 예상되는 거래나 사건 자체만으로는 자산이 창출되지 아니한다.

해설 일반적으로 자산의 정의를 충족하기 위해서는 관련된 지출이 필수적이지는 않다. 예를 들면, 증여받은 재화는 자산의 정의를 충족할 수 있다.

01 ② 02 ⑤ 03 ② 04 ③ 정답

05 유동·비유동의 분류에 관한 설명으로 옳지 않은 것은?

① 정상영업주기 내에 실현될 것으로 예상되거나, 정상영업주기 내에 판매하거나 소비할 의도가 있다.

② 주로 단기매매 목적으로 보유하고 있다.

③ 보고기간 후 12개월 이내에 실현될 것으로 예상된다.

④ 현금및현금성자산으로서, 교환이나 부채 상환 목적으로의 사용에 대한 제한기간이 보고기간 후 12개월 이상이 아니다.

⑤ 현금을 대여한 경우 만기가 보고기간 후 12개월 이후에 도래하더라도 유동자산으로 분류한다.

해설 현금을 대여한 경우 만기가 보고기간 후 12개월 이후에 도래하면 비유동자산으로 분류한다.

▶ 다음의 경우에는 유동자산으로 분류하고 그 밖의 모든 자산은 비유동자산으로 분류한다.

- 기업의 정상영업주기 내에 실현될 것으로 예상하거나, 정상영업주기 내에 판매하거나 소비할 의도가 있다.
- 주로 단기매매 목적으로 보유하고 있다.
- 보고기간 후 12개월 이내에 실현될 것으로 예상한다.
- 현금및현금성자산(유동성이 매우 높은 단기 투자자산으로서 확정된 금액이 현금으로 전환이 용이하고 가치변동의 위험이 경미한)으로서, 교환이나 부채 상환 목적으로의 사용에 대한 제한기간이 보고기간 후 12개월 이상이 아니다.

06 자산에 관한 설명으로 옳지 않은 것은?

① 자산의 취득과 지출은 관련되어 있으나, 현금지출은 필수적인 것은 아니다.

② 기업의 통제력은 일반적으로 법률적 권리로부터 나오므로 법적인 소유권이 없으면 자산으로 인식할 수 없다는 것을 의미한다.

③ 기업이 통제하고 있다는 것은 자산으로부터 발생하는 미래경제적 효익을 해당 기업만이 누릴 수 있어야 한다는 것을 의미한다.

④ 미래경제적 효익은 직접 혹은 간접으로 기업의 미래현금흐름창출에 기여하는 잠재력을 의미한다.

⑤ 과거사건의 결과는 미래에 발생할 것으로 예상되는 거래나 사건만으로는 자산을 인식하지 않는다는 것을 의미한다.

해설 기업의 통제권은 대부분 법률적인 결과지만 경우에 따라서는 법률적 통제가 없어도 자산의 정의를 충족시킬 수 있다.

07 현행원가에 관한 설명으로 옳지 않은 것은?

① 현행원가의 자산 가치는 역사적 원가의 자산 가치보다 적시성 있는 정보를 제공한다.
② 자산의 보유손익과 영업손익의 구별이 가능하다.
③ 기업이 소유한 자산의 가치를 현행가치에 의해 적절히 평가한다.
④ 수익과 비용의 대응이 이루어질 수 있으며, 객관적이고 신뢰성 있는 정보를 제공한다.
⑤ 현행가치의 일부이며, 역사적 원가와 더불어 유입가치에 해당한다.

해설 현행수익과 현행원가를 대응시킴으로써 수익·비용의 적절한 대응이 이루어질 수 있으나, 측정과정에서 주관이 개입되어 이익조작이 가능하다는 단점이 있다.

08 현재 상태와 동일한 자산을 구입하는 데 지출할 것으로 판단되는 측정기준은?

① 역사적 원가
② 현행원가
③ 사용가치
④ 이행가치
⑤ 공정가치

해설 현재 상태와 동일한 자산을 구입하는 데 지출할 것으로 판단되는 측정기준은 현행원가다.

09 유입가치를 반영하는 측정기준을 모두 고른 것은?

제23회 기출

㉠ 역사적 원가
㉡ 공정가치
㉢ 사용가치
㉣ 이행가치
㉤ 현행원가

① ㉠, ㉢
② ㉠, ㉤
③ ㉡, ㉢
④ ㉠, ㉢, ㉣
⑤ ㉡, ㉣, ㉤

해설
- 유입(구입)가치: 역사적 원가, 현행원가
- 유출(처분)가치: 공정가치, 사용가치, 이행가치

05 ⑤ 06 ② 07 ④ 08 ② 09 ② **정답**

10 **금융자산에 해당하지 않는 것은?** 제23회 기출

① 현금
② 대여금
③ 투자사채
④ 선급비용
⑤ 매출채권

해설 선급비용은 비금융자산이다.

11 **금융부채에 해당하지 않는 것은?** 제24회 기출

① 선수임대료
② 미지급금
③ 매입채무
④ 사채
⑤ 단기차입금

해설 선수임대료는 비금융부채이다.

12 **금융자산에 해당하지 않는 것은?** 제22회 기출

① 미수이자
② 다른 기업의 지분상품
③ 만기까지 인출이 제한된 정기적금
④ 거래상대방에게서 국채를 수취할 계약상의 권리
⑤ 선급금

해설 선급금, 선수금 등은 비금융상품이다.

13 **미래에 현금을 수취할 계약상 권리에 해당하는 금융자산과 이에 대응하여 미래에 현금을 지급할 계약상 의무에 해당하는 금융부채로 옳지 않은 것은?** 제20회 기출

① 매출채권과 매입채무
② 받을어음과 지급어음
③ 대여금과 차입금
④ 투자사채와 사채
⑤ 선급금과 선수금

해설 선급금과 선수금은 비금융상품이다.

14 **금융부채에 해당하지 않는 것은?** 제25회 기출

① 사채
② 단기차입금
③ 미지급금
④ 매입채무
⑤ 당기법인세부채

해설 당기법인세부채는 비금융부채이다.

15 **유동자산으로 분류되지 않는 것은?** 제18회 기출

① 기업의 정상영업주기 내에 실현될 것으로 예상하는 자산
② 주로 단기매매 목적으로 보유하고 있는 자산
③ 보고기간 후 12개월 이내에 실현될 것으로 예상하는 자산
④ 현금및현금성자산으로서, 교환이나 부채 상환 목적으로의 사용에 대한 제한기간이 보고기간 후 12개월 미만인 자산
⑤ 정상영업주기 및 보고기간 후 12개월 이내에 소비할 의도가 없는 자산

해설 정상영업주기 및 보고기간 후 12개월 이내에 소비할 의도가 없는 자산은 비유동자산이다.

10 ④ 11 ① 12 ⑤ 13 ⑤ 14 ⑤ 15 ⑤ 정답

CHAPTER

05 금융자산 I

회독체크 1 2 3

CHAPTER 미리보기

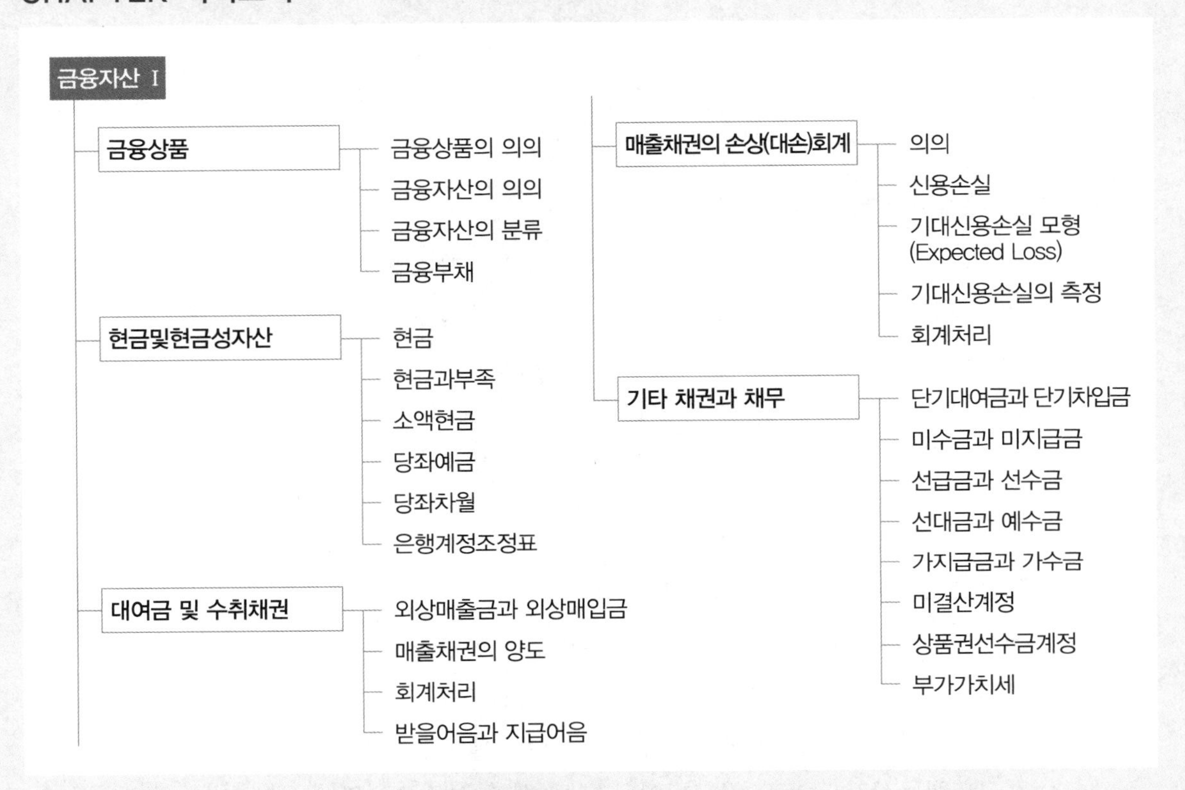

학습전략

한국채택국제회계기준(K-IFRS)의 개정으로 금융자산 및 금융부채에 관한 내용이 대부분 개정되어 2018년 1월부터 적용되고 있습니다. 금융상품의 분류 및 측정, 손상, 재분류 등이 개정되어 반영되었으며 개정된 내용을 모두 수록하였습니다. 공부해야 할 주요내용은 현금및현금성자산의 분류, 은행계정조정표, 어음할인, 매출채권의 대손(손상) 등이며 특히 지분상품(주식)과 채무상품(사채) 등은 매우 중요합니다. 시험에서 3문항 정도 출제되는 부분입니다.

학습키워드

- 금융상품·비금융상품의 구분
- 현금및현금성자산의 구분
- 매출채권의 손상차손

제1절 금융상품

1. 금융상품의 의의

(1) 의의

금융상품은 거래당사자 어느 한쪽에게는 금융자산이 생기게 하고 동시에 거래상대방에게 금융부채나 지분상품이 생기게 하는 모든 계약을 말한다.

참고 계약

계약은 명확한 경제적 결과를 가지고 있고 법적 구속력이 있기 때문에 당사자가 그러한 경제적 결과를 자의적으로 회피할 여지가 적은 둘 이상의 당사자간 합의를 말한다.

참고 금융자산

- 현금
- 다른 기업의 지분상품(주식)
- 다음 중 하나에 해당하는 계약상의 권리
  - 거래상대방에게서 현금 등 금융자산을 수취할 계약상의 권리
  - 잠재적으로 유리한 조건으로 거래상대방과 금융자산이나 금융부채를 교환하기로 한 계약상의 권리
- 기업 자신의 지분상품(자기지분상품)으로 결제되거나 결제될 수 있는 다음 중 하나의 계약
  - 수취할 자기지분상품의 수량이 변동 가능한 비파생상품
  - 확정 수량의 자기지분상품에 대하여 확정금액의 현금 등 금융자산을 교환하여 결제하는 방법이 아닌 방법으로 결제되거나 결제될 수 있는 파생상품

(2) 금융상품에서 제외되는 경우

① 일정한 용역을 제공하거나 제공받거나, 또는 비화폐성 항목을 주거나 받기로 하는 것은 금융상품의 범주에 해당하지 않는다(예 선급금, 선급비용, 선수금, 선수수익 등).

② 계약상 권리와 의무가 아닌 법적 권리와 의무에서 발생하는 세금 등(예 미지급법인세 및 환급금 등)

③ 의제권리와 의무에서 발생하는 충당부채

④ 실물자산(예 재고자산, 무형자산, 유형자산, 투자부동산 등)

2. 금융자산의 의의

금융자산(金融資產, Financial Asset)은 현금 또는 일정한 현금을 받을 권리인 현금청구권(화폐청구권)(예 예금, 대여금, 매출채권, 지분상품, 채무상품 등)을 의미한다. 토지, 건물, 상품 등 실물자산과 일정한 용역 또는 실물자산으로 결제되는 청구권(예 선급금, 선급비용 등)은 비금융자산으로, 금융자산에 포함되지 않는다.

개정된 한국채택국제회계기준에서는 금융자산을 현금및현금성자산, 상각 후 원가 측정 금융자산, 기타포괄손익－공정가치 측정 금융자산, 당기손익－공정가치 측정 금융자산으로 분류하고, 특정 조건을 충족하여 더 목적적합한 정보를 제공할 수 있는 경우에는 다른 항목으로 지정(선택)할 수 있다고 규정하고 있다. 다만, 한번 지정하면 취소할 수 없다.

3. 금융자산의 분류

금융자산의 분류는 다음 두 가지 사항 모두에 근거하여 측정한다.

① 금융자산의 관리를 위한 사업모형(보유목적, 기업의도 등)

② 금융자산의 계약상 현금흐름 특성(원리금으로 구성)

상각 후 원가 측정 금융자산, 기타포괄손익－공정가치 측정 금융자산, 당기손익－공정가치 측정 금융자산으로 분류한다.

(1) 현금및현금성자산

통화와 통화대용증권, 소액현금, 당좌예금, 보통예금, 현금성자산

(2) 상각 후 원가 측정 금융자산(AC 금융자산)

계약상 현금흐름을 수취하기 위해 보유한 자산으로 원리금 수취만으로 구성되어 있는 현금흐름을 말한다.

(3) 기타포괄손익－공정가치 측정 금융자산(FVOCI 금융자산)

계약상 현금흐름의 수취와 금융자산의 매도 둘 다를 위해 보유하거나 원리금 수취만으로 구성되어 있는 현금흐름을 말한다.

(4) 당기손익－공정가치 측정 금융자산(FVPL 금융자산)

상각 후 원가 측정 금융자산과 기타포괄손익－공정가치 측정 금융자산으로 분류되지 않는 경우에는 당기손익－공정가치 측정 금융자산으로 분류한다. 또한 단기매매항목이 아닌 경우 회계불일치를 제거하거나 유의적으로 줄이는 경우에는 최초인식시점에 해당 금융자산을 당기손익－공정가치 측정 항목으로 지정할 수 있다. 다만, 한번 지정하면 이를 취소할 수 없다.

참고 단기매매항목

다음 중 하나에 해당하는 금융자산이나 금융부채이다.

- 주로 단기간에 매각하거나 재매입할 목적으로 취득하거나 부담한다.
- 최초인식시점에 공동으로 관리하는 특정 금융상품 포트폴리오의 일부로 운용 형태가 단기적 이익 획득 목적이라는 증거가 있다.
- 파생상품이다(다만, 금융보증계약인 파생상품이나 위험회피수단으로 지정되고 위험회피에 효과적인 파생상품은 제외한다).

4. 금융부채

(1) 금융부채의 정의

금융부채(Financial Liability)는 거래상대방에게 금융자산을 인도하기로 한 계약상의 의무(특별한 경우 자기지분상품을 인도하기로 한 계약상의 의무를 포함)이다. 금융부채는 구체적인 내용은 다음과 같다.

① **금융자산을 인도하기로 한 계약상의 의무**

㉠ 거래상대방에게 현금 등 금융자산을 인도하기로 한 계약상 의무

㉡ 잠재적으로 불리한 조건으로 거래상대방과 금융자산이나 금융부채를 교환하기로 한 계약상 의무

② **자기지분상품을 인도함으로써 결제되거나 결제될 수 있는 계약**

㉠ 인도할 자기지분상품의 수량이 변동 가능한 비파생금융상품

㉡ 확정 수량의 자기지분상품에 대하여 확정금액의 현금 등 금융자산을 교환하여 결제하는 방법이 아닌 방법으로 결제되거나 결제될 수 있는 파생상품

▶ 지분상품은 자산에서 모든 부채를 차감한 후의 잔여지분을 나타내는 모든 계약(주식의 발행 등)이다. 자기지분상품으로 결제되는 의무는 일반적으로 자본(지분상품)으로 분류되고 특별한 경우에는 금융부채로 분류된다.

ⓐ **자기지분상품으로 결제되는 비파생상품**

i) 인도하는 자기지분상품의 수량이 확정되어 있는 경우 ⇨ 지분상품(자본)

ii) 인도하는 자기지분상품의 수량이 변동 가능한 경우 ⇨ 금융부채

ⓑ **자기지분상품으로 결제되는 파생상품**

i) 인도하는 자기지분상품의 수량과 금액이 모두 확정되어 있는 경우 ⇨ 지분상품

ii) 인도하는 자기지분상품의 수량 또는 금액 또는 그 모두가 확정되어 있지 않은 경우 ⇨ 금융부채

참고 금융부채가 아닌 것

- 비금융상품으로 결제되는 계약상의 의무 ⇨ 선수금, 선수수익 등
- 의제의무 ⇨ 충당부채
- 계약이 아닌 법률에 의한 채무 ⇨ 법인세부채, 이연법인세부채 등

(2) 금융부채의 분류

모든 금융부채는 당기손익-공정가치 측정 금융부채와 기타 특별한 기준을 적용하는 경우를 제외하고는 모두 상각 후 원가로 측정되도록 분류한다.

① **상각 후 원가 측정 금융부채**(AC): 사채 등

② **당기손익－공정가치 측정 금융부채**(FVPL): 단기매매 목적으로 취득한 금융부채와 당기손익－공정가치 측정 항목으로 선택하여 지정한 금융부채로 당기손익－공정가치 측정 금융부채는 다음 중 하나의 조건을 충족하는 금융부채를 말한다.

㉠ 단기매매항목의 정의를 충족한다.

㉡ 최초인식시점에 당기손익－공정가치 측정 항목으로 지정한다.

㉢ 문단 6.7.1에 따라 최초인식시점 또는 후속적으로 당기손익－공정가치 측정 항목으로 지정한다.

참고 **당기손익－공정가치 측정 항목 지정 선택권은 다음 중 하나 이상을 충족해야 함**

- 회계불일치를 제거하거나 유의적으로 줄이는 경우
- 공정가치 관리조건을 충족하는 경우(문서화된 위험관리전략이나 투자전략에 따라 금융상품 집합을 공정가치 기준으로 관리하고 그 성과를 평가하며, 그 정보를 공정가치 기준에 근거하여 주요 경영진에게 내부적으로 제공한다)

③ **기타 특별한 기준을 적용하는 경우**: 금융보증계약 등

(3) 금융부채의 재분류

금융부채는 최초인식 후 다른 금융부채로 재분류하지 않는다.

▶▶ 금융항목과 비금융항목의 예

구분	자산	부채
금융항목	현금및현금성자산, 매출채권, 대여금, 미수금, 지분상품 및 채무상품 등	매입채무, 미지급금, 차입금, 사채 등
비금융항목	선급금, 선급비용, 재고자산, 유형자산, 무형자산, 투자부동산 등	선수금, 선수수익, 미지급법인세, 충당부채 등

참고 **파생상품**

파생상품은 주식과 채권 같은 전통적인 금융상품을 기초자산으로 하여, 새로운 현금흐름을 가져다주는 증권을 말한다. 대표적인 파생상품으로는 선도거래, 선물, 옵션, 스왑 등이 있다. 파생상품은 다음의 요건을 모두 충족하는 금융상품 또는 이와 유사한 계약을 말한다.

- 기초변수(㉮ 해당 파생상품의 결제금액을 결정하기 위한 변수로서 이자율, 주가, 상품가격, 환율, 각종 지수 등) 및 계약단위의 수량(또는 지급규정)이 있어야 한다.
- 최초 계약 시 순투자금액을 필요로 하지 않거나 시장가격변동에 유사한 영향을 받는 다른 유형의 거래보다 적은 순투자금액을 필요로 해야 한다.
- 차액결제(Net Settlement)가 가능해야 한다.

개념적용 문제

01 다음 항목 중 금융상품의 합계액은 얼마인가?

•선급비용	₩15,000	•수취채권	₩35,000
•선수금	50,000	•미지급법인세	55,000
•매입채무	45,000	•미수수익	20,000
•투자사채	10,000	•충당부채	15,000
•정기예금(만기 6개월)	30,000	•재고자산	30,000

① ₩110,000 ② ₩155,000 ③ ₩140,000
④ ₩195,000 ⑤ ₩120,000

해설
• 금융상품: 35,000 + 45,000 + 20,000 + 10,000 + 30,000 = ₩140,000
• 비금융상품: 선급비용, 선수금, 미지급법인세, 충당부채, 재고자산

정답 ③

제2절 현금및현금성자산

현금및현금성자산은 통화 및 통화대용증권과 당좌예금·보통예금 및 현금성자산을 통합한 계정인데, 여기서 현금성자산은 다음을 모두 충족하여야 한다.

① 큰 거래비용 없이 현금으로의 전환이 용이하고
② 이자율 변동에 따른 가치변동 위험이 중요하지 않은 단기금융투자상품(채무증권 및 금융기관이 취급하는 투자상품)으로서
③ 취득 당시 만기 또는 상환일이 3개월 이내에 도래하는 것이다.

그러나 사용이 제한되어 있는 현금과 예금은 현금및현금성자산에 포함하지 않고, 1년 이내의 경우 단기금융자산, 1년 이상의 경우 장기금융자산으로 대여금 및 수취채권에 포함한다.

▶▶ 현금및현금성자산의 분류

- **현금**: 통화와 통화대용증권(수표 등)
- **당좌예금, 보통예금**
- **현금성자산**
  - 취득 시 만기 3개월 이내인 양도성예금증서(CD), 어음관리구좌(CMA) 등
  - 취득 시 만기 3개월 이내인 사채, 상환우선주
  - 3개월 이내에 환매조건으로 취득한 환매채, 초단기수익증권(MMF)

1. 현금

현금(現金, Cash)은 유동성이 가장 높은 자산으로서, 통화와 통화대용증권을 포함한다. 여기에서 통화대용증권이란 수표, 송금환(우편환, 전신환) 등과 같이 즉시 현금으로 전환이 가능한 증권으로 재화 및 용역을 구입하거나 부채를 상환하는 데 사용할 수 있고, 교환의 매개체이며, 현금계정 잔액은 재무상태표에 현금및현금성자산으로 표시한다.

단, 미래의 날짜로 발행되는 선일자수표(先日字手票)는 받을어음계정으로 처리되며, 수입인지·우표 등은 선급비용 또는 소모품계정으로, 자기발행수표는 당좌예금계정으로 표시되어야 함에 유의하여야 한다.

참고 현금

- **통화**: 지폐, 주화
- **통화대용증권**: 타인(동점)발행수표, 자기앞수표, 송금수표, 가계수표, 우편환·전신환증서, 만기가 도래한 공사채의 이자표, 주식배당영수증, 만기가 도래한 어음 등

상품판매 등으로 현금을 받으면 현금계정의 차변에 기입하고, 반대로 상품구입 등으로 현금을 지출하면 현금계정의 대변에 기입한다. 그리고 현금증가액(차변금액)은 현금감소액(대변금액)보다 항상 크거나 같으므로 그 잔액은 차변에 발생하고, 기말결산 시 재무상태표의 차변에 표시되며, 이는 기말결산일 현재의 현금 잔액을 의미한다.

현금을 받으면	(차) 현 금	×××	(대) 상 품 등	×××
현금을 지급하면	(차) 상 품 등	×××	(대) 현 금	×××

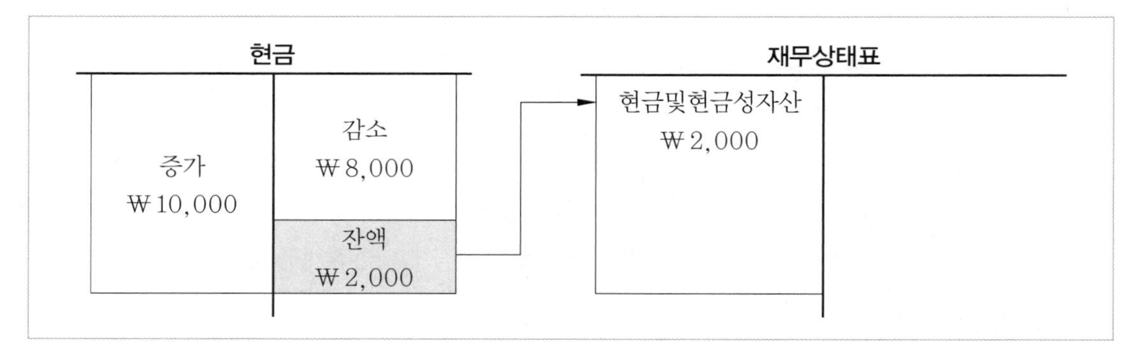

개념적용 문제

02 다음 중 현금및현금성자산으로 볼 수 없는 것은?

① 취득 당시 만기가 3개월 이내 도래하는 양도성예금증서(CD)
② 취득 당시 상환기일까지의 기간이 3개월 이내인 초단기수익증권(MMF)
③ 취득 당시 3개월 이내 환매조건의 환매채(RP)
④ 취득 당시 3개월 이내 기업어음(CP)
⑤ 보고기말 현재 만기가 3개월 이내에 도래하는 초단기수익증권(MMF)

해설 보고기말 현재 만기가 3개월 이내에 도래하는 것이 아니라 취득 당시 3개월 이내여야 한다.

정답 ⑤

03 다음 자료를 이용할 경우 재무상태표에 표시될 현금및현금성자산은? 제20회 기출

항목	금액	항목	금액
•당좌예금	₩1,000	•당좌개설보증금	₩350
•배당금지급통지표	455	•수입인지	25
•임차보증금	405	•우편환증서	315
•차용증서	950	•타인발행수표	200

① ₩1,655
② ₩1,970
③ ₩2,375
④ ₩2,400
⑤ ₩2,725

해설 현금및현금성자산: 당좌예금(1,000) + 배당금지급통지표(455) + 우편환증서(315) + 타인발행수표(200) = ₩1,970

정답 ②

04 다음 (주)한국의 20×1년 말 항목 중 재무상태표상 현금및현금성자산의 합계액은? (단, 외국환 통화에 적용될 환율은 $1 = ₩1,100이다) 제22회 기출

항목	금액	항목	금액
•자기앞수표	₩10,000	•차용증서	₩6,000
•약속어음	15,000	•만기가도래한공사채이자표	2,000
•우편환증서	40,000	•외국환통화	$10

• 양도성예금증서(취득: 20×1년 10월 1일, 만기: 20×2년 1월 31일) ₩1,000

① ₩53,000
② ₩63,000
③ ₩64,000
④ ₩70,000
⑤ ₩78,000

해설	• 현금및현금성자산: 10,000 + 2,000 + 40,000 + (10 × 1,100) = ₩63,000 • 양도성예금증서는 만기가 4개월이므로 제외한다. • 약속어음과 차용증서는 제외한다.

정답 ②

2. 현금과부족

현금과부족계정은 장부상 현금 잔액과 현금시재액이 일치하지 않는 경우에 설정하는 가(임시)계정이다. 현금시재액이 부족 혹은 초과한 것을 발견하면 현금과부족계정에 임시적으로 계상하였다가 그 원인을 조사하여 밝혀지면 적절한 계정으로 대체한다. 만일 결산일까지 그 원인이 밝혀지지 않으면 현금과부족액은 잡손실계정 또는 잡이익계정으로 대체하여 소멸시킴으로써 재무상태표에는 현금과부족계정이 나타나지 않도록 한다. 현금과부족에 대한 회계처리를 요약하면 다음과 같다.

구분	부족액(장부잔액 > 실제잔액)	초과액(장부잔액 < 실제잔액)
차액 발견하면	(차) 현금과부족 ××× (대) 현금 ×××	(차) 현금 ××× (대) 현금과부족 ×××
원인 밝혀지면	(차) 통신비 등 ××× (대) 현금과부족 ×××	(차) 현금과부족 ××× (대) 임대료 등 ×××
결산일 (원인불명)	(차) 잡손실 ××× (대) 현금과부족 ×××	(차) 현금과부족 ××× (대) 잡이익 ×××
결산일 발견하면	(차) 잡손실 ××× (대) 현금 ×××	(차) 현금 ××× (대) 잡이익 ×××

현금과부족

차변	대변
부족액 ₩10,000	타 계정 대체 ₩8,000 잡손실계정 ₩2,000

현금과부족

차변	대변
타 계정 대체 ₩15,000 잡이익계정 ₩5,000	초과액 ₩20,000

개념적용 문제

05 다음 거래를 회계처리하시오.

1. (1) 현재 보유 중인 현금실제액은 ₩95,000이나 현금계정잔액은 ₩100,000이다.
   (2) 기중에 ₩3,000의 부족액이 여비지출의 기장누락으로 밝혀지다.
   (3) ₩2,000의 금액은 그 원인이 결산 시까지 판명되지 않아 잡손실로 처리하다.
2. (1) 현금의 실제잔액이 장부잔액보다 ₩100,000이 많은 것을 발견하다.
   (2) 현금과다의 원인을 조사해 본 결과, 외상매출금 ₩80,000을 수취하고서도 기장을 누락하였음이 판명되다.
   (3) ₩20,000의 금액은 결산 시까지 원인이 밝혀지지 않아 잡이익으로 처리하다.

정답

		차변	금액	대변	금액
1.	(1)	(차) 현금과부족	5,000	(대) 현금	5,000
	(2)	(차) 여비교통비	3,000	(대) 현금과부족	3,000
	(3)	(차) 잡손실	2,000	(대) 현금과부족	2,000
2.	(1)	(차) 현금	100,000	(대) 현금과부족	100,000
	(2)	(차) 현금과부족	80,000	(대) 외상매출금	80,000
	(3)	(차) 현금과부족	20,000	(대) 잡이익	20,000

3. 소액현금

현금은 일반적으로 부정이나 도난 또는 분실의 위험이 가장 높은 자산이므로, 현금의 상태로 보관하고 있다가 상품 등의 구입대금이나 제반비용의 지출에 사용하지 않는 것이 보편적이다. 대신 현금을 은행에 예입한 후 수표를 발행하여 지급하는 것이 일반적이라 할 수 있다. 그러나 Fax용지·볼펜 구입비용과 같은 소모품비나 종업원의 시내출장비와 같은 소액경비 등도 수표를 발행하여 지급한다면 상당한 불편함을 초래할 것이다. 따라서 이와 같은 소액경비의 지출에는 소액현금제도를 이용하게 된다.

소액현금(Petty Cash)은 소액의 경비지출을 위하여 준비된 자금으로, 소액현금을 취급하는 용도계 등의 부서에 전도되는 자금을 말한다. 소액현금제도란 용도계 등의 부서에 전도액을 보급하고, 그 부서에서는 전도액을 기초로 현금지출을 하며, 부족액이 있을 경우에는 그 부서에 다시 보급하는 제도를 말한다. 소액현금제도에는 정액자금전도제도와 부정액자금전도제도가 있다.

(1) 정액자금전도제도

정액자금전도제도(정액자금선급법, Imprest Petty Cash System)는 일정 기간 동안 용도계에서 필요한 자금을 전도해 주고, 일정 후에 용도계로부터 실제 사용한 금액을 보고받으면 동일한 금액의 자금을 보충해 주는 제도로서, 용도계에 항상 일정한 금액이 유지되도록 해주는 제도이다.

(2) 부정액자금전도제도

부정액자금전도제도(단순자금선급법)는 전도액을 특정하지 않고 필요에 따라 수시로 보충해주는 제도이다.

구분	차변	금액	대변	금액
용도계에 소액자금을 전도하면	(차) 소 액 현 금	×××	(대) 당 좌 예 금	×××
용도계로부터 지급보고를 받으면	(차) 통 신 비	×××	(대) 소 액 현 금	×××
	소 모 품 비	×××		
	여 비 교 통 비	×××		
용도계에 사용액을 보충해주면	(차) 소 액 현 금	×××	(대) 당 좌 예 금	×××

(3) 소액현금출납장

소액현금출납장은 용도계에서 소액현금의 전도액과 사용액을 상세히 기입하기 위해 비치한 보조 기입장이다.

개념적용 문제

06 다음의 거래를 회계처리하시오.

(1) 7월 1일: 회계과는 용도계에 소액의 경비를 지급하기 위한 자금으로 ₩40,000의 수표를 발행하여 전도해주다.

(2) 7월 31일: 용도계로부터 소액현금의 사용액을 다음과 같이 보고를 받다.

- 소 모 품 비 ₩7,200
- 통 신 비 ₩12,000
- 교 통 비 8,000
- 수 도 광 열 비 6,000
- 잡 비 5,600

(3) 8월 1일: 회계과는 용도계에 사용액과 동일한 금액의 수표를 발행하여 소액현금을 보급해주다.

정답

일자	차변	금액	대변	금액
(1) 7월 1일:	(차) 소 액 현 금	40,000	(대) 당 좌 예 금	40,000
(2) 7월 31일:	(차) 소 모 품 비	7,200	(대) 소 액 현 금	38,800
	통 신 비	12,000		
	교 통 비	8,000		
	수 도 광 열 비	6,000		
	잡 비	5,600		
(3) 8월 1일:	(차) 소 액 현 금	38,800	(대) 당 좌 예 금	38,800

* 8월 1일 현재잔액: 40,000 − 38,800 + 38,800 = ₩40,000

4. 당좌예금

예금의 종류에는 당좌예금, 보통예금, 정기예금, 정기적금, 별단예금 등 여러 가지가 있으나, 당좌예금은 그중에서 가장 대표적인 형태의 예금이다. 그리고 현금및현금성자산으로 분류되는 예금은 당좌예금과 보통예금이며, 나머지 예금은 단기금융자산 또는 장기금융자산으로 분류된다. 당좌예금(Checking Account)은 은행과 당좌거래계약을 맺은 후, 은행에 현금 등을 예입하여 현금을 보관하게 하고 필요하면 당좌수표를 발행하여 현금으로 인출할 수 있는 무이자의 예금이다. 즉, 예입은 자유로운 형태로 할 수 있지만 인출은 반드시 당좌수표를 발행하여야만 하는 예금이다. 은행에 현금 등을 예입하면 당좌예금계정 차변에 기입하고, 당좌수표를 발행하면 대변에 기입한다. 따라서 일반적으로 잔액은 차변에 남아 당좌예금의 현재액을 나타내고, 기말결산일 현재의 잔액은 재무상태표 차변에 표시된다.

예입하면	(차) 당 좌 예 금	×××	(대) 현 금	×××
인출(수표발행)하면	(차) 현 금	×××	(대) 당 좌 예 금	×××

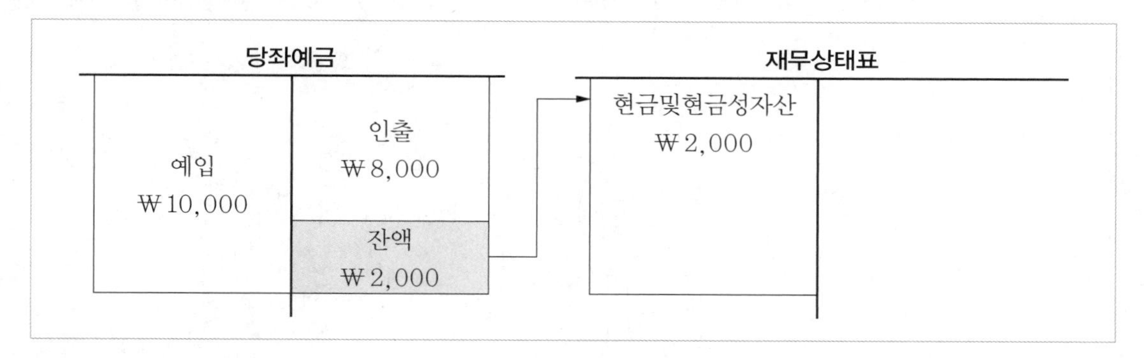

▶▶ **예금의 분류기준**

구분	12개월 이내인 경우	12개월 이상인 경우
사용제한이 없는 경우	유동자산(현금및현금성자산)	비유동자산(장기금융자산)
사용제한이 있는 경우	유동자산(단기금융자산, 주석공시)	비유동자산(장기금융자산, 주석공시)

5. 당좌차월

당좌예금의 인출은 당좌예금 잔액의 범위 내에서 행해지는데, 만일 그 이상으로 수표를 발행하면 부도수표로서 은행이 그 지급을 거절하게 된다. 그러나 은행과 미리 당좌차월계약을 체결, 근저당을 설정하면 일정한 기간과 일정한 한도액 내에서는 당좌예금 잔액을 초과하여 수표를 발행하여도 은행이 그 지급을 하게 되는데, 이를 당좌차월이라고 한다. 당좌차월은 은행으로부터의 차입금 성격으로 재무상태표에는 단기차입금으로 분류하고 그에 대한 이자비용(당좌차월이자)이 발생한다.

당좌예금 잔액을 초과하여 수표를 발행하면	(차) 매 입 ××× (대) 당 좌 예 금 ××× 당 좌 차 월 ×××	
당좌차월 잔액이 있는 경우 예입하면	(차) 당 좌 차 월 ××× 당 좌 예 금 ××× (대) 현 금 ×××	

개념적용 문제

07 (주)한국의 다음 연속된 거래를 회계처리하시오.

(1) (주)한국은 상품 ₩800,000을 매출하고 대금은 현금으로 받아 즉시 당좌예금하다(단, 은행과 당좌차월계약이 맺어져 있으며, 한도액은 ₩500,000이다).
(2) (주)관리의 단기차입금 ₩300,000과 이자 ₩20,000을 수표를 발행하여 지급하다.
(3) (주)대한에서 상품 ₩600,000을 매입하고 대금은 수표를 발행하여 지급하다.
(4) (주)한국은 상품 ₩400,000을 매출하고, 대금 중 ₩300,000은 동점발행의 수표로 받고 잔액은 현금으로 받아 즉시 당좌예입하다.
(5) (주)한국은 기계장치 ₩500,000을 처분하고, 대금 중 ₩300,000은 동점발행의 수표로 받고 잔액은 당점발행의 수표로 받다.

정답

	차변	금액	대변	금액
(1)	(차) 당좌예금	800,000	(대) 매출	800,000
(2)	(차) 단기차입금	300,000	(대) 당좌예금	320,000
	이자비용	20,000		
(3)	(차) 매입	600,000	(대) 당좌예금	480,000
			당좌차월	120,000
(4)	(차) 당좌차월	120,000	(대) 매출	400,000
	당좌예금	280,000		
(5)	(차) 현금	300,000	(대) 기계장치	500,000
	당좌예금	200,000		

6. 은행계정조정표

(1) 은행계정조정표의 의의

회사 측의 당좌예금 계정잔액과 은행 측의 당좌예금 잔액은 반드시 일치해야 하지만, 특정 시점에서 살펴볼 때 양측의 잔액은 다음과 같은 원인 때문에 일치하지 않는 것이 일반적이다. 이 경우에 수시로 작성되는 표가 은행계정조정표(Bank Reconciliation Statement)이다. 즉, 은행계정조정표는 회사장부상 예금잔액과 은행장부상 예금잔액 사이에 차이가 발생한 경우 그 불일치 원인을 밝혀내고 정확한 잔액을 파악하기 위하여 작성되며, 은행계정조정표는 기업의 내부통제를 목적으로 작성한다.

(2) 불일치 원인

① **미예입예금**: 기업에서는 입금처리(기장)되었으나 은행에서는 미기입된 예금(㉥ 마감시간 후 입금하였거나 타점권 등이 미예입된 경우)

② **기발행수표 미인출**: 기업에서는 수표를 발행하여 당좌예금 계정에서 차감하였으나 아직 은행에 결제가 돌아오지 않은 상태인 경우

③ **추심입금 미통지**: 예금이자 또는 당좌예금계좌이체액 등 예금에 입금되었으나 이것이 회사에는 미통지된 경우

④ **예금감소액 미통지**: 수수료, 당좌차월이자 등이 은행에서는 차감되었으나 회사에서는 이를 알지 못하여 회계처리가 안 된 경우

⑤ **기장상의 오류**: 착오, 과실 등에 의해 예금액 또는 출금액 등을 잘못 기입한 경우

불일치의 원인		조정방법
예입 미기장	은행 영업시간 이후에 입금한 것이 다음 날 입금처리된 경우	은행에 가산
발행수표 미지급	기업이 발행한 수표가 아직 은행에 제시되지 않은 경우	은행에서 차감
발행수표 미교부	기업이 수표는 발행하였지만, 교부하지 않고 보관 중인 경우	기업에 가산
입금 통지미달	거래처 등에서 회사 예금에 입금하였으나, 통지를 받지 못하여 회사에서는 입금처리하지 않은 경우	기업에 가산
차감 통지미달	당좌차월 이자, 추심수수료 등이 회사 예금에서 차감되었으나, 통지를 받지 못하여 차감처리되지 않은 경우	기업에서 차감
부도수표	수표로 당좌예입을 하였으나, 부도가 확인된 경우	기업에서 차감
기장상의 오류	기업 또는 은행 측에서 장부기입을 잘못한 경우	오류난 곳에서 수정

개념적용 문제

08 (주)한국의 20×1년 말 현재 장부상 당좌예금계정잔액은 ₩22,500으로 은행 측 예금 잔액증명서상 금액과 일치하지 않는 것으로 나타났다. 이들 잔액이 일치하지 않는 원인이 다음과 같을 때, 차이 조정 전 은행 측 예금 잔액증명서상 금액은? 제23회 기출

• 은행 미기입 예금	₩2,000
• 기발행 미인출 수표	5,000
• 회사에 미통지된 입금액	3,000
• 은행으로부터 통보받지 못한 이자수익	300
• 은행으로부터 통보받지 못한 은행수수료	200

① ₩22,500　　② ₩23,600
③ ₩25,600　　④ ₩28,600
⑤ ₩30,600

해설

은행계정조정표

회사측잔액	₩22,500	은행측잔액	₩28,600
미통지입금	(+)3,000	미기입예금	(+)2,000
이자수익	(+)300	미인출수표	(−)5,000
은행수수료	(−)200		
	₩25,600		₩25,600

정답 ④

09 다음 자료를 기초로 은행계정조정표를 작성하시오.

(1) 12월 31일 은행잔액증명서상 예금잔액 ₩410,000
(2) 12월 31일 회사장부상 예금잔액 355,000
(3) 불일치의 원인은 다음과 같이 규명되었다.
① 12월 31일 예입했으나 은행에 기록되지 않은 금액 35,000
② 발행수표 은행 미지급 45,000
③ 어음추심액 입금액 미통지분 10,000
④ 은행수수료 차감 미통지분 15,000
⑤ 회사가 외상매입금 결제를 위해 발행한 수표(금액 ₩15,000)를 ₩45,000으로 착오기입하였다.
⑥ 은행이 타사 입금액 ₩20,000을 전산상 오류로 회사입금으로 잘못 기록함

정답

은행계정조정표

은행잔액증명서상잔액	₩410,000	기업측장부상잔액	₩355,000
미기입예금	(+)35,000	어음추심액미통지	(+)10,000
발행수표은행미지급	(−)45,000	은행수수료미통지	(−)15,000
입금오기분	(−)20,000	기장오류	(+)30,000
조정후올바른잔액	₩380,000	조정후올바른잔액	₩380,000

〈수정분개〉

수정분개는 기업 측에서만 조정사항에 대해 수정분개한다. 기업은 오류 등 조정사항을 수정하여 올바른 금액을 보고해야 하기 때문이다.

③ (차) 당좌예금 10,000 (대) 받을어음 10,000
  * 받을어음 ₩10,000을 추심하여 기업 당좌에 입금
④ (차) 수수료비용 15,000 (대) 당좌예금 15,000
  * 기업 당좌 잔액에서 수수료 지급
⑤ (차) 당좌예금 30,000 (대) 외상매입금 30,000
  * 이는 오류수정분개와 동일
  - 올바른 분개
    (차) 외상매입금 15,000 (대) 당좌예금 15,000
  - 기업분개
    (차) 외상매입금 45,000 (대) 당좌예금 45,000
  - 수정분개
    (차) 당좌예금 30,000 (대) 외상매입금 30,000
    (외상매입금과 당좌예금을 ₩30,000씩 지급을 과대계상했으므로 각각 늘려 주는 분개 필요)

10 **20×1년 말 현재 (주)한국의 장부상 당좌예금 잔액은 ₩11,800이며, 은행 측 잔액증명서상 잔액은 ₩12,800이다. 은행계정조정표 작성과 관련된 자료가 다음과 같다면, 은행 측 미기입예금은?**

제19회 기출

- 거래처에서 송금한 ₩1,500이 은행에 입금 처리되었으나 아직 은행으로부터 통보받지 못했다.
- 은행이 부과한 은행수수료 ₩200이 아직 회사 장부에 미정리된 상태이다.
- 발행한 수표 중 ₩1,100이 아직 은행에서 인출되지 않았다.
- 거래처로부터 받아 예입한 수표 ₩600이 부도처리 되었으나 은행으로부터 통보받지 못했다.
- 나머지 잔액 차이는 모두 은행 측 미기입예금에 의한 것으로 확인되었다.

① ₩300
② ₩400
③ ₩600
④ ₩800
⑤ ₩1,000

해설

은행계정조정표

회 사 측 잔 액	₩11,800	은 행 측 잔 액	₩12,800
송 금 입 금	(+)1,500	미 인 출 수 표	(−)1,100
은 행 수 수 료	(−)200	미 기 입 예 금	(+)800
부 도 수 표	(−)600		
	₩12,500		₩12,500

정답 ④

제3절 대여금 및 수취채권

대여금 및 수취채권은 지급금액이 확정되었거나 결정가능하며, 활성시장에서 가격이 공시되지 않은 비파생금융자산을 말한다. 즉, 기업이 영업활동을 수행하는 과정에서 재화나 용역을 외상으로 판매하고 그 대가로 미래에 현금을 수취할 권리를 획득하는 경우, 또는 다른 기업에 자금을 대여하고 그 대가로 차용증서나 어음을 수취하는 경우 등에서 발생하는 채권을 통칭하는 말이다.

수취채권 및 지급채무는 다음과 같이 분류되며, 이 중 매출채권 및 매입채무는 보고기간종료일로부터 12개월 또는 정상영업주기 이내에 만기가 도래하면 유동자산과 유동부채로, 그 이후에 만기가 도래하는 것은 비유동자산과 비유동부채로 분류한다. 다만, 기타채권과 기타채무에 대한 유동성의 판단은 12개월(1년 기준) 기준으로만 판단한다.

수취채권	매출채권	일반적인 상거래에서 발생한 채권으로 외상매출금, 받을어음 등
	기타채권	상거래 이외의 거래에서 발생한 채권으로 대여금, 미수금 등
지급채무	매입채무	일반적인 상거래에서 발생한 채무로 외상매입금, 지급어음 등
	기타채무	상거래 이외의 거래에서 발생한 채무로 차입금, 미지급금 등

1. 외상매출금과 외상매입금

기업의 주된 영업활동과 관련하여 상품이나 제품 등을 매출하거나 용역을 제공하는 과정, 즉 일반적인 상거래에서 매매계약이 성립되어 상품 등이 인도되었지만 그에 대한 대금은 일정 기간이 지난 후에 결제될 수 있다. 이와 같은 채권을 외상매출금(Accounts Receivable)이라 하고, 채무는 외상매입금(Accounts Payable)이라고 하며, 일반적인 상거래에서 발생한 것이므로 매출채권 및 매입채무에 포함시킨다.

외상매출금이나 외상매입금에 관한 회계처리는 다음과 같은 방법으로 나누어진다.

(1) 통제계정

통제계정은 상품 등의 매매를 외상으로 거래하였을 경우 거래처 전체의 외상거래를 외상매출금계정 또는 외상매입금계정으로 일괄하여 처리한 계정을 말한다.

외상매출금

기 초 잔 액	×××	회 수 액	×××
외 상 매 출 액	×××	대 손 발 생 액	×××
		환입 · 에누리 · 할인	×××
		기 말 잔 액	×××

⇩

재무상태표의 금액(자산)

* 외상매출총액 − 매출환입 · 매출에누리 · 매출할인 = 외상순매출액

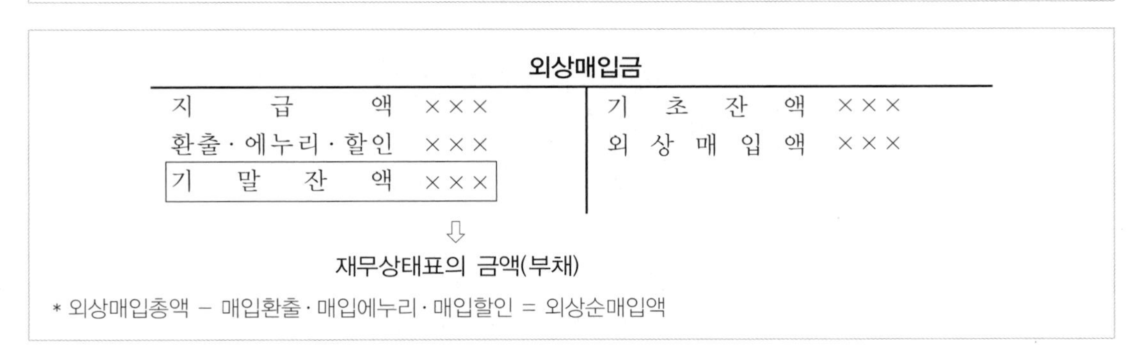

(2) 인명계정

인명계정은 외상거래를 통제계정으로만 회계처리하게 되면 각 거래처별 채권·채무를 파악하기 어렵기 때문에 거래처별 채권·채무를 개별적으로 관리하기 위하여 작성한 총계정원장의 보조계정으로서, 외상매출금계정의 보조장부로 작성한 계정을 매출처원장(Customers Ledger)이라 하고, 외상매입금계정의 보조장부를 매입처원장(Creditors Ledger)이라 한다.

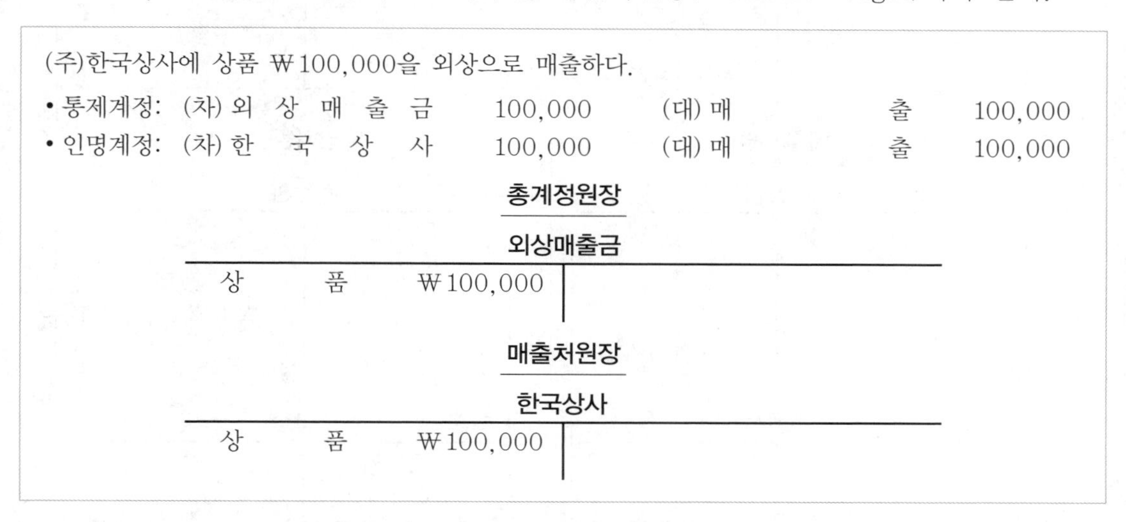

(주)한국상사에 상품 ₩100,000을 외상으로 매출하다.

• 통제계정:	(차) 외 상 매 출 금	100,000	(대) 매	출	100,000
• 인명계정:	(차) 한 국 상 사	100,000	(대) 매	출	100,000

외상매출금계정의 합계 및 잔액은 매출처원장인 인명계정 전체의 합계 및 잔액과 일치한다.

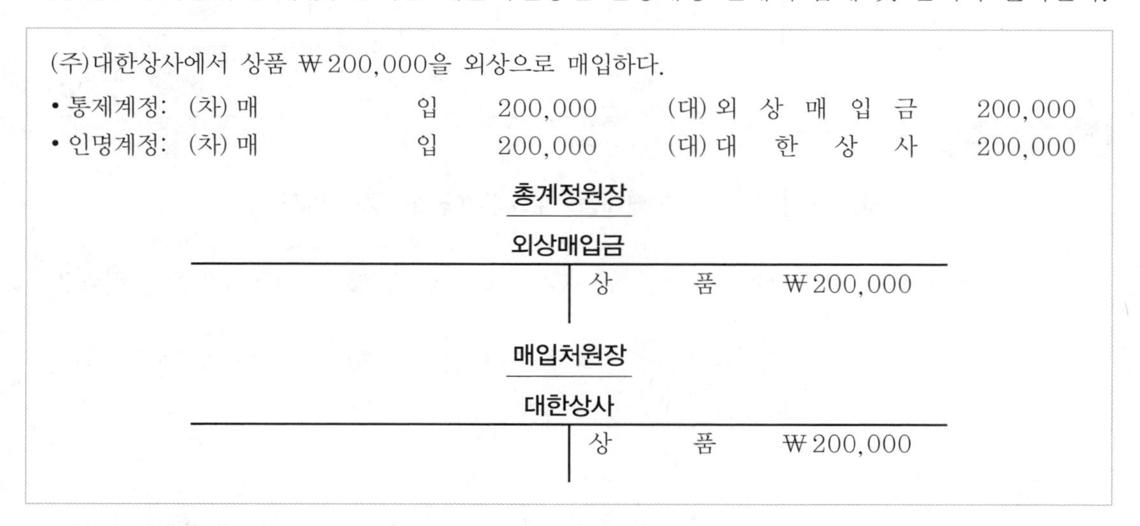

(주)대한상사에서 상품 ₩200,000을 외상으로 매입하다.

• 통제계정:	(차) 매	입	200,000	(대) 외 상 매 입 금	200,000
• 인명계정:	(차) 매	입	200,000	(대) 대 한 상 사	200,000

외상매입금계정의 합계 및 잔액은 매입처원장인 인명계정 전체의 합계 및 잔액과 일치한다.

▶▶ 인명계정과 통제계정의 관계

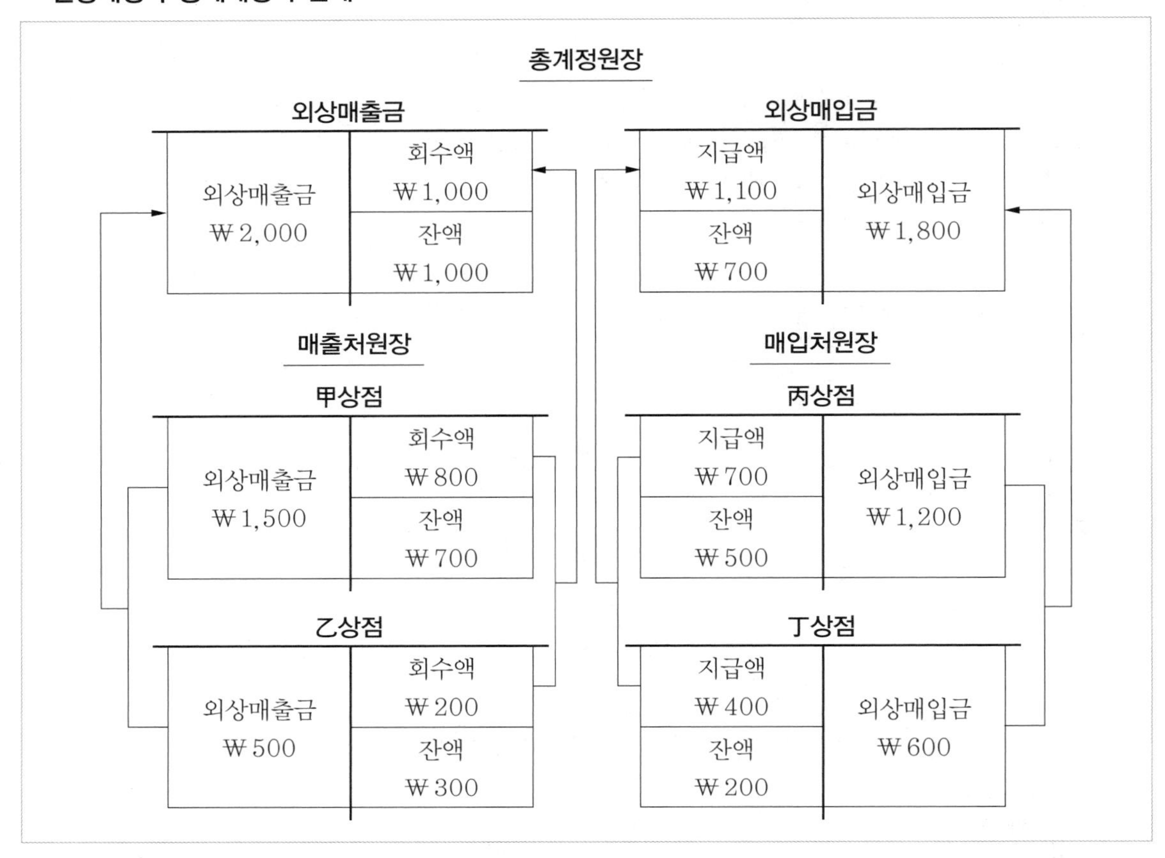

개념적용 문제

11 다음의 거래를 인명계정 및 통제계정으로 나누어 회계처리하시오.

(1) (주)대한상점에 상품 ₩120,000을 판매하고 대금 중 ₩50,000은 자기앞수표로 받고 잔액은 외상으로 하다.
(2) (주)한국상점에서 상품 ₩60,000을 매입하고 대금 중 ₩20,000은 약속어음을 발행하여 주고 잔액은 외상으로 하다.

정답 1. 인명계정

	차변	금액	대변	금액
(1)	(차) 현금	50,000	(대) 매출	120,000
	대한상점	70,000		
(2)	(차) 매입	60,000	(대) 지급어음	20,000
			한국상점	40,000

2. 통제계정

	차변	금액	대변	금액
(1)	(차) 현금	50,000	(대) 매출	120,000
	외상매출금	70,000		
(2)	(차) 매입	60,000	(대) 지급어음	20,000
			외상매입금	40,000

12 다음의 자료를 사용하여 계산된 기말매출채권은? (단, 기초 및 기말손실충당금은 없다)

제15회 수정

• 기초재고자산	₩66,000	• 매출채권회수액	₩156,000
• 기말재고자산	72,000	• 손상확정액	2,000
• 매입액	120,000	• 현금매출액	36,000
• 기초매출채권	48,000	• 매출총이익	50,000

① ₩18,000 ② ₩20,000 ③ ₩114,000
④ ₩128,000 ⑤ ₩164,000

해설

재고자산

차변	금액	대변	금액
기초재고	₩66,000	매출액	₩164,000
매입액	120,000	기말재고	72,000
매출이익	50,000		
	₩236,000		₩236,000

매출채권

차변	금액	대변	금액
기초	₩48,000	회수액	₩156,000
매출액	128,000	손상확정액	2,000
		기말	18,000
	₩176,000		₩176,000

* 외상매출액: 매출액(164,000) − 현금매출(36,000) = ₩128,000

정답 ①

2. 매출채권의 양도

기업은 자금사정이나 손상위험 등의 사유로 매출채권을 제3자에게 양도하는 경우가 있는데, 이를 팩토링(Factoring)이라 하고 금융기관 등과 같이 매출채권의 양수자를 팩터(Factor)라고 한다. 매출채권을 양도한 경우에는 매출채권에 대한 소유권이 양도자에게서 금융기관으로 이전된 것이므로 양도자인 기업은 자산의 매각과 동일한 방법으로 회계처리한다. 이때 매출채권의 일정 비율만큼의 금융비용을 부과하는데, 이를 금융자산처분손실로 인식한다.

3. 회계처리

양도자산을 계속 인식하는 경우에 그 양도자산과 관련 부채는 상계하지 아니한다. 이와 마찬가지로 양도자산에서 생기는 모든 수익은 관련 부채에서 생기는 어떤 비용과도 상계하지 아니한다. 금융자산을 양도한 경우에 양도자는 금융자산의 소유에 따른 위험과 보상의 보유 정도를 평가하여 다음과 같이 회계처리한다.

매각거래(위험과 보상의 대부분을 이전하는 경우)			차입거래(위험과 보상의 대부분을 보유하는 경우)		
(차) 현 금	×××		(차) 현 금	×××	
금융자산처분손실	×××		이 자 비 용	×××	
(대) 매 출 채 권		×××	(대) 단 기 차 입 금		×××

개념적용 문제

13 다음을 매각거래일 경우와 차입거래일 경우로 구분하여 각각 회계처리하시오.

> 20×1년 2월 1일 (주)대한은 국민은행과 매출채권의 양도계약을 체결하고 ₩500,000의 외상매출금을 ₩480,000에 양도하고 현금으로 받다. 동 외상채권은 만기 6월 1일에 ₩450,000이 회수되었으며 잔액은 대손처리되었다.

정답 1. 매각거래(위험과 보상의 대부분을 이전하는 경우)

• 2월 1일:	(차) 현 금	480,000	(대) 외 상 매 출 금	500,000
	금융자산처분손실	20,000		
• 6월 1일:	분개 없음			

2. 차입거래(위험과 보상의 대부분을 보유하는 경우)

• 2월 1일:	(차) 현 금	480,000	(대) 단 기 차 입 금	500,000
	이 자 비 용	20,000		
• 6월 1일:	(차) 현 금	450,000	(대) 외 상 매 출 금	500,000
	손 상 차 손	50,000		
	단 기 차 입 금	500,000	현 금	500,000

4. 받을어음과 지급어음

어음 ─┬ 법률상 분류: 약속어음, 환어음
　　　└ 형태별 분류: 상업어음(진성어음), 금융어음(융통어음)

어음에는 채무자가 자신의 채무를 이행하기 위하여 현금이나 수표 대신에 일정한 금액을 일정한 장소에서 일정한 날짜에 무조건 지급할 것을 약속하는 약속어음과, 제3자에게 일정한 금액을 일정한 장소에서 일정한 날짜에 지급할 것을 위탁하는 환어음이 있다. 이 경우 어음상의 채권자의 권리가 일반적인 상거래에서 발생하였다면 받을어음(Notes Receivable)계정으로 처리하고, 어음상의 채무자의 채무가 일반적인 상거래에서 발생하였다면 지급어음(Notes Payable)계정으로 처리하며, 외상매출금이나 외상매입금과 함께 매출채권 및 매입채무로 공시한다.

- 매출채권 = 외상매출금 + 받을어음
- 매입채무 = 외상매입금 + 지급어음

한편, 일반적인 상거래 이외의 거래에서 발생한 어음상의 채권·채무는 어음상의 거래로 처리하는 것이 아니라, 어음을 담보로 주거나 받은 것으로 보아 자금융통거래에서 발생한 채권·채무에 대해서는 단기대여금 또는 단기차입금으로 처리하고, 기타 거래에서 발생한 채권·채무에 대해서는 미수금 또는 미지급금으로 처리한다.

미수금(미지급금)과 대여금(차입금) 중 보고기간종료일로부터 만기가 12개월 이내에 도래하는 것은 유동자산(유동부채)으로 분류하고, 12개월 이후에 도래하는 것은 비유동자산(비유동부채)으로 분류한다.

▶ 어음상의 계정과목 및 채권·채무관계

어음의 종류	어음관계자	계정과목	채권 및 채무관계
약속어음	발행인	지급어음	어음상의 채무자
	수취인	받을어음	어음상의 채권자
환어음	발행인	외상매출금 등	어음상의 채권 및 채무가 발생하지 않음
	지명인(인수인)	지급어음	어음상의 채무자
	수취인	받을어음	어음상의 채권자

- 자기수취환어음(자기지시환어음, 자기영수환어음) ⇨ 발행인 = 수취인
- 자기앞환어음(자기인수환어음) ⇨ 발행인 = 인수인

개념적용 문제

14 다음 거래를 각 당사자의 입장에서 회계처리하시오.

> (주)한국은 매입처 (주)대한에 대한 외상매입금을 갚기 위하여 동사를 수취인, 매출처 (주)민국을 지명인으로 하는 환어음 ₩600,000을 발행하여 인수를 받은 후 (주)대한에 교부한다. [단, (주)민국에 대해서는 외상매출금 ₩800,000이 있다]
>
> (1) (주)한국의 분개 (2) (주)대한의 분개 (3) (주)민국의 분개

정답 (1) (주)한국(발행인)

(차) 외상매입금(대한) 600,000 (대) 외상매출금(민국) 600,000

(2) (주)대한(수취인)

(차) 받을어음(민국) 600,000 (대) 외상매출금(한국) 600,000

(3) (주)민국(인수인)

(차) 외상매입금(한국) 600,000 (대) 지급어음(대한) 600,000

(1) 어음의 배서

어음의 소지인은 만기일 이전에 어음상의 권리를 자유롭게 타인에게 양도할 수 있는데, 어음을 양도할 때에는 어음의 뒷면에 양도의 의사를 표시하고 기명날인하여 양수인에게 교부한다. 이

를 어음의 배서라고 하며, 배서의 목적에 따라 추심위임 배서, 대금지급을 위한 배서, 어음할인을 위한 배서로 구분할 수 있다.

① **추심위임 배서**: 받을어음의 대금회수를 은행에 위탁하는 절차를 추심의뢰라고 한다. 어음대금의 추심의뢰를 위하여 위임배서하면 어음상의 권리가 이전되는 것이 아니고 단순히 대금을 추심할 수 있는 권리만 위임한 것이기 때문에 어음상의 채권(받을어음)은 소멸하지 않는다. 향후 대금의 추심이 완료되었다는 통지를 받으면 그 시점에서 받을어음을 감소시키고 수수료(할인료)를 차감한 실수금을 당좌예금에 입금한다.

개념적용 문제

15 다음 거래를 회계처리하시오.

(1) (주)한국으로부터 받은 약속어음 ₩800,000을 거래은행인 국민은행에 추심의뢰하고 추심수수료 ₩5,000을 현금으로 지급하다.
(2) 상기 어음이 만기일에 추심되어 당좌예금에 입금되었다는 통지를 받다.

정답

	차변	금액	대변	금액
(1)	(차) 수수료비용	5,000	(대) 현금	5,000
(2)	(차) 당좌예금	800,000	(대) 받을어음(매출채권)	800,000

② **어음의 배서양도**(일반적인 배서양도): 배서양도는 어음의 소지인이 만기일 이전에 상품의 매입대금이나 외상매입금 등의 지급을 위하여 어음상의 채권을 타인에게 양도하는 것을 말한다. 어음을 타인에게 배서양도하면 어음상의 채권이 소멸하므로 받을어음(매출채권)계정 대변에 기입하고, 받을어음을 배서양수한 양수인은 어음상의 채권(권리)이 발생하므로 받을어음계정 차변에 기입한다.

개념적용 문제

16 다음 거래를 회계처리하시오.

(1) (주)한국에 대한 외상매입금 ₩300,000의 지급을 위하여 소유하고 있던 (주)대한 발행의 약속어음을 배서양도하다.
(2) 상기 어음이 만기일에 정상적으로 결제되었음을 확인하다.

정답

	차변	금액	대변	금액
(1)	(차) 외상매입금(매입채무)	300,000	(대) 받을어음(매출채권)	300,000
(2)	분개 없음			

③ **어음의 할인**: 받을어음을 만기일 이전에 금융기관에 배서양도하고 자금을 융통하는 수단을 어음의 할인(Discount on Note Receivable)이라고 한다. 할인에 대한 실수금의 계산은 다음 순서에 따라서 계산한다.

- **만기 수취할 금액**: – 무이자부어음: 액면금액
  – 이자부어음: 액면금액 + 만기일까지의 이자
- **할　　인　　료**: 만기 수취금액 × 할인율 × 할인기간
- **현금수령액(실수금)**: 만기 수취금액 – 할인료
  (만기 수취금액 × 할인율 × 할인기간)
- **어음의 장부금액**: 액면금액 + 보유기간의 이자수익 발생액
- **금융자산처분손실**: 할인시점의 장부금액 – 현금수령액(실수금)

어음할인에 따른 회계처리는 양도조건을 충족하는 경우 매각거래로 처리하고, 충족시키지 않는 경우에는 담보로 제공한 것으로 보아 차입거래로 처리한다.

개념적용 문제

17 (주)한국은 5월 1일 보유하고 있는 액면금액 ₩1,000,000(이자율 12%, 발행일 20×1년 2월 1일, 만기일 20×2년 1월 31일)의 이자부어음을 (주)대한으로부터 받았다. (주)한국은 자금사정으로 인하여 동 어음을 국민은행에서 할인율 15%의 조건으로 할인한 경우의 회계처리를 표시하시오.

정답

(차) 현금	994,000	(대) 받을어음	1,000,000
금융자산처분손실	36,000	이자수익	30,000

해설
- 만기 수취액: 1,000,000 + (1,000,000 × 12% × 12/12) = ₩1,120,000
- 할인료: 1,120,000 × 15% × 9/12 = ₩126,000
- 현금수령액(실수금): 1,120,000 – 126,000 = ₩994,000
- 어음의 장부금액: 1,000,000 + 이자수익(1,000,000 × 12% × 3/12) = ₩1,030,000
- 금융자산처분손실: 1,030,000 – 994,000 = ₩36,000

18 (주)대한은 20×1년 10월 1일에 다음과 같은 어음을 은행에 연 10%로 할인하였다. 이 거래가 금융자산 제거조건을 충족할 때 매출채권처분손익은? 제17회 기출

- 액면금액: ₩500,000
- 표시이자율: 8%
- 어음발행일: 20×1년 7월 1일
- 어음만기일: 20×1년 12월 31일

① 손실 ₩3,000
② 손실 ₩1,000
③ ₩0
④ 이익 ₩1,000
⑤ 이익 ₩3,000

해설
- 만기 수취액: 500,000 + (500,000 × 8% × 6/12) = ₩520,000
- 할인료: 520,000 × 10% × 3/12 = ₩13,000
- 현금수령액(실수금): 520,000 − 13,000 = ₩507,000
- 어음의 장부금액: 500,000 + 이자수익(500,000 × 8% × 3/12) = ₩510,000
- 금융자산처분손익: 510,000 − 507,000 = ₩3,000(손실)

정답 ①

(2) 어음의 개서

어음상의 채무자가 만기일에 자금부족 등의 사유로 어음대금의 지급이 어려운 경우에, 어음상의 채권자인 어음소지인의 허락을 받아 어음대금의 지급을 연기하고, 새로 발행한 신어음과 만기가 된 구어음을 교환하는 경우가 있는데, 이를 어음의 개서라고 한다. 이와 같은 어음의 개서는 어음상의 채무자는 기일 연장분에 대한 이자를 현금으로 지급하거나 새로 발행하는 어음금액에 이자를 가산하여 발행하게 되는데, 구어음의 채권 및 채무는 소멸하고 새로 발행되는 어음상의 채권 및 채무가 발생하게 된다.

개념적용 문제

19 다음 거래를 회계처리하시오.

(1) (주)한국 발행의 약속어음 ₩500,000이 만기가 되었으나, (주)한국의 요청에 의하여 어음의 만기일을 1개월간 연장하기로 합의하고, 신어음을 개서하여 받다. 그리고 어음금액과는 별도로 이자 ₩10,000을 현금으로 받다.
(2) 외상대금의 지급을 위하여 발행한 약속어음 ₩300,000이 금일 만기가 되었으나, 자금부족으로 수취인의 양해를 얻어 어음대금의 지급을 3개월간 연장하기로 합의하고, 어음금액을 포함한 새로운 어음 ₩340,000을 발행하여 교부하다.

정답

		차변	금액		대변	금액
(1)	(차)	매출채권	500,000	(대)	매출채권	500,000
		현금	10,000		이자수익	10,000
(2)	(차)	매입채무	300,000	(대)	매입채무	340,000
		이자비용	40,000			

제4절 매출채권의 손상(대손)회계

1. 의의

채무자가 파산하여 지급능력이 악화되어 매출채권 등 수취채권의 회수가 불가능하게 되는 경우가 있는데, 이렇게 회수가 불가능하게 된 수취채권을 손상(損傷) 또는 대손(貸損)이라고 한다. 회계처리방법은 기대신용손실 추정액을 손실충당금(Loss Allowance)으로 처리하여 당해 매출채권의 차감계정으로 인식한다.

2. 신용손실

계약에 따라 지급받기로 한 모든 계약상 현금흐름과 수취할 것으로 예상하는 모든 계약상 현금흐름의 차이(모든 현금 부족액)를 최초 유효이자율로 할인한 금액으로, 금융자산의 추정미래현금흐름에 악영향을 미치는 하나 이상의 사건이 생긴 경우에 해당 금융자산의 신용이 손상된 것이다. 이런 경우 해당 금융자산의 장부금액을 제거한다. 금융자산의 신용이 손상된 증거는 다음의 사건에 대한 관측 가능한 정보를 포함한다.

① 발행자나 차입자의 유의적인 재무적 어려움
② 채무불이행이나 연체 같은 계약 위반
③ 차입자의 재무적 어려움에 관련된 경제적이나 계약상 이유로 당초 차입조건의 불가피한 완화
④ 차입자의 파산 가능성이 높아지거나 그 밖의 재무구조조정 가능성이 높아짐
⑤ 재무적 어려움으로 해당 금융자산에 대한 활성시장의 소멸
⑥ 이미 발생한 신용손실을 반영하여 크게 할인한 가격으로 금융자산을 매입하거나 창출하는 경우

3. 기대신용손실 모형(Expected Loss)

금융자산의 발행자(또는 채무자)의 신용위험(Credit Risk)이 증가함으로써 금융자산의 계약상 미래현금흐름(원금과 이자)에 대한 회수가능성이 감소하게 되는데, 이와 같은 신용위험에 따른 기대신용손실을 손상차손(당기손익)으로 인식하고 손실충당금을 설정하여 매출채권에서 차감하는 형식으로 회계처리한다.

4. 기대신용손실의 측정

기대신용손실을 측정할 때 가능한 시나리오를 모두 고려할 필요는 없다. 그러나 신용손실의 발생 가능성이 매우 낮더라도 신용손실이 발생할 가능성과 발생하지 아니할 가능성을 반영하여 신용손실이 발생할 위험이나 확률을 고려한다. 손상대상 금융자산은 계약에 의한 미래현금

흐름이 발생하는 채무상품과 대여금 및 수취채권이다. 기대신용손실(ECL)은 금융상품의 기대 존속기간에 걸친 신용손실(현금부족액의 현재가치)의 확률가중추정치이다.

① 최초인식 후에 금융상품의 신용위험이 유의적으로 증가한 경우에는 매 보고기간 말에 전체기간 기대신용손실에 해당하는 금액을 손실충당금으로 측정한다.

② 최초인식 후에 금융상품의 신용위험이 유의적으로 증가하지 아니한 경우에는 보고기간 말에 12개월 기대신용손실에 해당하는 금액을 손실충당금으로 측정한다.

③ 매 보고기간 말에 전체기간 기대신용손실의 변동액을 손상차손(환입)으로 당기손익에 인식한다. 전체기간 기대신용손실이 최초인식시점의 추정 현금흐름에 포함되었던 기대신용손실액보다 작다 하더라도 전체기간 기대신용손실의 유리한 변동을 손상환입으로 인식한다.

참고 기대신용손실 측정 시 반영할 사항

- 일정 범위의 발생 가능한 결과를 평가하여 산정한 금액으로서 편의가 없고 확률로 가중한 금액
- 화폐의 시간가치
- 보고기간 말에 과거사건, 현재 상황과 미래경제적 상황의 예측에 대한 정보로서 합리적이고 뒷받침될 수 있으며 과도한 원가나 노력 없이 이용할 수 있는 정보

참고

취득 시 신용이 손상되어 있는 금융자산은 보고기간 말에 최초인식 이후 전체기간 기대신용손실의 누적변동분만을 손실충당금으로 인식한다.

전체기간 기대신용손실	금융상품의 기대존속기간에 발생할 수 있는 모든 채무불이행 사건에 따른 기대신용손실
12개월 기대신용손실	보고기간말 후 12개월 내에 발생 가능한 금융상품의 채무불이행 사건으로 인한 기대신용손실을 나타내는, 전체기간 기대신용손실의 일부

5. 회계처리

매 보고기간 말에 신용위험을 고려하여 전체기간 기대신용손실의 변동액을 손상차손(환입)으로 당기손익에 인식한다. 기대신용손실(예상)이 발생한 경우 손실충당금(충당금설정법)을 설정하여 당해 자산의 총장부금액에서 차감하는 형식으로 처리하고 그 금액은 손상차손(당기손익)으로 인식한다.

(1) 보고기간 말의 손상(대손)추정 시

① **손상추정액 > 손실충당금 잔액**(차액보충법)

(차) 손 상 차 손	×××	(대) 손 실 충 당 금	×××

② **손상추정액 < 손실충당금 잔액**

(차) 손 실 충 당 금	×××	(대) 손 상 차 손 환 입	×××

(2) 거래처의 신용손실(손상확정)이 발생한 경우

매출채권이 회수불능되면 당해 자산을 대변으로 제거하고 손실충당금으로 보전하며, 손실충당금 잔액이 부족한 경우 차액은 손상차손으로 처리하여 당기비용으로 인식한다.

(차) 손 실 충 당 금	×××	(대) 매 출 채 권	×××
손 상 차 손	×××		

(3) 손상처리(대손)한 매출채권을 현금으로 회수 시

손상처리된 매출채권을 현금으로 회수 시 손실충당금을 증가시킨다.

(차) 현 금	×××	(대) 손 실 충 당 금	×××

개념적용 문제

20 금융자산(매출채권)의 신용손실 및 신용위험에 관한 설명으로 옳지 않은 것은?

① 금융자산의 추정미래현금흐름에 악영향을 미치는 하나 이상의 사건이 생긴 경우에는 해당 금융자산의 신용이 손상된 것으로 볼 수 없다.

② 최초인식 후에 금융상품의 신용위험이 유의적으로 증가한 경우에는 매 보고기간 말에 전체기간 기대신용손실에 해당하는 금액을 손실충당금으로 측정한다.

③ 최초인식 후에 금융상품의 신용위험이 유의적으로 증가하지 아니한 경우에는 보고기간 말에 12개월 기대신용손실에 해당하는 금액을 손실충당금으로 측정한다.

④ 취득 시 신용이 손상되어 있는 금융자산은 보고기간 말에 최초인식 이후 전체기간 기대신용손실의 누적변동분만을 손실충당금으로 인식한다.

⑤ 전체기간 기대신용손실은 금융상품의 기대존속기간에 발생할 수 있는 모든 채무불이행 사건에 따른 기대신용손실을 말한다.

해설 금융자산의 추정미래현금흐름에 악영향을 미치는 하나 이상의 사건이 생긴 경우에는 해당 금융자산의 신용이 손상된 것이다.

정답 ①

21 12월 31일이 결산인 (주)대한의 매출채권과 기일경과 분석법(연령분석법)에 따른 기대 신용손실은 다음과 같다. (주)대한의 보고기말 포괄손익계산서에 인식할 손상차손은? (단, 손실충당금 잔액은 ₩10,000이다)

경과 일수	매출채권 금액	기대손실예상율
1개월 이내	₩400,000	1%
1~3개월 이내	280,000	2%
3~6개월 이내	220,000	3%
6~12개월 이내	100,000	5%

① ₩11,200　② ₩21,200
③ ₩11,000　④ ₩12,000
⑤ ₩10,000

해설

경과 일수	매출채권 금액	손실예상율	기대신용손실
1개월 이내	₩400,000	1%	₩4,000
1~3개월 이내	280,000	2%	5,600
3~6개월 이내	220,000	3%	6,600
6~12개월 이내	100,000	5%	5,000
합계	₩1,000,000		₩21,200

• 손실충당금 추가설정액: 21,200 − 10,000 = ₩11,200

정답 ①

22 (주)한국의 당기 매출채권 손실충당금 기초잔액은 ₩50,000이고 기말잔액은 ₩80,000이다. 기중 매출채권 ₩70,000이 회수불능으로 확정되어 제거되었으나 그 중 ₩40,000이 현금으로 회수되었다. 당기 포괄손익계선서상 매출채권 손상차손은?

제22회 기출

① ₩40,000　② ₩50,000
③ ₩60,000　④ ₩70,000
⑤ ₩80,000

해설

손실충당금

차변		대변	
손 상 확 정	₩70,000	기 초 잔 액	₩50,000
기 말 잔 액	80,000	현 금 추 심	40,000
		손 상 차 손	60,000
	₩150,000		₩150,000

정답 ③

23 **(주)한국의 20×1년 초 매출채권에 대한 손실충당금은 ₩5,000이다. 매출채권과 관련된 자료가 다음과 같을 때, 20×1년도에 인식할 손상차손은?** 제23회 기출

- 20×1년 3월 2일 당기 외상매출한 ₩7,500의 매출채권이 회수불가능한 것으로 판명되었다.
- 20×1년 6월 3일 전기에 손실충당금으로 손상처리한 매출채권 ₩1,000이 회수되었다.
- 20×1년 12월 31일 기말수정분개 전 매출채권 잔액은 ₩201,250이며, 매출채권 잔액의 미래현금흐름을 개별적으로 분석한 결과 ₩36,000의 손상이 발생할 것으로 예상되었다.

① ₩30,500
② ₩31,000
③ ₩35,000
④ ₩36,500
⑤ ₩37,500

해설

손실충당금

차변	금액	대변	금액
손상확정	₩7,500	기초잔액	₩5,000
기말잔액	36,000	손상회복(현금)	1,000
		손상차손	37,500
	₩43,500		₩43,500

정답 ⑤

제5절 기타 채권과 채무

1. 단기대여금과 단기차입금

차용증서나 어음 등을 받고 타인에게 현금을 대여한 경우에는 단기대여금계정으로 처리하고, 현금을 차입한 경우에는 단기차입금계정으로 처리한다.

보고기간 후 만기가 12개월 이내인 경우에는 단기대여금(유동자산)과 단기차입금(유동부채)으로 구분하고, 상환기간이 12개월 이후에 도래하는 것은 비유동자산과 비유동부채로 분류한다.

대여자		차입자	
대여 시	(차) 단기대여금 ××× (대) 현금 ×××	차입 시	(차) 현금 ××× (대) 단기차입금 ×××
회수 시	(차) 현금 ××× (대) 단기대여금 ××× 이자수익 ×××	지급 시	(차) 단기차입금 ××× 이자비용 ××× (대) 현금 ×××

개념적용 문제

24 **(주)한국은 20×1년 7월 1일에 은행으로부터 ₩5,000의 자금을 조달하면서 3개월 만기의 어음(액면이자율 연 12%, 이자는 만기 지급)을 발행하였다. 7월 1일 분개로 옳은 것은?** 제16회 기출

	차변	금액	대변	금액
①	(차) 현금	5,000	(대) 단기차입금	5,000
②	(차) 현금	5,000	(대) 지급어음	5,000
③	(차) 현금	4,850	(대) 단기차입금	4,850
④	(차) 현금	4,850	(대) 지급어음	5,000
	이자비용	150		
⑤	(차) 현금	4,850	(대) 받을어음	5,000
	이자비용	150		

해설 어음을 발행하여 자금을 차입하면 단기차입금으로 회계처리한다. 어음 이자는 만기에 지급하기 때문에 분개하지 않는다.

정답 ①

2. 미수금과 미지급금

기업의 주된 영업활동에서 발생하는 채권·채무에 대해서는 매출채권계정과 매입채무계정을 사용하지만, 그 이외의 거래에서 발생하는 채권·채무에 대해서는 미수금 및 미지급금계정을 사용한다. 미수금 및 미지급금 중 보고기간 후 상환기간이 12개월 이내에 도래하는 것은 유동자산과 유동부채로 분류하고, 12개월 이후에 도래하는 것은 비유동자산과 비유동부채로 분류한다.

개념적용 문제

25 **다음의 거래를 회계처리하시오.**

(1) 기계장치 ₩50,000을 구입하고 대금 중 ₩20,000은 현금으로 지급하고 잔액은 약속어음을 발행하여 지급하다.
(2) 기계장치 ₩30,000을 ₩40,000에 처분하고 대금은 약속어음으로 받다.

정답

	차변	금액	대변	금액
(1)	(차) 기계장치	50,000	(대) 현금	20,000
			미지급금	30,000
(2)	(차) 미수금	40,000	(대) 기계장치	30,000
			유형자산처분이익	10,000

3. 선급금과 선수금

상품 등을 매입하기 위하여 매입대금의 일부를 계약금으로 지급한 것으로, 보고기간 후 12개월 이내에 상품 등을 인수하기로 약정한 것은 유동자산으로 분류하고, 12개월 이후에 인수하기로 약정한 것은 비유동자산으로 분류한다.

(1) 계약금(착수금) 지급 시

상품 등을 매입하기로 주문하고 대금의 일부를 미리 지급하는 경우에는 선급금계정 차변에 기입한다.

차변	금액	대변	금액
(차) 선급금	×××	(대) 현금	×××

(2) 상품 매입 시

주문했던 상품을 매입하면 선급금이 대변으로 감소한다.

차변	금액	대변	금액
(차) 매입	×××	(대) 선급금	×××
		외상매입금	×××

(3) 계약금(착수금) 수취 시

상품 등을 매출하기로 주문받고 대금의 일부를 미리 받은 경우에는 선수금 또는 계약부채계정 대변에 기입한다.

차변	금액	대변	금액
(차) 현금	×××	(대) 선수금(계약부채)	×××

(4) 상품 매출 시

주문받은 상품을 매출하면, 선수금계정 차변에 대체한다.

차변	금액	대변	금액
(차) 선수금(계약부채)	×××	(대) 매출	×××
매출채권	×××		

개념적용 문제

26 다음의 거래를 회계처리하시오.

(1) (주)한국은 상품 ₩400,000을 주문하고 계약금으로 ₩150,000을 수표를 발행하여 지급하다.
(2) 위의 주문품이 도착하여 인수하고, 운임 ₩2,000은 현금으로 지급하다. 잔액은 외상으로 하다.
(3) (주)대한에 상품 ₩300,000을 매출하기로 주문 계약을 받고, 계약금으로 현금 ₩100,000을 받다.
(4) 위의 상품을 주문처에 발송하다. 단, 발송운임 ₩5,000은 현금으로 지급하고, 대금은 10일 후에 받기로 하다.

정답

	차변	금액	대변	금액
(1)	(차) 선급금	150,000	(대) 당좌예금	150,000
(2)	(차) 매입	402,000	(대) 선급금	150,000
			외상매입금	250,000
			현금	2,000
(3)	(차) 현금	100,000	(대) 선수금(계약부채)	100,000
(4)	(차) 선수금(계약부채)	100,000	(대) 매출	300,000
	외상매출금	200,000		
	운반비	5,000	현금	5,000

4. 선대금과 예수금

종업원의 급료가불액은 선대금(또는 종업원단기대여금)계정에 기입하였다가 재무상태표에 단기대여금에 포함하여 기입하거나 곧바로 단기대여금으로 기입한다. 종업원의 급료에서 원천징수한 소득세, 건강보험료, 국민연금, 조합비 등은 개별적으로 구분하여 기입하거나 제예수금계정으로 통합하여 기입한다.

개념적용 문제

27 다음의 거래를 회계처리하시오.

(1) 종업원 갑순이에게 급여 ₩120,000을 현금으로 가불해주다.
(2) 이달분 급여 ₩950,000을 지급함에 있어 위의 가불금 이외에 갑근세 ₩25,000을 차감하고 잔액을 현금으로 지급하다.
(3) 소득세예수금을 세무서에 현금으로 납부하다.

정답

	차변	금액	대변	금액
(1)	(차) 선 대 금	120,000	(대) 현 금	120,000
(2)	(차) 급 여	950,000	(대) 선 대 금	120,000
			소 득 세 예 수 금	25,000
			현 금	805,000
(3)	(차) 소 득 세 예 수 금	25,000	(대) 현 금	25,000

28 임직원에게 급여를 지급하면서 근로소득세와 4대 보험 등을 일시적으로 원천징수하였을 경우 사용하는 계정과목은?

제21회 기출

① 선급금 ② 미수금 ③ 가수금
④ 선수금 ⑤ 예수금

해설 임직원에게 급여를 지급하면서 근로소득세를 원천징수 시 소득세예수금으로 처리한다.

정답 ⑤

5. 가지급금과 가수금

현금을 실제로 주고받았으나 거래가 완결되지 않았고, 계정과목 또는 금액이 확정되지 않았을 경우 설정되는 가계정 또는 임시계정이다. 가지급금은 현금이 지급되었지만 계정과목이나 금액을 확정할 수 없을 때 일시적으로 처리하는 가계정이며, 사원의 출장으로 인한 여비의 개산액 등이 있다. 가수금은 현금을 받았지만 계정과목이나 금액을 확정할 수 없어 일시적으로 처리하는 가계정이며, 출장 간 사원이 내용불명의 현금을 송금해온 경우 등이 있다. 또한 이들 계정은 그 내용이 확정되지 않아 재무제표에 자산과 부채로 인식할 수 없으며, 그 내용을 나타내는 과목으로 적절히 정리하여 표시하여야 한다.

개념적용 문제

29 다음의 거래를 회계처리하시오.

(1) 사원 한솔이에게 부산출장을 명하고 여비개산액 ₩250,000을 현금으로 지급하다.
(2) 부산으로 출장 간 한솔이로부터 내용불명의 현금 ₩180,000이 송금되어 오다.
(3) 부산으로 출장 간 한솔이가 귀사하여 여비를 정산한 바 ₩10,000이 남았으므로 현금으로 회수하고, 내용불명의 송금액 ₩180,000은 외상매출금 회수액 ₩80,000과 단기대여금 ₩100,000의 회수로 밝혀지다.

정답

	차변	금액	대변	금액
(1)	(차) 가 지 급 금	250,000	(대) 현 금	250,000
(2)	(차) 현 금	180,000	(대) 가 수 금	180,000
(3)	(차) 여 비 교 통 비	240,000	(대) 가 지 급 금	250,000
	현 금	10,000		
	(차) 가 수 금	180,000	(대) 외 상 매 출 금	80,000
			단 기 대 여 금	100,000

6. 미결산계정

미결산계정은 거래는 발생하였으나 이를 처리할 계정과목이나 금액이 확정되지 않은 경우 처리하는 가계정이며, 화재, 천재지변, 손해배상 및 소송(분쟁)사건, 종업원의 공금횡령 등이 있다. 미결산은 가계정이기 때문에 재무제표에는 표시할 수 없고 내용이 확정되면 즉시 해당계정에 대체하여야 한다.

개념적용 문제

30 다음의 거래를 회계처리하시오.

(1) (주)한국은 화재가 발생하여 다음의 자산이 소실되었다. 소실된 자산의 내용과 금액은 다음과 같다. 단, ₩1,500,000의 보험계약에 가입하고 있으므로 보험회사에 보험금을 청구하다.

- 건물: 원가 ₩580,000, 감가상각누계액 ₩80,000
- 비품: 원가 150,000, 감가상각누계액 20,000
- 상품: 원가 270,000

(2) 보험회사로부터 ₩1,000,000의 보험금을 주겠다는 통지를 받다.

정답

	차변	금액	대변	금액
(1)	(차) 건물감가상각누계액	80,000	(대) 건물	580,000
	비품감가상각누계액	20,000	비품	150,000
	미결산	900,000	상품	270,000
(2)	(차) 미수금	1,000,000	(대) 미결산	900,000
			보험차익	100,000

7. 상품권선수금계정

고객으로부터 현금을 받고, 그 금액에 상당하는 상품을 인도하겠다는 약속으로 발행하는 증서를 상품권이라 한다. 상품권을 발행하면 상품권선수금계정 대변에 기입하였다가, 상품권과 교환하여 상품을 인도하면 상품권선수금계정 차변에 기입한다.

상품권을 할인발행할 때에는 할인액을 상품권할인액계정 차변에 기입하고, 상품을 인도하였을 때에는 매출에누리로서 매출계정 차변과 상품권할인액계정 대변에 기입한다.

개념적용 문제

31 다음의 거래를 회계처리하시오.

(1) (주)한국은 고객으로부터 현금 ₩100,000을 받고, 상품권을 발행하여 주다.
(2) (주)한국은 상품 ₩150,000을 매출하고, 대금 중 ₩100,000은 상품권으로 받고 잔액은 현금으로 받다.
(3) (주)한국은 액면 ₩500,000의 상품권을 ₩480,000에 할인발행하여 주고, 대금은 현금으로 받다.
(4) (주)한국은 상품 ₩500,000을 매출하고, 위의 상품권을 받다.

정답

	차변	금액	대변	금액
(1)	(차) 현금	100,000	(대) 선수금(계약부채)	100,000
(2)	(차) 선수금(계약부채)	100,000	(대) 매출	150,000
	현금	50,000		
(3)	(차) 현금	480,000	(대) 선수금(계약부채)	500,000
	상품권할인액	20,000		
(4)	(차) 선수금(계약부채)	500,000	(대) 매출	500,000
	매출	20,000	상품권할인액	20,000

8. 부가가치세

부가가치세(VAT; Value Added Tax)는 사업자가 일정 기간 동안 재화나 용역의 유통과정에서 창출한 부가가치를 대상으로 부과되는 세금으로, 매입 시에는 부가가치세대급금계정으로, 매출 시에는 부가가치세예수금계정으로 회계처리한다.

부가가치세 산출세액 = 매출세액 − 매입세액 = (매출액 − 매입액) × 10%

CHAPTER

05 기출 & 예상문제로 완벽 복습

01 **다음 중 현금및현금성자산에 속하지 않는 것은?**

① 사용에 아무런 제한이 없는 보통예금
② 취득 시 만기가 3개월 이내에 도래하는 채권
③ 상환기일이 3개월 이내에 도래하는 단기차입금에 대하여 담보로 제공된 예금
④ 취득 시 만기가 3개월 이내에 도래하는 양도성예금증서
⑤ 3개월 이내에 환매조건으로 취득한 환매채

해설 담보로 제공된 예금과 특정목적에 사용할 목적으로 사용에 제한을 받는 기금 성격의 예금은 현금및현금성자산으로 처리할 수 없다.

02 **(주)한국의 20×1년 말 재무자료에서 발췌한 자료이다. 20×1년 말 재무상태표의 현금및현금성자산으로 보고될 금액은? [단, (주)한국의 표시통화는 원화(₩)이다]** 제25회 기출

• 당좌차월	₩300
• 타인발행수표	100
• 지급기일이 도래한 배당금 지급통지표	450
• 우편환증서	260
• 양도성예금증서(취득일 20×1년 12월 1일, 만기일 20×2년 3월 20일)	530
• 당좌개설보증금	340
• 자기앞수표	250
• 외국환 통화(외국환 통화에 적용될 환율은 $1 = ₩110이다)	$2

① ₩980 ② ₩1,280 ③ ₩1,620
④ ₩1,810 ⑤ ₩2,150

해설 • 현금및현금성자산: 100 + 450 + 260 + 250 + ($2 × 110) = ₩1,280
• 취득일로부터 만기가 3개월을 초과하는 양도성예금증서와 당좌개설보증금은 현금및현금성자산에 포함되지 않으며, 당좌차월은 부채계정이다.

03 다음은 (주)한국이 보유하고 있는 자산이다. (주)한국의 현금및현금성자산은? 제21회 기출

• 통화	₩100,000
• 우편환증서	10,000
• 타인발행 수표	50,000
• 타인발행 약속어음	60,000
• 만기가 도래한 사채이자표	30,000
• 취득 시 3개월 이내 만기가 도래하는 양도성예금증서	150,000

① ₩190,000
② ₩280,000
③ ₩290,000
④ ₩340,000
⑤ ₩400,000

해설 • 현금및현금성자산: 100,000 + 10,000 + 50,000 + 30,000 + 150,000 = ₩340,000
• 타인발행 약속어음은 받을어음이다.

04 (주)한국의 20×1년 말 재무상태표에 표시된 현금및현금성자산은 ₩500이다. 다음 자료를 이용할 경우 보통예금은? 제27회 기출

• 통화	₩ 50
• 송금수표	100
• 선일자수표	150
• 보통예금	?
• 당좌개설보증금	150
• 우편환증서	100
• 양도성예금증서(취득일 20×1년 10월 1일, 만기일 20×2년 1월 10일)	150

① ₩200
② ₩250
③ ₩300
④ ₩350
⑤ ₩400

해설 • 보통예금: ₩250 = ₩500 − (₩50 + ₩100 + 100)
• 현금및현금성자산이 아닌 것: 선일자수표, 당좌개설보증금, 양도성예금증서(3개월 이상)

01 ③ 02 ② 03 ④ 04 ② 정답

05 (주)한국이 20×1년 말 보유하고 있는 자산이 다음과 같을 때, 20×1년 말 재무상태표에 표시될 현금및현금성자산은? 제24회 기출

• 통화	₩1,000	• 보통예금	₩1,500
• 자기앞수표	2,000	• 받을어음	500
• 우편환증서	600	• 당좌개설보증금	800
• 정기예금(가입: 20×0년 3월 1일, 만기: 20×2년 2월 28일)			900
• 양도성예금증서(취득: 20×1년 12월 1일, 만기: 20×2년 1월 31일)			1,000

① ₩4,500 ② ₩5,100
③ ₩5,900 ④ ₩6,100
⑤ ₩7,000

해설 현금및현금성자산: 1,000 + 1,500 + 2,000 + 600 + 1,000 = ₩6,100

06 (주)한국의 20×1년 말 부채와 관련된 자료가 다음과 같을 때, 20×1년 말 금융부채는? 제26회 기출

• 충당부채	₩50,000	• 장기차입금	₩10,000
• 선수금	30,000	• 사채	40,000
• 매입채무	60,000	• 미지급법인세	15,000
• 미지급금	35,000		

① ₩95,000 ② ₩110,000
③ ₩120,000 ④ ₩145,000
⑤ ₩160,000

해설 • 금융부채: 60,000 + 35,000 + 10,000 + 40,000 = ₩145,000
• 비금융부채: 충당부채, 선수금, 미지급법인세

07 **현금계정의 잔액은 ₩300,000이고 금고의 잔액은 ₩250,000이다. 이 경우의 분개로 올바른 것은?**

① (차) 현금 50,000 (대) 현금과부족 50,000
② (차) 현금과부족 50,000 (대) 현금 50,000
③ (차) 현금 50,000 (대) 잡이익 50,000
④ (차) 잡손실 50,000 (대) 현금 50,000
⑤ 비망기록을 하였다가, 원인이 판명된 이후에 회계처리한다.

해설 장부상 현금잔액과 현금시재액의 차이가 발생하면 임시계정인 현금과부족계정을 이용하여 장부잔액을 현금시재액과 일치시켜 주는 회계처리를 한다(현금계정이 많으면 차변, 적으면 대변).

08 **기말 현재 현금과부족 잔액 ₩100,000 중 ₩80,000이 외상대금 지급으로 판명되었고 잔액은 원인을 알 수 없다. 분개로 옳은 것은?**

① (차) 외상매출금 80,000 (대) 현금과부족 100,000
잡손실 20,000
② (차) 외상매입금 80,000 (대) 현금과부족 80,000
③ (차) 외상매입금 80,000 (대) 현금과부족 100,000
잡손실 20,000
④ (차) 현금과부족 100,000 (대) 외상매출금 80,000
잡이익 20,000
⑤ (차) 현금과부족 100,000 (대) 외상매입금 80,000
잡이익 20,000

해설 기말의 현금과부족은 나타날 수 없다. 원인이 밝혀진 외상대금 지급액을 제외한 ₩20,000은 잡손실로 회계처리한다.

05 ④ 06 ④ 07 ② 08 ③ 정답

09 A아파트 관리사무소장은 7월 초 유지보수팀에 소액현금제도를 도입하였다. 소액현금한도는 ₩100,000이며, 매월 말에 지출증빙과 사용내역을 받아 소액현금을 보충한다. 7월 지출내역은 교통비 ₩25,000과 회식비 ₩59,000이었다. 7월 말 소액현금 실사잔액은 ₩10,000이었으며, 부족분에 대해서는 원인이 밝혀지지 않았다. 7월 말 소액현금의 보충시점에서 적절한 분개는? 제14회 기출

	차변	금액	대변	금액
①	(차) 현금	84,000	(대) 당좌예금	84,000
②	(차) 교통비	25,000	(대) 당좌예금	84,000
	복리후생비	59,000		
③	(차) 교통비	25,000	(대) 당좌예금	100,000
	복리후생비	59,000		
	잡손실	16,000		
④	(차) 교통비	25,000	(대) 당좌예금	90,000
	복리후생비	59,000		
	잡손실	6,000		
⑤	(차) 현금	84,000	(대) 당좌예금	90,000
	잡손실	6,000		

해설

차변	금액	대변	금액
(차) 교통비	25,000	(대) 당좌예금	90,000
복리후생비	59,000		
잡손실	6,000		

10 (주)한국은 12월 1일 상품매입 대금 ₩30,000에 대해 당좌수표를 발행하여 지급하였다. 당좌수표 발행 당시 당좌예금 잔액은 ₩18,000이었고, 동 당좌계좌의 당좌차월 한도액은 ₩20,000이었다. 12월 20일 거래처로부터 매출채권 ₩20,000이 당좌예금으로 입금되었을 때 회계처리로 옳은 것은? 제23회 기출

	차변		대변	
①	당좌예금	20,000	매출채권	20,000
②	당좌차월	20,000	매출채권	20,000
③	당좌예금	12,000	매출채권	20,000
	당좌차월	8,000		
④	당좌예금	8,000	매출채권	20,000
	당좌차월	12,000		
⑤	당좌예금	18,000	매출채권	20,000
	당좌차월	2,000		

해설 12월 1일 거래에서 당좌차월 ₩12,000이 발생하여 12월 20일 거래에서 당좌차월 ₩12,000을 차감한 후 잔액 ₩8,000이 당좌예금 잔액이 된다.

11 (주)한국은 20×1년 12월 31일 직원이 회사자금을 횡령한 사실을 확인하였다. 12월 31일 현재 회사 장부상 당좌예금 잔액은 ₩65,000이었으며, 거래은행으로부터 확인한 당좌예금 잔액은 ₩56,000이다. 회사 측 잔액과 은행 측 잔액이 차이가 나는 이유가 다음과 같을 때, 직원이 회사에서 횡령한 것으로 추정되는 금액은? 제22회 기출

- 은행 미기입 예금 ₩4,500
- 기발행 미인출 수표 5,200
- 회사에 미통지된 입금액 2,200
- 은행으로부터 통보받지 못한 은행수수료 1,500
- 발행한 수표 ₩2,000을 회사장부에 ₩2,500으로 기록하였음을 확인함

① ₩9,000
② ₩9,700
③ ₩10,400
④ ₩10,900
⑤ ₩31,700

해설

은행계정조정표

회사측잔액	₩65,000	은행측잔액	₩56,000
미통지예금	(+) 2,200	미기입예금	(+) 4,500
은행수수료	(−) 1,500	미인출수표	(−) 5,200
장부오기분	(+) 500		
	₩66,200		₩55,300

- 회사 측 잔액과 은행 측 잔액의 차이: 66,200 − 55,300 = ₩10,900

09 ④ 10 ④ 11 ④ 정답

12 (주)한국이 은행으로부터 통지받은 은행 예금잔액증명서 상 잔액은 ₩10,000이고, 장부상 당좌예금 잔액과 차이가 있다. 당좌예금계정 잔액의 불일치 원인이 다음과 같을 때, (주)한국의 조정 전 당좌예금 계정 잔액은? 제27회 기출

• (주)한국이 거래처에 발행하였으나 은행에서 미인출된 수표	₩2,000
• (주)한국은 입금처리하였으나 은행에서 미기록한 예금	1,000
• (주)한국에서 회계처리하지 않은 은행수수료	300
• 타회사가 부담할 수수료를 (주)한국의 계정에서 차감한 은행의 오류	400
• (주)한국에서 회계처리하지 않은 이자비용	500

① ₩8,600
② ₩9,400
③ ₩9,800
④ ₩10,000
⑤ ₩10,200

해설

은행계정조정표

회사측잔액	(₩10,200)	은행측잔액	₩10,000
은행수수료	(−) 300	미인출수표	(−) 2,000
이자비용	(−) 500	미기록예금	(+) 1,000
		타회사수수료	(+) 400
	₩9,400		₩9,400

13 20×1년 말 현재 (주)한국의 장부상 당좌예금 잔액은 ₩84,500으로 은행 측 잔액증명서상 잔액과 차이가 있다. 차이가 나는 원인이 다음과 같을 때 차이를 조정한 후의 올바른 당좌예금 잔액은? 제24회 기출

- 거래처에서 송금한 ₩5,600이 은행에 입금 처리되었으나, 기말 현재 은행으로부터 통보받지 못했다.
- 발행한 수표 중 ₩11,000이 기말 현재 은행에서 인출되지 않았다.
- 거래처로부터 받아 예입한 수표 ₩5,000이 부도처리 되었으나, 기말 현재 은행으로부터 통보받지 못했다.
- 회사에서는 입금 처리하였으나, 기말 현재 은행 측에 미기입된 예금은 ₩12,300이다.

① ₩72,900
② ₩79,100
③ ₩83,900
④ ₩85,100
⑤ ₩86,400

해설

은행계정조정표

회사측잔액	₩84,500	은행측잔액	₩83,800
거래처입금	(+) 5,600	미인출수표	(−) 11,000
부도수표	(−) 5,000	미기입예금	(+) 12,300
	₩85,100		₩85,100

14 **(주)한국의 기말 장부상 당좌예금계정 잔액은 ₩130,000이며, 은행으로부터 통지받은 잔액은 ₩10,000으로 불일치하였다. 불일치 원인이 다음과 같을 때, (주)한국이 장부에 잘못 기록한 매출채권 회수액(A)은?**

제26회 기출

- 매출처로부터 수취하여 은행에 예입한 수표 ₩60,000이 부도 처리되었으나, 기말 현재 은행으로부터 통보받지 못하였다.
- 은행 업무시간 이후에 ₩70,000을 입금하였으나, 기말 현재 은행 측이 미기입하였다.
- 매입채무를 지급하기 위하여 ₩30,000의 수표를 발행하였으나, 기말 현재 아직 은행에서 결제되지 않았다.
- 은행수수료가 ₩500 발생하였으나, 기말 현재 회사 측 장부에 반영되지 않았다.
- 매출처로부터 매출채권 회수액으로 받은 ₩50,000의 수표를 예입하면서, 회사 직원이 A금액으로 잘못 기록하였다.

① ₩30,500
② ₩69,500
③ ₩70,500
④ ₩88,500
⑤ ₩100,500

해설 매출채권 회수액으로 받은 ₩50,000의 수표를 예입하면서, 장부에 ₩69,500으로 잘못 기록하여 ₩19,500을 수정 분개하여 차감하였다.

은행계정조정표

회사측잔액	₩130,000	은행측잔액	₩10,000
부도수표	(−) 60,000	예입미기입	(+) 70,000
은행수수료	(−) 500	미인출수표	(−) 30,000
장부기입오기	(−) 19,500		
	₩50,000		₩50,000

12 ⑤ 13 ④ 14 ② 정답

15 (주)한국의 20×1년 3월 1일의 외상매출금 잔액은 ₩33,000이다. 매출은 2/10, n/30의 조건으로 모두 외상으로 이루어진다. 3월 중 외상매출금 회수액은 ₩130,800이고 3월 31일의 외상매출금 잔액이 ₩27,500이라면 3월 중의 매출액은? (단, 할인 혜택을 받은 외상매출금 회수액은 없다)

① ₩5,500
② ₩25,300
③ ₩136,300
④ ₩125,300
⑤ ₩27,500

해설 '2/10, n/30' 조건의 의미는 만기는 30일이고 10일 이내에 상환하면 2%를 할인해 준다는 것이다. 10일 이내에 상환하여 할인 혜택을 받은 것이 없으므로 매출할인은 없다.

외상매출금

기 초	₩33,000	현 금	₩130,800
매 출	125,300	기 말	27,500
	₩158,300		₩158,300

16 다음 자료를 이용하여 계산한 매입으로 인한 현금유출액은? (단, 매입은 외상으로 이루어짐)

제16회 기출

• 기 초 재 고 자 산	₩500,000	• 기 말 재 고 자 산	₩700,000
• 기 초 매 입 채 무	400,000	• 기 말 매 입 채 무	600,000
• 매 출 원 가	800,000		

① ₩400,000
② ₩500,000
③ ₩600,000
④ ₩700,000
⑤ ₩800,000

해설

재고자산

기 초 재 고 액	₩500,000	매 출 원 가	₩800,000
매 입 액	1,000,000	기 말 재 고 액	700,000
	₩1,500,000		₩1,500,000

매입채무

현 금 지 급 액	₩800,000	기 초 재 고 액	₩400,000
기 말 재 고 액	600,000	매 입 액	1,000,000
	₩1,400,000		₩1,400,000

17 (주)한국의 전기말 외상매출금과 손실충당금은 각각 ₩35,000과 ₩2,500이다. 당기 매출액은 ₩82,000(전액 외상)이며 외상매출금 회수액은 ₩89,000이다. (주)한국이 외상매출금 기말잔액의 10%를 손실충당금으로 설정할 경우, 당기의 손상차손은? 제16회 수정

① ₩100 ② ₩200
③ ₩300 ④ ₩2,500
⑤ ₩2,800

해설

매출채권

차변		대변	
기초	₩35,000	회수액	₩89,000
매출액	82,000	기말	28,000
	₩117,000		₩117,000

손실충당금

차변		대변	
대손발생	₩0	기초	₩2,500
기말	2,800	손상차손	300
	₩2,800		₩2,800

- 기말손상추정액: 매출채권 잔액(28,000) × 10% = ₩2,800

18 (주)한국의 포괄손익계산서상 손상차손이 ₩500일 때, 다음 자료를 이용하여 매출총이익을 계산하면? (단, 고객으로부터의 현금회수액은 ₩54,000이고 당기순매입액은 ₩33,000이다)

과목	기초	기말
매출채권	₩7,000	₩9,500
재고자산	12,000	9,000

① ₩20,000 ② ₩21,000
③ ₩21,500 ④ ₩22,000
⑤ ₩25,000

해설

재고자산

차변		대변	
기초	₩12,000	매출	₩57,000
매입	33,000	기말	9,000
매출이익	(21,000)		
	₩66,000		₩66,000

매출채권

차변		대변	
기초	₩7,000	현금회수	₩54,000
매출	57,000	손상차손	500
		기말	9,500
	₩64,000		₩64,000

15 ④ 16 ⑤ 17 ③ 18 ② 정답

19 다음 거래에 관한 적절한 회계처리는 어느 것인가?

매출채권 ₩3,000,000을 금융기관에 양도하고 팩토링 수수료 ₩150,000을 차감한 잔액은 당좌예금에 입금하다. 단, 양도채권에 관한 권리와 의무는 양수자가 갖는다.

① (차) 현금 2,850,000 (대) 단기차입금 3,000,000
이자비용 150,000

② (차) 당좌예금 2,850,000 (대) 단기차입금 3,000,000
이자비용 150,000

③ (차) 당좌예금 2,850,000 (대) 매출채권 3,000,000
지급수수료 150,000

④ (차) 당좌예금 2,850,000 (대) 단기차입금 3,000,000
매출채권처분손실 150,000

⑤ (차) 당좌예금 2,850,000 (대) 매출채권 3,000,000
매출채권처분손실 150,000

해설 양도채권에 대한 권리와 의무를 양수자가 갖는 경우는 매각거래에 해당한다.

20 (주)한국은 20×1년 1월 1일 거래처로부터 액면금액 ₩120,000인 6개월 만기 약속어음(이자율 연 6%)을 수취하였다. (주)한국이 20×1년 5월 1일 동 어음을 은행에 양도(할인율 연 9%)할 경우 수령할 현금은? (단, 동 어음양도는 금융자산 제거조건을 충족하며, 이자는 월할 계산한다)

제22회 기출

① ₩104,701
② ₩118,146
③ ₩119,892
④ ₩121,746
⑤ ₩122,400

해설
- 어음의 만기수취액: 120,000 + (120,000 × 6% × 6/12) = ₩123,600
- 할인료: 123,600 × 9% × 2/12 = ₩1,854
- 실수령금액: 123,600 − 1,854 = ₩121,746

21 (주)한국은 20×1년 7월 1일 거래처에 상품을 판매하고 이자부약속어음(액면금액 ₩480,000, 연 5%, 만기 5개월)을 수령하였다. (주)한국은 동 어음을 2개월 동안 보유 후 거래은행에 연 8%의 이자율로 할인하였다. 어음할인 시 인식해야 할 처분손실은? (단, 어음할인은 금융자산의 제거요건을 충족하며, 이자는 월할 계산한다)

제21회 기출

① ₩3,800
② ₩6,000
③ ₩12,400
④ ₩13,600
⑤ ₩19,600

해설
- 만기금액: 480,000 + (480,000 × 5% × 5/12) = ₩490,000
- 할인료: 490,000 × 8% × 3/12 = ₩9,800
- 실수금: 490,000 − 9,800 = ₩480,200
- 어음의 장부금액: 480,000 + 보유기간 이자수익(4,000) = ₩484,000
- 처분손실: 480,200 − 484,000 = ₩3,800

22 (주)한국은 20×1년 4월 1일 다음과 같은 받을어음을 은행에서 할인하고, 할인료를 제외한 금액을 현금으로 수취하였다. 동 어음할인으로 매출채권처분손실이 ₩159 발생한 경우, (주)한국이 수취한 현금은? (단, 금융자산의 양도는 제거조건을 충족하며, 이자는 월할 계산한다)

제24회 기출

- 액면금액: ₩10,000
- 표시이자율: 연 6%(이자는 만기에 수취)
- 어음발행일: 20×1년 1월 1일
- 어음만기일: 20×1년 6월 30일

① ₩9,841
② ₩9,991
③ ₩10,141
④ ₩10,159
⑤ ₩10,459

해설
- 만기수취액: 10,000 + 이자(10,000 × 6% × 6/12) = ₩10,300
- 할인시점의 장부금액: 액면(10,000) + 보유기간(3개월)이자(150) = ₩10,150
- 현금수취액(실수금): 장부금액(10,150) − 처분손실(159) = ₩9,991

19 ⑤ 20 ④ 21 ① 22 ② 정답

23 매출채권 등 수취채권의 신용손실이 발생하였다는 객관적인 증거가 아닌 것은?

① 발행자(또는 차입자)의 유의적인 재무적 어려움
② 채무불이행이나 연체 같은 계약 위반
③ 차입자의 재무적 어려움에 관련된 경제적이나 계약상 이유로 당초 차입조건의 불가피한 완화
④ 차입자의 파산 가능성이 높지 않거나 그 밖의 재무구조조정 가능성이 높지 않은 경우
⑤ 재무적 어려움으로 해당 금융자산에 대한 활성시장의 소멸

해설 차입자의 파산 가능성이 높아지거나 그 밖의 재무구조조정 가능성이 높아지는 경우가 신용손실이 발생하였다는 객관적인 증거이다.

24 금융자산(매출채권)의 손상에 관한 설명으로 옳지 않은 것은?

① 매 기간 말에 매출채권에 대한 손상여부를 검토하여 손상이 발생하였다는 객관적인 증거가 있는 경우에 손상차손(당기비용)을 인식한다.
② 채무자의 신용위험이 유의적으로 증가하지 아니한 경우 보고기간 말에 현재 금융자산이 손상되었다는 객관적인 증거가 없다면 손상을 인식하지 않는다.
③ 신용손실은 계약상 지급받기로 한 모든 현금흐름과 수취할 것으로 예상하는 모든 현금흐름의 차이를 유효이자율로 할인한 금액을 말한다.
④ 전체기간 기대신용손실이 최초인식시점의 추정현금흐름에 포함되었던 기대신용손실액보다 작다 하더라도 전체기간 기대신용손실의 유리한 변동을 손상환입으로 인식한다.
⑤ 기대신용손실을 측정할 때 가능한 시나리오를 모두 고려할 필요는 없다. 그러나 신용손실의 발생 가능성이 매우 낮더라도 신용손실이 발생할 가능성과 발생하지 아니할 가능성을 반영하여 신용손실이 발생할 위험이나 확률을 고려한다.

해설 채무자의 신용위험이 유의적으로 증가하지 아니한 경우에는 보고기간 말에 12개월 기대신용손실에 해당하는 금액을 손실충당금으로 측정하여 손상차손을 인식한다.

25 (주)한국의 20×1년 말 매출채권 잔액은 ₩150,000이며, 매출채권에 대한 기대신용손실을 계산하기 위한 연령별 기대신용손실률은 다음과 같다.

연체기간	금액	기대신용손실률
연체되지 않음	₩120,000	0.4%
1일~60일	25,000	2.0%
61일 이상	5,000	8.0%
합계	₩150,000	

(주)한국의 20×1년 초 매출채권에 대한 손실충당금 잔액이 ₩2,500이고, 20×1년 중 매출채권 ₩1,000이 회수불능으로 확정되어 제거되었다. 20×1년 포괄손익계산서에 보고할 매출채권 손상차손(또는 손상차손환입)은? 제25회 기출

① 손상차손환입 ₩120
② 손상차손환입 ₩380
③ 손상차손 ₩120
④ 손상차손 ₩1,120
⑤ 손상차손 ₩1,380

해설

연체기간	금액	손실률	추정액
연체되지 않음	₩120,000	0.4%	₩480
1일~60일	25,000	2.0%	500
61일 이상	5,000	8.0%	400
		기대신용손실 합계	₩1,380

• 손실충당금잔액: 2,500 − 회수불능(1,000) = ₩1,500
• 손상차손환입액: 1,500 − 추정액(1,380) = ₩120

23 ④ 24 ② 25 ① 정답

26 (주)한국의 20×1년 말 손상평가 전 매출채권의 총장부금액은 ₩220,000이고, 손실충당금 잔액은 ₩5,000이다. (주)한국이 20×1년 말에 인식해야 할 손상차손(환입)은? (단, 기대신용손실을 산정하기 위해 다음의 충당금 설정률표를 이용한다) 제21회 기출

연체기간	총장부금액	기대신용손실률
연체되지 않음	₩100,000	0.3%
1일~30일	65,000	1%
31일~60일	30,000	5%
61일~90일	20,000	7%
91일 이상	5,000	10%
합계	₩220,000	

① 손상차손 ₩650
② 손상차손 ₩4,350
③ 손상차손환입 ₩650
④ 손상차손환입 ₩950
⑤ 손상차손환입 ₩4,350

해설

연체기간	총장부금액	손실률	손실액
연체되지 않음	₩100,000	0.3%	₩300
1일~30일	65,000	1%	650
31일~60일	30,000	5%	1,500
61일~90일	20,000	7%	1,400
91일 이상	5,000	10%	500
합계	₩220,000	–	₩4,350

• 손상차손환입액: 추정액(4,350) − 잔액(5,000) = ₩650

27 다음 중 전기 이전에 손상처리한 매출채권이 회수되었을 때 필요한 회계처리로 옳은 것은? (단, 충당금설정법으로 회계처리하고 있다)

① (차) 현금 ××× (대) 손실충당금 ×××
② (차) 현금 ××× (대) 외상매출금 ×××
③ (차) 현금 ××× (대) 손상차손 ×××
④ (차) 현금 ××× (대) 손상차손환입 ×××
⑤ (차) 손실충당금 ××× (대) 손실충당금환입 ×××

해설 대손처리된 매출채권 회수 시 손실충당금이 증가된다.

(1) 당기분 회수 시: (차) 현금 ××× (대) 손실충당금 ×××
(또는 손상차손)

(2) 전기분 회수 시: (차) 현금 ××× (대) 손실충당금 ×××

28 (주)한국의 20×1년 중 발생한 거래 및 20×1년 말 손상차손 추정과 관련된 자료는 다음과 같다. (주)한국의 20×1년도 포괄손익계산서상 매출채권에 대한 손상차손이 ₩35,000일 때, 20×1년 초 매출채권에 대한 손실충당금은? 제24회 기출

- 20×1년 6월 9일: 당기 외상매출한 매출채권 ₩8,900이 회수불능으로 확정되어 제거되었다.
- 20×1년 7월 13일: 전기에 손실충당금으로 손상처리한 매출채권 ₩1,000이 회수되었다.
- 20×1년 12월 31일: 기말 매출채권 전체에 대한 기대신용손실액은 ₩30,000이다.

① ₩1,000 ② ₩1,900
③ ₩2,900 ④ ₩3,900
⑤ ₩5,000

해설

손실충당금

차변	금액	대변	금액
손상확정	₩8,900	기초	₩2,900
기말	30,000	현금회수액	1,000
		손상차손	35,000
	₩38,900		₩38,900

29 12월 말 결산법인인 (주)한국의 20×1년 12월 31일 매출채권에 대한 손실충당금 잔액은 ₩300,000이었으며, 20×2년도의 손상과 관련된 거래는 다음과 같다. 20×2년도 포괄손익계산서에 손상차손으로 보고할 금액은 얼마인가? 제10회 기출

(1) 5월 11일: 매출채권 ₩380,000이 회수불능으로 판명되어 손상처리하다.
(2) 9월 22일: 20×1년도에 손상처리하였던 매출채권 중 ₩100,000을 회수하다.
(3) 12월 31일: 기말 매출채권 잔액 ₩7,500,000 중 6%를 회수 불확실한 금액으로 추정하다.

① ₩450,000 ② ₩430,000
③ ₩380,000 ④ ₩370,000
⑤ ₩350,000

해설

일자	차변	금액	대변	금액
• 5월 11일:	(차) 손실충당금	300,000	(대) 매출채권	380,000
	손상차손	80,000		
• 9월 22일:	(차) 현금	100,000	(대) 손실충당금	100,000
• 12월 31일:	(차) 손상차손	350,000	(대) 손실충당금	350,000

- 20×2년도 포괄손익계산서의 손상차손: 80,000 + 350,000 = ₩430,000

정답 26 ③ 27 ① 28 ③ 29 ②

30 20×1년 말 외상매출금에 대한 손상발생의 객관적인 증거 확인 후 외상매출금의 순실현가치를 ₩90,000으로 결정한다. 20×1년 포괄손익계산서의 손상차손은?

	20×1년 1월 1일	20×1년 12월 31일
• 외상매출금	₩80,000	₩97,000
• 손실충당금	8,000	?

• 20×1년 동안 회수불능 채권 상각액 ₩6,000

① ₩8,000
② ₩7,000
③ ₩6,000
④ ₩5,000
⑤ ₩4,000

해설

손실충당금

차변	금액	대변	금액
손 상 확 정	₩6,000	기 초	₩8,000
기 말	7,000	손 상 차 손	5,000
	₩13,000		₩13,000

• 기말 손실충당금: 기말 외상매출금 잔액(97,000) − 순실현가치(90,000) = ₩7,000
• 포괄손익계산서의 손상차손은 추가설정액 ₩5,000이다.

31 (주)한국의 20×1년 초 매출채권은 ₩800,000이며, 매출채권에 대한 손실충당금은 ₩15,000이다. 20×1년도 매출채권 관련 자료가 다음과 같을 때, (주)한국이 매출채권과 관련하여 20×1년도 포괄손익계산서에 인식할 손상차손은? (단, 매출채권에는 유의적 금융요소를 포함하고 있지 않다고 가정한다) 제26회 기출

• 20×1년도 매출액은 ₩1,000,000이며, 이 중 외상매출액은 ₩700,000이다.
• 20×1년도에 감소된 매출채권은 총 ₩1,020,000으로, 이는 현금으로 회수된 ₩1,000,000과 회수불능이 확정되어 제거된 ₩20,000이다.
• 20×1년 말 매출채권에 대한 기대신용손실은 매출채권 잔액의 2%이다.

① ₩9,600
② ₩10,600
③ ₩14,600
④ ₩15,600
⑤ ₩20,600

해설

매출채권

차변	금액	대변	금액
기 초 잔 액	₩800,000	현 금 회 수	₩1,000,000
외 상 매 출 액	700,000	손 상 확 정	20,000
		기 말 잔 액	480,000
	₩1,500,000		₩1,500,000

손실충당금

차변	금액	대변	금액
손 상 확 정	₩20,000	기 초 잔 액	₩15,000
기 말 잔 액	9,600	손 상 차 손	(14,600)
	₩29,600		₩29,600

• 480,000 × 2% = ₩9,600(기말손실충당금)

32 **다음은 (주)한국의 외상매출과 관련된 회계정보이다. 당기에 매출활동에서 조달된 현금회수액은 얼마인가?**

	기초	기말
• 매출채권	₩450,000	₩600,000
• 손실충당금	5,000	8,000

• 총매출액: ₩1,800,000(현금매출 ₩300,000 포함)
• 포괄손익계산서의 손상차손: ₩5,000

① ₩1,347,000　② ₩1,350,000
③ ₩1,353,000　④ ₩1,356,000
⑤ ₩1,348,000

해설

손실충당금

차변	금액	대변	금액
손 상 발 생	₩2,000	기 초	₩5,000
기 말	8,000	손 상 차 손	5,000
	₩10,000		₩10,000

매출채권

차변	금액	대변	금액
기 초 잔 액	₩450,000	현 금 회 수 액	₩1,348,000
외 상 매 출 액	1,500,000	손 상 발 생	2,000
		기 말 잔 액	600,000
	₩1,950,000		₩1,950,000

30 ④　31 ③　32 ⑤　정답

33 다음은 (주)한국의 20×1년 말 재무상태표에 보고된 매출채권에 대한 손실충당금과 20×2년 중 거래내용이다. 아래 자료를 이용하여 회계처리할 경우 20×2년도의 당기순이익은 얼마나 감소하는가?

> (1) 20×1년 말 매출채권은 ₩15,500,000이고, 매출채권에 대한 손실충당금은 ₩372,000이다.
> (2) 20×2년 1월 중 매출채권 ₩325,000이 회수불능으로 판명되어 해당 매출채권을 제거하였다.
> (3) 20×1년 중 회수불능채권으로 처리한 매출채권 중 ₩85,000을 20×2년 3월에 현금으로 회수하였다.
> (4) 20×2년 말 매출채권 잔액은 ₩12,790,000이고, 이 잔액에 대한 손실충당금은 ₩255,800으로 추정되었다.

① ₩123,800　② ₩208,800　③ ₩210,000
④ ₩255,800　⑤ ₩325,000

해설

	차변	금액	대변	금액
(2)	(차) 손실충당금	325,000	(대) 매출채권	325,000
(3)	(차) 현금	85,000	(대) 손실충당금	85,000
(4)	(차) 손상차손	123,800	(대) 손실충당금	123,800

- 20×2년도의 당기순이익은 손상차손 ₩123,800의 발생액만큼 감소한다.
- 255,800 − (372,000 − 325,000 + 85,000) = ₩123,800

손실충당금

차변	금액	대변	금액
손상확정	₩325,000	기초잔액	₩372,000
기말잔액	255,800	현금회수액	85,000
		손상차손	123,800
	₩580,800		₩580,800

34 (주)한국의 20×1년 초 손실충당금 잔액은 ₩100,000이었다. 20×1년 1월 15일에 매출채권의 일부 ₩150,000의 손상이 발생하였다. 옳은 분개는?

	차변	금액	대변	금액
①	(차) 현금	150,000	(대) 매출채권	150,000
②	(차) 손상차손	150,000	(대) 매출채권	150,000
③	(차) 손실충당금	100,000	(대) 매출채권	150,000
	손상차손	50,000		
④	(차) 현금	150,000	(대) 손실충당금	100,000
			손상차손	50,000
⑤	(차) 미수금	150,000	(대) 매출채권	150,000

해설 손실충당금 잔액 ₩100,000 사용 후 잔액 ₩50,000은 손상차손으로 처리한다.

35 기말 현재 매출채권 잔액은 ₩285,000이고, 순실현가능가치가 ₩250,000이며, 전기말 손실충당금 잔액이 ₩21,000, 당기에 손상처리된 금액이 ₩10,000이라고 할 때 기말 손상차손에 관련된 회계처리로 옳은 것은?

	차변	금액	대변	금액
①	(차) 손상차손	24,000	(대) 손실충당금	24,000
②	(차) 손상차손	24,000	(대) 매출채권	24,000
③	(차) 손상차손	24,000	(대) 손상차손환입	24,000
④	(차) 손상차손	35,000	(대) 손실충당금	35,000
⑤	(차) 손실충당금	24,000	(대) 매출채권	24,000

해설

손실충당금

차변	금액	대변	금액
손상확정	₩10,000	기초	₩21,000
기말	35,000	손상차손	24,000
	₩45,000		₩45,000

- 기말 손상추정액: 285,000 − 250,000 = ₩35,000
- 손실충당금 잔액: 기초잔액(21,000) − 대손액(10,000) = ₩11,000
- 추가설정액: 기말 손상추정액(35,000) − 손실충당금잔액(11,000) = ₩24,000

36 전기에 손상으로 확정되어 회계처리된 외상매출금이 당기에 회수된 경우, 다음 두 계정의 기말 잔액에는 어떠한 영향을 미치겠는가?

	손실충당금	손상차손
①	증가	증가
②	감소	증가
③	영향 없음	감소
④	영향 없음	영향 없음
⑤	증가	감소

해설

- 전기에 손상처리된 매출채권이 당기에 회수된 경우에는 다음과 같이 분개한다.
  (차) 현금 ×××　　(대) 손실충당금 ×××
- 기말의 손실충당금은 기말 현재 손상추정액이 보고되므로 영향이 없다. 그러나 손상차손은 위의 분개로 손실충당금이 증가한 만큼 추가 설정액은 감소하게 된다.

33 ① 34 ③ 35 ① 36 ③ 정답

37 당기 포괄손익계산서상 손상차손이 ₩70일 때, 기중 실제 손상으로 확정된 금액은? (단, 손상 확정은 손상발생의 객관적인 증거가 파악되었으며, 기중 현금으로 회수된 회수불능 매출채권은 없다) 제20회 수정

구분	기초	기말
매출채권	₩15,000	₩10,000
손실충당금	150	100

① ₩120
② ₩150
③ ₩220
④ ₩250
⑤ ₩270

해설

손실충당금

차변	금액	대변	금액
손 상 확 정	(₩120)	기 초	₩150
기 말 잔 액	100	손 상 차 손	70
	₩220		₩220

38 (주)한국은 모든 매출거래를 매출채권 증가로 처리한다. 20×1년과 20×2년 중 회수불능이 확정되어 제거된 매출채권은 없으며, 회수불능으로 회계처리했던 매출채권을 현금으로 회수한 내역도 없을 때, 다음 중 옳지 않은 것은? 제27회 기출

계정과목	20×1년	20×2년
기말 매출채권	₩95,000	₩100,000
기말 손실충당금	15,500	17,000
매출액	950,000	980,000
손상차손	15,500	?

① 20×2년 초 매출채권의 전기이월액은 ₩95,000이다.
② 20×1년 초 손실충당금의 전기이월액은 ₩0이다.
③ 20×2년 손상차손은 ₩1,500이다.
④ 20×2년 초 손상차손의 전기이월액은 ₩0이다.
⑤ 20×2년 중 현금 회수된 매출채권은 ₩976,500이다.

해설 20×2년 중 현금 회수된 매출채권은 ₩975,000이다.

매출채권(20x2년)

차변	금액	대변	금액
기 초 잔 액	95,000	손 상 확 정	0
외 상 매 출 액	980,000	현 금 회 수 액	975,000
		기 말 잔 액	100,000
	₩1,075,000		₩1,075,000

손실충당금(20x2년)

손 상 확 정	0	기 초 잔 액	15,500
기 말 잔 액	17,000	손 상 차 손	1,500
	₩17,000		₩17,000

39 **기중거래에서 잔액이 발생되었을 경우, 기말 재무상태표에 표시되지 않는 계정을 모두 고른 것은?**

제20회 기출

㉠ 부가가치세대급금
㉡ 가수금
㉢ 당좌차월
㉣ 예수금
㉤ 충당부채

① ㉠, ㉡
② ㉠, ㉤
③ ㉡, ㉢
④ ㉢, ㉣
⑤ ㉣, ㉤

해설 가수금은 가계정으로 결산일까지는 적절히 정리되어 재무상태표에 표시할 수 없으며, 당좌차월은 단기차입금 계정에 합산 표시되기 때문에 재무상태표에 표시되지 않는다.

40 **수정후 잔액시산표의 당좌예금 계정잔액이 대변에 존재할 경우 기말 재무상태표에 표시되는 계정과목은?**

제22회 기출

① 현금및현금성자산
② 단기차입금
③ 장기대여금
④ 선수금
⑤ 예수금

해설 수정후 잔액시산표의 당좌예금 계정잔액이 대변에 존재할 경우 이는 당좌차월에 해당하고 기말 재무상태표에 표시는 단기차입금으로 분류한다.

37 ① 38 ⑤ 39 ③ 40 ② 정답

네가 세상에서 보고자 하는 변화가 있다면,
네 스스로 그 변화가 되어라.

– 마하트마 간디(Mahatma Gandhi)

CHAPTER

06 금융자산 Ⅱ

회독체크 1 2 3

CHAPTER 미리보기

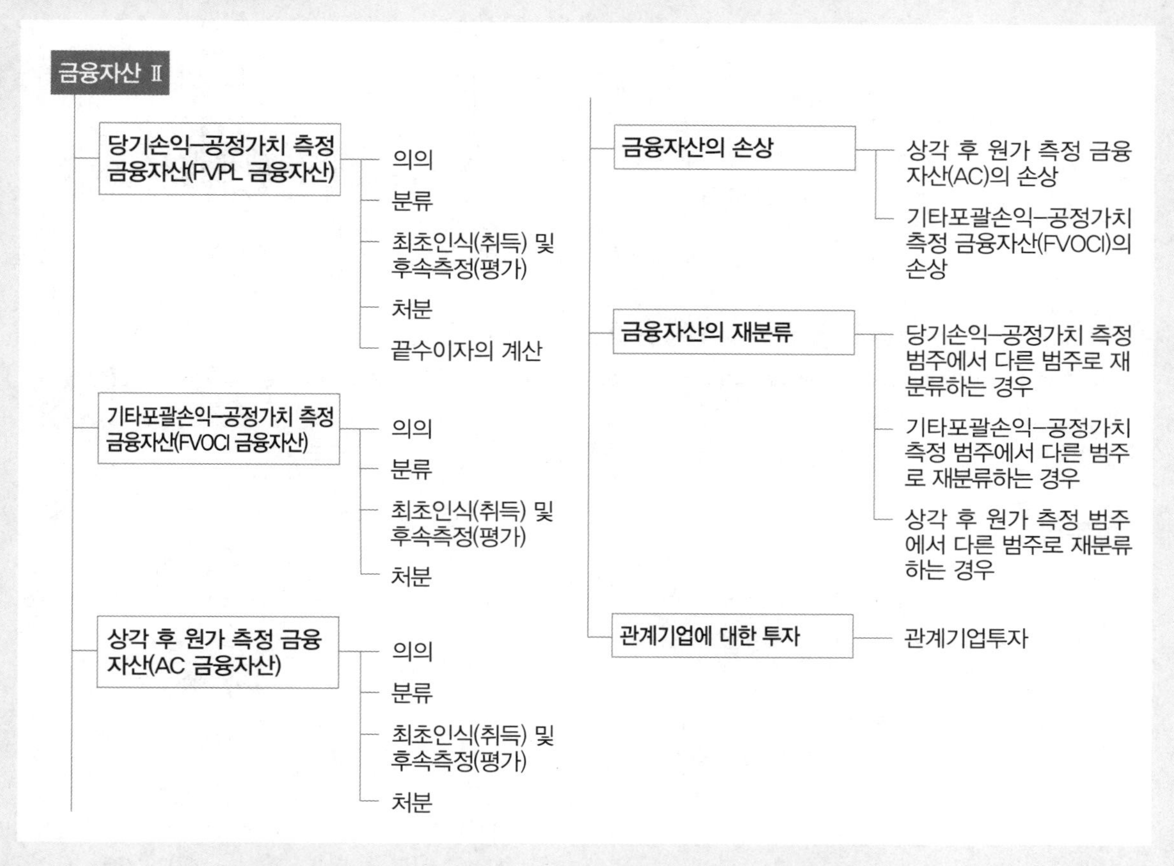

학습전략

본 단원은 편의상 기타의 금융자산으로 분류하였습니다. 투자지분상품(주식)과 투자채무상품(사채 등)에 관한 회계처리가 2018년 1월부터 전반적으로 개정되었습니다. 금융자산의 정의 및 분류 인식 및 측정 그리고 재분류에 관한 내용을 학습해야 합니다. 시험에서 항상 1~2문항 정도 출제되고 있으며, 수험생들이 가장 어려워하는 당기손익과 기타포괄손익의 취득 및 처분에 관한 내용은 반드시 알아야 합니다.

학습키워드

- 당기손익-공정가치 측정 금융자산 (FVPL 금융자산)
- 기타포괄손익-공정가치 측정 금융자산 (FVOCI 금융자산)
- 상각 후 원가 측정 금융자산 (AC 금융자산)

1. 정의

금융자산은 현금과 금융상품을 의미하며, 개정된 한국채택국제회계기준에서는 금융자산을 현금및현금성자산, 당기손익－공정가치 측정 금융자산, 기타포괄손익－공정가치 측정 금융자산, 상각 후 원가 측정 금융자산으로 분류하고, 특정 조건을 충족하여 더 목적적합한 정보를 제공할 수 있는 경우에는 다른 항목으로 선택(지정)할 수 있다고 규정하고 있다.

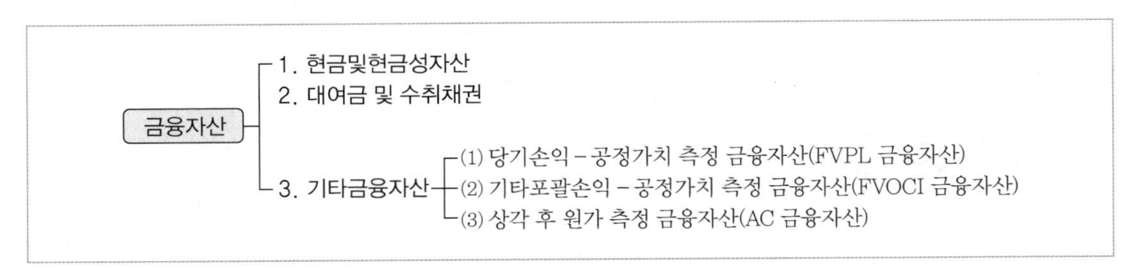

참고 금융상품

금융상품은 거래당사자 어느 한쪽에게는 금융자산이 생기게 하고 거래상대방에게 금융부채나 지분상품을 생기게 하는 모든 계약을 말한다.

2. 분류

금융자산의 분류는 다음 두 가지 사항 모두에 근거하여 최초인식 후에는 금융자산을 다음 중 하나로 측정한다.

- 금융자산의 관리를 위한 사업모형(보유목적, 기업의도 등)
- 금융자산의 계약상 현금흐름 특성(원리금으로 구성)

① 당기손익－공정가치 측정 금융자산(FVPL 금융자산)

② 기타포괄손익－공정가치 측정 금융자산(FVOCI 금융자산)

③ 상각 후 원가 측정 금융자산(AC 금융자산)

3. 최초인식 및 측정

금융자산이나 금융부채는 금융상품의 계약당사자가 되는 때에만 재무상태표에 인식하고, 금융자산의 정형화된 매입 또는 매도는 매매일이나 결제일에 인식하거나 제거한다.

금융자산의 측정은 매출채권(거래가격)을 제외하고는, 최초인식시점에 금융자산이나 금융부채를 공정가치로 측정하며, 당기손익－공정가치 측정 금융자산 또는 당기손익－공정가치 측정 금융부채가 아닌 경우에 해당 금융자산의 취득이나 해당 금융부채의 발행과 직접 관련되는 거래원가는 공정가치에 가감한다.

제1절 당기손익-공정가치 측정 금융자산(FVPL 금융자산)

1. 의의

당기손익-공정가치 측정 금융자산(FVPL 금융자산; Fair Value through Profit or Loss 금융자산)은 상각 후 원가 측정 금융자산(AC 금융자산)과 기타포괄손익-공정가치 측정 금융자산(FVOCI 금융자산)으로 분류되지 않는 경우의 금융자산을 말한다(단기매매항목, 공정가치 기준으로 관리하고 그 성과를 평가하는 금융자산의 포트폴리오).

참고 단기매매항목

단기매매항목은 다음 중 하나에 해당하는 금융자산이나 금융부채이다.
- 주로 단기간에 매각하거나 재매입할 목적으로 취득하거나 부담한다.
- 최초인식시점에 공동으로 관리하는 특정 금융상품 포트폴리오의 일부로 운용 형태가 단기적 이익 획득 목적이라는 증거가 있다.
- 파생상품이다(다만, 금융보증계약인 파생상품이나 위험회피수단으로 지정되고 위험회피에 효과적인 파생상품은 제외한다).

2. 분류

(1) 당기손익-공정가치 측정 금융자산

① 투자지분상품(주식)은 원리금 회수개념 자체가 없으므로 사업모형과 계약상 현금흐름의 특성을 고려할 필요가 없다. 즉, 투자지분상품(주식)은 미래현금흐름이 정해져 있지 않기 때문에 당기손익-공정가치 측정 금융자산(FVPL 금융자산)으로 분류하는 것이 원칙이다.

② 투자채무상품(사채 등)은 계약상 현금흐름의 특성이 원리금으로만 구성된 것이고, 사업모형은 기업의도가 매도인 경우 당기손익-공정가치 측정 금융자산(FVPL 금융자산)으로 분류한다.

참고 손익의 구분

공정가치로 측정하는 금융자산이나 금융부채의 손익은 당기손익으로 인식한다. 기타포괄손익-공정가치 측정 금융자산의 손익은 해당 금융자산을 제거하거나 재분류할 때까지 기타포괄손익으로 인식한다. 금융자산을 제거할 때에는 인식한 기타포괄손익누계액을 재분류조정으로 자본에서 당기손익으로 재분류한다. 그러나 투자지분상품(주식)의 경우 당기손익으로 재분류조정하지 않는다.

(2) 당기손익-공정가치 측정 지정(선택) 금융자산

단기매매 목적으로 취득한 금융상품이 아닌 경우, 금융자산을 보유하고 있는 동안 서로 다른 기준에 따라 자산이나 부채를 측정하거나 그에 따른 손익을 인식하는 경우에 측정이나 인식의 불일치('회계불일치'라 말하기도 한다)가 발생할 수 있다. 이와 같은 불일치를 제거하거나 유의적으로 줄이는 경우에는 최초인식시점에 해당 금융자산(AC 금융자산, FVOCI 금융자산)을 당기손익-공정가치 측정 항목으로 지정할 수 있다. 다만, 한번 지정 선택하면 이를 취소할 수 없다.

3. 최초인식(취득) 및 후속측정(평가)

(1) 최초인식(취득)

금융자산이나 금융부채는 금융상품의 계약당사자가 되는 때에만 재무상태표에 인식한다. 금융자산의 취득원가는 취득시점의 공정가치로 측정하고, 취득과 관련하여 발생한 거래원가(거래수수료, 증권거래세 등)는 금융자산의 원가에 포함하지 않고 당기의 비용으로 처리한다.

(차) 당기손익-공정가치 측정 금융자산 ××× (대) 현 금 ×××
수 수 료 비 용 ×××

* 취득원가 = 취득시점의 공정가치
* 거래원가: 수수료비용
* 당기손익-공정가치 측정 금융자산이 아닌 경우 당해 금융상품 취득 또는 발행과 직접 관련되는 거래원가(중개수수료, 규제기관과 증권거래소의 부과금 및 세금)는 최초인식하는 공정가치에 가산(차감)하여 측정한다.

구분	당기손익-공정가치 측정 금융자산인 경우	당기손익-공정가치 측정 금융자산이 아닌 경우
금융자산	공정가치(거래원가는 당기비용으로 처리)	공정가치 + 거래원가
금융부채	공정가치(거래원가는 당기비용으로 처리)	공정가치 - 거래원가

개념적용 문제

01 (주)한국은 20×1년 1월 20일에 (주)대한이 발행한 주식 10주(액면 @₩10,000)를 약정일의 공정가치인 @₩12,000에 매입하고, 중개수수료 ₩2,000을 지급하였다. 이 경우의 회계처리를 하시오.

정답 (차) 당기손익-공정가치 측정 금융자산 120,000 (대) 현 금 122,000
수 수 료 비 용 2,000

02 12월 결산법인인 (주)대한은 20×1년 2월 1일 (주)민국의 주식 100주를 주당 ₩5,000에 취득하고, 거래수수료 ₩10,000을 별도로 현금 지급하였다. (주)대한이 당기손익-공정가치 측정 금융자산으로 분류하는 경우와 기타포괄손익-공정가치 측정 금융자산으로 분류하는 경우의 회계처리를 하시오.

정답 1. 당기손익-공정가치 측정 금융자산으로 분류하는 경우
(차) 당기손익-공정가치 측정 금융자산 500,000 (대) 현 금 510,000
수 수 료 비 용 10,000
2. 기타포괄손익-공정가치 측정 금융자산으로 분류하는 경우
(차) 기타포괄손익-공정가치 측정 금융자산 510,000 (대) 현 금 510,000

(2) 후속측정(평가)

당기손익-공정가치 측정 금융자산은 공정가치로 측정하여 재무상태표에 표시하고, 공정가치의 변동에 의한 평가손익은 당기손익에 반영한다. 공정가치의 최선의 추정치는 활성거래시장에서 공시되는 가격이다. 공정가치는 금융자산의 매도 등에서 발생하는 거래원가를 차감하지 않은 금액으로 한다.

참고 활성거래시장에서 거래되는 금융상품의 공정가치

- 일반적으로 거래시장에서 정기적으로 공시되는 종가
- 종가보다 매입호가와 매도호가가 더 정기적으로 이용 가능한 활성시장의 경우
  - 보유자산이나 발행할 부채 ⇨ 매입호가(Bid)
  - 취득할 자산이나 보유 부채 ⇨ 매도호가(Ask)
- **공정가치**: 시장에 근거한 측정치이며 기업 특유의 측정치가 아니다. 공정가치는 측정일에 시장참여자 사이의 정상 거래에서 자산을 매도·수취하거나 부채를 이전하면서 지급하게 될 가격으로 정의한다.

① 장부금액 > 공정가치

(차) 당기손익-공정가치 측정 금융자산평가손실	×××	(대) 당기손익-공정가치 측정 금융자산	×××

② 장부금액 < 공정가치

(차) 당기손익-공정가치 측정 금융자산	×××	(대) 당기손익-공정가치 측정 금융자산평가이익	×××

개념적용 문제

03 **(주)대한은 20×1년 초 (주)한국의 주식 100주를 주당 ₩1,000에 취득하고, 거래수수료 ₩2,000을 별도로 현금 지급하였다. 20×1년 말 (주)한국의 주식 1주당 공정가치는 ₩1,300이었다. (주)대한이 20×1년 말 당기손익-공정가치 측정 금융자산으로 분류하는 경우와 기타포괄손익-공정가치 측정 금융자산으로 분류하는 경우의 회계처리를 하시오.**

정답 1. 당기손익-공정가치 측정 금융자산으로 분류하는 경우(20×1년 말)

(차) FVPL 금융자산	30,000	(대) FVPL 금융자산평가이익	30,000

2. 기타포괄손익-공정가치 측정 금융자산으로 분류하는 경우(20×1년 말)

(차) FVOCI 금융자산	28,000	(대) FVOCI 금융자산평가이익	28,000

4. 처분

당기손익-공정가치 측정 금융자산을 처분하면 원칙적으로 제거일의 장부금액을 공정가치로 측정한 후 제거일의 금융자산의 장부금액(공정가치)과 처분금액의 차액을 FVPL 금융자산처분손익으로 당기손익에 반영한다. 그러나 당기손익-공정가치 측정 금융자산은 평가손익이나 처분손익 둘 다 당기손익에 반영하므로 즉시 처분손익을 인식할 수 있다.

당기손익-공정가치 측정 금융자산처분손익(당기손익) = 처분금액(비용 차감 후) - 장부금액(공정가치)

(1) 투자지분상품 처분 시

차변		대변	
(차) 현금	×××	(대) FVPL 금융자산	×××
		FVPL 금융자산처분이익	×××

(2) 투자채무상품 처분 시

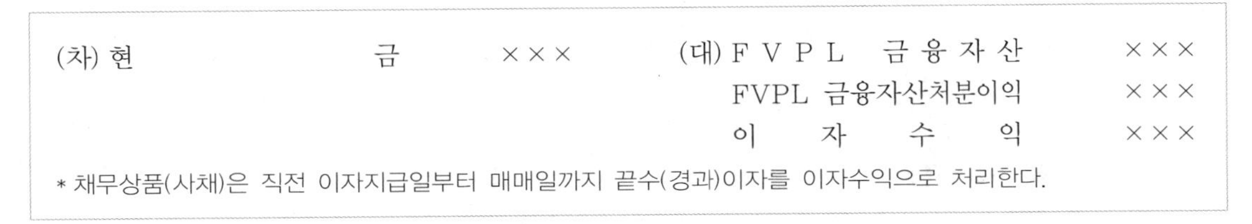

차변		대변	
(차) 현금	×××	(대) FVPL 금융자산	×××
		FVPL 금융자산처분이익	×××
		이자수익	×××

* 채무상품(사채)은 직전 이자지급일부터 매매일까지 끝수(경과)이자를 이자수익으로 처리한다.

5. 끝수이자의 계산

투자채무상품(사채 등)을 취득하는 경우와 처분하는 경우에는 매매금액에 포함되어 있는 끝수이자를 계산하여야 한다. 취득원가에 포함된 끝수(단수)이자는 금융자산의 취득원가에서 제외시켜 미수이자로 구분하여 표시하여야 하고, 처분가격에 포함된 끝수(단수)이자는 처분가격에서 제외하고 처분손익을 계산하여야 한다.

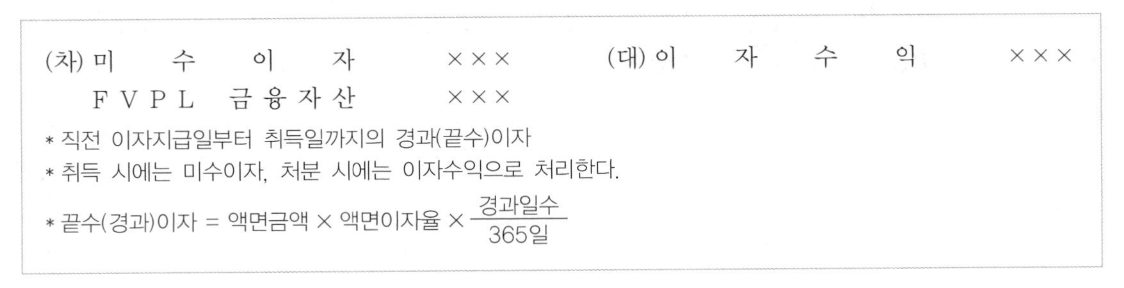

차변		대변	
(차) 미수이자	×××	(대) 이자수익	×××
FVPL 금융자산	×××		

* 직전 이자지급일부터 취득일까지의 경과(끝수)이자
* 취득 시에는 미수이자, 처분 시에는 이자수익으로 처리한다.
* 끝수(경과)이자 = 액면금액 × 액면이자율 × $\frac{\text{경과일수}}{365\text{일}}$

개념적용 문제

04 (주)한국은 3월 1일 (주)대한이 발행한 액면 ₩100,000, 액면이자율 12%의 사채를 이자 포함가액으로 ₩97,000에 취득하고, 별도로 수수료 ₩1,000을 현금으로 지급하였다. 이 사채의 이자지급일은 매년 12월 31일이며, 당기손익－공정가치 측정 금융자산으로 분류하는 경우의 회계처리를 하시오.

정답

(차)	당기손익－공정가치 측정 금융자산	95,000	(대)	현금	98,000
	미수이자	2,000			
	수수료비용	1,000			

• 끝수이자의 계산: 100,000 × 12% × 2/12 = ₩2,000

05 (주)한국은 20×1년 5월 말 (주)대한이 발행한 사채 액면 ₩1,000,000(이율 연 6%, 이자지급일 3월 말)을 ₩970,000(이자 포함)에 현금을 받고 매각하였다. 이 경우의 회계처리를 하시오. (단, 이 사채의 취득원가는 ₩930,000이고 당기손익－공정가치 측정 금융자산이다)

정답

(차)	현금	970,000	(대)	당기손익－공정가치 측정 금융자산	930,000
				이자수익	10,000
				FVPL 금융자산처분이익	30,000

• 이자수익: 1,000,000 × 6% × 2/12 = ₩10,000
• 처분가격: 970,000 － 10,000 = ₩960,000
• 처분이익: 960,000 － 930,000 = ₩30,000

제2절 기타포괄손익－공정가치 측정 금융자산(FVOCI 금융자산)

1. 의의

기타포괄손익－공정가치 측정 금융자산(FVOCI 금융자산; Fair Value through Other Comprehensive Income 금융자산)은 투자채무상품(사채)이 계약상 현금흐름의 수취와 금융자산의 매도 둘 다를 통해 사업목적을 이루는 사업모형에서 보유하는 금융자산이다.

2. 분류

(1) 채무상품(사채)의 경우 다음을 모두 충족한다면 기타포괄손익－공정가치로 측정한다.

① 계약상 현금흐름의 수취와 금융자산의 매도 둘 다를 통해 목적을 이루는 사업모형하에서 금융자산을 보유한다.

② 금융자산의 계약 조건에 따라 특정일에 원리금 지급만으로 구성되어 있는 현금흐름이 발생한다.

> • 원금은 최초인식시점의 금융자산의 공정가치이다.
> • 이자는 화폐의 시간가치에 대한 대가, 특정 기간에 원금잔액과 관련된 신용위험에 대한 대가, 그 밖의 기본적인 대여 위험과 원가에 대한 대가뿐만 아니라 이윤으로 구성된다.

(2) 지분상품(주식)의 경우 당기손익-공정가치로 측정되는 '지분상품에 대한 특정 투자'에 대하여는 후속적인 공정가치 변동을 기타포괄손익으로 표시하도록 최초인식시점에 선택할 수도 있다. 다만, 한번 선택하면 이를 취소할 수 없다.

3. 최초인식(취득) 및 후속측정(평가)

(1) 최초인식(취득)

기타포괄손익-공정가치 측정 금융자산(FVOCI 금융자산)의 최초인식은 공정가치로 측정하여 인식한다. 취득과 직접 관련된 거래원가는 최초인식하는 공정가치에 가산하여 측정한다.

차변	금액	대변	금액
(차) 기타포괄손익-공정가치 측정 금융자산	×××	(대) 현금	×××

(2) 후속측정(평가)

① 투자채무상품(사채)은 유효이자율법을 적용하여 상각 후 원가로 측정한 후 상각 후 원가와 공정가치가 다르면 다시 공정가치로 평가한다. 이때 공정가치의 변동액은 기타포괄손익으로 자본으로 인식하고 금융자산을 제거할 때 인식한 기타포괄손익누계액을 재분류조정으로 자본에서 당기손익으로 재분류한다.

② 투자지분상품(주식)은 보고기말 공정가치로 평가하고 공정가치의 변동액은 기타포괄손익으로 자본으로 인식한다. 또한 금융자산을 제거할 때 인식한 기타포괄손익누계액은 기타포괄손익에 영향을 미치지만 당기손익에는 영향을 미치지 아니하므로 재분류조정에 해당하지 아니한다.

㉠ 공정가치 상승 시

차변	금액	대변	금액
(차) 기타포괄손익-공정가치 측정 금융자산	×××	(대) FVOCI 금융자산평가이익	×××

㉡ 공정가치 하락 시

차변	금액	대변	금액
(차) FVOCI 금융자산평가손실	×××	(대) 기타포괄손익-공정가치 측정 금융자산	×××

4. 처분

(1) 투자채무상품(사채)의 처분

기타포괄손익－공정가치 측정 금융자산이 투자채무상품(사채)인 경우, 처분 시 장부금액은 처분일의 상각 후 원가로 측정한 후 처분일의 상각 후 원가와 처분금액과의 차액을 처분손익으로 처리한다. 이때 자본에 누적된 기타포괄손익누계액은 금융자산을 제거할 때 재분류조정으로 자본에서 당기손익으로 재분류한다.

(2) 투자지분상품(주식)의 처분

당기손익－공정가치 측정 금융자산이 투자지분상품(주식)인 경우, 처분 시 장부금액은 처분일의 공정가치로 평가하여 평가손익을 기타포괄손익에 반영한 후 처분손익을 인식한다. 이때 처분일의 공정가치와 처분금액(처분일의 공정가치)은 항상 일치하므로 처분손익은 발생하지 않는다. 그러나 처분 시 거래원가가 발생한 경우 그 금액만큼 처분손실을 인식한다. 이 경우 자본에 누적된 기타포괄손익누계액은 금융자산을 제거할 때 전액 이익잉여금으로 대체하고 당기손익으로 재분류하지 않는다.

▶ 기타포괄손익－공정가치 측정 금융자산의 처분손익계산

- **투자채무상품의 처분**: FVOCI 금융자산처분손익 = 처분금액 － 장부금액(처분일의 상각 후 원가)
- **투자지분상품의 처분**: FVOCI 금융자산처분손익 = 처분금액 － 장부금액(처분일의 공정가치)
- 투자지분상품의 경우 처분 시 거래원가가 없다면 처분금액과 장부금액은 항상 일치한다.

개념적용 문제

06 다음 연속된 거래를 기타포괄손익－공정가치 측정 금융자산인 경우로 회계처리를 하시오.

(1) 20×1년 9월 15일 (주)한국은 상장기업인 대한상사의 의결권이 있는 주식(배당금 10%) 100주를 1주당 ₩7,000(액면 ₩5,000)에 현금으로 취득하다.
(2) 20×1년 12월 31일 (주)한국은 소유 주식이 ₩6,500으로 평가되다.
(3) 20×2년 3월 15일 대한상사로부터 배당금 ₩20,000을 현금으로 받다.
(4) 20×2년 6월 20일 소유 주식 100주를 1주당 ₩7,200에 현금을 받고 처분하다. 단, 기타포괄손익누계액은 이익잉여금으로 대체한다.

정답

	차변	금액	대변	금액
(1)	(차) FVOCI 금융자산	700,000	(대) 현금	700,000
(2)	(차) FVOCI 금융자산평가손실	50,000	(대) FVOCI 금융자산	50,000
(3)	(차) 현금	20,000	(대) 배당금수익	20,000
(4)	(차) FVOCI 금융자산	70,000	(대) FVOCI 금융자산평가손실	50,000
			FVOCI 금융자산평가이익	20,000
	현금	720,000	FVOCI 금융자산	720,000
	FVOCI 금융자산평가이익	20,000	이익잉여금	20,000

07 **(주)한국은 A주식을 20×1년 초 ₩1,000에 구입하고 취득수수료 ₩20을 별도로 지급하였으며, 기타포괄손익-공정가치 측정 금융자산으로 선택하여 분류하였다. A주식의 20×1년 말 공정가치는 ₩900, 20×2년 말 공정가치는 ₩1,200이고, 20×3년 2월 1일 A주식 모두를 공정가치 ₩1,100에 처분하였다. A주식에 관한 회계처리 결과로 옳지 않은 것은?** 제22회 기출

① A주식 취득원가는 ₩1,020이다.
② 20×1년 총포괄이익이 ₩120 감소한다.
③ 20×2년 총포괄이익이 ₩300 증가한다.
④ 20×2년 말 재무상태표상 금융자산평가이익(기타포괄손익누계액)은 ₩180이다.
⑤ 20×3년 당기순이익이 ₩100 감소한다.

해설 기타포괄손익-공정가치 측정 금융자산은 처분 시 평가 후 처분한다. 그러므로 20×3년 당기순이익에 미치는 영향은 없다.
① A주식 취득원가: 1,000 + 취득수수료(20) = ₩1,020
② 20×1년 총포괄이익: 900 − 1,020 = − ₩120(감소)
③ 20×2년 총포괄이익: 1,200 − 900 = ₩300(증가)
④ 기타포괄손익누계액: 300 − 120 = ₩180

정답 ⑤

제3절 상각 후 원가 측정 금융자산(AC 금융자산)

1. 의의

상각 후 원가 측정 금융자산(AC 금융자산; Amortized Cost 금융자산)은 계약조건에 따라 만기 또는 특정일에 원금을 회수하고 보유기간 동안 이자를 받을 수 있는 채무상품 등을 만기(또는 특정일)까지 보유할 목적으로 취득한 금융자산이다. 지분상품(주식)의 경우에는 상각 후 원가 측정 금융자산(AC 금융자산)으로 분류하지 않는다.

2. 분류

상각 후 원가 측정 금융자산(AC)으로 분류하기 위해서는 다음 두 가지 조건을 모두 충족해야 한다.

① 계약상 현금흐름을 수취하기 위해 보유하는 것이 목적인 사업모형하에서 금융자산을 보유한다.
② 금융자산의 계약 조건에 따라 특정일에 원금과 원금잔액에 대한 이자지급(이하 '원리금 지급'이라 한다)만으로 구성되어 있는 현금흐름이 발생한다.

3. 최초인식(취득) 및 후속측정(평가)

(1) 최초인식(취득)

① 상각 후 원가 측정 금융자산(AC 금융자산)의 최초인식은 취득시점의 공정가치로 측정하여 인식한다. 취득시점의 공정가치는 시장이자율(유효이자율)에 의한 미래현금흐름의 현재가치로 결정된다.

발행방법	조건	취득원가	상환기간의 총이자수익
액면취득	액면이자율 = 시장이자율	취득원가 = 액면금액	액면이자
할인취득	액면이자율 < 시장이자율	취득원가 < 액면금액	액면이자 + 할인차금
할증취득	액면이자율 > 시장이자율	취득원가 > 액면금액	액면이자 − 할증차금

② 상각 후 원가 측정 금융자산(AC 금융자산)의 매입과 직접 관련이 있는 거래원가(비용)는 금융자산의 취득원가에 포함한다.

(2) 후속측정(평가)

상각 후 원가 측정 금융자산(AC 금융자산)은 유효이자율법을 적용하여 상각 후 원가로 측정하여 재무상태표에 표시한다. 상각 후 원가 측정 금융자산(AC 금융자산)은 공정가치로 평가하지 않으므로 평가손익이 발생하지 않는다.

① 이자수익 = 기초장부금액 × 유효이자율

② 상각금액 = 이자수익(유효이자) − 액면이자

③ 상각 후 원가 = 기초장부금액 ± 상각금액

▶▶ 기간 경과에 따른 장부금액과 이자수익의 변화

조건	장부금액	이자수익	차금상각액	상환기간의 총이자
액면취득	불변	불변	−	액면이자
할인취득	증가	증가	증가	액면이자 + 할인차금
할증취득	감소	감소	증가	액면이자 − 할증차금

- 유효이자 = 기초장부금액 × 유효이자율
- 액면이자 = 액면금액 × 액면이자율
- 상각 후 원가 측정 금융자산(AC)의 매 보고기간 상각액은 유효이자와 액면이자의 차액이다.
- 상각 후 원가 측정 금융자산(AC)의 상각액은 기간이 경과할수록 증가한다.
- **유효이자율**: 유효이자율은 사채의 액면이자율과 시장이자율과의 관계에 의해서 결정된다. 일반적으로 사채발행 당시의 시장이자율을 유효이자율이라고 하는데, 이는 사채의 발행가액과 사채의 미래현금흐름의 현재가치를 일치시켜 주는 이자율이다. 즉, 투자자 입장에서 보면 사채에 투자함으로써 얻으려고 하는 기대수익률이고, 발행자 입장에서 보면 사채를 발행함으로써 부담하게 되는 실질이자율을 의미한다.

4. 처분

상각 후 원가 측정 금융자산(AC)을 처분 시에는 처분일까지 유효이자율법에 따라 이자수익을 계상한 후의 처분금액과 상각 후 원가와의 차액을 처분손익으로 인식한다.

상각 후 원가 측정 금융자산(AC)처분손익 = 순처분금액 − 상각 후 원가(처분일)

▶▶ 투자채무상품 처분 시

• 이자수익의 계산

차변	금액	대변	금액
(차) 미수이자(액면이자)	×××	(대) 이자수익(유효이자)	×××
상각 후 원가 측정 금융자산 (상각액)	×××		

• 처분 시 회계처리

차변	금액	대변	금액
(차) 현금	×××	(대) 미수이자(액면이자)	×××
		상각 후 원가 측정 금융자산	×××
		AC 금융자산처분이익	×××

개념적용 문제

08 **액면 ₩100,000, 이율 연 8%, 이자지급 연 1회(12월 말일), 만기 5년인 (주)한국의 발행 사채를 20×1년 1월 1일에 취득하였다. 사업목적이 원리금만을 수취할 조건으로 각각 취득시점의 회계처리를 하시오.**

(1) 시장이자율 연 8%인 경우
(2) 시장이자율 연 10%인 경우
(3) 시장이자율 연 6%인 경우

* 현가계수: 기간 5년

시장이자율	현가계수	연금현가계수
6%	0.74276	4.21236
8%	0.68058	3.99271
10%	0.62092	3.79079

해설 (1) 시장이자율 연 8%인 경우

- 액면현가: 100,000 × 0.68058 = ₩68,058
- 이자현가: (100,000 × 8%) × 3.99271 = ₩31,942
- 취득원가: 68,058 + 31,942 = ₩100,000
- 회계처리: (차) A C 금 융 자 산 100,000 (대) 현 금 100,000

(2) 시장이자율 연 10%인 경우

- 액면현가: 100,000 × 0.62092 = ₩62,092
- 이자현가: (100,000 × 8%) × 3.79079 = ₩30,326
- 취득원가: 62,092 + 30,326 = ₩92,418
- 회계처리: (차) A C 금 융 자 산 92,418 (대) 현 금 92,418

(3) 시장이자율 연 6%인 경우

- 액면현가: 100,000 × 0.74276 = ₩74,276
- 이자현가: (100,000 × 8%) × 4.21236 = ₩33,699
- 취득원가: 74,276 + 33,699 = ₩107,975
- 회계처리: (차) A C 금 융 자 산 107,975 (대) 현 금 107,975

09 위 문제의 조건을 기초로 하여 20×1년 12월 31일 이자수익에 대한 회계처리를 하시오.

(1) 액면취득한 경우
(2) 할인취득한 경우
(3) 할증취득한 경우

해설 (1) 액면취득한 경우

(차) 현 금	8,000	(대) 이 자 수 익	8,000

∴ 100,000 × 8% = ₩8,000

(2) 할인취득한 경우

(차) 현 금	8,000	(대) 이 자 수 익	9,242
A C 금 융 자 산	1,242		

- 이자수익: 92,418 × 10% = ₩9,242
- 상각액: 9,242 − 8,000 = ₩1,242
- AC 금융자산의 장부금액: 92,418 + 1,242 = ₩93,660

(3) 할증취득한 경우

(차) 현 금	8,000	(대) 이 자 수 익	6,479
		A C 금 융 자 산	1,521

- 이자수익: 107,975 × 6% = ₩6,479
- 상각액: 8,000 − 6,479 = ₩1,521
- AC 금융자산의 장부금액: 107,975 − 1,521 = ₩106,454

10 (주)한국은 20×1년 초 (주)대한이 동 일자에 발행한 액면금액 ₩1,000,000, 표시이자율 연 10%(이자는 매년 말 지급)의 3년 만기의 사채를 ₩951,000에 취득하였다. 동 사채의 취득 시 유효이자율은 연 12%이었으며, 동 사채를 상각 후 원가 측정 금융자산으로 분류하였다. 동 사채의 20×1년 말 공정가치는 ₩970,000이었으며, (주)한국은 20×1년 말 ₩975,000에 전부 처분하였다. 동 사채 관련 (주)한국의 20×1년도 처분손익은? (단, 단수차이로 인한 오차가 있으면 가장 근사치를 선택한다)

① ₩9,880 손실
② ₩9,880 이익
③ ₩5,000 이익
④ ₩5,000 손실
⑤ ₩4,820 이익

해설
- 20×1년 말 차금상각: (951,000 × 12%) − (1,000,000 × 10%) = ₩14,120
- 20×1년 말 장부금액: 951,000 + 14,120 = ₩965,120
- 20×1년 말 처분손익: 975,000 − 965,120 = ₩9,880(이익)
- 처분손익은 처분금액과 상각 후 원가의 차이이다.

정답 ②

제4절 금융자산의 손상

금융자산의 발행자(또는 채무자)의 신용위험(Credit Risk)이 증가함으로써, 금융자산의 계약상 미래현금흐름(원금과 이자)에 대한 회수가능성이 감소하게 되는데, 이와 같은 신용위험에 따른 기대신용손실을 손상차손(당기손익)으로 인식해야 한다. 손상대상 금융자산은 계약에 의한 미래현금흐름이 발생하는 채무상품과 대여금 및 수취채권이다. 그러나 다음의 경우에는 손상을 인식하지 않는다.

① 지분상품(계약상 현금흐름이 발생하지 않음)
② 당기손익−공정가치 측정 금융자산(공정가치 변동을 당기손익에 반영하기 때문에 손상차손도 평가손익에 반영함)

▶ 손상차손 대상자산(주식은 손상차손 대상자산이 아님)

- 상각 후 원가 측정 금융자산(AC): 사채
- 기타포괄손익−공정가치 측정 금융자산(FVOCI): 사채
- 대여금 및 수취채권

1. 상각 후 원가 측정 금융자산(AC)의 손상

상각 후 원가 측정 금융자산(AC)은 보고기간 말에 신용손실(손상)에 객관적인 증거가 있는지를 판단하여, 신용손상을 인식하거나 신용위험이 유의적으로 증가 또는 신용위험이 유의적으로 증가하지 아니한 경우에도 기대신용손실에 해당하는 금액을 손실충당금으로 측정한다.

▶▶ 상각 후 원가 측정 금융자산(AC)의 손상차손

AC 금융자산 손상차손 = 채무불이행 시 노출금액 × 손실률 × 발생확률

▶▶ 손상 시 회계처리

	차변	금액	대변	금액
• 손상발생:	(차) 손상차손	×××	(대) 손실충당금	×××
• 손상환입:	(차) 손실충당금	×××	(대) 손상차손환입	×××

- **손상차손(환입)의 인식금액:** 당기말 기대신용손실 − 전기말 기대신용손실(차액보충법)
- **상각 후 원가:** 총장부금액 − 기말 기대신용손실

개념적용 문제

11 **(주)한국의 거래상황이다. 상각 후 원가 측정 금융자산(AC)으로 분류할 경우 회계처리를 하시오. (단, 결산은 연 2회, 6월·12월 말이다)**

> (1) 20×1년 1월 1일 (주)한국은 (주)대한이 발행한 액면 ₩200,000(이율 연 4%, 이자지급 연 2회 6월 말·12월 말)의 사채를 유효이자율 연 6%의 조건으로 ₩180,000에 매입하였다.
> (2) 20×1년 6월 30일 유사한 상품의 현행 시장이자율은 연 8%, (주)대한의 공정가치는 ₩170,200이다.
> (3) 20×1년 12월 31일 (주)대한의 재무적 어려움으로 인해 당해 이자는 회수한 후 20×2년도부터는 이자 전액을 면제하고 액면금액의 50%만 회수가능한 것으로 확인되었다. 액면금액의 50%인 ₩100,000의 현재가치는 유효이자율 연 6%인 경우 ₩82,500이다.

정답

	차변	금액	대변	금액
(1)	(차) AC 금융자산	180,000	(대) 현금	180,000
(2)	(차) 현금	4,000	(대) 이자수익	5,400
	AC 금융자산	1,400		
(3)	(차) 현금	4,000	(대) 이자수익	5,442
	AC 금융자산	1,442		
	AC 금융자산손상차손	100,342	AC 금융자산손실충당금	100,342

해설
- 손상인식 전 장부금액: 180,000 + 1,400 + 1,442 = ₩182,842
- 손상차손: 장부금액(182,842) − 회수가능액(82,500) = ₩100,342
- 회수가능액: 최초인식시점의 유효이자율로 할인한 현재가치로 측정

2. 기타포괄손익-공정가치 측정 금융자산(FVOCI)의 손상

기타포괄손익-공정가치 측정 금융자산(FVOCI)은 보고기간 말에 공정가치로 평가한 후 신용손실(손상)에 객관적인 증거가 있는지를 판단하여, 신용손상을 인식하거나 신용위험이 유의적으로 증가 또는 신용위험이 유의적으로 증가하지 아니한 경우에도 기대신용손실에 해당하는 금액을 손실충당금으로 측정한다. 다만, 기타포괄손익-공정가치 측정 금융자산(FVOCI)으로 분류한 투자지분상품(주식)은 손상을 인식하지 않는다.

▶▶ 기타포괄손익-공정가치 측정 금융자산(FVOCI)의 손상차손

- **기말 기대신용손실**: 상각 후 원가 측정 금융자산과 동일하다.
- **손상차손(환입) 인식금액**: 당기말 기대신용손실 - 전기말 기대신용손실(보충법)

▶▶ 손상 시 회계처리

• 손상발생:	(차) 손상차손	×××	(대) 기타포괄손익	×××
• 손상환입:	(차) 기타포괄손익	×××	(대) 손상차손환입	×××

- **손상차손**(환입)**의 인식금액**: 당기말 기대신용손실 - 전기말 기대신용손실(차액보충법)
- **상각 후 원가**: 총장부금액 - 당기말 기대신용손실

개념적용 문제

12 **(주)한국의 다음 거래를 기타포괄손익-공정가치 측정 금융자산(FVOCI)으로 분류할 경우 회계처리하시오. (단, 결산은 연 2회이다)**

(1) 20×1년 9월 15일 (주)한국은 상장기업인 대한상사의 의결권이 있는 주식(배당금 10%) 100주를 1주당 ₩8,000(액면 ₩5,000)에 현금으로 취득하다.
(2) 20×1년 말 (주)한국은 소유 주식의 공정가치를 1주당 ₩7,000으로 평가하였다.
(3) 20×2년 6월 30일 대한상사의 주식의 공정가치는 1주당 ₩8,200으로 평가하였다.
(4) 20×2년 12월 31일 위 주식의 모두를 1주당 ₩9,000에 처분하였다. 처분 시 주식의 공정가치는 처분금액과 동일하다. (단, 기타포괄손익누계액은 이익잉여금에 대체한다)

정답

	차변	금액	대변	금액
(1)	(차) FVOCI 금융자산	800,000	(대) 현금	800,000
(2)	(차) FVOCI 금융자산평가손실	100,000	(대) FVOCI 금융자산	100,000
(3)	(차) FVOCI 금융자산	120,000	(대) FVOCI 금융자산평가손실	100,000
			FVOCI 금융자산평가이익	20,000
(4)	(차) FVOCI 금융자산	80,000	(대) FVOCI 금융자산평가이익	80,000
	현금	900,000	FVOCI 금융자산	900,000
	FVOCI 금융자산평가이익	100,000	이익잉여금	100,000

13 다음 거래를 기타포괄손익-공정가치 측정 금융자산(FVOCI)으로 분류할 경우 회계처리하시오. (단, 결산은 연 1회이다)

(1) 20×1년 1월 1일 (주)한국은 (주)대한이 발행한 액면 ₩200,000(이율 연 8%, 만기 3년, 이자지급 연 1회 12월 말)의 사채를 유효이자율 연 10%의 조건으로 ₩186,000에 취득하였다.

(2) 20×1년 12월 31일 이자를 현금으로 수취하였다. 20×1년 말 현행 시장이자율은 연 12%, (주)대한의 공정가치는 ₩195,000이다.

정답

(1) (차)	FVOCI 금융자산	186,000	(대)	현금	186,000
(2) (차)	현금	16,000	(대)	이자수익	18,600
	FVOCI 금융자산	2,600			
	FVOCI 금융자산	6,400		FVOCI 금융자산평가이익	6,400

제5절 금융자산의 재분류

금융자산을 관리하는 사업모형을 변경하는 경우에만, 영향 받는 모든 금융자산을 재분류한다. 즉, 당기손익-공정가치 측정 금융자산(투자지분증권)은 재분류하지 않는다. 금융자산을 재분류하는 경우에는 그 결과를 재분류일부터 전진적(변경 후 첫 번째 보고기간의 첫째 날 회계처리한다)으로 적용한다. 재분류 전에 인식한 손익[손상차손(환입) 포함]이나 이자는 다시 작성하지 않는다.

1. 당기손익-공정가치 측정 범주에서 다른 범주로 재분류하는 경우

① 상각 후 원가 측정 범주로 재분류하는 경우에 재분류일의 공정가치가 새로운 총장부금액이 된다.

② 기타포괄손익-공정가치 측정 범주로 재분류하는 경우에 계속 공정가치로 측정한다.

2. 기타포괄손익-공정가치 측정 범주에서 다른 범주로 재분류하는 경우

① 상각 후 원가 측정 범주로 재분류하는 경우에 재분류일의 공정가치로 측정한다. 그러나 재분류 전에 인식한 기타포괄손익누계액은 자본에서 제거하고 재분류일의 금융자산의 공정가치에서 조정한다. 따라서 최초인식시점부터 상각 후 원가로 측정했었던 것처럼 재분류일에 금융자산을 측정한다. 이러한 조정은 기타포괄손익에 영향을 미치지만 당기손익에는 영향을 미치지 아니하므로 재분류조정에 해당하지 아니한다.

② 당기손익－공정가치 측정 범주로 재분류하는 경우에 계속 공정가치로 측정한다. 재분류 전에 인식한 기타포괄손익누계액은 재분류일에 재분류조정으로 자본에서 당기손익으로 재분류한다.

3. 상각 후 원가 측정 범주에서 다른 범주로 재분류하는 경우

① 당기손익－공정가치 측정 범주로 재분류하는 경우에 재분류일의 공정가치로 측정한다. 금융자산의 재분류 전 상각 후 원가와 공정가치의 차이에 따른 손익은 당기손익으로 인식한다.

② 기타포괄손익－공정가치 측정 범주로 재분류하는 경우에 재분류일의 공정가치로 측정한다. 금융자산의 재분류 전 상각 후 원가와 공정가치의 차이에 따른 손익은 기타포괄손익으로 인식한다.

금융자산의 분류	투자지분상품	투자채무상품	비고
당기손익 (FVPL)	○ (원칙)	○ (매도)	최초 기타포괄손익으로 선택 가능, 이후에는 취소 불가능
기타포괄손익 (FVOCI)	○ (예외)	○ (현금수취&매도)	최초 당기손익으로 선택 가능, 이후에는 취소 불가능
상각 후 원가 (AC)	×	○ (현금수취)	

AC 금융자산이나 FVOCI 금융자산을 FVPL 금융자산으로 지정한 경우와, FVPL 금융자산(지분상품)을 FVOCI 금융자산으로 지정 선택한 금융자산은 다른 분류의 금융자산으로 재분류하는 것을 금지한다.

투자지분상품(주식)	분류방법	취득 시 거래원가	보유손익	후속측정	평가손익	손상차손	재분류
당기손익 (FVPL)	○ (원칙)	비용	배당수익	공정가치	당기손익	×	×
기타포괄손익 (FVOCI)	○ (예외)	원가 포함	배당수익	공정가치	기타포괄 손익	×	×
상각 후 원가 (AC)	×	×	×	×	×	×	×

투자채무상품(사채)	분류방법	취득 시 거래원가	보유손익	후속측정	평가손익	손상차손	재분류
당기손익 (FVPL)	○ (매도)	비용	이자수익	공정가치	당기손익	×	○
기타포괄손익 (FVOCI)	○ (현금&매도)	원가 포함	이자수익	공정가치	기타포괄 손익	○	○
상각 후 원가 (AC)	○ (현금수취)	원가 포함	이자수익	상각 후 원가	–	○	○

개념적용 문제

14 20×1년 말 금융자산의 장부금액 ₩1,000, 20×2년 초 재분류 시 공정가치 ₩1,250 이라면 FVPL 금융자산에서 AC 금융자산과 FVOCI 금융자산으로 재분류 시 회계처리를 하시오.

정답

분류조건	FVPL 금융자산 ⇨ AC 금융자산			
변경 전	(차) FVPL 금융자산	250	(대) FVPL 평가이익	250
변경 후	(차) AC 금융자산	1,250	(대) FVPL 금융자산	1,250

분류조건	FVPL 금융자산 ⇨ FVOCI 금융자산			
변경 전	(차) FVPL 금융자산	250	(대) FVPL 평가이익	250
변경 후	(차) FVOCI 금융자산	1,250	(대) FVPL 금융자산	1,250

⇨ 재분류 시에는 항상 선 평가를 하고 후 분류를 하여야 한다.

15 금융자산의 재분류에 관한 설명으로 옳지 않은 것은?

① 금융자산을 관리하는 사업모형을 변경하는 경우에만, 영향 받는 모든 금융자산을 재분류하고 당기손익－공정가치 측정 금융자산(투자지분증권)은 재분류하지 않는다.
② 기타포괄손익－공정가치 측정 금융자산의 범주에서 당기손익－공정가치 측정 금융자산의 범주로 재분류하는 경우에는 계속 공정가치로 측정한다. 재분류 전에 인식한 기타포괄손익누계액은 재분류일에 재분류조정으로 자본에서 당기손익으로 재분류한다.
③ 금융자산을 재분류하는 경우에 그 재분류를 재분류일부터 전진적으로 적용한다. 재분류 전에 인식한 손익[손상차손(환입) 포함]이나 이자는 다시 작성한다.
④ 상각 후 측정 금융자산의 범주에서 당기손익－공정가치 측정 금융자산의 범주로 재분류하는 경우에 재분류일의 공정가치로 측정한다. 금융자산의 재분류 전 상각 후 원가와 공정가치의 차이에 따른 손익은 당기손익으로 인식한다.
⑤ 상각 후 측정 금융자산의 범주에서 기타포괄손익－공정가치 측정 금융자산의 범주로 재분류하는 경우에 재분류일의 공정가치로 측정한다. 금융자산의 재분류 전 상각 후 원가와 공정가치의 차이에 따른 손익은 기타포괄손익으로 인식한다.

해설 금융자산을 재분류하는 경우에 그 재분류를 재분류일부터 전진적으로 적용한다. 재분류 전에 인식한 손익[손상차손(환입) 포함]이나 이자는 다시 작성하지 않는다.

정답 ③

제6절 관계기업에 대한 투자

1. 관계기업투자

(1) 관계기업의 정의

투자회사가 다른 피투자회사에 유의적인(중대한) 영향력을 행사할 수 있는 지분을 소유하고 있는 경우 당해 피투자회사를 관계기업이라고 한다. 이러한 관계기업투자계정의 회계처리는 별도의 재무제표를 작성하는 경우에는 원가법 또는 공정가치법을 적용하고, 연결재무제표(또는 개별재무제표)를 작성하는 경우에는 지분법을 적용하여 평가한다.

① 최초에는 취득원가로 인식하고, 취득시점 이후에는 피투자자의 순자산 변동액 중 투자자의 지분을 해당 투자자산에 가감하여 보고한다.

② 투자자의 당기순이익은 피투자자의 당기순이익 중 투자자의 지분에 해당하는 금액을 포함한다.

③ 피투자자에게서 받은 배당금은 투자자산의 장부금액에서 차감한다.

④ 관계기업의 기타포괄손익의 변동 중 투자자의 지분은 투자자의 기타포괄손익으로 인식한다.

(2) 유의적인(중대한) 영향력

유의적인 영향력에 대한 판단은 다음과 같다.

① 투자자가 직접 또는 간접(예 종속기업을 통하여)으로 피투자자에 대한 의결권의 20% 이상을 보유하고 있다면 유의적인 영향력이 있는 것으로 본다. 다만, 유의적인 영향력이 없다는 사실을 명백하게 제시할 수 있는 경우는 제외한다.

② 투자자의 의결권이 20% 미만을 소유하고 있는 경우에도 다음 중 하나 이상에 해당하는 경우 일반적으로 유의적인 영향력이 있다는 것이 입증된다.

㉠ 피투자자의 이사회나 이에 준하는 의사결정기구에 참여

㉡ 배당이나 다른 분배에 관한 의사결정에 참여하는 것을 포함하여 정책결정과정에 참여

㉢ 투자자와 피투자자 사이의 중요한 거래

㉣ 경영진의 상호 교류

㉤ 필수적 기술정보의 제공

(3) 지분법회계처리

① **취득 시**

(차) 관 계 기 업 투 자 주 식	×××	(대) 현 금	×××

▶ 취득원가를 장부금액으로 인식한다.

② 당기순이익 보고 시

(차) 관계기업투자주식	×××	(대) 지분법이익	×××

▶ 당기순이익 × 지분율 = 지분법이익(당기수익)

③ 당기순손실 보고 시

(차) 지분법손실	×××	(대) 관계기업투자주식	×××

▶ 당기순손실 × 지분율 = 지분법손실(당기비용)

④ 배당금의 수령 시

(차) 현금	×××	(대) 관계기업투자주식	×××

▶ 배당금 × 지분율 = 배당금수령액(투자주식에서 차감)

개념적용 문제

16 **(주)한국은 20×1년 초에 (주)주택이 발행한 주식의 40%인 400주를 주당 ₩10,000에 매입하였다. 20×1년 말 (주)주택은 당기순이익 ₩4,000,000이고 주주에게 배당금으로 ₩3,000,000을 현금으로 지급하였다. 20×1년 말 (주)한국의 관계기업투자주식의 장부금액은 얼마인가?**

① ₩3,600,000
② ₩4,000,000
③ ₩5,600,000
④ ₩5,200,000
⑤ ₩4,400,000

해설 장부금액: 4,000,000 + (4,000,000 × 40%) − (3,000,000 × 40%) = ₩4,400,000

정답 ⑤

CHAPTER 06

기출 & 예상문제로 완벽 복습

01 금융상품의 분류에 관한 기준으로 옳지 않은 것은?

① 금융자산은 금융자산의 관리를 위한 사업모형과 계약상 현금흐름의 특성을 모두 고려하여 분류한다.
② 지분상품(주식)의 경우 당기손익－공정가치 측정 금융자산(FVPL 금융자산)으로 분류한다.
③ 사업모형이 현금흐름과 매도인 경우 기타포괄손익－공정가치 측정 금융자산(FVOCI 금융자산)으로 분류한다.
④ 사업모형이 현금흐름의 수취인 경우 상각 후 원가 측정 금융자산(AC 금융자산)으로 분류한다.
⑤ 금융자산은 최초인식 시 특정 조건을 충족하여 더 목적적합한 정보를 제공할 수 있는 경우라도 다른 항목으로 선택(지정)할 수 없다.

해설 금융자산은 최초인식 시 특정 조건을 충족하여 더 목적적합한 정보를 제공할 수 있는 경우에는 다른 항목으로 지정할 수 있다고 규정하고 있다. 다만, 한번 지정하면 이를 취소할 수 없다.

02 당기손익－공정가치 측정 금융자산의 설명으로 옳지 않은 것은?

① 당기손익－공정가치 측정 금융자산이 아닌 경우 당해 금융상품 취득 또는 발행과 직접 관련되는 거래원가는 최초인식하는 공정가치에 가산(차감)하여 측정한다.
② 당기손익－공정가치 측정 금융자산의 취득원가는 취득시점의 공정가치로 측정하고, 취득과 관련하여 발생한 거래원가는 당기의 비용으로 처리한다.
③ 투자지분상품(주식)은 기타포괄손익으로 지정 선택하지 않는 한, 당기손익－공정가치 측정 금융자산으로 분류하고 공정가치의 변동액을 당기손익으로 인식한다.
④ 단기매매 목적이 아닌 경우 회계불일치를 제거하거나 유의적으로 줄이는 경우에는 다른 금융자산을 당기손익－공정가치 측정 금융자산으로 지정할 수 있다. 다만, 정당한 사유가 있으면 지정을 취소할 수 있다.
⑤ 당기손익－공정가치 측정 금융자산은 평가손익을 당기손익으로 인식하기 때문에 손상차손은 인식하지 않는다.

해설 단기매매 목적이 아닌 경우 회계불일치를 제거하거나 유의적으로 줄이는 경우에는 다른 금융자산을 당기손익－공정가치 측정 금융자산으로 지정할 수 있다. 다만, 한번 지정하면 이를 취소할 수 없다.

03 금융자산에 관한 설명으로 옳지 않은 것은?

① 상각 후 원가 측정 금융자산을 기타포괄손익－공정가치 측정 금융자산으로 재분류할 경우 재분류일의 공정가치로 측정하고, 재분류 전 상각 후 원가와 공정가치의 차이를 기타포괄손익으로 인식한다.

② 상각 후 원가 측정 금융자산은 정액법 또는 유효이자율법을 적용하여 상각 후 원가로 측정하여 재무상태표에 표시한다.

③ 상각 후 원가 측정 금융자산은 공정가치로 평가하지 않으므로 평가손익이 발생하지 않는다.

④ 금융자산의 재분류는 금융자산을 관리하는 사업모형을 변경하는 경우에만, 영향 받는 모든 금융자산을 재분류하고 그 재분류를 재분류일부터 전진적으로 적용한다.

⑤ 당기손익－공정가치로 측정되는 '지분상품에 대한 특정 투자'에 대하여는 후속적인 공정가치 변동을 기타포괄손익으로 표시하도록 최초인식시점에 지정(선택)할 수 있다. 다만, 한번 선택하면 이를 취소할 수 없다.

해설 상각 후 원가 측정 금융자산(AC 금융자산)은 유효이자율법을 적용하여 상각 후 원가로 측정하여 재무상태표에 표시한다.

04 취득한 사채(채무상품)를 기타포괄손익-공정가치 측정 금융자산으로 분류한 경우의 회계처리로 옳지 않은 것은? (단, 손상은 고려하지 않는다)

제26회 기출

① 취득과 관련되는 거래원가는 최초인식시점의 공정가치에 가산한다.

② 처분할 경우 기타포괄손익누계액에 누적된 평가손익을 당기손익으로 재분류한다.

③ 당기손익으로 인식하는 금액은 상각 후 원가 측정 금융자산으로 분류하였을 경우 당기손익으로 인식하는 금액과 차이가 없다.

④ 액면금액 미만으로 취득(할인취득)한 경우 이자수익 인식금액이 현금으로 수취하는 이자금액보다 크다.

⑤ 이자수익은 매 보고기간 말의 현행 시장이자율을 이용하여 인식한다.

해설 이자수익은 매 보고기간 말의 발행 당시 시장이자율을 이용하여 인식한다.

01 ⑤　02 ④　03 ②　04 ⑤　정답

05 (주)한국은 20×1년 11월 1일 (주)대한의 보통주 100주를 ₩600,000에 취득하고 수수료 ₩10,000을 현금으로 지급하였다. (주)한국은 취득한 보통주를 당기손익－공정가치 측정 금융자산으로 분류하였으며, 20×1년 말 (주)대한의 보통주 공정가치는 주당 ₩5,000이었다. (주)한국이 20×2년 5월 10일 (주)대한의 주식 전부를 주당 ₩5,600에 처분한 경우 20×2년도 당기순이익에 미치는 영향은? 제21회 기출

① ₩40,000 감소
② ₩60,000 증가
③ ₩80,000 증가
④ ₩100,000 감소
⑤ ₩110,000 감소

해설 처분이익: (5,600 － 5,000) × 100주 = ₩60,000(증가)

06 (주)한국은 20×1년 중 금융자산을 취득하고 주식 A는 당기손익–공정가치 측정 금융자산으로, 주식 B는 기타포괄손익–공정가치 측정 금융자산으로 분류하였다. 20×1년 중 주식 A는 전부 매각하였고, 주식 B는 20×1년 말 현재 보유하고 있다. 주식 A의 매각금액과 20×1년 말 주식 B의 공정가치가 다음과 같을 때, 20×1년 당기순이익에 미치는 영향은? 제25회 기출

구분	20×1년 중 취득원가	비고
주식 A	₩250	매각금액 ₩230
주식 B	₩340	20×1년 말 공정가치 ₩380

① ₩20 증가
② ₩40 증가
③ ₩60 증가
④ ₩20 감소
⑤ ₩40 감소

해설
- 당기손익－공정가치 측정 금융자산인 주식 A의 처분손익은 당기손익에 반영하지만, 기타포괄손익－공정가치 측정 금융자산인 주식 B의 평가손익은 기타포괄손익으로 당기손익에 반영하지 않는다.
- 주식 A의 처분손익: 230－250＝처분손실 ₩20(순이익 감소)

07 (주)한국은 20×1년 4월 1일 (주)대한의 보통주 100주를 1주당 ₩10,000에 취득하고 취득 수수료 ₩20,000을 현금으로 지급하였다. (주)한국은 취득한 보통주를 당기손익-공정가치 측정 금융자산으로 분류하였으며, 20×1년 8월 1일 1주당 ₩1,000의 중간배당금을 현금으로 수령하였다. 20×1년 말 (주)대한의 보통주 공정가치는 1주당 ₩10,500이었다. 동 주식과 관련하여 (주)한국이 20×1년 인식할 금융자산 평가손익은? 제24회 기출

① 손실 ₩70,000
② 손실 ₩50,000
③ 손실 ₩30,000
④ 이익 ₩30,000
⑤ 이익 ₩50,000

해설 금융자산 평가손익: (10,500 − 10,000) × 100주 = ₩50,000(이익)

08 (주)한국은 20×1년 7월 초 (주)대한의 주식 1,000주(액면가액 ₩7,000)를 주당 ₩7,500에 매입하여 공정가치 변동을 당기손익으로 인식하는 금융자산(FVPL 금융자산)으로 분류하였다. (주)한국은 20×1년 9월 초 (주)대한의 주식 400주를 주당 ₩8,500에 처분하였고, 20×1년 말 (주)대한 주식의 주당 공정가치는 ₩8,000이다. 동 주식과 관련하여 (주)한국이 20×1년 포괄손익계산서에 인식할 당기이익은? 제20회 수정

① ₩500,000
② ₩700,000
③ ₩1,000,000
④ ₩1,200,000
⑤ ₩1,500,000

해설
- 20×1년 중 처분이익: 400주 × (8,500 − 7,500) = ₩400,000
- 20×1년 말 평가이익: 600주 × (8,000 − 7,500) = ₩300,000
- 20×1년 말 당기이익: 400,000 + 300,000 = ₩700,000

05 ② 06 ④ 07 ⑤ 08 ② 정답

09 (주)한국은 20×1년 5월 1일 주식A 100주를 취득일의 공정가치인 주당 ₩100에 취득하고 당기손익-공정가치측정 금융자산으로 분류하였다. 20×1년 말과 20×2년 말의 주식A의 공정가치는 다음과 같다.

구분	20×1년 말	20×2년 말
주식A 공정가치	₩120	₩140

(주)한국은 20×2년 5월 1일 주식A 50주를 처분일의 공정가치인 주당 ₩110에 처분하고, 나머지 50주는 계속 보유하고 있다. 20×2년 당기순이익에 미치는 영향은? 제27회 기출

① 영향 없음
② ₩500 감소
③ ₩500 증가
④ ₩1,000 감소
⑤ ₩1,000 증가

해설
- 처분 시 주식: 50주×(처분 시 공정가치 110 – 20×1년 말 공정가치 120)=손실 ₩500
- 보유 시 주식: 50주×(20×2년 공정가치 140 – 20×1년 공정가치 120)=이익 ₩1,000
- 20x2년 순이익에 미치는 영향: 평가이익 1,000–처분손실 500 = ₩500 증가

10 (주)한국은 20×1년 7월 1일 (주)대한의 주식 200주를 취득일의 공정가치인 주당 ₩1,000에 취득하였다. 취득 시 추가로 ₩5,000의 거래원가가 발생하였으며, (주)한국은 해당 주식을 당기손익-공정가치 측정 금융자산으로 분류하였다. 20×1년 9월 1일 (주)한국은 취득한 주식의 50%를 처분일의 공정가치인 주당 ₩800에 처분하였다. 20×1년 말 (주)대한 주식의 주당 공정가치가 ₩1,300일 때, 동 주식과 관련하여 (주)한국의 20×1년 포괄손익계산서의 당기순이익 증가액은? 제26회 기출

① ₩1,000
② ₩2,000
③ ₩3,000
④ ₩4,000
⑤ ₩5,000

해설
- 취득 시 거래원가: 비용 ₩5,000
- 20×1년 처분손실: 100주 × (800 – 1,000) = ₩20,000
- 20×1년 말 평가이익: 100주 × (1,300 – 1,000) = ₩30,000
- 20×1년 말 당기순이익 증가: 30,000 – 25,000 = ₩5,000

11 (주)한국은 20×1년 12월 10일 주식 A를 취득하였다. 취득 이후 주식 A의 공정가치와 순매각금액은 다음과 같다. 취득 시 주식 A를 당기손익-공정가치 측정 금융자산 혹은 기타포괄손익-공정가치 측정 금융자산으로 분류하여 회계처리할 경우 당기순이익에 미치는 영향은?

제15회 수정

취득원가	공정가치	순매각금액
20×1. 12. 10.	20×1. 12. 31.	20×2. 2. 1.
₩770,000	₩720,000	₩810,000

① 당기손익-공정가치 측정 금융자산으로 분류할 경우 20×1년 당기순이익에 미치는 영향은 없다.

② 당기손익-공정가치 측정 금융자산으로 분류할 경우 20×2년 당기순이익은 ₩50,000 증가한다.

③ 기타포괄손익-공정가치 측정 금융자산으로 분류할 경우 20×1년 당기순이익은 ₩50,000 감소한다.

④ 기타포괄손익-공정가치 측정 금융자산으로 분류할 경우 20×2년 당기순이익은 ₩0이다.

⑤ 금융자산의 분류에 관계없이 20×1년 당기순이익에 미치는 영향은 동일하다.

해설
- 당기손익-공정가치 측정 금융자산으로 분류할 경우 20×2년 처분손익: 810,000 − 720,000 = ₩90,000(이익)
- 기타포괄손익-공정가치 측정 금융자산으로 분류할 경우 처분손익은 처분일의 공정가치로 평가한 후 처분손익을 계산하여야 한다. 처분일의 공정가치는 순매각금액 ₩810,000이다. 그러므로 평가이익(기타포괄손익) ₩90,000이 발생하고 처분일의 장부금액과 공정가치가 ₩810,000으로 동일하여 처분손익은 발생하지 않는다. 또한 기타포괄손익-공정가치 측정 금융자산(지분상품)의 평가이익(기타포괄손익)은 당기손익으로 재분류하지 않는다.

① 당기손익-공정가치 측정 금융자산으로 분류할 경우 20×1년 당기순이익은 평가손실(당기손익) ₩50,000이다.
② 당기손익-공정가치 측정 금융자산으로 분류할 경우 20×2년 당기순이익은 처분이익 ₩90,000 증가한다.
③ 기타포괄손익-공정가치 측정 금융자산으로 분류할 경우 20×1년 기타포괄손익은 평가손실 ₩50,000 감소한다.
⑤ 금융자산의 분류에 따라 20×1년 당기순이익에 미치는 영향은 다르다.

09 ③ 10 ⑤ 11 ④ 정답

12 (주)한국은 20×1년 1월 3일 (주)대한의 주식 100주를 단위당 ₩310에 구입하고, 기타포괄손익-공정가치 측정 금융자산으로 회계처리하였다. (주)대한의 주식은 20×1년 말 현재 공정가치가 단위당 ₩370이다. (주)한국이 20×2년 1월 5일에 보유하고 있던 (주)대한 주식의 전량을 ₩35,000에 처분할 경우 회계처리로 옳은 것은?

① (차) 현금 35,000 / (대) FVOCI 금융자산 35,000
FVOCI 금융자산평가이익 4,000 / 이익잉여금 4,000

② (차) 현금 35,000 / (대) FVOCI 금융자산 36,000
FVOCI 금융자산평가이익 6,000 / FVOCI 금융자산처분이익 5,000

③ (차) 현금 35,000 / (대) FVOCI 금융자산 37,000
이익잉여금 6,000 / FVOCI 금융자산평가이익 4,000

④ (차) FVOCI 금융자산평가이익 2,000 / (대) FVOCI 금융자산 2,000
현금 35,000 / FVOCI 금융자산 35,000
FVOCI 금융자산평가이익 4,000 / 이익잉여금 4,000

⑤ (차) 현금 35,000 / (대) FVOCI 금융자산 37,000
FVOCI 금융자산평가이익 6,000 / FVOCI 금융자산처분이익 4,000

해설
- 20×1년 1월 3일: (차) FVOCI 금융자산 31,000 (대) 현금 31,000
- 20×1년 12월 31일: (차) FVOCI 금융자산 6,000 (대) FVOCI 금융자산평가이익 6,000
- 20×2년 1월 5일: (차) FVOCI 금융자산평가이익 2,000 (대) FVOCI 금융자산 2,000
  현금 35,000 / FVOCI 금융자산 35,000
  FVOCI 금융자산평가이익 4,000 / 이익잉여금 4,000

13 (주)한국은 20×1년 9월 (주)대한의 주식 500주를 1주당 ₩1,400에 기타포괄손익-공정가치 측정 금융자산으로 취득하면서 거래수수료 ₩50,000과 함께 지급하였다. 20×1년 12월 31일 (주)대한의 결산일 현재 공정가치는 1주당 ₩2,000이었다. 20×2년 5월 (주)대한의 주식 전부를 1주당 ₩2,200에 처분하면서 거래수수료 ₩20,000을 지급하였다. 처분손익은 얼마인가?

① 처분손실 ₩20,000
② 처분이익 ₩80,000
③ 처분이익 ₩60,000
④ 처분이익 ₩20,000
⑤ 처분손실 ₩80,000

해설
- 1주당 취득원가: [(500주 × 1,400) + 50,000] ÷ 500주 = @₩1,500
- 기말 평가이익(기타포괄손익): (500주 × @₩2,000) − (500주 × @₩1,500) = ₩250,000
- 공정가치로 평가한 후 처분손익을 인식하기 때문에 처분일의 공정가치와 장부금액은 일치한다. 그러나 처분 시 거래원가 ₩20,000이 발생하여 그 금액만큼 처분손실이 발생한다.

구분		차변	금액		대변	금액
20×1년 9월 취득:	(차)	FVOCI 금융자산	750,000	(대)	현금	750,000
20×1년 12월 평가:	(차)	FVOCI 금융자산	250,000	(대)	FVOCI 금융자산평가이익	250,000
20×2년 5월 처분:	(차)	FVOCI 금융자산	100,000	(대)	FVOCI 금융자산평가이익	100,000
		현금	1,080,000		FVOCI 금융자산	1,100,000
		FVOCI 금융자산처분손실	20,000			
		FVOCI 금융자산평가이익	350,000		이익잉여금	350,000

12 ④ 13 ① 정답

14 (주)한국은 20×1년 6월 말에 주식 A와 B를 각각 ₩500, ₩600에 취득하였다. 주식 A는 당기손익-공정가치 측정 금융자산으로, 주식 B는 기타포괄손익-공정가치 측정 금융자산으로 분류하였으며, 보유기간 중 해당 주식의 손상은 발생하지 않았다. 다음 자료를 이용할 경우, 해당 주식보유에 따른 기말평가 및 처분에 관한 설명으로 옳은 것은? 제17회 수정

	20×1년 말 공정가치	20×2년 말 공정가치	20×3년 중 매각금액
• 주식 A	₩550	₩480	₩520
• 주식 B	580	630	610

① 20×1년 당기순이익은 ₩30 증가한다.
② 20×1년 기타포괄손익은 ₩50 증가한다.
③ 20×2년 말 기타포괄손익누계액에 표시된 FVOCI 금융자산평가이익은 ₩30이다.
④ 20×2년 당기순이익은 ₩10 증가한다.
⑤ 20×3년 금융자산처분이익은 ₩20이다.

해설 기타포괄손익누계액은 최초 장부금액과 20×2년 말 공정가치와의 차이 ₩30이다.
① 20×1년 당기순이익은 ₩50 증가한다.
② 20×1년 기타포괄손익은 ₩20 감소한다.
④ 20×2년 당기순이익은 ₩70 감소한다.
⑤ 20×3년 금융자산처분이익은 ₩40이다. 이때 FVOCI 금융자산은 처분손익이 발생하지 않는다.

15 (주)한국은 20×1년 초 원리금만을 수취할 목적으로 (주)대한이 발행한 사채를 ₩1,049,732에 구입하여 상각 후 원가로 측정한다. 발행조건이 다음과 같을 때, 20×2년 초 동 금융자산의 총장부금액은? (단, 계산된 금액은 소수점 이하의 단수차이가 발생할 경우 근사치를 선택한다) 제20회 수정

• 액면금액: ₩1,000,000
• 표시이자율: 연 12%(매년 말 지급)
• 유효이자율: 연 10%
• 만기: 3년(만기 일시상환)

① ₩1,034,705
② ₩1,043,764
③ ₩1,055,699
④ ₩1,064,759
⑤ ₩1,154,705

해설 • 금융자산을 할증 취득 시 장부금액은 매년 상각액만큼 감소한다.
• 20×1년 말 상각액: 유효이자(1,049,732 × 10%) − 액면이자(1,000,000 × 12%) = ₩15,027
• 20×1년 말 장부금액: 1,049,732 − 15,027 = ₩1,034,705

16 (주)한국은 20×1년 1월 1일에 (주)대한이 발행한 사채(액면금액 ₩10,000, 표시이자율 연 10%, 이자는 매년 12월 31일 지급, 만기 3년)를 공정가치로 취득하고 상각 후 원가 측정 금융자산으로 분류하였다. 취득 당시 유효이자율은 연 12%이다. 동 금융자산과 관련하여 (주)한국이 20×2년 12월 31일에 인식할 이자수익과 20×2년 12월 31일 금융자산 장부금액은? (단, 사채발행일과 취득일은 동일하며, 단수차이가 발생할 경우 가장 근사치를 선택한다)

제25회 기출

기간	단일금액 ₩1의 현재가치		정상연금 ₩1의 현재가치	
	10%	12%	10%	12%
3	0.7513	0.7118	2.4869	2.4019

	이자수익	장부금액
①	₩952	₩9,520
②	₩1,000	₩9,620
③	₩1,142	₩9,662
④	₩1,159	₩9,821
⑤	₩1,178	₩10,000

해설
- 20×1년 취득원가: (10,000 × 0.7118) + (1,000 × 2.4019) = ₩9,520
- 20×1년 말 상각액: (9,520 × 12%) − (10,000 × 10%) = ₩142
- 20×1년 말 장부금액: 9,520 + 142 = ₩9,662
- 20×2년 말 이자수익: 9,662 × 12% = ₩1,159
- 20×2년 말 상각액: (9,662 × 12%) − (10,000 × 10%) = ₩159
- 20×2년 말 장부금액: 9,662 + 159 = ₩9,821

17 (주)한국은 20×1년 초 회사채(액면금액 ₩100,000, 표시이자율 5%, 이자는 매년 말 후급, 만기 20×3년 말)를 ₩87,566에 구입하고, 상각 후 원가 측정 금융자산으로 분류하였다. 20×1년 이자수익이 ₩8,757일 때, 20×2년과 20×3년에 인식할 이자수익의 합은? (단, 단수차이가 발생할 경우 가장 근사치를 선택한다)

제22회 기출

① ₩10,000
② ₩17,514
③ ₩17,677
④ ₩18,514
⑤ ₩18,677

해설
- 만기 동안의 총이자수익: (100,000 × 5% × 3년) + (100,000 − 87,566) = ₩27,434
- 20×2년과 20×3년에 인식할 이자수익: 27,434 − 8,757 = ₩18,677
- 만기 동안의 총이자수익에서 20×1년 이자수익 ₩8,757을 차감하면 나머지가 2년간의 이자수익이다.

14 ③ 15 ① 16 ④ 17 ⑤ 정답

18 (주)대한은 20×1년에 (주)한국이 발행한 사채를 ₩180,000에 취득하였다. 취득한 사채는 사업모형이 매도를 목적(FVPL 금융자산)으로 하고 있다. 취득 시 발생한 거래수수료는 ₩4,000이다. 20×1년 말에 (주)대한은 액면이자 ₩10,000을 현금수취하였으며, 20×1년 말 사채의 공정가치는 ₩188,000이다. (주)대한의 20×1년 당기순이익에 미치는 영향은?

제18회 수정

① ₩4,000 증가 ② ₩6,000 증가 ③ ₩10,000 증가
④ ₩12,000 증가 ⑤ ₩14,000 증가

해설
- 취득 시 발생한 거래수수료 ₩4,000은 비용이다.
- 20×1년 말 액면이자 ₩10,000 현금수취액은 이자수익이다.
- 20×1년 말 공정가치의 변동액 ₩8,000은 평가이익(수익)이다.
- 20×1년 말 당기순이익은 ₩14,000 증가한다.

19 (주)한국은 (주)대한이 발행한 주식의 30%를 보유하고 있다. (주)대한이 ₩20,000의 당기순이익을 보고하고 ₩5,000의 배당금을 지급하였을 때, (주)한국의 관계기업투자주식의 장부금액은 얼마나 증가하였는가?

① ₩25,000 ② ₩20,000 ③ ₩15,000
④ ₩5,000 ⑤ ₩4,500

해설
- 순이익 보고 시: 20,000 × 30% = ₩6,000
- 배당금 지급 시: 5,000 × 30% = ₩1,500
- 관계기업투자주식계정의 순증가: 6,000 − 1,500 = ₩4,500

20 20×1년 1월 1일 (주)대한은 (주)민국의 발행주식 30%를 ₩1,000,000에 매입하였다. 한편, (주)민국은 당년도에 총 ₩500,000의 당기순이익을 보고하였으며, 동 일자에 ₩300,000의 현금배당을 선언하였다. 20×1년 12월 31일 현재 지분법하에서 (주)대한이 인식할 당기손익은 얼마인가?

① ₩60,000 ② ₩90,000 ③ ₩150,000
④ ₩500,000 ⑤ ₩1,060,000

해설 당기손익: 500,000 × 30% = ₩150,000

18 ⑤ 19 ⑤ 20 ③ 정답

CHAPTER

07 재고자산

회독체크 1 2 3

CHAPTER 미리보기

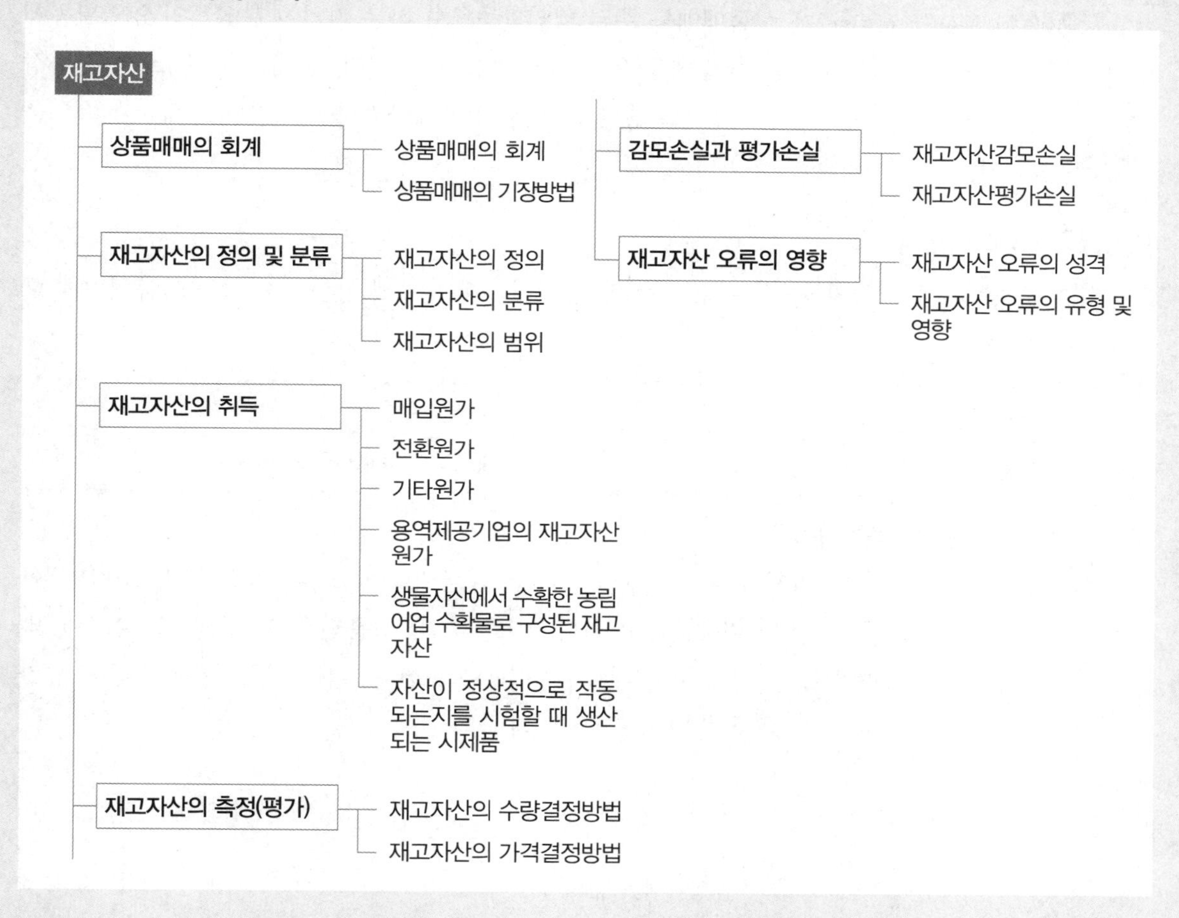

학습전략

본 단원은 시험에서 출제빈도가 높은 재고자산을 설명하고 있으며, 보통 4문항이 출제되고 있습니다. 개별 단원으로는 출제빈도가 아주 높은 단원으로 재고자산의 기장방법(계정), 취득, 평가(기말재고와 매출원가), 감모손실, 평가손실 등이 1문항씩 출제되며 계산문제와 이론문제가 동시에 출제되므로 반복적으로 공부해야 합니다. 특히 계산문제는 스스로 계산하여야 합니다.

학습키워드

- 취득원가 포함 여부
- 재고자산 포함 여부
- 선입선출법, 이동평균법
- 감모손실, 평가손실

제1절 상품매매의 회계

1. 상품매매의 회계

(1) 상품의 의의

상품(商品, Merchandise)은 상품매매를 주된 영업활동으로 하는 기업이 통상적인 영업활동에서 판매 목적을 위해 보유하는 물품(예 가구점에서의 책상, 의자)이며, 판매를 목적으로 생산과정에 있는 자산(재공품, 반제품 등) 그리고 생산 또는 용역의 제공과정에 투입될 원재료나 소모품 등을 통틀어서 재고자산이라 한다.

(2) 상품거래의 매매

상품매매를 주된 영업활동으로 하는 상기업의 거래단계는 크게 상품의 매입과 상품의 매출로 구분할 수 있다.

매입 시	(차) 매　　입　×××　　(대) 외 상 매 입 금　×××
매출 시	(차) 외 상 매 출 금　×××　　(대) 매　　출　×××

① 매입제비용과 매출제비용

㉠ 상품을 매입할 때 거래처에 지급하는 상품매입대금 이외에도 추가적으로 비용이 발생할 수 있는데, 이를 매입제비용이라고 한다. 예를 들면, 상품인수 시 발생하는 인수운임, 매입수수료, 보관료, 하역비 등이 매입부대비용에 속한다. 이들 매입비용은 상품의 원가를 구성하므로 상품 취득원가에 포함시킨다.

(차) 매　　입　×××	(대) 외 상 매 입 금　×××
⇩ 매입가액 + 부대비용	

㉡ 상품을 판매하는 경우에도 이와 관련하여 추가적으로 비용이 발생할 수 있는데, 이를 매출제비용이라고 한다. 예를 들면, 상품발송 시 지출되는 발송운임, 판매수수료, 선적비용, 보관료 등이 매출제비용에 속한다. 매출제비용은 상품을 판매하는 경우 부수적으로 발생되는 비용으로서 이에 대한 회계처리는 물류원가와 관리비로 처리한다.

개념적용 문제

01 다음 거래를 회계처리하시오.

(1) (주)한국은 상품 ₩100,000을 외상으로 매입하고 인수운임 등 제비용 ₩10,000은 현금으로 지급하다.
(2) (주)한국은 상품을 ₩200,000에 판매하고, 대금 중 ₩150,000은 자기앞수표로 받고 잔액은 외상으로 하다. 그리고 발송운임 ₩10,000은 현금으로 지급하다.

정답

	차변	금액	대변	금액
(1)	(차) 매입	110,000	(대) 외상매입금	100,000
			현금	10,000
(2)	(차) 외상매출금	50,000	(대) 매출	200,000
	현금	150,000	현금	10,000
	운반비	10,000		

② **매입환출 · 매입에누리 · 매입할인**

㉠ 매입환출은 매입한 상품 중에서 품질불량 또는 파손상품 등 상품에 하자가 있어 거래처에 반품하는 것을 말한다.

㉡ 매입에누리는 ㉠과 같은 사유로 인해 반품한 것이 아니라 상품의 매입대금 일부를 에누리 받은 것이다.

㉢ 매입할인은 상품의 구매자가 외상매입금을 약정된 기일보다 미리 지급하는 경우에 판매자로부터 외상매입금을 할인받은 것으로, 이를 현금할인이라고 한다. 할인에는 거래할인, 수량할인, 현금할인 등이 있지만 본서에서는 현금할인만 학습한다. 현금할인은 매출송장에 '2/10, n/30'의 신용조건이 기록되어 있는 경우 송장일자로부터 30일 이내에 대금을 지급해야 하고, 만약 10일 이내에 대금지급이 이루어지면 송장가액에서 매입에누리와 환출액을 차감한 금액(순매입액)에서 2%의 할인을 해준다는 뜻이다. 또한 매출송장에 '1/10, EOM'의 신용조건이 기록되어 있는 경우에는 송장일의 월말(EOM; End Of Month) 이전에 대금을 지급해야 하고, 만약 10일 이내에 대금지급이 이루어지면 송장가액에서 매입에누리와 환출액을 차감한 금액(순매입액)에서 1%의 할인을 해준다는 뜻이다. 위와 같은 거래가 발생하면 상품을 매입할 당시의 분개를 역분개하여 매입액을 감소시킨다.

③ **매출환입 · 매출에누리 · 매출할인**

㉠ 매출환입은 매출한 상품 중에서 품질불량 또는 파손상품 등 상품에 하자가 있어 거래처에서 반품되어 온 것을 말한다.

㉡ 매출에누리는 ㉠과 같은 사유로 인해 반품되어 온 것이 아니라 상품의 매출대금 일부를 에누리해준 것이다.

㉢ 매출할인은 상품의 판매자가 외상매출금을 약정된 기일보다 미리 회수하는 경우에 구매자에게 외상매출금을 할인해준 것이다.

매입 시	(차) 매　　입	×××	(대) 외상매입금	×××
환출·에누리 시	(차) 외상매입금	×××	(대) 매　　입	×××
매출 시	(차) 외상매출금	×××	(대) 매　　출	×××
환입·에누리 시	(차) 매　　출	×××	(대) 외상매출금	×××
등식	총매입액 − 환출·매입에누리·매입할인 = 순매입액			
	총매출액 − 환입·매출에누리·매출할인 = 순매출액			

개념적용 문제

02 20×1년 5월 8일 (주)한국은 (주)대한에게 상품 ₩500,000을 '2/10, n/30' 조건으로 외상 판매한 후 5월 15일에 외상 대금 전부를 현금으로 회수하였다. 이 거래를 각각의 입장에서 회계처리하시오.

정답 1. (주)한국(판매자)

	(차)		(대)	
•5월 8일:	외상매출금	500,000	매　　출	500,000
•5월 15일:	현　　금	490,000*	외상매출금	500,000
	매출할인(또는 매출)	10,000		

2. (주)대한(구매자)

	(차)		(대)	
•5월 8일:	매　　입	500,000	외상매입금	500,000
•5월 15일:	외상매입금	500,000	현　　금	490,000*
			매입할인(또는 매입)	10,000

* 외상매출금 할인액: 500,000 × 2% = ₩10,000

2. 상품매매의 기장방법

- **단일상품계정**
  - 순수상품계정: 분기법
  - 혼합상품계정: 총기법
- **상품계정의 분할**
  - 2분법: 매입, 매출
  - 3분법: 이월상품, 매입, 매출
  - 5분법: 이월상품, 매입, 매출, 매입환출 및 매입에누리, 매출환입 및 매출에누리

(1) 분기법(순수상품계정)

분기법은 상품계정을 원가로 기입하는 방법이다. 따라서 상품을 매출하는 경우에는 매출한 상품의 원가와 이익을 구분하여 원가는 상품계정 대변에 기입하고 매출손익은 상품매출이익계정 대변 또는 상품매출손실계정은 차변에 기입하는 방법이다. 상품을 매출하는 시점에서 매출원가를 파악하고, 매출이익을 파악할 수 있다는 장점이 있다. 이 방법에서의 상품계정의 잔액은 항상 차변잔액이고, 기말상품재고액을 의미한다.

• 상품매입 시:	(차) 상품	×××	(대) 외상매입금 등	×××
• 상품매출 시:	(차) 외상매출금 등	×××	(대) 상품	×××
			상품매출이익	×××

상품(순수계정)

차변	금액	대변	금액
기초상품재고액	×××(원가)	매출원가	×××(원가)
환입	×××(원가)	환출 및 매입에누리	×××(원가)
매입액(제비용포함)	×××(원가)	기말상품재고액	×××(원가)
판매가능액 ⇦	×××		×××

(2) 총기법(혼합상품계정)

총기법은 상품을 매입하는 경우에는 분기법과 마찬가지로 상품계정 차변에 원가를 기록하지만, 상품을 매출하는 경우에는 분기법과 달리 원가와 이익을 분리하지 않고 매출가격을 상품계정 대변에 기입하는 방법으로서 상품의 판매 시에 이익을 별도로 계산하지 않고 기말결산 시 일괄적으로 상품매출이익을 계산하는 방법이다.

• 상품매입 시:	(차) 상품	×××	(대) 외상매입금 등	×××
• 상품매출 시:	(차) 외상매출금 등	×××	(대) 상품	×××

상품(혼합계정)

차변	금액	대변	금액
기초상품재고액	×××(원가)	매출액	×××(매가)
환입 및 매출에누리	×××(매가)	환출 및 매입에누리	×××(원가)
매입액(제비용포함)	×××(원가)	기말상품재고액	×××(원가)
상품매출이익	×××(이익)		
	×××		×××

개념적용 문제

03 다음 거래를 분기법과 총기법에 의해 회계처리를 하시오.

> (1) (주)한국에서 상품 ₩120,000을 매입하고 대금은 인수운임 ₩10,000과 함께 수표발행하여 지급하다.
> (2) (주)대한에 상품 ₩150,000(원가 ₩100,000)을 외상으로 매출하고 발송운임 ₩10,000은 현금으로 지급하다.
> (3) (주)대한에 판매하였던 상품 중 불량품으로 ₩15,000(원가 ₩10,000)이 반품되어 오다.

정답 1. 분기법

	차변	금액	대변	금액
(1)	(차) 상품	130,000	(대) 당좌예금	130,000
(2)	(차) 외상매출금	150,000	(대) 상품	100,000
	운반비	10,000	상품매출이익	50,000
			현금	10,000
(3)	(차) 상품	10,000	(대) 외상매출금	15,000
	상품매출이익	5,000		

2. 총기법

	차변	금액	대변	금액
(1)	(차) 상품	130,000	(대) 당좌예금	130,000
(2)	(차) 외상매출금	150,000	(대) 상품	150,000
	운반비	10,000	현금	10,000
(3)	(차) 상품	15,000	(대) 외상매출금	15,000

(3) 상품계정의 분할 ⇨ 3분법

상품거래를 총기법에 의하여 기록하면 모든 매입거래와 매출거래를 혼합상품계정에 기입하게 되어 사무분담이 불가능할 뿐만 아니라, 일정한 기간의 순매입액, 순매출액, 매출원가 등의 정보를 용이하게 파악할 수 없고 상품계정이 매우 복잡하게 된다. 따라서 상품매매와 관련된 활동이 분업하는 과정에 의해 상품계정을 여러 개로 분할하는데 대표적인 방법이 이월상품, 매입, 매출계정으로 분할하는 3계정 분할이다.

① **이월상품계정**(자산): 기말까지 판매되지 않고 재고로 남아 있는 상품의 원가를 표시하는 계정으로 전기말 재고액(기초상품)과 당기말(기말상품) 재고액을 기록하는 자산계정이다.

이월상품

전기이월	₩100	㉠ 매입	₩100
㉡ 매입	80	차기이월	80
	₩180		₩180

[결산정리분개]

	차변	금액	대변	금액
㉠ 기초상품:	(차) 매입	100	(대) 이월상품	100
㉡ 기말상품:	(차) 이월상품	80	(대) 매입	80

② **매입계정**(비용): 당기 중에 매입한 매입총액을 차변에 기입하고, 매입총액에서 매입환출, 매입에누리, 매입할인을 차감하면 순매입액이 계산된다. 매출원가를 구하기 위해 기초재고액과 기말재고액이 대체되면 매입계정에서 매출원가가 산출된다. 매입계정을 마감하는 방법으로는 매입계정에서 계산된 매출원가를 손익계정으로 대체하는 총액법이 있고, 매출원가를 매출계정에 대체하는 순액법이 있다. 총액법에서는 상품매출이익이 손익계정에서 계산되며, 순액법에서는 상품매출이익이 매출계정에서 계산된다.

매입(총액법)

총매입액	₩200	환출 · 에누리	₩10
㉠ 이월상품	100	㉡ 이월상품	80
		㉢ 손익	210
	₩300		₩300

[결산정리분개]

㉢ 매출원가 대체분개:	(차) 손익	210	(대) 매입	210

매입(순액법)

총매입액	₩200	환출 · 에누리	₩10
㉠ 이월상품	100	㉡ 이월상품	80
		㉢ 매출	210
	₩300		₩300

[결산정리분개]

㉢ 매출원가 대체분개:	(차) 매출	210	(대) 매입	210

③ **매출계정**(수익): 당기 중에 매출한 매출총액을 대변에 기입하고, 매출총액에서 매출환입, 매출에누리, 매출할인을 차감하면 순매출액이 계산된다. 매출계정을 마감하는 방법으로 총액법을 사용하면 매출계정잔액은 순매출액으로 표시되고, 순액법을 사용하면 매출계정잔액은 상품매출이익이 된다.

매출(총액법)

환입 · 에누리	₩30	총매출액	₩300
㉠ 손익	270		
	₩300		₩300

[결산정리분개]

㉠ 순매출액 대체분개: (차) 매	출	270	(대) 손	익	270

매출(순액법)

차변	금액	대변	금액
매 출 에 누 리	₩30	총 매 출 액	₩300
㉡ 매 입	210		
㉠ 손 익	60		
	₩300		₩300

[결산정리분개]

㉠ 매출이익 대체분개: (차) 매	출	60	(대) 손	익	60

④ 3분법계정의 결산정리

㉠ 총액법

ⓐ 이월상품계정의 기초상품재고액을 매입계정 차변에 대체하고, 기말상품재고액을 매입계정 대변에 대체한 후, 차기이월로 마감한다.

ⓑ 매입계정 차변잔액(순매입액)을 손익계정 차변에 대체하고, 매출계정 대변잔액(순매출액)을 손익계정 대변에 대체한다.

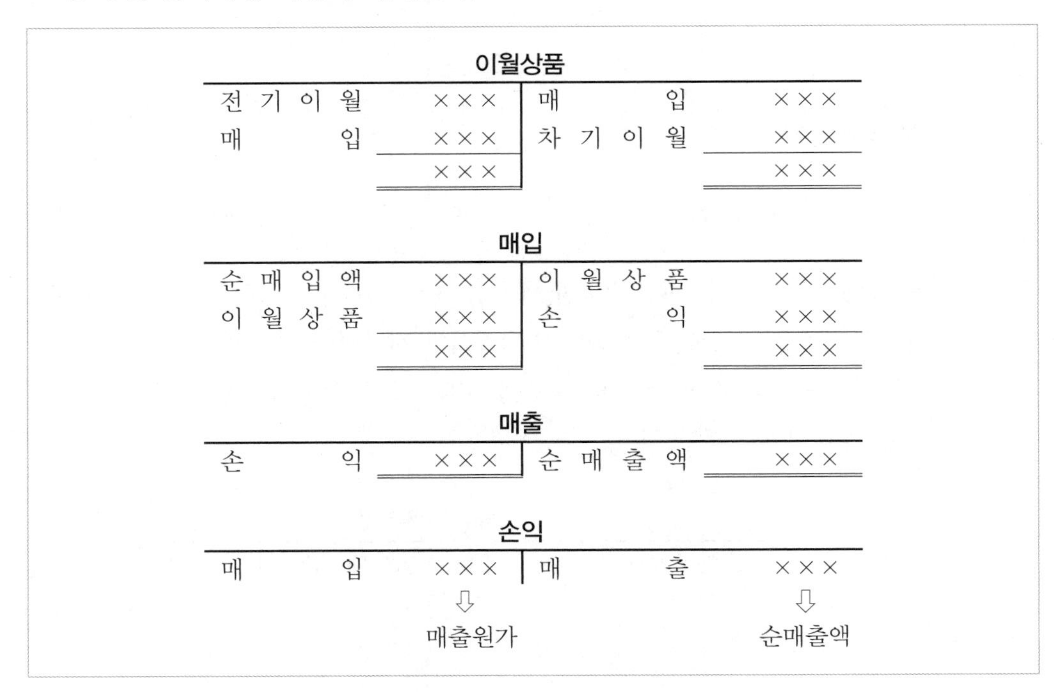

이월상품

차변	금액	대변	금액
전 기 이 월	×××	매 입	×××
매 입	×××	차 기 이 월	×××
	×××		×××

매입

차변	금액	대변	금액
순 매 입 액	×××	이 월 상 품	×××
이 월 상 품	×××	손 익	×××
	×××		×××

매출

차변	금액	대변	금액
손 익	×××	순 매 출 액	×××

손익

차변	금액	대변	금액
매 입	×××	매 출	×××
	⇩ 매출원가		⇩ 순매출액

㉡ 순액법

ⓐ 이월상품계정의 기초상품재고액을 매입계정 차변에 대체하고, 기말상품재고액을 매입계정 대변에 대체한 후, 차기이월로 마감한다.

ⓑ 매입계정 차변잔액(순매입액)을 매출계정 차변에 대체하고, 매출계정 대변잔액(상품매출이익)을 손익계정 대변에 대체한다.

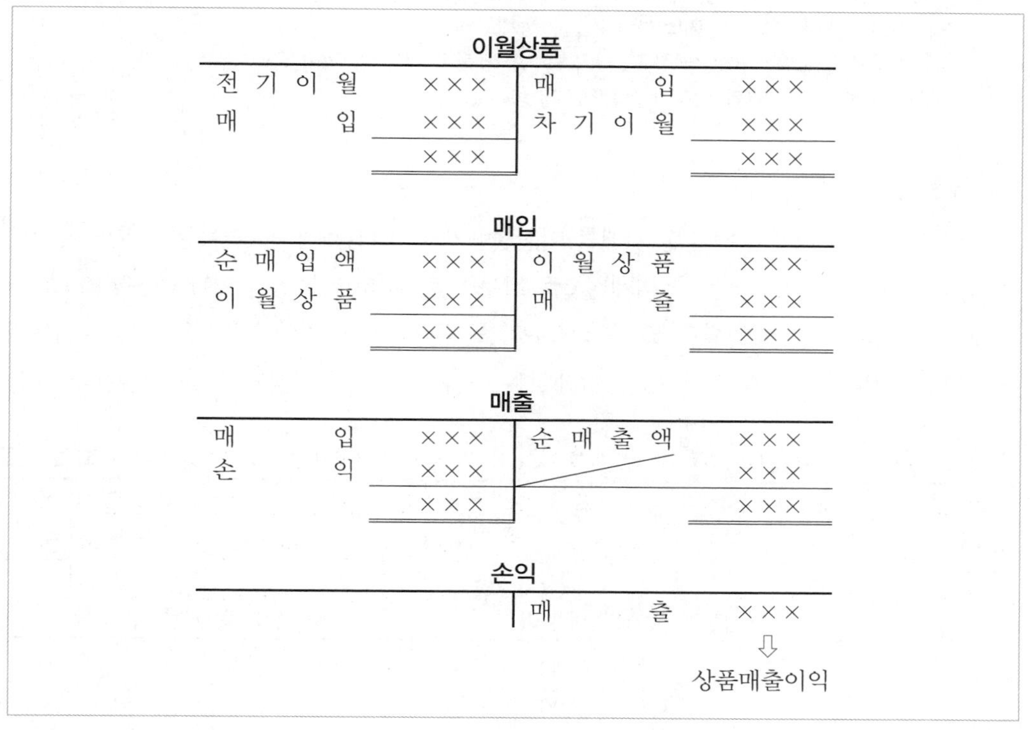

㉢ 총액법 대체분개

구분	차변	대변
기초상품재고액	매 입 ×××	이월상품 ×××
기말상품재고액	이월상품 ×××	매 입 ×××
매출원가	손 익 ×××	매 입 ×××
순매출액	매 출 ×××	손 익 ×××

㉣ 순액법 대체분개

구분	차변	대변
기초상품재고액	매 입 ×××	이월상품 ×××
기말상품재고액	이월상품 ×××	매 입 ×××
매출원가	매 출 ×××	매 입 ×××
상품매출이익	매 출 ×××	손 익 ×××

ⓐ 매출원가는 매입계정에서 산출한다.

ⓑ 상품매출이익을 총액법은 손익계정에서 산출하고, 순액법은 매출계정에서 산출한다.

▶▶ 재고자산 관련 주요 등식

- 총매입액 − 매입할인 · 매입에누리 · 매입환출 = 순매입액
- 총매출액 − 매출할인 · 매출에누리 · 매출환입 = 순매출액
- ┌ 기초상품재고액 + 순매입액 − 기말상품재고액 = 매출원가
  └ 기초제품재고액 + 완성품제조원가 − 기말제품재고액 = 매출원가
- 순매출액 − 매출원가 = 매출총이익(매출총손실)

(4) 5분법

5분법은 상품매매와 관련된 거래를 이월상품계정, 매입계정, 매출계정, 매입환출 및 매입에누리계정, 매출환입 및 매출에누리계정으로 나누어 회계처리하는 방법이다. 5분법이 3분법과 다른 점은 3분법에서는 매입환출 및 매입에누리를 매입계정 대변에, 매출환입 및 매출에누리를 매출계정 차변에 표시해 두지만 5분법에서는 이들을 별도의 계정으로 독립시켜 표시하는 데 있다.

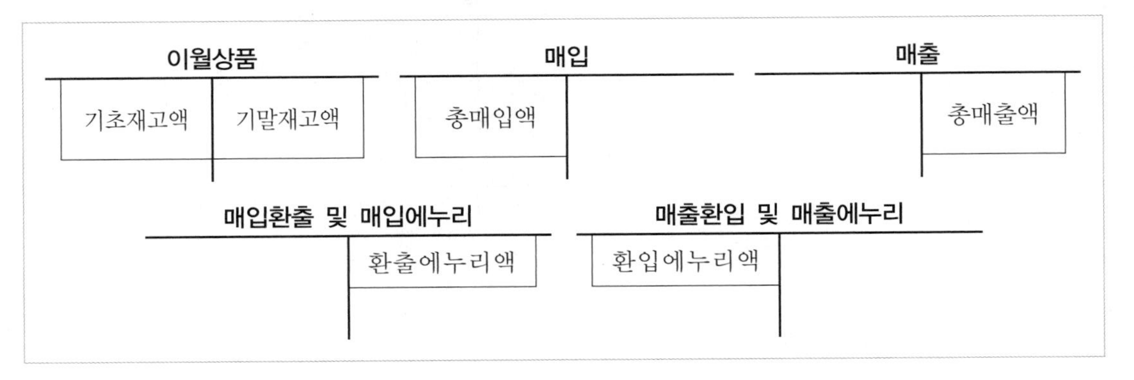

▶▶ 3분법과 5분법 회계처리 비교

거래	3분법	5분법
매입 시	(차) 매 입 ××× (대) 외 상 매 입 금 ×××	(차) 매 입 ××× (대) 외 상 매 입 금 ×××
환출 · 에누리 시	(차) 외 상 매 입 금 ××× (대) 매 입 ×××	(차) 외 상 매 입 금 ××× (대) 매입환출 및 매입에누리 ×××
매출 시	(차) 외 상 매 출 금 ××× (대) 매 출 ×××	(차) 외 상 매 출 금 ××× (대) 매 출 ×××
환입 · 에누리 시	(차) 매 출 ××× (대) 외 상 매 출 금 ×××	(차) 매출환입 및 매출에누리 ××× (대) 외 상 매 출 금 ×××

개념적용 문제

04 다음 거래를 3분법과 5분법에 의해 회계처리를 하시오.

(1) (주)한국상사로부터 상품 ₩200,000을 외상으로 매입하고 인수운임 ₩20,000은 현금으로 지급하다.
(2) 상기 상품 중 파손품이 있어 ₩25,000을 환출하고, 불량품에 대하여 ₩5,000을 에누리로 받다.
(3) (주)대한민국에 상품 ₩500,000을 외상으로 매출하다.
(4) 상기 상품 중 파손품 ₩40,000이 환입되다.

정답 1. 3분법

	차변	금액	대변	금액
(1)	(차) 매입	220,000	(대) 외상매입금	200,000
			현금	20,000
(2)	(차) 외상매입금	30,000	(대) 매입	30,000
(3)	(차) 외상매출금	500,000	(대) 매출	500,000
(4)	(차) 매출	40,000	(대) 외상매출금	40,000

2. 5분법

	차변	금액	대변	금액
(1)	(차) 매입	220,000	(대) 외상매입금	200,000
			현금	20,000
(2)	(차) 외상매입금	30,000	(대) 매입환출에누리	30,000
(3)	(차) 외상매출금	500,000	(대) 매출	500,000
(4)	(차) 매출환입에누리	40,000	(대) 외상매출금	40,000

05 다음 상품매매에 관한 자료에 의하여 총기법, 3분법, 5분법에 따른 계정 기입을 하고, 상품매출손익을 산출하기 위한 회계처리를 한 후 동 계정을 마감하시오.

•기초상품재고액	₩300,000	•매입액(외상)	₩900,000
•매출액	1,300,000	•매입환출액	40,000
•매출에누리액	30,000	•기말상품재고액	250,000

정답 1. 총기법

(차) 상품 360,000 (대) 상품매출이익 360,000

상품

차변	금액	대변	금액
전기이월	₩300,000	외상매출금	₩1,300,000
외상매입금	900,000	외상매입금	40,000
외상매출금	30,000	차기이월	250,000
상품매출이익	360,000		
	₩1,590,000		₩1,590,000

2. 3분법

	차변	금액	대변	금액
(1)	(차) 매입	300,000	(대) 이월상품	300,000
(2)	(차) 이월상품	250,000	(대) 매입	250,000
(3)	(차) 손익	910,000	(대) 매입	910,000
(4)	(차) 매출	1,270,000	(대) 손익	1,270,000

이월상품

전기이월	₩300,000	(1) 매입	₩300,000
(2) 매입	250,000	차기이월	250,000
	₩550,000		₩550,000

매입

외상매입금	₩900,000	외상매입금	₩40,000
(1) 이월상품	300,000	(2) 이월상품	250,000
		(3) 손익	910,000
	₩1,200,000		₩1,200,000

매출

외상매출금	₩30,000	외상매출금	₩1,300,000
(4) 손익	1,270,000		
	₩1,300,000		₩1,300,000

손익

(3) 매입	910,000	(4) 매출	1,270,000

3. 5분법

	차변	금액	대변	금액
(1)	(차) 매입환출에누리	40,000	(대) 매입	40,000
(2)	(차) 매출	30,000	(대) 매출환입에누리	30,000
(3)	(차) 매입	300,000	(대) 이월상품	300,000
(4)	(차) 이월상품	250,000	(대) 매입	250,000
(5)	(차) 손익	910,000	(대) 매입	910,000
(6)	(차) 매출	1,270,000	(대) 손익	1,270,000

이월상품

전기이월	₩300,000	(3) 매입	₩300,000
(4) 매입	250,000	차기이월	250,000
	₩550,000		₩550,000

매입

외상매입금	₩900,000	(1) 환출에누리	₩40,000
(3) 이월상품	300,000	(4) 이월상품	250,000
		(5) 손익	910,000
	₩1,200,000		₩1,200,000

매입환출 및 매입에누리

(1) 매입	₩40,000	(2) 외상매입금	₩40,000

손익

(5) 매입	₩910,000	(6) 매출	₩1,270,000

매출환입 및 매출에누리

외상매출금	₩30,000	(2) 매출	₩30,000

매출

(2) 환입에누리	₩30,000	외상매출금	₩1,300,000
(6) 손익	1,270,000		
	₩1,300,000		₩1,300,000

제2절 재고자산의 정의 및 분류

1. 재고자산의 정의

재고자산은 일반적으로 상품, 소모품, 원재료, 재공품, 제품 등으로 분류하며, 구체적으로는 다음의 자산을 말한다.

① 통상적인 영업과정에서 판매를 위하여 보유 중이거나, 생산 중인 자산
② 생산이나 용역제공에 사용될 원재료나 소모품
③ 용역제공기업의 재고자산에는 관련된 수익이 아직 인식되지 않은 용역원가

어떤 항목들을 재고자산으로 분류할 것인지는 그 기업의 주된 영업활동의 목적이 무엇인가에 따라 달라진다. 예를 들면, 일반적인 기업에서 토지를 취득하여 영업활동에 사용한다면 '토지'의 과목으로 하여 유형자산으로 분류하고, 영업활동에 사용하지 않는다면 '투자부동산'의 과목으로 하여 투자자산으로 분류하지만, 부동산매매업을 하는 기업이 판매목적으로 토지를 취득하였다면 '상품'의 과목으로 하여 재고자산으로 분류한다.

2. 재고자산의 분류

(1) 상품

기업이 통상적인 영업활동 과정에서 판매를 목적으로 구입한 자산을 말한다.

① 부동산매매업 ⇨ 토지, 건물 등(일반적인 기업에서는 토지, 건물 등으로 처리)
② 자동차 판매회사 ⇨ 자동차(일반적인 기업에서는 차량운반구로 처리)
③ 가구점 ⇨ 책·걸상, 응접세트 등(일반적인 기업에서는 비품으로 처리)
④ 증권회사 ⇨ 주식, 사채 등(일반적인 기업에서는 금융자산으로 처리)

(2) 제품

기업 내부에서 판매를 목적으로 자가 제조한 생산품을 말한다.

(3) 반제품

자가 제조한 중간제품과 부분품 등을 말한다.

(4) 재공품

제품의 제조를 위하여 생산 중에 있는 물품 등을 말한다.

(5) 원재료

제품을 제조·가공할 목적으로 구입한 원료, 재료 등을 말한다.

(6) 저장품(소모품)

내용연수가 1년 미만인 예비부품과 수선용구를 말한다.

3. 재고자산의 범위

재무상태표에 표시되는 재고자산의 범위는 수익인식기준에 의해서 결정된다. 즉, 이미 수익(매출)으로 인식한 재고자산은 재무상태표에 포함할 수 없다.

▶▶ 재고자산의 범위

종류		재고자산의 포함 여부
미착상품(운송 중인 상품)	선적지 인도조건	구매자의 재고포함
	도착지 인도조건	판매자의 재고포함
시송품	매입의사 표시 有	불포함(매출인식)
	매입의사 표시 無	재고자산 포함
적송품	수탁자가 보관 중인 미판매분	재고자산 포함
반품률이 높은 재고자산	반품가능성 有	매출불인식(재고자산 불포함)
	반품가능성 無	매출인식(재고자산 불포함)
할부판매상품	인도시점에서 매출인식	불포함(매출인식)
저당상품	저당권이 행사되기 전까지 제공자의 재고자산	제공자의 재고포함

(1) 미착상품

미착상품은 재고자산이 판매자로부터 구매자에게 운송 중에 있는 상품(미착상품, 미착원재료 등)이며, 선적지 인도조건(FOB shipping point)인 경우에는 상품이 선적된 시점에서 소유권이 매입자에게 이전되기 때문에 미착상품은 매입자의 재고자산에 포함하지만, 도착지 인도조건(FOB destination)인 경우 상품이 목적지에 도착했을 때 소유권이 매입자에게 이전되기 때문에 매입자의 재고자산에 포함되지 않고 판매자의 재고자산에 포함한다.

▶▶ 미착상품의 기말재고자산 포함 여부

구분	구매자	판매자
선적지 인도조건	포함	불포함
도착지 인도조건	불포함	포함

(2) 시송품

시송품(시용품)은 구매자에게 일정 기간 동안 사용한 후에 매입 여부를 결정하라는 조건으로 판매한 상품을 말한다. 구매자가 매입의사표시를 하면 매출이 실현된 것으로 보고 매입의사표시를 하기 전까지는 판매자의 재고자산에 포함해야 한다.

(3) 적송품

적송품(Consignment Goods)은 위탁자가 수탁자에게 판매를 위탁하여 발송한 상품(원가발송)을 말한다. 수탁자가 수탁상품을 제3자에게 판매하면 매출이 실현된 것으로 보고, 판매하기 전까지는 위탁자의 재고자산에 포함한다.

(4) 반품률이 높은 재고자산

① **반품가능성을 합리적으로 예측할 수 있는 경우**: 상품 인도 시에 반품률을 적절히 반영하여 수익을 인식하므로 판매자의 재고자산에서 제외하고 매출수익으로 인식한다. 이때 반품할 금액은 수익에서 차감하여 환불부채로 처리한다.

② **반품가능성을 합리적으로 예측할 수 없는 경우**: 구매자가 상품의 인수를 수락하거나 반품기간이 종료된 시점까지는 수익을 인식하지 않고 재고자산에도 포함하지 않는다. 이때 고객으로부터 받은 현금은 환불부채로 처리한다.

(5) 할부판매상품

상품을 판매하고 대금을 여러 차례에 걸쳐서 분할하여 회수하기로 한 경우를 할부판매라 한다. 할부판매는 장·단기 구분 없이 판매(인도)시점에 매출이 실현된 것으로 보기 때문에 판매자의 재고자산에서 제외한다.

(6) 저당상품

금융기관 등으로부터 자금을 차입하고 그 담보로 제공된 저당상품은 저당권이 실행되기 전까지는 담보제공자 소유이다. 따라서 저당권이 실행되어 소유권이 이전되기 전에는 단순히 저당만 제공한 상태이므로 담보제공자의 재고자산에 해당된다.

(7) 특별주문 상품

구매자로부터 특별주문 받은 상품은 아직 인도되지 않았더라도 타 회사 재고자산으로부터 구분할 수 있는 상태라면 매출된 것으로 간주하여 재고자산에 포함하지 않는다.

개념적용 문제

06 **(주)한국이 20×1년 말 실지재고조사한 재고자산 원가는 ₩50,000으로 파악되었다. (주)한국이 재고자산과 관련하여 다음 추가사항을 고려할 경우 정확한 기말재고자산은? (단, 재고자산감모손실과 재고자산평가손실은 없다.)** 제27회 기출

> ○ 20×1년 12월 27일 (주)대한으로부터 FOB 선적지 인도조건으로 매입하여 운송 중인 상품의 원가는 ₩15,000이며, 이 상품은 20×2년 초 (주)한국에 도착할 예정이다.
> ○ (주)한국이 20×1년 중 구매자에게 시용판매의 목적으로 인도한 상품의 원가는 ₩20,000이며, 기말 현재 구입자는 이 상품에 대해 30%의 구입의사 표시를 하였다.
> ○ (주)한국이 20×1년 말 실사한 재고자산 중 ₩20,000은 주거래은행의 차입금에 대한 담보로 제공 중이며, 저당권은 아직 실행되지 않았다.
> ○ (주)한국이 20×1년 중 위탁판매를 위해 수탁자인 ㈜민국에게 적송한 상품의 원가는 ₩15,000이며, 기말 현재 (주)민국은 60%의 판매 완료를 통보해 왔다.

① ₩70,000 ② ₩77,000 ③ ₩85,000
④ ₩91,000 ⑤ ₩105,000

해설 • 재고자산: 50,000 + 15,000 + (20,000 × 0.7) + (15,000 × 0.4) = ₩85,000
• 차입금에 대한 담보로 제공 중인 재고자산은 이미 재고 실사액 50,000에 포함되어 있어 고려하지 않는다.

정답 ③

07 **다음 자료를 이용하여 계산된 (주)한국의 20×1년 기말재고자산은?** 제17회 기출

> (1) 20×1년 말 (주)한국의 창고에 보관 중인 기말재고자산 실사액은 ₩10,000이다.
> (2) 20×1년 12월 1일 위탁한 적송품 중 기말까지 판매되지 않은 상품의 판매가는 ₩1,000 (매출총이익은 판매가의 20%)이다.
> (3) 20×1년 12월 11일 발송한 시송품(원가 ₩2,000) 중 기말 현재 80%에 대하여 고객의 매입 의사표시가 있었다.
> (4) 20×1년 말 현재 (주)한국이 FOB 도착지 인도조건으로 매입하여 운송 중인 상품의 원가는 ₩3,000이다.
> (5) 20×1년 말 현재 (주)한국이 FOB 선적지 인도조건으로 매출하여 운송 중인 상품의 원가는 ₩4,000이다.

① ₩11,200 ② ₩11,400 ③ ₩14,200
④ ₩15,200 ⑤ ₩18,200

해설
- 정확한 기말재고자산: ₩11,200
- 재고자산 실사액: ₩10,000
- 위탁한 적송품: 1,000 × (1 − 0.2) = ₩800
- 발송한 시송품: 2,000 × (1 − 0.8) = ₩400
- 도착지 인도조건으로 매입한 상품은 판매자의 재고이다.
- 선적지 인도조건으로 매출한 상품은 구매자의 재고이다.

정답 ①

제3절 재고자산의 취득

재고자산의 취득원가는 판매 가능한 상태로 만들기까지 소요된 매입원가, 전환원가 및 재고자산을 현재의 장소에 현재의 상태로 이르게 하는 데 발생한 기타원가 모두를 포함한다.

▶▶ 재고자산의 취득원가

재고자산의 취득원가 = 매입원가 + 전환원가 + 기타원가

1. 매입원가

매입원가는 매입가격에 수입관세와 제세금(환급세액 제외), 매입운임, 하역료 그리고 완제품, 원재료 및 용역의 취득과정에 직접 관련된 기타원가를 가산한 금액이다. 매입원가에 매입할인, 리베이트 및 기타 유사한 항목이 있는 경우에는 동 금액은 매입원가에서 차감하고, 재고자산을 장기연불조건으로 취득하는 경우에는 현금가격상당액만 매입원가에 포함하고 이자상당액은 기간 경과에 따라 이자비용으로 인식한다.

2. 전환원가

자가제조하는 재고자산(제품, 반제품, 재공품)의 취득원가는 원재료의 매입원가와 전환원가의 합계로 한다. 전환원가는 직접노무원가 등 생산량과 직접 관련된 원가와 원재료를 완제품으로 전환하는 데 발생하는 고정제조간접원가 및 변동제조간접원가의 체계적인 배부액을 포함한다.

참고 고정제조간접원가와 변동제조간접원가

- **고정제조간접원가**
  공장 건물이나 기계장치의 감가상각비와 수선유지비 및 공장 관리비처럼 생산량과는 상관없이 비교적 일정한 수준을 유지하는 간접제조원가를 말한다.
- **변동제조간접원가**
  간접재료원가나 간접노무원가처럼 생산량에 따라 직접적으로 또는 거의 직접적으로 변동하는 간접제조원가를 말한다.

3. 기타원가

① 기타원가는 재고자산을 현재의 장소에 현재의 상태로 이르게 하는 데 발생한 범위 내에서만 취득원가에 포함된다. 예를 들면, 특정한 고객을 위한 비제조간접원가 또는 제품 디자인 원가를 재고자산의 원가에 포함하는 것이 적절할 수도 있다.

② 다음의 경우에는 재고자산의 취득원가에 포함할 수 없으며 발생기간의 비용으로 인식하여야 한다.

㉠ 재료원가, 노무원가 및 기타 제조원가 중 비정상적으로 낭비된 부분
㉡ 후속 생산단계에 투입하기 전에 보관이 필요한 경우 이외의 보관원가
㉢ 재고자산을 현재의 장소에 현재의 상태로 이르게 하는 데 기여하지 않은 관리간접원가
㉣ 판매원가

4. 용역제공기업의 재고자산원가

용역제공기업이 재고자산을 가지고 있다면, 이를 제조원가로 측정한다. 이러한 원가는 주로 감독자를 포함한 용역제공에 직접 관여된 인력에 대한 노무원가 및 기타원가와 관련된 간접원가로 구성된다.

5. 생물자산에서 수확한 농림어업 수확물로 구성된 재고자산

생물자산에서 수확한 농림어업 수확물로 구성된 재고자산은 수확시점의 공정가치에서 예상되는 판매비용을 차감한 순공정가치로 측정하여 수확시점에 최초로 인식하도록 규정하고 있다. 이때 공정가치의 변동에 따른 손익은 당기손익으로 인식한다.

6. 자산이 정상적으로 작동되는지를 시험할 때 생산되는 시제품

자산이 정상적으로 작동되는지를 시험할 때 생산된 재화(시제품)를 판매하여 얻은 매각금액(매출)과 그 재화의 원가(매출원가)는 재고자산에 준하여 회계처리하고 당기손익으로 인식한다.

개념적용 문제

08 재고자산에 관한 설명으로 옳지 않은 것은? 제16회 기출

① 재고자산이란 정상적인 영업활동과정에서 판매를 목적으로 소유하고 있거나 판매할 자산을 제조하는 과정에 있거나 제조과정에 사용될 자산을 말한다.
② 재고자산의 취득원가는 매입원가, 전환원가 및 재고자산을 현재의 장소에 현재의 상태로 이르게 하는 데 발생한 기타원가 모두를 포함한다.
③ 재고자산의 매입원가는 매입가격에 수입관세와 매입운임, 하역료, 매입할인, 리베이트 등을 가산한 금액이다.
④ 표준원가법이나 소매재고법 등의 원가측정방법은 그러한 방법으로 평가한 결과가 실제원가와 유사한 경우에 사용할 수 있다.
⑤ 후입선출법은 재고자산의 원가결정방법으로 허용되지 않는다.

해설 재고자산의 매입원가는 매입가격에 수입관세와 매입운임, 하역료 등은 가산하고 매입할인, 리베이트 등을 차감한 금액이다.

정답 ③

09 다음은 재고자산 취득 시 재고자산의 취득원가에 포함할 수 없는 것에 대한 설명으로, 이에 해당하지 않는 것은?

① 재료원가, 노무원가 및 기타 제조원가 중에서 비정상적으로 낭비된 부분
② 후속 생산단계에 투입하기 전에 보관이 필요한 경우 이외의 보관원가
③ 재고자산의 제조에 장기간이 소요된 차입금에 대한 차입원가(이자비용)
④ 판매원가
⑤ 재고자산을 현재의 장소 및 상태에 이르게 하는 데 기여하지 않은 관리간접원가

해설 적격자산인 재고자산의 취득, 건설 또는 제조에 장기간이 소요되는 경우 취득과 직접 관련된 차입금에 대한 차입원가는 원가에 포함한다.

정답 ③

제4절 재고자산의 측정(평가)

재고자산의 측정은 재고자산의 재무상태표가액을 결정하는 과정으로 재고수량, 가격을 결정하여 금액을 산정한다.

▶▶ 재고자산 측정(평가)액

재고수량 × 1개당 단가 = 재고자산 측정(평가)액

재고수량 × 1개당 단가 = 측정금액

수량결정방법	가격결정방법
1. 계속기록법	1. 개별법
2. 실지재고조사법	2. 선입선출법
3. 혼합법	3. 후입선출법
	4. 가중평균법(이동평균법, 총평균법)
	5. 매출가격환원법
	6. 매출총이익률법

* 한국채택국제회계기준(K-IFRS)에서는 후입선출법과 매출총이익률법을 허용하지 않는다.

1. 재고자산의 수량결정방법

(1) 계속기록법(繼續記錄法)

재고자산의 매입과 매출을 계속적으로 장부에 기록하기 때문에 상품매매거래가 빈번하지 않고 재고자산의 원가를 개별적으로 식별가능한 고가의 상품을 취급할 때 적절한 방법이다. 이 방법은 매출수량 및 기말재고수량을 회계기간 중에 언제든지 장부를 이용하여 파악할 수 있는 방법으로, 상품을 매입할 때 상품계정에 기입하고 매입계정은 사용하지 않는다. 그러나 상품을 매출하는 시점에서 매출액과 매출원가를 함께 인식하기 때문에 회계기간 중에도 상품매출이익(매출총이익)을 계산할 수 있는 장점이 있다.

▶▶ 계속기록법에서의 회계처리

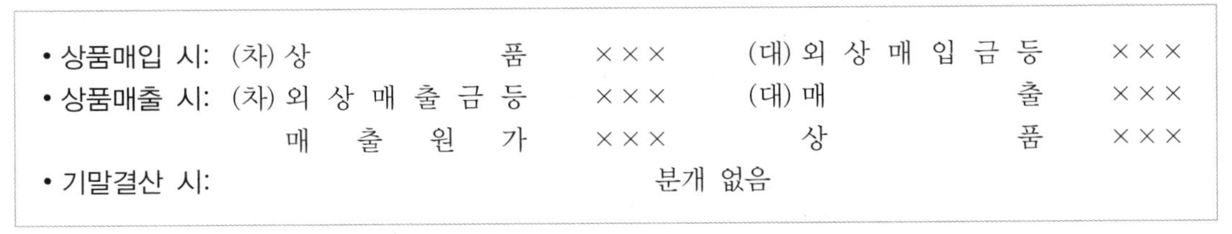

	차변		대변	
• 상품매입 시:	(차) 상품	×××	(대) 외상매입금 등	×××
• 상품매출 시:	(차) 외상매출금 등	×××	(대) 매출	×××
	매출원가	×××	상품	×××
• 기말결산 시:		분개 없음		

▶▶ 계속기록법에서의 회계등식

- **수량등식:** 기초재고량 + 매입수량 − 매출수량 = 기말재고량(장부)
- **금액등식:** 기초재고액 + 매입액 − 매출원가 = 기말재고액(장부)

① **수량표시**

재고자산

기초재고량	500개	당기판매량	2,300개	
당기매입량	2,500개	기말재고량	700개	⇨ 장부상
판매가능량	3,000개		3,000개	

② **금액표시**

재고자산

기초재고액	₩200,000	매 출 원 가	₩850,000	
당기매입액	800,000	기말재고액	150,000	⇨ 장부상
판매가능액	₩1,000,000		₩1,000,000	

(2) 실지재고조사법(實地在庫調査法)

실지재고조사법은 실사법이라고도 한다. 이 방법에 의하면 재고자산을 매입하는 경우에는 원가로 매입계정 차변에 기록하고, 매출하는 경우에는 매가로 매출계정 대변에 기록하므로 매출원가는 별도로 계산되지 않는다. 회계기말에 실사를 통하여 기말재고액이 파악되면 기초재고액에서 당기매입액을 더하고 기말재고액을 차감하여 매출원가를 계산한다. 이 방법은 상품매매가 빈번한 저가의 상품을 취급할 때 적절한 방법이다. 따라서 실사법은 기말결산 시 시산표의 재고자산을 기말재고액으로 수정하고 매출원가를 계산하기 위한 결산정리 분개가 반드시 필요하다.

▶▶ 실지재고조사법에서의 회계처리

• 상품매입 시:	(차) 매 입	×××	(대) 외 상 매 입 금 등	×××
• 상품매출 시:	(차) 외 상 매 출 금 등	×××	(대) 매 출	×××
• 기말결산 시:	(차) 매 입	×××	(대) 이 월 상 품	×××
	이 월 상 품	×××	매 입	×××

▶▶ 실지재고조사법에서의 회계등식

- **수량등식:** 기초재고량 + 매입수량 − 기말재고량(실지수량) = 매출수량
- **금액등식:** 기초재고액 + 매입액 − 기말재고액(실지금액) = 매출원가

① **수량표시**

재고자산

기초재고량	500개	당기판매량	2,500개	
당기매입량	2,500개	기말재고량	500개	⇨ 실제
판매가능량	3,000개		3,000개	

② **금액표시**

재고자산

기초재고액	₩200,000	매 출 원 가	₩850,000	
당기매입액	800,000	기말재고액	150,000	⇨ 실제
판매가능액	₩1,000,000		₩1,000,000	

(3) 혼합법

이 방법은 계속기록법과 실지재고조사법을 병행하는 방법이다. 만약 계속기록법만 사용하고 기말에 재고 실사를 하지 않으면 도난, 부패, 파손, 증발 등의 사유에 의한 감모손실을 파악할 수 없어서 감모손실에 해당하는 금액만큼 기말재고액이 과대계상되고, 그 금액만큼의 이익이 과대계상될 수 있다. 또한 실지재고조사법만 사용하면 판매가능액에서 재고자산의 실사 금액이 매출원가에 포함되어 실제이익보다 장부상의 이익이 과소계상된다. 따라서 계속기록법과 실사법을 병행한 혼합법을 사용하는 것이 재고통제와 재무보고의 적정성을 기하는 측면에서 바람직한 방법이다.

▶▶ 재고자산감모손실

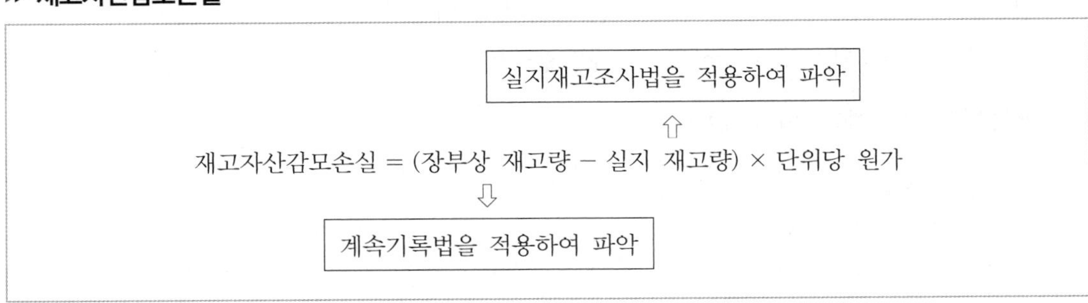

▶▶ 계속기록법과 실지재고조사법의 장단점

계속기록법	• 실무적으로 번잡하다. • 장부의 계속적 기록으로 정확한 재고기록이 장부상 유지된다. • 고가품이고 거래빈도가 적은 상품을 취급하는 경우에 적절한 방법이다. • 실지재고조사의 병행으로 재고자산감모손실의 파악이 가능하다. • 매출원가의 계산과정이 불필요하다. • 도난·분실 등으로 인한 감모손실이 기말재고액에 포함되어 기말재고액이 과대계상될 수 있다.
실지재고조사법	• 실무적으로 편리하다. • 실사를 통해서 정확한 기말재고액을 파악할 수 있다. • 저가품이고 거래빈도가 많은 상품을 취급하는 경우에 적절한 방법이다. • 장부재고액의 파악이 어려워 재고자산감모손실의 파악 또한 불가능하다. • 매출원가의 계산과정이 필요하다. • 도난·분실 등으로 인한 감모손실이 매출원가에 포함되어 비용이 과대계상될 수 있다.

2. 재고자산의 가격결정방법

기업은 회계기간 중에 빈번하게 재고자산을 취득하게 되는데 취득 시마다 동일한 재고자산이라 하더라도 매입단가는 서로 다를 수 있다. 이 경우 재고자산의 단가를 어떤 방법으로 결정하느냐에 따라 기말재고액과 매출원가에 배분되는 금액이 다르게 나타날 수 있다. 여기서 재고자산의 단위원가 결정방법은 실제 물량흐름과는 관계없이 결정하므로, '원가흐름의 가정'이라고도 한다. 한국채택국제회계기준에서는 단위원가 결정방법으로 개별법, 선입선출법, 가중평균법 등을 인정한다.

(1) 한국채택국제회계기준에 의하면 통상적으로 상호 교환될 수 없는 재고자산항목의 원가와 특정 프로젝트별로 생산되는 재화 또는 용역의 원가는 개별법을 사용하여 결정한다.

(2) 개별법이 적용되지 않는 재고자산의 단위원가는 선입선출법이나 가중평균법을 사용하여 결정한다.

(3) 성격과 용도가 유사한 재고자산은 동일한 단위원가 결정방법을 적용하여야 하며, 성격과 용도가 다른 재고자산은 서로 다른 단위원가 결정방법을 적용할 수 있다.

참고 가격결정방법

- **원가법**: 매입가격(제조원가) + 부대비용
  - 개별법 ⇨ 특정 프로젝트별로 생산되는 경우
  - 선입선출법, 가중평균법 ⇨ 개별법을 적용할 수 없는 경우(체계적인 방법)
  - 소매재고법(매출가격환원법) ⇨ 실제원가의 적용이 어려운 유통업의 경우
- **표준원가법**: 실제원가와 유사한 경우 편의상 허용
- **저가법**: 순실현가능가치(시가)가 원가보다 하락한 경우

① **개별법**

㉠ 의의: 개별법(Specific Identification Method)은 재고자산을 개별적으로 구분하여 매입원가 또는 제조원가를 표시해 두었다가 실제 판매되는 재고자산의 원가를 매출원가로 계산하고, 남아있는 재고를 재고자산의 원가로 평가하는 방법이다. 개별법은 실제 물량흐름과 일치하기 때문에 이론상으로는 가장 이상적인 방법이지만, 재고자산의 종류와 수량이 많고 거래가 빈번한 경우에는 실무적으로 거의 불가능하다. 따라서 개별법은 통상적으로 상호 교환될 수 없는 재고자산항목의 원가와 특정 프로젝트별로 생산되는 재화 또는 용역의 원가를 결정하는 방법으로 용이하다.

㉡ 특징

ⓐ 실제 물량흐름과 일치한다.
ⓑ 개별적인 현행수익과 현행원가가 대응되어 수익과 비용의 대응을 기대할 수 있다.
ⓒ 고가의 개별상품을 취급 시 적합한 방법이다.
ⓓ 주관적인 방법이기 때문에 이익조작 가능성이 높다.
ⓔ 재고자산의 종류와 수량이 많고 거래가 빈번한 경우에는 적용하기가 불가능하다.

② **선입선출법**

㉠ 의의: 선입선출법(FIFO; First In First Out)은 재고자산이 입고된 순서에 따라 출고되는 것으로 가정하여 매출원가와 재고자산을 계산하는 방법이다. 매출원가는 입고된 순서에 따라 계산하고, 재고자산은 역순으로 계산된다. 재고기록시스템은 계속기록법과 실지재고조사법을 사용할 수 있으며, 매출원가와 재고자산에 부담되는 금액은 동일하다. 또한 재고자산의 종목별로 적용한다.

㉡ 특징

ⓐ 일반적으로 실제 물량흐름과 일치한다.
ⓑ 기말재고액이 최근에 매입한 원가로 구성되며, 재무상태표의 재고자산은 현행원가로 표시되어 재무상태표 목적에 충실한 방법이다.
ⓒ 현행수익에 과거원가가 대응되므로 수익·비용 대응의 원칙에 부합되지 않는다.
ⓓ 물가가 상승하는 경우 순이익이 과대계상된다.
ⓔ 객관적이고 체계적인 방법으로 이익조작 가능성이 낮다.

③ **후입선출법**

㉠ 의의: 후입선출법(LIFO; Last In First Out)은 재고자산이 입고된 역순으로 출고되는 것으로 가정하여 계산하는 방법이다. 매출원가는 가장 최근에 매입한 원가로 계산되고, 기말 재무상태표의 재고자산은 과거에 매입원가가 재고로 남아 현재 시점에서의 현행원가를 반영하지 못한다. 재고기록시스템은 계속기록법과 실지재고조사법을 사용할 수 있으며, 매출원가와 재고자산에 부담되는 금액이 상이하게 나타난다. 또한 한국채택국제회계기준에서는 허용하지 않는 방법이다.

㉡ 특징

ⓐ 현행수익에 현행원가가 대응되므로, 수익·비용 대응의 원칙에 충실한 방법이다.
ⓑ 물가가 상승하는 경우 순이익이 과소계상되어 보수적인 방법이다.
ⓒ 법인세의 이연효과가 있으므로 현금흐름이 좋아진다.
ⓓ 실제 물량흐름과 일치하지 않는다.
ⓔ 비자발적 청산문제가 발생할 수 있다.
ⓕ 재고자산가액이 과거가격으로 표시되어 재무상태표 목적에 부합되지 않는다.

▶ 재고자산 단위원가 결정방법 간의 크기 비교(물가가 상승할 때)

기말재고자산의 크기	선입선출법 > 이동평균법 ≧ 총평균법 > 후입선출법
매출이익의 크기	선입선출법 > 이동평균법 ≧ 총평균법 > 후입선출법
법인세비용의 크기	선입선출법 > 이동평균법 ≧ 총평균법 > 후입선출법
매출원가의 크기	선입선출법 < 이동평균법 ≦ 총평균법 < 후입선출법
현금흐름의 크기	선입선출법 < 이동평균법 ≦ 총평균법 < 후입선출법

▶ 장부기록시스템

단가결정방법	계속기록법	실지재고조사법
개별법	○	○
선입선출법	○	○
후입선출법	○	○
이동평균법	○	×
총평균법	×	○

개념적용 문제

10 다음 자료에 의하여 선입선출법과 후입선출법에 의한 매출원가, 매출총이익, 기말재고액을 계산하시오. (단, 재고감모손실은 없는 것으로 가정한다)

1월 1일	전 월 이 월	100개	@₩300	₩30,000
7일	매 입	400	400	160,000
8일	매 출	300	600	180,000
15일	매 입	200	450	90,000
27일	매 출	100	600	60,000

해설

상품재고장

(선입선출법) 품명: 甲상품 (단위: 개)

날짜		적요	인수			인도			잔액		
			수량	단가	금액	수량	단가	금액	수량	단가	금액
1	1	전월이월	100	300	30,000				100	300	30,000
	7	매 입	400	400	160,000				100	300	30,000
									400	400	160,000
	8	매 출				100	300	30,000			
						200	400	80,000	200	400	80,000
	15	매 입	200	450	90,000				200	400	80,000
									200	450	90,000
	27	매 출				100	400	40,000	100	400	40,000
									200	450	90,000
	31	차월이월				100	400	40,000			
						200	450	90,000			
			700		280,000	700		280,000			
2	1	전월이월	100	400	40,000				100	400	40,000
			200	450	90,000				200	450	90,000

• 선입선출법의 경우(계속기록법과 실지재고조사법의 결과가 같다)

1. 기말상품재고액: 100개 × @₩400 = ₩40,000
   200개 × @₩450 = ₩90,000 ∴ ₩130,000
2. 매출원가: 100개 × @₩300 = ₩30,000
   300개 × @₩400 = ₩120,000 ∴ ₩150,000
3. 순매출액: 300개 × @₩600 = ₩180,000
   100개 × @₩600 = ₩60,000 ∴ ₩240,000
4. 매출총이익: 240,000 − 150,000 = ₩90,000

상품재고장

(후입선출법) 품명: 甲상품 (단위: 개)

날짜		적요	인수			인도			잔액		
			수량	단가	금액	수량	단가	금액	수량	단가	금액
1	1	전월이월	100	300	30,000				100	300	30,000
	7	매 입	400	400	160,000				100	300	30,000
									400	400	160,000
	8	매 출				300	400	120,000	100	300	30,000
									100	400	40,000
	15	매 입	200	450	90,000				100	300	30,000
									100	400	40,000
									200	450	90,000
	27	매 출				100	450	45,000	100	300	30,000
									100	400	40,000
									100	450	45,000
	31	차월이월				100	300	30,000			
						100	400	40,000			
						100	450	45,000			
			700		280,000	700		280,000			
2	1	전월이월	100	300	30,000				100	300	30,000
			100	400	40,000				100	400	40,000
			100	450	45,000				100	450	45,000

- 후입선출법하에서 계속기록법의 경우

1. 기말상품재고액: 100개 × @₩300 = ₩30,000
   100개 × @₩400 = ₩40,000
   100개 × @₩450 = ₩45,000 ∴ ₩115,000
2. 매출원가: 300개 × @₩400 = ₩120,000
   100개 × @₩450 = ₩45,000 ∴ ₩165,000
3. 순매출액: 300개 × @₩600 = ₩180,000
   100개 × @₩600 = ₩60,000 ∴ ₩240,000
4. 매출총이익: 240,000 − 165,000 = ₩75,000

- 후입선출법하에서 실지재고조사법의 경우

1. 기말상품재고액: 100개 × @₩300 = ₩30,000
   200개 × @₩400 = ₩80,000 ∴ ₩110,000
2. 매출원가: 200개 × @₩400 = ₩80,000
   200개 × @₩450 = ₩90,000 ∴ ₩170,000
3. 순매출액: 300개 × @₩600 = ₩180,000
   100개 × @₩600 = ₩60,000 ∴ ₩240,000
4. 매출총이익: 240,000 − 170,000 = ₩70,000

④ 가중평균법

㉠ 의의

ⓐ 가중평균법은 기초재고자산과 회계기간 중에 매입 또는 생산된 재고자산의 원가를 가중평균하여 재고항목의 단위원가를 결정하는 방법으로 적용이 간단하고 객관적인 방법이며, 이익조작 가능성이 적다는 장점이 있다.

ⓑ 가중평균법은 기업의 상황에 따라 주기적으로 계산(총평균법)하거나 매입 또는 생산할 때마다 계산(이동평균법)할 수 있다. 이동평균법은 재고자산을 매입할 때마다 평균단가를 계산해야 하기 때문에 계속기록법만 적용이 가능하고, 총평균법은 상품을 매입할 때마다 평균단가를 계산하는 것이 아니라 일정한 기간 단위로 계산하기 때문에 실지재고조사법에만 적용이 가능하다.

㉡ 가중평균법에서의 단위당 원가 계산방법

ⓐ **총평균법**(기말 총평균단가): 일정 기간의 총액

$$\text{단위당 총평균원가} = \frac{\text{기초재고액 + 당기 순매입액} \Rightarrow \text{판매가능액}}{\text{기초재고수량 + 당기 순매입수량} \Rightarrow \text{판매가능수량}}$$

ⓑ **이동평균법**(이동평균단가): 매입할 때마다 단가 조정

$$\text{단위당 이동평균원가} = \frac{\text{매입이전 재고액 + 매입액}}{\text{매입이전 재고수량 + 매입수량}}$$

㉢ 특징

ⓐ 선입선출법과 후입선출법의 평균치로 계산된다.

ⓑ 객관적이고 중립적이기 때문에 이익조작 가능성이 낮다.

ⓒ 실제 물량흐름과 일치하지 않는다.

ⓓ 수익·비용 대응의 원칙에 부합되지 않는다.

개념적용 문제

11 다음 자료에 의하여 총평균법과 이동평균법에 의한 매출원가, 매출총이익, 기말재고액을 계산하시오. (단, 재고감모손실은 없는 것으로 가정한다)

1월 1일	전월이월	100개	@₩300	₩30,000
7일	매 입	400	400	160,000
8일	매 출	300	600	180,000
15일	매 입	200	450	90,000
27일	매 출	100	600	60,000

해설

상품재고장

(이동평균법) 품명: 甲상품 (단위: 개)

날짜		적요	인수			인도			잔액		
			수량	단가	금액	수량	단가	금액	수량	단가	금액
1	1	전월이월	100	300	30,000				100	300	30,000
	7	매 입	400	400	160,000				500	380	190,000
	8	매 출				300	380	114,000	200	380	76,000
	15	매 입	200	450	90,000				400	415	166,000
	27	매 출				100	415	41,500	300	415	124,500
	31	차월이월				300	415	124,500			
			700		280,000	700		280,000			
2	1	전월이월	300	415	124,500				300	415	124,500

- 이동평균법에서는 계속기록법만 적용한다.
  1. 기말상품재고액: 300개 × @₩415 = ₩124,500
  2. 매출원가: 300개 × @₩380 = ₩114,000
     100개 × @₩415 = ₩41,500 ∴ ₩155,500
  3. 순매출액: 300개 × @₩600 = ₩180,000
     100개 × @₩600 = ₩60,000 ∴ ₩240,000
  4. 매출총이익: 240,000 − 155,500 = ₩84,500
- 총평균법에서는 실지재고조사법만 적용한다.
  1. 기말상품재고액: 300개 × @₩400 = ₩120,000
  2. 매출원가: 400개 × @₩400 = ₩160,000
  3. 순매출액: 300개 × @₩600 = ₩180,000
     100개 × @₩600 = ₩60,000 ∴ ₩240,000
  4. 매출총이익: 240,000 − 160,000 = ₩80,000

  * 총평균단가: 판매가능액(280,000) ÷ 판매가능수량(700개) = @₩400

12 (주)한국의 다음 재고자산 관련 거래내역을 계속기록법에 의한 이동평균법을 적용할 경우 기말재고액은? (단, 재고자산감모손실과 재고자산평가손실은 없으며, 재고자산 단가는 소수점 둘째자리에서 반올림한다.) 제27회 기출

일자	적요	수량(단위)	단위당 원가	단위당 판매가격
1월 1일	기초재고	500	₩75	
6월 1일	매출	250		₩100
8월 1일	매입	250	₩90	
12월 1일	매출	300		₩100

① ₩15,000 ② ₩16,000 ③ ₩16,500
④ ₩18,000 ⑤ ₩18,500

해설

일자	적요	수량(단위)	단위당 원가	금액
1월 1일	기초재고	500	75	37,500
6월 1일	매출	250	75	18,750
	계	250	75	18,750
8월 1일	매입	250	90	22,500
	계	500	82.5	41,250
12월 1일	매출	300	82.5	24,750
	기말재고	200	82.5	16,500

정답 ③

⑤ **특수한 원가배분방법**: 한국채택국제회계기준에서는 표준원가법이나 소매재고법 등의 원가측정방법은 그러한 방법으로 평가한 결과가 실제원가와 유사한 경우에 편의상 사용할 수 있다. 표준원가는 정상적인 재료원가, 소모품원가, 노무원가 및 효율성과 생산능력 활용도를 반영한다. 표준원가는 정기적으로 검토하여야 하며 필요한 경우 현재 상황에 맞게 조정하여야 한다.

㉠ **소매재고법**: 소매재고법(매출가격환원법)은 이익률이 유사하고 품종변화가 심한 다품종 상품을 취급하는 유통업에서 실무적으로 다른 원가측정 방법을 사용할 수 없는 경우에 흔히 사용한다.

ⓐ 계산과정

i) 매가에 의한 기말재고액을 계산한다.

(기초재고액 + 매입액 + 가격인상액 − 가격인하액) − 매출액
= 매가에 의한 기말재고액

ii) $원가율 = \dfrac{원가총액}{매가총액}$

iii) 기말재고액 = 매가에 의한 기말재고액 × 원가율

▶ 원가율의 계산

- **평균원가 소매재고법**: 모두 고려한다.

$$\frac{원가에\ 의한\ 판매가능액(기초 + 매입액)}{매가에\ 의한\ 판매가능액(기초 + 매입액 + 인상액 - 인하액)}$$

- **선입선출 소매재고법**: 기초재고는 고려하지 않는다.

$$\frac{원가에\ 의한\ 매입액}{매가에\ 의한\ (매입액 + 인상액 - 인하액)}$$

- **저가기준 소매재고법(평균법)**: 순인하는 고려하지 않는다.

$$\frac{원가에\ 의한\ 판매가능액(기초 + 매입액)}{매가에\ 의한\ 판매가능액(기초 + 매입액 + 인상액)}$$

ⓑ 특징

i) 실지재고조사가 비경제적이거나 불가능한 경우에 유용하다.

ii) 추정에 의한 방법이므로 신뢰성이 떨어진다.

iii) 재고자산의 구입원가와 판매가격을 일정하게 유지해야 한다.

iv) 원가율 산정과정에 주관적인 판단이 개입될 여지가 있다.

▶ 원가의 측정 구조

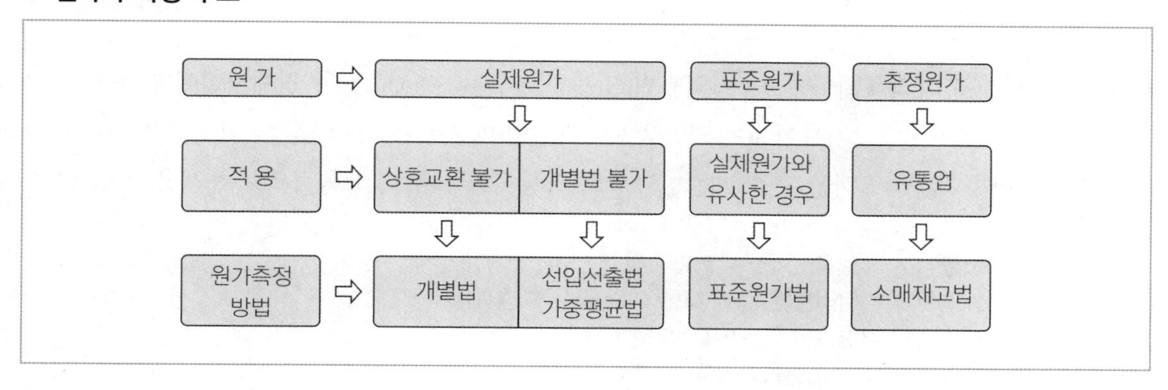

개념적용 문제

13 (주)한국은 재고자산의 원가배분방법으로 소매재고법을 적용하고 있다. 다음 자료에 의하여 20×1년의 기말재고액을 추정하면 얼마인가?

	원가	매가
• 기초상품재고액	₩100,000	₩160,000
• 당기매입액	350,000	580,000
• 가격인상액		34,000
• 가격인상 취소액		4,000
• 가격인하액		30,000
• 가격인하 취소액		10,000
• 총매출액		520,000
• 매출품 환입액		20,000

해설 • 매가에 의한 기말재고액: 160,000 + 580,000 + (34,000 − 4,000) − (30,000 − 10,000) − 500,000 = ₩250,000

• 원가율의 계산:

$$\frac{100{,}000 + 350{,}000}{160{,}000 + 580{,}000 + (34{,}000 - 4{,}000) - (30{,}000 - 10{,}000)} = 0.6$$

• 기말상품재고액: 250,000 × 0.6 = ₩150,000

정답 ₩150,000

㉡ **매출총이익률법**: 매출총이익률법(Gross Margin Method)은 천재지변이나 화재 등으로 인하여 재고기록이 손상되었을 때, 과거의 매출총이익률(매출총이익 ÷ 매출액)을 이용하여 기말재고액을 추정하는 방법으로 정상적인 재무보고 목적으로는 사용할 수 없다.

• 매출액 × 매출총이익률 = 매출총이익
• 매출원가 × 이익률(원가에 대한 이익률) = 매출총이익
• 매출액 − 매출총이익 = 매출원가
• 매출액 × (1 − 매출총이익률) = 매출원가
  ∴ (1 − 매출총이익률) = 원가율
• 매출액 ÷ (1 + 원가에 대한 이익률) = 매출원가
• 판매가능액(기초상품재고액 + 당기상품매입액) − 매출원가 = 기말재고액
  예 '매출원가 + 매출총이익 = 매출액(1)'이므로 '매출원가율 + 매출총이익률 = 100%(1)'이다.
• 예를 들면, 매출총이익률이 30%인 경우에는 원가율이 70%이다.

개념적용 문제

14 다음 자료를 이용하여 계산한 매출총이익은? 제22회 기출

• 총 매 출 액	₩100,000	• 총 매 입 액	₩80,000
• 매 출 환 입	2,000	• 매 입 운 임	1,500
• 매 출 에 누 리	1,000	• 매 입 환 출	2,000
• 매 출 할 인	1,500	• 매 출 운 임	8,000
• 기 초 재 고	10,000	• 기 말 재 고	30,000

① ₩20,000 ② ₩28,000 ③ ₩34,000
④ ₩36,000 ⑤ ₩40,500

해설

재고자산

기초재고	₩10,000	매 출 액	₩95,500
순매입액	79,500	기말재고	30,000
매출총이익	36,000		
	₩125,500		₩125,500

• 매출운임 ₩8,000은 운반비(당기비용)로 처리한다.

정답 ④

15 다음 자료를 이용하여 계산한 총매출액은? 제23회 기출

• 기 초 재 고	₩50,000	• 매 출 할 인	₩6,000
• 기 말 재 고	30,000	• 매 출 운 임	4,000
• 매 입 에 누 리	5,000	• 매 출 환 입	7,000
• 매 입 할 인	2,000	• 매 출 총 이 익	80,000
• 총 매 입 액	400,000		

① ₩493,000 ② ₩500,000 ③ ₩506,000
④ ₩510,000 ⑤ ₩513,000

해설

재고자산

기초재고	₩50,000	순매출액	₩493,000
순매입액	393,000	기말재고	30,000
매출총이익	80,000		
	₩523,000		₩523,000

• 매출운임 ₩4,000은 운반비로 처리한다.
• 총매출액: 순매출액(493,000) + 환입 및 할인(13,000) = ₩506,000

정답 ③

제5절 감모손실과 평가손실

1. 재고자산감모손실

(1) 재고자산감모손실의 의의

재고자산감모손실은 상품을 보관하는 과정에서 도난, 부패, 증발, 분실 등의 사유로 인하여 상품의 장부재고액(장부재고수량 × 원가)보다 실지재고액(실지재고수량 × 원가)이 부족한 경우에 발생한 수량부족에 대한 손실을 말한다.

(2) 재고자산감모손실의 회계처리

재고자산감모손실 중 정상적으로 발생하는 손실에 대해서는 경영자가 사전에 예측 가능한 손실이기 때문에 매출원가에 가감한다. 재고자산감모손실 중 비정상적으로 발생한 손실은 매출원가에 포함하지 않고, 포괄손익계산서에 기타비용으로 분류한다. 회계처리는 다음과 같다.

• 정상적인 경우:	(차) 매 출 원 가 (매 입)	×××	(대) 이 월 상 품	×××
• 비정상적인 경우:	(차) 재고자산감모손실	×××	(대) 이 월 상 품	×××

① 재고자산감모손실 = 장부재고액 − 실지재고액(또는 장부재고량 − 실지재고량) × 단위당 원가

② 감모손실은 재고자산에서 직접차감하고, 감모손실이 발생한 기간에 비용으로 인식한다.

2. 재고자산평가손실

(1) 저가법의 의의

재고자산의 순실현가능가치가 취득원가보다 하락하여 원가를 회수하기 어려운 경우에는 저가법을 적용하여 재고자산의 원가를 감액하고, 재고자산평가손실은 감액이 발생한 기간에 비용으로 인식한다. 재고자산을 저가법으로 평가한 후에는 매 후속기간에 순실현가능가치를 재평가하며, 재고자산의 감액을 초래했던 상황이 해소되거나 경제상황의 변동으로 순실현가능가치가 상승한 명백한 증거가 있는 경우에는 최초의 장부금액을 초과하지 않는 범위 내에서 평가손실을 환입하고 발생한 기간의 비용으로 인식된 재고자산금액의 차감액으로 인식한다. 평가손실을 환입한 후 새로운 장부금액은 취득원가와 수정된 순실현가능가치 중 작은 금액이 된다.

한국채택국제회계기준에서는 "재고자산을 순실현가능가치로 감액한 평가손실과 감모손실은 감액이나 감모가 발생한 기간에 비용으로 인식한다. 또한 순실현가능가치의 상승으로 인한 재고자산 평가손실의 환입은 환입이 발생한 기간의 비용으로 인식된 재고자산 금액의 차감액으로 인식한다."라고 규정하고 있다.

(2) 저가법 적용방법

저가법은 항목별로 적용한다. 재고항목들이 서로 유사하거나 관련되어 있는 경우에는 조별로 적용할 수 있으며, 조별로 적용하는 경우에는 매기 동일하게 적용하여야 한다. 단, 총액기준으로는 적용할 수 없다.

(3) 저가법 회계처리

• 하락 시:	(차) 재고자산평가손실(매입)	×××	(대) 재고자산평가충당금	×××
• 회복 시:	(차) 재고자산평가충당금	×××	(대) 재고자산평가손실환입(매입)	×××

▶ 평가손실은 재고자산에서 직접차감하거나 간접차감할 수 있으며, 평가손실환입은 수익으로 처리하지 않고 발생한 기간에 비용(매출원가)에서 차감하여 인식한다.

참고 순실현가능가치(시가)의 하락 사유

- 물리적으로 손상된 경우
- 완전히 또는 부분적으로 진부화된 경우
- 판매가격이 하락한 경우
- 완성하거나 판매하는 데 필요한 원가가 상승하는 경우
- 보고일로부터 1년 또는 정상영업주기 내에 판매되지 않았거나 생산에 투입할 수 없어 장기 체화된 경우

참고 원재료의 평가

완성될 제품이 원가 이상으로 판매될 것으로 예상하는 경우에는 그 생산에 투입하기 위해 보유하는 원재료 및 기타 소모품을 감액하지 아니한다. 그러나 원재료 가격이 하락하여 제품의 원가가 순실현가능가치를 초과할 것으로 예상된다면 해당 원재료를 순실현가능가치로 감액한다. 이 경우 원재료의 현행대체원가는 순실현가능가치에 대한 최선의 이용 가능한 측정치가 될 수 있다.

- **원가:** 매입가액 + 부대비용
- **시가**
  - 상품·제품: 순실현가능가치
  - 재공품: 순실현가능가치
  - 원재료: 현행대체원가
- 순실현가능가치 = 정상적인 판매가격 − 정상적인 판매비용

16 다음의 자료를 이용하여 감모손실, 평가손실을 다음의 경우로 나누어 계산하고 회계처리한 후, 매출원가를 계산하시오.

•기초상품재고액	₩10,000	•당기상품매입액	₩100,000
•장부상 기말상품재고액	20,000	•실제 기말상품재고액	18,000
•순실현가능가치	15,000		

(1) **재고자산감모손실이 원가성이 없는 경우**

(2) **재고자산감모손실이 원가성이 있는 경우**

해설 (1) ① (차) 매입 10,000 (대) 이월상품 10,000
② (차) 이월상품 20,000 (대) 매입 20,000
③ (차) 재고자산감모손실 2,000 (대) 이월상품 2,000
재고자산평가손실 3,000 재고자산평가충당금 3,000
④ 매출원가: (10,000 + 100,000 − 20,000) + 3,000 = ₩93,000
(2) ① (차) 매입 10,000 (대) 이월상품 10,000
② (차) 이월상품 20,000 (대) 매입 20,000
③ (차) 매입 2,000 (대) 이월상품 2,000
재고자산평가손실 3,000 재고자산평가충당금 3,000
④ 매출원가: (10,000 + 100,000 − 20,000) + 2,000 + 3,000 = ₩95,000

17 다음 자료를 이용하여 계산한 재고자산평가손익은? (단, 재고자산감모손실은 없음)

제16회 기출

•기초재고	₩9,000
•당기매입액	42,000
•매출원가	45,000
•기말재고(순실현가능가치)	4,000

① 평가손실 ₩2,000
② 평가손실 ₩3,000
③ 평가이익 ₩2,000
④ 평가이익 ₩3,000
⑤ ₩0

해설

재고자산

기초재고액	₩9,000	매출원가	₩45,000
매입액	42,000	기말재고액	6,000
	₩51,000		₩51,000

• 평가손익: 장부재고액(6,000) − 순실현가능가치(4,000) = ₩2,000(손실)

정답 ①

18 (주)한국의 2018년 재고자산 관련 자료는 다음과 같다.

• 기 초 재 고 액	₩10,000	• 재고자산당기순매입액	₩100,000
• 기말 재고자산(장부수량)	100개	• 장 부 상 취 득 단 가	500/개
• 기말 재고자산(실사수량)	90개	• 추 정 판 매 가 액	450/개
• 현 행 대 체 원 가	380/개	• 추 정 판 매 수 수 료	50/개

(주)한국은 재고자산감모손실 중 40%를 정상적인 감모로 간주하며, 재고자산평가손실과 정상적 재고자산감모손실을 매출원가에 포함한다. (주)한국이 2018년 포괄손익계산서에 보고할 매출원가는? (단, 재고자산은 계속기록법을 적용하며 기초재고자산의 재고자산평가충당금은 ₩0이다)

2019년 관세직 공무원 수정

① ₩60,000 ② ₩71,000
③ ₩75,000 ④ ₩79,000
⑤ ₩76,000

해설

재고자산

기초재고액	₩10,000	매 출 원 가	₩71,000
매 입 액	100,000	비정상감모	3,000
		기 말 재 고	36,000
	₩110,000		₩110,000

• 기말재고(저가): 90개 × @₩400 = ₩36,000
• 비정상감모손실: (10개 × @₩500) × 60% = ₩3,000

정답 ②

제6절 재고자산 오류의 영향

1. 재고자산 오류의 성격

재고자산 오류는 자동조정적 오류에 해당하므로 특정 회계연도의 재고자산 금액이 과대(과소) 계상되었다 하더라도 그 영향은 두 회계기간 동안만 오류의 영향이 미치게 되고 두 회계기간이 지나게 되면 자동조정이 되어 오류의 효과가 상계된다. 여기서 오류의 효과가 상계된다 함은 전년도의 당기순이익에 미친 영향과 당해 연도의 당기순이익에 미치는 영향이 반대로 됨으로써 당해 연도 말의 이익잉여금에 미치는 영향이 '영(0)'이 됨을 의미하는 것이다.

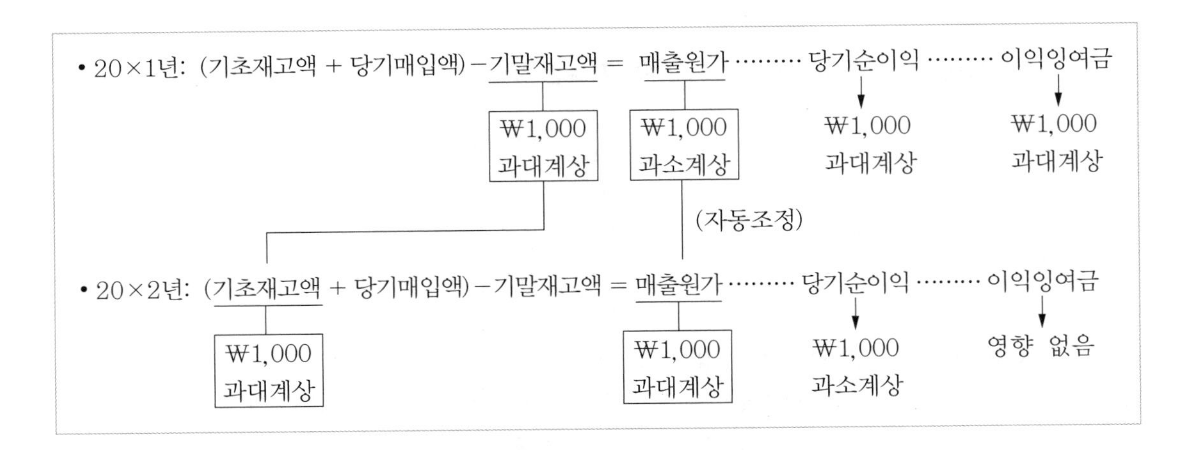

개념적용 문제

19 다음 자료에 의하여 20×3년도 당기순이익 및 이익잉여금에 미치는 오류의 금액을 계산하시오.

- 20×1년 기말재고자산 ₩75,000 과소계상
- 20×2년 기말재고자산 100,000 과대계상
- 20×3년 기말재고자산 70,000 과소계상

해설

구분	20×1년	20×2년	20×3년	20×3년(이익잉여금)
20×1년	₩75,000 과소	₩75,000 과대		−
20×2년		100,000 과대	₩100,000 과소	−
20×3년			70,000 과소	₩70,000 과소
계			₩170,000 과소	₩70,000 과소

정답 20×3년 당기순이익은 ₩170,000 과소계상되고, 이익잉여금은 ₩70,000 과소계상된다.

2. 재고자산 오류의 유형 및 영향

(1) 매입기록은 하였으나 기말재고에 누락된 경우

자산 과소계상, 당기순이익 과소계상, 자본 과소계상

(2) 매입기록 및 기말재고에 모두 누락된 경우

자산 및 부채 과소계상, 당기순이익 영향 없음, 자본 영향 없음

(3) 기말재고에는 포함되었으나 매입기록을 누락시킨 경우

부채 과소계상, 당기순이익 과대계상, 자본 과대계상

CHAPTER 07 기출 & 예상문제로 완벽 복습

01 재고자산에 관한 설명으로 옳지 않은 것은? 제13회 기출

① 정상적인 영업과정에서 판매를 위하여 보유 중인 자산은 재고자산이다.
② 재고자산의 단위원가 결정방법으로 후입선출법을 사용할 수 있다.
③ 원가측정방법으로 소매재고법은 그 평가결과가 실제원가와 유사한 경우에 편의상 사용할 수 있다.
④ 재고자산의 판매 시 관련된 수익을 인식하는 기간에 재고자산의 장부금액을 비용으로 인식한다.
⑤ 매입운임은 재고자산의 취득원가에 포함된다.

해설 재고자산의 단위원가 결정방법으로 후입선출법은 한국채택국제회계기준에서 인정하지 않기에 사용할 수 없다.

02 재고자산의 회계처리에 관한 설명으로 옳지 않은 것은? 제25회 기출

① 재고자산은 취득원가와 순실현가능가치 중 낮은 금액으로 측정한다.
② 통상적으로 상호 교환될 수 없는 재고자산항목의 원가와 특정 프로젝트별로 생산되고 분리되는 재화의 원가는 개별법을 사용하여 결정한다.
③ 재고자산의 취득원가는 매입원가, 전환원가 및 재고자산을 현재의 장소에 현재의 상태로 이르게 하는 데 발생한 기타 원가 모두를 포함한다.
④ 완성될 제품이 원가 이상으로 판매될 것으로 예상하는 경우에는 그 생산에 투입하기 위해 보유하는 원재료 및 기타 소모품을 감액하지 아니한다.
⑤ 재고자산의 매입원가는 매입가격에 매입할인, 리베이트 및 기타 유사한 항목을 가산한 금액이다.

해설 재고자산의 매입원가는 매입가격에서 매입할인, 리베이트 및 기타 유사한 항목을 차감한 금액이다.

01 ② 02 ⑤ **정답**

03 **재고자산에 관한 설명으로 옳은 것은?** 제27회 기출

① 재고자산은 취득원가와 순실현가능가치 중 높은 금액으로 측정한다.

② 개별법이 적용되지 않는 재고자산의 단위원가는 선입선출법, 가중평균법 및 후입선출법을 사용하여 결정한다.

③ 재고자산의 수량결정방법 중 실지재고조사법만 적용 시 파손이나 도난이 있는 경우 매출원가가 과소평가 될 수 있는 문제점이 있다.

④ 부동산매매를 주된 영업활동으로 하는 부동산매매기업이 보유하고 있는 판매 목적의 건물과 토지는 재고자산으로 분류되어야 한다.

⑤ 물가가 지속적으로 상승하고 재고청산이 발생하지 않는 경우, 선입선출법의 매출원가가 다른 방법에 비해 가장 크게 나타난다.

해설 ① 재고자산은 취득원가와 순실현가능가치 중 낮은 금액으로 측정한다.
② 개별법이 적용되지 않는 재고자산의 단위원가는 선입선출법, 가중평균법을 사용하여 결정한다.
③ 재고자산의 수량결정방법 중 실지재고조사법만 적용 시 파손이나 도난이 있는 경우 매출원가가 과대평가 될 수 있는 문제점이 있다.
⑤ 물가가 지속적으로 상승하고 재고청산이 발생하지 않는 경우, 선입선출법의 매출원가가 다른 방법에 비해 가장 작게 나타난다.

04 **재고자산의 기말재고액을 평가할 때 기중의 재고자산의 원가가 지속적으로 상승한다면, 당기의 포괄손익계산서에 반영되는 매출원가의 크기를 올바르게 비교한 것은?**

① 선입선출법 > 총평균법 > 이동평균법 < 후입선출법

② 선입선출법 < 총평균법 < 이동평균법 < 후입선출법

③ 선입선출법 = 이동평균법 = 총평균법 < 후입선출법

④ 선입선출법 > 이동평균법 > 총평균법 > 후입선출법

⑤ 선입선출법 < 이동평균법 < 총평균법 < 후입선출법

해설 물가상승 시 재고자산평가방법의 비교
- 기말재고액: 선입선출법 > 이동평균법 > 총평균법 > 후입선출법
- 매출원가: 선입선출법 < 이동평균법 < 총평균법 < 후입선출법

05 후입선출법과 선입선출법에 관한 것 중 옳은 것은?

① 가격이 오를 때는 후입선출법의 이익이 더 크다.
② 가격이 오를 때는 후입선출법의 재고상품이 더 크다.
③ 가격이 내릴 때는 후입선출법의 이익이 더 크다.
④ 가격이 내릴 때는 선입선출법의 이익이 더 크다.
⑤ 가격이 내릴 때나 오를 때나 선입선출법과 후입선출법은 같다.

해설 물가상승 시에는 선입선출법에 의하면 기말재고액이 커지므로 매출이익이 커지고, 후입선출법에 의하면 기말재고액이 작아지므로 매출이익이 작아진다. 물가하락 시에는 반대현상이 나타난다.

06 재고자산에 관한 설명으로 옳은 것은? (단, 재고자산감모손실 및 재고자산평가손실은 없다)

제18회 기출

① 선입선출법 적용 시 물가가 지속적으로 상승한다면, 계속기록법에 의한 기말재고자산 금액이 실지재고조사법에 의한 기말재고자산 금액보다 작다.
② 선입선출법 적용 시 물가가 지속적으로 상승한다면, 계속기록법에 의한 기말재고자산 금액이 실지재고조사법에 의한 기말재고자산 금액보다 크다.
③ 재고자산 매입 시 부담한 매입운임은 운반비로 구분하여 비용처리한다.
④ 컴퓨터 제조 기업이 고객관리목적으로 사용하고 있는 자사가 제조한 컴퓨터는 재고자산이다.
⑤ 부동산매매기업이 정상적인 영업과정에서 판매를 목적으로 보유하는 건물은 재고자산으로 구분한다.

해설 ①② 선입선출법 적용 시 물가가 지속적으로 상승한다면, 계속기록법에 의한 기말재고자산 금액과 실지재고조사법에 의한 기말재고자산 금액은 같다.
③ 재고자산 매입 시 부담한 매입운임은 매입원가에 포함한다.
④ 컴퓨터 제조 기업이 고객관리목적으로 사용하고 있는 자사가 제조한 컴퓨터는 유형자산이다.

03 ④　04 ⑤　05 ③　06 ⑤　정답

07 재고자산 회계처리에 관한 설명으로 옳지 않은 것은?

제23회 기출

① 재고자산의 취득원가는 매입원가, 전환원가 및 재고자산을 현재의 장소에 현재의 상태로 이르게 하는 데 발생한 기타 원가 모두를 포함한다.

② 재고자산을 순실현가능가치로 감액하는 저가법은 항목별로 적용한다.

③ 재고자산을 순실현가능가치로 감액하는 평가손실과 모든 감모손실은 감액이나 감모가 발생한 기간에 비용으로 인식한다.

④ 도착지인도기준의 미착상품은 판매자의 재고자산으로 분류한다.

⑤ 기초재고수량과 기말재고수량이 같다면, 선입선출법과 가중평균법을 적용한 매출원가는 항상 같게 된다.

해설 기초재고수량과 기말재고수량이 같다 하더라도 선입선출법과 가중평균법을 적용한 매출원가는 다르게 계산될 수 있다.

08 재고자산의 회계처리에 관한 설명으로 옳은 것은?

제20회 기출

① 완성될 제품이 원가 이상으로 판매될 것으로 예상하는 경우에는 그 생산에 투입하기 위해 보유하는 원재료 및 기타 소모품을 감액하지 아니한다.

② 선입선출법은 기말재고자산의 평가관점에서 현행원가를 적절히 반영하지 못한다.

③ 선입선출법은 먼저 매입 또는 생산된 재고자산이 기말에 재고로 남아 있고 가장 최근에 매입 또는 생산된 재고자산이 판매되는 것을 가정한다.

④ 통상적으로 상호 교환될 수 없는 재고자산항목의 원가와 특정 프로젝트별로 생산되고 분리되는 재화 또는 용역의 원가는 총평균법을 사용하여 결정한다.

⑤ 총평균법은 계속기록법에 의하여 평균법을 적용하는 것으로 상품의 매입 시마다 새로운 평균 단가를 계산한다.

해설 ② 선입선출법은 기말재고자산의 평가관점에서 현행원가를 적절히 반영한다.
③ 후입선출법은 먼저 매입 또는 생산된 재고자산이 기말에 재고로 남아 있고 가장 최근에 매입 또는 생산된 재고자산이 판매되는 것을 가정한다.
④ 통상적으로 상호 교환될 수 없는 재고자산항목의 원가와 특정 프로젝트별로 생산되고 분리되는 재화 또는 용역의 원가는 개별법을 사용하여 결정한다.
⑤ 이동평균법은 계속기록법에 의하여 평균법을 적용하는 것으로 상품의 매입 시마다 새로운 평균 단가를 계산한다.

09 **다음은 (주)한국의 20×1년 상품(원가) 관련 자료이다. (주)한국의 20×1년 기말재고자산은?**

제21회 기출

- 20×1년 말 창고에 보관 중인 (주)한국의 상품(실사금액) ₩500,000
- (주)한국이 수탁자에게 적송한 상품 중 20×1년 말 판매되지 않은 적송품 ₩20,000
- (주)한국이 시용판매를 위해 고객에게 발송한 상품 ₩130,000 중 20×1년 말 매입의사 표시가 없는 시송품 ₩50,000
- 20×1년 말 선적지인도조건으로 (주)한국이 판매하여 운송 중인 상품 ₩100,000
- 20×1년 말 선적지인도조건으로 (주)한국이 매입하여 운송 중인 상품 ₩120,000

① ₩570,000
② ₩620,000
③ ₩690,000
④ ₩720,000
⑤ ₩770,000

해설
- 20×1년 말 재고자산: 500,000 + 20,000 + 50,000 + 120,000 = ₩690,000
- 20×1년 말 선적지인도조건으로 (주)한국이 판매하여 운송 중인 상품 ₩100,000은 매출수익으로 인식한다.

10 **다음은 화장품 제조판매업을 영위하고 있는 (주)한국의 20×1년 말 자료이다. (주)한국의 20×1년 기말재고자산은? (단, 제시된 금액은 모두 원가 금액이다)**

제26회 기출

- 판매를 위하여 창고에 보관 중인 (주)한국의 화장품 ₩700,000
- 전시관 내 홍보목적으로 제공하고 있는 (주)한국의 화장품 ₩10,000
- 화장품 생산에 사용하는 (주)한국의 원재료 ₩120,000
- 선적지인도조건으로 판매한 (주)한국의 화장품 중 현재 선적 후 운송 중인 화장품 ₩90,000
- 위탁판매계약을 하고 수탁자에게 보낸 (주)한국의 화장품 중 기말 현재 판매되지 않은 화장품 ₩50,000
- 시용판매를 위해 고객에게 보낸 (주)한국의 화장품 중 매입의사표시를 받지 못한 시송품 ₩30,000

① ₩900,000
② ₩910,000
③ ₩990,000
④ ₩1,010,000
⑤ ₩1,070,000

해설
- 기말재고: 700,000 + 120,000 + 50,000 + 30,000 = ₩900,000
- 전시관 내 홍보목적으로 제공하고 있는 화장품은 판매관리비이고, 선적지인도조건으로 판매한 화장품 중 현재 선적 후 운송 중인 화장품은 구매자 재고자산이다.

07 ⑤ 08 ① 09 ③ 10 ① 정답

11 (주)대한의 20×1년 말 창고에 보관 중인 재고자산 실사액은 ₩10,000이다. 다음 자료를 반영할 경우 20×1년 말 재고자산은? 제18회 기출

- 은행에서 자금을 차입하면서 담보로 원가 ₩1,000의 상품을 제공하였으며 동 금액은 상기 재고실사 금액에 포함되어 있지 않다.
- 수탁자에게 인도한 위탁상품의 원가는 ₩2,000이며 이 중 70%만 최종소비자에게 판매되었다.
- (주)미국에게 도착지 인도조건으로 판매하여 기말 현재 운송 중인 상품은 원가가 ₩3,000이며 20×2년 1월 2일 도착 예정이다.

① ₩10,600
② ₩11,600
③ ₩13,600
④ ₩14,600
⑤ ₩15,600

해설 기말재고자산: 10,000 + 1,000 + (2,000 × 0.3) + 3,000 = ₩14,600

12 (주)한국의 다음 재고자산 관련 자료를 이용하여 구한 재고자산의 취득원가는? 제27회 기출

• 매입가격	₩500,000	• 매입운임	₩2,500
• 매입할인	15,000	• 하역료	10,000
• 수입관세(과세당국으로부터 추후 환급받을 금액 ₩7,500 포함)			10,000
• 재료원가, 기타 제조원가 중 비정상적으로 낭비된 부분			4,000
• 후속 생산단계에 투입 전 보관이 필요한 경우 의외의 보관원가			1,000

① ₩500,000
② ₩505,000
③ ₩514,000
④ ₩522,500
⑤ ₩529,000

해설
- 취득원가: 500,000 + 2,500 − 15,000 + 10,000 + (10,000 − 7,500) = ₩500,000
- 수입관세 중 환급받을 금액 ₩7,500은 포함하지 않는다.
- 재료원가, 기타 제조원가 중 비정상적으로 낭비된 부분은 포함하지 않는다.
- 후속 생산단계에 투입 전 보관이 필요한 경우 의외의 보관원가는 포함하지 않는다.

13 (주)한국은 20×1년 12월 1일 ₩1,000,000의 상품을 신용조건(5/10, n/60)으로 매입하였다. (주)한국이 20×1년 12월 9일에 매입대금을 전액 현금 결제한 경우의 회계처리는? (단, 상품매입 시 총액법을 적용하며, 실지재고조사법으로 기록한다) 제21회 기출

	차변		대변	
①	매입채무	900,000	현금	900,000
②	매입채무	950,000	현금	950,000
③	매입채무	1,000,000	현금	1,000,000
④	매입채무	1,000,000	현금	900,000
			매입(할인)	100,000
⑤	매입채무	1,000,000	현금	950,000
			매입(할인)	50,000

해설
- 신용조건(5/10, n/60)으로 매입하였고 10일 이내 상환하므로 5%의 할인을 받는다.
- 1,000,000 × 5% = ₩50,000(매입할인)
- 현금지급액은 ₩950,000이다.

14 (주)한국은 20×1년 12월 말 화재로 인하여 재고자산 중 ₩110,000을 제외한 나머지가 소실되었다. 기초재고는 ₩100,000이고, 12월 말까지의 매입액과 매출액은 각각 ₩600,000, ₩400,000이다. 과거 3년 동안의 평균 매출총이익률이 20%일 경우, 화재로 인하여 소실된 재고자산의 추정금액은? 제17회 기출

① ₩270,000
② ₩320,000
③ ₩380,000
④ ₩600,000
⑤ ₩700,000

해설

재고자산

차변		대변	
기초재고	₩100,000	매출원가	₩320,000
매입	600,000	기말재고	110,000
		화재손실	(270,000)
	₩700,000		₩700,000

- 매출원가: 400,000 × (1 − 0.2) = ₩320,000

				정답
11 ④	12 ①	13 ⑤	14 ①	

15 다음 자료를 이용하여 계산한 기말재고자산은? (단, 재고자산평가손실과 재고자산감모손실은 없다)

제24회 기출

• 기초재고	₩300	• 총매출액	₩1,600
• 총매입액	1,300	• 매출환입	50
• 매입환출	100	• 매출운임	80
• 매입운임	70	• 매출총이익률	10%

① ₩35
② ₩103
③ ₩130
④ ₩175
⑤ ₩247

해설

재고자산

기초재고	₩300	매출원가	₩1,395
순매입액	1,270	기말재고	(175)
	₩1,570		₩1,570

• 매입운임은 원가에 포함하고 매출운임은 비용으로 처리한다.
• 순매입액: 1,300 + 70 − 100 = ₩1,270
• 순매출액: 1,600 − 50 = ₩1,550
• 매출원가: 순매출액(1,550) × 0.9 = ₩1,395

16 20×1년 말 화재로 인해 창고에 보관 중인 상품이 모두 소실되었다. 상품과 관련된 자료는 다음과 같다. 화재로 인해 소실된 상품의 추정금액은?

제19회 기출

기초상품	₩1,260
총매입액	2,200
매입환출	100
총매출액	3,700
매출에누리	200
과거 평균매출총이익률	20%

① ₩520
② ₩560
③ ₩640
④ ₩660
⑤ ₩860

해설

재고자산

기초재고	₩1,260	매출원가	₩2,800
순매입액	2,100	기말재고(손실)	(560)
	₩3,360		₩3,360

• 매출원가: 3,500 × (1 − 0.2) = ₩2,800

17 다음 자료를 이용하여 계산한 총매출액은?

제26회 기출

• 기초상품재고	₩6,000	• 매출에누리	₩1,500
• 총매입액	14,000	• 매출할인	2,500
• 매입환출	1,000	• 매출운임	3,000
• 매입할인	2,000	• 매출총이익률	20%
• 기말상품재고	9,000		

① ₩12,500
② ₩12,750
③ ₩14,000
④ ₩15,250
⑤ ₩17,000

해설

재고자산

기초재고	₩6,000	매출원가	₩8,000
순매입액	11,000	기말재고	9,000
	₩17,000		₩17,000

- 순매출액: 매출원가(8,000) ÷ 원가율(0.8) = ₩10,000
- 총매출액: 순매출액(10,000) + [에누리(1,500) + 할인(2,500)] = ₩14,000
- 매출운임 ₩3,000은 손익계산서 비용으로 처리한다.

18 다음 상품 관련 자료를 이용하여 계산한 매출액은?

제21회 기출

• 기초재고액	₩5,000	• 기말재고액	₩8,000
• 당기매입액	42,000	• 매출총이익률	20%

① ₩31,200
② ₩39,000
③ ₩46,800
④ ₩48,750
⑤ ₩56,250

해설

재고자산

기초재고	₩5,000	매출원가	₩39,000
매입액	42,000	기말재고	8,000
	₩47,000		₩47,000

- 매출액 × (1 − 0.2) = 매출원가
- 매출액: 39,000 ÷ 0.8 = ₩48,750

15 ④ 16 ② 17 ③ 18 ④ 정답

19 **다음 자료를 이용하여 계산한 총매입액은? (단, 재고자산감모손실은 없다)** 제22회 기출

• 기초재고	₩400,000	• 매입환출	₩40,000
• 총매출액	2,000,000	• 기말재고	300,000
• 매출환입	200,000	• 매출총이익률	20%

① ₩1,300,000
② ₩1,340,000
③ ₩1,380,000
④ ₩1,700,000
⑤ ₩1,740,000

해설

재고자산

기초재고	₩400,000	매출원가	₩1,440,000
순매입액	1,340,000	기말재고	300,000
	₩1,740,000		₩1,740,000

• 매출원가: 1,800,000 × (1 − 0.2) = ₩1,440,000
• 총매입액: 1,340,000 + 40,000 = ₩1,380,000

20 **(주)한국은 화재가 발생하여 보유하고 있던 재고상품이 모두 소실되었으며 이와 관련된 자료는 다음과 같다. 화재로 인하여 소실된 재고는 얼마인가?**

• 매출액 ₩360,000
• 기초재고액 ₩80,000(단, 기초재고는 ₩10,000만큼 과대계상되어 있음)
• 매입액 ₩330,000(매입액 중 선적지 인도기준으로 매입한 상품 ₩30,000이 포함되어 있으나 아직 도착하지 않고 있다)
• 원가에 대한 이익률 20%

① ₩70,000
② ₩80,000
③ ₩90,000
④ ₩100,000
⑤ ₩110,000

해설

재고자산

기초재고	₩70,000	매출원가	₩300,000
순매입액	330,000	미착상품	30,000
		기말재고(손실)	(70,000)
	₩400,000		₩400,000

• 기초재고액: 80,000 − 10,000 = ₩70,000
• 매입액 중 미착상품은 운송 중이므로 화재손실에서 제외된다.
• 매출원가: 360,000 ÷ (1 + 0.2) = ₩300,000

21 (주)한국의 재고자산과 관련된 자료가 다음과 같을 때, 화재로 소실된 상품의 추정원가는?

(1) 20×1년 4월 30일 화재가 발생하여 보유하고 있던 상품 중 ₩350,000(원가)만 남고 모두 소실되었다.
(2) 20×1년 1월 1일 기초재고원가는 ₩440,000이다.
(3) 20×1년 1월 1일부터 20×1년 4월 29일까지의 매입액은 ₩900,000이다.
(4) 20×1년 1월 1일부터 20×1년 4월 29일까지의 매출액은 ₩1,000,000이다.
(5) 해당 상품의 매출원가 기준 매출총이익률(= 매출총이익 ÷ 매출원가)은 25%이다.

① ₩150,000
② ₩190,000
③ ₩200,000
④ ₩240,000
⑤ ₩540,000

해설

재고자산

기초재고	₩440,000	매출원가	₩800,000
매입액	900,000	기말재고	540,000
	₩1,340,000		₩1,340,000

• 매출원가: 1,000,000 ÷ (1 + 0.25) = ₩800,000
• 화재손실: 540,000 − 350,000 = ₩190,000

22 (주)한국은 20×1년 7월 1일 홍수로 인해 창고에 있는 상품재고 중 30%가 소실된 것으로 추정하였다. 다음은 소실된 상품재고를 파악하기 위한 20×1년 1월 1일부터 7월 1일까지의 회계자료이다. (주)한국의 원가에 대한 이익률이 25%일 때 소실된 상품재고액은? 제23회 기출

• 20×1년 기초 재고자산은 ₩60,000이다.
• 1월 1일부터 7월 1일까지 발생한 매출액은 ₩1,340,000이고 매입액은 ₩1,260,000이다.
• 7월 1일 현재 F.O.B. 선적지인도조건으로 매입하여 운송 중인 상품 ₩4,000이 있다.

① ₩73,200
② ₩74,400
③ ₩93,300
④ ₩94,500
⑤ ₩104,200

해설

재고자산

기초재고	₩60,000	매출원가	₩1,072,000
매입액	1,260,000	기말재고	248,000
	₩1,320,000		₩1,320,000

• 매출원가: 1,340,000 ÷ 1.25 = ₩1,072,000
• 재해손실: (248,000 − 4,000) × 0.3 = ₩73,200

19 ③ 20 ① 21 ② 22 ① 정답

23 (주)한국은 실지재고조사법을 적용하고 있다. 20×1년 8월 2일 폭우로 창고가 침수되어 보관 중인 상품이 모두 소실되었다. 다음은 (주)한국의 총계정원장과 전년도 포괄손익계산서에서 얻은 자료이다. 전년도의 매출총이익률이 20×1년에도 유지된다고 가정할 때, 20×1년도 재해로 인해 소실된 추정 상품재고액은? 제26회 기출

20×1년 8월 2일 현재 총계정원장 자료		전년도 포괄손익계산서 자료	
• 상품계정 차변잔액	₩30,000	• 매출액	₩900,000
• 매입계정 차변잔액	400,000	• 매출원가	630,000
• 매입환출계정 대변잔액	20,000		
• 매출계정 대변잔액	500,000		
• 매출환입계정 차변잔액	30,000		

① ₩51,000
② ₩60,000
③ ₩80,000
④ ₩81,000
⑤ ₩101,000

해설

재고자산

기초재고	₩30,000	매출원가	₩329,000
매입액	380,000	기말재고	(81,000)
	₩410,000		₩410,000

• 전년도 매출총이익률: $\frac{270,000}{900,000} = 30\%$

• 매출원가: 매출액(500,000 − 30,000) × 원가율(0.7) = ₩329,000

24 다음의 자료를 이용하여 매출총이익법으로 추정한 기말재고액은? 제20회 기출

• 기초재고액	₩2,200	• 당기매입액	₩4,300
• 당기매출액	6,000	• 원가에 대한 이익률	20%

① ₩500
② ₩1,200
③ ₩1,500
④ ₩1,700
⑤ ₩2,200

해설

재고자산

기초재고	₩2,200	매출원가	₩5,000
매입액	4,300	기말재고	(1,500)
	₩6,500		₩6,500

• 매출원가: 6,000 ÷ (1 + 0.2) = ₩5,000

25 (주)한국의 20×1년 재고자산 매입과 매출에 관한 자료는 다음과 같다.

일자	적요	수량(개)	단위당 원가
1월 1일	기초재고	20	₩100
3월 1일	매입	50	110
6월 1일	매출	40	
9월 1일	매입	80	120
12월 1일	매출	30	

(주)한국이 계속기록법을 적용하면서 선입선출의 단위원가결정방법을 사용할 때, 20×1년 기말재고자산은? (단, 장부상 재고수량과 실지재고수량은 일치하며, 재고자산평가손실은 없다)

제25회 기출

① ₩8,700　② ₩9,120　③ ₩9,320
④ ₩9,600　⑤ ₩9,700

해설
- 매출원가: (20개 × 100) + (50개 × 110) = ₩7,500
- 기말재고자산: 80개 × 120 = ₩9,600

26 다음은 (주)대한의 재고자산 자료이다. 이동평균법을 적용할 경우 기말재고액은? 제18회 기출

구분	수량	단위당 원가	단위당 매가
기초재고	200단위	₩30	
매출(3월 1일)	100		₩40
매입(6월 1일)	100	36	
매출(9월 1일)	120		40
기말재고	80	?	

① ₩2,400　② ₩2,560　③ ₩2,640
④ ₩2,880　⑤ ₩3,200

해설

구분	수량	단위당 원가	금액
기초재고	200단위	₩30	₩6,000
매출(3월 1일)	100	30	3,000
계	100	30	3,000
매입(6월 1일)	100	36	3,600
계	200	33	6,600
매출(9월 1일)	120	33	3,960
기말재고	80	33	2,640

23 ④　24 ③　25 ④　26 ③ 정답

27 다음은 (주)한국의 20×1년도 재고자산의 매입과 매출 관련 거래내역이다. 실지재고조사법에 의한 가중평균법을 적용할 경우 매출원가는? (단, 재고자산감모손실과 평가손실은 없다)

제26회 기출

일자	적요	수량(단위)	단위당 원가
1월 1일	기초재고	60	₩10
3월 1일	매입	40	15
6월 1일	매출	80	
9월 1일	매입	60	20
12월 1일	매출	50	

① ₩1,800 ② ₩1,860 ③ ₩1,900
④ ₩1,950 ⑤ ₩2,100

해설 • 총평균단가: [(60개 × @₩10) + (40개 × @₩15) + (60개 × @₩20)] ÷ 160개 = @₩15
• 매출원가: 매출수량(130개) × @₩15 = ₩1,950

28 (주)한국의 20×1년 재고자산 거래와 관련된 자료이다. 다음 설명 중 옳지 않은 것은?

일자	거래	수량	단가
1월 1일	기초재고	100개	₩90
3월 9일	매입	200	150
5월 16일	매출	150	
8월 20일	매입	50	200
11월 28일	매출	100	

① 가중평균법(실지재고조사법)을 사용할 경우, 매출원가는 ₩35,000이다.
② 선입선출법(실지재고조사법)을 사용할 경우, 기말재고자산 금액은 ₩17,500이다.
③ 선입선출법을 사용할 경우, 기말재고는 실지재고조사법을 적용하였을 때보다 계속기록법을 적용하였을 때 더 크다.
④ 가중평균법을 사용할 경우보다 선입선출법을 사용할 때 당기순이익이 더 크다.
⑤ 가중평균법을 사용할 경우, 실지재고조사법을 적용하였을 때보다 계속기록법을 적용하였을 때 당기순이익이 더 크다.

해설 선입선출법을 사용할 경우, 기말재고와 매출원가는 실지재고조사법을 적용하였을 때와 계속기록법을 적용하였을 때 일반적으로 동일하다.

29 다음은 (주)한국의 상품 관련 자료이다. 선입선출법과 가중평균법에 의한 기말재고자산금액은? (단, 실지재고조사법을 적용하며, 기초재고는 없다) 제22회 기출

구분	수량	단위당 원가
매입(1월 2일)	150개	₩100
매출(5월 1일)	100	
매입(7월 1일)	350	200
매출(12월 1일)	200	
기말 실제재고(12월 31일)	200	

	선입선출법	가중평균법
①	₩34,000	₩34,000
②	₩34,000	₩40,000
③	₩36,000	₩34,000
④	₩40,000	₩34,000
⑤	₩40,000	₩40,000

해설
- 선입선출법: 200개 × 200 = ₩40,000
- 총평균법: [{(150개 × 100) + (350개 × 200)} ÷ 500개] × 200개 = ₩34,000

30 (주)서울은 재고자산평가방법으로 저가기준 선입선출 소매재고법을 사용하고 있다. 다음 자료를 근거로 계산한 기말재고자산의 원가는? 2018년 공무원 수정

항목	원가	판매가
기초재고자산	₩800	₩1,000
당기매입	4,200	6,400
매입운임	900	–
매출액		4,000
인상액		500
인상취소액		100
인하액		400
인하취소액		200

① ₩2,223
② ₩2,290
③ ₩2,700
④ ₩2,750
⑤ ₩2,781

정답: 27 ④ 28 ③ 29 ④ 30 ③

해설
- 원가: 800 + 5,100 − 기말(x) = 매출원가(x)
- 매가: 1,000 + 6,400 + 400 − 200 − 기말(3,600) = ₩4,000
- 원가율 계산 시 저가기준 선입선출은 당기 매입분에 순인하를 제외한다.
- 원가율: 5,100 ÷ 6,800 = 0.75
- 원가에 의한 기말재고: 3,600 × 0.75 = ₩2,700

31 **(주)한국은 원가기준 소매재고법을 사용하고 있으며, 원가흐름은 평균법이다. 다음 자료를 근거로 한 기말재고는?**

구분	원가	판매가
기초재고	₩2,200	₩4,200
당기매입액	18,800	25,700
매출액		26,000
인상액		370
인상취소액		150
인하액		230
인하취소액		110
종업원할인		1,000

① ₩2,100
② ₩3,000
③ ₩2,650
④ ₩2,500
⑤ ₩3,100

해설
- 매가에 의한 기말재고액:
  - {기초재고 + (당기매입 + 순인상액 − 순인하액)} − (매출액 + 종업원할인액)
  - 종업원할인액은 정상판매금액을 계산하기 위하여 매출액에 가산한다.
  - 4,200 + 25,700 + 220 − 120 − (26,000 + 1,000) = ₩3,000
- 원가율(평균법): (2,200 + 18,800) ÷ (4,200 + 25,700 + 220 − 120) = 0.7
- 기말재고액(원가): 3,000 × 0.7 = ₩2,100

32 (주)한국은 재고자산감모손실 중 40%는 비정상감모손실(기타비용)로 처리하며, 정상감모손실과 평가손실은 매출원가에 포함한다. (주)한국의 20×1년 재고자산 관련 자료가 다음과 같을 때, 매출원가는?

제25회 기출

- 기초재고자산 ₩10,000(재고자산평가충당금 ₩0)
- 당기매입액 ₩80,000
- 기말장부수량 20개(단위당 원가 ₩1,000)
- 기말실제수량 10개(단위당 순실현가능가치 ₩1,100)

① ₩74,000 ② ₩74,400 ③ ₩76,000
④ ₩76,600 ⑤ ₩88,000

해설 • 저가에 의한 기말재고액: 실제수량(10개) × 1,000 = ₩10,000
• 비정상감모손실: [감모수량(10개) × 1,000] × 0.4 = ₩4,000

재고자산

차변		대변	
기 초 재 고 액	₩10,000	매 출 원 가	(₩76,000)
당 기 매 입 액	80,000	비정상감모손실	4,000
		기 말 재 고 액	10,000
	₩90,000		₩90,000

33 (주)한국은 재고자산 수량결정과 관련하여 계속기록법을 채택하고 있다. 다음은 계속기록법으로 작성한 (주)한국의 20×1년의 매출원가와 관련된 자료이다.

구분	수량	단가	합계
20×1년 초 재고자산	100개	₩300	₩30,000
20×1년 매입액	200	300	60,000
20×1년 말 재고자산	150	300	45,000

(주)한국이 20×1년 말 재고자산을 실사한 결과 재고자산의 감모수량이 30개(재고자산감모손실 ₩9,000) 발생하였다. 또한 (주)한국은 20×1년 말 재고자산의 단위당 순실현가능가치가 ₩200으로 하락하여 재고자산평가손실을 인식하여야 한다. (주)한국이 20×1년도에 인식할 재고자산평가손실은 얼마인가? (단, 재고자산감모손실을 먼저 인식한 후 재고자산평가손실을 산출함을 가정하고, 기초재고자산에 대한 평가충당금은 없었다)

① ₩6,000 ② ₩9,000 ③ ₩12,000
④ ₩15,000 ⑤ ₩18,000

해설 • 재고자산평가손실: (300 − 200) × 실지수량(120개) = ₩12,000
• 실지수량: 장부수량(150개) − 감모수량(30개) = 120개

31 ① 32 ③ 33 ③ 정답

34 (주)한국의 기초재고자산은 ₩80,000이고, 당기순매입액은 ₩120,000이다. 기말재고 관련 자료가 다음과 같을 때, 매출원가는? (단, 정상감모손실은 매출원가로, 비정상감모손실은 기타비용으로 처리한다) 제22회 기출

- 장부상재고수량 300개
- 기말재고단위당원가 ₩200
- 실제재고수량 250개
- 재고자산 감모의 20%는 정상적인 감모로 간주한다.

① ₩148,000
② ₩142,000
③ ₩140,000
④ ₩138,000
⑤ ₩132,000

해설

재고자산

기초재고	₩80,000	매출원가	(₩142,000)
순매입액	120,000	비정상감모	8,000
		기말재고	50,000
	₩200,000		₩200,000

- 기말재고: 250개 × 200 = ₩50,000(저가)
- 비정상감모손실: (300개 − 250개) × 200 × 0.8 = ₩8,000

35 20×1년 초에 설립된 (주)한국의 재고자산은 상품으로만 구성되어 있다. 20×1년 말 상품 관련 자료는 다음과 같고 항목별 저가기준으로 평가하고 있다. 20×1년 매출원가가 ₩250,000일 경우 당기 상품매입액은? (단, 재고자산평가손실은 매출원가에 포함되며 재고자산감모손실은 없다) 제19회 기출

구분	재고수량	단위당 원가	단위당 추정 판매가격	단위당 추정 판매비용
상품 A	20개	₩100	₩120	₩15
상품 B	40	150	170	30
상품 C	30	120	120	20

① ₩251,000
② ₩260,600
③ ₩260,700
④ ₩261,200
⑤ ₩262,600

해설

재고자산

차변	금액	대변	금액
기초재고	₩0	매출원가	₩250,000
순매입액	260,600	기말재고	10,600
	₩260,600		₩260,600

기말재고의 계산	상품 A	20개 × @₩100 = ₩2,000	₩10,600
	상품 B	40개 × @₩140 = ₩5,600	
	상품 C	30개 × @₩100 = ₩3,000	

36 **단일상품만을 매매하는 (주)한국의 기초재고자산은 ₩2,000이고, 당기순매입액은 ₩10,000이다. 기말재고자산 관련 자료가 다음과 같을 때, 매출원가는? [단, 감모손실 중 60%는 비정상감모손실(기타비용)로 처리하며, 정상감모손실과 평가손실은 매출원가에 포함한다]** 제24회 기출

- 장부수량 50개
- 단위당 원가 ₩50
- 실제수량 45개
- 단위당 순실현가능가치 40

① ₩9,750 ② ₩9,950 ③ ₩10,050
④ ₩10,100 ⑤ ₩10,200

해설
- 비정상감모: [(50개 − 45개) × 50] × 0.6 = ₩150
- 기말재고: 45개 × 40 = ₩1,800

재고자산

차변	금액	대변	금액
기초재고	₩2,000	매출원가	(₩10,050)
순매입액	10,000	비정상감모	150
		기말재고	1,800
	₩12,000		₩12,000

34 ② 35 ② 36 ③ 정답

37 다음은 (주)한국의 20×1년 말 재고자산(상품) 관련 자료이다. (주)한국의 재고자산평가손실은? (단, 기초재고는 없으며, 단위원가 계산은 총평균법을 따른다) 제21회 기출

장부상 자료		실사 자료	
수량	총장부금액	수량	순실현가능가치 총액
80개	₩2,400	75개	₩1,850

① ₩30 ② ₩150 ③ ₩400
④ ₩550 ⑤ ₩600

해설
- 재고자산감소금액: 총장부금액(2,400) − 순실현가능가치(1,850) = ₩550
- 재고자산취득원가: 2,400 ÷ 80개 = @₩30
- 재고자산감모손실: (80개 − 75개) × @₩30 = ₩150
- 재고자산평가손실: 재고자산감소액(550) − 재고자산감모손실(150) = ₩400

38 다음은 (주)한국의 재고자산 자료이다. 총평균법을 적용하여 계산된 매출원가가 ₩24,000일 경우 7월 15일 매입분에 대한 단위당 매입원가는? (단, 재고자산감모손실과 재고자산평가손실은 없다) 제19회 기출

구분	수량	단위당 매입원가	단위당 판매가격
기초재고	100개	₩100	
7월 15일 매입	200	?	
10월 1일 매출	200		₩150
기말재고	100		

① ₩100 ② ₩110 ③ ₩120
④ ₩130 ⑤ ₩140

해설

재고자산

기 초 재 고	₩10,000	매 출 원 가	₩24,000
순 매 입 액	26,000	기 말 재 고	12,000
	₩36,000		₩36,000

- 총평균단가: $\frac{\text{매출원가}(24{,}000)}{\text{매출수량}(200\text{개})}$ = @₩120
- 기말재고액: 100개 × @₩120 = ₩12,000
- 매입분에 대한 단위당 원가: $\frac{\text{매입액}(26{,}000)}{\text{매입수량}(200\text{개})}$ = @₩130

39 (주)한국은 재고자산을 항목별 저가기준으로 평가하고 있다. 아래의 기말 자료를 이용하여 재고자산평가손실을 구하면 얼마인가?

제13회 기출

항목	재고수량	단위당 취득원가	단위당 추정판매가격	단위당 추정판매비용
A	120개	₩4,000	₩5,500	₩600
B	150	3,400	3,400	500
C	130	2,300	2,500	300
D	100	3,500	4,600	600

① ₩88,000
② ₩89,000
③ ₩98,000
④ ₩99,000
⑤ ₩109,000

해설
- 재고자산의 평가는 저가법에 의한다. 따라서 A, D는 순실현가치보다 취득원가가 낮으므로 취득원가로 평가한다.
- 재고자산평가손실: B[(3,400 − 2,900) × 150개] + C[(2,300 − 2,200) × 130개] = ₩88,000

40 (주)한국은 재고자산을 저가기준으로 평가하고 있다. 아래의 기말 자료를 이용하여 재고자산평가손실을 구하면 얼마인가? (단, 원재료는 제품생산에 투입하기 위해서 보유 중이다)

구분	원가	판매가격	판매비용	현행대체원가
원재료	₩20,000	₩19,500	₩1,500	₩19,500
재공품	30,000	33,000	2,000	29,000
반제품	40,000	45,000	6,000	42,000
제품	50,000	55,000	4,000	49,000

① ₩1,000
② ₩1,500
③ ₩2,000
④ ₩2,500
⑤ ₩3,000

해설
- 원재료의 현행대체원가가 하락하였으나 제품의 시가가 원가를 초과하므로 원재료는 저가로 감액하지 않는다.
- 재공품은 시가가 원가를 초과하므로 평가하지 않는다.
- 반제품은 원가가 시가보다 크므로 평가손실 ₩1,000이 발생한다.
- 제품은 시가가 원가를 초과하므로 평가하지 않는다.

37 ③ 38 ④ 39 ① 40 ① 정답

CHAPTER

08 유형자산

회독체크 1 2 3

CHAPTER 미리보기

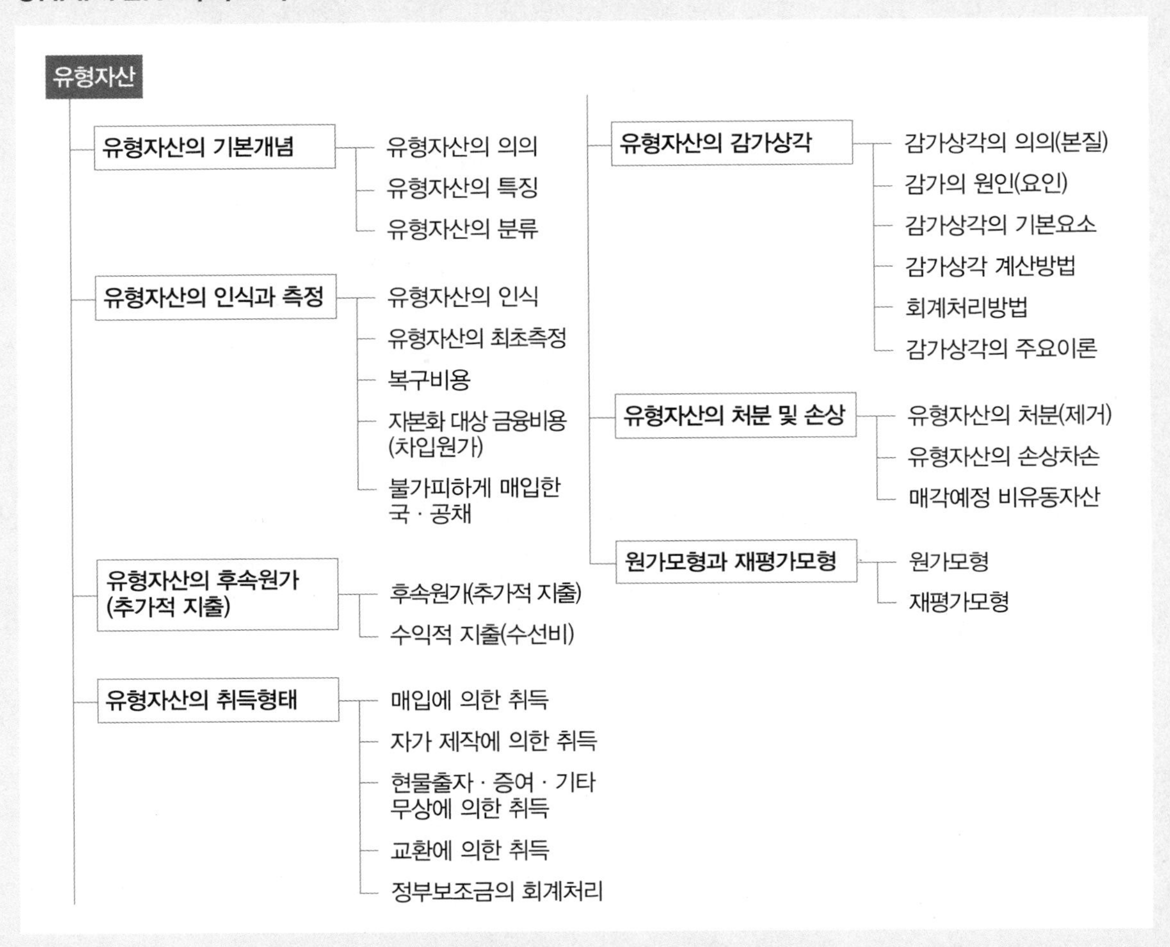

학습전략

본 단원은 유형자산에 관한 내용으로 시험에서 출제빈도가 가장 높고 수험생들이 가장 어려워하는 부분으로 6문항까지 출제되고 있습니다. 유형자산의 정의 및 특성, 취득, 감가상각, 손상 및 처분, 후속측정(재평가) 등이 각각 1문항씩 출제될 수 있으므로 필히 알아두어야 합니다. 이론은 물론 계산문제도 반복적으로 학습하여야 하며, 특히 취득형태와 감가상각 부분은 세밀히 학습해야 합니다.

학습키워드

- 교환, 정부보조금
- 감가상각방법
- 처분손익의 계산
- 손상차손의 계산
- 재평가잉여금

제1절 유형자산의 기본개념

1. 유형자산의 의의

유형자산(有形資産, Tangible Assets)은 정상적인 영업활동을 통하여 재화의 생산이나 용역의 제공, 타인에 대한 임대 또는 관리활동에 사용할 목적으로 보유하는 물리적 형태가 있는 자산으로서, 한 회계기간을 초과하여 사용할 것이 예상되는 자산을 말한다.

참고 토지·건물

- 매매(판매)를 목적으로 소유 ⇨ 재고자산(부동산매매업)
- 투자 목적 또는 비영업용(임대)으로 소유 ⇨ 투자부동산
- 영업활동에 사용할 목적으로 소유 ⇨ 유형자산

2. 유형자산의 특징

① 물리적 실체가 있는 자산이다. 유형자산은 실물이 존재하는 자산이므로, 실물이 존재하지 않는 무형자산과 구별된다.

② 경영활동에 사용할 목적으로 취득한 자산으로 유형자산은 기업이 경영활동을 원활히 수행하는 데 기본이 되는 자산이다. 그러므로 재판매를 목적으로 취득한 재고자산이나 투자할 목적으로 취득한 투자부동산과는 구별된다.

③ 여러 회계기간에 걸쳐 경제적 효익을 제공하는 자산으로서 감가상각 대상이 되는 자산이다. 유형자산은 기업에 장기적으로 존재하여 경제적 효익을 제공해 주는 장기성자산으로서, 시간의 경과 또는 사용 등에 의하여 가치가 감소되며 이 부분에 대하여 회계기간 단위별로 감가상각을 행하게 된다.

④ 비화폐성자산이며, 비금융자산이다.

3. 유형자산의 분류

(1) 감가상각자산

① **감가상각 대상자산**: 건물, 구축물, 기계장치, 차량운반구, 공구와 기구, 비품 등

② **감모상각 대상자산**: 광업, 삼림, 유전 등의 자연자원 등

(2) 비상각자산

① **비상각자산**: 토지, 건설중인자산

㉠ **토지**: 토지의 원가에 해체, 제거 및 복구원가가 포함된 경우에는 그러한 원가를 관련

경제적 효익이 유입되는 기간에 감가상각을 한다. 토지는 원칙적으로 감가상각을 하지 않지만 토지의 내용연수가 한정될 수 있다. 이 경우에는 관련 경제적 효익이 유입되는 형태를 반영하는 방법으로 토지를 감가상각한다.

㉡ **건설중인자산**: 자가 제작에 의한 유형자산의 건설에 소요된 재료비·노무비 및 경비로서 완공이 되기 전까지 지출한 금액을 말하며, 완성 시 해당계정에 대체한다.

참고 기업회계기준서 제1016호

다음의 경우 유형자산으로 적용하지 아니한다.
1. 기업회계기준서 제1105호 '매각예정비유동자산과 중단영업'에 따라 매각예정으로 분류되는 유형자산
2. 농림어업활동과 관련되는 생물자산(기업회계기준서 제1041호 '농림어업' 참조)
3. 탐사평가자산의 인식과 측정(기업회계기준서 제1106호 '광물자원의 탐사와 평가' 참조)
4. 석유, 천연가스, 이와 유사한 비재생자원과 같은 매장광물과 광업권

그러나 2.~4.의 자산을 개발하거나 유지하기 위하여 사용하는 유형자산에는 이 기준서를 적용한다.

제2절 유형자산의 인식과 측정

1. 유형자산의 인식

유형자산으로 인식되기 위해서는 유형자산의 정의와 다음의 인식요건을 모두 충족하여야 한다.

① 자산으로부터 발생하는 미래의 경제적 효익이 기업에 유입될 가능성이 높다.

② 자산의 원가를 신뢰성 있게 측정할 수 있다.

2. 유형자산의 최초측정

(1) 최초인식하는 유형자산은 원가로 측정한다.

① 유형자산의 원가는 인식시점의 현금가격상당액이다.

② 대금지급이 일반적인 신용기간을 초과하여 이연되는 경우, 현금가격상당액(현재가치)을 취득원가로 하고, 현금가격상당액(현재가치)과 실제 총지급액과의 차액은 신용기간에 걸쳐 이자비용으로 인식한다.

참고 현금가격상당액

현금가격상당액은 미래현금흐름의 현재가치이며 일반적으로 현재가치 또는 현금구입가격이라 한다. 즉, 미래가치에 이자에 해당하는 금액을 차감한 가액을 말한다.

(2) 유형자산 취득원가의 구성

> 유형자산의 취득원가 = 구입원가 + 자본화대상 후속원가

① 구입금액에 관세 및 취득 관련 제세금(환급세액 제외)을 가산하고 매입할인과 리베이트 등을 차감한 구입가격

② 경영진이 의도하는 방식으로 자산을 가동하는 데 필요한 장소와 상태에 이르게 하는 데 직접 관련되는 다음과 같은 원가는 유형자산의 원가에 가산한다.

㉠ 유형자산의 매입 또는 건설과 직접적으로 관련되어 발생한 종업원급여

㉡ 설치장소 준비원가

㉢ 최초의 운송 및 취급관련원가

㉣ 설치원가 및 조립원가

㉤ 유형자산이 정상적으로 작동되는지 여부를 시험하는 과정에서 발생하는 원가[경영진이 의도한 방식으로 유형자산을 가동할 수 있는 장소와 상태에 이르게 하는 동안에 재화(예 자산이 정상적으로 작동되는지를 시험할 때 생산되는 시제품)가 생산될 수 있다. 그러한 재화를 판매하여 얻은 매각금액과 그 재화의 원가는 재고자산(제1002호)에 준하여 처리하고 당기손익으로 인식한다]

㉥ 전문가에게 지급하는 수수료

(3) 유형자산에 포함되지 않는 원가

① 새로운 시설을 개설하는 데 소요되는 원가

② 새로운 상품과 서비스를 소개하는 데 소요되는 원가(예 광고 및 판촉활동 등)

③ 새로운 지역이나 새로운 고객층을 대상으로 영업을 하는 데 소요되는 원가(예 직원의 교육훈련비)

④ 관리 및 기타 일반간접원가

(4) 취득이 완료되어 유형자산이 경영진이 의도하는 방식으로 가동될 수 있는 장소와 상태에 이른 후에는 원가를 더 이상 인식하지 않는다. 따라서 유형자산을 사용하거나 이전하는 과정에서 발생하는 다음의 원가는 당해 유형자산의 장부금액에 포함하여 인식하지 아니한다.

① 유형자산이 경영진이 의도하는 방식으로 가동될 수 있으나 아직 실제로 사용되지는 않고 있는 경우, 또는 가동수준이 완전조업도 수준에 미치지 못하는 경우에 발생하는 원가

② 유형자산과 관련된 산출물에 대한 수요가 형성되는 과정에서 발생하는 초기 가동손실

③ 기업의 영업 전부 또는 일부를 재배치하거나 재편성하는 과정에서 발생하는 원가

> **참고 | 취득원가의 결정**
>
> • **토지의 취득원가**
> - 건물을 신축하기 위해 구 건물이 있는 토지를 취득하는 경우에는 지급 대가를 모두 토지원가에 포함한다.
> - 위의 경우 구 건물 철거비용은 토지원가에 포함하고 철거 시 수거된 폐자재 처분가치는 토지원가에서 차감한다. 즉, '구 건물 철거비용 – 폐자재 처분가치'를 토지원가에 포함한다.
>
>   ▶ 건물을 신축하기 위해 사용 중인 건물을 철거하는 경우에는 사용 중인 건물의 장부금액을 제거하여 유형자산처분손실로 처리하고, 철거 시 철거비용은 당기비용으로 처리한다.
> - 도로개설비
>   - 유지책임이 관청에 있는 경우: 토지원가에 포함한다.
>   - 유지책임이 회사에 있는 경우: 구축물원가에 포함시키고 감가상각해야 한다.
>
> • **건물의 취득원가**
>
> 건물 신축 시 설계비, 땅굴착비용, 건물의 등록세 등은 건물원가에 포함한다.
>
> • **기계장치의 취득원가**
>
> 운반비 · 설치비 · 시운전비는 기계장치의 원가에 포함한다.
>
> • **모든 유형자산에 공통적으로 해당하는 취득원가**
> - 중개수수료(전문가수수료)
> - 취득세, 등록세
> - 관세
> - 제세금(환급세액 제외)
>
> ▶ 재산세와 종합부동산세는 취득과 관련된 세금이 아니고 재산을 보유함에 따른 유지비용(보유세)이기 때문에 기간비용(세금과공과)으로 처리한다.

3. 복구비용

복구비용(Restoration Costs)은 유형자산의 경제적 사용이 종료된 후에 자산을 해체, 제거하거나 부지를 복구하는 데 소요될 것으로 최초에 추정되는 원가이다. 이와 같이 복구와 관련하여 그 비용을 부담할 의무는 당해 유형자산의 취득시점 또는 특정 기간 동안 재고자산의 생산 이외의 목적으로 사용한 결과로 발생한다.

복구의무가 충당부채의 인식요건을 충족하는 경우 복구원가의 현재가치를 해당 유형자산의 원가에 가산하고 동액을 복구충당부채의 과목으로 처리한다.

㉬ 유형자산 중 원자력발전소, 해상구조물, 쓰레기매립장, 저유설비 등과 같이 토양 · 수질 · 대기 · 방사능오염 등을 유발할 가능성이 있는 시설물에 대해서는 경제적 사용이 종료된 후에 환경보전을 위하여 반드시 원상회복을 시켜야 한다.

(차) 구축물(유형자산) 등	×××	(대) 현금	×××
		복구충당부채	×××

개념적용 문제

01 (주)한국은 20×1년 초 내용연수 종료 후 원상복구 의무가 있는 구축물을 ₩500,000에 취득하였다. 내용연수 종료시점의 복구비용은 ₩100,000이 소요될 것으로 추정되며, 복구비용의 현재가치 계산에 적용될 할인율은 연 10%이다. 구축물에 대한 자료가 다음과 같을 때, 20×1년도 감가상각비와 복구충당부채 전입액은? (단, 이자율 10%, 5기간에 대한 단일금액 ₩1의 현재가치는 0.6209이다) 제23회 기출

- 내용연수: 5년
- 잔존가치: ₩50,000
- 감가상각방법: 정액법

	감가상각비	복구충당부채 전입액
①	₩90,000	₩6,209
②	₩90,000	₩20,000
③	₩110,000	₩6,209
④	₩102,418	₩6,209
⑤	₩102,418	₩20,000

해설
- 구축물의 취득원가: 500,000 + (100,000 × 0.6209) = ₩562,090
- 구축물의 감가상각비: (562,090 − 50,000) ÷ 5년 = ₩102,418
- 복구충당부채 전입액(이자비용): (100,000 × 0.6209) × 10% = ₩6,209

정답 ④

02 (주)한국은 20×1년 초 ₩500,000에 구축물을 취득(내용연수 5년, 잔존가치 ₩0, 정액법 상각)하였으며, 내용연수 종료 시점에 이를 해체하여 원상 복구해야 할 의무가 있다. 20×1년 초 복구비용의 현재가치는 ₩100,000으로 추정되며 이는 충당부채의 요건을 충족한다. 복구비용의 현재가치 계산에 적용한 할인율이 10%일 때 옳지 않은 것은? (단, 소수점 발생 시 소수점 아래 첫째 자리에서 반올림한다)

① 20×1년 초 해당 거래를 구축물로 처리하고 내용연수 기간 동안 감가상각을 한다.
② 20×1년 초 구축물의 취득원가는 ₩600,000이다.
③ 20×1년 말 복구충당부채 전입액(또는 이자비용)은 ₩10,000이다.
④ 20×1년 말 복구충당부채는 ₩100,000이다.
⑤ 20×1년 말 인식할 당기손익은 ₩130,000이다.

해설
- 구축물 취득원가: 500,000 + 100,000 = ₩600,000
- 20×1년 말 복구충당부채 전입액(이자비용): 100,000 × 0.1 = ₩10,000
- 20×1년 말 복구충당부채: 100,000 + 10,000 = ₩110,000
- 20×1년 말 인식할 비용: ₩130,000
  - 20×1년 감가상각비: $\frac{600,000 - 0}{5}$ = ₩120,000
  - 복구충당부채 전입액(이자비용): ₩10,000

정답 ④

4. 자본화 대상 금융비용(차입원가)

(1) 차입원가

적격자산의 취득, 건설 또는 제조와 직접 관련되는 차입원가는 당해 자산원가에 포함한다. 그러나 기타 차입원가는 비용으로 인식한다(K-IFRS 제1023호).

(2) 적격자산

적격자산은 의도한 용도로 사용하거나 판매 가능한 상태에 이르게 하는 데 상당한 기간을 필요로 하는 다음의 자산을 말한다.

① 재고자산(단기간 내에 제조되는 재고자산은 제외)
② 제조설비자산
③ 전력생산설비
④ 무형자산
⑤ 투자부동산
⑥ 생산용 식물

참고 적격자산에서 제외되는 경우

금융자산과 단기간 내에 제조되거나 다른 방법으로 생산되는 재고자산은 적격자산에 해당하지 아니한다. 취득시점에 의도된 용도로 사용(또는 판매) 가능한 자산인 경우에도 적격자산에 해당하지 아니한다.

(3) 차입원가의 계산

차입원가의 계산은 특정 차입금의 경우에는 '실제 발생한 차입원가 − 일시적 운용에서 생긴 투자수익 = 자본화대상 차입원가'로 하고, 일반차입금의 경우에는 일반 목적의 차입한 자금 중 자본화대상 자산의 취득에 소요되었다고 볼 수 있는 자금으로 한다.

5. 불가피하게 매입한 국·공채

유형자산의 취득을 위하여 불가피하게 매입한 국·공채 등은 당해 채권의 매입가액과 공정가치(채권의 현재가치)와의 차액을 유형자산의 원가에 가산한다.

개념적용 문제

03 유형자산의 취득원가에 포함되지 않는 것은? 제22회 기출

① 관세 및 환급 불가능한 취득 관련 세금
② 유형자산을 해체, 제거하거나 부지를 복구하는 데 소요될 것으로 최초에 추정되는 원가
③ 새로운 상품과 서비스를 소개하는 데 소요되는 원가
④ 설치원가 및 조립원가
⑤ 유형자산의 매입 또는 건설과 직접적으로 관련되어 발생한 종업원급여

해설 새로운 상품과 서비스를 소개하는 데 소요되는 원가는 당기비용이다.

정답 ③

04 유형자산이 경영진이 의도하는 방식으로 가동될 수 있는 장소와 상태에 이른 후에는 원가를 더 이상 인식하지 않는다. 이에 관하여 옳은 것은?

① 설치원가 및 조립원가
② 적격자산의 취득과 관련하여 발생한 차입금에 대한 이자 원가
③ 기업의 영업 전부 또는 일부를 이전 재배치하거나 재편성하는 과정에서 발생하는 원가
④ 유형자산의 건설과 직접적으로 관련되어 발생한 종업원급여
⑤ 최초의 운송 및 취급 관련 원가

해설 다음은 원가로 인식한다.
- 설치원가 및 조립원가
- 적격자산의 취득과 관련하여 발생한 차입금에 대한 이자 원가
- 유형자산의 건설과 직접적으로 관련되어 발생한 종업원급여
- 최초의 운송 및 취급 관련 원가

정답 ③

05 유형자산의 취득원가에 포함되는 것은? 제18회 기출

① 유형자산이 경영진이 의도하는 방식으로 가동될 수 있으나, 아직 실제로 사용되지는 않고 있는 경우에 발생하는 원가
② 유형자산 취득 시 정상적으로 작동되는지 여부를 시험하는 과정에서 발생하는 원가
③ 유형자산과 관련된 산출물에 대한 수요가 형성되는 과정에서 발생하는 가동손실과 같은 초기 가동손실
④ 기업의 영업 전부 또는 일부를 재배치하거나 재편성하는 과정에서 발생하는 원가
⑤ 새로운 상품과 서비스를 소개하는 데 소요되는 원가

해설 유형자산의 취득원가는 사용개시 전에 발생한 원가로 유형자산 취득 시 정상적으로 작동되는지 여부를 시험하는 과정에서 발생하는 원가는 취득원가에 포함된다.

정답 ②

06 취득과 직접 관련된 차입원가를 자본화하여야 하는 적격자산이 아닌 것은? 제25회 기출

① 금융자산 ② 무형자산
③ 투자부동산 ④ 제조설비자산
⑤ 전력생산설비

해설 금융자산과 단기간 내에 제조되는 재고자산은 적격자산이 아니다.

정답 ①

07 (주)한국은 공장건물을 신축하기 위하여 토지를 구입하고 토지 위에 있는 낡은 건물을 철거하였다. 토지의 취득원가는? 제16회 기출

• 토지구입대금	₩500
• 토지구입에 따른 취득세	30
• 낡은 건물 철거비	50
• 낡은 건물 철거에 따른 고철 매각대금	20
• 토지 정지비	100
• 신축 공장건물 설계비	50

① ₩500 ② ₩530 ③ ₩600
④ ₩660 ⑤ ₩680

해설 • 취득원가: 500 + 30 + 50 − 20 + 100 = ₩660
• 신축 공장건물 설계비 ₩50은 건물원가에 포함한다.

정답 ④

08 기계장치 취득과 관련된 자료가 다음과 같을 때, 취득원가는? 제27회 기출

• 구입가격	₩1,050
• 최초의 운송 및 취급 관련 원가	100
• 신제품 광고 및 판촉활동 관련 원가	60
• 정상작동 여부를 시험하는 과정에서 발생하는 원가	100
• 시험가동 과정에서 생산된 시제품의 순매각금액	20
• 다른 기계장치의 재배치 과정에서 발생한 원가	50

① ₩1,050 ② ₩1,150

③ ₩1,230 ④ ₩1,250

⑤ ₩1,340

해설
• 취득원가: 1,050 + 100 + 100 = ₩1,250
• 신제품 광고 및 판촉활동 관련 원가와 재배치 과정에서 발생한 원가는 비용 인식
• 시험가동 과정에서 생산된 시제품의 순 매각금액은 당기손익으로 처리한다.

정답 ④

제3절 유형자산의 후속원가(추가적 지출)

유형자산의 일상적인 수선·유지와 관련하여 발생하는 원가는 해당 유형자산의 장부금액에 포함하여 인식하지 아니한다. 이러한 원가는 발생시점에 당기손익으로 인식한다. 일상적인 수선·유지과정에서 발생하는 원가는 주로 노무비와 소모품비로 구성되며 사소한 부품원가가 포함될 수도 있다. 이러한 지출은 보통 유형자산의 '수선과 유지'(수선비)로 처리한다. 그러나 자산의 본래 용도를 변경하거나, 생산성(능률)을 향상시킴으로써 자산으로부터 발생하는 미래경제적 효익이 기업에 유입될 가능성이 높고, 자산의 원가를 신뢰성 있게 측정할 수 있는 추가적 지출에 대해서는 최초인식과 동일한 인식기준을 적용하여 인식한다.

1. 후속원가(추가적 지출)

후속원가는 자산의 인식요건을 충족시키는 지출로서, 유형자산의 내용연수를 연장시키거나 실질적으로 가치를 증가시키는 것으로 당해 유형자산의 원가에 포함하고, 당해 지출이 발생한 날부터 감가상각을 하여 비용으로 배분한다.

(1) 증설

증설은 기존설비에 새로운 시설을 부가하거나 기존의 설비를 확장하는 것을 말한다. 증설을 한 경우에는 이에 따른 미래경제적 효익의 유입가능성이 높으므로 증설에 소요된 지출액을 자본화하는 경우가 대부분이다.

(2) 개량 및 대체

개량은 교체된 부품이 현 자산의 기능을 개선시키는 것을 말하며, 대체는 교체된 부품이 현 자산의 기능상으로는 거의 종전과 동일하지만 내용연수를 증가시키는 지출을 말한다. 개량과 대체는 기존자산의 미래경제적 효익을 증가시키는 경우가 많기 때문에 자본화하는 경우가 대부분이다.

신 자산 대체	(차) 유 형 자 산	×××	(대) 현 금	×××
구 자산 폐기	(차) 감가상각누계액 유형자산처분손실	××× ×××	(대) 유 형 자 산	×××

(3) 종합검사비용

정기적인 종합검사비용은 일반적으로 발생한 기간의 비용으로 처리한다. 그러나 정기적으로 대수선을 요하는 경우 일부 유형자산의 주요 부품이나 구성요소의 정기적 교체가 필요할 수 있다. 항공기와 같은 유형자산을 계속적으로 가동하기 위해서는 당해 유형자산의 일부가 대체되는지의 여부와 관계없이 결함에 대한 정기적인 종합검사가 필요할 수 있다. 정기적인 종합검사과정에서 발생하는 원가가 인식기준을 충족하는 경우에는 유형자산의 일부가 대체되는 것으로 보아 해당 유형자산의 장부금액에 포함하여 인식한다. 이 경우 직전에 이루어진 종합검사에서의 원가와 관련되어 남아 있는 장부금액(물리적 부분의 장부금액과는 구별됨)을 제거한다.

(차) 유 형 자 산	×××	(대) 현 금	×××

2. 수익적 지출(수선비)

수익적 지출은 유형자산을 원상회복시키거나 능률유지를 위한 지출로서, 자산의 인식요건을 충족하지 못하는 지출이므로 발생 즉시 당기비용으로 처리한다.

(차) 수 선 비	×××	(대) 현 금	×××

▶▶ 후속원가와 수익적 지출의 비교

구분	후속원가(자본적 지출)	수익적 지출
특징	• 장기간 미래 효익의 증가 • 내용연수 연장, 생산제품의 질적·양적 향상 • 실질가치의 증가 • 비반복적·비경상적으로 발생	• 당기 효익에 그침 • 기능유지, 능률유지를 위한 지출 • 금액이 비교적 적음 • 반복적·경상적으로 발생
회계처리	당해 유형자산의 원가에 가산	당기비용으로 처리

개념적용 문제

09 다음 거래를 회계처리하시오.

(1) (주)한국은 건물의 개조공사를 하고 공사비 ₩500,000은 현금지급하다. 단, 공사비 중 80%는 자산의 인식요건을 충족시키는 지출이다.
(2) 건물의 증축을 위하여 공사비 ₩500,000을 수표를 발행하여 지급하다.
(3) 영업용 자동차의 현상유지를 위한 비용 ₩50,000과 냉난방 및 엔진교체를 위한 비용 ₩500,000을 수표를 발행하여 지급하다.

정답

	차변	금액	대변	금액
(1)	(차) 건물	400,000	(대) 현금	500,000
	수선비	100,000		
(2)	(차) 건물	500,000	(대) 당좌예금	500,000
(3)	(차) 차량운반구	500,000	(대) 당좌예금	550,000
	수선비	50,000		

10 유형자산으로 분류되는 아파트 관리시설의 수선·유지, 교체 등과 관련하여 발생하는 후속원가의 회계처리로 옳지 않은 것은? 제14회 기출

① 일상적인 수선·유지를 위한 사소한 부품의 교체원가는 자산으로 인식될 수 없다.
② 시설 일부에 대한 교체로 인해 관리의 효율이 향상되고 교체원가가 자산인식기준을 충족한다면 자산으로 인식한다.
③ 시설에 대한 정기적인 종합검사 원가는 자산인식기준을 충족하더라도 비용으로 처리한다.
④ 일상적인 수선·유지에서 발생하는 원가에는 시설수선·유지 인원의 노무비가 포함될 수 있다.
⑤ 설비에 대한 비반복적인 교체에서 발생하는 원가라도 자산인식기준을 충족하면 자산으로 인식한다.

해설 시설에 대한 정기적인 종합검사 원가는 자산인식기준을 충족하면 자산으로 인식한다.

정답 ③

11 다음은 유형자산과 관련된 지출내용이다. 자본화하여야 할 금액은 얼마인가?

㉠ 대수선으로 전체적인 지붕타일의 개량	₩45,000
㉡ 건물에 엘리베이터 설치	30,000
㉢ 건물 외벽의 도장	250,000
㉣ 차량의 엔진교체(내용연수 5년 연장)	100,000
㉤ 승용차의 타이어 교체	50,000

① ₩175,000
② ₩225,000
③ ₩285,000
④ ₩425,000
⑤ ₩475,000

해설 자본적 지출: ㉠(45,000) + ㉡(30,000) + ㉣(100,000) = ₩175,000

정답 ①

제4절 유형자산의 취득형태

1. 매입에 의한 취득

(1) 일반적인 취득

유형자산의 원가는 최초인식시점의 현금가격상당액이다.

(차) 유 형 자 산	×××	(대) 현 금	×××

(2) 장기연불조건에 의한 취득

대금지급이 일반적인 신용기간을 초과하여 대금의 지급을 이연시킨 경우, 현금가격상당액(현재가치)과 실제 총지급액과의 차액은 신용기간에 걸쳐 이자비용으로 인식해야 한다.

(차) 유 형 자 산	×××	(대) 장 기 미 지 급 금	×××
현 재 가 치 할 인 차 금	×××		

(3) 일괄구입

일괄구입은 두 종류 이상의 자산을 일괄구입가격으로 동시에 취득하는 것을 말한다. 이와 같이 두 종류 이상의 자산을 일괄구입가격으로 동시에 취득하는 경우에 개별자산의 원가는 개별자산의 상대적 공정가치의 비율로 개별자산에 배분하여야 하며, 개별자산의 상대적 공정가치를 알 수 없는 경우에는 감정가액이나 과세표준액을 이용하여 배분할 수도 있다.

$$\text{일괄구입가격} \times \frac{\text{개별자산의 공정가치}}{\text{개별자산의 공정가치 합계}} = \text{개별자산의 취득원가}$$

개념적용 문제

12 **(주)한국은 20×1년 초에 영업용 기계장치를 구입하였으며, 그 대금은 매년 말일에 ₩1,000,000씩 5년간 분할하여 지급하기로 하였다. 이 기계장치의 현금구입가격은 ₩3,790,000이며 취득시점에서의 시장이자율은 연 10%이며 할부금의 현재가치는 현금구입가격과 일치한다. 다음 거래를 회계처리하시오.**

정답

(차) 기계장치	3,790,000	(대) 장기미지급금	5,000,000
현재가치할인차금	1,210,000		

13 **(주)한국은 20×1년 초 토지를 ₩4,000,000에 취득하면서 현금 ₩1,000,000을 즉시 지급하고 나머지 ₩3,000,000은 20×1년 말부터 매년 말에 각각 ₩1,000,000씩 3회 분할 지급하기로 하였다. 이러한 대금지급은 일반적인 신용기간을 초과하는 것이다. 취득일 현재 토지의 현금가격상당액은 총지급액을 연 10% 이자율로 할인한 현재가치와 동일하다. 20×2년에 인식할 이자비용은? (단, 단수차이가 발생할 경우 가장 근사치를 선택한다)** 제25회 기출

기간	연 이자율 10%	
	단일금액 ₩1의 현재가치	정상연금 ₩1의 현재가치
3	0.7513	2.4869

① ₩100,000
② ₩173,559
③ ₩248,690
④ ₩348,690
⑤ ₩513,100

해설
- 20×1년 초 현재가치: 1,000,000 × 2.4869 = ₩2,486,900
- 20×1년 말 이자비용: 2,486,900 × 10% = ₩248,690
- 20×2년 말 장부금액: 2,486,900 − (1,000,000 − 248,690) = ₩1,735,590
- 20×2년 말 이자비용: 1,735,590 × 10% = ₩173,559

정답 ②

14 (주)한국은 (주)대전으로부터 토지·건물·기계장치를 ₩180,000에 일괄하여 취득하였다. 취득 시에 (주)한국은 감정비용으로 ₩12,000을 지급하였고, 이들 자산의 공정가치는 다음과 같이 평가되었다. (주)한국의 장부에 기록될 토지·건물·기계장치의 취득원가는 얼마인가?

• 토지 ₩120,000 • 건물 ₩80,000
• 기계장치 40,000

해설

• 토지 취득원가: $(180,000 + 12,000) \times \frac{120,000}{120,000 + 80,000 + 40,000}$ = ₩96,000

• 건물 취득원가: $(180,000 + 12,000) \times \frac{80,000}{120,000 + 80,000 + 40,000}$ = ₩64,000

• 기계장치 취득원가: $(180,000 + 12,000) \times \frac{40,000}{120,000 + 80,000 + 40,000}$ = ₩32,000

정답 • 토지 취득원가: ₩96,000
• 건물 취득원가: ₩64,000
• 기계장치 취득원가: ₩32,000

15 (주)한국은 20×1년 초 토지, 건물 및 기계장치를 일괄 취득하고 현금 ₩1,500,000을 지급하였다. 취득일 현재 자산의 장부금액과 공정가치가 다음과 같을 때, 각 자산의 취득원가는? (단, 취득 자산은 철거 혹은 용도변경 없이 계속 사용한다) 2019년 세무직 공무원 수정

구분	장부금액	공정가치
토지	₩1,095,000	₩1,350,000
건물	630,000	420,000
기계장치	380,000	230,000

	토지	건물	기계장치
①	₩1,350,000	₩420,000	₩230,000
②	₩1,095,000	₩630,000	₩380,000
③	₩1,095,000	₩315,000	₩162,500
④	₩1,012,500	₩315,000	₩172,500
⑤	₩1,010,000	₩315,000	₩175,000

해설

• 공정가치 비율: $\frac{1,500,000}{2,000,000} = 0.75$
• 토지 취득원가: 1,350,000 × 0.75 = ₩1,012,500
• 건물 취득원가: 420,000 × 0.75 = ₩315,000
• 기계장치 취득원가: 230,000 × 0.75 = ₩172,500

정답 ④

2. 자가 제작에 의한 취득

자가 건설한 유형자산의 원가는 유형자산을 외부에서 구입한 것과 같은 기준을 적용하여 결정하고, 회계처리는 건설이 완공되기 전까지는 건설중인자산으로 처리했다가 완공이 되면 당해 유형자산으로 대체한다. 판매를 목적으로 제작한 경우 재고자산으로 분류하고, 영업활동에 사용할 목적인 경우에는 유형자산이며, 자가건설에 따른 내부이익과 자가건설 과정에서 원재료, 인력 및 기타 자원의 낭비로 인한 비정상적인 원가는 자산의 원가에 포함하지 않는다.

취득원가(제조원가) = 제조를 위하여 발생한 직접원가 + 제조간접원가 + 자본화대상 차입원가

완성 전 원가 지출액	(차) 건 설 중 인 자 산	×××	(대) 현 금	×××
완성 후	(차) 유 형 자 산	×××	(대) 건 설 중 인 자 산	×××

개념적용 문제

16 다음 거래를 회계처리하시오.

(1) (주)한국은 20×1년 초 보유하고 있던 토지에 본사 사옥을 자가 건설하기로 하고, 건설에 필요한 자금 ₩2,000,000을 수표 발행하여 지급하다.
(2) 위 건물이 20×2년 말 완공되어 인수하고 등록세 등 경비 ₩500,000과 잔금 ₩1,000,000을 수표 발행하여 지급하고 건물을 인수하다.

정답

	차변	금액	대변	금액
(1)	(차) 건 설 중 인 자 산	2,000,000	(대) 당 좌 예 금	2,000,000
(2)	(차) 건 물	3,500,000	(대) 건 설 중 인 자 산	2,000,000
			당 좌 예 금	1,500,000

3. 현물출자·증여·기타 무상에 의한 취득

(1) 취득원가의 결정

현물출자·증여·기타 무상으로 취득한 자산의 원가는 공정가치로 평가한다. 기업이 주식을 발행하여 주고 대가로 유형자산을 취득한 경우, 유형자산의 취득원가는 발행하여 교부한 주식의 공정가치와 현물출자로 취득한 유형자산의 공정가치 중 보다 명확히 측정할 수 있는 것을 기준으로 취득원가를 결정한다.

(2) 취득원가의 결정 순서

현물출자로 취득한 유형자산의 취득원가는 다음 순서에 의하여 결정한다.

① 주식이 상장(등록)되어 시장성이 있는 경우에는 발행주식의 시가

② 공정가치가 없는 경우에는 취득한 자산의 공정가치

③ 모두 측정할 수 없는 경우에는 감정가액의 순으로 결정

개념적용 문제

17 (주)한국은 영업용 토지를 취득하고, 주당 액면금액이 ₩5,000인 보통주를 1,000주를 발행하여 교환하였다. 회계처리를 하시오.

> (1) 발행한 주식의 공정가치는 주당 ₩6,000이다.
> (2) 주식의 공정가치는 알 수가 없고, 토지의 공정가치는 ₩6,500,000이다.

정답 (1) 1,000주 × 6,000 = ₩6,000,000

(차) 토 지	6,000,000	(대) 자 본 금	5,000,000
		주 식 발 행 초 과 금	1,000,000

(2) 토지의 공정가치가 취득원가이다.

(차) 토 지	6,500,000	(대) 자 본 금	5,000,000
		주 식 발 행 초 과 금	1,500,000

18 비상장기업인 (주)용인은 1주당 액면금액이 ₩5,000인 주식 100주를 발행하여 토지를 취득하였다. (주)용인의 주식은 비상장되어 정확한 시가를 산정할 수 없으나 동종업종의 평균주가가 ₩11,000에 거래되었다. 한편, 토지를 담보로 대출을 신청하기 위해 한국감정평가원에 의뢰한 결과 해당 토지의 평가액이 ₩1,450,000으로 산출되었을 경우 (주)용인의 회계장부에 기록해야 할 토지의 적정한 취득원가는?

① ₩500,000
② ₩1,100,000
③ ₩1,450,000
④ ₩950,000
⑤ ₩600,000

해설 현물출자로 취득한 유형자산의 취득원가는 당해 자산의 공정가치와 발행 교부한 주식의 공정가치 중 보다 명확한 것으로 한다. 그러나 양자를 알 수 없는 경우에는 감정에 의한 평가액을 취득원가로 할 수 있다.

정답 ③

4. 교환에 의한 취득

특정 실체가 소유한 유형자산과 다른 실체가 소유한 유형자산을 교환에 의하여 취득하는 경우, 유형자산의 취득원가는 상업적 실질이 있는지 또는 상업적 실질이 결여되었는지에 따라 회계처리 방법이 다르다. 상업적 실질이 결여된 경우와 취득한 자산의 공정가치와 제공한 자산의 공정가치를 신뢰성 있게 측정할 수 없는 경우를 제외하고는 공정가치로 측정한다.

(1) 상업적 실질이 결여된 경우

장부금액법 ⇨ 처분손익을 인식하지 않는다.

> 신 자산의 취득원가 = 제공한 자산의 장부금액 + 현금지급액 − 현금수취액

(2) 상업적 실질이 있는 경우

공정가치법 ⇨ 처분손익을 인식한다.

① **원칙**: 제공한 자산의 공정가치(구 자산법)

> 신 자산의 취득원가 = 제공한 자산의 공정가치 + 현금지급액 − 현금수취액

② **예외**: 취득한 자산의 공정가치가 더 명백한 경우(신 자산법)

> 신 자산의 취득원가 = 취득한 자산의 공정가치(현금수수액은 무시)

참고 처분손익의 인식 ⇨ 유형자산처분이익

- **구 자산법**: 제공한 자산의 장부금액 VS 제공한 자산의 공정가치
- **신 자산법**: 제공한 자산의 장부금액 VS 취득한 자산의 공정가치(− 지급액 + 수취액)

참고 상업적 실질의 판단기준

- 교환거래의 결과 미래현금흐름이 얼마나 변동될 것인지를 고려하여 해당 교환거래에 상업적 실질이 있는지를 결정한다.
- 다음 1. 또는 2.에 해당하면서 3.을 충족하는 경우에 교환거래는 상업적 실질이 있다.
  1. 취득한 자산과 관련된 현금흐름의 구성(위험, 유출입시기, 금액)이 제공한 자산과 관련된 현금흐름의 구성과 다르다.
  2. 교환거래의 영향을 받는 영업 부분의 기업특유가치가 교환거래의 결과로 변동한다.
  3. 위 1.이나 2.의 차이가 교환된 자산의 공정가치에 비하여 유의적이다.

개념적용 문제

19 (주)한국은 사용 중이던 차량운반구 장부금액 ₩400,000을 다음과 같은 조건으로 동종의 차량운반구와 교환하였다. 교환에 따른 차액 ₩20,000은 현금으로 지급하였다. 각 조건에 대해 회계처리하시오.

> (1) 상업적 실질이 없는 경우
> (2) 상업적 실질이 있으며, (구)차량운반구의 공정가치는 ₩370,000이다.
> (3) 상업적 실질이 있으며, (신)차량운반구의 공정가치는 ₩450,000이다.

해설 (1) 상업적 실질이 없는 경우: 장부금액법

신 자산의 취득원가 = 구 자산의 장부금액(400,000) + 현금지급액(20,000)

차변	금액	대변	금액
(차) (신) 차량운반구	420,000	(대) (구) 차량운반구	400,000
		현금	20,000

(2) 상업적 실질이 있는 경우: 공정가치법

신 자산의 취득원가 = 구 자산 공정가치(370,000) + 현금지급액(20,000)

차변	금액	대변	금액
(차) (신) 차량운반구	390,000	(대) (구) 차량운반구	400,000
유형자산처분손실	30,000	현금	20,000

(3) 상업적 실질이 있는 경우: 공정가치법(신 자산의 공정가치가 더 명백한 경우)

신 자산의 취득원가 = 신 자산의 공정가치(450,000) (현금지급은 무시)

차변	금액	대변	금액
(차) (신) 차량운반구	450,000	(대) (구) 차량운반구	400,000
		현금	20,000
		유형자산처분이익	30,000

20 (주)대한은 기계장치 A를 (주)서울의 기계장치 B와 교환하였으며 이러한 교환은 상업적 실질이 있다. 교환 시점의 두 자산에 관한 자료가 다음과 같을 때, (주)대한이 인식할 기계장치 B의 취득원가는? (단, 기계장치 A의 공정가치가 기계장치 B의 공정가치보다 더 명백하다) 제18회 기출

	(주)대한의 기계장치 A	(주)서울의 기계장치 B
• 취득원가	₩10,000	₩9,000
• 감가상각누계액	3,000	5,000
• 공정가치	8,000	7,000

① ₩6,000
② ₩7,000
③ ₩8,000
④ ₩9,000
⑤ ₩10,000

해설
- 상업적 실질이 있다면 제공한 자산의 공정가치를 취득원가로 인식한다.
- (주)대한의 공정가치 ₩8,000을 기계장치 B의 취득원가로 인식한다. 다만, 현금수수액이 없으므로 고려하지 않는다.

정답 ③

21 (주)한국은 토지(장부금액 ₩10,000, 공정가치 ₩13,000)를 (주)대한의 건물(장부금액 ₩9,500, 공정가치 ₩12,600)과 교환하였다. (주)한국이 동 교환거래에서 인식할 처분이익은? (단, 동 교환거래는 상업적 실질이 있다고 판단되며, 토지의 공정가치가 건물의 공정가치보다 더 명백하다)

제19회 기출

① ₩0 ② ₩400 ③ ₩2,600
④ ₩3,000 ⑤ ₩3,200

해설
- 처분손익은 제공한 자산의 공정가치와 장부금액의 차액이다.
- 취득원가는 상업적 실질이 있는 경우 제공한 자산의 공정가치에 현금수수액을 가감하여 결정한다.
- 처분이익: 13,000 − 10,000 = ₩3,000

정답 ④

5. 정부보조금의 회계처리

정부보조금은 기업의 영업활동과 관련하여 과거나 미래의 일정한 조건을 충족하였거나 충족할 경우 기업에게 자원을 이전하는 형식의 정부지원을 말한다. 정부보조금의 회계처리방법에는 자본접근법과 수익접근법이 있는데 한국채택국제회계기준에서는 수익접근법으로 처리하도록 규정하고 있으며, 수익접근법에는 이연수익법과 평가계정법이 있다.

(1) 이연수익법

정부보조금을 이연부채로 계상하고, 기간 경과 시 수익으로 환원하는 방법이다.

① **정부보조금 수입**

(차) 현 금	×××	(대) 이연정부보조금수익(부채)	×××

② **유형자산의 구입**

(차) 유 형 자 산	×××	(대) 현 금	×××

③ **감가상각**(결산)

(차) 감 가 상 각 비	×××	(대) 감 가 상 각 누 계 액	×××
이연정부보조금수익(부채)	×××	정부보조금수익(수익)	×××

(2) 평가계정법(자산차감법)

정부보조금을 유형자산의 차감적 평가계정으로 처리하는 방법이다.

① **정부보조금 수입**

(차) 현 금	×××	(대) 정부보조금(평가계정)	×××

② **유형자산의 구입**

(차) 유 형 자 산	×××	(대) 현 금	×××

③ **감가상각**(결산)

(차) 감 가 상 각 비	×××	(대) 감 가 상 각 누 계 액	×××
정 부 보 조 금	×××	감 가 상 각 비	×××

개념적용 문제

22 **(주)한국은 20×1년 1월 1일 정부로부터 보조금 ₩1,000,000을 지원받아 영업용 기계장치 ₩5,000,000(내용연수 10년, 잔존가치 ₩0, 정액법)을 구입하였다. 이연수익법과 평가계정법에 따라서 12월 말의 회계처리를 하시오.**

해설 1. 이연수익법

• 20×1년 1월 1일(보조금 수령)

(차) 현 금	1,000,000	(대) 이연수익(부채계정)	1,000,000

• 20×1년 1월 1일(취득)

(차) 기 계 장 치	5,000,000	(대) 현 금	5,000,000

• 20×1년 12월 31일(감가상각)

(차) 감 가 상 각 비	500,000	(대) 감 가 상 각 누 계 액	500,000
이 연 수 익 (부 채)	100,000	정부보조금수익(수익)	100,000

– 감가상각비: (5,000,000 – 0) ÷ 10년 = ₩500,000

– 정부보조금수익(수익): 1,000,000 ÷ 10년 = ₩100,000

2. 평가계정법(자산차감법)

• 20×1년 1월 1일(보조금 수령)

(차) 현 금	1,000,000	(대) 정부보조금(평가계정)	1,000,000

• 20×1년 1월 1일(취득)

(차) 기 계 장 치	5,000,000	(대) 현 금	5,000,000

• 20×1년 12월 31일(감가상각)

(차) 감 가 상 각 비	500,000	(대) 감 가 상 각 누 계 액	500,000
정 부 보 조 금	100,000	감 가 상 각 비	100,000

또는

(차) 감 가 상 각 비	400,000	(대) 감 가 상 각 누 계 액	500,000
정 부 보 조 금	100,000		

– 감가상각비: (5,000,000 – 0) ÷ 10년 = ₩500,000

– 정부보조금상각액: 1,000,000 ÷ 10년 = ₩100,000

23 (주)한국은 20×1년 초에 상환의무가 없는 정부보조금 ₩100,000을 수령하여 기계장치를 ₩200,000에 취득하였으며, 기계장치에 대한 자료는 다음과 같다.

- 내용연수: 5년
- 잔존가치: ₩0
- 감가상각방법: 정액법

정부보조금을 자산의 장부금액에서 차감하는 방법으로 회계처리할 때, 20×1년 말 재무상태표에 표시될 기계장치의 장부금액은? 제23회 기출

① ₩60,000 ② ₩80,000
③ ₩100,000 ④ ₩160,000
⑤ ₩200,000

해설
- 정부보조금 ₩100,000은 취득원가에서 차감하고 계산한다.
- 20×1년 말 장부금액: 100,000 − (100,000 ÷ 5년) = ₩80,000

정답 ②

제5절 유형자산의 감가상각

1. 감가상각(Depreciation)의 의의(본질)

유형자산은 사용에 의한 소모, 시간의 경과와 기술의 변화에 따른 진부화 등에 의해서 유형자산의 가치가 감소하는데 이를 감가라 하고, 유형자산의 취득원가를 내용연수 기간 동안 체계적이고 합리적인 방법으로 배분하여 비용화시키는 과정을 감가상각이라고 한다. 감가상각의 주된 목적은 수익과 비용의 합리적인 대응에 있고 다음과 같은 학설이 있다.

참고 수익과 비용의 대응

당기 수익이 발생한 기간에 그로 인해 비용을 인식하는 것을 말하며, 감가상각의 주된 목적은 수익과 비용의 합리적인 대응이다.

(1) 원가배분설

유형자산은 미래의 기간 동안에 걸쳐서 경제적 효익을 제공하게 되므로 취득원가를 경제적 효익을 제공받는 기간(내용연수)에 걸쳐 비용으로 배분하기 위한 절차를 감가상각이라고 보는 것이다. 이는 현대회계에서 가장 일반적으로 받아들여지고 있는 견해이다.

(2) 자산평가설

감가를 시간의 경과 또는 사용에 따른 유형자산의 가치감소 현상이라고 보고 감가상각비를 계상하는 것은 유형자산의 가치감소 부분을 손상시키는 것으로 보는 것이다.

(3) 자본유지(회수)설

감가상각이란 유형자산의 취득에 소요된 자금을 회수함으로써 기업의 자본을 계속적으로 유지하기 위한 과정이라고 보는 것이다.

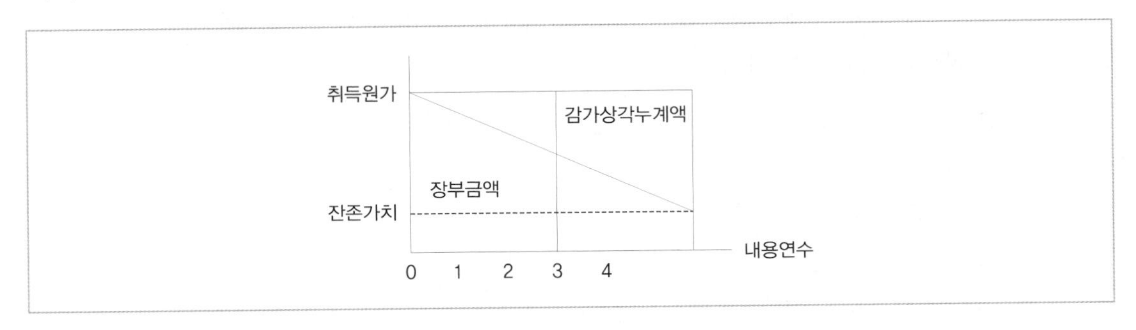

2. 감가의 원인(요인)

유형자산이 감가가 되는 원인에는 다음과 같이 물리적 원인과 기능적 원인의 두 가지가 있다.

(1) 물리적 원인

① 사용에 의한 마멸

② 시간경과에 의한 노후화, 부식 등

(2) 기능적(경제적) 원인

유형자산이 물리적으로는 충분한 가치가 있으나 경제적 환경의 변화로 기능적 가치가 감소하는 것으로 다음과 같이 두 가지로 구분된다.

① **진부화**(구식화): 새로운 발명이나 기술혁신 등으로 인해 기존 유형자산의 계속사용이 경제적으로 불리하게 되므로 그 가치가 감소하는 것을 말한다.

② **부적응**: 경영규모의 확장, 공장의 이전 또는 시장의 변화 등으로 인하여 유형자산이 물리적으로는 사용이 가능하나 경제적으로는 계속사용이 불합리하게 됨에 따라 그 가치가 감소하는 것을 말한다.

3. 감가상각의 기본요소

(1) 감가상각 대상금액(기준액)

유형자산의 사용기간 동안 감가상각비로 배부할 총액을 감가상각 대상금액이라고 하며 최대한도액은 취득원가에서 잔존가치를 차감한 금액이다.

① **취득원가**: 구입가격 + 부대비용
② **잔존가치**: 유형자산의 이용가치가 없어 폐기처분할 때 예상되는 현금 회수가능액
③ **내용연수**: 유형자산의 사용가능한 시점으로부터 소멸하여 폐기될 때까지의 기간(자산의 경제적 효익≥상대적 비용)

감가상각 대상금액 = 취득원가 − 잔존가치

참고 자산의 내용연수 결정

유형자산의 경제적 효익은 주로 사용함으로써 소비하는 것이 일반적이다. 그러나 자산을 사용하지 않더라도 기술적 또는 상업적 진부화 및 마모나 손상 등의 요인으로 인하여 자산으로부터 기대하였던 경제적 효익이 감소될 수 있다. 따라서 자산의 내용연수를 결정할 때에는 다음의 요소를 모두 고려하여야 한다.

- 자산의 예상 생산능력이나 물리적 생산량을 토대로 한 자산의 예상 사용수준
- 자산을 교대로 사용하는 빈도, 수선·유지계획과 운휴 중 유지보수 등과 같은 가동요소를 고려한 자산의 예상 물리적 마모나 손상
- 생산방법의 변화, 개선 또는 해당 자산에서 생산되는 제품 및 용역에 대한 시장수요의 변화로 인한 기술적 또는 상업적 진부화
- 리스계약의 만료일 등 자산의 사용에 대한 법적 또는 이와 유사한 제한

4. 감가상각 계산방법

구분		내용
정액법		매년 일정한 금액으로 배분되는 방법(균등상각법)
체감법	정률법	초기 감가상각비는 크고, 기간 경과에 따라 감소되는 방법
	이중체감법	
	연수합계법(급수법)	
비례법	생산량비례법	조업도에 비례하여 감가상각비가 배분되는 방법
	작업시간비례법	
기타		종합상각법·폐기법·갱신법·조별상각법

구분	감가상각 대상액	상각률
정액법	취득원가 − 잔존가치	$\frac{1}{\text{내용연수}}$
정률법	취득원가 − 감가상각누계액	$1-\sqrt[n]{\frac{\text{잔존가치}}{\text{취득원가}}}$
이중체감법	취득원가 − 감가상각누계액	$\frac{2}{\text{내용연수(n)}}$
연수합계법	취득원가 − 잔존가치	$\frac{\text{잔존연수}}{\text{연수합계}}$
생산량비례법	취득원가 − 잔존가치	$\frac{\text{실제생산량}}{\text{총추정생산량}}$

(1) 정액법(定額法, Straight-Line Method)

내용연수 기간 동안 일정액의 감가상각비를 계상하는 방법으로서 적용이 간편하다는 장점은 있지만, 매년의 감가상각비와 수선유지비의 합계액이 증가하고, 자산이 제공하는 경제적 효익은 일정하다는 가정하에 계상되기 때문에 일반적으로 수익과 비용의 합리적인 대응을 기대할 수 없다는 문제점이 있다.

$$감가상각비 = \frac{취득원가 - 잔존가치}{내용연수}$$

(2) 체감잔액법(遞減殘額法, Declining-Balance Method)

취득원가에서 감가상각누계액을 차감한 잔액에 대하여 일정한 비율을 적용하여 계산하는 방법으로서 기간이 경과함에 따라 점차 감가상각비가 감소한다. 체감법(체감잔액법, 연수합계법)을 적용하면 감가상각비는 기간이 경과함에 따라 점차 감소하고, 수선유지비는 기간이 경과함에 따라 점차 증가하므로 총비용이 일정하게 인식되고 자산이 제공하는 경제적 효익도 일정하다는 가정하에 계상되기 때문에 일반적으로 수익과 비용의 합리적인 대응을 기대할 수 있는 방법이다. 또한 감가상각 초기에 감가상각비를 크게 배분하여 보수주의 관점에서도 유리하다.

① 일반적인 유형자산은 초기에 많은 수익을 제공하므로 수익·비용 대응의 원칙에 따라 초기에 많은 비용을 인식한다. 즉, 수익·비용 대응의 원칙에 충실한 방법이다.

② 체감잔액법(이중체감법·정률법)은 매기 체감률이 일정하지만, 연수합계법은 체감액이 일정하다.

③ 정률법은 잔존가액이 '₩0'인 경우 상각액을 구할 수 없기 때문에 세법상 유형자산의 잔존가액을 적용하여 정률을 계산하고 정률(%)에는 잔존가액과 내용연수가 고려되어 있으므로 마지막연도에 단수(끝수)조정이 발생하지 않는다.

④ 이중체감법은 잔존가액이 고려되지 않았으므로 마지막연도에 단수(끝수)조정하여 감가상각비를 계산하여야 한다.

㉠ 이중체감법

$$감가상각비 = (취득원가 - 감가상각누계액) \times 상각률^{*} = 미상각잔액 \times 상각률$$

$$* 상각률(\%) = \frac{1}{내용연수} \times 2$$

㉡ 정률법

$$감가상각비 = (취득원가 - 감가상각누계액) \times 정률^{*} = 미상각잔액 \times 정률$$

$$* 정률(\%) = 1 - \sqrt[n]{\frac{잔존가치}{취득원가}} \quad (n: 내용연수)$$

(3) 연수합계법(年數合計法, Sum－of－The－Years－Digit Method)

일종의 체감법(가속상각법)에 속하는 방법으로서 급수법이라고도 한다. 매기 기초시점의 잔존 내용연수를 감가상각비를 배분하는 기준급수로 설정하여 기간별 감가상각비를 계산한다. 연수합계법에서 연간 상각률과 상각액은 일정한 금액(비율)으로 체감(감소)된다.

$$\text{감가상각비} = (\text{취득원가} - \text{잔존가치}) \times \frac{\text{잔존내용연수}}{\text{내용연수의 합계}^*}$$

* 내용연수의 합계 = $n \times \frac{(n+1)}{2}$ (n: 내용연수)

(4) 생산량비례법

감모(고갈)성 자산(광업권 등) 등 경제적 효익의 감소가 자산의 이용정도에 관련된 경우에 적합한 상각방법이다. 생산량비례법은 단위당 상각비가 일정하므로 균등상각법에 해당되며, 수익(＝생산량)에 비례하여 비용(감가상각비)이 결정되므로 수익·비용 대응의 원칙에 가장 충실한 방법이다.

다른 방법에 의한 감가상각비는 고정비에 해당하지만, 생산량비례법에 의한 감가상각비는 변동비에 해당된다.

$$\text{감가상각비} = (\text{취득원가} - \text{잔존가치}) \times \frac{\text{당기실제생산량}}{\text{총추정생산량}}$$

(5) 폐기법

유형자산의 폐기 시 폐기되는 자산의 취득원가에서 잔존가액을 차감한 금액을 당기의 감가상각비로 인식하는 방법이다.

(6) 갱신법(교체법)

새로 취득되는 자산의 취득원가에서 대체되는 자산의 처분가액을 차감한 금액을 감가상각비로 인식하는 방법이다.

(7) 조별상각법·종합상각법

① 2가지 방법은 모두 여러 가지 유형자산을 한꺼번에 묶어서 감가상각을 하는 방법으로 조별상각법은 비슷한 종류의 자산을 묶어서 감가상각을 하는 방법이고, 종합상각법은 종류가 다른 자산을 하나의 집단으로 묶어서 감가상각을 하는 방법이다.

② 종합상각법 계산방법

- 감가상각비 = 취득원가 합계 × 종합상각률
- 종합상각률 = $\frac{\text{정액법에 의한 연간 감가상각비 합계}}{\text{취득원가 합계}}$
- 평균내용연수 = $\frac{\text{취득원가 합계} - \text{잔존가치 합계}}{\text{정액법에 의한 연간 감가상각비 합계}}$

개념적용 문제

24 (주)한국은 20×1년 초에 기계장치를 ₩100,000(내용연수 3년, 잔존가치 취득원가의 10%)에 취득하였다. 회계기간은 매년 1월 1일부터 12월 31일까지이다. 다음과 같은 자료에 의하여 각 감가상각방법에 따라 감가상각비를 계산하시오. (단, 정률은 0.536, 이중체감법은 정액법의 배법으로 함)

해설 1. 정액법

회계연도	계산근거	감가상각비	감가상각누계액	장부금액
1차연도 말	(100,000 − 10,000) × 1/3	₩30,000	₩30,000	₩70,000
2차연도 말	(100,000 − 10,000) × 1/3	30,000	60,000	40,000
3차연도 말	(100,000 − 10,000) × 1/3	30,000	90,000	10,000

2. 정률법

회계연도	계산근거	감가상각비	감가상각누계액	장부금액
1차연도 말	100,000 × 0.536	₩53,600	₩53,600	₩46,400
2차연도 말	46,400 × 0.536	24,870	78,470	21,530
3차연도 말	21,530 × 0.536	11,530	90,000	10,000

3. 이중체감법

회계연도	계산근거	감가상각비	감가상각누계액	장부금액
1차연도 말	100,000 × 0.667	₩66,700	₩66,700	₩33,300
2차연도 말	33,300 × 0.667	22,211	88,911	11,089
3차연도 말	90,000 − 88,911	1,089	90,000	10,000

4. 연수합계법

회계연도	계산근거	감가상각비	감가상각누계액	장부금액
1차연도 말	(100,000 − 10,000) × 3/6	₩45,000	₩45,000	₩55,000
2차연도 말	(100,000 − 10,000) × 2/6	30,000	75,000	25,000
3차연도 말	(100,000 − 10,000) × 1/6	15,000	90,000	10,000

25 **(주)관리는 20×1년 4월 1일에 차량운반구를 ₩1,000,000에 구입하였다. 차량운반구의 내용연수는 5년, 잔존가치는 ₩100,000일 때, 다음 각 감가상각방법에 따라 20×1년과 20×2년의 감가상각비를 계산하시오.**

> (1) 정액법
> (2) 정률법(상각률: 0.369)
> (3) 연수합계법

해설 (1) 정액법
- 감가상각대상금액: 1,000,000 − 100,000 = ₩900,000
- 20×1년도: 900,000 × 1/5 × 9/12 = ₩135,000
- 20×2년도: 900,000 × 1/5 = ₩180,000

(2) 정률법
- 20×1년도: 1,000,000 × 0.369 × 9/12 = ₩276,750
- 20×2년도: (1,000,000 − 276,750) × 0.369 = ₩266,879

(3) 연수합계법
- 20×1년도: 900,000 × 5/15 × 9/12 = ₩225,000
- 20×2년도: (900,000 × 5/15 × 3/12) + (900,000 × 4/15 × 9/12) = ₩255,000

연수합계법의 경우에는 기중 취득을 하면 연수합계법의 상각률이 변하는 기간과 회계기간이 일치하지 않기 때문에 상각률이 변하는 기간을 중심으로 감가상각비를 계산한 후에 경과기간에 따라 감가상각비를 안분하여 회계기간별로 감가상각비를 인식한다.

26 **다음 자료에 의하여 종합상각법으로 종합상각률과 종합내용연수, 감가상각비를 계산하시오.**

구분	취득원가	잔존가액	감가상각대상액	내용연수	연간 감가상각비
A설비	₩600,000	₩100,000	₩500,000	5년	₩100,000
B기계	400,000	40,000	360,000	6년	60,000
C건물	1,000,000	100,000	900,000	10년	90,000
합계	₩2,000,000	₩240,000	₩1,760,000		₩250,000

해설
- 종합상각률: $\frac{250,000}{2,000,000}$ = 12.5%
- 종합내용연수: $\frac{1,760,000}{250,000}$ = 7.04년
- 감가상각비: 2,000,000 × 12.5% = ₩250,000

27 **(주)대한은 20×1년 초에 기계를 구입하였다. 20×2년의 감가상각비는 얼마인가?**

• 취득원가: ₩100,000	• 잔존가치: ₩10,000
• 내용연수: 5년	• 정률: 30%
• 정률법 상각(결산일: 12월 31일)	

① ₩21,000
② ₩14,700
③ ₩30,000
④ ₩14,870
⑤ ₩25,000

해설
• 정률법: (취득원가 − 감가상각누계액) × 정률(%)
• 20×1년 감가상각비: 100,000 × 30% = ₩30,000
• 20×2년 감가상각비: (100,000 − 30,000) × 30% = ₩21,000

정답 ①

28 **(주)한국은 20×1년 초 차량 A(내용연수 4년, 잔존가치 ₩0, 감가상각방법 연수합계법 적용)를 ₩900,000에 매입하면서 취득세 ₩90,000을 납부하였고, 의무적으로 매입해야 하는 국공채를 액면가 ₩100,000(현재가치 ₩90,000)에 매입하였다. 차량 A를 취득한 후 바로 영업활동에 사용하였을 때, 차량 A와 관련하여 (주)한국이 인식할 20×2년 감가상각비는?** 2019년 지방직 공무원 수정

① ₩300,000
② ₩324,000
③ ₩330,000
④ ₩400,000
⑤ ₩432,000

해설
• 취득원가: 900,000 + 90,000 + 10,000 = ₩1,000,000
• 20×2년 감가상각비: 1,000,000 × 3/10 = ₩300,000

정답 ①

5. 회계처리방법

(1) 직접법

감가상각액을 유형자산의 취득원가에서 직접 차감하여 표시하는 방법이다.

(차) 감 가 상 각 비	×××	(대) 유 형 자 산 (건 물 등)	×××

(2) 간접법

감가상각액을 유형자산의 취득원가에서 직접 차감하지 않고 감가상각누계액(차감적 평가계정)

으로 분개하여 현재까지의 감가상각누계액을 표시하는 방법이다. 한국채택국제회계기준에서는 간접법을 원칙으로 하고 있다.

(차) 감가상각비	×××	(대) 감가상각누계액	×××

6. 감가상각의 주요이론

① 유형자산의 감가상각방법은 자산의 미래의 경제적 효익이 소멸되는 형태를 반영한 합리적인 방법을 적용하고, 예상 소비 형태가 변하지 않는 한 매 회계기간에 일관성 있게 적용한다.

② 유형자산의 감가상각방법은 적어도 매 회계연도말에 재검토한다. 재검토 결과 예상되는 소비 형태에 중요한 변동이 있다면, 변동된 소비 형태를 반영하기 위하여 감가상각방법을 변경한다. 이러한 변경은 회계추정의 변경으로 회계처리한다.

③ 유형자산의 잔존가치와 내용연수는 적어도 매 회계기말에 재검토한다. 재검토 결과 추정치가 종전의 추정치와 다르다면 그 차이는 회계추정의 변경으로 회계처리한다.

④ 감가상각 대상금액은 유형자산의 원가에서 잔존가치를 차감한 금액이다. 실무적으로 잔존가치는 경미한 경우가 많으므로 감가상각 대상금액을 계산할 때 중요하게 다루어지지 않는다.

⑤ 감가상각은 사용가능한 때부터 시작하고, 매각 예정으로 분류되는 날 또는 자산이 제거되는 날 중 이른 날에 중지한다. 따라서 유형자산이 가동되지 않거나 운휴상태가 되더라도 감가상각을 중단하지 않는다. 다만, 유형자산의 사용 정도에 따라 감가상각하는 경우에는 생산활동이 이루어지지 않을 때 감가상각을 인식하지 않을 수 있다.

⑥ 유형자산의 공정가치가 장부금액을 초과하더라도 잔존가치가 장부금액을 초과하지 않는 한 감가상각액을 계속 인식한다. 유형자산을 수선하고 유지하는 활동을 하더라도 감가상각의 필요성이 부인되는 것은 아니다.

⑦ 유형자산의 잔존가치가 장부금액을 초과하는 경우에는 감가상각은 영(0)이 된다. 그러므로 잔존가치가 작아질 때까지 감가상각을 인식하지 않는다.

⑧ 유형자산을 구성하는 일부의 원가가 당해 유형자산의 전체원가에 비교하여 유의적이라면 해당 유형자산을 감가상각할 때 그 부분을 별도로 구분하여 감가상각한다. 또한 유의적이지 않더라도 그 부분을 별도로 구분하여 감가상각할 수 있다.

⑨ 각 기간에 배분된 감가상각비는 다른 자산의 제조와 관련된 경우에는 관련 자산의 제조원가로, 그 밖의 경우에는 손익계산서의 비용으로 인식한다.

⑩ 유형자산의 감가상각 대상금액을 내용연수 동안 체계적으로 배부하기 위해 다양한 방법을 사용할 수 있다. 이러한 감가상각방법에는 정액법, 체감잔액법 및 생산량비례법이 있다.

29 유형자산의 감가상각에 관한 설명으로 옳지 않은 것은?

① 유형자산을 사용 정도에 따라 감가상각하는 경우에는 생산 활동이 이루어지지 않을 때 감가상각을 인식하지 않을 수 있다.
② 유형자산의 공정가치가 장부금액을 초과하면 잔존가치가 장부금액을 초과하지 않더라도 감가상각은 중단한다.
③ 유형자산의 감가상각은 경영진이 의도하는 방식으로 자산을 가동하는 데 필요한 장소와 상태에 이른 때부터 시작한다. 감가상각은 매각예정자산으로 분류되는 날과 자산이 제거되는 날 중 이른 날에 중지한다.
④ 유형자산의 잔존가치는 장부금액과 같거나 큰 금액으로 증가할 수도 있다. 이 경우 잔존가치가 장부금액보다 작은 금액으로 감소될 때까지는 감가상각액은 영(0)이 된다.
⑤ 유형자산의 잔존가치와 내용연수는 적어도 매 회계연도 말에 재검토한다. 재검토 결과 추정치가 종전 추정치와 다르다면 그 차이는 회계추정의 변경으로 회계처리한다.

해설 유형자산의 공정가치가 장부금액을 초과하더라도 잔존가치가 장부금액을 초과하지 않는 한 감가상각액을 계속 인식한다.

정답 ②

30 (주)한국은 20×1년 초에 총 100톤의 철근을 생산할 수 있는 기계장치(내용연수 4년, 잔존가치 ₩200,000)를 ₩2,000,000에 취득하였다. 정률은 0.44이고, 1차연도부터 4차연도까지 기계장치의 철근생산량은 10톤, 20톤, 30톤, 40톤인 경우 1차연도에 인식할 감가상각비가 가장 크게 계상되는 방법으로 옳은 것은? 제13회 기출

① 정액법
② 정률법
③ 연수합계법
④ 생산량비례법
⑤ 모두 동일함

해설
- 감가상각비의 크기: 정액법 < 연수합계법 < 이중체감법
- 당기순이익의 크기: 정액법 > 연수합계법 > 이중체감법
- 정률법: (2,000,000 − 0) × 0.44 = ₩880,000
- 연수합계법: (2,000,000 − 200,000) × 4/10 = ₩720,000
- 정액법: (2,000,000 − 200,000) × 1/4 = ₩450,000
- 생산량비례법: (2,000,000 − 200,000) × 10톤/100톤 = ₩180,000

정답 ②

31 감가상각 초기에 있어서 체감잔액법은 정액법에 비해 어떤 경향이 있는가?

① 순이익은 감소하고 유형자산의 장부금액은 적게 표시된다.
② 순이익은 감소하고 유형자산의 장부금액은 크게 표시된다.
③ 순이익은 증가하고 유형자산의 장부금액은 적게 표시된다.
④ 순이익은 증가하고 유형자산의 장부금액은 크게 표시된다.
⑤ 순이익과 유형자산 장부금액은 변함이 없다.

해설 체감잔액법에 의한 감가상각비는 정액법에 비해서 초기에 감가상각비를 더 크게 계상하고 말기로 갈수록 더 적게 계상한다. 따라서 초기에 순이익과 장부가액이 적게 표시된다.

정답 ①

제6절 유형자산의 처분 및 손상

1. 유형자산의 처분(제거)

① 유형자산의 장부금액은 처분하는 때 또는 사용이나 처분을 통하여 미래경제적 효익이 기대되지 않을 때에 제거한다.

② 유형자산의 제거로 인하여 발생하는 손익은 자산을 제거할 때 당기손익으로 인식하고 유형자산의 순매각금액과 장부금액의 차이로 결정한다.

㉠ 순매각금액 = 처분가격 − 부대비용

㉡ 장부금액 = 취득원가 − (감가상각누계액 + 손상차손누계액 + 정부보조금)

(차)			(대)	
	현금	×××	유형자산	×××
	감가상각누계액	×××	유형자산처분이익	×××
	(또는 유형자산처분손실)	×××		

개념적용 문제

32 12월 말 결산법인인 (주)한국의 기계장치와 관련된 자료는 다음과 같으며, 월별기준으로 감가상각하고 있다. 20×4년 6월 30일에 당해 기계장치를 ₩80,000에 처분한 경우 처분손익은 얼마인가?

- 취득일: 20×1년 1월 1일
- 추정내용연수: 5년
- 감가상각방법: 정액법
- 매입금액: ₩200,000
- 기계설치비: ₩50,000
- 추정잔존가액: ₩30,000

① 처분이익 ₩16,000 ② 처분이익 ₩6,000 ③ 처분손실 ₩16,000
④ 처분손실 ₩6,000 ⑤ 처분손실 ₩11,000

해설
- 감가상각누계액: (250,000 − 30,000)/5년 × 3.5년 = ₩154,000
- 장부금액: 250,000 − 154,000 = ₩96,000
- 처분손익: 80,000 − 96,000 = ₩16,000(손실)

정답 ③

33 다음은 (주)한국의 기계장치 관련 내용이다. 유형자산 처분손익은? (단, 기계장치는 원가모형을 적용하고, 감가상각비는 월할 계산한다) 제22회 기출

- 취득(20×1년 1월 1일): 취득원가 ₩2,000,000, 내용연수 5년, 잔존가치 ₩400,000, 정액법 적용
- 처분(20×3년 7월 1일): 처분금액 ₩1,100,000

① ₩100,000 이익 ② ₩100,000 손실 ③ ₩300,000 이익
④ ₩400,000 이익 ⑤ ₩400,000 손실

해설
- 20×3년 7월 1일 장부금액: 2,000,000 − (1,600,000 × 2.5년/5년) = ₩1,200,000
- 20×3년 7월 1일 처분손익: 1,100,000 − 1,200,000 = ₩100,000(손실)

정답 ②

2. 유형자산의 손상차손

(1) 유형자산의 장부금액은 매 보고기간 말에 손상징후가 있는지를 검토하여 손상징후가 있다면 당해 자산의 회수가능액을 추정하고, 유형자산의 회수가능액이 장부금액에 미달한다면 그 미달액을 손상차손으로 인식하여야 한다. 또한 회수가능액이 회복되면 자산의 손상차손환입으로 증가된 장부금액은 과거에 손상차손을 인식하기 전 장부금액의 감가상각 또는 상각 후 잔액을 초과할 수 없다.

(2) 손상의 징후

다음 중 하나 이상의 사유에 해당하면 손상의 징후가 있는 것으로 본다.

① 자산의 시장가치가 정상적인 수준보다 주요하게 더 하락하였다.

② 기업의 경영환경(기술·시장·경제·법률환경 등)이나 해당 자산을 사용하여 재화나 용역을 공급하는 시장에서 기업에 불리한 영향을 미치는 중요한 변화가 발생하였거나 가까운 미래에 발생할 것으로 예상된다.

③ 시장이자율이 회계기간 중 상승해 자산의 사용가치를 중요하게 감소시킬 가능성이 있다.

④ 기업의 순자산 장부금액이 당해 시가총액보다 크다.

⑤ 자산이 진부화되거나 물리적으로 손상된 증거가 있다.

⑥ 기업에 불리한 영향을 미치는 유의적 변화가 자산의 사용범위 및 사용방법에서 발생하였거나 가까운 미래에 발생할 것으로 예상된다.

⑦ 자산의 경제적 성과가 기대수준에 미치지 못하거나 못할 것으로 예상되는 증거를 내부보고를 통해 얻을 수 있다.

(3) 손상차손의 인식

① 손상차손 = 장부금액 − 회수가능액

② 장부금액 = 취득원가 − 감가상각누계액

③ 회수가능액 = 순공정가치와 사용가치 중 큰 금액

④ 순공정가치 = 처분금액 − 처분부대비용

⑤ 사용가치 = 자산의 사용으로 인한 미래현금흐름의 현재가치

(차) 유형자산손상차손	×××	(대) 손상차손누계액	×××

(4) 손상차손의 환입

손상차손환입은 당기손익에 반영한다. 자산의 손상차손환입으로 증가된 장부금액은 과거에 손상차손을 인식하기 전 장부금액의 감가상각 또는 상각 후 잔액을 초과할 수 없다. 단, 재평가모형을 적용한 자산의 손상차손환입은 과거에 손상차손으로 인식한 금액을 한도로 당기손익에 반영하고, 초과하는 금액은 기타포괄손익(재평가잉여금)으로 인식한다.

손상차손환입 = 회수가능액 − 장부금액

(차) 손상차손누계액	×××	(대) 손상차손환입	×××

34 (주)한국은 20×1년 초에 기계장치를 ₩100,000에 취득하여 내용연수 5년, 잔존가치 ₩0, 정액법으로 감가상각하고 있다. 20×2년 말 이 기계장치의 회수가능액이 ₩36,000으로 추정되어 손상차손을 인식하였으며, 20×3년 말에 회수가능액은 ₩45,000으로 회복되었다. 필요한 회계처리를 표시하시오. (단, 결산은 연 1회, 매년 12월 31일이다)

해설 (1) 20×1년 초 취득

(차) 기계장치	100,000	(대) 현금	100,000

(2) 20×1년 말 기말결산 시

(차) 감가상각비	20,000	(대) 감가상각누계액	20,000

• 100,000 ÷ 5년 = ₩20,000

(3) 20×2년 말 기말결산 시

(차) 감가상각비	20,000	(대) 감가상각누계액	20,000
손상차손	24,000	손상차손누계액	24,000

• 장부금액: 100,000 − (20,000 × 2년) = ₩60,000
• 손상차손: 60,000 − 36,000 = ₩24,000

(4) 20×3년 말 기말결산 시

(차) 감가상각비	12,000	(대) 감가상각누계액	12,000
손상차손누계액	16,000	손상차손환입	16,000

• 환입한도액: 100,000 − (20,000 × 3년) = ₩40,000
• 장부금액: 36,000 − (36,000 ÷ 3년) = ₩24,000
• 환입액: 40,000 − 24,000 = ₩16,000

35 (주)한국은 20×1년 초 기계장치(취득원가 ₩180,000, 내용연수 3년, 잔존가치 없음, 연수합계법 적용)를 취득하였다. (주)한국은 기계장치에 대하여 원가모형을 적용하고 있다. 20×1년 말 기계장치의 순공정가치는 ₩74,000이고 사용가치는 ₩70,000이다. (주)한국이 20×1년 말 기계장치와 관련하여 인식해야 할 손상차손은? (단, 20×1년 말 기계장치에 대해 자산손상을 시사하는 징후가 있다) 제22회 기출

① ₩4,000
② ₩16,000
③ ₩20,000
④ ₩46,000
⑤ ₩50,000

해설 • 20×1년 말 장부금액: 180,000 − (180,000 × 3/6) = ₩90,000
• 20×1년 말 손상차손: 90,000 − 74,000 = ₩16,000

정답 ②

36 (주)한국은 20×1년 초 원가 ₩10,000, 내용연수 5년, 잔존가액이 ₩0인 기계를 취득하였으며, 감가상각은 정액법을 사용한다. 동 유형자산의 회수가능가액이 20×1년 말에 ₩6,400으로 추정되었으며, 다시 20×2년 말에는 ₩6,500으로 회복된 것으로 추정되었다. 20×2년 말 자산의 손상차손환입액은 얼마인가?

① ₩1,600
② ₩1,500
③ ₩1,400
④ ₩1,200
⑤ ₩1,300

해설
- 20×1년 말 장부금액: 10,000 − (10,000 × 1/5) = ₩8,000
- 20×1년 말 손상차손: 장부금액(8,000) − 회수가능가액(6,400) = ₩1,600
- 20×1년 말 손상 후 장부금액: ₩6,400
- 20×2년 말 장부금액: 6,400 − (6,400 × 1/4) = ₩4,800
- 20×2년 말 손상을 인식하기 전 장부금액: 10,000 − (10,000 × 2/5) = ₩6,000
- 20×2년 말 손상차손환입: 6,000 − 4,800 = ₩1,200

정답 ④

3. 매각예정 비유동자산

유형자산이 내용연수 중에 사용을 중단하고, 처분할 예정이며 당해 유형자산의 장부금액이 계속사용이 아닌 매각거래를 통하여 회수될 것이라면 감가상각을 중단하고, 이를 매각예정 비유동자산으로 별도로 분류하여 유동자산으로 재무상태표에 공시한다.
매각예정 비유동자산으로 분류된 유형자산은 기업회계기준서 제1016호에서는 유형자산으로 적용하지 아니한다. 그러므로 사용을 중단한 시점에 순공정가치와 장부금액 중 작은 금액으로 측정하고, 재분류 시점의 순공정가치의 하락액과 향후 순공정가치의 하락액을 손상차손으로 인식한다. 향후 순공정가치가 회복되는 경우 기 인식 손상차손을 한도로 하여 손상차손환입을 인식한다.

(1) 매각처분

처분시점에서의 장부금액과 처분금액의 차이는 처분손익으로 당기손익에 인식한다.

(2) 매각예정

매각예정비유동자산으로 별도로 분류하여 재무상태표에 공시한다.
① 유동자산으로 분류하고 감가상각을 하지 않는다.
② 사용이 중단된 시점의 순공정가치와 장부금액 중 작은 금액으로 측정하고, 순공정가치의 하락을 손상차손으로 인식하며, 회복되는 경우 손상차손누계액의 범위 내에서 손상차손환입을 인식한다.

제7절 원가모형과 재평가모형

최초인식 후에는 원가모형이나 재평가모형 중 하나를 회계정책으로 선택하여 유형자산 분류별로 동일하게 적용하여야 한다. 원가모형을 선택하는 경우, 유형자산은 원가에서 감가상각누계액과 손상차손누계액을 차감한 금액으로 평가한다. 재평가모형을 선택하는 경우, 유형자산은 재평가금액, 즉 재평가일의 공정가치에서 재평가일 이후의 감가상각누계액과 손상차손누계액을 차감한 금액으로 평가한다. 유형자산의 분류는 영업상 유사한 성격과 용도에 따라 분류한다.

참고 유형자산의 분류

- 토지
- 기계장치
- 항공기
- 집기
- 토지와 건물
- 선박
- 차량운반구
- 사무용비품

1. 원가모형

원가모형은 유형자산의 취득 이후 후속기간 중 공정가치의 변동을 고려하지 않는 방법으로, 최초인식 후에 유형자산은 원가에서 감가상각누계액과 손상차손누계액을 차감한 금액을 장부금액으로 한다.

장부금액 = 취득원가 − (감가상각누계액 + 손상차손누계액)

2. 재평가모형

최초인식 후에 공정가치를 신뢰성 있게 측정할 수 있는 유형자산은 재평가일의 공정가치에서 이후의 감가상각누계액과 손상차손누계액을 차감한 재평가금액을 장부금액으로 한다. 재평가는 보고기간 말에 자산의 장부금액이 공정가치와 중요하게 차이가 나지 않도록 주기적으로 수행한다. 공정가치가 상승하면 재평가잉여금을 인식하고, 하락하면 재평가손실을 인식한다.

장부금액 = 재평가금액 − (감가상각누계액 + 손상차손누계액)

(1) 재평가의 적용

재평가는 보고기간 말에 자산의 장부금액이 공정가치와 중요하게 차이가 나지 않도록 주기적으로 수행해야 하며, 특정 유형자산을 재평가할 때에는 해당 자산이 포함되는 유형자산 분류 전체를 동시에 재평가한다. 이는 유형자산별로 선택적 재평가를 하거나 서로 다른 기준일의 평가금액이 혼재된 재무보고를 하는 것을 방지하기 위함이다.

(2) 재평가의 빈도

재평가의 빈도는 재평가되는 유형자산의 공정가치 변동에 따라 달라진다. 재평가된 자산의 공정가치가 장부가액과 중요하게 차이가 나는 경우에는 추가적인 재평가가 필요하다. 중요하고 급격한 공정가치의 변동 때문에 매년 재평가가 필요한 유형자산이 있는 반면에 공정가치의 변동이 경미하여 빈번한 재평가가 필요하지 않은, 매 3년이나 5년마다 재평가하는 유형자산도 있다.

참고 **재평가 시 공시사항**

- 재평가기준일
- 독립적인 평가인이 평가에 참여했는지 여부
- 재평가된 유형자산의 분류별로 원가모형으로 평가되었을 경우 장부금액
- 재평가잉여금의 변동과 재평가잉여금에 대한 주주배당제한

(3) 공정가치의 측정

토지와 건물의 공정가치는 공인된 감정평가인이 시장가격에 근거하여 평가한 감정가액으로 하며, 설비장치와 기계장치의 공정가치는 일반적으로 감정에 의한 시장가치로 한다. 다만, 해당 유형자산의 특수성 때문에 공정가치에 대해 시장가격에 근거한 증거가 없고, 해당 자산이 계속사업의 일부로서 거래되는 경우를 제외하고는 거의 거래되지 않아 합리적인 교환가격도 존재하지 않는다면, 공정가치 평가모형인 이익접근법이나 상각 후 대체원가법을 사용해서 공정가치를 측정해야 할 필요가 있다.

개념적용 문제

37 유형자산에 관한 설명으로 옳은 것은? 제16회 기출

① 유형자산의 공정가치가 장부금액을 초과하면 감가상각액을 인식하지 아니한다.
② 유형자산이 손상된 경우 장부금액과 회수가능액의 차액은 기타포괄손익으로 처리하고, 유형자산에서 직접 차감한다.
③ 건물을 재평가모형으로 평가하는 경우 감가상각을 하지 않고 보고기간 말의 공정가치를 재무상태표에 보고한다.
④ 토지에 재평가모형을 최초 적용하는 경우 재평가손익이 발생하면 당기손익으로 인식한다.
⑤ 유형자산의 감가상각 대상금액을 내용연수 동안 체계적으로 배부하기 위해 다양한 감가상각방법을 사용할 수 있다.

해설 ① 유형자산의 공정가치가 장부금액을 초과하더라도 감가상각을 인식한다.
② 유형자산이 손상된 경우 장부금액과 회수가능액의 차액은 당기손익으로 처리하고, 유형자산에서 차감하는 형식으로 처리한다.
③ 건물을 재평가모형으로 평가하는 경우 감가상각을 하고 보고기간 말의 공정가치를 재무상태표에 보고한다.
④ 토지에 재평가모형을 최초 적용하는 경우 재평가손익이 발생하면 증가액은 재평가잉여금으로 기타포괄손익에 감소액은 재평가손실로 당기손익으로 인식한다.

정답 ⑤

38 유형자산의 회계처리로 옳지 않은 것은? 제13회 기출

① 원가모형에서 최초인식 이후 유형자산의 장부금액은 원가에서 감가상각누계액과 손상차손누계액을 차감한 금액을 말한다.
② 재평가는 보고기간 말에 자산의 장부금액이 공정가치와 중요하게 차이가 나지 않도록 주기적으로 수행한다.
③ 감가상각방법의 변경은 회계정책의 변경으로 회계처리한다.
④ 유형자산의 잔존가치와 내용연수는 적어도 매 회계연도 말에 재검토한다.
⑤ 유형자산의 장부금액은 처분하는 때 또는 사용이나 처분을 통하여 미래경제적 효익이 기대되지 않을 때 제거한다.

해설 감가상각방법, 내용연수, 잔존가치의 변경은 회계추정의 변경으로 회계처리한다.

정답 ③

(4) 재평가의 회계처리

① **재평가로 장부금액이 증가하는 경우**(재평가액 > 장부금액): 자산의 장부금액이 재평가로 인하여 증가된 경우에 그 증가액은 기타포괄손익으로 인식하고 재평가잉여금의 과목으로 자본에 가산한다. 그러나 동일한 자산에 대하여 이전에 당기손익으로 인식한 재평가감소액이 있다면 그 금액을 한도로 재평가증가액만큼 당기손익으로 인식한다.

(차) 토 지	×××	(대) 재평가잉여금 또는(재평가이익)	×××

개념적용 문제

39 5년 전에 취득하여 영업용으로 보유하는 토지 장부금액 ₩5,000,000을 ₩8,000,000으로 재평가하다. 재평가 시 회계처리를 하시오.

(1) 과거에 인식한 재평가손실이 없는 경우
(2) 과거에 인식한 재평가손실이 ₩1,000,000 있는 경우

정답

		금액		금액
(1)	(차) 토지	3,000,000	(대) 재평가잉여금	3,000,000
(2)	(차) 토지	3,000,000	(대) 재평가이익	1,000,000
			재평가잉여금	2,000,000

② **재평가로 장부금액이 감소하는 경우**(재평가액 < 장부금액): 자산의 장부금액이 재평가로 인하여 감소된 경우에 그 감소액은 당기손익으로 인식한다. 그러나 그 자산에 대한 재평가잉여금의 잔액이 있다면 그 금액을 한도로 재평가감소액을 기타포괄손익으로 인식한다. 재평가감소액을 기타포괄손익으로 인식하는 경우 재평가잉여금의 과목으로 자본에 누계한 금액을 감소시킨다.

(차) 재평가손실 또는(재평가잉여금)	×××	(대) 토지	×××

개념적용 문제

40 5년 전에 취득하여 영업용으로 보유하는 토지 장부가액 ₩5,000,000을 ₩3,000,000으로 재평가하다. 재평가 시 회계처리를 하시오.

(1) 과거에 인식한 재평가잉여금이 없는 경우
(2) 과거에 인식한 재평가잉여금이 ₩500,000 있는 경우

정답

		금액		금액
(1)	(차) 재평가손실	2,000,000	(대) 토지	2,000,000
(2)	(차) 재평가잉여금	500,000	(대) 토지	2,000,000
	재평가손실	1,500,000		

③ **감가상각누계액이 있는 경우**

㉠ **감가상각누계액과 총장부금액을 비례적으로 수정하는 방법**(비례수정법): 재평가 후 자산의 장부금액이 재평가금액과 일치하도록 감가상각누계액과 총장부금액을 비례적으로 수정하는 방법이다.

㉡ 감가상각누계액을 우선 제거하는 방법(순액법): 총장부금액에서 기존의 감가상각누계액을 우선 제거하여 자산의 순장부금액이 재평가금액이 되도록 수정하는 방법이다.

개념적용 문제

41 영업용 건물 취득원가 ₩1,500,000(감가상각누계액 ₩500,000)을 ₩2,000,000으로 재평가하다. 재평가 시 회계처리를 하시오.

> (1) 감가상각누계액을 우선 제거하는 방법(순액법)
> (2) 비례조정법에 의한 방법(비례수정법)

정답

	차변	금액	대변	금액
(1)	(차) 감가상각누계액	500,000	(대) 재평가잉여금	1,000,000
	건물	500,000		
(2)	(차) 건물	1,500,000	(대) 감가상각누계액	500,000
			재평가잉여금	1,000,000

해설

- 수정비율: $\frac{\text{공정가치}(2,000,000)}{\text{장부금액}(1,500,000 - 500,000)} = 2$
- 건물계정 수정: (1,500,000 × 2) − 1,500,000 = ₩1,500,000
- 감가상각누계액 수정: (500,000 × 2) − 500,000 = ₩500,000

42 (주)한국은 취득원가 ₩500,000(내용연수 5년, 잔존가치 ₩0, 정액법)의 기계장치를 취득 후 3년째 말에 ₩300,000으로 재평가하고, 재평가차액은 기계장치의 장부금액과 감가상각누계액에 비례조정하여 배분하였다. 재평가 시 회계처리를 하시오.

정답

- 3년 말 감가상각 시

차변	금액	대변	금액
(차) 감가상각비	100,000	(대) 감가상각누계액	100,000

- 3년 말 재평가 시

차변	금액	대변	금액
(차) 기계장치	250,000	(대) 감가상각누계액	150,000
		재평가잉여금	100,000

해설

- 3년간 감가상각누계액: 500,000 ÷ 5년 × 3년 = ₩300,000
- 3년 말 장부금액: 500,000 − 300,000 = ₩200,000
- 비례수정법: 장부금액이 재평가금액이 되도록 기계장치와 감가상각누계액을 비례수정한다.

수정비율: $\frac{\text{공정가치}(300,000)}{\text{장부금액}(500,000 - 300,000)} = 1.5$

기계장치: 500,000 × 1.5 = ₩750,000 ⇨ ₩250,000 증가
감가상각누계액: 300,000 × 1.5 = ₩450,000 ⇨ ₩150,000 증가
장부금액: 200,000 × 1.5 = ₩300,000 ⇨ ₩100,000 재평가잉여금

(5) 재평가잉여금의 대체

재평가잉여금은 그 자산이 제거될 때 이익잉여금으로 직접 대체할 수 있다. 자산이 폐기되거나 처분될 때 재평가잉여금 전부를 이익잉여금으로 대체하거나 기업이 그 자산을 사용함에 따라 재평가잉여금의 일부를 대체할 수도 있다. 이러한 경우 재평가된 금액에 근거한 감가상각액과 최초원가에 근거한 감가상각액의 차이가 이익잉여금으로 대체되는 금액이 될 것이다. 재평가잉여금을 이익잉여금으로 대체하는 경우 그 금액은 당기손익으로 인식하지 않는다.

① 자산이 제거될 때 이익잉여금으로 대체하는 경우

(차) 현금	×××	(대) 유형자산	×××
유형자산처분손실	×××		
재평가잉여금	×××	(대) 이익잉여금	×××

② 자산의 사용기간 동안 이익잉여금으로 대체하는 경우

(차) 감가상각비	×××	(대) 감가상각누계액	×××
재평가잉여금	×××	이익잉여금	×××

개념적용 문제

43 **(주)한국은 취득원가 ₩500,000(내용연수 5년, 잔존가치 ₩0, 정액법)의 건물을 취득 후 3년째 말에 ₩280,000으로 처분하였다. 본 건물은 당 연도 재평가로 인해 재평가잉여금 ₩50,000이 있다. 재평가는 감가상각누계액을 우선 제거하는 방법(순액법)으로 회계처리하였다. 처분 시 회계처리를 하시오. (단, 내용연수와 잔존가치의 변경은 없다)**

정답

(차) 감가상각누계액	250,000	(대) 건물	500,000
현금	280,000	유형자산처분이익	30,000
재평가잉여금	50,000	이익잉여금	50,000

해설
- 감가상각누계액: 500,000 ÷ 5년 × 3년 = ₩300,000
- 재평가 후 감가상각누계액: 300,000 − 재평가잉여금(50,000) = ₩250,000
- 3년 말 장부금액: 500,000 − 250,000 = ₩250,000
- 3년 말 처분손익: 280,000 − 250,000 = ₩30,000

CHAPTER 08

기출 & 예상문제로 완벽 복습

01 유형자산의 취득원가 결정에 관한 설명으로 옳지 않은 것은?

① 자산이 정상적으로 작동되는지를 시험할 때 생산되는 시제품은 판매하여 얻은 매각금액과 그 재화의 원가는 유형자산 원가에서 차감한다.

② 현물출자로 취득한 유형자산의 취득원가는 당해 자산의 공정가치와 발행 교부한 주식의 공정가치 중 보다 명확한 것을 취득원가로 한다.

③ 유형자산의 취득원가는 관세 및 환급 불가능한 취득 관련 세금을 가산하고 매입할인과 리베이트 등을 차감한 가격이다.

④ 자산의 취득, 건설, 개발에 따른 복구비용에 대한 복구충당부채의 현재가치를 유형자산을 취득하는 시점에서 취득원가에 반영한다.

⑤ 건물을 신축하기 위하여 사용 중인 기존 건물을 철거하는 경우 그 건물의 장부가액은 제거하여 처분손실로 반영하고, 철거비용은 전액 당기비용으로 처리한다.

해설 자산이 정상적으로 작동되는지를 시험할 때 생산되는 시제품은 판매하여 얻은 매각금액과 그 재화의 원가는 당기손익으로 인식한다.

02 유형자산의 회계처리에 관한 설명으로 옳은 것은? 제23회 기출

① 기업이 판매를 위해 1년 이상 보유하며, 물리적 실체가 있는 것은 유형자산으로 분류된다.

② 유형자산과 관련된 산출물에 대한 수요가 형성되는 과정에서 발생하는 초기 가동손실은 취득원가에 포함한다.

③ 유형자산의 제거로 인하여 발생하는 손익은 총매각금액과 장부금액의 차이로 결정한다.

④ 기업은 유형자산 전체에 대해 원가모형이나 재평가모형 중 하나를 회계정책으로 선택하여 동일하게 적용한다.

⑤ 유형자산의 감가상각방법과 잔존가치, 그리고 내용연수는 적어도 매 회계연도 말에 재검토한다.

해설 ① 기업이 판매를 위해 1년 이상 보유하며, 물리적 실체가 있는 것은 재고자산으로 분류된다.
② 유형자산과 관련된 산출물에 대한 수요가 형성되는 과정에서 발생하는 초기 가동손실은 취득원가에 포함하지 않는다.
③ 유형자산의 제거로 인하여 발생하는 손익은 순매각금액(매각금액 – 처분수수료)과 장부금액의 차이로 결정한다.
④ 기업은 해당 자산이 포함되는 유형자산 분류 전체에 대해 원가모형이나 재평가모형 중 하나를 회계정책으로 선택하여 동일하게 적용한다.

03 유형자산의 회계처리에 관한 설명으로 옳은 것은?

제27회 기출

① 자산을 해체, 제거하거나 부지를 복구하는 의무를 부담하게 되는 경우 의무 이행에 소요될 것으로 최초에 추정되는 원가를 취득 시 비용으로 처리한다.
② 정기적인 종합검사과정에서 발생하는 원가가 인식기준을 충족하더라도 유형자산의 일부가 대체되는 것은 해당 유형자산의 장부금액에 포함하지 않는다.
③ 적격자산의 취득, 건설 또는 생산과 직접 관련된 차입원가는 발생기간에 비용으로 인식하여야 한다.
④ 재평가모형을 적용하는 유형자산의 손상차손은 해당 자산에서 생긴 재평가잉여금에 해당하는 금액까지는 기타포괄손익으로 인식한다.
⑤ 상업적 실질이 결여된 교환거래에서 취득한 자산의 취득원가는 제공한 자산의 공정가치로 측정한다.

해설 ① 자산을 해체, 제거하거나 부지를 복구하는 의무를 부담하게 되는 경우 의무 이행에 소요될 것으로 최초에 추정되는 원가를 취득 시 자산으로 처리한다.
② 정기적인 종합검사과정에서 발생하는 원가가 인식기준을 충족하여 유형자산의 일부가 대체되는 것은 해당 유형자산의 장부금액에 포함한다.
③ 적격자산의 취득, 건설 또는 생산과 직접 관련된 차입원가는 발생 기간에 자산으로 인식하여야 한다.
⑤ 상업적 실질이 결여된 교환거래에서 취득한 자산의 취득원가는 제공한 자산의 장부금액으로 측정한다.

01 ① 02 ⑤ 03 ④ 정답

04 **유형자산에 관한 설명으로 옳지 않은 것은?** 제26회 기출

① 새로운 시설을 개설하는 데 소요되는 원가는 유형자산의 취득원가에 포함되지 않는다.
② 기업의 영업 전부를 재배치하는 과정에서 발생하는 원가는 유형자산의 장부금액에 포함하지 않는다.
③ 유형자산의 감가상각액은 다른 자산의 장부금액에 포함될 수 있다.
④ 사용 중인 유형자산의 정기적인 종합검사에서 발생하는 원가는 모두 당기비용으로 처리한다.
⑤ 유형자산에 내재된 미래경제적 효익의 예상 소비형태가 유의적으로 달라졌다면 감가상각방법을 변경한다.

해설 사용 중인 유형자산의 정기적인 종합검사에서 발생하는 원가는 자산의 인식요건을 충족하는 경우 자산으로 인식하고, 자산의 인식요건을 충족하지 못하는 경우 당기비용으로 처리한다.

05 **매 회기 감가상각비의 차액을 동일하게 나타내는 감가상각방법은?**

① 정액법
② 정률법
③ 연수합계법
④ 연금법
⑤ 생산량비례법

해설 연수합계법: 감가상각비의 체감액(차액)이 매 회기 동일하다.
① 정액법: 감가상각비 금액이 매 회기 일정하다.
② 정률법: 정률(%)이 매 회기 일정하다.

06 유형자산의 측정·평가 및 손상에 관한 설명으로 옳지 않은 것은? 제17회 기출

① 현물출자받은 유형자산의 취득원가는 공정가치를 기준으로 결정한다.

② 최초 재평가로 인한 평가손익은 기타포괄손익에 반영한다.

③ 유형자산의 취득 이후 발생한 지출로 인해 동 자산의 미래경제적 효익이 증가한다면, 해당 원가는 자신의 장부금액에 포함한다.

④ 유형자산의 장부금액이 순공정가치보다 크지만 사용가치보다 작은 경우 손상차손은 계상되지 않는다.

⑤ 과거기간에 인식한 손상차손은 직전 손상차손의 인식시점 이후 회수가능액을 결정하는데 사용한 추정치에 변화가 있는 경우에만 환입한다.

해설 최초 재평가로 인한 평가이익은 기타포괄손익에 반영하고, 평가손실은 당기손익에 반영한다.

07 유형자산의 재평가에 관한 설명으로 옳은 것은? 제20회 기출

① 재평가가 단기간에 수행되며 계속적으로 갱신된다면, 동일한 분류에 속하는 자산이라 하더라도 순차적으로 재평가할 수 없다.

② 감가상각대상 유형자산을 재평가할 때, 그 자산의 최초원가를 재평가 금액으로 조정하여야 한다.

③ 특정 유형자산을 재평가할 때, 해당 자산이 포함되는 유형자산 분류 전체를 재평가한다.

④ 자산의 장부금액이 재평가로 인하여 감소된 경우에 그 자산에 대한 재평가잉여금의 잔액이 있더라도 재평가감소액 전부를 당기손익으로 인식한다.

⑤ 유형자산 항목과 관련하여 자본에 계상된 재평가잉여금은 그 자산이 제거될 때 이익잉여금으로 직접 대체할 수 없다.

해설 ① 재평가가 단기간에 수행되며 계속적으로 갱신된다면, 동일한 분류에 속하는 자산이라면 순차적으로 재평가할 수 있다.
② 감가상각대상 유형자산을 재평가할 때, 그 자산의 재평가일의 장부금액을 재평가 금액(공정가치)으로 조정하여야 한다.
④ 자산의 장부금액이 재평가로 인하여 감소된 경우에 그 자산에 대한 재평가잉여금의 잔액이 있다면 우선 상계하고 차액만 당기손익으로 인식한다.
⑤ 유형자산 항목과 관련하여 자본에 계상된 재평가잉여금은 그 자산이 제거될 때 이익잉여금으로 직접 대체한다.

04 ④ 05 ③ 06 ② 07 ③ 정답

08 **유형자산의 감가상각에 관한 설명으로 옳지 않은 것은?** 제21회 기출

① 감가상각은 자산이 사용가능한 때부터 시작한다.
② 감가상각방법은 자산의 미래경제적 효익이 소비될 것으로 예상되는 형태를 반영한다.
③ 감가상각방법의 변경은 회계정책의 변경으로 회계처리한다.
④ 감가상각 대상금액을 내용연수 동안 체계적으로 배부하기 위해 다양한 방법을 사용할 수 있다.
⑤ 잔존가치와 내용연수의 변경은 회계추정의 변경으로 회계처리한다.

해설 감가상각방법의 변경은 회계추정의 변경으로 회계처리한다.

09 **20×1년 초 (주)한국은 공장부지로 ₩10,000,000(구 건물의 원가 ₩3,000,000 포함)을 주고 토지를 구입하였다. 그 후 토지 위에 있던 구 건물을 철거하고 20×1년 말 새 건물을 완성하였다. 이 기간 동안 발생한 원가는 다음과 같다. 토지와 건물의 취득원가는 얼마로 계상되어야 하는가?**

• 구 건물 철거비용	₩5,000,000
• 구 건물의 철거 시 수거된 폐기물 처분수입	400,000
• 구입계약과 관련된 소유권 조사비용	500,000
• 건물신축비용	20,000,000
• 건축기사 수수료	1,000,000
• 신축공사에 따른 위험보상을 위한 보험료	1,000,000

	토지	건물
①	₩12,100,000	₩22,000,000
②	₩12,100,000	₩24,000,000
③	₩15,100,000	₩22,000,000
④	₩15,100,000	₩24,000,000
⑤	₩15,000,000	₩22,000,000

해설

구분	토지	건물
공장부지용토지	₩10,000,000	–
구건물철거비용	5,000,000	–
건축기사수수료	–	₩1,000,000
소유권조사비용	500,000	–
건물신축비용	–	20,000,000
폐기물처분수입	(–) 400,000	–
위험보상보험료		1,000,000
합 계	₩15,100,000	₩22,000,000

10 (주)한국은 본사 신축을 위해 기존 건물이 있는 토지를 ₩500,000에 구입하였으며, 기타 발생한 원가는 다음과 같다. (주)한국의 토지와 건물의 취득원가는? 제22회 기출

- 구 건물이 있는 토지를 취득하면서 중개수수료 ₩4,000을 지급하였다.
- 구 건물 철거비용으로 ₩5,000을 지급하였으며, 철거 시 발생한 폐자재를 ₩1,000에 처분하였다.
- 토지 측량비와 정지비용으로 ₩2,000과 ₩3,000이 각각 발생하였다.
- 신축건물 설계비로 ₩50,000을 지급하였다.
- 신축건물 공사비로 ₩1,000,000을 지급하였다.
- 야외 주차장(내용연수 10년) 공사비로 ₩100,000을 지출하였다.

	토지	건물
①	₩509,000	₩1,000,000
②	₩509,000	₩1,050,000
③	₩513,000	₩1,050,000
④	₩513,000	₩1,150,000
⑤	₩514,000	₩1,150,000

해설
- 토지원가: 500,000 + 4,000 + 5,000 – 1,000 + 2,000 + 3,000 = ₩513,000
- 건물원가: 50,000 + 1,000,000 = ₩1,050,000
- 야외 주차장 공사비 ₩100,000은 구축물로 처리한다.

08 ③ 09 ③ 10 ③ 정답

11 (주)한국은 20×1년 초 ₩10,000을 지급하고 토지와 건물을 일괄 취득하였다. 취득과정에서 발생한 수수료는 ₩100이며, 취득일 현재 토지와 건물의 공정가치는 각각 ₩6,000으로 동일하다. (1)취득한 건물을 계속 사용할 경우와 (2)취득한 건물을 철거하고 새로운 건물을 신축하는 경우의 토지 취득원가는 각각 얼마인가? [단, (2)의 경우 철거비용이 ₩500이 발생했고, 철거 시 발생한 폐기물의 처분수익은 ₩100이었음] 제17회 기출

① (1) ₩5,000 (2) ₩10,400
② (1) ₩5,000 (2) ₩10,500
③ (1) ₩5,050 (2) ₩10,400
④ (1) ₩5,050 (2) ₩10,500
⑤ (1) ₩6,000 (2) ₩6,000

해설
- (1)의 경우 토지와 건물의 원가를 공정가치를 기준으로 안분한다. 공정가치가 동일하므로 취득원가 ₩10,100의 50%로 각각 ₩5,050이 된다.
- (2)의 경우 토지의 전부원가(10,100)로 처리하고 철거비용(500)은 가산하고 폐기물의 처분수익(100)을 차감한 ₩10,500이다.

12 (주)대한은 20×1년 1월 1일 유형자산을 취득하고 그 대금을 다음과 같이 지급하기로 하였다. 동 거래의 액면금액과 현재가치의 차이는 중요하며, 동 거래에 적용할 유효이자율이 연 10%일 때 20×2년에 인식할 이자비용은? (단, 단수차이로 인한 오차가 있을 경우 가장 근사치를 선택한다) 제18회 기출

〈현금지급〉

20×1년 말	20×2년 말	20×3년 말
₩100,000	₩100,000	₩100,000

〈정상연금의 현재가치계수〉

	1기간	2기간	3기간
• 10%	0.9091	1.7355	2.4869

① ₩9,091
② ₩15,355
③ ₩15,778
④ ₩17,355
⑤ ₩24,869

해설
- 20×2년 말 장기미지급금의 장부금액: 100,000 × 1.7355(2기간) = ₩173,550
- 20×2년 말 이자비용: 173,550 × 0.1 = ₩17,355

13 (주)한국은 20×1년 초 토지를 구입하고 다음과 같이 대금을 지급하기로 하였다.

구분	20×1년 초	20×1년 말	20×2년 말
현금	₩1,000	₩2,000	₩2,000

20×1년 말 재무상태표상 토지(원가모형 적용)와 미지급금(상각 후 원가로 측정, 유효이자율 10% 적용)의 장부금액은? (단, 정상연금의 10% 2기간 현재가치계수는 1.7355이며, 단수차이가 발생할 경우 가장 근사치를 선택한다)

제22회 기출

	토지	미지급금
①	₩3,000	₩1,653
②	₩3,000	₩1,818
③	₩4,471	₩1,653
④	₩4,471	₩1,818
⑤	₩4,818	₩1,818

해설
- 토지의 장부금액: 1,000 + (2,000 × 1.7355) = ₩4,471
- 미지급금의 장부금액: 3,471 − {2,000 − (2,000 × 1.7355 × 10%)} = ₩1,818

14 해운업을 영위하는 (주)한국은 20×1년 초 내용연수 4년, 잔존가치 ₩200,000의 해양구조물을 ₩1,400,000에 취득하였다. (주)한국은 해양구조물의 사용이 종료된 후 해체 및 원상복구를 해야 하는 의무를 부담하는데, 4년 후 복구비용으로 지출할 금액은 ₩200,000으로 추정된다. 미래 지출액의 현재가치 계산 시 사용할 할인율은 연 5%이다. 감가상각방법으로 정액법을 사용할 경우 20×2년도의 감가상각비 금액은? (단, 할인율 연 5%, 4기간 단일금액 ₩1의 현재가치는 0.8227이다)

제26회 기출

① ₩300,000
② ₩341,135
③ ₩349,362
④ ₩349,773
⑤ ₩391,135

해설
- 20×1년 초 취득원가: 1,400,000 + (200,000 × 0.8227) = ₩1,564,540
- 20×2년 말 감가상각비: (1,564,540 − 200,000) ÷ 4년 = ₩341,135

11 ④ 12 ④ 13 ④ 14 ② 정답

15 (주)한국은 20×1년 10월 1일 자산취득 관련 정부보조금 ₩100,000을 수령하여 취득원가 ₩800,000의 기계장치(내용연수 4년, 잔존가치 ₩0, 정액법 상각, 원가모형 적용)를 취득하였다. 정부보조금에 부수되는 조건은 이미 충족되어 상환의무는 없으며, 정부보조금은 자산의 장부금액에서 차감하는 방법으로 회계처리한다. 20×1년 포괄손익계산서에 인식할 감가상각비는? (단, 감가상각비는 월할 계산하며, 자본화는 고려하지 않는다) 제25회 기출

① ₩43,750
② ₩45,000
③ ₩46,250
④ ₩47,500
⑤ ₩50,000

해설
- 정부보조금은 취득원가에서 차감하고 계산한다.
- 20×1년 말 감가상각비: (800,000 − 100,000) ÷ 4년 × 3/12 = ₩43,750

16 20×1년 초 (주)한국은 상환의무 없는 정부보조금 ₩2,500을 수령하여 ₩10,000의 영업용 차량(내용연수 5년, 잔존가치 ₩0, 정액법으로 감가상각)을 구입하였다. 정부보조금은 자산의 장부금액에서 차감하는 방법으로 회계처리할 때, 20×1년 포괄손익계산서에 인식할 감가상각비는? 제20회 기출

① ₩1,500
② ₩1,750
③ ₩2,000
④ ₩2,250
⑤ ₩2,500

해설 20×1년 말 감가상각비: 7,500 × 1/5 = ₩1,500

17 (주)미호는 소유하고 있던 유형자산을 (주)월곡이 소유하고 있는 유형자산과 교환하였다. 두 회사가 소유하고 있는 유형자산의 장부금액과 공정가치는 다음과 같다. 제13회 기출

구분	(주)미호의 유형자산	(주)월곡의 유형자산
취득원가	₩1,000,000	₩2,000,000
감가상각누계액	300,000	1,600,000
공정가치	800,000	알 수 없음

해당 교환과 관련하여 (주)미호가 현금 ₩100,000을 추가로 지급하였을 때, 이 교환거래로 인해 (주)미호가 인식할 유형자산은 얼마인가? [단, 유형자산의 교환거래는 상업적 실질이 있으며, (주)미호의 유형자산 공정가치는 신뢰성이 있다]

① ₩500,000
② ₩600,000
③ ₩800,000
④ ₩900,000
⑤ ₩1,000,000

해설 취득원가: 공정가치(800,000) + 현금지급액(100,000) = ₩900,000

(차) 신 유 형 자 산	900,000	(대) 구 유 형 자 산	1,000,000
감 가 상 각 누 계 액	300,000	유 형 자 산 처 분 이 익	100,000
		현 금	100,000

18 (주)한국은 20×2년 9월 1일 구형 컴퓨터를 신형 컴퓨터로 교환하면서 현금 ₩1,130,000을 지급하였다. 구형 컴퓨터(취득원가 ₩1,520,000, 잔존가치 ₩20,000, 내용연수 5년, 정액법 상각)는 20×1년 1월 1일 취득하였으며, 교환시점의 공정가치는 ₩1,000,000이었다. 동 교환이 상업적 실질이 있는 경우 (주)한국이 인식할 처분손익은? (단, 원가모형을 적용하고, 감가상각은 월할 상각한다) 제21회 기출

① ₩0
② ₩20,000 손실
③ ₩20,000 이익
④ ₩30,000 손실
⑤ ₩30,000 이익

해설
- 구 자산의 장부금액: 1,520,000 − (1,520,000 − 20,000) ÷ 5년 × 20/12 = ₩1,020,000
- 구 자산의 처분손익: 1,000,000 − 1,020,000 = ₩20,000(손실)

15 ① 16 ① 17 ④ 18 ② 정답

19 (주)한국은 보유하고 있던 기계장치 A(장부금액 ₩40,000, 공정가치 ₩30,000)를 (주)대한의 기계장치 B(장부금액 ₩60,000, 공정가치 ₩50,000)와 교환하였다. 동 교환거래가 (가) 상업적 실질이 결여된 경우와 (나) 상업적 실질이 있는 경우에 (주)한국이 교환으로 취득한 기계장치 B의 취득원가는? (단, 기계장치 B의 공정가치가 기계장치 A의 공정가치보다 더 명백하다) 제22회 기출

	(가)	(나)
①	₩30,000	₩40,000
②	₩40,000	₩30,000
③	₩40,000	₩50,000
④	₩60,000	₩30,000
⑤	₩60,000	₩50,000

해설
- (가) 상업적 실질이 결여된 경우는 제공한 자산의 장부금액 ₩40,000이 취득원가이다.
- (나) 상업적 실질이 있는 경우 상대방의 공정가치가 더 명백한 경우에는 상대방 공정가치 ₩50,000이 취득원가이다.

20 (주)한국은 20×1년 7월 1일 차량운반구(내용연수 5년, 잔존가치 ₩1,000)를 ₩10,000에 취득하였다. 이 차량운반구에 대해 감가상각방법으로 이중체감법을 적용할 경우, 20×2년도 감가상각비는? (단, 감가상각은 월할 상각함) 제17회 기출

① ₩2,000 ② ₩2,880
③ ₩3,200 ④ ₩3,600
⑤ ₩4,000

해설
- 20×1년 말 감가상각비: 10,000 × 0.4 × 6/12 = ₩2,000
- 20×2년 말 감가상각비: (10,000 − 2,000) × 0.4 = ₩3,200

21 다음은 (주)대한의 20×2년 말 수정전시산표의 일부이다.

	차변	대변
• 비　　　품	₩100,000	
• 감가상각누계액(비품)		₩40,000

비품은 20×1년 초에 구입한 것이며, 정률법을 이용하여 감가상각하고 있다. 기말수정분개 후 20×2년 말 비품의 장부금액은? 제14회 기출

① ₩24,000
② ₩36,000
③ ₩60,000
④ ₩64,000
⑤ ₩100,000

해설
- 정률법의 상각률: 40,000 ÷ 100,000 = 0.4
- 20×1년 상각액: 100,000 × 0.4 = ₩40,000
- 20×2년 상각액: 60,000 × 0.4 = ₩24,000
- 20×2년 장부금액: 60,000 − 24,000 = ₩36,000

22 20×1년 7월 초 (주)한국은 토지와 건물을 ₩2,400,000에 일괄 취득하였다. 취득 당시 토지의 공정가치는 ₩2,160,000이고, 건물의 공정가치는 ₩720,000이었으며, (주)한국은 건물을 본사 사옥으로 사용하기로 하였다. 건물에 대한 자료가 다음과 같을 때, 20×1년도에 인식할 감가상각비는? (단, 건물에 대해 원가모형을 적용하며, 월할 상각한다) 제23회 기출

- 내용연수: 5년
- 잔존가치: ₩60,000
- 감가상각방법: 연수합계법

① ₩90,000
② ₩110,000
③ ₩120,000
④ ₩180,000
⑤ ₩220,000

해설
- 건물의 취득원가: $2{,}400{,}000 \times \frac{720{,}000}{2{,}880{,}000}$ = ₩600,000
- 20×1년 감가상각비: 540,000 × 5/15 × 6/12 = ₩90,000

19 ③　20 ③　21 ②　22 ①　정답

23 (주)한국은 20×1년 4월 1일에 기계장치(취득원가 ₩1,200,000, 내용연수 5년, 잔존가치 ₩0)를 취득하여 연수합계법으로 감가상각하였다. 20×2년 말 기계장치의 감가상각누계액은? (단, 원가모형을 적용하며, 감가상각은 월할 상각한다) 제21회 기출

① ₩100,000 ② ₩240,000 ③ ₩320,000
④ ₩640,000 ⑤ ₩690,000

해설 감가상각누계액: (1,200,000 × 5/15) + (1,200,000 × 4/15 × 9/12) = ₩640,000

24 20×1년 5월 1일에 취득원가 ₩1,000,000이고 잔존가치 ₩100,000, 내용연수 5년인 기계장치를 취득하여 연수합계법에 의해 감가상각을 한다면 20×2년의 감가상각비는 정액법과의 차이는 얼마인가?

① 정액법보다 ₩60,000 많다. ② 정액법보다 ₩80,000 많다.
③ 정액법보다 ₩60,000 적다. ④ 정액법보다 ₩80,000 적다.
⑤ 어떤 방법이든 감가상각비는 같다.

해설
- 정액법: (1,000,000 − 100,000) ÷ 5년 = ₩180,000
- 연수합계법: (1,000,000 − 100,000) × (5/15 × 4/12) + (1,000,000 − 100,000) × (4/15 × 8/12) = ₩260,000
- 연수합계법과 정액법의 감가상각비 차이: 260,000 − 180,000 = ₩80,000

25 (주)한국은 20×1년 초 취득하여 사용하던 기계장치(내용연수 6년, 잔존가치 ₩0, 정액법 상각)를 20×3년 초 처분하면서 현금 ₩5,500을 수취하고 유형자산처분손실 ₩500을 인식하였다. 기계장치의 취득원가는? (단, 원가모형을 적용하며, 손상은 발생하지 않았다) 제24회 기출

① ₩5,000 ② ₩6,000
③ ₩7,500 ④ ₩9,000
⑤ ₩10,000

해설
- 내용연수가 6년이고 현재 2년 사용 후 처분하면서 현금 ₩5,500을 수취하고 손실 ₩500이었다면 장부금액은 ₩6,000이다. 남은 기간은 4년이다.
- 연간 상각액(정액법): $\frac{6,000}{4년}$ = ₩1,500
- 취득원가: 1,500 × 6년 = ₩9,000

26 (주)한국은 20×1년 초 취득하고 즉시 사용한 기계장치(정액법 상각, 내용연수 4년, 잔존가치 ₩2,000, 원가모형 선택)를 20×4년 초 현금 ₩16,000에 처분하면서 유형자산처분이익 ₩1,500을 인식하였을 때, 기계장치의 취득원가는? (단, 손상 및 추가지출은 없다.)

제27회 기출

① ₩50,000
② ₩52,000
③ ₩54,000
④ ₩56,000
⑤ ₩58,000

해설
- 20×4년 초 처분 시 장부금액(3년 사용): 처분금액 16,000 − 처분이익 1,500 = ₩14,500
- 연간 감가상각비: 장부금액 14,500 − 잔존가치 2,000 = ₩12,500
- 4년간 감가상각누계액: 연간 감가상각비 12,500 × 4년 = 50,000
- 취득원가: 감가상각누계액 50,000 + 잔존가치 2,000 = ₩52,000

27 20×1년 1월 초에 (주)한국은 기계를 구입하면서, 최초 운반비 및 설치비로 ₩30,000을 지출하였다. 이 기계의 내용연수는 5년, 잔존가치는 ₩10,000으로 추정하였다. 감가상각은 정액법에 의하며 20×2년의 감가상각비가 ₩28,000인 경우, 20×1년에 이 기계를 얼마에 구입하였는가?

① ₩110,000
② ₩120,000
③ ₩130,000
④ ₩140,000
⑤ ₩150,000

해설
- [취득원가(x) − 10,000] ÷ 5년 = ₩28,000 ∴ x = ₩150,000
- 구입가격: 취득원가(150,000) − 설치비(30,000) = ₩120,000

23 ④	24 ②	25 ④	26 ②	27 ②	정답

28 (주)한국은 20×1년 10월 1일에 기계장치를 ₩1,000,000(내용연수 4년, 잔존가치 ₩200,000)에 취득하고 연수합계법을 적용하여 감가상각하고 있다. 20×2년 말 포괄손익계산서와 재무상태표에 보고할 감가상각비와 감가상각누계액은? (단, 감가상각비는 월할 계산한다)

	감가상각비	감가상각누계액
①	₩340,000	₩380,000
②	₩300,000	₩400,000
③	₩300,000	₩380,000
④	₩300,000	₩360,000
⑤	₩340,000	₩400,000

해설
- 20×2년 말 감가상각비: (800,000 × 4/10 × 9/12) + (800,000 × 3/10 × 3/12) = ₩300,000
- 20×2년 말 감가상각누계액: (800,000 × 4/10) + (800,000 × 3/10 × 3/12) = ₩380,000

29 (주)한국은 20×1년 7월 1일 공장 내 기계장치를 ₩2,000,000에 취득하였다. 동 기계장치의 감가상각 및 처분과 관련한 내용은 다음과 같다. 유형자산 처분손익은? (단, 기계장치는 원가모형을 적용하고, 감가상각비는 월할 계산한다) 제26회 기출

- 감가상각: 내용연수 4년, 잔존가치 ₩200,000, 연수합계법 적용
- 처 분 일: 20×2년 12월 31일
- 처분금액: ₩1,000,000

① ₩10,000 손실
② ₩80,000 손실
③ ₩100,000 이익
④ ₩190,000 이익
⑤ ₩260,000 이익

해설
- 20×2년 말 장부금액: 2,000,000 − {(200,000 − 200,000) × $\frac{5.5}{10}$} = ₩1,010,000
- 20×2년 말 처분손익: 1,000,000 − 장부금액 1,010,000 = ₩10,000(손실)

30 (주)한국은 20×1년 1월 1일 기계를 ₩1,000,000에 매입하였는데 매입과 관련한 부대비용은 ₩200,000이 투입되었다. 내용연수는 10년, 잔존가치는 기계 취득원가의 10%로 추정하였다. 20×3년 초에 이 기계를 ₩800,000에 처분하였다. 정액법에 의하여 감가상각비를 계상한다면 처분손실은?

① ₩340,000
② ₩230,000
③ ₩200,000
④ ₩184,000
⑤ ₩160,000

해설
- 매년 감가상각비: (1,200,000 − 120,000) ÷ 10년 = ₩108,000
- 감가상각누계액: 108,000 × 2년 = ₩216,000
- 장부금액: 1,200,000 − 216,000 = ₩984,000
- 처분손익: 984,000 − 800,000 = ₩184,000(손실)

31 (주)대한은 20×1년 1월 1일 유형자산(취득원가 ₩10,000, 내용연수 4년, 잔존가치 ₩0)을 취득하고 이를 연수합계법으로 상각해 왔다. 그 후 20×2년 12월 31일 동 자산을 ₩4,000에 처분하였다. 동 유형자산의 감가상각비와 처분손익이 20×2년 당기순이익에 미치는 영향의 합계는?

제18회 기출

① ₩4,000 감소
② ₩3,000 감소
③ ₩2,000 감소
④ ₩1,000 감소
⑤ ₩1,000 증가

해설
- 20×2년 말 감가상각비: 10,000 × 3/10 = ₩3,000
- 20×2년 말 장부금액: 10,000 − (10,000 × 7/10) = ₩3,000
- 20×2년 말 처분이익: 4,000 − 3,000 = ₩1,000
- 20×2년 당기순이익에 미치는 영향: 처분이익(1,000) − 감가상각비(3,000) = ₩2,000 감소

28 ③ 29 ① 30 ④ 31 ③ 정답

32 (주)한국은 20×1년 4월 초 기계장치(잔존가치 ₩0, 내용연수 5년, 연수합계법 상각)를 ₩12,000에 구입함과 동시에 사용하였다. (주)한국은 20×3년 초 동 기계장치에 대하여 ₩1,000을 지출하였는데, 이 중 ₩600은 현재의 성능을 유지하는 수선유지비에 해당하고, ₩400은 생산능력을 증가시키는 지출로 자산의 인식조건을 충족한다. 동 지출에 대한 회계처리 반영 후, 20×3년 초 기계장치 장부금액은? (단, 원가모형을 적용하며, 감가상각은 월할 계산한다) 제24회 기출

① ₩5,600 ② ₩6,000 ③ ₩6,200
④ ₩6,600 ⑤ ₩7,000

해설 • 20×3년 초 감가상각누계액: (12,000 × 5/15) + (12,000 × 4/15 × 9/12) = ₩6,400
• 20×3년 초 장부금액: 12,000 − 6,400 + 400 = ₩6,000

33 다음 자료는 (주)한국의 기계장치계정과 관련된 것이다.

	20×1년 12월 31일	20×2년 12월 31일
• 기 계 장 치	₩2,200,000	₩2,500,000
• 감가상각누계액	(800,000)	(900,000)

(주)한국은 20×2년 중에 장부금액 ₩300,000(취득원가 ₩500,000, 감가상각누계액 ₩200,000)인 기계장치를 ₩400,000에 처분하였다. 20×2년 중에 새로이 취득한 기계장치는 얼마인가?

① ₩400,000 ② ₩500,000 ③ ₩600,000
④ ₩700,000 ⑤ ₩800,000

해설

기계장치(원가)

기 초 잔 액	₩2,200,000	처분(원가)	₩500,000
취득(원가)	(800,000)	기 말 잔 액	2,500,000
	₩3,000,000		₩3,000,000

34 **(주)한국은 20×1년 말 사용 중인 기계장치에 대하여 자산손상을 시사하는 징후가 있는지 검토한 결과, 자산손상 징후를 발견하였다. 다음 자료를 이용하여 계산한 기계장치의 손상차손은? (단, 원가모형을 적용한다)**

제21회 기출

• 감가상각 후 장부금액	₩225,000
• 사용가치	135,000
• 공정가치	155,000
• 처분부대원가	5,000

① ₩65,000　② ₩70,000　③ ₩75,000
④ ₩90,000　⑤ ₩95,000

해설 • 20×1년 말 장부금액은 ₩225,000이며, 사용가치와 순공정가치 중 큰 금액을 회수가능가액으로 한다.
• 손상차손: (155,000 − 5,000) − 225,000 = ₩75,000

35 **12월 말 결산법인인 (주)한국은 다음과 같은 설비자산을 보유하고 있다. 20×2년도 말 결산시점에서 설비자산의 회수가능가액이 ₩550,000일 경우 회계처리로 옳은 것은? (단, 당해 설비자산은 시장가치의 현저한 하락으로 손상 가능성이 있다고 판단되며 동 설비자산의 사용 및 처분으로부터 기대되는 미래의 현금흐름 추정액이 장부금액에 미달한다고 가정한다)**

제10회 기출

• 취득원가: ₩1,000,000　• 추정내용연수: 5년
• 추정잔존가액: 없음　• 취득일자: 20×1년 1월 1일
• 감가상각법: 정액법

①	(차) 감가상각비	200,000	(대) 감가상각누계액	200,000
	손상차손	50,000	손상차손누계액	50,000
②	(차) 감가상각비	250,000	(대) 감가상각누계액	250,000
③	(차) 감가상각비	200,000	(대) 감가상각누계액	250,000
	손상차손	50,000		
④	(차) 감가상각비	200,000	(대) 감가상각누계액	200,000
	손상차손	100,000	손상차손누계액	100,000
⑤	(차) 감가상각비	200,000	(대) 감가상각누계액	300,000
	손상차손	100,000		

해설 • 20×2년 말의 장부금액: 취득원가(1,000,000) − 감가상각누계액(1,000,000 ÷ 5년 × 2년) = ₩600,000
• 20×2년 말의 회수가능가액: ₩550,000
• 손상차손: 장부금액(600,000) − 회수가능가액(550,000) = ₩50,000

32 ②　33 ⑤　34 ③　35 ①　정답

36 (주)한국은 20×1년 초 토지를 ₩100,000에 취득하였으며 재평가모형을 적용하여 매년 말 재평가하고 있다. 토지의 공정가치가 다음과 같을 때 20×2년도 당기이익으로 인식할 금액은?

제21회 기출

구분	20×1년 말	20×2년 말
공정가치	₩80,000	₩130,000

① ₩0
② ₩20,000
③ ₩30,000
④ ₩50,000
⑤ ₩100,000

해설
- 20×1년 말 재평가손실: 80,000 − 100,000 = ₩20,000
- 20×2년 말 재평가잉여금: 130,000 − 80,000 = ₩50,000
- 20×2년 말 재평가잉여금 ₩50,000 중 20×1년 말 재평가손실 ₩20,000이 20×2년 말 재평가이익으로 당기수익이고 나머지 ₩30,000은 재평가잉여금이다.

37 (주)한국이 보유 중인 장부금액 ₩60,000(취득원가 ₩100,000, 감가상각누계액 ₩40,000)인 건물을 재평가한 결과 건물의 공정가치가 ₩120,000인 것으로 확인되었다. (주)한국은 건물에 대해 재평가모형으로 회계처리하고 있다. 순액법에 따른 올바른 회계처리는?

	차변	금액	대변	금액
①	(차) 건물	60,000	(대) 재평가잉여금	60,000
②	(차) 감가상각누계액	40,000	(대) 재평가잉여금	60,000
	건물	20,000		
③	(차) 건물	100,000	(대) 감가상각누계액	40,000
			재평가잉여금	60,000
④	(차) 건물	20,000	(대) 재평가잉여금	20,000
⑤	(차) 감가상각누계액	40,000	(대) 재평가잉여금	40,000

해설 순액법은 감가상각누계액을 우선 제거한 후 건물을 증가시킨다.

차변	금액	대변	금액
(차) 감가상각누계액	40,000	(대) 재평가잉여금	60,000
건물	20,000		

38 (주)한국은 20×1년 초 토지(유형자산)를 ₩1,000에 취득하여 재평가모형을 적용하였다. 해당 토지의 공정가치가 다음과 같을 때, 토지와 관련하여 (주)한국이 20×2년 당기손익으로 인식할 금액은? 제24회 기출

구분	20×1년 말	20×2년 말
공정가치	₩1,200	₩900

① 손실 ₩300 ② 손실 ₩200 ③ 손실 ₩100
④ 이익 ₩100 ⑤ 이익 ₩200

해설
- 20×1년 재평가: 1,200 − 1,000 = ₩200(재평가잉여금)
- 20×2년 재평가: 900 − 1,200 = − ₩300
- 20×2년 재평가차액 ₩300 중 ₩200은 전기 재평가잉여금을 차감하고 잔액 ₩100만 당기손실로 처리한다.

39 (주)한국은 20×1년 초 기계장치(내용연수 5년, 잔존가치 ₩0, 정액법 상각, 매년 말 재평가모형 적용)를 ₩50,000에 취득하여 사용하기 시작하였다. 20×1년 말 기계장치의 공정가치는 ₩45,000일 때, (주)한국이 20×1년 말 인식할 재평가잉여금은? 제25회 기출

① ₩0 ② ₩5,000 ③ ₩10,000
④ ₩15,000 ⑤ ₩20,000

해설
- 재평가는 항상 감가상각을 먼저 계산한다.
- 20×1년 말 장부금액: 50,000 − (50,000 ÷ 5년) = ₩40,000
- 20×1년 말 재평가잉여금: 45,000 − 40,000 = ₩5,000

40 (주)한국은 20×1년 초 사무용 건물(내용연수 10년, 잔존가치 ₩0, 정액법 상각)을 ₩800,000에 취득하였다. 건물에 대해 재평가모형을 적용하고 매년 말 재평가한다. 20×1년 말 공정가치가 ₩750,000일 때, 건물과 관련하여 20×1년 말 인식할 재평가잉여금은?

제26회 기출

① ₩30,000 ② ₩40,000 ③ ₩50,000
④ ₩75,000 ⑤ ₩80,000

해설
- 20×1년 말 장부금액: 800,000 − (800,000 ÷ 10년) = ₩720,000
- 재평가잉여금: 공정가치(750,000) − 장부금액(720,000) = ₩30,000

36 ② 37 ② 38 ③ 39 ② 40 ① 정답

CHAPTER

09 무형자산과 투자부동산

회독체크 1 2 3

CHAPTER 미리보기

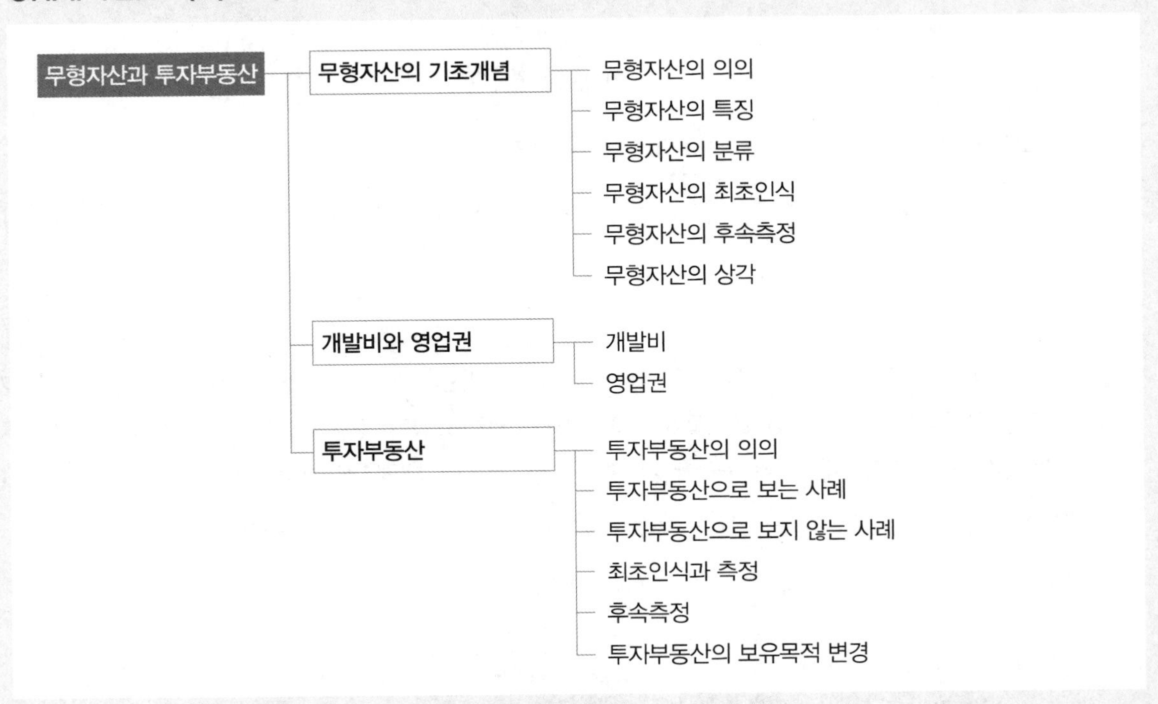

학습전략

본 단원은 무형자산과 투자부동산에 관한 내용으로, 비교적 출제빈도가 낮아 시험에서는 1~2문항이 출제됩니다. 무형자산의 개념과 상각 그리고 영업권 및 투자부동산의 사례와 공정가치 평가 등은 출제빈도가 높습니다. 계산문제보다는 이론문제를 반복해서 읽고, 이해 중심으로 공부해야 합니다.

학습키워드

- 유한(한정) 내용연수
- 비한정 내용연수
- 투자부동산의 공정가치모형

제1절 무형자산의 기초개념

1. 무형자산의 의의

무형자산(無形資産, Intangible Assets)은 물리적 실체는 없지만 식별가능하고, 기업이 통제하고 있으며, 미래경제적 효익이 있는 비화폐성자산으로 다음의 요건을 모두 충족시키는 경우에만 무형자산으로 인식하고, 그러하지 아니하면 당기비용으로 인식한다.

(1) 식별가능성

① **분리 가능할 것**: 자산이 분리 가능하다는 것은 그 자산과 함께 동일한 수익창출 활동에 사용되는 다른 자산의 미래경제적 효익을 희생하지 않고 그 자산을 임대, 매각, 교환, 분배할 수 있는 것을 말한다.

② **자산이 계약상 권리 또는 기타 법적 권리로부터 발생**: 이 경우에는 이전가능이나 분리가능성 여부를 고려하지 않는다.

(2) 통제

특정 실체가 다른 실체에 대하여 무형자산에 대한 미래경제적 효익을 확보할 수 있고 제3자의 접근을 제한할 수 있다면 자산을 통제(Control)하고 있는 것이다. 무형자산의 미래경제적 효익에 대한 통제는 일반적으로 법원에서 강제할 수 있는 법적 권리에서 나오며, 법적 권리가 없는 경우에는 통제를 증명하기 어렵다. 그러나 다른 방법으로도 미래경제적 효익을 통제할 수 있기 때문에 법률적 집행가능성이 통제의 필요조건은 아니다.

(3) 미래의 경제적 효익

무형자산으로 인한 미래의 경제적 효익(Future Economic Benefit)은 재화의 매출, 용역수익, 원가절감, 자산의 사용에 따른 기타 효익의 형태로 발생하며 이를 확인할 수 있어야 한다.

2. 무형자산의 특징

① 물리적 실체가 없는 자산이다.

② 법률상의 권리 또는 경제적 권리를 나타내는 자산이다.

③ 당해 무형자산이 기업실체에 제공하는 미래경제적 효익의 실현가능성이 상대적으로 불확실한 자산이다.

④ 대체적인 용도에 이용할 수 없고, 대체적인 가치로 평가할 수 없는 자산이다.

⑤ 비화폐성자산이며 비금융자산이다.

3. 무형자산의 분류

(1) 개발비

개발활동과 관련하여 발생한 지출액 중 미래경제적 효익이 기업에 유입될 가능성이 높으며, 취득원가를 신뢰성 있게 측정 가능한 것을 말한다.

(2) 프랜차이즈

특정한 상품·상호에 따라 상품이나 용역을 제조·판매할 수 있는 권리를 말한다.

(3) 산업재산권

① **특허권**: 특정의 발명품을 특허법에 의하여 등록하여 일정 기간 동안 독점적·배타적으로 이용할 수 있는 권리를 말한다.

② **실용신안권**: 물건의 모양·구조 또는 결합 등에서 실용적인 고안을 하여 관계 법률에 의하여 등록한 후 일정 기간 동안 독점적·배타적으로 이용할 수 있는 권리를 말한다.

③ **상표권**: 상표법에 따라 특정한 상표(Trademark)를 독점적·배타적으로 사용할 수 있는 권리를 말한다.

④ **디자인권**: 물건의 외관상의 미감을 얻기 위하여 고안한 것을 관계 법률에 의하여 등록하여 일정 기간 동안 독점적·배타적으로 이용할 수 있는 권리를 말한다.

(4) 브랜드명

브랜드명(Brand Name)은 상표를 의미하는 것으로, 자가 창설하는 경우에는 개별적으로 식별이 어렵기 때문에 자산으로 인식하지 않는다. 반면에 사업결합에 의하여 취득하는 경우에는 식별가능한 금액을 구분하여 자산으로 인식한다.

(5) 기타의 무형자산

① **라이선스**: 다른 기업의 제품을 독점적으로 사용할 수 있는 권리를 말한다.

② **저작권**: 저작자가 자기의 저작물의 복제·번역·방송·상연(연극 따위를 무대에서 하여 관객에게 보이는 일) 등을 독점적으로 이용할 수 있는 권리를 말한다.

③ **컴퓨터 소프트웨어**: 컴퓨터 소프트웨어는 컴퓨터 프로그램과 관련 문서들을 총칭하며, 외부에서 소프트웨어를 구입하는 경우 구입비용 중 자산인식요건을 충족하는 것을 말한다. 내부개발된 소프트웨어는 개발비 자산인식요건을 모두 충족하는 경우에만 개발비의 과목으로 인식한다.

④ **임차권리금**: 토지나 건물 등을 임차할 때 그 이용권을 갖는 대가로 빌려준 사람에게 보증금 이외에 지급하는 금액을 말한다.

⑤ **어업권**: 일정한 수면에서 독점적·배타적으로 어업을 경영할 수 있는 권리를 말한다.

⑥ **시추권**: 특정 지역에서 광물 자원을 추출할 수 있는 권리를 말한다.

⑦ **제호 및 출판표제**: 제호나 출판표제란 잡지나 서적 등의 명칭을 말하는 것으로, 자가(내부) 창설하는 경우에는 개별적으로 식별이 불가능하여 자산으로 인식하지 않는다. 반면에 사업결합에 의하여 취득하는 경우에는 별도로 식별하여 자산으로 인식한다.

4. 무형자산의 최초인식

(1) 무형자산의 인식

① 자산에서 발생하는 미래경제적 효익이 기업에 유입될 가능성이 높고, 자산의 원가를 신뢰성 있게 측정할 수 있는 경우에만 무형자산을 인식한다. 미래경제적 효익의 유입가능성은 개별 취득하는 무형자산과 사업결합으로 취득하는 무형자산에 대하여 항상 충족되는 것으로 본다. 무형자산으로 인식하기 위해서는 그 항목이 다음의 조건을 모두 충족한다는 사실을 기업이 제시하여야 하고 최초에 비용으로 인식한 무형항목에 대한 지출은 그 이후에 무형자산의 원가로 인식할 수 없다.

② **무형자산의 인식 조건**

㉠ 무형자산의 정의를 충족시켜야 한다.

㉡ 자산에서 발생하는 미래경제적 효익이 기업에 유입될 가능성이 높아야 한다.

㉢ 자산의 취득원가를 신뢰성 있게 측정할 수 있어야 한다.

(2) 개별 취득

구입원가와 자산을 사용할 수 있도록 준비하는 데 직접 관련되는 지출로 구성된다. 매입할인과 리베이트 등이 있는 경우 이를 차감하여 취득원가를 산출한다.

① **구입가격**: 매입할인과 리베이트를 차감하고 수입관세와 환급받을 수 없는 제세금을 포함한다.

② **자산을 의도한 목적에 사용할 수 있도록 준비하는 데 직접 관련되는 원가**

㉠ 그 자산을 사용 가능한 상태로 만드는 데 직접적으로 발생하는 종업원급여

㉡ 그 자산을 사용 가능한 상태로 만드는 데 직접적으로 발생하는 전문가 수수료

㉢ 그 자산이 적절하게 기능을 발휘하는지 검사하는 데 발생하는 원가

③ **자산의 취득원가에 포함하지 않고 발생 즉시 비용으로 처리하는 지출**

㉠ 새로운 제품이나 용역의 홍보원가(광고와 판매촉진활동 원가를 포함한다)

㉡ 새로운 지역에서 또는 새로운 계층의 고객을 대상으로 사업을 수행하는 데서 발생하는 원가(교육훈련비를 포함한다)

㉢ 관리원가와 기타 일반경비원가

㉣ 자산을 운용하는 직원의 교육훈련과 관련된 지출

㉤ 자산이 계획된 성과를 달성하기 전에 발생한 명백한 비효율로 인한 손실과 초기운영손실

(3) 매수기업결합으로 인한 취득

매수기업결합으로 취득한 무형자산의 취득원가는 K-IFRS 제1103호 '사업결합'에 따라 취득일의 공정가치로 한다.

(4) 정부보조에 의한 취득

무형자산을 정부보조에 의하여 무상 또는 낮은 대가로 취득하는 경우, 최초의 공정가치로 인식하거나 명목가치와 자산을 의도된 용도로 사용할 수 있도록 준비하는 데 직접 관련되는 지출을 합한 금액으로 인식한다.

(5) 자산교환에 의한 취득

하나 이상의 무형자산을 하나 이상의 비화폐성자산 또는 화폐성자산과 비화폐성자산이 결합된 대가와 교환하여 취득하는 경우에는 원칙적으로 공정가치로 측정한다. 그러나 교환거래에 상업적 실질이 결여된 경우와 공정가치를 신뢰성 있게 측정할 수 없는 경우에는 제공한 자산의 장부금액으로 측정한다.

(6) 내부적으로 창출한 무형자산

내부적으로 창출한 무형자산이 인식기준을 충족하는지를 평가하기 위하여 무형자산의 창출과정을 연구단계와 개발단계로 구분한다. 연구활동(또는 내부 프로젝트의 연구단계)에 대한 지출은 발생시점에 비용으로 인식한다. 개발활동(또는 내부 프로젝트의 개발단계)에 대해서는 이 기준서가 정하는 사항을 모두 제시할 수 있는 경우에만 무형자산을 인식한다.

① 내부적으로 창출된 영업권은 자산으로 인식하지 않는다.

② 연구단계에서 발생한 연구비는 발생시점에서 비용으로 처리한다.

③ 개발단계에서 발생한 개발비는 개발비의 요건을 충족시키면 무형자산인 개발비로 처리하고, 그렇지 않은 경우에는 경상개발비로 처리하여 비용으로 인식한다.

④ 내부적으로 창출한 브랜드, 제호, 출판표제, 고객목록과 이와 실질이 유사한 항목은 무형자산으로 인식하지 않는다.

5. 무형자산의 후속측정

무형자산은 최초에 취득원가로 평가한 후, 회계정책으로 원가모형이나 재평가모형을 선택할 수 있다. 재평가모형을 적용하는 경우에는 이 기준서의 재평가 목적상 공정가치는 활성시장을 기초로 하여 결정한다. 재평가는 재무상태표일에 자산의 장부금액이 공정가치와 중요하게 차이가 나지 않도록 주기적으로 수행한다.

(1) 원가모형

최초인식 후에 무형자산은 취득원가에서 상각누계액과 손상차손누계액을 차감한 금액을 장부금액으로 한다.

(2) 재평가모형

최초인식 후에 무형자산은 재평가일의 공정가치에서 이후의 상각누계액과 손상차손누계액을 차감한 재평가금액을 장부금액으로 한다. 재평가금액인 공정가치는 활성거래시장에서 형성된 가격을 말한다.

① **재평가로 장부금액이 증가하는 경우**(재평가액 > 장부금액)

㉠ 재평가차액은 재평가잉여금으로 자본항목인 기타포괄손익으로 인식한다.

㉡ 동일한 자산에 대하여 과거에 인식한 재평가손실이 있는 경우 그 금액을 한도로 재평가이익(당기손익)으로 인식한다.

② **재평가로 장부금액이 감소하는 경우**(재평가액 < 장부금액)

㉠ 재평가손실은 당기손익으로 인식한다.

㉡ 동일한 자산에 대하여 과거에 인식한 재평가잉여금이 있는 경우 그 금액을 한도로 재평가잉여금에서 우선 상계한다.

㉢ 자본항목(기타포괄손익)으로 계상된 재평가잉여금은 해당 자산이 제거될 때 이익잉여금으로 대체하거나 자산을 사용하는 기간 동안에 배분하여 이익잉여금으로 대체한다. 재평가잉여금을 이익잉여금으로 대체하는 경우에는 그 금액을 당기손익으로 인식하지 않는다.

개념적용 문제

01 (주)한국은 20×1년 초에 무형자산을 ₩20,000에 취득하여 사용하였다. 동 무형자산의 내용연수는 5년이고, 잔존가치는 없으며 감가상각방법은 정액법이다. (주)한국은 무형자산에 대하여 재평가모형을 선택하였고, 비례수정법과 순액법으로 회계처리한다. 연도 말 (주)한국의 무형자산 공정가치는 다음과 같다. 각 회계연도의 필요한 회계처리를 표시하시오.

20×1년 말	20×2년 말
₩24,000	₩9,000

해설 1. 비례수정법

- 20×1년 초: (차) 무형자산 20,000 (대) 현금 20,000
- 20×1년 말: (차) 무형자산상각비 4,000 (대) 무형자산상각누계액 4,000
  (차) 무형자산 10,000 (대) 무형자산상각누계액 2,000
  재평가잉여금 8,000
  - 비례수정비율: 24,000 ÷ 장부금액(16,000) = 1.5배
  - 취득원가: 20,000 × 1.5배 = ₩30,000이므로 ₩10,000 증가
  - 무형자산상각누계액: 4,000 × 1.5배 = ₩6,000이므로 ₩2,000 증가
- 20×2년 말: (차) 무형자산상각비 6,000 (대) 무형자산상각누계액 6,000
  (차) 무형자산상각누계액 6,000 (대) 무형자산 15,000
  재평가잉여금 8,000
  재평가손실 1,000
  - 감가상각: 24,000 ÷ 4년 = ₩6,000
  - 비례수정비율: 9,000 ÷ 18,000 = 0.5배
  - 취득원가: 30,000 × 0.5배 = ₩15,000이므로 ₩15,000 감소
  - 무형자산상각누계액: 12,000 × 0.5배 = ₩6,000이므로 ₩6,000 감소

구분	20×1년 말			20×2년 말		
	결산 시	비율	재평가 시	결산 시	비율	재평가 시
취득원가	20,000	1.5	30,000	30,000	0.5	15,000
감가상각누계액	4,000	1.5	6,000	12,000	0.5	6,000
장부금액	16,000	1.5	24,000	18,000	0.5	9,000

2. 순액법(전액제거법)

- 20×1년 초: (차) 무형자산 20,000 (대) 현금 20,000
- 20×1년 말: (차) 무형자산상각비 4,000 (대) 무형자산상각누계액 4,000
  (차) 무형자산상각누계액 4,000 (대) 재평가잉여금 8,000
  무형자산 4,000
  - 재평가잉여금: 24,000 − 16,000 = ₩8,000
  - 무형자산상각누계액을 우선 제거한 후 잔액은 무형자산의 증가
  - ₩8,000 중 무형자산상각누계액 −₩4,000, 나머지는 무형자산 +₩4,000
- 20×2년 말: (차) 무형자산상각비 6,000 (대) 무형자산상각누계액 6,000
  (차) 무형자산상각누계액 6,000 (대) 무형자산 15,000
  재평가잉여금 8,000
  재평가손실 1,000
  - 감가상각: 24,000 ÷ 4년 = ₩6,000
  - 9,000 − (24,000 − 6,000) = −₩9,000(재평가손실)

구분	20×1년 말			20×2년 말		
	결산 시		재평가 시	결산 시		재평가 시
취득원가	20,000	증가	24,000	24,000	감소	9,000
감가상각누계액	4,000	감소	0	6,000	감소	0
장부금액	16,000		24,000	18,000		9,000

6. 무형자산의 상각

무형자산은 내용연수가 유한인지 비한정인지를 평가하고, 내용연수가 유한한 무형자산은 내용연수 동안 체계적인 방법으로 상각하여 당기비용으로 배분하고, 내용연수가 비한정인 무형자산은 상각하지 않는다. 내용연수가 유한한 무형자산의 상각대상금액은 자산이 사용가능한 때부터 상각을 시작하고, 자산이 매각예정으로 분류되는 날과 제거되는 날 중 이른 날에 상각을 중지한다.

(1) 내용연수가 유한한 무형자산

① **상각대상금액**: 내용연수가 유한한 자산의 상각대상금액은 취득원가에서 잔존가치를 차감하여 결정한다. 내용연수가 유한한 무형자산의 상각대상금액은 내용연수 동안 체계적인 방법으로 배분해야 하고, 자산의 상각은 사용가능한 때부터 시작한다. 즉, 자산이 경영자가 의도하는 방식으로 운영할 수 있는 위치와 상태에 이르렀을 때부터 시작한다. 무형자산의 상각은 매각예정으로 분류되는 날과 자산이 재무상태표에서 제거되는 날 중 이른 날에 중지한다.

② **잔존가치**: 내용연수가 유한한 무형자산의 잔존가치는 다음 중 하나에 해당하는 경우를 제외하고는 영(0)으로 본다.

㉠ 내용연수 종료 시점에 제3자가 자산을 구입하기로 한 약정이 있다.

㉡ 무형자산의 활성거래시장이 있고 다음을 모두 충족한다.

ⓐ 잔존가치를 그 활성거래시장에 기초하여 결정할 수 있다.

ⓑ 그러한 활성거래시장이 내용연수 종료 시점에 존재할 가능성이 높다.

㉢ 무형자산의 잔존가치가 자산의 장부금액과 같거나 장부금액을 초과하면 잔존가치가 장부금액보다 작은 금액으로 감소될 때까지 무형자산의 상각액은 영(0)이 된다.

③ **내용연수**: 무형자산의 내용연수는 경제적 내용연수와 법적 내용연수 중 짧은 기간으로 한다. 무형자산의 내용연수와 잔존가치는 적어도 매 회계기간 말에는 재검토하고, 종전의 추정치와 다르면 변경하여 회계처리하고 이러한 변경은 회계추정의 변경으로 처리한다.

④ **상각방법**: 무형자산의 상각방법은 자산의 경제적 효익이 소비되는 형태를 반영한 방법이어야 하며 이러한 상각방법에는 정액법, 체감잔액법과 생산량비례법 등이 있다. 다만, 소비되는 형태를 신뢰성 있게 결정할 수 없는 경우에는 정액법을 사용한다. 미래경제적 효익이 예상되는 소비 형태가 변동하지 않는다면 매 회계기간에 일관성 있게 적용한다. 무형자산의 상각방법은 적어도 매 회계기간 말에 재검토하고 미래경제적 효익의 예상 소비 형태가 주요하게 변동하면 변동된 소비 형태를 반영하기 위하여 상각방법을 변경한다. 그러한 변경은 회계추정의 변경으로 회계처리한다.

⑤ **상각액의 처리**: 무형자산의 상각액은 일반적으로 당기손익으로 인식한다. 그러나 다른 자산의 생산에 소모되는 경우에는 그 자산의 장부금액에 포함된다. 예를 들면, 재고자산의 제조과정에서 사용된 무형자산의 상각은 재고자산의 장부금액에 포함한다.

(2) 내용연수가 비한정인 무형자산

내용연수가 비한정인 무형자산은 상각하지 아니하고, 매년 또는 손상의 징후가 있을 때마다 장부금액과 회수가능액을 비교하여 손상검사를 수행하여야 한다.

① 상각하지 않는 무형자산에 대하여 사건과 상황이 그 자산의 내용연수가 비한정이라는 평가를 계속하여 정당화하는지를 매 회계기간에 검토한다. 사건과 상황이 그러한 평가를 정당화하지 않는 경우에 비한정 내용연수를 유한 내용연수로 변경하는 것은 회계추정의 변경으로 회계처리한다.

② 비한정 내용연수를 유한 내용연수로 재평가하는 것은 그 자산의 손상을 시사하는 하나의 징후가 된다. 따라서 회수가능액과 장부금액을 비교하여 그 자산에 대한 손상검사를 하고, 회수가능액을 초과하는 장부금액을 손상차손으로 인식한다.

③ 관련된 모든 요소의 분석에 근거하여, 그 자산이 순현금유입을 창출할 것으로 기대되는 기간에 대하여 예측 가능한 제한이 없을 경우, 무형자산의 내용연수가 비한정인 것으로 본다.

(3) 무형자산의 손상

매 보고기간 말에 손상징후를 검토하여 손상징후가 있으면 회수가능액을 추정하여야 한다. 재평가모형으로 평가한 무형자산의 경우에는 활성시장이 존재하지 않으면 자산이 손상되었다는 의미일 수 있다. 또한 내용연수가 비한정인 무형자산은 손상징후와 관계없이 정기적으로 손상검사를 수행하여야 한다. 무형자산의 장부금액이 회수가능액을 초과하면 그 초과액을 손상차손으로 인식하여 당기손익에 반영해야 한다.

손상차손을 인식한 후 회수가능액이 회복되면 손상차손을 인식하기 전 장부금액의 상각 후 잔액을 한도로 손상차손을 환입하여 그 환입액은 당기손익에 반영한다.

제2절 개발비와 영업권

1. 개발비

내부적으로 창출한 무형자산이 인식기준을 충족하는지를 평가하기 위해 무형자산의 창출과정을 연구단계와 개발단계로 구분한다. 연구단계와 개발단계를 구분할 수 없는 내부프로젝트에서 발생한 모든 지출은 연구단계에서 발생한 것으로 본다.

연구단계	• 새로운 지식을 얻기 위한 계획적인 탐구활동 • 연구결과 등을 탐색 · 평가 · 응용 · 선택하는 활동
⇩	
개발단계	• 새로운 기술과 관련된 공구, 금형, 주형 등을 설계하는 활동 • 시제품과 모형 및 시험공장 등을 설계 · 제작 · 시험하는 활동

(1) 연구단계

연구 또는 프로젝트의 단계에서 발생하는 지출은 무형자산으로 인식하지 않고, 발생시점에 비용으로 인식한다.

㉮ • 새로운 지식을 얻고자 하는 활동
- 연구결과나 기타 지식을 탐색, 평가, 최종선택, 응용하는 활동
- 재료, 장치, 제품, 공정, 시스템이나 용역에 대한 여러 가지 대체안을 탐색하는 활동
- 새롭거나 개선된 재료, 장치, 제품, 공정, 시스템이나 용역에 대한 여러 가지 대체안을 제안, 설계, 평가, 최종 선택하는 활동

(2) 개발단계

① 개발단계는 연구단계보다 훨씬 더 진전되어 있는 상태이다.

㉮ • 생산이나 사용 전의 시제품과 모형을 설계, 제작, 시험하는 활동
- 새로운 기술과 관련된 공구, 지그, 주형, 금형 등을 설계하는 활동
- 상업적 생산 목적으로 실현가능한 경제적 규모가 아닌 시험공장을 설계, 건설, 가동하는 활동
- 신규 또는 개선된 재료, 장치, 제품, 공정, 시스템이나 용역에 대하여 최종적으로 선정된 안을 설계, 제작, 시험하는 활동

② 개발단계 또는 내부 프로젝트의 개발단계에서 발생한 지출은 다음의 6가지 사항을 모두 제시할 수 있는 경우에는 무형자산(개발비)으로 인식하고, 그 외의 지출에 대해서는 발생한 기간의 비용(경상개발비)으로 인식한다.

㉠ 무형자산을 사용하거나 판매하기 위해 그 자산을 완성할 수 있는 기술적 실현가능성

㉡ 무형자산을 완성하여 사용하거나 판매하려는 기업의 의도

㉢ 무형자산을 사용하거나 판매할 수 있는 기업의 능력
㉣ 무형자산이 미래경제적 효익을 창출하는 방법. 그중에서도 특히 무형자산의 산출물이나 무형자산 자체를 거래하는 시장이 존재함을 제시할 수 있거나 또는 무형자산을 내부적으로 사용할 것이라면 그 유용성을 제시할 수 있다.
㉤ 무형자산의 개발을 완료하고 그것을 판매하거나 사용하는 데 필요한 기술적, 재정적 자원 등의 입수가능성
㉥ 개발과정에서 발생한 무형자산 관련 지출을 신뢰성 있게 측정할 수 있는 능력

▶▶ 연구단계 · 개발단계

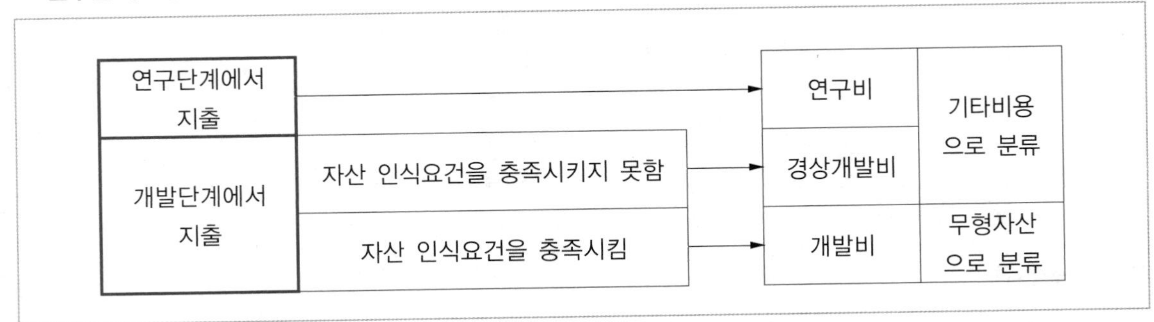

개념적용 문제

02 **다음은 20×1년에 지출된 (주)한국의 연구 및 개발활동에 관련된 다음 내용에 의하여 (주)한국이 최초인식 시 비용으로 인식할 금액과 무형자산으로 인식할 금액을 구하시오. (단, 개발단계에서 발생한 지출액은 무형자산의 인식요건을 갖추었다고 가정한다)**

㉠ 새로운 과학적 지식을 얻기 위한 탐구비	₩100,000
㉡ 새로운 공정 및 시스템 등을 최종 선택하는 활동	200,000
㉢ 시제품과 모형 설계비	50,000
㉣ 신기술과 관련된 공구, 금형, 주형 설계비	80,000
㉤ 신제품의 생산 공정을 시험하기 위한 시험공장의 설계 및 건설비	300,000
㉥ 신제품에 대한 특허권 취득과 관련하여 직접 지출한 금액	70,000
㉦ 신제품 브랜드를 자체 개발하기 위하여 지출한 금액	90,000

해설 [비용으로 인식할 금액]
• 연구비: ㉠ + ㉡ = ₩300,000
• 경상개발비: ㉦ = ₩90,000

[무형자산으로 인식할 금액]
• 개발비: ㉢ + ㉣ + ㉤ = ₩430,000
• 특허권: ㉥ = ₩70,000

정답 • 비용으로 인식할 금액: ₩390,000
• 무형자산으로 인식할 금액: ₩500,000

03 다음은 (주)한국의 20×1년도 연구 및 개발활동 지출 내역이다. 이를 이용하여 물음에 답하시오.

• 새로운 지식을 얻고자 하는 활동	₩100,000
• 생산이나 사용 전의 시제품과 모형을 제작하는 활동	150,000
• 상업적 생산 목적으로 실현가능한 경제적 규모가 아닌 시험공장을 건설하는 활동	200,000
• 연구결과나 기타 지식을 응용하는 활동	300,000

(주)한국이 20×1년도 개발활동으로 분류해야 하는 금액은 얼마인가?

① ₩700,000 ② ₩500,000
③ ₩400,000 ④ ₩450,000
⑤ ₩350,000

해설 [연구활동의 일반적인 예]
• 새로운 지식을 얻고자 하는 활동
• 연구결과 또는 기타 지식을 탐색, 평가, 최종 선택 및 응용하는 활동
• 재료, 장치, 제품, 공정, 시스템, 용역 등에 대한 여러 가지 대체안을 탐색하는 활동
• 새롭거나 개선된 재료, 장치, 제품, 공정, 시스템, 용역 등에 대한 여러 가지 대체안을 제안, 설계, 평가 및 최종 선택하는 활동

[개발활동의 일반적인 예]
• 생산이나 사용 전의 시제품을 제작하는 활동
• 모형을 제작하는 활동
• 시험공장을 건설하는 활동

∴ 150,000 + 200,000 = ₩350,000

정답 ⑤

2. 영업권

(1) 영업권의 의의

영업권(Goodwill)은 기업과 분리하여 식별할 수 없는 무형의 자산이다. 영업권은 우수한 경영진, 뛰어난 판매조직, 양호한 신용, 원만한 노사관계, 기업의 좋은 이미지 등 동종의 다른 기업에 비하여 특별히 유리한 사항들을 집합한 무형의 자원을 말한다. 영업권은 다른 무형자산들과는 달리 식별가능하지 않으며, 개별적으로는 판매되거나 교환될 수 없고, 기업 전체와 관련지어서만 확인 가능하다는 특징이 있다.

영업권은 발생 유형에 따라 사업결합으로 취득한 영업권과 내부적으로 창출한 영업권으로 분류할 수 있다.

① **사업결합으로 취득한 영업권**: 기업이 다른 기업이나 사업을 매수·합병하는 경우에 발생한 영업권을 말한다.

㉠ 순자산의 공정가치 < 사업결합 대가(원가) ⇨ 영업권(자산으로 인식)

㉡ 순자산의 공정가치 > 사업결합 대가(원가) ⇨ 염가매수차익(당기수익으로 인식)

② **내부적으로 창출한 영업권**: 기업이 스스로 영업권을 계상한 경우에 발생한 영업권을 말한다. 내부적으로 창출한 영업권은 취득원가를 신뢰성 있게 측정할 수 없고 기업이 통제하고 있는 식별가능한 자원이 아니기 때문에 자산으로 인식할 수 없다.

(2) 영업권의 상각과 손상

한국채택국제회계기준에서는 영업권의 내용연수는 비한정인 것으로 가정하여 상각하지 않고 매 보고기말에 손상검사를 하여야 한다. 손상검사 결과 영업권의 장부금액이 회수가능액을 초과하면 그 초과액을 손상차손으로 처리하여 당기손익에 반영한다. 다만, 손상차손을 인식한 후에 회수가능액이 장부금액을 초과한 경우에는 그 초과액을 손상차손환입으로 처리할 수 없다. 그 이유는 영업권의 손상차손을 환입하는 것은 자가 창출영업권을 인식하는 결과를 가져오기 때문이다.

개념적용 문제

04 20×1년 초 (주)한국은 현금 ₩12,000을 이전대가로 지급하고 (주)대한을 합병하였다. 합병일 현재 (주)대한의 식별가능한 자산과 부채의 공정가치가 다음과 같을 때, (주)한국이 인식할 영업권은? 제27회 기출

• 매출채권	₩4,000	• 비유동부채	₩7,000
• 재고자산	7,000	• 매입채무	5,000
• 유형자산	9,000		

① ₩3,000 ② ₩4,000
③ ₩5,000 ④ ₩7,000
⑤ ₩8,000

해설
• 합병 시 공정가치를 적용한다: 자산 − 부채 = 순자산의 공정가치
• 순자산의 공정가치: (자산 20,000 − 부채 12,000) = ₩8,000
• 영업권: 12,000 − 8,000 = ₩4,000

정답 ②

제3절 투자부동산

1. 투자부동산의 의의

투자부동산은 임대수익이나 시세차익 또는 두 가지 모두를 얻기 위하여 소유자나 금융리스의 이용자가 보유하고 있는 부동산[토지, 건물(또는 건물의 일부분) 또는 두 가지 모두]을 말한다. 다만, 다음의 목적으로 보유하는 부동산은 제외한다.

① 재화의 생산이나 용역의 제공 또는 관리 목적에 사용
② 정상적인 영업과정에서의 판매

2. 투자부동산으로 보는 사례

① 장기 시세차익을 얻기 위하여 보유하고 있는 토지(정상적인 영업과정에서 단기간에 판매하기 위하여 보유하는 토지는 제외한다)
② 장래 사용목적을 결정하지 못한 채로 보유하고 있는 토지(만약 토지를 자가사용할지 또는 정상적인 영업과정에서 단기간에 판매할지를 결정하지 못한 경우 당해 토지는 시세차익을 얻기 위하여 보유하고 있는 것으로 본다)
③ 직접 소유하고 운용리스로 제공하고 있는 건물
④ 운용리스로 제공하기 위하여 보유하고 있는 미사용 건물
⑤ 미래에 투자부동산으로 사용하기 위하여 건설 또는 개발 중인 부동산

3. 투자부동산으로 보지 않는 사례

다음은 투자부동산이 아닌 항목의 예이며, 따라서 이 기준서를 적용하지 아니한다.

① 통상적인 영업과정에서 판매하기 위한 부동산이나 이를 위하여 건설 또는 개발 중인 부동산
(예 가까운 장래에 판매하거나 개발하여 판매하기 위한 목적으로만 취득한 부동산)
② 자가사용부동산, 미래에 자가사용하기 위한 부동산, 미래에 개발 후 자가사용할 부동산, 종업원이 사용하고 있는 부동산(종업원이 시장요율로 임차료를 지급하고 있는지는 관계없음), 처분 예정인 자가사용부동산을 포함한다.
③ 금융리스로 제공한 부동산

4. 최초인식과 측정

(1) 최초인식

투자부동산으로 인식하기 위해서는 발생한 원가가 다음의 인식기준을 모두 충족하여야 한다.

① 자산에서 발생하는 미래경제적 효익이 기업에 유입될 가능성이 높다.

② 자산의 원가를 신뢰성 있게 측정할 수 있다.

(2) 최초측정

① 투자부동산은 최초인식시점의 공정가치를 취득원가로 측정한다. 투자부동산의 취득원가는 투자부동산의 구입금액과 구입에 직접 관련이 있는 지출로 구성된다.

㉠ 법률용역의 대가로 전문가에게 지급하는 수수료

㉡ 부동산 구입과 관련된 세금 및 그 밖의 거래원가

② 그러나 다음의 항목은 투자부동산의 원가에 포함하지 아니한다.

㉠ 경영진이 의도하는 방식으로 부동산을 운영하는 데 필요한 상태에 이르게 하는 데 직접 관련이 없는 초기원가

㉡ 계획된 사용수준에 도달하기 전에 발생하는 부동산의 초기운영손실

㉢ 건설이나 개발 과정에서 발생한 비정상적으로 낭비된 원재료, 인력 및 기타 자원 금액

③ 자가건설한 투자부동산의 원가는 건설 또는 개발이 완료된 시점까지의 투입원가이다.

④ 투자부동산을 후불조건으로 취득하는 경우의 원가는 취득시점의 현금가격상당액으로 한다. 현금가격상당액과 실제 총지급액의 차액은 신용기간 동안의 이자비용으로 인식한다.

5. 후속측정

투자부동산은 원가모형과 공정가치모형 중 하나를 선택하여 모든 투자부동산에 적용한다. 다만, 운용리스에서 리스이용자가 보유하는 부동산에 대한 권리를 투자부동산으로 분류하는 경우에는 투자부동산에 대한 평가방법을 선택할 수 없으며 공정가치모형만 적용한다. 공정가치모형에서 원가모형으로 또는 원가모형에서 공정가치모형으로 회계변경할 수 있다. 그러나 공정가치모형에서 원가모형으로 변경하는 것은 재무정보를 더욱 적절하게 표시하게 될 가능성이 매우 낮다.

(1) 원가모형

투자부동산의 평가방법을 원가모형으로 선택한 경우에는 모든 투자부동산에 대하여 기업회계기준서 제1016호(유형자산)에 따라 원가모형으로 측정하고, 내용연수에 걸쳐서 감가상각을 하고, 공정가치의 변동을 반영하지 않는다.

(2) 공정가치모형

투자부동산에 대하여 공정가치모형을 선택한 경우에는 최초인식 후 모든 투자부동산을 공정가치로 측정하고 감가상각을 하지 않는다. 투자부동산의 공정가치 변동으로 발생하는 손익은 발생한 기간의 당기손익(평가손익)에 반영한다.

① **공정가치 > 장부금액**

(차) 투자부동산	×××	(대) 투자부동산평가이익	×××

② **공정가치 < 장부금액**

(차) 투자부동산평가손실	×××	(대) 투자부동산	×××

개념적용 문제

05 (주)한국은 20×1년 초에 임대수익을 얻을 목적으로 건물을 ₩1,000,000(내용연수 10년, 잔존가치 ₩0)에 취득하였다. 투자부동산을 공정가치모형으로 평가하고 있으며, 20×1년 말과 20×2년 말의 공정가치는 각각 ₩900,000과 ₩1,100,000이었다. (주)한국이 20×2년에 인식할 당기손익은 얼마인가?

① 손실 ₩100,000
② 손실 ₩200,000
③ 이익 ₩100,000
④ 이익 ₩200,000
⑤ 이익 ₩300,000

해설
- 투자부동산은 공정가치 변동으로 발생하는 손익은 발생한 기간에 당기손익에 반영한다.
- 당기손익: 900,000 − 1,100,000 = ₩200,000(이익)

정답 ④

06 투자부동산에 해당하는 것을 모두 고른 것은? 제26회 기출

㉠ 통상적인 영업과정에서 판매목적이 아닌, 장기 시세차익을 얻기 위하여 보유하고 있는 토지
㉡ 미래에 자가사용하기 위한 토지
㉢ 장래 용도를 결정하지 못한 채로 보유하고 있는 토지
㉣ 금융리스로 제공한 토지

① ㉠, ㉡
② ㉠, ㉢
③ ㉡, ㉣
④ ㉠, ㉢, ㉣
⑤ ㉡, ㉢, ㉣

해설
- ㉡ 미래에 자가사용하기 위한 토지는 유형자산이다.
- ㉣ 금융리스로 제공한 토지는 처분된 것으로 본다.
- 금융리스로 제공받은 토지를 운용리스로 제공한 토지는 투자부동산이다.

정답 ②

6. 투자부동산의 보유목적 변경

투자부동산의 보유목적 변경이 다음과 같은 사실로 입증되는 경우에는 투자부동산의 계정에서 다음의 계정으로 대체가 발생할 수 있다.

상황	계정대체
자가사용의 개시	투자부동산 ⇨ 유형자산으로 대체
판매를 위한 개발시작	투자부동산 ⇨ 재고자산으로 대체
자가사용의 종료	유형자산 ⇨ 투자부동산으로 대체
제3자에 운용리스	재고자산 ⇨ 투자부동산으로 대체

부동산 중 일부분은 임대수익이나 시세차익을 얻기 위하여 보유하고, 일부분은 재화나 용역의 생산 또는 제공이나 관리목적에 사용하기 위하여 보유할 수 있다.

(1) 부분별로 분리하여 매각(또는 금융리스로 제공)할 수 있으면 각 부분을 분리하여 회계처리한다.

(2) 부분별로 분리하여 매각할 수 없다면 재화나 용역의 생산 또는 제공이나 관리목적에 사용하기 위하여 보유하는 부분이 경미한 경우에만 해당 부동산을 투자부동산으로 분류한다.

CHAPTER

09 기출 & 예상문제로 완벽 복습

01 **무형자산에 관한 설명으로 옳지 않은 것은?** 제22회 기출

① 무형자산은 물리적 실체는 없지만 식별가능한 화폐성자산이다.
② 내부적으로 창출한 영업권은 자산으로 인식하지 아니한다.
③ 무형자산의 회계정책으로 원가모형이나 재평가모형을 선택할 수 있다.
④ 최초에 비용으로 인식한 무형항목에 대한 지출은 그 이후에 무형자산의 취득원가로 인식할 수 없다.
⑤ 내용연수가 유한한 무형자산은 상각하고, 내용연수가 비한정인 무형자산은 상각하지 아니한다.

해설 무형자산은 물리적 실체는 없지만 식별가능한 비화폐성자산이다.

02 **연구개발활동 중 개발활동에 해당하는 것은?** 제24회 기출

① 새로운 지식을 얻고자 하는 활동
② 생산이나 사용 전의 시제품과 모형을 설계, 제작, 시험하는 활동
③ 연구결과나 기타 지식을 탐색, 평가, 최종 선택, 응용하는 활동
④ 재료, 장치, 제품, 공정, 시스템이나 용역에 대한 여러 가지 대체안을 탐색하는 활동
⑤ 새롭거나 개선된 재료, 장치, 제품, 공정, 시스템이나 용역에 대한 여러 가지 대체안을 제안, 설계, 평가, 최종 선택하는 활동

해설 생산이나 사용 전의 시제품과 모형을 설계, 제작, 시험하는 활동은 개발활동에 해당한다.
①③④⑤ 연구활동에 해당한다.

01 ① 02 ② 정답

03 무형자산에 관한 다음 설명 중 옳은 것은?

① 무형자산의 상각은 사용가능한 때부터 시작하고, 매각예정으로 분류되는 날과 재무상태표에서 제거되는 날 중 이른 날에 중지한다.

② 미래경제적 효익 창출에 대해 식별가능하고 해당 원가를 신뢰성 있게 결정할 수 있는 경우에는 내부적으로 창출한 영업권이라도 무형자산으로 인식할 수 있다.

③ 내용연수가 유한한 무형자산의 잔존가치는 내용연수 종료 시점에 제3자가 자산을 구입하기로 한 약정이 있다고 하더라도 영(0)으로 본다.

④ 내용연수가 비한정인 무형자산을 유한 내용연수로 재평가하는 경우에는 자산손상의 징후에 해당되지 않으므로 손상차손을 인식하지 않는다.

⑤ 무형자산의 상각이 다른 자산의 제조와 관련이 있더라도 손익계산서의 비용으로 처리한다.

해설 ② 미래경제적 효익 창출에 대해 식별가능하고 해당 원가를 신뢰성 있게 결정할 수 있는 경우라도 내부적으로 창출한 영업권은 무형자산으로 인식할 수 없다.
③ 내용연수가 유한한 무형자산의 잔존가치는 내용연수 종료 시점에 제3자가 자산을 구입하기로 한 약정이 있다면 인정한다.
④ 내용연수가 비한정인 무형자산을 유한 내용연수로 재평가하는 경우에도 자산손상의 징후에 해당하고 손상차손을 인식한다.
⑤ 무형자산의 상각이 다른 자산의 제조와 관련된 경우에는 관련 자산의 제조원가로 인식하고, 그 밖의 경우에는 손익계산서의 기간비용으로 계상한다.

04 무형자산의 설명으로 옳은 것은?

제13회 기출

① 내부적으로 창출된 영업권은 자산으로 인식할 수 있다.

② 무형자산은 당해 자산의 법률적 취득시점부터 합리적 기간 동안 상각한다.

③ 물리적 형체가 없다는 점에서 유형자산과 다르며, 손상차손의 대상은 아니다.

④ 무형자산은 정액법 또는 생산량비례법으로만 상각해야 한다.

⑤ 최초에 비용으로 인식한 무형항목에 대한 지출은 그 이후에 무형자산의 원가로 인식할 수 없다.

해설 ① 내부적으로 창출된 영업권은 자산으로 인식할 수 없다.
② 무형자산은 당해 자산의 사용가능한 시점부터 합리적 기간 동안 상각한다.
③ 물리적 형체가 없다는 점에서 유형자산과 다르지만, 손상차손의 대상이다.
④ 무형자산은 합리적인 방법으로 상각하고 합리적인 방법을 선택할 수 없을 때는 정액법에 의한다.

05 **무형자산에 관한 설명으로 옳지 않은 것은?** 제16회 기출

① 내용연수가 비한정인 무형자산은 상각하지 아니한다.
② 무형자산은 미래에 경제적 효익이 기업에 유입될 가능성이 높고 원가를 신뢰성 있게 측정 가능할 때 인식한다.
③ 무형자산의 손상차손은 장부금액이 회수가능액을 초과하는 경우 인식하며, 회수가능액은 순공정가치와 사용가치 중 큰 금액으로 한다.
④ 내부적으로 창출된 영업권은 무형자산으로 인식하지 아니한다.
⑤ 무형자산의 내용연수는 경제적 내용연수와 법적 내용연수 중 긴 기간으로 한다.

해설 무형자산의 내용연수는 경제적 내용연수와 법적 내용연수 중 짧은 기간으로 한다.

06 **무형자산 회계처리에 관한 설명으로 옳지 않은 것은?** 제19회 기출

① 내용연수가 비한정인 무형자산은 상각하지 아니한다.
② 제조과정에서 사용된 무형자산의 상각액은 재고자산의 장부금액에 포함된다.
③ 내용연수가 유한한 경우 상각은 자산을 사용할 수 있는 때부터 시작한다.
④ 내용연수가 유한한 무형자산의 상각기간과 상각방법은 적어도 매 회계연도 말에 검토한다.
⑤ 내용연수가 비한정인 무형자산의 내용연수를 유한 내용연수로 변경하는 것은 회계정책의 변경에 해당한다.

해설 내용연수가 비한정인 무형자산의 내용연수를 유한 내용연수로 변경하는 것은 회계추정의 변경에 해당한다.

03 ① 04 ⑤ 05 ⑤ 06 ⑤ 정답

07 무형자산의 회계처리로 옳은 것은?

제17회 기출

① 무형자산에 대한 손상차손은 인식하지 않는다.

② 내용연수가 한정인 무형자산은 상각하지 않는다.

③ 내용연수가 비한정인 무형자산은 정액법에 따라 상각한다.

④ 무형자산은 유형자산과 달리 재평가모형을 선택할 수 없으며 원가모형을 적용한다.

⑤ 무형자산의 잔존가치는 영(0)이 아닌 경우가 있다.

해설 ① 무형자산에 대한 손상차손은 인식한다.
② 내용연수가 한정(유한)인 무형자산은 상각한다.
③ 내용연수가 비한정인 무형자산은 상각하지 않는다.
④ 무형자산은 유형자산과 동일하게 재평가모형과 원가모형을 선택할 수 있다.

08 투자부동산의 분류에 관한 설명으로 옳지 않은 것은?

① 원칙적으로 공정가치모형과 원가모형 중 하나를 선택할 수 있으므로 투자부동산인 토지는 공정가치모형을 적용하면 투자부동산인 건물도 공정가치모형을 적용한다.

② 장래에 자가로 사용할지 또는 통상적인 영업과정에서 단기간에 판매할지를 결정하지 못한 토지는 자가사용부동산이며 투자부동산으로 분류하지 않는다.

③ 자가사용부동산을 공정가치로 평가하는 투자부동산으로 대체하는 경우, 대체하는 시점까지 그 부동산을 감가상각하고, 발생한 손상차손을 인식한다.

④ 자가사용부동산이나 종업원이 사용하고 있는 부동산은 종업원이 시장요율로 임차료를 지급하고 있는지와는 관계없이 투자부동산이 아니다.

⑤ 투자부동산을 개발하지 않고 처분하기로 결정하는 경우에는 그 부동산이 제거될 때까지 투자부동산으로 계속 분류한다.

해설 장래에 자가로 사용할지 또는 통상적인 영업과정에서 단기간에 판매할지를 결정하지 못한 토지는 자가사용부동산이 아니며 투자부동산으로 분류한다.

09 투자부동산에 관한 설명으로 옳지 않은 것은?

제19회 기출

① 투자부동산은 임대수익이나 시세차익을 얻기 위하여 보유하는 부동산을 말한다.
② 본사 사옥으로 사용하고 있는 건물은 투자부동산이 아니다.
③ 최초인식 후 예외적인 경우를 제외하고 원가모형과 공정가치모형 중 하나를 선택하여 모든 투자부동산에 적용한다.
④ 원가모형을 적용하는 투자부동산은 손상회계를 적용한다.
⑤ 투자부동산에 대해 공정가치모형을 적용할 경우 공정가치 변동으로 발생하는 손익은 발생한 기간의 기타포괄손익에 반영한다.

해설 투자부동산에 대해 공정가치모형을 적용할 경우 공정가치 변동으로 발생하는 손익은 발생한 기간의 당기손익에 반영한다.

10 한국채택국제회계기준서의 '투자부동산'에 관한 설명으로 옳지 않은 것은?

① 투자부동산의 원가는 구입금액과 법률용역의 대가로 전문가에게 지급하는 수수료, 부동산 구입과 관련된 세금 및 그 밖의 거래원가 등을 포함한다.
② 투자부동산은 임대수익이나 시세차익 또는 두 가지 모두를 얻기 위하여 소유자가 보유하고 있는 부동산을 말한다.
③ 미래에 투자부동산으로 사용하기 위하여 현재 건설 또는 개발 중인 부동산은 투자부동산으로 분류한다.
④ 투자부동산은 공정가치모형과 원가모형 중 하나를 선택하여 모든 투자부동산에 적용하고, 감가상각 후 잔액을 장부금액으로 한다.
⑤ 금융리스로 제공한 부동산은 투자부동산이 아니다.

해설 투자부동산의 공정가치모형은 감가상각을 하지 않고 원가모형의 경우에만 감가상각을 한다.

07 ⑤ 08 ② 09 ⑤ 10 ④ 정답

11 (주)한국은 20×1년 7월 1일 특허권을 ₩960,000(내용연수 4년, 잔존가치 ₩0)에 취득하여 사용하고 있다. 특허권의 경제적 효익이 소비될 것으로 예상되는 형태를 신뢰성 있게 결정할 수 없을 경우, 20×1년도에 특허권에 대한 상각비로 인식할 금액은? (단, 특허권은 월할 상각한다) 제23회 기출

① ₩0
② ₩120,000
③ ₩125,000
④ ₩240,000
⑤ ₩250,000

해설
• 소비행태를 신뢰성 있게 결정할 수 없다면 정액법을 사용한다.
• 20×1년 말 특허권상각: 960,000 ÷ 4년 × 6/12 = ₩120,000

12 (주)대한의 당기 신기술 개발프로젝트와 관련하여 발생한 지출은 다음과 같다.

구분	연구단계	개발단계	기타
원재료사용액	₩100	₩200	
연구원급여	200	400	
자문료			₩300

연구단계와 개발단계로 구분이 곤란한 항목은 기타로 구분하였으며, 개발단계에서 발생한 지출은 무형자산의 인식조건을 충족한다. 동 지출과 관련하여 당기에 비용으로 인식할 금액과 무형자산으로 인식할 금액은? (단, 무형자산의 상각은 고려하지 않는다) 제18회 기출

	비용	무형자산
①	₩300	₩600
②	₩400	₩800
③	₩450	₩750
④	₩600	₩600
⑤	₩1,200	₩0

해설
• 비용(600): 연구단계에서 발생한 원가와 기타로 구분된 원가는 비용이다.
• 자산(600): 개발단계에서 발생한 원가는 무형자산이다.

13 (주)한국은 20×1년 초에 (주)대한을 인수하였다. 대한의 순자산의 장부금액은 ₩2,800,000이며, 순자산의 공정가치는 ₩3,000,000이다. (주)한국이 (주)대한을 인수 시 합병대가로 ₩2,800,000을 지급하였다면 회계처리로 옳은 것은?

① 영업권 ₩200,000
② 염가매수차익 ₩200,000
③ 영업권 ₩800,000
④ 염가매수차익 ₩800,000
⑤ 정답 없음

해설 염가매수차익: 순자산의 공정가치(3,000,000) − 합병대가(2,800,000) = ₩200,000

14 (주)한국은 현금 ₩100,000을 이전대가로 지급하고 (주)대한을 합병하였다. 합병일 현재 (주)대한의 식별가능한 자산과 부채의 공정가치가 다음과 같을 때, (주)한국이 인식할 영업권은?

제20회 기출

• 매출채권	₩50,000	• 비유동부채	₩90,000
• 차량운반구	40,000	• 매입채무	30,000
• 토지	100,000		

① ₩30,000
② ₩50,000
③ ₩70,000
④ ₩90,000
⑤ ₩100,000

해설
• 순자산의 공정가치: 자산(190,000) − 부채(120,000) = ₩70,000
• 영업권: 순자산의 공정가치(70,000) − 이전대가(100,000) = ₩30,000

정답 11 ② 12 ④ 13 ② 14 ①

15 (주)대한은 20×1년 1월 20일 다음과 같은 재무상태를 가진 (주)민국을 인수하고, 인수대가로 현금 ₩5,000,000을 지급하였다. (주)대한이 계상할 영업권은 얼마인가?

재무상태표

재고자산	₩700,000	매입채무	₩1,700,000
매출채권	900,000	단기차입금	600,000
건물	1,000,000	자본금	2,000,000
토지	2,000,000	자본잉여금	1,000,000
특허권	700,000		
	₩5,300,000		₩5,300,000

공정가치의 평가

재고자산	₩900,000	특허권	₩1,000,000
매출채권	동일	매입채무	1,800,000
건물	1,500,000	단기차입금	동일
토지	2,500,000		

① ₩1,000,000
② ₩5,000,000
③ ₩600,000
④ ₩6,000,000
⑤ ₩2,000,000

해설 영업권: 순자산의 공정가치(4,400,000) − 합병대가(5,000,000) = ₩600,000

16 (주)한국은 20×1년 초 시세차익 목적으로 건물(취득원가 ₩80,000, 내용연수 4년, 잔존가치 없음)을 취득하고 투자부동산으로 분류하였다. (주)한국은 건물에 대하여 공정가치모형을 적용하고 있으며, 20×1년 말과 20×2년 말 동 건물의 공정가치는 각각 ₩60,000과 ₩80,000으로 평가되었다. 동 건물에 대한 회계처리가 20×2년도 당기순이익에 미치는 영향은? [단, (주)한국은 통상적으로 건물을 정액법으로 감가상각한다] 제22회 기출

① ₩20,000 증가
② ₩20,000 감소
③ 영향 없음
④ ₩40,000 증가
⑤ ₩40,000 감소

해설
- 투자부동산에 공정가치모형을 적용하면 감가상각은 하지 않는다.
- 투자부동산은 공정가치의 변동을 당기손익으로 처리한다.
- 투자부동산평가이익: 80,000 − 60,000 = ₩20,000 증가

17 (주)한국은 20×1년 초 건물(내용연수 10년, 잔존가치 ₩0, 정액법으로 감가상각)을 ₩200,000에 구입하여 투자부동산으로 분류(공정가치모형 선택)하였다. 20×3년 초 이 건물을 외부에 ₩195,000에 처분하였을 때 인식할 손익은? 제20회 기출

구분	20×1년 말	20×2년 말
건물의 공정가치	₩210,000	₩170,000

① 손실 ₩15,000
② 손실 ₩5,000
③ ₩0
④ 이익 ₩25,000
⑤ 이익 ₩35,000

해설
- 투자부동산을 공정가치모형으로 평가하는 경우 감가상각은 하지 않는다. 투자부동산은 공정가치를 장부금액으로 측정한다.
- 20×3년 초 처분손익: 처분금액(195,000) − 장부금액(170,000) = ₩25,000(이익)

18 (주)한국은 20×1년 초 임대목적으로 건물(취득원가 ₩1,000,000, 내용연수 10년, 잔존가치 ₩100,000, 정액법 상각)을 취득하여 공정가치모형을 적용하였다. 20×1년 12월 31일 건물의 공정가치가 ₩1,000,000일 경우 당기순이익에 미치는 영향은? 제21회 기출

① ₩0
② ₩90,000 증가
③ ₩90,000 감소
④ ₩100,000 증가
⑤ ₩100,000 감소

해설
- 임대목적 또는 시세차익으로 구입한 건물은 투자부동산이다. 공정가치모형을 적용하면 감가상각은 하지 않는다.
- 취득원가가 ₩1,000,000이고 20×1년 말 건물의 공정가치가 ₩1,000,000일 경우 당기순이익에 미치는 영향은 없다.

15 ③ 16 ① 17 ④ 18 ① 정답

19 (주)한국은 20×1년 초 건물을 ₩50,000에 취득하고 투자부동산(공정가치모형 선택)으로 분류하였다. 동 건물의 20×1년 말 공정가치는 ₩38,000, 20×2년 말 공정가치는 ₩42,000일 때, 20×2년도 당기순이익에 미치는 영향은? (단, (주)한국은 건물을 내용연수 10년, 잔존가치 ₩0, 정액법 상각한다.) 제27회 기출

① ₩2,000 증가
② ₩3,000 증가
③ ₩4,000 증가
④ ₩5,500 증가
⑤ ₩9,500 증가

해설
- 투자부동산을 공정가치모형을 선택하여 측정하는 경우 감가상각은 하지 않는다.
- 20×2년 당기순이익에 미치는 영향: 42,000 − 38,000 = ₩4,000

20 (주)한국은 20×1년 초 건물을 ₩300,000에 취득하고 투자부동산(공정가치모형 선택)으로 분류하였다. 동 건물의 20×1년 말 공정가치는 ₩320,000이며, (주)한국이 20×2년 초에 동 건물을 ₩325,000에 처분하였다면, 20×1년 당기순이익에 미치는 영향은? [단, (주)한국은 유형자산으로 분류하는 건물을 내용연수 10년, 잔존가치 ₩0, 정액법 상각한다] 제25회 기출

① ₩30,000 감소
② ₩10,000 감소
③ ₩5,000 증가
④ ₩20,000 증가
⑤ ₩25,000 증가

해설
- 투자부동산을 공정가치로 측정하는 경우 감가상각은 하지 않는다.
- 20×1년 순이익의 영향: 320,000 − 300,000 = ₩20,000 증가
- 20×2년 순이익의 영향: 325,000 − 320,000 = ₩5,000(처분이익)

19 ③ 20 ④ 정답

CHAPTER

10 부채

회독체크 1 2 3

CHAPTER 미리보기

학습전략

본 단원은 부채에 관한 내용으로 시험에서 2~3문항이 출제되고 있습니다. 부채의 개념 및 금융부채, 충당부채, 사채 등을 학습하여야 하는데, 이 중 사채는 항상 출제되고 있습니다. 수험생들이 어려워하는 단원이므로 반복학습이 필요합니다. 특히, 사채는 계산문제와 이론문제가 각각 한 문제씩 출제될 수 있습니다. 또한 금융부채와 충당부채도 매회 출제되는 부분으로 꼭 숙지하고 있어야 합니다.

학습키워드

- 충당부채와 우발부채
- 충당부채의 특징
- 사채발행, 사채이자지급, 사채상환

제1절 부채의 기초개념

1. 부채의 정의

부채(負債, Liabilities)는 과거의 거래나 사건의 결과로, 특정 실체가 미래에 다른 실체에게 자산을 이전하거나 재고자산용역을 제공해야 하는 현재의 의무로서 '경제적 효익의 미래 희생'이라고 정의할 수 있다. 이때 부채로 인식하기 위한 기본요건은 다음과 같다.

> 부채가 존재하기 위해서는 다음의 세 가지 조건을 모두 충족하여야 한다.
> • 기업에게 의무가 있다.
> • 의무는 경제적 자원을 이전하는 것이다.
> • 의무는 과거사건의 결과로 존재하는 현재의무이다.

(1) 과거사건의 결과로 기업이 경제적 자원을 이전해야 하는 현재의무이다.

① **법률상의 의무**: 법률에 의하여 강제할 수 있는 의무

② **의제의무**: 의무가 이행될 것이라는 사회 통념상의 의무

(2) 현재의무를 이행하기 위하여 경제적 효익(자원)의 유출 가능성이 높아야 한다.

현재의무의 존재 여부가 불분명한 경우에는 이용할 수 있는 모든 증거를 고려하여 보고기간 말에 현재의무가 존재할 가능성이 존재하지 아니할 가능성보다 높다면 과거사건이 현재의무를 발생시킨 것으로 간주한다.

(3) 그 금액을 신뢰성 있게 측정할 수 있어야 한다.

① **일정한 금액으로 추정이 가능한 경우**: 그 금액으로 측정한다.

② **일정한 범위 내에서 추정이 가능한 경우**: 범위 내에서 적정하게 측정한다.

2. 부채의 분류

부채는 상환기간에 따라 유동부채와 비유동부채, 금액의 확실성 정도에 따라 확정부채와 충당부채, 성격에 따라 금융부채와 비금융부채로 분류할 수 있다.

(1) 유동부채와 비유동부채

① **유동부채**: 다음의 경우에는 유동부채로 분류한다.

㉠ 정상영업주기 내에 결제될 것으로 예상하고 있다.

㉡ 주로 단기매매 목적으로 보유하고 있다.

㉢ 보고기간 후 12개월 이내에 결제하기로 되어 있다.

㉣ 보고기간 후 12개월 이상 부채의 결제를 연기할 수 있는 무조건의 권리를 가지고 있지 않다.

② **비유동부채**: 유동부채를 제외한 그 밖의 모든 부채는 비유동부채로 분류한다.

참고	유동부채의 판단

- 매입채무 그리고 종업원 및 그 밖의 영업원가에 대한 미지급비용 등은 보고기간 후 12개월 후에 결제일이 도래하여도 유동부채로 분류한다.
- 원래의 결제기간이 12개월을 초과하는 경우라도 보고기간 후 12개월 이내에 결제일이 도래하면 유동부채로 분류한다.
- 보고기간말 이전에 장기차입약정을 위반했을 때 대여자가 즉시 상환을 요구할 수 있는 채무는 보고기간 후 재무제표 발행승인일 전에 채권자가 약정위반을 이유로 상환을 요구하지 않기로 합의하더라도 유동부채로 분류한다. 그 이유는 기업이 보고기간말 현재 그 시점으로부터 적어도 12개월 이상 결제를 연기할 수 있는 무조건적 권리를 가지고 있지 않기 때문이다.

(2) 확정부채와 추정부채

① **확정부채**: 보고기간말 현재 부채의 존재가 확실하며 채권자와 지급할 금액이나 지출시기가 확정되어 있는 대부분의 부채를 말한다.

② **추정부채**(미확정부채): 보고기간말 현재 부채의 존재가 불확실하거나 지출시기 또는 금액이 불확실한 부채를 말하며, 충당부채(부채로 인식)와 우발부채로 구분된다.

참고	확정부채와 추정부채의 예

- **확정부채**: 매입채무, 미지급금, 차입금, 사채 등
- **추정부채**
  - **충당부채**: 제품보증충당부채, 경품충당부채 등
  - **우발부채**: 채무보증, 소송 등

(3) 화폐성부채와 비화폐성부채

① **화폐성부채**: 화폐가치의 변동과는 관계없이 현금 또는 확정되었거나 확정 가능한 화폐금액으로 지급할 부채를 말하며 대부분의 부채가 여기에 해당된다.

② **비화폐성부채**: 화폐성부채 이외의 모든 부채를 말하며 일부의 선수금이 여기에 해당된다.

3. 금융부채의 정의

금융부채는 거래상대방에게 금융자산을 인도하기로 한 계약상의 의무(특별한 경우 자기지분상품을 인도하기로 한 계약상의 의무를 포함)이다. 금융부채의 구체적인 내용은 다음과 같다.

(1) 금융자산을 인도하기로 한 계약상의 의무

① 거래상대방에게 현금 등 금융자산을 인도하기로 한 계약상 의무

② 잠재적으로 불리한 조건으로 거래상대방과 금융자산이나 금융부채를 교환하기로 한 계약상 의무

(2) 자기지분상품을 인도함으로써 결제되거나 결제될 수 있는 계약

① 인도할 자기지분상품의 수량이 변동 가능한 비파생금융상품

② 확정 수량의 자기지분상품에 대하여 확정금액의 현금 등 금융자산을 교환하여 결제하는 방법이 아닌 방법으로 결제되거나 결제될 수 있는 파생상품

- 지분상품은 자산에서 모든 부채를 차감한 후의 잔여지분을 나타내는 모든 계약(주식의 발행 등)이다. 자기지분상품으로 결제되는 의무는 일반적으로 자본(지분상품)으로 분류되고 특별한 경우에는 금융부채로 분류된다.
- 자기지분상품으로 결제되는 비파생상품
  - 인도하는 자기지분상품의 수량이 확정되어 있는 경우 ⇨ 지분상품(자본)
  - 인도하는 자기지분상품의 수량이 변동가능한 경우 ⇨ 금융부채
- 자기지분상품으로 결제되는 파생상품
  - 인도하는 자기지분상품의 수량과 금액이 모두 확정되어 있는 경우 ⇨ 지분상품
  - 인도하는 자기지분상품의 수량 또는 금액 또는 그 모두가 확정되어 있지 않은 경우 ⇨ 금융부채

참고 금융부채가 아닌 것

- 비금융상품으로 결제되는 계약상의 의무 ⇨ 선수금, 선수수익 등
- 의제의무 ⇨ 충당부채
- 계약이 아닌 법률에 의한 채무 ⇨ 미지급법인세, 이연법인세부채 등

4. 금융부채의 분류 및 측정

모든 금융부채는 당기손익－공정가치 측정 금융부채와 기타 특별한 기준을 적용하는 경우를 제외하고는 모두 상각 후 원가로 측정되도록 분류한다.

금융부채는 최초인식 시 공정가치로 측정한다. 최초인식 후 당기손익－공정가치 측정 금융부채는 공정가치 변동분을 당기손익에 반영한다. 당기손익－공정가치 측정 금융부채가 아닌 기타금융부채는 유효이자율법을 적용하여 상각 후 원가로 측정한다. 당해 금융부채의 발행과 직접 관련되는 거래원가는 공정가치에 차감하여 측정하고, 당기손익－공정가치 측정 금융부채의 발행을 위한 거래원가는 당기비용으로 처리한다. 또한 금융부채는 재분류하지 않는다.

구분	최초측정
당기손익 인식	공정가치(거래원가는 당기비용으로 처리)
당기손익 미인식	공정가치 － 거래원가

(1) 상각 후 원가 측정 금융부채: 사채 등

(2) 당기손익 - 공정가치 측정 금융부채

단기매매 목적으로 취득한 금융부채와 당기손익-공정가치 측정 항목으로 선택하여 지정한 금융부채

참고 **당기손익-공정가치 측정 항목 지정 선택권은 다음 중 하나 이상을 충족해야 한다.**

- 회계불일치를 제거하거나 유의적으로 줄이는 경우
- 공정가치 관리조건을 충족하는 경우(문서화된 위험관리전략이나 투자전략에 따라 금융상품 집합을 공정가치 기준으로 관리하고 그 성과를 평가하며, 그 정보를 공정가치 기준에 근거하여 주요 경영진에게 내부적으로 제공한다)

(3) 기타 특별한 기준을 적용하는 경우: 금융보증계약 등

5. 금융부채의 재분류

금융부채는 최초인식 후 다른 금융부채로 재분류하지 않는다.

개념적용 문제

01 부채의 특징 및 인식조건에 관한 설명으로 적절하지 않은 것은?

① 보고기간 후 12개월 이상 부채의 결제를 연기할 수 있는 무조건의 권리를 가지고 있지 않다.

② 현재의무에는 법적으로 강제할 수 없어도 기업이 당해 의무를 이행할 것이라는 정당한 기대를 상대방이 가지게 되는 의제의무도 포함된다.

③ 부채의 청구권자는 당해 기업 이외의 제3자이어야 하며, 종업원은 청구권자가 될 수 있으나 주주는 포함되지 않는다.

④ 매입채무 그리고 종업원 및 그 밖의 영업원가에 대한 미지급비용 등은 보고기간 후 12개월 후에 결제일이 도래하여도 유동부채로 분류한다.

⑤ 이행되어야 할 의무, 즉 채무액이 현재의 시점에서 반드시 확정되어 있어야 할 필요는 없다.

해설 부채의 청구권자는 당해 기업 이외의 제3자이어야 하며, 종업원은 청구권자가 될 수 있고, 주주도 청구권자가 될 수 있다.

정답 ③

02 재무보고를 위한 개념체계 중 부채에 대한 설명으로 옳지 않은 것은?

2019년 관세직 공무원 수정

① 과거사건으로 생긴 현재의무를 수반하더라도 금액을 추정해야 한다면 부채가 아니다.
② 부채의 특성상 의무는 정상적인 거래실무, 관행 또는 원활한 거래관계를 유지하거나 공평한 거래를 하려는 의도에서 발생할 수도 있다.
③ 부채에 있어 의무는 일반적으로 특정 자산이 인도되는 때 또는 기업이 자산획득을 위한 취소불능약정을 체결하는 때 발생한다.
④ 부채의 특성상 의무는 구속력 있는 계약이나 법규에 따라 법률적 강제력이 있을 수 있다.
⑤ 부채의 현재의무는 기업의 미래행위와는 독립적으로 발생하여야 한다.

해설 과거사건으로 생긴 현재의무를 수반하더라도 금액을 추정해야 하는 추정부채도 있다.

정답 ①

03 다음 중 금융부채에 속하는 것을 모두 고른 것은? 제19회 기출

㉠ 매입채무	㉡ 선수금
㉢ 사채	㉣ 소득세예수금
㉤ 미지급법인세	

① ㉠, ㉡
② ㉠, ㉢
③ ㉠, ㉣, ㉤
④ ㉡, ㉢, ㉣
⑤ ㉡, ㉢, ㉤

해설 선수금, 소득세예수금, 미지급법인세는 비금융부채에 속한다.

정답 ②

제2절 충당부채와 우발부채

충당부채는 과거사건이나 거래의 결과에 의한 현재의무로서, 지출의 시기 또는 금액이 불확실하지만 그 의무를 이행하기 위하여 자원이 유출될 가능성이 높고, 또한 당해 금액을 신뢰성 있게 추정할 수 있는 의무를 말한다.

우발부채는 과거사건은 발생하였으나 기업이 전적으로 통제할 수 없는 하나 또는 그 이상의 불확실한 미래사건의 발생 여부에 의해서만 그 존재 여부가 확인되는 잠재적 의무이거나, 그 의무를 이행하기 위하여 자원이 유출될 가능성이 높지 않거나, 의무를 이행하기 위한 금액을 신뢰성 있게 추정할 수 없는 경우이며, 이를 우발부채로 분류하여 주석으로 표시한다.

참고 충당부채 또는 우발부채를 발생시킬 수 있는 거래의 종류

- 판매 후 품질 등을 보증하는 경우의 관련 부채
- 판매촉진을 위하여 시행하는 경품, 포인트 적립, 마일리지 제도의 시행 등과 관련된 부채
- 손실부담계약
- 타인의 채무 등에 대한 보증
- 계류 중인 소송사건
- 구조조정계획과 관련된 부채
- 복구충당부채 등의 환경 관련 부채 등

1. 충당부채의 인식요건

① 과거사건이나 거래의 결과로 현재의무가 존재한다.

㉠ **법률상의 의무**: 법률에 의하여 강제할 수 있는 의무

㉡ **의제의무**: 의무가 이행될 것이라는 사회 통념상의 의무

② 현재의무를 이행하기 위하여 경제적 효익(자원)이 유출될 가능성이 높아야 한다.

㉠ 현재의무이며, 그 의무를 이행하기 위하여 자원이 유출될 가능성이 높아야 한다. ⇨ 발생할 가능성이 50%를 초과하는 경우

㉡ 제품의 판매보증 등과 같이 다수의 유사한 의무가 있는 경우, 그 의무의 이행에 필요한 자원의 유출 가능성을 판단할 때에는 그 유사한 의무 전체에 대하여 판단하여야 한다.

③ 그 의무를 이행하는 데 소요되는 금액을 신뢰성 있게 측정할 수 있어야 한다.

㉠ 재무제표를 작성할 때에는 추정치를 사용하게 되는데 그러한 추정치의 사용이 재무제표의 신뢰성을 훼손하는 것은 아니다. 대부분의 경우에는 현재의무를 이행하기 위하여 필요한 금액을 신뢰성 있게 추정할 수 있으므로 충당부채로 인식한다.

㉡ 신뢰성 있는 금액의 추정이 불가능한 경우에는 부채로 인식하지 아니하고 우발부채로서 주석으로 기재한다.

㉢ 충당부채의 명목가액과 현재가치의 차이가 중요한 경우에는 의무를 이행하기 위하여 지출될 것으로 예상되는 지출액의 현재가치로 평가한다.

④ 현재의무의 존재 여부가 불분명한 경우에는 이용할 수 있는 모든 증거를 고려하여 보고기간 말에 현재의무가 존재할 가능성이 존재하지 아니할 가능성보다 높은 경우 과거사건이 현재의무를 발생시킨 것으로 간주한다.

2. 충당부채의 측정

① 충당부채로 인식하는 금액은 현재의무를 보고기간 말에 이행하기 위하여 소요되는 지출에 대한 최선의 추정치이어야 한다.

② 화폐의 시간가치 효과가 중요한 경우, 충당부채는 의무를 이행하기 위하여 예상되는 지출액의 현재가치로 평가한다.

③ 할인율은 부채의 고유한 위험과 화폐의 시간가치에 대한 현행 시장의 평가를 반영한 세전 이율이다. 이 할인율에 반영되는 위험에는 미래현금흐름을 추정할 때 고려된 위험은 반영하지 아니한다.

④ 현재의무를 이행하기 위하여 소요되는 지출 금액에 영향을 미치는 미래사건이 발생할 것이라는 충분하고 객관적인 증거가 있는 경우에는 그러한 미래사건을 감안하여 충당부채 금액을 추정한다.

⑤ 자산의 예상처분이익은 자산의 처분이 충당부채를 발생시킨 사건과 밀접하게 관련되었더라도 당해 자산의 예상처분이익은 충당부채를 측정하는 데 고려하지 아니한다.

⑥ 의무이행을 위하여 경제적 효익을 갖는 자원이 유출될 가능성이 더 이상 높지 아니한 경우에는 관련 충당부채를 환입한다.

⑦ 충당부채는 최초인식과 관련 있는 지출에만 사용하고 미래의 예상 영업 손실은 충당부채로 인식하지 아니한다.

3. 충당부채와 우발부채의 판단기준

① 충당부채는 현재의무이며, 이를 이행하기 위하여 자원이 유출될 가능성이 높고 그 금액을 신뢰성 있게 추정할 수 있으므로 부채로 인식한다.

② 우발부채는 다음과 같은 이유로 부채로 인식할 수 없다.

㉠ 자원의 유출을 초래할 현재의무가 있는지의 여부가 확인되지 않는다.

㉡ 현재의무가 존재하지만 그 의무를 이행하는 데 자원의 유출 가능성이 높지 않거나, 그 가능성은 높지만 그 금액을 신뢰성 있게 추정할 수 없어 부채의 인식기준을 충족시키지 못한다.

③ 우발부채는 처음에 예상하지 못한 상황에 따라 변할 수 있으므로, 경제적 효익이 있는 자원의 유출 가능성이 높아졌는지를 판단하기 위하여 우발부채를 지속적으로 평가한다.
④ 과거에 우발부채로 처리하였더라도 미래경제적 효익의 유출 가능성이 높아진 경우에는 그러한 가능성의 변화가 생긴 기간의 재무제표에 충당부채로 인식한다.
⑤ 충당부채와 관련하여 포괄손익계산서에 인식된 비용은 제3자의 변제와 관련하여 인식한 금액과 상계하여 표시할 수 있다.
⑥ 기업의 미래 행위(미래 사업행위)와 관계없이 존재하는 과거사건에서 생긴 의무만을 충당부채로 인식한다.

▶▶ 충당부채와 우발부채의 차이

금액추정 가능성 / 자원유출 가능성	신뢰성 있게 추정 가능	신뢰성 있게 추정 불가능
가능성이 높음(확률 50% 초과)	충당부채로 인식	우발부채로 주석공시
가능성이 어느 정도 있음	우발부채로 주석공시	
가능성이 거의 없음	공시하지 않음	공시하지 않음

개념적용 문제

04 **과거사건의 결과로 현재의무가 존재하는 부채로서 충당부채의 인식 요건에 해당하는 것은?**

제21회 기출

금액추정 가능성 / 경제적 효익이 있는 자원유출 가능성	신뢰성 있게 추정 가능	신뢰성 있게 추정 불가능
가능성이 높음	㉠	㉡
가능성이 어느 정도 있음	㉢	㉣
가능성이 희박함	㉤	

① ㉠
② ㉡
③ ㉢
④ ㉣
⑤ ㉤

해설 자원유출 가능성이 높고 금액을 신뢰성 있게 추정 가능하면 충당부채로 인식한다.

정답 ①

05 다음 중 충당부채를 인식하기 위해 충족해야 하는 요건을 모두 고른 것은?

제24회 기출

㉠ 과거사건의 결과로 현재 법적의무나 의제의무가 존재한다.
㉡ 해당 의무를 이행하기 위하여 경제적 효익이 있는 자원을 유출할 가능성이 높다.
㉢ 미래에 전혀 실현되지 않을 수도 있는 수익을 인식하는 결과를 가져온다.
㉣ 해당 의무를 이행하기 위하여 필요한 금액을 신뢰성 있게 추정할 수 있다.

① ㉠, ㉡
② ㉠, ㉢
③ ㉡, ㉣
④ ㉠, ㉡, ㉣
⑤ ㉡, ㉢, ㉣

해설 ㉢ 미래에 실현되지 않을 수도(또는 실현될 수도) 있는 수익은 우발자산으로 자산으로 인식할 수 없다.

충당부채는 아래 3가지 요건을 모두 충족해야 한다.
- 과거사건의 결과로 현재의 의무(법적의무 또는 의제의무)가 존재한다.
- 해당 의무를 이행하기 위하여 경제적 효익이 있는 자원이 유출될 가능성이 높다.
- 해당 의무를 이행에 소요되는 금액을 신뢰성 있게 추정할 수 있다.

정답 ④

4. 우발자산(偶發資産)

(1) 의의

우발자산은 과거사건이나 거래의 결과로 발생할 가능성이 있으며, 기업이 전적으로 통제할 수 없는 하나 또는 그 이상의 불확실한 미래사건의 발생 여부에 의해서만 그 존재 여부가 확인되는 잠재적 자산을 말한다.

(2) 우발자산의 인식

우발자산은 자산으로 인식하지 아니하고 자원의 유입가능성이 매우 높은 경우에만 주석으로 기재한다. 상황 변화로 인하여 자원이 유입될 것이 거의 확실한(확정되면) 경우 상황 변화가 발생한 기간에 관련 자산과 이익을 인식한다.

▶▶ 우발자산의 인식 및 공시 여부

금액추정 가능성 / 자원유입 가능성	신뢰성 있게 추정 가능	신뢰성 있게 추정 불가능
가능성이 매우 높음	우발자산으로 주석공시	공시하지 않음
가능성이 매우 높지 않음	공시하지 않음	

개념적용 문제

06 충당부채 및 우발부채에 관한 설명으로 옳은 것은? 제17회 기출

① 충당부채와 우발부채는 재무제표 본문에 표시되지 않고 주석으로 표시된다.
② 자원의 유출 가능성이 높고, 금액의 신뢰성 있는 추정이 가능한 경우 충당부채로 인식한다.
③ 자원의 유출 가능성이 높지 않더라도, 금액의 신뢰성 있는 추정이 가능한 경우 충당부채로 인식한다.
④ 금액의 신뢰성 있는 추정이 가능하지 않더라도, 자원의 유출 가능성이 높은 경우 충당부채로 인식한다.
⑤ 금액의 신뢰성 있는 추정이 가능하더라도, 자원의 유출 가능성이 높지 않은 경우에는 주석에 공시하지 않는다.

해설 ① 충당부채는 재무제표 본문에 부채로 인식하고, 우발부채는 주석으로 표시된다.
③ 자원의 유출 가능성이 높지 않으면, 금액의 신뢰성 있는 추정이 가능한 경우라도 충당부채로 인식하지 않는다.
④ 금액의 신뢰성 있는 추정이 가능하지 않다면, 자원의 유출 가능성이 높은 경우라도 충당부채로 인식하지 않는다.
⑤ 금액의 신뢰성 있는 추정이 가능하더라도, 자원의 유출 가능성이 높지 않은 경우에는 주석으로 공시한다.

정답 ②

07 충당부채의 측정에 관한 설명으로 옳지 않은 것은? 제23회 기출

① 충당부채로 인식하는 금액은 현재의무를 보고기간 말에 이행하기 위하여 필요한 지출에 대한 최선의 추정치이어야 한다.
② 충당부채로 인식하여야 하는 금액과 관련된 불확실성은 상황에 따라 판단한다.
③ 화폐의 시간가치 영향이 중요한 경우에 충당부채는 의무를 이행하기 위하여 예상되는 지출액의 현재가치로 평가한다.
④ 할인율은 부채의 특유한 위험과 화폐의 시간가치에 대한 현행 시장의 평가를 반영한 세전 이율이다.
⑤ 예상되는 자산 처분이익은 충당부채를 객관적으로 측정하기 위하여 고려하여야 한다.

해설 예상되는 자산 처분이익은 충당부채를 측정할 때 고려하지 않는다.

정답 ⑤

5. 보증의무

기업은 제품(재화든 용역이든)의 판매와 관련하여 (계약, 법률, 기업의 사업 관행에 따라) 보증을 제공하는 것이 일반적이다. 보증의 특성은 산업과 계약에 따라 상당히 다를 수 있다. 어떤 보증

은 관련 제품이 합의된 규격에 부합하므로 당사자들이 의도한 대로 작동할 것이라는 확신을 고객에게 준다. 다른 보증은 제품이 합의된 규격에 부합한다는 확신에 더하여 고객에게 용역을 제공한다. 고객에게 제공하는 보증의무에는 확신유형의 보증과 용역유형의 보증 두 가지 종류가 있다. 여기서는 확신유형의 보증만 학습하도록 한다.

(1) 확신유형의 보증: 충당부채

고객에게 보증을 별도로 구매할 수 있는 선택권이 없는 경우에는 약속한 보증(또는 그 일부)이 합의된 규격에 제품이 부합한다는 확신에 더하여 고객에게 용역을 제공하는 것이 아니라면, 이 보증을 기업회계기준서 제1037호 '충당부채, 우발부채, 우발자산'에 따라 회계처리한다. (고객이 보증을 별도로 선택하여 구매할 필요가 없는 경우)

(2) 용역유형의 보증: 용역수익

고객이 보증을 별도로 구매할 수 있는 선택권이 있다면(예 보증에 대하여 별도로 가격을 정하거나 협상하기 때문), 그 보증은 구별되는 용역이다. 기업이 계약에서 기술한 기능성이 있는 제품에 더하여 고객에게 용역을 제공하기로 약속한 것이기 때문이다. 이 상황에서는 약속한 보증을 수행의무로 회계처리하고, 그 수행의무에 거래가격(용역수익)의 일부를 배분한다.

> 보증기간이 길수록 약속한 보증이 수행의무일 가능성이 높다. 제품이 합의된 규격에 부합한다는 확신에 더하여 용역을 제공할 가능성이 더 높기 때문이다.

6. 제품보증충당부채

제품보증은 고객에게 보증을 별도로 구매할 수 있는 선택권이 없는 경우에 해당하고 약속한 보증(또는 그 일부)이 합의된 규격에 제품이 부합한다는 확신에 더하여 고객에게 용역을 제공하는 것이 아닌 경우 제품의 판매나 서비스의 제공 후 품질·수량 등에 결함이 있을 때, 그것을 보증하여 수선·교환해주겠다는 조건부 판매를 말한다. 그 수행의무이행을 위한 자원의 유출 가능성이 높으면 제품보증충당부채를 인식하여야 한다.

① 매출시점

(차) 현 금	×××	(대) 매 출	×××

② 보증비 지출

(차) 제 품 보 증 비 용	×××	(대) 현 금	×××

③ **결산시점**

(차) 제 품 보 증 비 용	×××	(대) 제 품 보 증 충 당 부 채	×××

④ **보증비 지출**

(차) 제 품 보 증 충 당 부 채	×××	(대) 현 금	×××
제 품 보 증 비 용	×××		

개념적용 문제

08 **(주)한국은 2년 동안 제품에 하자가 있는 경우 보증수리를 하여 주는 조건으로 신제품을 판매하기로 하였다. 추정보증비용은 판매 후 1년에 판매가의 2%이며, 그 다음해 1년에는 판매가의 4%이다. 20×1년 말과 20×2년 말 종료되는 회계연도의 매출액과 실제보증비용지출액은 다음과 같다. 20×2년 말 (주)한국의 재무상태표에 보고되어야 하는 제품보증충당부채는 얼마인가?**

	매출액	실제보증비용지출액
• 20×1년	₩300,000	₩5,500
• 20×2년	500,000	17,500
	₩800,000	₩23,000

해설
- (800,000 × 6%) − 23,000 = ₩25,000
- 20×1년
  - 매출 시 매출액 ₩300,000에 대한 충당부채 설정
    300,000 × (2% + 4%) = ₩18,000

(차) 제 품 보 증 비 용	18,000	(대) 제 품 보 증 충 당 부 채	18,000

  - 보증비 지출 시

(차) 제 품 보 증 충 당 부 채	5,500	(대) 현 금	5,500

- 20×2년
  - 매출 시: 500,000 × (2% + 4%) = ₩30,000

(차) 제 품 보 증 비 용	30,000	(대) 제 품 보 증 충 당 부 채	30,000

  - 보증비 지출 시

(차) 제 품 보 증 충 당 부 채	17,500	(대) 현 금	17,500

제품보증충당부채

20×1년 보증비지출	₩5,500	20×1년 설정액: 300,000 × 6% =	₩18,000
20×2년 보증비지출	17,500	20×2년 설정액: 500,000 × 6% =	30,000
20×2년 차기이월	25,000		
	₩48,000		₩48,000

정답 ₩25,000

09 (주)한국은 제품매출액의 3%에 해당하는 금액을 제품보증비용(보증기간 2년)으로 추정하고 있다. 20×1년의 매출액과 실제 보증청구로 인한 보증비용지출액은 다음과 같다.

제품매출액(20×1년)	실제 보증비용 지출액	
	20×1년	20×2년
₩600,000	₩14,000	₩6,000

20×2년 포괄손익계산서의 보증활동으로 인한 비용과 20×2년 말 재무상태표의 충당부채 잔액은? [단, (주)한국은 20×1년 초에 설립되었으며, 20×2년의 매출은 없다고 가정한다]

제17회 기출

	제품보증비	충당부채
①	₩2,000	₩0
②	₩3,000	₩0
③	₩4,000	₩0
④	₩5,000	₩4,000
⑤	₩6,000	₩4,000

해설
- 20×1년 보증비용(설정액): 600,000 × 3% = ₩18,000
- 2년간 실제 지출된 비용: ₩20,000(설정액 초과 지출)
- 20×2년 손익계산서의 제품보증비용: ₩2,000
- 20×2년 재무상태표의 충당부채: ₩0

정답 ①

7. 경품충당부채

판매촉진을 위하여 판매하는 상품에 대하여 경품권을 발행하는 경우 경품권과 교환하여 지급하기로 약정한 원가를 경품충당부채라고 한다.

① **매출 시**

(차) 현금	×××	(대) 매출	×××

② **경품구입 시**

(차) 경품	×××	(대) 현금	×××

③ **충당부채 추정**

(차) 경품비용	×××	(대) 경품충당부채	×××

④ **경품교환 시**

(차) 경 품 충 당 부 채	×××	(대) 경 품	×××

개념적용 문제

10 **(주)한국은 신제품의 판매촉진을 위하여 신제품 1개당 1매의 경품권을 발행하고 있다. 경품권 5매에 대하여 경품 1개(원가 ₩1,000)와 교환하는 조건이며, 경품권 회수율은 60%로 추정된다. 필요한 회계처리를 하시오.**

> (1) 제품 5,000개(@₩400)를 ₩2,000,000에 매출하다.
> (2) 경품권 1,000매가 경품과 교환되다.

해설 (1) 매출 시

(차) 현 금	2,000,000	(대) 매 출	2,000,000
경 품 비 용	600,000	경 품 충 당 부 채	600,000

- 추정회수율: 5,000매 × 60% = 3,000매
- 경품권 1매당 원가: 1,000 ÷ 5매 = @₩200
- 경품충당부채 추정액: 3,000매 × @₩200 = ₩600,000

(2) 경품지급 시

(차) 경 품 충 당 부 채	200,000	(대) 경 품	200,000

- 경품지급(교환): 1,000매 × @₩200 = ₩200,000

11 **(주)한국은 자사가 개발한 신형볼펜의 판매촉진으로 볼펜 1통에 쿠폰을 넣고 그 쿠폰으로 경품을 받을 수 있게 하였다. 경품의 단위당 가격은 @₩1,200이고 10개의 쿠폰으로 경품 1개를 받을 수 있다. 관련 자료는 다음과 같다.**

> - 판매된 볼펜: 200,000통
> - 구입된 경품 수: 16,000개
> - 회수된 쿠폰 수: 60,000개

보고기말 (주)한국의 재무제표에 표시될 경품충당부채 잔액은 얼마인가? (단, 회사는 발행한 쿠폰의 50%가 회수될 것으로 예측하고 있다)

① ₩1,200,000 ② ₩2,400,000 ③ ₩4,800,000
④ ₩3,600,000 ⑤ ₩7,200,000

해설
- 회수 가능 쿠폰 수: 200,000통 × 50% = 100,000매
- 당기 회수된 쿠폰 수: 60,000매
- 미회수한 쿠폰 수: 40,000매
- 경품충당부채 잔액: (40,000매 ÷ 10매) × @₩1,200 = ₩4,800,000

정답 ③

제3절 퇴직급여부채(확정급여채무)

1. 의의

퇴직 이후에 지급하는 종업원급여(해고급여 제외)를 말한다. 퇴직급여는 다음의 급여를 포함한다.

① 퇴직연금과 같은 퇴직급여

② 퇴직 후 생명보험이나 퇴직 후 의료급여 등과 같은 그 밖의 퇴직급여

기업이 퇴직급여를 지급하기로 하는 협약은 퇴직급여제도(기업이 1명 이상의 종업원에게 퇴직급여를 지급하는 근거가 되는 공식 또는 비공식 협약)이다. 퇴직급여제도는 제도의 주요 규약에서 도출되는 경제적 실질에 따라 확정기여제도 또는 확정급여제도로 분류된다.

2. 확정기여제도

(1) 의의

기업이 별개의 실체와 계약을 맺고 그 실체에 고정기여금을 납부하는 것으로 기업의 당기와 과거기간에 제공된 종업원의 근무용역과 관련된 모든 종업원급여를 추가로 부담할 의무가 소멸되는 퇴직급여제도를 말한다.

(2) 특징

① 기업의 법적의무 또는 의제의무는 기금에 출연하기로 약정한 금액으로 한정한다.

② 종업원이 받을 퇴직급여는 기업과 종업원이 보험회사에 출연하는 기여금과 그 기여금에서 발생하는 투자수익에 따라 결정된다.

③ 보험수리적 위험(실제급여액이 기대급여액에 미치지 못할 위험)과 투자위험(기여금을 재원으로 투자한 자산이 기대급여액을 지급하는 데 충분하지 못하게 될 위험)은 종업원이 부담한다.

(3) 고정기여금의 납부

(차) 퇴직급여(비용)	×××	(대) 현금	×××

▶ 퇴직급여(퇴직급여비용): 재고자산의 원가에 포함하는 경우를 제외하고 비용으로 인식한다.

(4) 퇴직금의 지급

별도의 회계처리가 불필요하다.

3. 확정급여제도

(1) 의의

확정급여제도는 확정기여제도를 제외한 모든 퇴직급여제도를 말한다.

(2) 확정급여제도의 회계처리 절차

① 종업원이 당기와 과거기간에 제공한 근무용역의 대가로 획득한 급여에 대한 기업의 궁극적인 원가를 예측단위적립방식을 사용하여 신뢰성 있게 추정한다. 이 경우 당기와 과거기간에 귀속되는 급여를 결정하고, 퇴직급여원가에 영향을 미치는 인구통계적 변수(예 종업원의 이직률과 사망률)와 재무적 변수(예 미래의 임금상승률 및 의료원가상승률)에 대해 추정(보험수리적 가정)을 한다.

② 확정급여채무의 현재가치와 당기근무원가를 결정하기 위해 급여를 할인한다. 이때 할인율은 보고기간말 현재 우량회사채의 시장수익률을 참조하여 결정한다. 만약 그러한 회사채에 대해 거래층이 두터운 시장이 없는 경우에는 보고기간말 현재 국채의 시장수익률을 사용한다.

③ 확정급여채무의 현재가치에서 사외적립자산의 공정가치를 차감한다.

(3) 특징

① 기업의 의무는 약정한 급여를 전·현직 종업원에게 지급하는 것이다.

② 보험수리적 위험(실제급여액이 기대급여액에 미달되는 위험)과 투자위험(기여금으로 투자한 자산이 기대급여액에 미달할 수 있는 위험)은 기업이 실질적으로 부담한다.

③ 퇴직금 지급을 위하여 사외에 적립한 자산은 기업이 관리하며, 투자이익과 손실은 기업이 부담한다.

4. 퇴직급여비용의 계산

① **당기근무원가:** 확정급여채무를 종업원의 근무기간에 정액법으로 배분한 금액의 현재가치

(차) 퇴 직 급 여	×××	(대) 확 정 급 여 채 무	×××

② **이자원가:** 기초 확정급여채무 × 할인율

(차) 확정급여채무의 순이자	×××	(대) 확 정 급 여 채 무	×××

③ **사외적립자산의 기대수익은 차감한다.**

(차) 사 외 적 립 자 산	×××	(대) 확정급여채무의 순이자	×××

퇴직급여비용 = 당기근무원가 + 순이자원가 − 사외적립자산의 기대수익

5. 사외적립자산

(1) 의의

사외적립자산은 기업이 종업원의 퇴직급여에 충당할 목적으로 기금(장기종업원급여기금)이나 보험회사(적격보험계약)에 적립한 자산을 말한다. 사외적립자산은 재무상태표를 작성할 때 확정급여채무에서 차감하여 표시한다.

(2) 사외적립자산의 회계처리방법

① **기업이 사외적립자산을 현금으로 불입**(기여금이라 함)**한 경우**

㉠ 기여금 지급 시

(차) 사외적립자산	×××	(대) 현금	×××

▶ 사외적립자산은 보고기말에 공정가치로 평가하여 확정급여채무의 차감항목으로 표시한다.

㉡ 투자수익 발생 시

(차) 사외적립자산	×××	(대) 확정급여채무의 순이자	×××

▶ 사외적립자산의 투자수익(순이자)은 퇴직급여에서 직접 차감한다. 사외적립자산의 기대수익과 실제 투자수익의 차액은 보험수리적 손익이며 기타포괄손익으로 처리한다.

② **퇴직급여를 지급한 경우**: 종업원의 퇴직 시

(차) 확정급여채무	×××	(대) 사외적립자산	×××

6. 재무제표의 표시

(1) 재무상태표의 확정급여채무

확정급여채무의 장부금액 = 확정급여채무 − 사외적립자산의 공정가치

(2) 포괄손익계산서의 표시

퇴직급여비용 = 당기근무원가 + 순이자원가 − 사외적립자산의 기대수익

개념적용 문제

12 다음의 거래를 회계처리하시오.

(1) (주)한국의 20×1년 말 현재 퇴직급여의 당기근무원가는 ₩10,000이며, 사외적립자산으로 ₩10,000을 현금으로 예치하였다. 기초 확정급여채무는 ₩300,000이며 사외적립자산은 ₩300,000이다. 확정급여채무의 할인율은 연 10%이며, 사외적립자산에 대하여 당기 투자수익은 ₩30,000이 발생했다. 사외적립자산의 공정가치는 장부금액과 동일하며, 투자수익은 기대수익과 실제수익이 동일한 것으로 가정한다.

(2) 20×2년 1월 종업원의 퇴직으로 퇴직금 ₩20,000을 지급하다.

해설

- 20×1년 말 퇴직급여비용: 10,000 + (300,000 × 10%) = ₩40,000

(차) 퇴직급여	10,000	(대) 확정급여채무	40,000
확정급여채무의 순이자	30,000		

- 사외적립자산(기여금)의 예치

(차) 사외적립자산	10,000	(대) 현금	10,000

- 사외적립자산(퇴직급여기여금)의 투자수익

(차) 사외적립자산	30,000	(대) 확정급여채무의 순이자	30,000

- 20×2년 1월 퇴직금의 지급

(차) 확정급여채무	20,000	(대) 사외적립자산	20,000

13 한국채택국제회계기준에서의 퇴직연금에 관한 설명으로 옳지 않은 것은?

① 퇴직연금제도는 경제적 실질에 따라 확정기여제도 또는 확정급여제도로 분류된다.

② 확정기여제도는 기업이 별개의 실체와 계약을 맺고 그 실체에 고정기여금을 납부하는 것으로 기업의 종업원의 근무용역과 관련된 모든 종업원급여를 추가로 부담할 의무가 소멸되는 퇴직급여제도를 말한다.

③ 확정급여제도의 기업의 의무는 약정한 급여를 전·현직 종업원에게 지급하는 것이며 모든 위험의 부담이 기업에 있다.

④ 사외적립자산이란 기업이 종업원의 퇴직급여에 충당할 목적으로 기금이나 보험회사(적격보험계약)에 적립한 자산을 말하며, 재무상태표에 비유동자산으로 표시한다.

⑤ 확정급여채무의 이자원가는 사외적립자산에서 발생한 이자수익에서 차감하여 표시한다.

해설 사외적립자산이란 기업이 종업원의 퇴직급여에 충당할 목적으로 기금이나 보험회사(적격보험계약)에 적립한 자산을 말한다. 사외적립자산은 재무상태표를 작성할 때 확정급여채무에서 차감하여 표시한다.

정답 ④

제4절 사채

1. 의의

사채(Bonds)는 주식회사가 불특정 다수로부터 장기간 거액의 자금을 조달하기 위하여 회사의 확정채무임을 표시한 증권을 발행하고 일정한 기간에 일정한 이자를 지급함과 동시에 만기에는 원금을 상환할 것을 약정하고 발행하는 채무증권의 비유동부채이다.

▶▶ 사채와 주식의 차이

구분	사채	주식
자금의 조달성격	타인자본(비유동부채)	자기자본(자본금)
발행한도액	순자산의 4배를 초과할 수 없음	제한 없음
1주의 금액	₩10,000권 이상 균일가	₩100권 이상 균일가
투자자의 수익	이자수익(확정된 이자)	배당금수익(순이익의 배당)
경영권 참여권	의결권 없음	의결권 있음
원금상환	만기상환	만기 없음

2. 사채의 발행

(1) 사채의 발행가액 결정

① **의의**

사채의 발행가액은 액면가액의 현재가치와 액면이자의 현재가치를 합산한 가액이다. 이 경우 액면가액의 현재가치는 미래의 현금흐름의 현재가치이므로 미래 ₩1의 현가계수를 이용하고, 액면이자는 매년 일정한 이자금액의 연금에 대한 ₩1의 연금현가계수를 이용하여 계산한다.

② **계산방법**

㉠ 발행가액 = 액면금액의 현재가치 + 액면이자의 현재가치

㉡ 액면금액의 현재가치 = 액면금액 × ₩1의 현가계수

㉢ 액면이자의 현재가치 = 액면이자 × ₩1의 연금현가계수

㉣ 액면이자 = 액면가액 × 액면이자율

개념적용 문제

14 20×1년 1월 1일에 (주)한국은 액면 ₩1,000,000, 액면이자율 9%, 이자지급 연 1회(매년 12월 31일), 만기 3년의 사채를 발행하려고 한다. 발행 시의 시장이자율과 현가계수가 다음과 같을 경우, 각 이자율하의 사채의 발행가격을 구하시오.

구분	시장이자율 및 현가계수		
	8%	9%	10%
1기간	0.9259	0.9173	0.9091
2기간	0.8573	0.8416	0.8264
3기간	0.7938	0.7722	0.7513

해설 1. 미래의 사채에 관한 현금흐름을 보면 다음과 같다.

20×1. 1. 1.	20×1. 12. 31.	20×2. 12. 31.	20×3. 12. 31.
발행가격만큼 현금유입	이자지급 (₩90,000)	이자지급 (₩90,000)	이자지급(₩90,000) 원금상환(₩1,000,000)

2. 이러한 미래의 현금흐름은 시장이자율로 할인하여 계산한 현재가치가 사채의 발행가격이 된다. 각 이자율하의 발행가격을 계산하면 다음과 같다.

(1) 시장이자율이 8%일 경우(할증발행)

① 액면금액의 현재가치: 1,000,000 × 0.7938 = ₩793,800
② 이자지급액의 연금현가: 90,000 × 2.5770 = 231,930
③ 사채의 발행가격(① + ②) ₩1,025,730

(2) 시장이자율이 9%일 경우(액면발행)

① 액면금액의 현재가치: 1,000,000 × 0.7722 = ₩772,200
② 이자지급액의 연금현가: 90,000 × 2.5311 = 227,800
③ 사채의 발행가격(① + ②) ₩1,000,000

(3) 시장이자율이 10%일 경우(할인발행)

① 액면금액의 현재가치: 1,000,000 × 0.7513 = ₩751,300
② 이자지급액의 연금현가: 90,000 × 2.4868 = 223,812
③ 사채의 발행가격(① + ②) ₩975,112

(2) 사채발행의 방법 및 회계처리

사채의 발행 방법에는 액면이자율과 시장이자율의 관계에 따라 액면발행, 할인발행, 할증발행으로 구분한다. 또한 사채발행 시 발생하는 사채발행비는 사채발행가액에서 차감하여 회계처리한다.

▶▶ 사채발행방법

상황	발행방법	상환기간 중 이자비용 총액
액면이자율 = 시장이자율	액면발행	액면이자
액면이자율 < 시장이자율	할인발행	액면이자 + 사채할인발행차금
액면이자율 > 시장이자율	할증발행	액면이자 − 사채할증발행차금

▶▶ **사채발행 시의 회계처리**

액면발행	(차) 당 좌 예 금	×××	(대) 사 채	×××
할인발행	(차) 당 좌 예 금 사채할인발행차금	××× ×××	(대) 사 채	×××
할증발행	(차) 당 좌 예 금	×××	(대) 사 채 사채할증발행차금	××× ×××

▶▶ **이자율의 상관관계 ⇨ 할인발행의 경우**

- **사채발행비가 있는 경우**: 액면이자율(표시이자율) < 시장이자율 < 유효이자율
- **사채발행비가 없는 경우**: 액면이자율(표시이자율) < 시장이자율 = 유효이자율

(3) 사채이자의 지급

사채이자는 액면금액을 기초하여 약정한 날에 현금으로 지급하고, 이자지급 시에는 사채할인(할증)발행차금은 기간 경과에 따라 유효이자율법을 적용하여 상각(환입)한다. 상각(환입)된 사채할인(할증)발행차금은 이자비용에서 가감하여 처리한다. 사채할인(할증)발행차금은 사채의 차감적(부가적) 평가계정으로서 사채에서 차감(가산)하는 형식으로 재무상태표에 기재되고, 이론상의 사채발행차금에 대한 상각(환입)방법은 정액법과 유효이자율법이 있으나 한국채택국제회계기준(K-IFRS)에서는 유효이자율법만을 인정하고 있다.

재무상태표

	사 채	×××
	사채할인발행차금	(×××)
		×××

- **유효이자율법**: 유효이자율법은 사채의 기초장부금액에 유효이자율(시장이자율)을 적용하여 계산된 이자비용과 액면이자율을 적용하여 계산된 이자비용과의 차액을 사채할인(할증)발행차금의 상각액으로 계산하는 방법이다.

사채할인차금상각액 = 유효이자 − 액면이자 = (기초장부금액 × 유효이자율) − (액면금액 × 액면이자율)

▶▶ **이자지급 시의 회계처리**

액면발행	(차) 이 자 비 용	×××	(대) 현 금	×××
할인발행	(차) 이 자 비 용	×××	(대) 현 금 사채할인발행차금	××× ×××
할증발행	(차) 이 자 비 용 사채할증발행차금	××× ×××	(대) 현 금	×××

▶▶ 기간 경과에 따른 장부금액과 이자비용의 변화

조건	장부금액	이자비용	차금상각액	총이자비용
액면발행	불변	불변	−	액면이자
할인발행	증가	증가	증가	액면이자 + 할인차금
할증발행	감소	감소	증가	액면이자 − 할증차금

개념적용 문제

15 (주)한국은 다음과 같은 사채를 발행하였다. 시장이자율이 12%일 때 유효이자율법을 적용하여 회계처리하시오. (단, 현가계수 0.7118, 연금현가계수 2.4018이다)

- 사채액면: ₩10,000
- 상환기간: 3년
- 액면이자율: 연 10%
- 이자지급: 연 1회(12월 31일)
- 발행일자: 20×1년 1월 1일

해설 1. 시장이자율이 12%인 경우 발행 시 분개

- 액면이자율(10%) < 시장이자율(12%): 할인발행
- 사채의 발행가격은 만기에 상환할 액면금액 ₩10,000의 현재가치와 매년 말에 지급할 이자 ₩1,000에 현재가치를 합한 합계와 같다.

 즉, 사채의 발행가격 = 액면금액의 현재가치 + 액면이자의 현재가치

 = (10,000 × 0.7118) + (1,000 × 2.4018) = ₩9,520

- 20×1. 1. 1.(발행 시)

(차) 현금	9,520	(대) 사채	10,000
사채할인발행차금	480		

2. 유효이자율법에 의한 회계처리

[유효이자율법 상각표(할인발행)]

연도	기초장부금액(A)	유효이자(B) (B = A × 12%)	액면이자(C)	상각액(D) (D = B − C)	장부금액 (A + D)
20×1	₩9,520	₩1,142	₩1,000	₩142	₩9,662
20×2	9,662	1,159	1,000	159	9,821
20×3	9,821	1,179	1,000	179	10,000

- 20×1. 12. 31.(이자지급 시)

(차) 이자비용	1,142	(대) 현금	1,000
		사채할인발행차금	142

- 20×2. 12. 31.(이자지급 시)

(차) 이자비용	1,159	(대) 현금	1,000
		사채할인발행차금	159

- 20×3. 12. 31.(이자지급 및 만기상환 시)

(차) 이자비용	1,179	(대) 현금	1,000
		사채할인발행차금	179
(차) 사채	10,000	(대) 현금	10,000

16 **(주)한국은 다음과 같은 조건의 사채를 발행하고자 한다.**

- 액면금액: ₩1,000,000
- 액면이자율: 10%
- 발행일: 20×1년 1월 1일
- 만기일: 5년
- 이자지급일: 연 1회

시장이자율이 12%일 때 사채의 발행가격은 얼마인가? (만기 5년, 12%에 해당하는 현가요소는 0.5674이며, 연금현가요소는 3.6048이다)

① ₩979,800
② ₩827,200
③ ₩927,880
④ ₩867,000
⑤ ₩927,000

해설 사채발행가격: (액면금액 × 1원의 현가요소) + (액면이자 × 1원의 연금현가요소)
= (1,000,000 × 0.5674) + (100,000 × 3.6048) = ₩927,880

정답 ③

3. 사채의 상환

사채는 불특정 다수로부터 자금을 차입한 것이므로 어느 일정 시점이 되면 그 금액을 상환하여야 한다. 사채를 상환하는 방법에는 만기시점에서 상환하는 만기상환과, 만기일 이전에 상환하는 수시상환으로 구분한다. 만기상환은 액면금액으로 상환하며 사채상환손익이 발생하지 않지만, 수시상환은 시가로 상환하여 사채상환손익이 발생한다.

(1) 만기상환

만기상환은 약정된 만기일에 사채의 액면금액을 일시에 상환하는 방법으로서, 액면금액대로 상환하므로 사채상환에 따른 손익이 발생하지 않는다.

(차) 사 채	×××	(대) 당 좌 예 금	×××

(2) 수시(매입)상환

만기 전 상환을 수시상환이라고도 하는데, 이는 만기일 이전에 사채를 사채시장에서 매입하여 상환하는 방법이다. 이 경우 사채의 시장가격대로 상환을 하므로 사채상환에 따른 손익이 발생한다. 사채발행 당시보다 사채상환 당시의 시장이자율이 상승하면 사채의 시장가격이 하락하여 상환이익이 발생하고, 시장이자율이 하락하면 사채상환손실이 발생한다.

사채를 매입상환 시에는

① 사채의 장부금액을 계산한다.

② 사채할인(할증)발행차금의 미상각잔액을 계산한다.

③ 상환금액과 장부금액을 비교하여 사채상환손익(기타의 비용)을 계산한다.

㉠ 상환가액 < 장부금액: 사채상환이익 ⇨ 기타의 수익

㉡ 상환가액 > 장부금액: 사채상환손실 ⇨ 기타의 비용

▶ 장부금액 = 액면금액 − 미상각할인발행차금잔액 또는 액면금액 + 미상각할증발행차금잔액

개념적용 문제

17 20×1년 1월 1일 (주)한국은 액면금액 ₩1,000,000의 사채를 ₩918,000에 할인발행하였다. 이 사채의 발행에 적용된 유효이자율은 7%, 액면이자율은 5%(이자는 매년 말 지급)이다. 이와 관련된 설명 중 옳지 않은 것은? 제16회 기출

① 20×1년도 사채의 유효이자는 ₩64,260이다.

② 20×1년도 사채할인발행차금의 상각액은 ₩14,260이다.

③ 20×1년도 말 사채의 장부금액은 ₩932,260이다.

④ 20×2년 1월 1일 이 사채를 ₩935,000에 상환한다면 ₩2,740의 상환이익이 발생한다.

⑤ 20×2년도 사채의 액면이자는 ₩50,000이다.

해설 20×2년 1월 1일 이 사채를 ₩935,000에 상환한다면 ₩2,740의 상환손실이 발생한다.

① 20×1년도 사채의 유효이자: 918,000 × 7% = ₩64,260

② 20×1년도 차금의 상각액: (918,000 × 7%) − (1,000,000 × 5%) = ₩14,260

③ 20×1년도 말 사채의 장부금액: 918,000 + 14,260 = ₩932,260

⑤ 20×2년도 사채의 액면이자: 1,000,000 × 5% = ₩50,000

정답 ④

4. 자기사채

사채의 발행회사가 만기 전에 발행 사채를 매입하여 그 사채를 소멸시키지 않고 그대로 보유하고 있을 때 그 보유사채를 자기사채(Treasury Bonds)라 한다.

자기발행의 사채를 매입하면 사채와 사채할인(할증)발행차금을 장부에서 직접 제거하고 매입금액과 장부금액의 차이를 사채상환이익 또는 사채상환손실로 인식함으로써 사채의 매입상환과 동일하게 회계처리한다.

① **자기사채의 매입**

액면 ₩100,000(사채할인발행차금잔액 ₩30,000)을 ₩75,000에 매입하였다.

(차)			(대)		
사	채	100,000	현	금	75,000
사 채 상 환 손 실		5,000	사 채 할 인 발 행 차 금		30,000

② **자기사채의 소각**: 별도의 회계처리가 없다.

③ **자기사채의 매각**(재발행)

위의 자기사채를 액면 ₩50,000을 ₩45,000에 매각하다.

(차)			(대)		
현	금	45,000	사	채	50,000
사 채 할 인 발 행 차 금		5,000			

CHAPTER

10 기출 & 예상문제로 완벽 복습

01 유동부채에 관한 설명으로 옳지 않은 것은? 제16회 기출

① 일반적으로 정상영업주기 이내 또는 보고기간 후 12개월 이내에 결제하기로 되어 있는 부채이다.

② 미지급비용, 선수금, 수선충당부채, 퇴직급여부채 등은 유동부채에 포함된다.

③ 매입채무는 일반적 상거래에서 발생하는 부채로 유동부채에 속한다.

④ 유동부채는 보고기간 후 12개월 이상 부채의 결제를 연기할 수 있는 무조건의 권리를 가지고 있지 않다.

⑤ 종업원 및 영업원가에 대한 미지급비용 항목은 보고기간 후 12개월 후에 결제일이 도래한다 하더라도 유동부채로 분류한다.

해설 미지급비용, 선수금 등은 유동부채에 포함된다. 그러나 수선충당부채는 회계상에서는 부채로 인식하지 않으며, 퇴직급여부채는 비유동부채이다.

02 부채에 관한 설명으로 옳은 것은? 제15회 기출

① 우발부채는 재무상태표에 보고한다.

② 상품매입으로 인한 채무를 인식하는 계정과목은 미지급금이다.

③ 부채는 결산일로부터 상환기일에 따라 유동부채와 비유동부채로 분류할 수 있다.

④ 충당부채는 지급금액이 확정된 부채이다.

⑤ 선수수익은 금융부채에 해당한다.

해설 ① 우발부채는 재무상태표에 보고하지 않는다.
② 상품매입으로 인한 채무를 인식하는 계정과목은 매입채무이다.
④ 충당부채는 지급금액이 미확정된 추정부채이다.
⑤ 선수수익은 비금융부채에 해당한다.

01 ② 02 ③ 정답

03 다음 설명 중 옳지 않은 것은?

① 충당부채의 명목가액과 현재가치의 차이가 중요한 경우에는 그 의무를 이행하기 위하여 예상되는 지출액의 현재가치로 평가한다.
② 어떤 의무에 대하여 제3자와 연대하여 의무를 지는 경우 이행할 의무 중 회사가 이행할 것으로 기대되는 부분은 우발부채로 처리하고, 제3자가 이행할 것으로 기대되는 부분은 충당부채로 인식한다.
③ 미래의 예상되는 영업손실은 충당부채로 인식하지 아니한다.
④ 충당부채는 재무상태표일 현재 최선의 추정치를 반영하여 증감 조정하여야 한다.
⑤ 손실부담계약을 이행하기 위하여 사용하는 자산에 손상이 발생한 경우에는 그 손상차손을 인식한 후에 손실부담계약의 충당부채를 인식한다.

해설 연대의무의 경우 회사가 이행할 부분은 충당부채로, 제3자가 이행할 부분은 우발부채로 인식한다.

04 충당부채, 우발부채, 우발자산에 관한 설명으로 옳은 것은?

제25회 기출

① 경제적 효익의 유입가능성이 높지 않은 우발자산은 그 특성과 추정금액을 주석으로 공시한다.
② 과거에 우발부채로 처리한 경우에는 그 이후 기간에 미래경제적 효익의 유출 가능성이 높아졌다고 하더라도 이를 충당부채로 인식할 수 없다.
③ 미래에 영업손실이 발생할 가능성이 높은 경우에는 그러한 영업손실의 예상 금액을 신뢰성 있게 추정하여 충당부채로 인식한다.
④ 충당부채는 화폐의 시간가치 영향이 중요하다고 하더라도 의무이행 시 예상되는 지출액을 할인하지 않은 금액으로 평가한다.
⑤ 충당부채는 최초 인식과 관련 있는 지출에만 사용한다.

해설 ① 우발자산은 경제적 효익의 유입가능성이 높은 경우에만 그 특성과 추정금액을 주석으로 공시하고, 가능성이 높지 않은 경우에는 공시하지 않는다.
② 과거에 우발부채로 처리한 경우에는 그 이후 기간에 미래경제적 효익의 유출 가능성이 높아졌다면 이를 충당부채로 인식한다.
③ 미래에 영업손실이 발생할 가능성이 높은 경우라도 그러한 영업손실의 예상 금액은 충당부채로 인식하지 않는다.
④ 충당부채는 화폐의 시간가치 영향이 중요하다고 한다면 의무이행 시 예상되는 지출액을 할인한 금액으로 평가한다.

05 **충당부채, 우발부채 및 우발자산의 회계처리에 관한 설명으로 옳지 않은 것은?** 제13회 기출

① 미래의 예상영업손실은 충당부채로 인식한다.
② 우발자산은 자산으로 인식하지 아니한다.
③ 우발부채는 부채로 인식하지 아니한다.
④ 자산의 예상처분이익은 충당부채를 측정하는 데 고려하지 아니한다.
⑤ 충당부채로 인식하는 금액은 현재의무를 보고기간 말에 이행하기 위하여 소요되는 지출에 대한 최선의 추정치이어야 한다.

해설 미래의 예상영업손실은 충당부채로 인식하지 아니한다.

06 **충당부채와 우발부채에 관한 설명으로 옳지 않은 것은?** 제20회 기출

① 충당부채는 재무상태표에 표시되는 부채이나 우발부채는 재무상태표에 표시될 수 없고 주석으로만 기재될 수 있다.
② 충당부채를 현재가치로 평가하기 위한 할인율은 부채의 특유한 위험과 화폐의 시간가치에 대한 현행 시장의 평가를 반영한 세후 이율이다.
③ 충당부채로 인식하는 금액은 현재의무를 보고기간 말에 이행하기 위하여 필요한 지출에 대한 최선의 추정치이어야 한다.
④ 우발부채는 처음에 예상하지 못한 상황에 따라 변할 수 있으므로, 경제적 효익이 있는 자원의 유출 가능성이 높아졌는지를 판단하기 위하여 우발부채를 지속적으로 평가한다.
⑤ 예상되는 자산 처분이 충당부채를 생기게 한 사건과 밀접하게 관련되었더라도 예상되는 자산 처분이익은 충당부채를 측정하는 데 고려하지 아니한다.

해설 충당부채를 현재가치로 평가하기 위한 할인율은 부채의 특유한 위험과 화폐의 시간가치에 대한 현행 시장의 평가를 반영한 세전 이율이다.

03 ② 04 ⑤ 05 ① 06 ② **정답**

07 **20×1년 12월 31일에 (주)한국에서 발생한 거래가 다음과 같을 때, 20×1년 말 재무상태표상 부채에 포함할 금액은?**

2019년 관세직 공무원 수정

- 제품보증에 대한 충당부채 ₩1,000을 설정하였다.
- 사무실을 임대하고 12개월분 임대료 ₩2,000을 미리 받았다.
- 거래처로부터 원재료 ₩1,000을 외상으로 구입하였다.
- 공장 확장 자금을 조달하기 위해 보통주 10주(주당 액면가 ₩100, 주당 발행가 ₩200)를 발행하였다.

① ₩2,000　② ₩3,000　③ ₩4,000
④ ₩5,000　⑤ ₩6,000

해설 제품보증충당부채(1,000) + 선수임대료(2,000) + 외상매입금(원재료)(1,000) = ₩4,000

08 **20×1년 말 재무제표에 부채로 반영해야 하는 항목을 모두 고른 것은? (단, 각 거래는 독립적이다.)**

제27회 기출

㉠ 20×1년 근무 결과로 20×2년에 연차를 사용할 수 있게 됨(해당 연차는 20×2년에 모두 사용될 것으로 예상되나, 사용되지 않은 연차에는 20×3년 초에 수당이 지급됨)
㉡ 20×1년 구매계약이 체결되고 20×2년에 컴퓨터 납품 예정
㉢ 20×1년 재무제표 승인을 위해 20×2년 3월에 개최된 정기주주총회에서 현금 배당 결의

① ㉠　② ㉡　③ ㉢
④ ㉠, ㉢　⑤ ㉠, ㉡, ㉢

해설 ㉠ 20×1년 근무 결과로 20×2년에 연차를 사용할 수 있게 되었고 해당 연차는 20×2년에 모두 사용될 것으로 예상되나, 사용되지 않은 연차에 20×3년 초에 수당이 지급된다면 그 금액은 충당부채로 인식한다.
㉡ 구매계약이 체결되었다면 거래가 아니다.
㉢ 20×2년 3월에 정기주주총회에서 현금배당을 결의했을 때 부채로 인식한다.

09 (주)한국은 모든 판매에 대해 2년간 제품보증을 제공한다. 추정되는 제품보증비용은 판매한 연도에 매출액의 2%, 그 다음 연도에 4%가 발생될 것으로 기대한다. 모든 판매는 신용매출이며, 제품보증비용은 모두 현금으로 지출한다. (주)한국의 회계연도에 관한 정보는 다음과 같다.

	매출	실제보증비용발생액
• 1차년도	₩600,000	₩12,000
• 2차년도	750,000	40,000

(주)한국이 2차년도 포괄손익계산서에 계상할 제품보증비용의 총액은 얼마인가?

① ₩39,000　② ₩40,000
③ ₩45,000　④ ₩12,000
⑤ ₩29,000

해설 • 2차년도

(차) 제품보증비	45,000	(대) 제품보증충당부채	45,000
(차) 제품보증충당부채	40,000	(대) 현금	40,000

• 제품보증비용: 750,000 × 6% = ₩45,000
• 충당부채 잔액: 1,350,000 × 6% − 52,000 = ₩29,000

10 (주)대한은 20×1년 7월 1일 A제품을 ₩100,000에 판매하였다. 이 제품은 1년 동안 제품의 하자를 보증하며, 과거의 경험에 의하면 보증기간 중에 매출액의 10%의 보증비용이 발생할 것으로 추정된다. 20×1년도에는 보증비용이 발생하지 않았으나, 20×2년 6월 30일 현재까지 보증비용이 ₩6,000이 발생하였다. 결산일인 20×2년 12월 말에 계상하여야 할 충당부채 환입액은 얼마인가?

① ₩4,000　② ₩6,000
③ ₩10,000　④ ₩0
⑤ 충당부채의 잔액은 환입할 수 없다.

해설 • 충당부채 설정액: 100,000 × 10% = ₩10,000
• 충당부채 환입액: 10,000 − 실제보증비용(6,000) = ₩4,000

07 ③　08 ①　09 ③　10 ①　정답

11 **다음은 20×1년 말 (주)대한과 관련된 자료이다. 충당부채와 우발부채 금액으로 옳은 것은?**

제18회 기출

- 20×1년 초 제품보증충당부채는 없었으며, 20×1년 말 현재 향후 보증청구가 이루어질 것으로 판단되는 최선의 추정치는 ₩20,000이다.
- (주)대한은 특허권 침해소송에 피고로 계류되었으며, 패소 시 부담하게 될 손해배상액은 ₩30,000이다. 패소 가능성은 높지 않다.
- 기말 현재 매출채권에 대한 손실충당금으로 계상되어야 할 금액은 ₩20,000이다.
- 유형자산의 내용연수가 종료된 후 복구공사비용으로 추정되는 지출액의 현재가치금액은 ₩50,000이다.

	충당부채	우발부채
①	₩30,000	₩30,000
②	₩50,000	₩50,000
③	₩70,000	₩50,000
④	₩70,000	₩30,000
⑤	₩100,000	₩0

해설
- 제품보증충당부채의 최선의 추정치 ₩20,000은 충당부채이다.
- 패소 가능성이 높지 않은 경우 ₩30,000은 우발부채이다.
- 매출채권의 손실충당금 ₩20,000은 자산의 차감계정이다.
- 복구공사비용으로 추정되는 지출액의 현재가치금액은 ₩50,000은 충당부채이다.

12 **(주)한국은 20×1년 초에 신상품의 판촉캠페인을 시작하였다. 각 신상품의 상자 안에는 쿠폰 1매가 동봉되어 있으며 쿠폰 4매를 가져오면 ₩100 상당의 경품을 제공한다. 발행된 쿠폰의 50%가 회수될 것으로 예상하고 있으며, 20×1년 중의 관련 자료는 다음과 같다. 20×1년 중의 경품비용과 경품충당부채는 얼마인가?**

- 판매된 신상품의 상자 수: 600개
- 교환 청구된 쿠폰 수: 240매

	경품비용	경품충당부채
①	₩6,000	₩1,500
②	₩7,500	₩1,500
③	₩6,000	₩7,500
④	₩7,500	₩7,500
⑤	₩7,500	₩6,000

해설 • 추정 회수량: 600개 × 50% = 300매
• 경품추정비용: 300매 × (100 ÷ 4매) = ₩7,500
• 제공된 경품비용: (240 ÷ 4매) × 100 = ₩6,000
• 경품충당부채 잔액: 7,500 − 6,000 = ₩1,500

13 사채에 관한 설명으로 옳지 않은 것은? 제15회 기출

① 사채의 표시이자율은 사채소유자에게 현금으로 지급해야 할 이자계산에 사용된다.
② 사채할인발행차금은 발행금액에서 차감하는 형식으로 표시된다.
③ 사채발행비는 발행금액에서 차감된다.
④ 사채발행 시 사채의 유효이자율이 표시이자율보다 낮은 경우 사채는 할증발행된다.
⑤ 사채가 할인발행 되는 경우 사채발행자가 사채만기일에 상환해야 하는 금액은 발행금액보다 크다.

해설 사채할인발행차금은 사채액면금액에서 차감하는 형식으로 표시된다.

14 사채를 발행한 회사 입장에서의 회계처리에 관한 설명 중 옳은 것은?

① 사채의 기말 장부금액은 매기 결산일의 시장이자율을 적용하여 평가한다.
② 유효이자율법을 적용하는 경우 사채할인발행차금상각액은 기간이 경과함에 따라 매년 감소한다.
③ 사채할증발행차금은 사채에서 차감하는 형식으로 재무상태표에 보고한다.
④ 사채를 발행하는 경우 사채의 유효이자율은 사채발행비를 감안하여 결정된다.
⑤ 사채를 회계연도 중에 상환하는 경우에는 직전 결산일의 장부금액과 상환금액을 비교하여 사채상환손익을 계산한다.

해설 ① 사채의 기말 장부금액은 발행 당시 최초의 시장이자율을 적용하여 평가한다.
② 유효이자율법을 적용하는 경우 사채할인발행차금상각액은 기간이 경과함에 따라 매년 증가한다.
③ 사채할증발행차금은 사채의 액면금액에 부가하는 형식으로 보고한다.
⑤ 사채를 회계연도 중에 상환하는 경우에는 상환시점의 장부금액과 상환금액을 비교하여 사채상환손익을 계산한다.

11 ④ 12 ② 13 ② 14 ④ 정답

15 **당기손익인식금융부채가 아닌 사채에 관한 설명으로 옳지 않은 것은?** 제13회 기출

① 액면(표시)이자율이 유효이자율보다 낮은 경우에는 할인발행된다.
② 유효이자율법에서 사채할인발행차금의 상각액은 매년 증가한다.
③ 유효이자율법을 적용할 경우 할인 및 할증발행 모두 이자비용은 매년 감소한다.
④ 할증발행의 경우 사채의 장부금액은 매년 감소한다.
⑤ 최초인식 후 유효이자율법을 사용하여 상각 후 원가로 측정한다.

해설 유효이자율법을 적용할 경우 이자비용은 할인발행 시 증가하고, 할증발행 시 감소한다.

16 **사채상환이익이 발생하는 경우의 설명으로 옳은 것은?**

① 사채발행 당시에 비하여 사채상환 시의 시장이자율이 상승한 경우에 만기상환
② 사채발행 당시에 비하여 사채상환 시의 시장이자율이 하락한 경우에 만기 전 상환
③ 사채발행 당시에 비하여 사채상환 시의 시장이자율이 상승한 경우에 만기 전 상환
④ 사채발행 당시에 비하여 사채상환 시의 시장이자율이 하락한 경우에 만기상환
⑤ 발행 당시보다 시장이자율이 하락한 경우에는 만기 전 상환이나 만기상환 모두 상환이익이 발생

해설 발행시점보다 상환시점의 시장이자율이 상승한 경우에는 사채상환이익이 발생한다. 다만, 만기에는 액면금액으로 상환하므로 사채상환손익이 발생하지 않는다.

17 **(주)한국은 액면금액이 ₩1,000,000인 사채를 발행하여 매년 말 이자를 지급하고 상각 후 원가로 측정하고 있다. 사채와 관련된 자료가 다음과 같을 때 표시이자율은?** 제23회 기출

- 사채 발행금액: ₩875,650
- 유효이자율: 연 10%
- 1차년도 사채할인발행차금 상각액: ₩37,565

① 4%
② 5%
③ 6%
④ 7%
⑤ 8%

해설
- 이자비용: (875,650 × 10%) − (1,000,000 × x%) = ₩37,565
- 이자비용: 87,565 − 37,565 = ₩50,000
- 액면이자율(x): 50,000 ÷ 1,000,000 = 5%

18 (주)대한은 20×3년 1월 1일에 액면금액 ₩8,000,000(이자는 매년 말에 후불로 지급)의 사채를 ₩7,400,000에 발행하였다. (주)대한은 20×3년 12월 31일에 사채와 관련하여 유효이자율법에 따라 다음과 같이 분개하였다.

(차) 이 자 비 용	₩962,000	(대) 현 금	₩800,000
		사채할인발행차금	162,000

이 사채의 연간 유효이자율과 표시이자율은 각각 몇 %인가? 제14회 기출

① 12%, 10%
② 13%, 10%
③ 13%, 11%
④ 14%, 10%
⑤ 14%, 11%

해설
- 유효이자율: 962,000 ÷ 7,400,000 = 13%
- 표시이자율: 800,000 ÷ 8,000,000 = 10%

19 20×1년 초에 (주)한국은 5년 후 상환조건의 사채를 시장이자율 13%로 발행하였다. 유효이자율법에 의하여 20×2년도에 계상될 이자비용은 얼마인가?

- 액면금액: ₩3,000,000
- 발행금액: ₩2,750,000
- 표시이자율: 연 10%
- 이자지급: 매년 말

① ₩264,975
② ₩157,500
③ ₩357,500
④ ₩300,000
⑤ ₩364,975

해설
- 20×1년 말 이자비용: 2,750,000 × 13% = ₩357,500
- 20×1년 말 차금상각액: (2,750,000 × 13%) − (3,000,000 × 10%) = ₩57,500
- 20×2년 초 장부금액: 2,750,000 + 57,500 = ₩2,807,500
- 20×2년 말 이자비용: 2,807,500 × 13% = ₩364,975

정답 15 ③ 16 ③ 17 ② 18 ② 19 ⑤

20 (주)한국은 20×1년 초 액면금액 ₩100,000의 사채(표시이자율 연 8%, 이자는 매년 말 후급, 유효이자율 연 10%, 만기 20×3년 말)를 ₩95,026에 발행하고 상각 후 원가로 측정하였다. 동 사채와 관련하여 20×3년 인식할 이자비용은? (단, 이자는 월할 계산하며, 단수차이가 발생할 경우 가장 근사치를 선택한다) 제22회 기출

① ₩9,503
② ₩9,553
③ ₩9,653
④ ₩9,818
⑤ ₩9,918

해설
- 20×1년 말 장부금액: 95,026 + {(95,026 × 10%) − (100,000 × 8%)} = ₩96,529
- 20×2년 말 장부금액: 96,529 + {(96,529 × 10%) − (100,000 × 8%)} = ₩98,182
- 20×3년 말 이자비용: 98,182 × 10% = ₩9,818

21 (주)한국은 20×1년 초 3년 만기사채를 할인발행하여 매년 말 액면이자를 지급하고 상각 후 원가로 측정하였다. 20×2년 말 사채 장부금액이 ₩98,148이고, 20×2년 사채이자 관련 분개는 다음과 같다. 20×1년 말 사채의 장부금액은? 제22회 기출

(차) 이 자 비 용	₩7,715	(대) 현 금	₩6,000
		사채할인발행차금	1,715

① ₩90,433
② ₩92,148
③ ₩94,863
④ ₩96,433
⑤ ₩99,863

해설
- 20×1년 말 사채의 장부금액: 98,148 − 1,715 = ₩96,433
- 20×2년 말 사채 장부금액에서 차금상각을 차감한 금액이다.

22 (주)한국은 20×1년 1월 1일에 액면가액 ₩1,000, 액면이자율 연 8%, 유효이자율 연 10%, 만기 3년, 이자지급일 매년 12월 31일인 사채를 발행하였다. (주)한국은 유효이자율법을 적용하여 사채할인발행차금을 상각하고 있으며, 20×2년 12월 31일 사채의 장부금액은 ₩982이다. (주)한국이 20×3년 6월 30일 동 사채를 ₩1,020에 조기상환하였다면, 이때의 사채상환손실은? (단, 계산은 월할 계산하며, 소수점 발생 시 소수점 아래 첫째 자리에서 반올림한다)

2019년 관세직 공무원 수정

① ₩11
② ₩20
③ ₩29
④ ₩31
⑤ ₩32

해설
- 20×3년 6월 30일 사채의 장부금액: 982 + (982 × 5%) − (1,000 × 4%) = ₩991
- 20×3년 6월 30일 사채의 상환손실: 991 − 1,020 = ₩29

23 (주)한국은 20×1년 1월 1일 사채(액면금액 ₩100,000, 3년 만기 일시상환)를 발행하고, 상각 후 원가로 측정하였다. 액면이자는 연 5%로 매년 말 지급조건이며, 발행 당시 유효이자율은 연 8%이다. 20×3년 1월 1일 사채를 액면금액으로 조기상환하였을 경우, 사채상환손익은? (단, 금액은 소수점 첫째 자리에서 반올림하며, 단수차이가 있으면 가장 근사치를 선택한다)

제21회 기출

할인율 / 기간	단일금액 ₩1의 현재가치		정상연금 ₩1의 현재가치	
	5%	8%	5%	8%
3	0.8638	0.7938	2.7232	2.5771

① ₩2,219 이익
② ₩2,781 손실
③ ₩2,781 이익
④ ₩7,734 손실
⑤ ₩7,734 이익

해설
- 20×1년 초 발행가액: (100,000 × 0.7938) + (5,000 × 2.5771) = ₩92,266
- 20×1년 말 장부금액: 92,266 + {(92,266 × 8%) − (100,000 × 5%)} = ₩94,647
- 20×2년 말 장부금액: 94,647 + {(94,647 × 8%) − (100,000 × 5%)} = ₩97,219
- 20×3년 초 상환손익: 97,219 − 100,000 = ₩2,781(손실)

20 ④　21 ④　22 ③　23 ②　정답

24 (주)한국은 20×1년 1월 1일 액면금액 ₩1,000,000인 사채(만기 3년, 표시이자율 연 10%, 이자는 매년 말 후급)를 ₩1,106,900에 발행하고, 상각 후 원가로 측정하였다. 발행 당시 유효이자율은 연 6%이었다. 20×2년 1월 1일 동 사채 전부를 조기상환하였고, 이로 인해 사채상환이익이 ₩4,500 발생하였다. (주)한국이 동 사채를 상환하기 위해 지급한 금액은? 제24회 기출

① ₩1,068,814
② ₩1,077,814
③ ₩1,102,400
④ ₩1,135,986
⑤ ₩1,144,986

해설
- 20×1년 말 차금상각: (1,106,900 × 6%) − (1,000,000 × 10%) = ₩33,586
- 20×1년 말 장부금액: 1,106,900 − 33,586 = ₩1,073,314
- 현금지급(상환금액): 1,073,314 − 4,500(이익) = ₩1,068,814

25 (주)한국은 20×1년 1월 1일 상각 후 원가로 측정하는 액면금액 ₩1,000,000의 사채(만기 3년, 표시이자율 연 8%, 이자는 매년 말 후급)를 ₩950,250에 발행하였다. 동 사채와 관련하여 (주)한국이 20×1년도 포괄손익계산서에 인식한 이자비용은 ₩95,025이다. (주)한국이 20×3년 1월 1일에 동 사채 전부를 ₩980,000에 조기상환하였을 때, 인식할 사채상환손익은? (단, 단수차이가 발생할 경우 가장 근사치를 선택한다) 제26회 기출

① 손실 ₩14,725
② 손실 ₩5,296
③ 이익 ₩1,803
④ 이익 ₩9,729
⑤ 이익 ₩20,000

해설
- 20×1년 초 유효이자율: 95,025 ÷ 950,250 = 10%
- 20×1년 말 장부금액: 950,250 + {(950,250 × 10%) − (1,000,000 × 8%)} = ₩965,275
- 20×2년 말 장부금액: 965,275 + {(965,275 × 10%) − (1,000,000 × 8%)} = ₩981,803
- 20×3년 초 상환손익: 981,803 − 980,000 = ₩1,803(이익)

26 (주)대한은 20×1년 초 다음과 같은 조건의 사채를 발행하고, 상각 후 원가로 측정하였다.

- 액면금액: ₩100,000
- 만기: 5년
- 표시이자율: 5%
- 시장이자율: 8%
- 표시이자 지급방법: 매년 말
- 상환방법: 만기 일시상환

〈현재가치계수〉

- 단일 금액의 현재가치계수

구분	1기간	2기간	3기간	4기간	5기간
5%	0.9524	0.9070	0.8638	0.8227	0.7835
8%	0.9259	0.8573	0.7938	0.7350	0.6806

- 정상연금의 현재가치계수

구분	1기간	2기간	3기간	4기간	5기간
5%	0.9524	1.8594	2.7232	3.5460	4.3295
8%	0.9259	1.7833	2.5771	3.3121	3.9927

만기를 1년 앞둔 20×4년 말에 현금이자 지급 후 동 사채를 ₩95,000에 상환하였을 경우, 사채상환손익은? (단, 계산과정에서 단수차이가 있는 경우 가장 근사치를 선택한다)

제17회 기출

① 손실 ₩5,000
② 손실 ₩2,220
③ ₩0
④ 이익 ₩2,220
⑤ 이익 ₩5,000

해설
- 20×1년 초 발행가격: (100,000 × 0.6806) + (5,000 × 3.9927) = ₩88,024
- 20×1년 말 장부금액: 88,024 + {(88,024 × 8%) − (100,000 × 5%)} = ₩90,066
- 20×2년 말 장부금액: 90,066 + {(90,066 × 8%) − (100,000 × 5%)} = ₩92,271
- 20×3년 말 장부금액: 92,271 + {(92,271 × 8%) − (100,000 × 5%)} = ₩94,653
- 20×4년 말 장부금액: 94,653 + {(94,653 × 8%) − (100,000 × 5%)} = ₩97,225
- 20×4년 말 상환손익: 장부금액(97,225) − 상환금액(95,000) = ₩2,220(이익)

24 ① 25 ③ 26 ④ 정답

27 다음은 (주)한국이 20×1년 1월 1일 발행한 사채의 회계처리를 위한 자료의 일부이다. 이를 통하여 알 수 있는 내용으로 옳은 것은? (단, 계산된 금액은 소수점 이하 첫째 자리에서 반올림한다) 제20회 기출

- 사채권면에 표시된 발행일은 20×1년 1월 1일, 액면금액은 ₩1,000,000이며 이자지급일은 매년 12월 31일이고 만기는 3년이다.

〈유효이자율법에 의한 상각표〉

일자	유효이자	표시이자	상각액	장부금액
20×1년 1월 1일	–	–	–	₩951,963
20×1년 12월 31일	?	₩100,000	₩14,236	?

① 사채 발행 시 적용된 유효이자율은 연 10%이다.
② 사채 발행 시 인식할 사채할인발행차금은 ₩33,801이다.
③ 20×1년 말 상각 후 사채의 장부금액은 ₩937,727이다.
④ 20×2년 말 사채와 관련하여 손익계정에 대체되는 이자비용은 ₩117,857이다.
⑤ 20×3년 1월 1일 사채 전부를 ₩980,000에 상환한 경우 사채상환이익은 ₩2,143이다.

해설 ① 사채 발행 시 적용된 유효이자율은 연 12%이다.
② 사채 발행 시 인식할 사채할인발행차금은 ₩48,037이다.
③ 20×1년 말 상각 후 사채의 장부금액은 ₩966,199이다.
④ 20×2년 말 사채와 관련하여 손익계정에 대체되는 이자비용은 ₩115,944이다.

28 (주)대한은 20×1년 1월 1일 다음과 같은 사채를 발행하였으며 유효이자율법에 따라 회계처리한다. 동 사채와 관련하여 옳지 않은 것은? 제18회 기출

- 액면금액: ₩1,000,000
- 만기: 3년
- 액면이자율: 연 5%
- 이자지급시기: 매년 말
- 사채발행비: ₩20,000
- 유효이자율: 연 8%(유효이자율은 사채발행비가 고려됨)

① 동 사채는 할인발행 사채이다.
② 매년 말 지급할 현금이자는 ₩50,000이다.
③ 이자비용은 만기일에 가까워질수록 증가한다.
④ 사채발행비가 ₩30,000이라면 동 사채에 적용되는 유효이자율은 연 8%보다 낮다.
⑤ 사채할인발행차금 상각이 완료된 시점에서 사채장부금액은 액면금액과 같다.

해설 사채발행비가 ₩30,000이라면 동 사채에 적용되는 유효이자율은 연 8%보다 높다.

29 (주)한국은 20×1년 1월 1일에 상각후원가로 측정하는 액면금액 ₩10,000의 사채(표시이자율 연 5%, 이자는 매년 말 후급, 유효이자율 연 10%, 만기 20×3년 말)를 ₩8,757에 발행하였다. (주)한국이 동 사채의 90%를 20×3년 1월 1일에 ₩9,546을 지급하고 조기상환했을 때, 사채상환손익은? (단, 단수차이가 발생할 경우 가장 근사치를 선택한다.) 제27회 기출

① 손익 ₩0
② 손실 ₩541
③ 이익 ₩541
④ 손실 ₩955
⑤ 이익 ₩955

해설
- 20×1년 말 차금상각액: (8,757 × 10%) – (10,000 × 5%) = 376
- 20×1년 말 장부금액: 8,757 + 376 = ₩9,133
- 20×2년 말 차금상각액: (9,133 × 10%) – (10,000 × 5%) = 413
- 20×2년 말 상환 시 장부금액: (9,133 + 413) = 9,546 × 90% = ₩8,591
- 20×3년 초 상환손실: 장부금액 8,591 – 상환금액 9,546 = ₩955

30 (주)한국은 20×1년 초에 액면 ₩100,000을 상환기간 3년, 표시이자율 연 10%, 시장이자율 연 12% 조건으로 발행하였다. 발행 당시 사채발행비용 ₩1,000이 지급되었다. 발행금액은 얼마인가? [단, 이자는 연 2회(6월·12월)로 하며, ₩1에 대한 현가는 다음과 같다]

- 기간 3년, 이율 연 12%의 현가계수 0.71178, 연금현가계수 2.48685
- 기간 6년, 이율 연 6%의 현가계수 0.70496, 연금현가계수 4.91732

① ₩95,047
② ₩94,083
③ ₩96,083
④ ₩94,765
⑤ ₩95,083

해설
- 발행금액: 95,083 – 1,000 = ₩94,083
- 액면금액의 현재가치: 100,000 × 0.70496 = ₩70,496
- 액면이자의 현재가치: 5,000 × 4.91732 = ₩24,58

27 ⑤ 28 ④ 29 ④ 30 ② 정답

CHAPTER

11 자본회계

회독체크 1 2 3

CHAPTER 미리보기

학습전략

본 단원은 주식회사의 자본에 관한 내용으로 시험에서는 3문항 정도 출제되고 있습니다. 자본은 공부해야 할 내용이 광범위하고 용어가 어려워 쉽지 않은 단원입니다. 자본에서는 자본의 분류 및 증자와 감자, 이익잉여금의 처분, 자기주식, 주당순이익(EPS) 등을 학습하여야 합니다. 특히 자본항목 중 자본의 분류와 기타포괄손익누계액의 종류는 암기하여야 하며, 자본계정의 구조는 꼭 출제됩니다.

학습키워드

- 기타포괄손익누계액
- 자기주식
- 주당순이익
- 무상증자(주식배당)

제1절 자본의 기초개념

1. 자본의 정의

자본(資本, Capital)은 기업의 자산에서 모든 부채를 차감한 후의 잔여지분이다. 자본청구권은 기업의 자산에서 모든 부채를 차감한 후의 잔여지분에 대한 청구권이다. 즉, 부채의 정의에 부합하지 않는 기업에 대한 청구권이다. 따라서 자산과 부채가 정해지면 자본은 그 결과에 의하여 결정되기 때문에 평가대상이 되지 않는다. 그러한 청구권은 계약, 법률 또는 이와 유사한 수단에 의해 성립될 수 있으며, 부채의 정의를 충족하지 않는 한, 다음을 포함한다.

(1) 기업이 발행한 다양한 유형의 지분

(2) 기업이 또 다른 자본청구권을 발행할 의무

한국채택국제회계기준에서는 자본을 최소한 납입자본과 이익잉여금 및 기타자본구성요소로 구분할 것을 요구하고 있다.

2. 자본과 자본유지의 개념

기업은 정보이용자의 정보요구에 기초하여 자본개념을 선택하여야 한다. 따라서 재무제표의 이용자가 주로 명목상의 자본을 투자된 화폐액 또는 투자된 구매력 유지에 관심이 있다면 재무자본유지개념을 채택하여야 한다. 그러나 이용자의 주된 관심이 기업의 조업능력 유지에 있다면 실물자본유지개념을 선택하여야 한다.

(1) 재무자본유지개념

재무자본유지개념하에서 이익은 해당 기간 동안 소유주에게 배분하거나 소유주가 출연한 부분을 제외하고 기말 순자산의 재무적 측정금액(화폐금액)이 기초 순자산의 재무적 측정금액(화폐금액)을 초과하는 경우에만 발생한다. 재무자본유지는 명목화폐단위 또는 불변구매력단위를 이용하여 측정할 수 있다.

(2) 실물자본유지개념

실물자본유지개념하에서 이익은 해당 기간 동안 소유주에게 배분하거나 소유주가 출연한 부분을 제외하고 기업의 기말 실물생산능력이나 조업능력(또는 그러한 생산능력을 갖추기 위해 필요한 자원이나 기금)이 기초 실물생산능력을 초과하는 경우에만 발생한다.

개념적용 문제

01 (주)한국은 20×1년 초 현금 ₩1,000,000을 출자하여 설립하였으며, 이는 재고자산 200개를 구입할 수 있는 금액이다. 기중에 물가가 3% 상승하였으며, 기말 순자산은 ₩1,500,000이다. 20×1년 말 동 재고자산을 구입할 수 있는 가격이 개당 ₩6,000이라면, 실물자본유지개념에 의한 당기이익은? (단, 기중 자본거래는 없다) 제26회 기출

① ₩270,000 ② ₩300,000 ③ ₩320,000
④ ₩420,000 ⑤ ₩470,000

해설
- 명목자본유지개념: 1,500,000 − 1,000,000 = ₩500,000
- 불변구매력단위개념: 1,000,000 × 3% = 30,000(자본유지조정), 이익: 500,000 − 30,000 = ₩470,000
- 실물자본유지개념: 실물자산인 재고자산이 기말에도 그대로 유지되어야 한다.
- 수정 후 기초자본: 200개 × 6,000 = ₩1,200,000
- 당기이익: 기말자본(1,500,000) − 수정 후 기초자본(1,200,000) = ₩300,000

정답 ②

3. 주식의 종류

(1) 보통주식

보통주식은 주식회사의 가장 기본이 되는 주식으로서, 다른 특수한 형태의 주식과 구별하기 위하여 표준이 되는 주식이다. 보통주식에 출자한 보통주주는 주주총회에서 의결권을 행사할 수 있고, 이익배당을 청구할 수 있는 권리와 잔여재산을 분배받을 권리, 신주인수권을 우선적으로 부여받을 권리 등을 갖고 있다.

(2) 우선주식

우선주식은 보통주식에 비하여 특정된 권리를 우선적으로 부여받은 주식으로서, 일반적으로 보통주에 우선하여 배당을 받을 권리가 부여되어 있다. 그러나 주주총회에 참석하여 의결권을 행사할 수 있는 권리 등이 없는 단점도 있다. 이익배당 우선주에는 누적적·비누적적 우선주와 참가적·비참가적 우선주가 있다.

① **누적적·비누적적 우선주:** 누적적 우선주는 회사가 결손이 발생하여 약정에 의한 배당금을 지급하지 못했을 때 다음 연도에 누적하여 배당을 받을 수 있는 권리가 있는 우선주를 말한다. 비누적적 우선주는 한번 약정에 의한 배당을 받지 못하면 다음 연도에 이월하여 받을 수 없는 우선주를 말한다.

② **참가적·비참가적 우선주:** 참가적 우선주는 우선적으로 배당을 받을 뿐만 아니라 보통주에게 배당을 하고도 잔여 배당액이 있으면 보통주와 동일하게 잔여배당에 참여하여 추가적으로 배당을 받을 수 있는 권리가 있는 주식이다. 비참가적 우선주는 약정된 배당금을 받고 나면 나머지는 모두 보통주에게 귀속되는 우선주이다.

(3) 전환우선주

전환우선주는 우선주의 의사에 따라 보통주로 전환할 수 있는 권리를 부여하거나 일정 기간이 경과하면 자동적으로 보통주로 전환되는 주식을 말한다. 전환우선주가 보통주로 전환되는 조건은 일반적으로 우선주가 발행될 때 미리 정해진다. 전환우선주는 확실한 배당금을 보장받는 권리 외에도 보통주로 전환하는 것이 유리하다고 판단될 때 보통주로 전환할 수 있는 권리를 부여하고 있기 때문에 투자자들이 선호하는 투자의 대상이 되기도 한다.

(4) 상환우선주

상환우선주는 주식을 발행하는 회사가 미래의 특정 시점에 미리 약정된 가격으로 상환할 수 있는 권리가 부여된 주식을 말한다. 상환우선주를 발행하는 이유는 자금조달이 곤란한 경우에 이를 발행하여 자금을 보다 용이하게 조달하고, 추후에 여유자금이 확보되면 이것으로 우선주를 상환함으로써 우선주에 대한 배당압력을 피하고 기업의 자금운영을 원활하게 하는 데 있다. 그러나 우선주의 발행자가 보유자에게 확정되었거나 확정 가능한 미래의 시점에 확정되었거나 확정 가능한 금액을 의무적으로 상환해야 한다. 또는 우선주의 보유자가 발행회사에 특정일이나 그 이후에 확정되었거나 확정 가능한 금액의 상환을 청구할 수 있는 경우가 있다. 이런 경우 우선주는 금융부채로 보고해야 한다.

개념적용 문제

02 (주)한국의 20×4년 12월 31일 현재 주식내역은 다음과 같다. 20×2년과 20×3년에 우선주에 대한 배당은 없었으며 20×4년 말 ₩90,000의 현금배당을 선언할 경우, 보통주와 우선주에 대해 지급해야 할 배당금을 구하면 얼마인가? (단, 배당률 6%)

- 보통주 10,000주 액면금액 @₩50
- 우선주(누적적·참가적) 5,000주 액면금액 @₩50

해설

구분	우선주배당금	보통주배당금
누적분	5,000주 × @₩50 × 6% × 2년 = ₩30,000	−
당기분	5,000주 × @₩50 × 6% = ₩15,000	10,000주 × @₩50 × 6% = ₩30,000
잔여분	$15,000 \times \frac{5,000주}{15,000주}$ = ₩5,000	$15,000 \times \frac{10,000주}{15,000주}$ = ₩10,000
합계	₩50,000	₩40,000

4. 자본의 분류

한국채택국제회계기준에서는 자본계정을 자본의 조달원천에 따라 다음과 같이 분류하고 있다.

<table>
<tr><th>자본의 분류</th><th colspan="2">항목</th><th>계정과목</th></tr>
<tr><td rowspan="2">납입자본</td><td colspan="2">자본금</td><td>• 보통주자본금
• 우선주자본금</td></tr>
<tr><td colspan="2">자본잉여금</td><td>주식발행초과금, 자기주식처분이익, 감자차익, 전환권대가, 신주인수권대가</td></tr>
<tr><td rowspan="3">기타자본
요소</td><td rowspan="2">자본유지조정</td><td>차감적(−)</td><td>• 자기주식
• 주식할인발행차금, 감자차손, 자기주식처분손실</td></tr>
<tr><td>부가적(+)</td><td>미교부주식배당금, 신주청약증거금, 주식매수선택권</td></tr>
<tr><td colspan="2">기타포괄손익
누계액</td><td>• 재평가잉여금
• 순확정급여부채(자산)의 재측정요소
• FVOCI(기타포괄손익) 금융자산평가손익(주식)
• FVOCI(기타포괄손익) 금융자산평가손익(사채)
• 해외사업환산손익
• 현금흐름위험회피 파생상품평가손익</td></tr>
<tr><td>이익잉여금</td><td colspan="2">이익잉여금</td><td>• 법정적립금: 이익준비금, 기타법정적립금
• 임의적립금: 사업확장적립금, 감채적립금, 배당평균적립금, 결손보전적립금
• 미처분이익잉여금(미처리결손금)</td></tr>
</table>

(1) 자본금

주식회사의 자본금은 「상법」 규정에 따라 발행한 주식의 액면금액으로 표시한다. 회사 설립 시 자본조달방법은 분할납입제도인 공칭자본제도와 분할발행제도인 수권자본제도가 있으며, 우리나라는 1963년부터 수권자본제도를 채택하고 있다. 수권자본제도(Authorized Capital System)는 주식회사를 설립할 때 정관에 발행총주식수의 일부(1/4)만을 발행한 후 나머지 미발행주식에 대하여는 자금이 필요할 때마다 이사회의 결의에 따라 발행하는 제도로서, 우리나라는 수권주식(발행총주식수)의 1/4 이상을 발행하여 회사를 설립한다. 2009년 5월 「상법」의 개정으로 최저자본금제도가 폐지되어 1주의 액면금액은 100원 이상 균일가격으로 발행한다.

① 회사의 자본금은 「상법」에서 달리 규정한 경우 외에는 발행주식의 액면총액으로 한다.

② 회사가 무액면주식을 발행하는 경우 회사의 자본금은 주식 발행가액의 1/2 이상의 금액으로서 이사회에서 자본금으로 계상하기로 한 금액의 총액으로 한다. 이 경우 주식의 발행가액 중 자본금으로 계상하지 아니하는 금액은 자본준비금으로 계상하여야 한다.

③ 회사의 자본금은 액면주식을 무액면주식으로 전환하거나 무액면주식을 액면주식으로 전환함으로써 변경할 수 없다.

④ 회사는 정관으로 정한 경우에는 주식의 전부를 무액면주식으로 발행할 수 있다. 다만, 무액면주식을 발행하는 경우에는 액면주식을 발행할 수 없다.

참고 무액면주식

주권에 액면가액이 기재되지 않고 주수(株數)만 기재된 주식을 말하며 비례주 또는 부분주라고도 한다. 주식의 발행가액은 통상 시가에 의해 정해지며 회사의 자본금은 주식 발행가액의 1/2 이상의 금액으로 하고 나머지는 자본준비금으로 처리되기도 한다.

(2) 자본잉여금

자본잉여금은 주주와의 거래(자본거래)에서 발생한 잉여금으로 기업의 영업활동으로 인한 순이익의 유보액과는 구분하여야 하며, 결손보전이나 무상증자를 통한 자본전입에는 사용할 수 있으나 배당금으로는 사용할 수 없다. 자본잉여금에는 주식발행초과금, 감자차익, 자기주식처분이익, 전환권대가, 신주인수권대가 등이 있으며, 주식발행초과금과 주식할인발행차금, 감자차익과 감자차손, 자기주식처분이익과 자기주식처분손실은 발생순서에 관계없이 직접상계 후 잔액으로만 표시한다. 따라서 상반되는 2개의 계정과목이 동시에 존재할 수 없다.

(3) 자본조정

자본유지조정은 자본주로부터 조달되거나 환급한 것으로서, 자본총액이 증가하거나 감소하는 원인에 속하지만 자본금, 자본잉여금, 이익잉여금으로 명확하게 구분되지 않은 미확정된 항목들이다.

자본유지조정	부가적 자본조정 (+)	• 미교부주식배당금 • 주식매수선택권 • 출자전환채무 • 신주청약증거금
	차감적 자본조정 (−)	• 감자차손 • 자기주식 • 자기주식처분손실 • 주식할인발행차금

(4) 기타포괄손익누계액

① **기타포괄손익**: 기타포괄손익은 총포괄손익에는 포함되지만 당기손익에는 포함되지 않는 수익과 비용으로 다음과 같다.

㉠ **재평가잉여금**: 유형자산을 공정가치로 평가하여 발생한 이익

㉡ **순확정급여부채**(자산)**의 재측정요소**

㉢ **기타포괄손익－공정가치 측정 금융자산평가손익**(FVOCI 금융자산)

ⓐ **투자지분상품**(주식) ⇨ 당기손익에 재분류조정하지 않는다.

ⓑ **투자채무상품**(사채) ⇨ 당기손익에 재분류한다.

㉣ **해외사업환산손익**: 해외사업장의 재무제표 환산으로 인한 손익

㉤ **현금흐름위험회피 파생상품평가손익**: 위험회피에 비효과적인 부분은 당기손익에 반영

② **기타포괄손익누계액**: 기타포괄손익누계액은 당기손익에 포함되지 않는 수익과 비용항목의 누계액을 말한다. 기업이 영업활동의 결과로 창출한 총포괄손익은 소유주에게 분배할 수 있는 당기순손익과 소유주에게 분배할 수 없는 기타포괄손익으로 구분되는데, 기타포괄손익누계액은 총포괄손익 중 기타포괄손익의 누계를 의미한다.

③ **총포괄손익**: 총포괄손익은 일정 기간 동안 주주와의 자본거래를 제외한 모든 거래나 사건에서 인식한 자본의 변동을 말한다. 총포괄손익을 보고하는 목적은 주주와의 자본거래를 제외한 인식된 거래와 기타 경제적 사건으로 인하여 발생한 모든 순자산의 변동을 측정하기 위한 것인데, 이러한 순자산의 변동 중 일부는 포괄손익계산서에 표시되고 일부는 재무상태표의 자본의 별도구성항목으로 표시된다.

총포괄이익 = 당기순이익 + 기타포괄이익

(5) 이익잉여금

이익잉여금은 회사의 정상적인 영업활동과 유형자산 등의 처분 및 기타 일시적인 손익거래에서 발생한 이익을 원천으로 하여 회사 내에 유보되어 있는 잉여금을 말한다. 잉여금을 자본잉여금과 이익잉여금으로 구분하는 것은 잉여금의 발생원천에 따라 분류하는 것으로써 배당이 가능한 잉여금과 불가능한 잉여금에 관한 정보를 제공하기 위해서이다. 즉, 배당할 수 있는 잉여금은 손익거래로부터 발생한 잉여금으로 제한하고, 자본거래로부터 발생한 잉여금과 구분하여야 한다. 이익잉여금에는 법령에서 강제로 적립해야 할 의무가 있는 법정적립금과 기업이 임의로 적립할 수 있는 임의적립금이 있다. 또한 미처분이익잉여금은 법정적립금이나 임의적립금 등으로 적립하고 나머지는 차기이월미처분이익잉여금이라고 한다.

① **법정적립금**: 이익준비금은 「상법」의 규정 제458조에 따라 강제적으로 적립하는 법정적립금으로 「상법」은 주식회사가 그 자본금의 1/2에 달할 때까지 매 결산기에 금전에 의한 이익배당액의 1/10 이상의 금액을 이익준비금으로 적립하도록 규정하고 있다. 기업회계기준은 「상법」상의 적립한도액 자본금의 1/2를 초과하는 이익준비금의 적립은 인정하고 있지 않으며, 그 초과 금액은 임의적립금으로 간주한다.

② **임의적립금**: 임의적립금은 회사의 정관, 주주총회의 결의에 따라 회사가 임의로 적립하는 적립금으로 적극적 적립금과 소극적 적립금이 있다.

㉠ **적극적 적립금**: 기업이 미래의 자산의 증가 또는 부채의 감소를 위해서 잉여금의 일부를 이익처분을 통하여 적립하고 소정의 목적을 달성하면 별도적립금에 대체한다.

ⓐ **감채적립금**: 사채 등 비유동부채에 대한 상환에 대비하여, 미리 이익의 일부를 유보함으로써 미래의 상환에 대비하는 적립금이다.

ⓑ **사업확장적립금**: 건물의 신축, 설비의 증설, 기계의 매입 등과 같이 유형자산의 취득과 갱신을 위한 적립금이다.

㉡ **소극적 적립금**: 미래 손실(비용)이나 지출에 대비하는 적립금으로 그 목적이 달성되면 차변으로 소멸한다.

ⓐ **배당평균적립금**: 매기 배당금을 평균적으로 지급하기 위한 적립금이다.

ⓑ **결손보전적립금**: 미래 손실에 대비하여 이익을 유보한 적립금이다.

ⓒ **자가보험적립금**: 우발손실에 대한 적립금이다.

ⓓ **별도적립금**: 특정한 사용목적 없이 이익을 유보한 적립금이다.

③ **미처분이익잉여금**(미처리결손금): 전기이월미처분이익잉여금에 당기순손익을 가감하고, 전기오류수정손익, 중간배당금, 회계변경누적효과 등을 가감한 금액을 당기말미처분이익잉여금이라고 한다. 당기말미처분이익잉여금은 주주총회를 거쳐 처분되며, 처분한 후의 잔액을 차기이월이익잉여금이라고 한다.

개념적용 문제

03 (主)한국의 20×4년도 회계자료의 일부이다. 주어진 계정의 잔액을 이용하여 계산한 기타포괄손익누계액은?

제12회 기출

• FVOCI 금융자산평가이익	₩25,000	• 자기주식처분이익	₩30,000
• 해외사업환산손실	18,000	• 감자차손	12,000

① ₩7,000
② ₩13,000
③ ₩25,000
④ ₩37,000
⑤ ₩43,000

해설 기타포괄손익누계액: FVOCI 금융자산평가이익(25,000) − 해외사업환산손실(18,000) = ₩7,000

정답 ①

제2절 주식회사의 자본금

1. 주식의 발행

주식회사(株式會社, Corporation)는 발기인이 정관을 작성하여 법원에 설립 등기를 함으로써 설립되며, 주식(株式, Stock)을 발행하여 자본금을 조달한다. 이때 주식을 인수한 출자자를 주주(株主, Stockholder)라고 한다. 주주와 회사는 법률적으로 독립된 인격체로서, 주주는 회사의 채무에 대하여 출자금 한도 내에서만 변제의무를 지는 유한책임 출자자이다. 자본금은 발행한 주식의 액면금액으로 표시하며, 주식의 종류에 따라 보통주자본금과 우선주자본금으로 분류한다.

참고 주식의 발행가격의 크기에 따른 구분

- **액면발행**: 액면가액 = 발행가액(또는 평가발행)
- **할증발행**: 액면가액 < 발행가액 ⇨ 주식발행초과금(자본잉여금)
- **할인발행**: 액면가액 > 발행가액 ⇨ 주식할인발행차금(자본유지조정 차감계정)

▶ 회사 설립을 위한 주식발행 제비용(수수료·증권인쇄비·등기비용·주주모집을 위한 광고비)은 창업비의 과목으로 당기비용으로 처리하고, 증자를 위한 주식발행 제비용은 주식 발행가격에서 차감한다.

(1) 주식발행 방법

주식을 발행하는 방법에는 액면금액으로 발행하는 평가발행(액면발행), 액면금액 이상으로 발행하는 할증발행, 액면금액 이하로 발행하는 할인발행이 있다. 주식발행비는 발행가격에서 차감한다.

① **평가발행**(액면금액 = 발행금액)

(차) 당좌예금	×××	(대) 자본금	×××

② **할증발행**(액면금액 < 발행금액)

(차) 당좌예금	×××	(대) 자본금	×××
		주식발행초과금	×××

- 주식발행초과금이 발생할 당시 장부상 주식할인발행차금 미상각액이 존재하는 경우 발생된 순서에 관계없이 우선 상계하고, 미상계된 주식발행초과금은 자본잉여금(납입자본)으로 분류하고, 자본전입과 결손전보 이외에는 사용할 수 없다.

③ **할인발행**(액면금액 > 발행금액)

(차) 당 좌 예 금	×××	(대) 자 본 금	×××
주식할인발행차금	×××		

• 주식할인발행차금이 발생할 당시 장부상 주식발행초과금이 존재하는 경우 발생된 순서에 관계없이 우선 상계하고, 미상계된 주식할인발행차금은 차감적 자본조정으로 분류하여 이익잉여금의 처분항목으로 한다. 다만, 처분할 이익잉여금이 부족하거나 결손금이 있는 경우에는 이후 차기 연도에 이월하여 상각할 수 있다.

개념적용 문제

04 (주)한국은 증자를 위하여 주식 액면 @₩5,000의 100주를 발행하고 납입금은 당좌예입하고, 주식발행비 ₩10,000을 지급하였다. 다음의 각 상황에 대하여 회계처리를 하시오.

(1) 발행가액 @₩5,000인 경우
(2) 발행가액 @₩6,000인 경우
(3) 발행가액 @₩4,000인 경우

정답

(1) 액면발행	(차) 당 좌 예 금	490,000	(대) 자 본 금	500,000
	주식할인발행차금	10,000		
(2) 할증발행	(차) 당 좌 예 금	590,000	(대) 자 본 금	500,000
			주식발행초과금	90,000
(3) 할인발행	(차) 당 좌 예 금	390,000	(대) 자 본 금	500,000
	주식할인발행차금	110,000		

05 다음 거래를 회계처리하시오.

(1) (주)한국은 회사설립을 위하여 주식 500주를 액면 @₩500에 대하여 @₩700에 발행하고, 납입금은 즉시 당좌예입하다. 그리고 주식발행에 소요된 제비용 ₩30,000을 현금으로 지급하다.
(2) (주)관리는 증자를 위하여 액면 @₩5,000의 주식 1,000주를 @₩4,500에 발행하고, 납입금은 즉시 당좌예입하다. 그리고 주식발행비 ₩200,000을 현금으로 지급하다.
(3) (주)한국은 증자를 위하여 미발행주식 중 300주를 액면 @₩5,000에 대하여 @₩6,000에 발행하고, 납입금은 즉시 당좌예입하다(단, 주식할인발행차금 ₩130,000이 있음).
(4) (주)관리는 증자를 위하여 1주 액면 @₩500의 주식 800주를 @₩400에 발행하고 납입금은 즉시 당좌예입하다(단, 주식발행초과금 ₩20,000이 있음).

정답 (1) (차) 당좌예금 350,000 (대) 자본금 250,000
창업비 30,000 주식발행초과금 100,000
현금 30,000
(2) (차) 당좌예금 4,500,000 (대) 자본금 5,000,000
주식할인발행차금 700,000 현금 200,000
(3) (차) 당좌예금 1,800,000 (대) 자본금 1,500,000
주식할인발행차금 130,000
주식발행초과금 170,000
(4) (차) 당좌예금 320,000 (대) 자본금 400,000
주식발행초과금 20,000
주식할인발행차금 60,000

(2) 청약에 의한 주식발행

회사가 신주를 발행하기 위하여 주주로부터 주식청약을 받으면서 청약금을 받았을 때는 신주청약증거금계정 대변에 기입하였다가, 주식을 발행하면 그 금액을 자본금계정에 대체한다. 신주청약증거금은 주식이 발행되기 전까지는 자본항목의 증가로 부가적 자본유지조정으로 처리한다.

구분	차변	금액	대변	금액
청약금 받으면	(차) 현금	×××	(대) 신주청약증거금	×××
주식발행	(차) 현금 신주청약증거금	××× ×××	(대) 자본금 주식발행초과금	××× ×××

개념적용 문제

06 다음의 거래를 회계처리하시오.

(1) (주)한국은 액면 ₩5,000의 주식 1,000주를 액면금액으로 발행하기로 하고, 응모자로부터 1주에 대하여 액면상당액의 청약증거금을 받아 당좌예금하다.
(2) (주)한국은 위의 주식을 발행하여 교부하여 주다.

정답 (1) (차) 당좌예금 5,000,000 (대) 신주청약증거금 5,000,000
(2) (차) 신주청약증거금 5,000,000 (대) 자본금 5,000,000

2. 증자와 감자

(1) 증자

회사설립 후 이사회의 결의에 따라 미발행주식 중 일부를 추가로 발행하는 것을 증자(增資)라고 한다. 증자의 방법에는 주주로부터 출자금을 납입 받아 주식을 발행하는 유상증자(실질적 증자)와 출자금을 받지 않고 주식을 발행하는 무상증자(형식적 증자)가 있다. 유상증자는 주식의 발행으로 총자산이 증가하면서 동시에 자본총계가 증가한다. 그러나 무상증자는 주식을 발행해도 총자산이 불변이기 때문에 자본의 증가가 없는 형식적인 증자이다.

① **유상증자**: 실질적 증자라고도 하며, 자본금의 증가로 인해 회사의 자산이 증가하는 경우이다. 즉, 주식을 발행함으로써 회사의 실질적인 총자산이 증가하고, 자본합계도 증가하는 경우를 의미한다. 또한 증자 시 발생하는 주식발행초과금은 자본잉여금으로, 주식할인발행차금은 차감적 자본조정으로 처리한다.

(차) 현금	×××	(대) 자본금	×××
		주식발행초과금	×××

② **무상증자**: 형식적 증자라고도 하며, 자본금이 증가하지만 회사의 총자산은 증가하지 않고 형식적으로만 자본금이 증가하는 경우이다. 즉, 회사의 자산규모는 증자 전과 동일한 경우의 증자형태이다.

다음의 경우 무상증자에 해당한다.

㉠ 잉여금의 자본전입, ㉡ 전환사채의 전환, ㉢ 주식배당, ㉣ 전환주식의 전환

잉여금 자본전입 시	(차) 자본(이익)잉여금	×××	(대) 자본금	×××
전환사채 전환 시	(차) 전환사채	×××	(대) 자본금	×××
주식배당 시	(차) 이익잉여금	×××	(대) 자본금	×××

개념적용 문제

07 다음 거래를 회계처리하시오.

(1) (주)한국은 신주 10주(액면 @₩5,000)를 1주당 ₩6,000에 발행하고 전액납입을 받아 당좌예입하다. 그리고 주식발행비 ₩1,000을 현금으로 지급하다.
(2) (주)대한은 이사회의 결의에 의하여 증자하기로 하고, 다음과 같이 신주발행의 공모를 한 바, 액면금액에 상당하는 청약금을 받아 거래은행에 별단예금하다. (발행할 주식수 10주, 1주 액면 @₩5,000, 응모신청주수 12주)
(3) (주)민국은 자본잉여금 ₩4,000과 이익준비금 ₩6,000을 자본에 전입하고, 주식 20주(액면 @₩500)를 발행하여 주주에게 무상으로 교부하다.
(4) (주)서울은 주주총회에서 결의한 주식 배당액 중 미교부주식배당금 ₩10,000을 주주에게 교부하다(액면 @₩1,000).
(5) (주)부산은 신주 100주(액면 @₩500)를 액면금액으로 발행하고, 30%는 무상, 70%는 유상으로 하여 무상분에 대해서는 자본잉여금으로 충당하고, 유상분은 납입받아 당좌예금하다.
(6) (주)한국은 자본잉여금 ₩60,000을 자본에 전입하기로 하고, 주식을 교부하고, 무상 60%, 유상 40%로 하여 전액 납입받아 당좌예입하다.

정답

	차변	금액	대변	금액
(1)	(차) 당좌예금	60,000	(대) 자본금	50,000
			주식발행초과금	9,000
			현금	1,000
(2)	(차) 별단예금	60,000	(대) 신주청약증거금	60,000
(3)	(차) 자본잉여금	4,000	(대) 자본금	10,000
	이익준비금	6,000		
(4)	(차) 미교부주식배당금	10,000	(대) 자본금	10,000
(5)	(차) 자본잉여금	15,000	(대) 자본금	50,000
	당좌예금	35,000		
(6)	(차) 자본잉여금	60,000	(대) 자본금	100,000
	당좌예금	40,000		

(2) 감자

감자(減資)는 자본금의 감소를 의미하는데, 감자의 경우도 자본충실의 원칙에 위배되므로 「상법」상 엄격한 요건을 충족시켜야 가능하게 된다. 감자의 종류에는 유상감자(실질적 감자)와 무상감자(형식적 감자) 두 가지가 있다.

① **유상감자**: 실질적 감자라고도 하며, 자본금의 감소로 회사의 자산이 감소하는 것이다. 실질적 감자는 기업규모를 축소하거나 합병해서 당 회사의 재정상태를 조정할 때 등의 경우에 행해지며, 다음의 두 가지 방법이 있다.

㉠ **주금의 환급**: 주금의 일부를 주주에게 반환함으로써 실질적으로 자본금을 감소시키는 방법이다.

㉡ **주식의 매입소각**: 회사가 주식의 일부를 소각시키는 방법으로 액면금액보다 낮은 가격으로 주식을 매입소각하면 감자차익이 발생한다.

② **무상감자**: 형식적 감자라고도 하며, 자본금이 감소하였지만 회사의 자산은 감소하지 않고 자본금만 명목적으로 감소하는 것이다. 형식적 감자는 거액의 결손이 발생하여 장기간 이익배당을 할 수 없거나 주가가 하락될 우려가 있어 신주를 발행할 수 없을 경우에 이루어진다.

㉠ **주금의 절삭**: 주주가 이미 납입한 주금의 일부를 주주의 손실로 처리하여 삭제하고 나머지 납입액을 주금으로 하는 것이다. 주금의 절삭에서 감소되는 자본금이 제거되는 결손금보다 많을 경우 그 차이를 감자차익으로 한다.

㉡ **주식의 병합**: 여러 개의 주식을 합하여 그보다 적은 수의 주식으로 병합하는 것이다.

개념적용 문제

08 다음 거래를 회계처리하시오.

(1) (주)한국은 주주총회의 승인을 얻어 보통주 20주(액면 @₩500)를 1주당 ₩450씩으로 매입소각하고, 대금은 수표발행하여 지급하다.
(2) 사업규모를 줄이기 위하여 주식 10주를 증권시장에서 1주당 ₩9,000으로 매입소각하고, 대금은 수표발행하여 지급하다(단, 1주 액면금액은 ₩10,000이다).
(3) 자본금이 ₩50,000인 (주)대한은 결손금 ₩8,000을 보전하기 위하여 발행 주식 5주를 4주의 비율로 무상감자하기로 의결하다(1주당/액면 ₩10,000).
(4) 이월결손금 ₩450,000을 보전하기 위하여 액면 @₩500의 주식 5,000주를 4,000주로 무상감자하기로 의결하다.
(5) 이월결손금 ₩1,500,000을 보전하기 위하여 액면 @₩1,000의 주식 10,000주를 주당 액면 ₩800으로 변경하기로 의결하다.

정답

	차변	금액	대변	금액
(1)	(차) 자본금	10,000	(대) 당좌예금	9,000
			감자차익	1,000
(2)	(차) 자본금	100,000	(대) 당좌예금	90,000
			감자차익	10,000
(3)	(차) 자본금	10,000	(대) 이월결손금	8,000
			감자차익	2,000
(4)	(차) 자본금	500,000	(대) 이월결손금	450,000
			감자차익	50,000
(5)	(차) 자본금	2,000,000	(대) 이월결손금	1,500,000
			감자차익	500,000

제3절 이익잉여금의 처분

1. 이익잉여금의 의의

이익잉여금(또는 결손금)은 회사의 정상적인 영업활동(손익거래)에서 발생한 이익의 유보액이다. 포괄손익계산서에서 계산된 순이익을 주주총회를 거치기 전까지 미처분이익잉여금이라 하고 주주총회의 결의에 의하여 배당금으로 지급되는 금액과 기타 자본거래에서 발생한 자본조정항목의 상각액에 충당하는 것을 제외하고 나머지는 적립하거나 다음 회계기간으로 이월시킨다. 재무상태표에 표시하는 이익잉여금은 법정적립금, 임의적립금, 미처분이익잉여금(미처리결손금)으로 표시한다.

▶▶ 이익잉여금의 증감요인

[감소]	이익잉여금		[증가]
1) 회계변경누적효과(감소)	×××	1) 전기이월이익잉여금	×××
2) 전기오류수정손실	×××	2) 회계변경누적효과(증가)	×××
3) 중간배당금	×××	3) 전기오류수정이익	×××
4) 당기순손실	×××	4) 당기순이익	×××
5) 적립금 등으로의 처분	×××	5) 임의적립금이입액	×××
6) 배당금(현금배당, 주식배당)	×××		
7) 상각(주식할인발행차금 등)	×××		
8) 차기이월이익잉여금	×××		

▶ 회계변경누적효과, 전기오류수정손익, 중간배당액 등은 전기이월이익잉여금에서 수정한다.

2. 이익잉여금의 종류

(1) 법정적립금

법정적립금은 법의 규정에 의하여 의무적으로 적립시켜야 하는 항목으로서, 여기에는 이익준비금이 있다. 이익준비금은 「상법」 제458조 규정에 의하여 자본금의 1/2에 달할 때까지 매 결산기에 금전에 의한 이익배당액의 1/10 이상의 금액을 적립해야 한다. 자본금의 1/2을 초과한 이익준비금은 임의적립금으로 분류한다. 이익준비금은 자본잉여금과 마찬가지로 결손보전이나 자본전입의 경우를 제외하고는 처분할 수 없다.

① **이익준비금**: 매기 금전배당금의 1/10 이상을 적립하여 자본금의 1/2이 될 때까지 적립한다(상법 제458조). 이익준비금은 「상법」상 법정준비금으로서 자본의 전입과 자본의 결손보전 이외에는 사용하지 못한다.

이익준비금의 적립	(차) 미처분이익잉여금	×××	(대) 이 익 준 비 금	×××
자본의 전입(무상증자)	(차) 이 익 준 비 금	×××	(대) 자 본 금	×××
자본의 결손보전	(차) 이 익 준 비 금	×××	(대) 이 월 결 손 금	×××

② **기타법정적립금**

(2) 임의적립금

임의적립금은 회사의 자금을 사외로 유출하는 것을 방지하는 것과 특정 목적에 사용하기 위하여 적립하는 것으로, 이는 법적 강제력은 없다. 정관의 규정 또는 주주총회의 결의에 따라 임의로 적립하는 적립금을 말하며, 임의적립금은 적립 목적에 따라 적극적 적립금과 소극적 적립금으로 구분된다.

① **적극적 적립금**: 기업의 총자산을 증가시킬 목적으로 적립하는 것으로서 목적이 달성되면 별도적립금 계정으로 재대체한다.

② **소극적 적립금**: 기업의 미래에 발생할 비용이나 손실 또는 배당금의 지급 등에 의하여 순자산이 감소되는 것을 대비하여 순이익의 일부를 적립하는 것으로서 목적이 달성되면 차변으로 소멸된다.

개념적용 문제

09 다음의 거래를 회계처리하시오.

(1) (주)관리는 사업 확장을 위해 건물 ₩500,000을 취득하고 현금을 지급하였다. 또한 사업확장적립금 ₩500,000이 있다.

(2) (주)대한은 배당평균적립금 ₩500,000을 배당금 지급을 위하여 미처분이익잉여금으로 이입하다.

정답

(1)	(차) 건 물	500,000	(대) 현 금	500,000
	사 업 확 장 적 립 금	500,000	별 도 적 립 금	500,000
(2)	(차) 배 당 평 균 적 립 금	500,000	(대) 미 처 분 이 익 잉 여 금	500,000

(3) 배당

기업은 영업활동 결과 순이익이 발생하면 최소한의 이익을 주주에게 환급한다. 이것을 이익배당이라 한다. 이익배당에는 현금배당과 주식배당이 있다.

① **현금배당**: 현금으로 배당하는 것이며, 이 금액의 1/10을 이익준비금으로 적립한다.

㉠ 결산일: 분개 없음

㉡ 현금배당 기준일: 분개 없음

ⓒ 현금배당 결의일

(차) 미처분이익잉여금	×××	(대) 미 지 급 배 당 금	×××

ⓓ 현금배당 지급일

(차) 미 지 급 배 당 금	×××	(대) 현 금	×××

② **주식배당**: 이익배당을 주식으로 배당하는 것을 말한다. 이익잉여금을 자본화시킬 목적으로 주식배당을 하게 되는데, 주식을 배당하면 이익잉여금은 감소하고, 자본금은 증가하지만 실질자본은 불변하므로 형식적 증자에 속한다. 또한 「상법」에서는 이익배당 총액의 1/2 범위 내에서 주식배당을 할 수 있으며, 액면금액으로 주식배당을 하도록 규정하고 있다.

③ **현물배당**: 「상법」에서는 주식배당과 금전배당 이외에 현물배당도 가능하도록 하고 있다.

참고 주식배당·무상증자·주식분할·주식병합의 비교

- **주식배당**
  이익잉여금을 현금으로 배당하지 않고, 주식으로 교부(배당)하는 것
- **무상증자**
  자본잉여금과 법정적립금을 자본에 전입하고, 주식을 교부(발행)하는 것
- **주식분할**
  하나의 주식을 여러 개의 동일 주식으로 분할하는 것(액면분할)
- **주식병합**
  발행 주식의 일정 비율을 회수하여 발행주식 총수를 감소시키는 것

구분	주식배당	무상증자	주식분할	주식병합
자본금	증가	증가	불변	불변
자본잉여금	불변	감소 가능	불변	불변
이익잉여금	감소	감소 가능	불변	불변
자본총액(총자본)	불변	불변	불변	불변
유통주식수	증가	증가	증가	감소
액면단가	불변	불변	감소	증가

3. 이익잉여금의 처분

(1) 당기순이익의 계상과 처분

당기순이익이 발생하면 전기에서 이월된 이익잉여금 또는 결손금을 미처분이익잉여금 또는 미처리결손금계정으로 대체된다.

① 당기순이익 ₩10,000, 전기이월이익잉여금 ₩2,000인 경우

(차) 손익	10,000	(대) 미처분이익잉여금	12,000
전기이월미처분이익잉여금	2,000		

이익잉여금처분계산서

Ⅰ. 미처분이익잉여금		
1. 전기이월이익잉여금	₩2,000	
2. 당기순이익	10,000	12,000

② 당기순이익 ₩10,000, 전기이월결손금 ₩2,000인 경우

(차) 손익	10,000	(대) 전기이월미처리결손금	2,000
		미처분이익잉여금	8,000

이익잉여금처분계산서

Ⅰ. 미처분이익잉여금		
1. 전기이월결손금	(−) ₩2,000	
2. 당기순이익	10,000	8,000

③ 당기순이익 ₩10,000, 전기이월결손금 ₩12,000인 경우

(차) 손익	10,000	(대) 전기이월미처리결손금	12,000
미처리결손금	2,000		

결손금처리계산서

Ⅰ. 미처리결손금		
1. 전기이월결손금	₩12,000	
2. 당기순이익	(−) 10,000	2,000

④ **당기이익잉여금의 처분**

(차) 미처분이익잉여금	×××	(대) 이익준비금	×××
		기타법정적립금	×××
		주식할인발행차금상각등	×××
		배당금	×××
		임의적립금	×××
		차기이월이익잉여금	×××

(2) 당기순손실의 계상과 처리

당기순손실이 발생하면 전기에서 이월된 이익잉여금 또는 결손금은 미처분이익잉여금 또는 미처리결손금 계정으로 대체된다.

① **당기순손실 ₩10,000, 전기이월결손금 ₩2,000인 경우**

(차) 미처리결손금	12,000	(대) 손익	10,000
		전기이월결손금	2,000

결손금처리계산서

Ⅰ. 미처리결손금		
1. 전기이월결손금	₩2,000	
2. 당기순손실	10,000	12,000

② **당기순손실 ₩10,000, 전기이월이익잉여금 ₩2,000인 경우**

(차) 전기이월이익잉여금	2,000	(대) 손익	10,000
미처리결손금	8,000		

결손금처리계산서

Ⅰ. 미처리결손금		
1. 전기이월이익잉여금	₩2,000	
2. 당기순손실	(−) 10,000	8,000

③ **당기순손실 ₩10,000, 전기이월이익잉여금 ₩12,000인 경우**

(차) 전기이월이익잉여금	12,000	(대) 손익	10,000
		미처분이익잉여금	2,000

④ **미처리결손금의 처리:** 미처리결손금은 주주총회에서 다음과 같은 순서로 처리된다.

임의적립금 ⇨ 기타 법정적립금 ⇨ 이익준비금 ⇨ 자본잉여금

(차)		(대)	
임의적립금	×××	미처리결손금	×××
기타법정적립금	×××		
이익준비금	×××		
자본잉여금	×××		
차기이월결손금	×××		

이익잉여금처분계산서

제15기 20×1. 1. 1. ~ 20×1. 12. 31. 제16기 20×2. 1. 1. ~ 20×2. 12. 31.
처분예정일 20×2년 3월 31일 처분예정일 20×3년 3월 31일
회사명 (단위: 원)

구분	당기		전기	
1. 당기말미처분이익잉여금		×××		×××
전기이월미처분이익잉여금 (또는 전기이월미처리결손금)	×××		×××	
회계정책변경누적효과	–		×××	
전기오류수정손익	–		×××	
중간배당액	×××		×××	
당기순이익(또는 당기순손실)	×××		×××	
2. 임의적립금 등 이입액		×××		×××
×××적립금	×××		×××	
×××적립금	×××		×××	
합계		×××		×××
3. 이익잉여금처분액		×××		×××
이익준비금	×××		×××	
기타법정적립금	×××		×××	
주식할인발행차금상각액	×××		×××	
배당금지급액	×××		×××	
현금배당				
주식배당				
사업확장적립금	×××		×××	
감채적립금	×××		×××	
…………………				
4. 차기이월미처분이익잉여금		×××		×××

10 다음 거래를 회계처리하시오.

(1) (주)한국은 결산결과 당기순이익 ₩600,000을 계상하다.
(2) (주)한국은 결산결과 당기순이익 ₩800,000을 계상하다(단, 전기이월이익잉여금 ₩100,000 있음).
(3) (주)한국은 결산결과 당기순이익 ₩500,000을 계상하다(단, 전기이월결손금 ₩50,000 있음).
(4) (주)한국은 결산결과 당기순이익 ₩700,000을 계상하다(단, 전기이월결손금 ₩800,000 있음).

정답

	차변	금액	대변	금액
(1)	(차) 손익	600,000	(대) 미처분이익잉여금	600,000
(2)	(차) 손익	800,000	(대) 미처분이익잉여금	900,000
	전기이월이익잉여금	100,000		
(3)	(차) 손익	500,000	(대) 전기이월결손금	50,000
			미처분이익잉여금	450,000
(4)	(차) 손익	700,000	(대) 전기이월결손금	800,000
	미처리결손금	100,000		

11 다음 거래를 회계처리하시오.

(1) 12월 31일 (주)한국은 결산결과 당기순이익 ₩3,500,000을 계상하다.
(2) 3월 15일 (주)한국은 이사회에서 다음과 같이 처분안을 작성하였다.

- 이익준비금 ₩80,000
- 주식할인발행차금상각 400,000
- 별도적립금 350,000
- 사업확장적립금 1,200,000
- 배당금 1,200,000
  (현금배당 ₩800,000, 주식배당 ₩400,000)

(3) 3월 27일 (주)한국은 주주배당금 ₩800,000은 수표를 발행하여 지급하고 주식배당에 대하여는 신주를 발행하여 교부하다.

정답 (1) (차) 손 익 3,500,000 (대) 미처분이익잉여금 3,500,000

(2) (차) 미처분이익잉여금 3,500,000 (대) 이익준비금 80,000
주식할인발행차금상각 400,000
별도적립금 350,000
사업확장적립금 1,200,000
미지급배당금 800,000
미교부주식배당금 400,000
차기이월이익잉여금 270,000

(3) (차) 미지급배당금 800,000 (대) 당좌예금 800,000
미교부주식배당금 400,000 자본금 400,000

- 배당금 중 현금배당은 회사의 부채로서 미래에 현금이 기업으로부터 유출되는 데 반하여 주식배당·이익준비금·별도적립금·이월이익잉여금은 사내에 유보된다.
- 위의 내용으로 이익잉여금처분계산서를 작성하면 다음과 같다.

이익잉여금처분계산서

Ⅰ. 미처분이익잉여금		
1. 전기이월이익잉여금	₩0	
2. 당기순이익	3,500,000	₩3,500,000
Ⅱ. 임의적립금이입액	0	0
합계		3,500,000
Ⅲ. 이익잉여금처분액		
1. 이익준비금	80,000	
2. 주식할인발행차금상각	400,000	
3. 미교부주식배당금	400,000	
4. 미지급배당금	800,000	
5. 사업확장적립금	1,200,000	
6. 별도적립금	350,000	(−) 3,230,000
Ⅳ. 차기이월이익잉여금		₩270,000

제4절 자기주식과 주당순이익

1. 자기주식

(1) 의의

자기주식(自己株式, Treasury Stock)은 회사가 이미 발행하여 유통되고 있는 주식을 매입 또는 증여 등에 의하여 취득한 주식으로서, 소각되지 않은 주식을 말한다.

(2) 자기주식의 취득

자기주식의 취득(「상법」 제341조)은 재무상태표상의 배당가능이익의 범위 내에서 취득을 원칙적으로 허용하고 있다. 다만, 취득의 방법은 거래소에서 시세가 있는 경우에는 거래소에서 취득하는 방법과 각 주주가 가진 주식수에 따라 균등하게 취득하는 방법 중 하나의 방법으로 제한하고 있다. 그러나 회사는 다음 각 호의 어느 하나에 해당하는 경우에는 「상법」 제341조에도 불구하고 자기의 주식을 취득할 수 있다.

① 주식을 매입소각하기 위한 경우
② 회사의 합병 또는 다른 회사의 영업 전부를 양수하는 경우
③ 회사의 권리를 실행함에 있어서 그 목적을 달성하기 위하여 필요한 경우
④ 단주(端株)처리를 위하여 필요한 경우
⑤ 주주가 주식매수청구권을 행사한 경우

(3) 자기주식의 성격에 관한 견해의 대립

자기주식은 이론적으로 자산으로 보는 견해와 미발행주식으로 보는 견해가 있으나 자기주식에 대해서는 의결권, 신주인수권, 배당을 받을 권리, 청산 시에 잔여재산을 분배받을 권리가 없기 때문에 미발행주식설이 이론적으로도 타당하고, 한국채택국제회계기준에서도 미발행주식설에 따르고 있다.

(4) 자기주식의 회계처리방법

자기주식의 회계처리방법에는 자기주식의 취득 목적이 처분에 있다고 보는 원가법과 소각목적에 있다고 보는 액면가액법이 있으나, 한국채택국제회계기준에서는 자기주식에 대한 회계처리를 원가법에 의하여 처리하도록 하고 있다.

① 자기주식의 취득 시

차변	금액	대변	금액
(차) 자기주식	×××	(대) 현금	×××

② 자기주식의 처분 시 ⇨ 처분가액 > 취득원가

차변	금액	대변	금액
(차) 현금	×××	(대) 자기주식	×××
		자기주식처분이익	×××

③ 자기주식의 처분 시 ⇨ 처분가액 < 취득원가

차변	금액	대변	금액
(차) 현금	×××	(대) 자기주식	×××
자기주식처분손실	×××		

개념적용 문제

12 다음 거래를 회계처리하시오.

(1) 주식 100주를 액면 @₩5,000에 대하여 ₩7,000에 발행하다.
(2) 자기주식 30주를 1주당 ₩8,000에 취득하다.
(3) 위의 자기주식 10주를 1주당 ₩9,000에 처분하다.
(4) 위의 자기주식 10주를 1주당 ₩6,000에 처분하다.
(5) 위의 자기주식 잔액 10주를 소각하다.

정답

	차변	금액	대변	금액
(1)	(차) 현금	700,000	(대) 자본금	500,000
			주식발행초과금	200,000
(2)	(차) 자기주식	240,000	(대) 현금	240,000
(3)	(차) 현금	90,000	(대) 자기주식	80,000
			자기주식처분이익	10,000

• 취득원가 ₩80,000(10주 × @₩8,000) < 처분가격 ₩90,000(10주 × @₩9,000)

	차변	금액	대변	금액
(4)	(차) 현금	60,000	(대) 자기주식	80,000
	자기주식처분이익	10,000		
	자기주식처분손실	10,000		

• 취득원가 ₩80,000(10주 × @₩8,000) < 처분가격 ₩60,000(10주 × @₩6,000)
• 자기주식처분이익 ₩10,000과 상계 후 잔액인 ₩10,000을 자기주식처분손실로 처리한다.

	차변	금액	대변	금액
(5)	(차) 자본금	50,000	(대) 자기주식	80,000
	감자차손	30,000		

13 (주)한국은 20×4년 3월 5일에 자기주식 100주를 주당 ₩6,000에 취득하였다. 20×4년 3월 15일에는 위의 자기주식 중에서 30주를 주당 ₩6,500에 재발행하였다. 재발행 시 한국채택국제회계기준에 따른 회계처리로 옳은 것은? (단, 1주당 액면금액은 ₩5,000이다) 제11회 기출

	차변	금액	대변	금액
①	(차) 현금	195,000	(대) 자기주식	180,000
			자기주식처분이익	15,000
②	(차) 현금	195,000	(대) 보통주식	150,000
			주식발행초과금	45,000
③	(차) 현금	195,000	(대) 자기주식	180,000
			주식발행초과금	15,000
④	(차) 현금	195,000	(대) 자기주식	195,000
⑤	(차) 현금	195,000	(대) 보통주식	195,000

해설 자기주식처분이익: 30주 × (6,500 − 6,000) = ₩15,000

정답 ①

2. 주당순이익(EPS; Earning Per Share)

(1) 주당순이익의 의의

보통주식 1주에 귀속되는 이익 또는 손실을 말하며, 보통 주주에게 귀속될 이익을 사외유통보통주식수로 나누어 계산한다. 따라서 주당순이익이 높다는 것은 영업활동에 투입된 자본에 비해 상대적으로 많은 순이익이 달성되었다는 것을 의미하며, 기업의 규모와 관련하여 경영성과를 측정하는 지표가 되므로 포괄손익계산서상의 총체적인 당기순이익보다도 더 유용한 정보라고 할 수 있다. 또한 주당순이익의 정보는 기업의 수익력(Earning Power)을 나타내는 지수로 널리 사용되고 있으며, 현행기준에 의하면 주당순이익의 정보는 국제적 추세에 맞추어 회계정보이용자가 보다 쉽게 찾아 볼 수 있도록 포괄손익계산서 본문에 표시하고 그 산출근거를 주석으로 기재한다.

(2) 주당순이익의 유용성

① **미래 이익창출능력을 예측하는 데 유용**: 증자나 감자 등으로 인하여 자본금이 변동하는 경우 이로 인한 순이익의 증감효과를 추가적으로 고려할 수 있다.

② **경영자의 경영능률을 측정하는 데 유용**: 보통주 1주당 이익의 크기를 나타내므로 자본 규모에 관계없이 기업 간 또는 기간별 수익성 비교에 용이하다.

③ 주당순이익(EPS)과 주당배당률(DPS)을 비교함으로써 기업의 배당정책(사내유보정책)에 관한 정보를 제공한다.

④ 주가수익률(PER; Price Earning Ratio) 계산의 기초자료를 제공한다. (1주당 시가 ÷ 주당순이익)

(3) 주당순이익의 산정

- $\text{주당순이익} = \dfrac{\text{보통주 당기순이익(당기순이익 - 우선주배당금)}}{\text{가중평균유통보통주식주}}$
- $\text{주가수익률} = \dfrac{\text{1주당 시가}}{\text{주당순이익}}$

(4) 사외유통보통주식수의 계산

① 자기주식은 취득시점부터 매각시점까지의 기간 동안 발행보통주식수에서 제외된다.

② 당기 중에 유상증자의 실시 또는 신주인수권이나 주식매수선택권의 행사로 보통주가 발행된 경우에는 유통보통주식수를 당해 주식의 납입일을 기준으로 기간 경과에 따라 가중평균하여 포함한다.

③ 당기 중 무상증자, 주식분할, 주식배당, 주식병합 등이 실시된 경우에는 기초에 발생한 것으로 간주하여 발행보통주식수에 포함한다.

④ 당기 중 전환사채가 보통주로 전환된 경우에는 발행조건상의 전환일을 기준으로 발행보통주식수에 포함한다.

개념적용 문제

14 다음 자료에 의하여 가중평균유통보통주식수를 계산하시오.

(1) 20×1년 1월 1일 보통주식 10,000주이며, 7월 1일 유상증자 2,000주를 발행하였다.
(2) 20×1년 1월 1일 보통주(액면 @₩5,000) 30,000주와 우선주 15,000주를 발행하였다. 7월 1일에 자기주식 1,000주를 취득하였고, 10월 1일에 보통주 10,000주와 우선주 5,000주를 유상으로 발행하였다.
(3) 20×1년 1월 1일 주식총수 80,000주 중 1/4을 액면금액으로 발행하고 20×1년 4월 1일 구주 2주에 대하여 1주의 비율로 무상증자하였고 20×1년 11월 1일 12,000주를 유상증자하였다.
(4) 20×1년 1월 1일 현재 발행주식수 3,000주(이 중 자기주식 500주), 20×1년 4월 1일 유상증자 900주, 20×1년 7월 1일 자기주식 300주 매각하다.
(5) 20×1년 1월 1일 현재 발행주식이 2,000주, 7월 1일 2,000주를 유상증자하였고, 10월 1일 구주 1주에 대하여 1주의 비율로 무상증자를 실시하다.

해설 (1) 10,000주 + (2,000주 × 6/12) = 11,000주
(2) 30,000주 − (1,000주 × 6/12) + (10,000주 × 3/12) = 32,000주
(3) 20,000주 + 10,000주 + 2,000주 = 32,000주
- 발행주식수: 80,000주 × 1/4 = 20,000주
- 무상증자에 의한 발행주식수: 20,000주 × 1/2 = 10,000주
- 유상증자에 의한 발행주식수: 12,000주 × 2/12 = 2,000주
- 무상증자, 주식배당, 주식분할, 주식병합의 경우에는 기초에 실시된 것으로 간주한다.

(4) 2,500주 + (900주 × 9/12) + (300주 × 6/12) = 3,325주
(5) 2,000주 + (2,000주 × 6/12) + (2,000주 × 1) + (2,000주 × 6/12 × 1) = 6,000주
- 무상증자의 경우에는 기초에 실시한 것으로 간주하고 유상분은 유상일부터 계산한다.

15 (주)한국은 20×1년도 당기순이익이 ₩10,000,000 발생되었다. 주당순이익을 계산하시오.

• 20×1년 1월 1일 보통주(액면 @₩5,000)	10,000주
우선주(액면 @₩5,000, 10% 누적적 우선주)	5,000주
• 20×1년 5월 1일 유상증자: 보통주(액면 @₩5,000)	3,750주

① ₩600
② ₩610
③ ₩620
④ ₩630
⑤ ₩640

해설 • 우선주배당금: 5,000 × 10% × 5,000주 = ₩2,500,000
• 가중평균사외유통보통주식수: 10,000주 + (3,750주 × 8/12) = 12,500주
• 주당순이익: (10,000,000 − 2,500,000) ÷ 12,500주 = @₩600

정답 ①

16 20×1년 초 (주)한국은 28,000주의 보통주가 유통되고 있다. 3월 1일에 18,000주를 추가로 발행하였고, 8월 1일에도 12,000주를 추가로 발행하였다. 이 회사의 20×1년도 당기순이익은 ₩18,000,000으로 보고되었다. 20×1년도의 주당순이익은 얼마인가? 제8회 기출

① ₩355
② ₩375
③ ₩425
④ ₩475
⑤ ₩515

해설 • 유통주식수: 28,000주 + (18,000주 × 10/12) + (12,000주 × 5/12) = 48,000주
• 주당순이익: 18,000,000 ÷ 48,000주 = @₩375

정답 ②

CHAPTER 11 기출 & 예상문제로 완벽 복습

01 자본과 관련된 설명으로 옳은 것은? 제14회 기출

① 자본 구성항목의 표시는 유동성배열법을 따른다.
② 주식배당으로 주식을 교부하면 자본금이 증가한다.
③ 주식발행초과금과 같은 자본잉여금이라도 주주에게 배당이 가능하다.
④ 자본이란 자산총액에서 부채총액을 차감한 잔액으로 채권자에게 귀속될 잔여지분의 성격을 갖는다.
⑤ 기타포괄손익누계액은 자본거래로부터 발생한다.

해설 ① 자본 구성항목의 표시는 납입자본, 이익잉여금, 기타자본구성요소로 구분하여 분류한다.
③ 주식발행초과금과 같은 자본잉여금이라도 주주에게 배당이 불가능하다.
④ 자본이란 자산총액에서 부채총액을 차감한 잔액으로 소유주에게 귀속될 잔여지분의 성격을 갖는다.
⑤ 기타포괄손익누계액은 손익거래로부터 발생한다.

02 (주)한국은 20×1년 초 주당 액면금액 ₩5,000인 보통주 100주를 주당 ₩6,000에 현금으로 납입받아 회사를 설립하였다. 이에 대한 분개로 옳은 것은? 제22회 기출

	차변	금액	대변	금액
①	(차) 현금	600,000	(대) 보통주자본금	500,000
			주식발행초과금	100,000
②	(차) 현금	600,000	(대) 보통주자본금	600,000
③	(차) 현금	600,000	(대) 보통주자본금	600,000
④	(차) 현금	500,000	(대) 보통주자본금	600,000
	주식할인발행차금	100,000		
⑤	(차) 현금	600,000	(대) 보통주자본금	500,000
			자본조정	100,000

해설
- 100주 × 5,000 = ₩500,000(자본금)
- 100주 × 6,000 = ₩600,000(발행가액)
- 차액 ₩100,000은 주식발행초과금(자본잉여금)이다.

01 ② 02 ① 정답

03 **시가가 액면금액을 상회하여 거래되고 있는 주식을 배당하고, 이 주식배당을 시가배당으로 처리한다면 이익잉여금, 자본잉여금 및 소유주지분에 미치는 영향은?**

	이익잉여금	자본잉여금	소유주지분
①	감소	증가	증가
②	감소	불변	불변
③	감소	불변	증가
④	감소	증가	불변
⑤	감소	감소	불변

해설 (차) 미 처 분 이 익 잉 여 금 ××× (대) 자 본 금 (액 면) ×××
주 식 발 행 초 과 금 ×××

04 **자본변동표에서 확인할 수 없는 항목은?** 제18회 기출

① 자기주식의 취득
② 유형자산의 재평가이익
③ 기타포괄손익 공정가치 측정 금융자산평가이익
④ 현금배당
⑤ 주식분할

해설 주식분할은 자본에 변동을 주지 않으므로 자본변동표에서 확인할 수 없다.
② 유형자산의 재평가이익은 기타포괄손익누계액으로 자본변동표에 포함된다.

05 자본에 관한 설명으로 옳은 것을 모두 고른 것은?

제25회 기출

㉠ 주식 발행과 직접 관련하여 발생한 거래원가는 자본에서 차감하지 않고 당기손익으로 인식한다.
㉡ 유상감자는 자본금의 감소로 소멸되는 주식의 대가를 주주에게 실질적으로 지급하는 것으로 실질적 감자에 해당한다.
㉢ 무상증자 시에는 납입자본과 자본총계가 모두 증가한다.
㉣ 임의적립금은 주주총회의 의결을 거쳐 미처분이익잉여금으로 이입한 후 배당재원으로 사용할 수 있다.
㉤ 이익준비금은 법정준비금이므로 그 금액만큼을 반드시 외부 금융기관에 예치해야 한다.

① ㉠, ㉣
② ㉠, ㉤
③ ㉡, ㉢
④ ㉡, ㉣
⑤ ㉢, ㉤

해설 ㉠ 주식 발행과 직접 관련하여 발생한 거래원가는 주식발행가격에서 직접 차감한다.
㉢ 무상증자 시에는 납입자본과 자본총계는 불변한다.
㉤ 이익준비금은 법정준비금으로 상법 규정에 따라 강제적으로 매기 배당금(주식배당을 제외한 금액)의 1/10 이상씩을 적립하여 자본금의 1/2이 될 때까지 적립하도록 규정하고 있으나, 그 금액을 외부 금융기관에 예치해야 할 의무는 없다.

06 자본에 관한 설명으로 옳은 것을 모두 고른 것은?

제22회 기출

㉠ 자기주식을 취득하면 자본총액은 증가한다.
㉡ 유상증자 시에 자본금은 증가하나 자본총액은 변동하지 않는다.
㉢ 무상증자 시에 자본금은 증가하나 자본총액은 변동하지 않는다.
㉣ 주식배당 시에 자산총액과 자본총액은 변동하지 않는다.
㉤ 주식분할로 인해 발행주식수가 증가하여도 액면가액은 변동이 없다.
㉥ 임의적립금은 주주총회의 의결을 통해 미처분이익잉여금으로 이입한 후 배당할 수 있다.

① ㉠, ㉡, ㉢
② ㉠, ㉤, ㉥
③ ㉡, ㉢, ㉣
④ ㉡, ㉣, ㉤
⑤ ㉢, ㉣, ㉥

해설 ㉠ 자기주식을 취득하면 자본총액은 감소한다.
㉡ 유상증자 시에 자본금은 증가하고 자본총액도 증가한다.
㉤ 주식분할로 인해 발행주식수가 증가하고 액면가액은 감소한다.

03 ④ 04 ⑤ 05 ④ 06 ⑤ **정답**

07 **다음 중 자본이 증가하는 거래는? (단, 각 거래는 상호독립적이고, 자기주식의 취득은 상법상 정당한 것으로 가정한다)** 제20회 기출

① 중간배당(현금배당) ₩100,000을 실시하였다.
② 액면금액이 주당 ₩5,000인 주식 25주를 ₩4,000에 할인발행하였다.
③ 자기주식(액면금액 주당 ₩5,000) 25주를 주당 ₩4,000에 취득하였다.
④ 당기순손실 ₩100,000이 발생하였다.
⑤ 당기 중 ₩20,000에 취득한 기타포괄손익 공정가치 측정 금융자산의 보고기간 말 현재 공정가액은 ₩18,000이다.

해설 액면금액이 주당 ₩5,000인 주식 25주를 ₩4,000에 할인발행하면 자본은 증가한다.
① 중간배당(현금배당) ₩100,000을 실시하면 자본은 감소한다.
③ 자기주식(액면금액 주당 ₩5,000) 25주를 주당 ₩4,000에 취득하면 자본은 감소한다.
④ 당기순손실 ₩100,000이 발생하면 자본은 감소한다.
⑤ 기타포괄손익 공정가치 측정 금융자산의 보고기간 말 현재 공정가액이 하락하면 자본은 감소한다.

08 **아파트 관리업무를 영위하는 (주)한국의 당기 말 자본총계에 영향을 미치는 거래는 모두 몇 개인가? (단, 각 거래는 독립적이다.)** 제27회 기출

- 당기 관리비수입 발생(단, 당기 말까지 관리비 고지서는 미 발행)
- 차기 관리비를 당기에 미리 수령
- 당기 급여 발생(단, 급여지급은 차기에 이루어짐)
- 당기 중 주식배당 실시
- 당기 미수이자 발생(단, 이자수령은 차기에 이루어짐)

① 1개 ② 2개 ③ 3개
④ 4개 ⑤ 5개

해설
- 당기순이익에 미치는 영향은 수익과 비용이 발생하여야 한다.
- 당기 관리비 수입 발생(단, 당기 말까지 관리비 고지서는 미 발행): 수익 발생
- 차기 관리비를 당기에 미리 수령: 선수관리비(부채)
- 당기 급여 발생(단, 급여지급은 차기에 이루어짐): 비용 발생
- 당기 중 주식배당 실시: 자본 불변
- 당기 미수이자 발생(단, 이자수령은 차기에 이루어짐): 수익 발생

09 기타포괄이익을 증가 또는 감소시키는 거래는?

제24회 기출

① 매출채권에 대한 손상인식
② 신용으로 용역(서비스) 제공
③ 판매직원에 대한 급여 미지급
④ 영업용 차량에 대한 감가상각비 인식
⑤ 유형자산에 대한 최초 재평가에서 평가이익 인식

해설 유형자산에 대한 최초 재평가에서 평가이익을 인식하면 재평가잉여금(기타포괄이익)이 증가한다.

10 (주)한국은 20×2년 3월 27일 정기 주주총회에서 20×1년 재무제표를 승인하면서 현금배당을 선언하고 즉시 지급하였다. 주주총회의 배당금 선언 및 지급이 (주)한국의 재무제표에 미치는 영향으로 옳은 것은?

제25회 기출

① 20×1년 말 현금을 감소시킨다.
② 20×1년 당기순이익을 감소시킨다.
③ 20×1년 말 자본을 감소시킨다.
④ 20×2년 당기순이익을 감소시킨다.
⑤ 20×2년 말 자본을 감소시킨다.

해설
- 현금배당은 실질적 감자에 해당하며, 배당선언일에 자본이 감소한다. 따라서, 20×1년도 순이익에 대하여 20×2년에 배당을 선언하고 현금을 지급하였다면 20×1년 말에 자본이 감소하는 것이 아니라 20×2년 배당선언일에 자본과 자산(현금)이 감소한다.
- 20×2년 3월 27일 현금배당 시

(차) 이익잉여금	×××	(대) 현금	×××

07 ②	08 ③	09 ⑤	10 ⑤	정답

11 다음 자료에 의하여 당기에 적립할 이익준비금의 최저한도액을 계산하면 얼마인가?

• 법정자본금	₩10,000,000
• 당기순이익	2,500,000
• 배당률 10%(금전배당 80%, 주식배당 20%의 비율로 배당)	
• 결산일 직전의 이익준비금 계정잔액	4,950,000

① ₩80,000
② ₩800,000
③ ₩500,000
④ ₩1,000,000
⑤ ₩50,000

해설
- 결산일 직전 이익준비금 잔액이 ₩4,950,000이므로 적립할 이익준비금의 최저한도액은 ₩50,000이다.
- 이익준비금은 자본금의 1/2에 달할 때까지 매 결산기의 금전에 의한 배당금의 1/10 이상을 적립하여야 하므로 이익준비금의 최대적립액은 ₩5,000,000이다.
- 총배당액: 10,000,000 × 10% = ₩1,000,000
- 금전배당액: 1,000,000 × 80% = ₩800,000
- 이익준비금: 800,000 × 1/10 = ₩80,000

12 다음에 해당하는 자본항목은?

제27회 기출

상법의 규정에 따라 자본금의 1/2에 달할 때까지 현금배당액의 1/10 이상을 의무적으로 적립해야 한다.

① 주식발행초과금
② 감자차익
③ 자기주식
④ 주식할인발행차금
⑤ 이익준비금

해설 이익준비금은 상법의 규정에 따라 자본금의 1/2에 달할 때까지 현금배당액의 1/10 이상을 의무적으로 적립해야 한다.

13 주당 액면금액이 ₩5,000인 보통주 100주를 주당 ₩8,000에 현금 발행한 경우 재무제표에 미치는 영향으로 옳지 않은 것은? 제19회 기출

① 자산 증가
② 자본 증가
③ 수익 불변
④ 부채 불변
⑤ 이익잉여금 증가

해설 기업이 주식을 발행하는 경우 이익잉여금에는 영향이 없다.

14 (주)한국의 20×1년 초 자본의 내역은 다음과 같다.

• 보통주자본금(주당 액면금액 ₩500, 총발행주식수 4,000주	₩2,000,000
• 주식발행초과금(보통주)	500,000
• 이익잉여금	800,000
• 자본조정(20×0년 중 주당 ₩1,100에 취득한 자기주식 30주)	(33,000)
• 자본총계	₩3,267,000

(주)한국은 20×1년 3월 1일 자기주식 30주를 주당 ₩1,200에 취득하였고, 20×1년 6월 30일 자기주식 40주를 주당 ₩1,300에 처분하였으며, 20×1년 10월 1일 자기주식 20주를 소각하였다. (주)한국은 20×1년도 당기순손실 ₩200,000과 기타포괄이익 ₩150,000을 보고하였다. 20×1년 말 (주)한국의 자본총계는? 제26회 기출

① ₩3,181,000
② ₩3,217,000
③ ₩3,233,000
④ ₩3,305,000
⑤ ₩3,405,000

해설 10월 1일 자기주식의 소각은 자본 불변이다.

자본

3/1 취득	₩36,000	기초잔액	₩3,267,000
당기순손실	200,000	6/30 처분	52,000
기말잔액	3,233,000	기타포괄이익	150,000
	₩3,469,000		₩3,469,000

11 ⑤	12 ⑤	13 ⑤	14 ③	정답

15 **다음 자료를 이용하여 계산한 기말 자본총액은?** 제17회 기출

- 기초 자본총액: ₩10,000
- 7월 1일: 주당 액면가액 ₩100의 자기주식 10주를 주당 ₩300에 취득
- 8월 1일: 위 자기주식 중 5주를 주당 ₩350에 매각
- 9월 1일: 위 자기주식 중 3주를 소각

① ₩7,850
② ₩8,150
③ ₩8,500
④ ₩8,750
⑤ ₩9,650

해설
- 기말 자본총액: 기초 자본총액(10,000) − 7월 1일(3,000) + 8월 1일(1,750) = ₩8,750
- 7월 1일 자기주식의 취득: 10주 × 300 = ₩3,000(자본의 감소)

(차) 자기주식(감소)	3,000	(대) 현금	3,000

- 8월 1일 자기주식의 매각(재발행): 5주 × 350 = ₩1,750(자본의 증가)

(차) 현금	1,750	(대) 자기주식	1,500(증가)
		자기주식처분이익	250(증가)

- 9월 1일 자기주식의 소각: 자본의 불변

(차) 자본금	300(감소)	(대) 자기주식	900(증가)
감자차손	600(감소)		

16 **(주)한국은 20×2년 액면금액 @₩5,000, 배당률 8%인 누적적·비참가적 우선주 1,000주와 보통주 4,000주를 발행하여 설립되었다. (주)한국은 20×2년과 20×3년에 우선주에 대하여 배당을 하지 못하였으나 20×4년 말 ₩2,000,000을 현금배당하려고 한다. 이 경우 보통주에게 배당될 금액은 총 얼마인가?**

① ₩1,200,000
② ₩800,000
③ ₩2,000,000
④ ₩1,600,000
⑤ ₩1,000,000

해설
- 우선주배당금: (5,000 × 1,000주) × 8% × 3년 = ₩1,200,000
- 보통주배당금: 2,000,000 − 1,200,000 = ₩800,000

17 (주)한국은 다음과 같이 액면가 ₩1,000인 자기주식을 취득하여 매각하였다. 11월 10일 매각 시점의 분개로 옳은 것은?

제23회 기출

날짜	적요	금액	주식수
11월 1일	취득	₩950	50주
11월 5일	매각	970	20주
11월 10일	매각	930	30주

	차변		대변	
①	현 금	27,900	자 기 주 식	27,900
②	현 금	27,900	자 기 주 식	28,500
	자기주식처분손실	600		
③	현 금	27,900	자 기 주 식	28,500
	자기주식처분이익	400		
	자기주식처분손실	200		
④	현 금	30,000	자 기 주 식	28,500
			자기주식처분손실	600
			자기주식처분이익	900
⑤	현 금	30,000	자 기 주 식	28,500
			자기주식처분이익	1,500

해설
- 자기주식을 처분할 때 처분손익이 있으면 우선 상계하여야 한다.
- 11월 5일(매각): (970 − 950) × 20주 = 자기주식처분이익 ₩400
- 11월 10일(매각): 자기주식처분손실[(930 − 950) × 30주] − 400 = ₩200
- 11월 10일: (차) 현 금 27,900 (대) 자 기 주 식 28,500
  자 기 주 식 처 분 이 익 400
  자 기 주 식 처 분 손 실 200

15 ④ 16 ② 17 ③ 정답

18 (주)한국은 20×1년 1월 20일에 자기주식 50주를 주당 ₩8,000에 취득하여 1월 31일에 자기주식 중에서 20주를 주당 ₩7,000에 매각하였다. 회계처리로 옳은 것은? (단, 주당 액면은 ₩5,000이다)

① (차) 현금 140,000 (대) 자기주식 160,000
자기주식처분손실 20,000

② (차) 현금 140,000 (대) 보통주식 160,000
주식발행초과금 20,000

③ (차) 현금 140,000 (대) 자기주식 160,000
자기주식처분이익 20,000

④ (차) 현금 140,000 (대) 자기주식 160,000
주식할인발행차금 20,000

⑤ (차) 현금 140,000 (대) 보통주식 100,000
자기주식처분손실 20,000 주식발행초과금 60,000

해설 (1) 취득 시

(차) 자기주식 400,000 (대) 현금 400,000

(2) 처분 시

(차) 현금 140,000 (대) 자기주식 160,000
자기주식처분손실 20,000

19 (주)한국의 20×1년 1월 1일 유통보통주식수는 10,000주이다. 20×1년도에 발행된 보통주는 다음과 같다. 20×1년도 (주)한국의 가중평균유통보통주식수는? (단, 가중평균유통보통주식수는 월수를 기준으로 계산한다)

제23회 기출

- 4월 1일 무상증자 10%를 실시하였다.
- 9월 1일 유상으로 신주 15%를 공정가치로 발행하였다.

① 11,550주
② 11,600주
③ 11,650주
④ 11,700주
⑤ 11,750주

해설 가중평균유통보통주식수: 1월 1일(10,000주) + 4월 1일(10,000주 × 10%) + 9월 1일(11,000주 × 15% × 4/12) = 11,550주

20 20×1년도 자본과 관련된 자료가 다음과 같을 때 주당이익은? (단, 우선주는 누적적 우선주이다)

제19회 기출

- 당기순이익: ₩26,000,000
- 기초 보통주(주당 액면금액 ₩5,000): 10,000주
- 기초 우선주(주당 액면금액 ₩5,000, 배당률 연 8%): 5,000주

① ₩1,500
② ₩2,000
③ ₩2,400
④ ₩2,500
⑤ ₩3,000

해설
- 우선주배당금: (5,000주 × 5,000) × 8% = ₩2,000,000
- 주당순이익: $\frac{24,000,000}{10,000주}$ = @₩2,400

18 ① 19 ① 20 ③ 정답

21 다음은 (주)한국의 20×1년 회계기간 중의 자료이다. 주당순이익은 얼마인가?

- 1월 1일의 보통주식수: 27,000주
- 당기순이익: ₩5,500,000
- 우선주배당금: ₩1,500,000
- 유상증자(7월 1일): 12,000주
- 자기주식(10월 1일) 취득: 4,000주

① ₩155
② ₩95
③ ₩105
④ ₩125
⑤ ₩80

해설
- 보통주 당기순이익: 당기순이익(5,500,000) − 우선주배당금(1,500,000) = ₩4,000,000
- 유통보통주식수: 27,000주 + (12,000주 × 6/12 − 4,000주 × 3/12) = 32,000주
- 주당순이익: $\frac{4,000,000}{32,000주}$ = @₩125

22 (주)대한의 20×1년 1월 1일 현재 유통보통주식수는 10,000주이고, 이 중에서 4,000주를 20×1년 7월 1일 자기주식으로 취득하였다. (주)대한의 20×1년 당기순이익은 ₩9,000,000이고 비누적적 우선주에 대한 배당결의 금액은 ₩1,000,000이다. (주)대한의 20×1년 기본 주당순이익은? (단, 가중평균유통보통주식수는 월수를 기준으로 계산한다) 제18회 기출

① ₩800
② ₩900
③ ₩1,000
④ ₩1,125
⑤ ₩1,333

해설
- 보통주순이익: 9,000,000 − 1,000,000 = ₩8,000,000
- 가중평균주식수: 10,000주 − (4,000주 × 6/12) = 8,000주
- 주당순이익: $\frac{8,000,000}{8,000주}$ = @₩1,000

23 20×1년 초에 설립된 (주)한국의 유통보통주식수는 10,000주(주당 액면금액 ₩1,000)이고 우선주는 3,000주(배당률 10%, 누적적, 비참가적, 주당 액면금액 ₩1,000)이며, 20×1년에 유통보통주식수의 변동은 없다. 20×1년 당기순이익이 ₩5,000,000일 때, (주)한국의 기본주당순이익은?

제27회 기출

① ₩385
② ₩400
③ ₩470
④ ₩485
⑤ ₩500

해설
- 우선주 배당금: (3,000주 × 1,000) × 10% = ₩300,000
- 주당순이익: (5,000,000 − 300,000) ÷ 10,000주 = @₩470

24 (주)한국의 20×1년도 포괄손익계산서상 당기순이익은 ₩510,000이고, 우선주(비참가적, 비누적적)배당금은 ₩30,000이다. (주)한국의 20×1년도 기본주당순이익이 ₩30일 때, 가중평균유통보통주식수는?

제26회 기출

① 12,000주
② 13,000주
③ 15,000주
④ 16,000주
⑤ 17,000주

해설 가중평균유통보통주식수: (510,000 − 30,000) ÷ @₩30 = 16,000주

25 주당이익 계산 시 유통보통주식수를 증가시키는 사건이 아닌 것은? (단, 각 사건은 독립적이며, 보통주와 관련하여 기중에 발생한 것으로 가정한다)

제24회 기출

① 신주인수권 행사
② 유상증자
③ 자기주식 재발행
④ 주식배당
⑤ 주식병합

해설 주식병합은 주식수가 감소한다.

정답 21 ④ 22 ③ 23 ③ 24 ④ 25 ⑤

CHAPTER

12 수익 · 비용회계

회독체크 1 2 3

CHAPTER 미리보기

학습전략

본 단원은 수익과 비용에 관한 내용으로 시험에서는 2~3문항이 출제되고 있습니다. 2018년 1월부터 수익에 관한 기준서의 내용이 「고객과의 계약에서 생기는 수익」으로 종전에 수익에 관한 기준이 통폐합되었습니다. 수익을 인식하는 5단계를 암기하고 있어야 하며 수익의 개념과 측정, 형태별 인식기준, 건설계약 등이 중요합니다. 또한 수익계정과 비용계정의 구조를 확실히 알고 있어야 하고, 비용의 종류(성격별, 기능별 등), 보험료와 소모품비의 회계처리는 꼭 알아야 합니다.

학습키워드

- 수익인식의 5단계
- 수익인식시점
- 건설계약
- 수익·비용의 선급, 선수, 미지급, 미수

제1절 고객과의 계약에서 생기는 수익

1. 수익의 정의

수익(Income)은 「재무보고를 위한 개념체계」에서 '자산의 증가 또는 부채의 감소로 인한 자본의 증가를 초래하는 특정 회계기간 동안에 발생한 경제적 효익의 증가로서, 자본청구권 보유자의 출자와 관련된 것을 제외한 광의의 수익'으로 정의하고 있다. 여기에서 말하는 수익은 기업의 통상적인 활동에서 발생하는 수익(Revenue)과 그 외의 활동에서 발생하는 차익(Gains)을 모두 포함한 개념이다. K-IFRS에서는 수익을 「고객과의 계약에서 생기는 수익(기준서 1115호)」으로 정의하고 계약상대방이 고객인 경우에만 해당 기준서를 적용한다고 규정하고 있다. 이 기준서의 목적은 고객과의 계약에서 생기는 수익 및 현금흐름의 특성, 금액, 시기, 불확실성에 대한 유용한 정보를 재무제표이용자들에게 보고하기 위하여 적용할 원칙을 정하는 것이다.

① 수익은 경제적 효익의 증가로 자본이 증가하게 되지만 자본청구권 보유자의 출자와 관련된 자본의 증가는 수익에 포함되지 아니한다.

② K-IFRS 제1115호에서 광의의 수익은 수익과 차익을 포괄하는 개념이다.

③ 손익거래에서 발생하여 자본증가 원인에 속하지만 아직 실현되지 않은 기타포괄손익누계액은 당기수익에는 포함되지 않는다. 한국채택국제회계기준에서는 기타포괄손익누계액은 재무상태표에 자본항목으로 표시하며, 포괄손익계산서의 포괄이익으로 계산한다.

④ 수익은 기업의 통상적인 활동에서 발생하는 것으로 매출액, 수수료수익, 이자수익, 배당수익, 로열티수익 등 여러 가지 종류가 있으며, 수익에 관한 회계처리에서 가장 중요한 문제는 수익을 인식하는 시점을 결정하는 것이다. 제3자를 대신해서 회수한 금액(㉮ 일부 판매세)은 수익에서 제외한다.

⑤ 고객과의 계약에서 생기는 수익은 다음 단계를 거쳐서 인식한다.

㉠ 1단계: 계약을 식별

㉡ 2단계: 수행의무를 식별

㉢ 3단계: 거래가격을 산정

㉣ 4단계: 거래가격을 계약 내 수행의무에 배분

㉤ 5단계: 수행의무를 이행 ⇨ 수익 인식

참고 고객의 정의

고객은 기업의 통상적인 활동의 산출물인 재화나 용역을 대가와 교환하여 획득하기로 그 기업과 계약한 당사자를 말한다. 예를 들면, 계약상대방이 기업의 통상적인 활동의 산출물을 취득하기 위해서가 아니라 어떤 활동이나 과정(㉮ 협업약정에 따른 자산 개발)에 참여하기 위해 기업과 계약하였고, 그 계약당사자들이 그 활동이나 과정에서 생기는 위험과 효익을 공유한다면, 그 계약상대방은 고객이 아니다.

▶▶ 수익인식의 5단계

단계	구분		단계별 내용
1단계 :	계약의 식별	⇒	고객과의 계약 여부를 확인한다.
2단계 :	수행의무의 식별	⇒	고객에게 수행의무를 확인한다.
3단계 :	거래가격의 산정	⇒	고객으로부터 받을 대가를 측정한다.
4단계 :	거래가격의 배분	⇒	거래가격을 수행의무별로 배분한다.
5단계 :	수행의무의 이행	⇒	수행의무의 이행(재화나 용역이전)수익을 인식한다.

▶▶ 기업회계기준상 수익의 분류

계정분류		계정과목
수익	매출수익	총매출액 – (매출에누리 · 매출환입 · 매출할인) = 순매출액
	기타수익	이자수익, 배당금수익, 임대료, 금융자산처분이익, 금융자산평가이익, 외환차익, 외화환산이익, 지분법이익, 투자자산처분이익, 유형자산처분이익, 사채상환이익, 자산수증이익, 채무면제이익, 보험차익 등

제2절 수익인식의 5단계

1. 1단계: 계약의 식별

(1) 계약의 의의

계약은 둘 이상의 당사자 사이에 집행 가능한 권리와 의무가 생기게 하는 합의이다. 다음 5가지의 기준을 모두 충족하는 경우에만 고객과의 계약으로 회계처리한다.

① 계약당사자들이 계약을 (서면으로, 구두로, 그 밖의 사업 관행에 따라) 승인하고 각자의 의무를 수행하기로 확약한다.

② 이전할 재화나 용역과 관련된 각 당사자의 권리를 식별할 수 있다.

③ 이전할 재화나 용역의 지급조건을 식별할 수 있다.

④ 계약에 상업적 실질이 있다(계약의 결과로 기업의 미래현금흐름의 위험, 시기, 금액이 변동될 것으로 예상된다).

⑤ 고객에게 이전할 재화나 용역에 대하여 받을 권리를 갖게 될 대가의 회수 가능성이 높다. 대가의 회수 가능성이 높은지를 평가할 때에는 지급기일에 고객이 대가(금액)를 지급할 수 있는 능력과 지급할 의도만을 고려한다.

그러나 고객과의 계약이 위의 5가지 기준을 충족하지 못하지만 고객에게서 대가를 받은 경우에는 다음 사건 중 어느 하나가 일어난 경우에만 받은 대가를 수익으로 인식한다.

① 고객에게 재화나 용역을 이전해야 하는 의무가 남아 있지 않고, 고객이 약속한 대가를 모두(또는 대부분) 받았으며 그 대가는 환불되지 않는다.

② 계약이 종료되었고 고객에게서 받은 대가는 환불되지 않는다.

- 계약상 권리와 의무의 집행 가능성은 법률적인 문제이다. 계약은 서면으로, 구두로, 기업의 사업 관행에 따라 암묵적으로 체결할 수 있다.
- 고객과의 어떤 계약은 존속 기간이 고정되지 않을 수 있고 당사자 중 어느 한편이 언제든지 종료하거나 수정할 수도 있다.
- 기업이 약속한 재화나 용역을 아직 고객에게 이전하지 않았고, 기업이 약속한 재화나 용역에 대하여 어떤 대가도 아직 받지 않았고, 아직 받을 권리도 없다면 계약은 전혀 수행되지 않은 것이다.

(2) 계약의 변경

계약변경은 계약당사자들이 승인한 계약의 범위나 계약가격(또는 둘 다)의 변경을 말한다. 계약변경은 서면으로, 구두 합의로, 기업의 사업 관행에서 암묵적으로 승인될 수 있다.

- 복수의 계약을 하나의 상업적 목적으로 일괄 협상한다.
- 복수의 계약에서 약속한 재화나 용역(또는 각 계약에서 약속한 재화나 용역의 일부)은 단일 수행의무에 해당한다.

2. 2단계: 수행의무의 식별

(1) 수행의무

계약 개시시점에 고객과의 계약에서 약속한 재화나 용역을 검토하여 고객에게 다음 중 어느 하나를 이전하기로 한 약속을 하나의 수행의무로 식별한다.

① 구별되는 재화나 용역(또는 재화나 용역의 묶음)

② 실질적으로 서로 같고 고객에게 이전하는 방식도 같은 '일련의 구별되는 재화나 용역'

(2) 고객과의 계약으로 한 약속

① 일반적으로 고객과의 계약에는 기업이 고객에게 이전하기로 약속하는 재화나 용역을 분명히 기재한다. 그러나 고객과의 계약에서 식별되는 수행의무는 계약에 분명히 기재한 재화나 용역에만 한정되지 않을 수 있다.

② 기업이 재화나 용역을 고객에게 이전할 것이라는 정당한 기대를 하도록 한다면, 이러한 약속도 고객과의 계약에 포함될 수 있다.
③ 계약을 이행하기 위해 해야 하지만 고객에게 재화나 용역을 이전하는 활동이 아니라면 그 활동은 수행의무에 포함되지 않는다.

(3) 보증의무의 유형

① **확신유형의 보증**: 수행의무가 아니므로 충당부채로 처리한다.
② **용역유형의 보증**: 수행의무이므로 거래가격을 제품과 용역수익에 배분한다.

3. 3단계: 거래가격의 산정(수익의 측정)

거래가격은 고객에게 약속한 재화나 용역을 이전하고 그 대가로 기업이 받을 권리를 갖게 될 것으로 예상하는 금액이며, 제3자를 대신해서 회수한 금액(예 일부 판매세)은 제외한다. 고객과의 계약에서 약속한 대가는 고정금액, 변동금액 또는 둘 다를 포함할 수 있다.

> 거래가격을 산정하기 위하여 기업은 재화나 용역을 현행 계약에 따라 약속대로 고객에게 이전할 것이고, 이 계약은 취소·갱신·변경되지 않을 것이라고 가정한다.

(1) 변동대가(금액)

계약에서 약속한 대가에 변동금액(예 할인, 리베이트, 환불, 장려금 등)이 포함된 경우에는 고객에게 약속한 재화나 용역을 이전하고 그 대가로 받을 권리를 갖게 될 금액을 추정한다. 변동대가는 다음 중에서 기업이 받을 권리를 갖게 될 대가를 더 잘 예측할 것으로 예상하는 방법을 사용하여 측정한다.
① **기댓값**: 가능한 대가의 범위에 있는 모든 금액에 각 확률을 곱한 금액의 합이다.
② **가능성이 가장 높은 금액**

> **참고 변동대가 추정치를 제약**
>
> 변동대가와 관련된 불확실성이 나중에 해소될 때, 이미 인식한 누적 수익 금액 중 유의적인 부분을 되돌리지(환원하지) 않을 가능성이 매우 높은(Highly Probable) 정도까지만 추정된 변동대가(금액)의 일부나 전부를 거래가격에 포함한다.

(2) 계약에 있는 유의적인 금융요소

거래가격을 산정할 때, 계약당사자들 간에 (명시적으로나 암묵적으로) 합의한 지급시기 때문에 고객에게 재화나 용역을 이전하면서 유의적인 금융 효익이 고객이나 기업에 제공되는 경우에는 화폐의 시간가치가 미치는 영향을 반영하여 약속된 대가(금액)를 조정한다.

① 거래가격을 산정할 때 유의적인 금융요소(이자)를 포함한다.
② 금융지원 약속이 계약에 분명하게 기재되어 있든지 아니면 그 약속이 계약당사자들이 합의한 지급조건에 암시되어 있든지에 관계없이, 유의적인 금융요소가 있을 수 있다.

참고	금융요소의 실무적 간편법
계약을 개시할 때 기업이 고객에게 약속한 재화나 용역을 이전하는 시점과 고객이 그에 대한 대가를 지급하는 시점 간의 기간이 1년 이내일 것이라고 예상한다면 유의적인 금융요소의 영향을 반영하여 약속한 대가(금액)를 조정하지 않는 실무적 간편법을 쓸 수 있다.	

(3) 환불부채(고객에게 지급할 대가)

고객에게서 받은 대가의 일부나 전부를 고객에게 환불할 것으로 예상하는 경우에는 환불부채를 인식한다. 환불부채는 기업이 받았거나 받을 대가 중에서 권리를 갖게 될 것으로 예상하지 않는 금액(거래가격에 포함되지 않는 금액)으로 측정한다.
① 환불부채는 보고기간 말마다 상황의 변동을 반영하여 새로 수정한다.
② 반품권이 있는 판매 관련 환불부채는 보고기간 말마다 반품 예상량의 변동에 따라 환불부채의 측정치를 새로 수정하고 이에 따라 생기는 조정액을 수익(또는 수익의 차감)으로 인식한다.

(4) 비현금대가

고객이 현금 외의 형태로 대가를 약속한 계약의 경우에 거래가격은 비현금대가를 공정가치로 측정한다. 비현금대가의 공정가치를 합리적으로 추정할 수 없는 경우에는, 그 대가와 교환하여 고객(또는 고객층)에게 약속한 재화나 용역의 개별 판매가격을 참조하여 간접적으로 그 대가를 측정한다.

4. 4단계: 거래가격의 배분(수익의 측정)

거래가격을 배분하는 목적은 기업이 고객에게 약속한 재화나 용역을 이전하고 그 대가로 받을 권리를 갖게 될 금액을 각 수행의무(또는 구별되는 재화나 용역)별로 나타내기 위함이다.

(1) 개별 판매가격에 기초한 배분

거래가격을 상대적 개별 판매가격에 기초하여 각 수행의무에 배분하기 위하여 계약 개시시점에 계약상 각 수행의무의 대상인 구별되는 재화나 용역의 개별 판매가격을 산정하고 이 개별 판매가격에 비례하여 거래가격을 배분한다.

(2) 할인액의 배분

계약에서 약속한 재화나 용역의 개별 판매가격 합계가 계약에서 약속한 대가를 초과하면, 고객은 재화나 용역의 묶음을 구매하면서 할인을 받은 것이다. 할인액 전체가 계약상 하나 이상의 일부 수행의무에만 관련된다는 관측 가능한 증거가 있는 때 외에는, 할인액을 계약상 모든 수행의무에 비례하여 배분한다.

5. 5단계: 수행의무의 이행(수익의 인식)

기준서 제1115호(고객과의 계약에서 생기는 수익)에 의하면 재화의 판매와 용역의 제공을 포함하여 모든 수익은 고객에게 약속한 재화나 용역, 즉 자산을 이전하여 수행의무를 이행할 때(또는 기간에 걸쳐 이행하는 대로) 수익을 인식한다. 자산의 이전은 고객이 그 자산을 통제할 때(또는 기간에 걸쳐 통제하게 되는 대로) 이전된다.

(1) 기간에 걸쳐 이행하는 수행의무: 진행기준에 따라 수익 인식

다음 기준 중 어느 하나를 충족하면, 수행의무를 기간에 걸쳐 이행하는 것이다.

① 고객은 기업이 수행하는 대로 기업의 수행에서 제공하는 효익을 동시에 얻고 소비한다(예 청소용역 등).

② 기업이 수행하여 만들어지거나 가치가 높아지는 대로 고객이 통제하는 자산(예 재공품)을 기업이 만들거나 그 가치를 높인다.

③ 기업이 수행하여 만든 자산이 기업 자체에는 대체 용도가 없고, 지금까지 수행을 완료한 부분에 대해 집행 가능한 지급청구권이 기업에 있다.

참고 진행률의 측정방법

진행률 측정방법에는 산출법과 투입법이 포함된다. 적절한 진행률 측정방법을 결정할 때, 고객에게 이전하기로 약속한 재화나 용역의 특성을 고려한다.

- **산출법**: 산출법은 계약에서 약속한 재화나 용역의 나머지 부분의 가치와 비교하여 지금까지 이전한 재화나 용역이 고객에게 주는 가치의 직접 측정에 기초하여 수익을 인식한다.
- **투입법**: 투입법은 해당 수행의무의 이행에 예상되는 총투입물 대비 수행의무를 이행하기 위한 기업의 노력이나 투입물(예 소비한 자원, 사용한 노동시간, 발생원가, 경과한 시간, 사용한 기계시간)에 기초하여 수익을 인식하는 것이다. 기업의 노력이나 투입물을 수행기간에 걸쳐 균등하게 소비한다면, 정액법으로 수익을 인식하는 것이 적절할 수 있다.

참고 합리적인 진행률 측정

수행의무의 진행률을 합리적으로 측정할 수 있는 경우에만, 기간에 걸쳐 이행하는 수행의무에 대한 수익을 인식한다. 적절한 진행률 측정방법을 적용하는 데 필요한 신뢰할 수 있는 정보가 부족하다면 수행의무의 진행률을 합리적으로 측정할 수 없을 것이다. 그 상황에서는 수행의무의 산출물을 합리적으로 측정할 수 있을 때까지 발생원가의 범위에서만 수익을 인식한다.

(2) 한 시점에서 이행하는 수행의무

수행의무가 기간에 걸쳐 이행되지 않는다면, 그 수행의무는 한 시점에 이행되는 것이다. 고객이 약속된 자산을 통제하고 기업이 수행의무를 이행하는 특정 시점에서 수익을 인식한다.

참고 자산에 대한 통제

자산을 사용하도록 지시하고 자산의 나머지 효익의 대부분을 획득할 수 있는 능력을 말한다.
- 기업은 자산에 대해 현재 지급청구권이 있다.
- 고객에게 자산의 법적 소유권이 있다.
- 기업이 자산의 물리적 점유를 이전하였다.
- 자산의 소유에 따른 유의적인 위험과 보상이 고객에게 있다.
- 고객이 자산을 인수하였다.

개념적용 문제

01 (주)대한은 고객에게 휴대폰을 판매하고 동시에 A/S를 제공하는 회사다. A/S는 일반적으로 2년이며 휴대폰에 대한 판매 대가는 ₩10,000이며, A/S를 원하지 않는 고객에게는 ₩8,000에 판매하고 있다. A/S용역에 대한 비용은 보증기간 동안 균등하게 발생하고 (주)대한은 20×1년 7월 1일 고객에게 A/S를 포함하여 휴대폰 1대 판매하였다. 다음 물음에 답하시오.

(1) (주)대한이 휴대폰과 관련하여 인식할 수익의 5단계를 표시하시오.

정답 1. 계약의 식별: 휴대폰의 판매와 A/S에 관련 계약이 식별된다.
2. 수행의무의 식별: 기업이 수행해야 할 의무는 2개이며, 재화의 이전과 기간 동안에 A/S 의무가 있다.
3. 거래가격의 산정: 총거래가격은 ₩10,000이다.
4. 거래가격의 배분: 재화나 용역에 개별판매가격을 기초로 배분하여야 한다.
5. 수행의무의 이행: 휴대폰은 고객이 자산을 통제할 때 이행이 완료되고, 용역(A/S)은 2년 동안 이행된다.

(2) (주)대한이 20×1년 말 휴대폰과 관련하여 인식할 수익을 계산하시오.

정답

수행의무	총거래가격	개별거래가격	수행의무이행	수익인식
휴대폰 이전		₩8,000	100%	₩8,000
용역(A/S)제공		2,000	6/24(6개월)	500
계	₩10,000	₩10,000		₩8,500

(3) (주)대한의 휴대폰과 관련하여 회계처리를 하시오.

정답

7월 1일:	(차) 현금	10,000	(대)	매출수익	8,000
				계약부채(이연수익)	2,000
12월 31일:	(차) 계약부채(이연수익)	500	(대)	용역수익	500

02 고객과의 계약에서 생기는 수익에서 설명하는 다음 ( )에 공통으로 들어갈 용어는?

제27회 기출

- 수익인식 5단계: 계약의 식별 → ( )의 식별 → 거래가격을 산정 → 거래가격을 계약 내 ( )에 배분 → ( )의 이행에 따라 수익을 인식
- ( ): 고객과의 계약에서 구별되는 재화나 용역 또는 실질적으로 서로 같고 고객에게 이전하는 방식도 같은 일련의 구별되는 재화나 용역을 고객에게 이전하기로 한 약속

① 환불부채
② 계약자산
③ 계약부채
④ 판매가격
⑤ 수행의무

해설 수익 인식 5단계: 계약의 식별 → (수행의무)의 식별 → 거래가격을 산정 → 거래가격을 계약 내 (수행의무)에 배분 → (수행의무)의 이행에 따라 수익을 인식

정답 ⑤

03 다음 기준을 모두 충족하는 때에만, 고객과의 계약으로 회계처리한다. 옳지 않은 것은?

① 계약당사자들이 계약을 (서면으로, 구두로, 그 밖의 사업 관행에 따라) 승인하고 각자의 의무를 수행하기로 확약한다.
② 이전할 재화나 용역과 관련된 각 당사자의 권리를 식별할 수 있다.
③ 이전할 재화나 용역의 지급조건을 식별할 수 있다.
④ 계약에 상업적 실질이 있어야 하는 것은 아니다.
⑤ 고객에게 이전할 재화나 용역에 대하여 받을 권리를 갖게 될 대가의 회수 가능성이 높다.

해설 계약에는 상업적 실질이 있다(계약의 결과로 기업의 미래현금흐름의 위험, 시기, 금액이 변동될 것으로 예상된다).

정답 ④

04 고객과의 계약에서 생기는 수익에 대한 설명으로 옳지 않은 것은?

2019년 지방직 공무원 수정

① 고객에게 이전할 재화나 용역에 대하여 받을 권리를 갖게 될 대가의 회수 가능성이 높지 않더라도, 계약에 상업적 실질이 존재하고 이전할 재화나 용역의 지급조건을 식별할 수 있으면 고객과의 계약으로 회계처리한다.
② 수익을 인식하기 위해서는 '고객과의 계약 식별', '수행의무 식별', '거래가격 산정', '거래가격을 계약 내 수행의무에 배분', '수행의무를 이행할 때 수익인식'의 단계를 적용한다.
③ 거래가격 산정 시 제3자를 대신해서 회수한 금액은 제외하며, 변동대가, 비현금 대가, 고객에게 지급할 대가 등이 미치는 영향을 고려한다.
④ 고객에게 약속한 자산을 이전하여 수행의무를 이행할 때 수익을 인식하며, 자산은 고객이 그 자산을 통제할 때 이전된다.
⑤ 이미 인식한 누적 수익 금액 중 유의적인 부분을 되돌리지(환원하지) 않을 가능성이 매우 높은 정도까지만 추정된 변동대가(금액)의 일부나 전부를 거래가격에 포함한다.

해설 고객에게 이전할 재화나 용역에 대하여 받을 권리를 갖게 될 대가의 회수 가능성이 높고, 계약에 상업적 실질이 존재하고 이전할 재화나 용역의 지급조건을 식별할 수 있으면 고객과의 계약으로 회계처리한다.

정답 ①

제3절 계약원가

계약원가는 계약수익에 대응되는 요소로서, 계약체결 증분원가와 계약이행원가로 구분한다.

1. 계약체결 증분원가

계약체결 증분원가는 고객과 계약을 체결하기 위해 들인 원가로서 계약을 체결하지 않았다면 들지 않았을 원가이다(예 판매수수료).

① 고객과의 계약체결 증분원가가 회수될 것으로 예상된다면 이를 자산으로 인식한다.
② 계약체결 증분원가를 자산으로 인식하더라도 상각기간이 1년 이하라면 그 계약체결 증분원가는 발생시점에 비용으로 인식하는 실무적 간편법을 쓸 수 있다.
③ 계약체결 여부와 무관하게 드는 계약체결원가는 계약체결 여부와 관계없이 고객에게 그 원가를 명백히 청구할 수 있는 경우가 아니라면 발생시점에 비용으로 인식한다.

2. 계약이행원가

고객과의 계약을 이행할 때 드는 원가가 다른 기업회계기준서의 적용 범위(예 기업회계기준서 제1002호 '재고자산', 제1016호 '유형자산', 제1038호 '무형자산')에 포함되지 않는다면, 그 원가는 다음 기준을 모두 충족해야만 자산으로 인식한다.

① 원가가 계약이나 구체적으로 식별할 수 있는 예상 계약에 직접 관련된다.
  ㉠ 직접노무원가(예 고객에게 약속한 용역을 직접 제공하는 종업원의 급여와 임금)
  ㉡ 직접재료원가(예 고객에게 약속한 용역을 제공하기 위해 사용하는 저장품)
  ㉢ 계약이나 계약활동에 직접 관련되는 원가 배분액(예 계약의 관리·감독 원가, 보험료, 계약의 이행에 사용된 기기·장비의 감가상각비)
  ㉣ 계약에 따라 고객에게 명백히 청구할 수 있는 원가
  ㉤ 기업이 계약을 체결하였기 때문에 드는 그 밖의 원가(예 하도급자에게 지급하는 금액)
② 원가가 미래의 수행의무를 이행(또는 계속 이행)할 때 사용할 기업의 자원을 창출하거나 가치를 높인다.
③ 원가는 회수될 것으로 예상된다.

3. 계약자산과 계약부채의 표시

계약당사자 중 어느 한편이 계약을 수행했을 때, 기업의 수행 정도와 고객의 지급과의 관계에 따라 그 계약을 계약자산이나 계약부채로 재무상태표에 표시한다. 대가를 받을 무조건적인 권리는 수취채권으로 구분하여 표시한다.

(1) 계약자산

계약자산(Contract Asset)은 기업이 고객에게 이전한 재화나 용역에 대하여 그 대가를 받을 기업의 권리로, 그 권리에 시간의 경과 외의 조건(예 기업의 미래 수행)이 있는 자산이다. 그 계약에 대해 수취채권으로 표시한 금액이 있다면 이를 제외하고 계약자산으로 표시한다.

(2) 수취채권

수취채권(Receivables)은 기업이 대가를 받을 무조건적인 권리이다. 시간만 지나면 대가를 지급받기로 한 때가 되는 경우에 그 대가를 받을 권리는 무조건적이다. 예를 들면, 기업에 현재 지급청구권이 있다면 그 금액이 미래에 환불될 수 있더라도 수취채권을 인식한다. 수취채권의 측정치와 인식한 수익에 상응하는 금액 간의 차이는 비용(예 손상차손)으로 표시한다.

(3) 계약부채

계약부채(Contract Liability)는 기업이 고객에게서 이미 받은 대가(또는 지급기일이 된 대가)에 상응하여 고객에게 재화나 용역을 이전하여야 하는 기업의 의무이다.

개념적용 문제

05 다음 계약원가와 관련한 설명으로 옳지 않은 것은?

① 계약체결 증분원가는 고객과 계약을 체결하기 위해 들인 원가로서 계약을 체결하지 않았다면 들지 않았을 원가이다(예 판매수수료).
② 고객과의 계약체결 증분원가가 회수될 것으로 예상된다면 이를 자산으로 인식한다.
③ 계약체결 여부와 무관하게 드는 계약체결 원가는 계약체결 여부와 관계없이 고객에게 그 원가를 명백히 청구할 수 있는 경우가 아니라면 발생시점에 자산으로 인식한다.
④ 계약체결 증분원가를 자산으로 인식하더라도 상각기간이 1년 이하라면 그 계약체결 증분원가는 발생시점에 비용으로 인식할 수 있다.
⑤ 일반관리원가와 계약을 이행하는 과정에서 낭비된 재료원가, 노무원가, 그 밖의 자원의 원가로서 계약가격에 반영되지 않은 원가는 발생시점에 비용으로 인식한다.

해설 계약체결 여부와 무관하게 드는 계약체결 원가는 계약체결 여부와 관계없이 고객에게 그 원가를 명백히 청구할 수 있는 경우가 아니라면 발생시점에 비용으로 인식한다.

정답 ③

제4절 거래형태별 수익인식

1. 수익의 인식

수익인식은 수익이 속하는 회계기간을 결정하는 것으로서 수익의 기간귀속에 관한 것이다. 즉, 수익을 어느 회계기간의 손익계산에 포함시킬 것인가를 결정하는 과정을 수익의 인식이라고 한다. K-IFRS에서는 수익을 5단계를 거쳐서 인식한다고 하였다. 일반적으로 수익은 다음의 두 가지 요인이 충족될 때 실현되었다고 본다.

(1) 가득(稼得)기준

수익획득과정이 완료되거나 실질적으로 거의 완료되어야 한다. 즉, 기업이 고객과의 거래에서 재화나 용역을 이전되는 시점에서 수행의무가 이행되는 것으로 본다.

(2) 측정(測定)기준

수익획득활동으로 인해 기업이 고객과의 거래에서 재화나 용역을 이전하고 고객으로부터 받았거나 받을 대가의 공정가치를 합리적으로 측정할 수 있어야 한다.

2. 거래형태별 수익인식 기준

회계(會計)에서 인식(認識, Recognition)은 특정 거래를 화폐가치로 측정하여 장부 또는 재무제표에 기록하는 것을 의미한다. 수익의 인식기준에는 현금기준(Cash Basis)과 발생기준(Accrual Basis)이 있는데 현금기준은 현금이 입금되는 기간에 수익으로 인식하는 것이고, 발생기준은 수익이 발생하고 일정한 인식요건을 충족할 때 인식하는데 이를 실현기준(Realization Basis)이라고 한다.

여기서 수익의 실현은 수익획득과정의 진행 중에 특정 사건이 발생함으로써 미래순현금흐름에 대한 불확실성이 상당히 감소되는 것을 의미한다.

일반적으로 기업의 정상영업주기는 '생산 ⇨ 판매 ⇨ 대금회수'의 과정으로 되어 있는데, 수익실현기준은 이러한 과정에 따라 나누어진다. 수익실현기준은 다음과 같이 수익인식시점과 관련하여 열거된다.

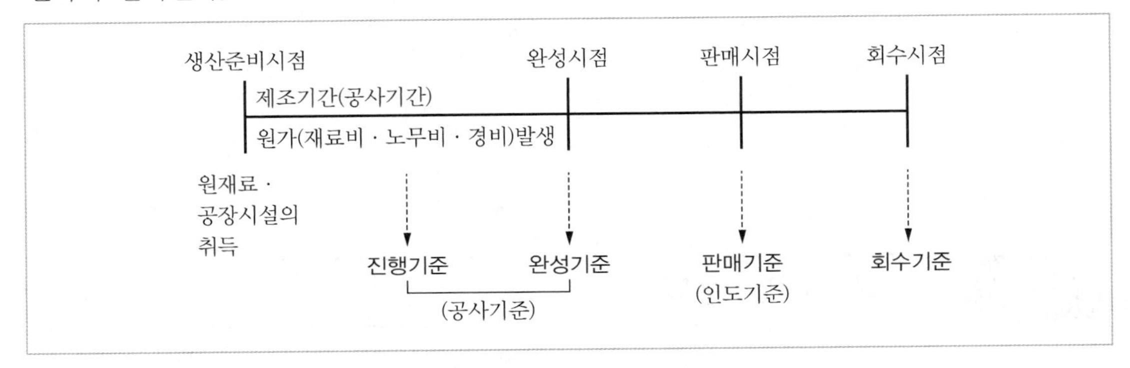

기업회계기준서 제1115호 '고객과의 계약에서 생기는 수익'으로 정의하고 있으며, 수익인식의 5단계를 거쳐서 기업이 수행의무를 이행하는 특정 시점에서 수익을 인식하거나 기간에 걸쳐 이행하는 수행의무 즉, 진행기준에 따라 수익을 인식한다.

3. 특정 시점에서 수익을 인식하는 경우

(1) 현금판매 및 신용(외상)판매

재화나 용역의 이전(제공)으로 인한 수익은 재화나 용역을 고객에게 인도한 시점에서 거래가격으로 인식한다. 이때 거래가격은 현금가격상당액이다. 다만, 장기신용매출의 경우에는 재화나 용역의 거래가격이 미래시점에서 회수되는 현금및현금성자산의 현재가치(미래현금흐름의 현가)로 결정한다.

(2) 설치 및 검사조건부 판매

고객이 재화의 인도를 수락하고 설치와 검사가 완료된 때 고객이 자산을 통제하는 것이다. 이런 경우에 수익으로 인식한다.

① 재화나 용역이 합의된 규격에 부합하는지 객관적으로 판단할 수 있다면 고객의 인수 여부와 관계없이 수익으로 인식한다.

② 재화나 용역이 합의된 규격에 부합하는지 객관적으로 판단할 수 없다면 고객이 인수를 수락하는 시점에서 수익으로 인식한다.

(3) 반품권이 있는 판매

반품기간에 언제라도 반품을 받기로 하는 기업의 약속은 환불할 의무에 더하여 수행의무로 회계처리하지 않는다. 반품권이 있는 제품(과 환불 대상이 되는 제공한 일부 용역)의 이전을 회계처리하기 위하여, 다음 사항을 모두 인식한다.

① 기업이 받을 권리를 갖게 될 것으로 예상하는 대가(금액)를 이전하는 제품에 대한 수익으로 인식(그러므로 반품이 예상되는 제품에 대해서는 수익을 인식하지 않을 것이다)

② 환불부채를 인식

③ 환불부채를 결제할 때, 고객에게서 제품을 회수할 기업의 권리에 대하여 자산(과 이에 상응하는 매출원가 조정)을 인식

• 반품을 예상할 수 있는 경우

(차) 현 금 (계 약 자 산)	×××	(대) 매 출 수 익	×××
		환 불 부 채	×××

• 반품을 예상할 수 없는 경우: 반품을 예상할 수 없는 경우에는 반품기간이 종료될 때 수익을 인식한다.

(차) 현 금 (계 약 자 산)	×××	(대) 환 불 부 채	×××

(4) 정기간행물 구독료

정기간행물의 구독료는 해당 품목의 판매가격이 매기 비슷한 경우에는 발송기간에 걸쳐 정액기준으로 수익을 인식한다. 그러나 품목의 판매가격이 기간별로 다른 경우에는 발송된 품목의 판매가격이 구독신청을 받은 모든 품목의 추정 총판매가액에서 차지하는 비율에 따라 수익을 인식한다.

(5) 할부판매

할부판매는 재화나 용역을 고객에게 이전하고 거래가격은 미래의 일정한 기간에 걸쳐 분할하여 회수하는 형태의 판매를 말한다. 이전시점과 대가를 지급하는 시점까지의 기간이 1년 이내일 것으로 예상하는 단기할부판매는 유의적인 금융요소가 포함되어 있지 않으므로 약속한 대가를 조정하지 않는다. 그러나 대금회수가 장기인 경우에는 현재가치로 평가한 금액을 수익으로 인식하고 유의적인 금융요소는 이자수익으로 인식한다. 거래가격은 할부금액을 내재이

자율로 할인한 현재가치이며, 이자수익은 유효이자율법을 적용하여 기간 경과 시 수익으로 인식한다.

① **수익의 인식시점**: 재화나 용역이 고객에게 이전된 시점

② **수익금액**: 할부금 총액의 현재가치(미래현금흐름의 현가)

구분	회계처리
재화의 인도	(차) 장기매출채권 ××× (대) 매출 ××× 현재가치할인차금 ××× * 매출액은 할부금 총액의 현재가치로 계상하고, 현재가치할인차금은 기간 경과에 따라 상각하여 이자수익으로 처리한다.
할부금 회수	(차) 현금 ××× (대) 장기매출채권 ××× 현재가치할인차금 ××× 이자수익 ×××

(6) 위탁판매

① 위탁판매(委託販賣)는 재화의 판매를 다른 회사에 위탁하는 방법을 말하며, 판매를 위탁한 회사를 '위탁자'라고 하고, 판매를 위탁받은 회사를 '수탁자'라고 한다. 수탁자는 수탁상품의 매출액을 수익으로 인식하는 것이 아니라 위탁자로부터 받기로 한 판매수수료만 수익으로 인식한다. 또한 위탁자는 수탁자가 매출한 금액을 수익으로 인식하고 수탁자가 제3자에게 판매한 날 수익이 실현된 것으로 본다.

㉠ 수익의 인식시점: 수탁자가 제3자에게 판매한 날

㉡ 수익금액: 수탁자가 제3자에게 판매한 거래가격

구분	회계처리
적송품의 발송	(차) 적송품 ××× (대) 매입 ××× 현금 ××× * 적송품원가 = 상품의 원가 + 적송제비용
수탁자가 판매한 날	(차) 판매수수료 ××× (대) 매출 ××× 적송품선수금 ××× 외상매출금 ××× (차) 매출원가 ××× (대) 적송품 ×××

② 수탁자는 수탁품으로 인하여 발생하는 위탁자와의 모든 채권과 채무를 수탁판매계정(혼합계정)으로 처리하여 정산한다.

구분	회계처리
수탁품의 인수	• 인수운임 지급 (차) 수탁판매 ××× (대) 현금 ××× • 화환어음의 인수 (차) 수탁판매 ××× (대) 지급어음 ×××
수탁품의 판매	(차) 매출채권 ××× (대) 수탁판매 ×××

매출계산서와 실수금의 송부	(차) 수 탁 판 매 ×××	(대) 제 비 용 ××× 수 수 료 수 익 ××× 현 금 ×××

(7) 시용판매

시용판매는 신제품 등의 홍보를 위하여 구매예정자에게 일정 기간 동안 시험사용기간을 부여하는 판매방식이다. 시용판매를 위하여 발송한 재화를 '시송품'이라고 하며, 시송품을 구매예정자에게 발송했다 하더라도 재화의 매출이 확정된 것이 아니기 때문에 거래가격에 의한 비망기록(대조계정을 사용하여 분개)을 한 후 구매자가 매입의사를 표시한 날에 수익으로 인식한다. 매입의사표시가 없는 시송품에 대해서는 원가를 계산하여 기말재고에 포함한다.

① **수익의 인식시점**: 고객이 매입의사표시한 날
② **수익금액**: 거래가격으로 받은 금액
③ **매입의사표시가 있으면**: 수익인식 ⇨ 고객의 재고자산
④ **매입의사표시가 없으면**: 기말재고 ⇨ 기업의 재고자산

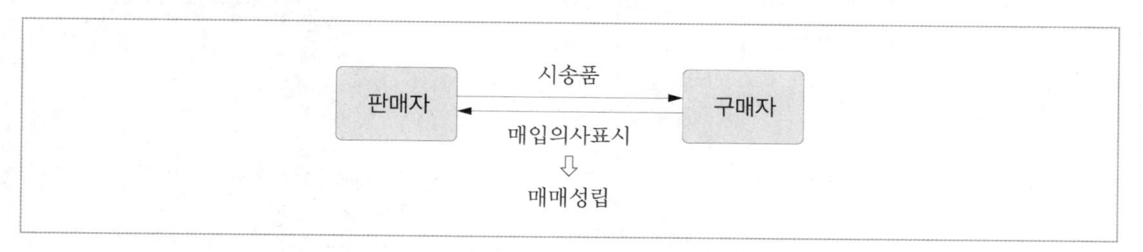

시송품의 발송	(차) 시 송 품 ××× * 대조계정이며, 판매가격으로 표시한다.	(대) 시 용 가 매 출 ×××
매입의사표시	(차) 시 용 가 매 출 ××× 매 출 채 권 (현 금) ×××	(대) 시 송 품 ××× 매 출 ×××
결산정리	(차) 이 월 상 품 ××× * 판매되지 않은 시송품은 원가로 환산하여 기말상품에 포함시킨다.	(대) 매 입 ×××

(8) 고객이 행사하지 아니한 권리(상품권)

고객에게서 선수금을 받은 경우에는 미래에 재화나 용역을 이전할 (또는 언제라도 이전할 수 있는 상태에 있어야 하는) 수행의무에 대한 선수금을 계약부채로 인식한다. 그 재화나 용역을 이전하고 따라서 수행의무를 이행할 때 계약부채를 제거(하고 수익을 인식)한다.
고객이 권리를 행사하지 아니한 대가를 다른 당사자(예 미청구 자산에 관한 관련 법률에 따른 정부기관)에게 납부하도록 요구받는 경우에는 받은 대가를 (수익이 아닌) 부채로 인식한다.

상품권의 경우 상품권 발행회사는 상품권의 액면금액을 계약부채(선수금)의 과목으로 하여 부채로 계상하고, 할인발행한 경우에는 할인액을 상품권할인액의 과목으로 하며, 상품권할인액은 계약부채(선수금)의 차감항목으로 재무상태표에 공시한다.

(차)			(대)	
현금	×××		계약부채	×××
상품권할인액	×××			

상품권 발행회사는 재화를 고객에게 인도하는 시점에 수행의무를 이행한 것이므로 상품권의 액면금액은 수익으로 인식하고 상품권할인액은 매출에누리로 처리하여 수익에서 차감한다.

(차)			(대)	
계약부채	×××		매출	×××
현금	×××			
매출	×××		상품권할인액	×××

상품권의 유효기간이 경과된 경우에는 유효기간이 경과한 시점에서 상품권에 명시된 비율에 따라 「상법」상의 소멸시효가 완성된 경우에는 남은 잔액을 수익으로 인식하고, 상품권 할인액은 수익에서 차감한다.

(차)			(대)	
계약부채	×××		상품권할인액	×××
			잡이익	×××

개념적용 문제

06 (주)한국은 20×1년 초에 1매당 액면금액이 ₩100,000인 상품권 10매를 1매당 ₩80,000에 판매하였다. 동 상품권의 만기는 발행일로부터 12개월이며, 20×1년 12월 말까지 회수된 상품권은 8매이다. 나머지 2매는 소멸시효가 완성될 때까지 회수되지 않았다. 한국채택국제회계기준에 따라 필요한 회계처리를 하시오.

정답 (1) 상품권 판매 시

(차)		(대)	
현금	800,000	계약부채	1,000,000
상품권할인액	200,000		

(2) 상품권 회수 시

(차)		(대)	
계약부채	800,000	매출	800,000
매출(에누리)	160,000	상품권할인액	160,000

(3) 유효기간 경과 시

(차)		(대)	
계약부채	200,000	상품권할인액	40,000
		잡이익	160,000

(9) 선수금에 포함된 유의적인 금융요소

재화나 용역을 판매하면서 대가를 먼저 수취하고 재화나 용역을 나중에 고객에게 이전하는 경우도 있다. 이 경우 대가의 수취 시점과 재화나 용역의 이전 시점 사이의 기간이 1년 이상인 경우라면 유의적인 금융요소가 포함된 것이다. 이때 유의적인 금융요소는 거래가격에서 조정하여야 한다. 기업은 고객과의 계약을 체결하고 대가를 수취한 시점에서 계약부채로 인식한다. 계약부채는 재화나 용역을 이전하는 시점까지 유효이자율법을 적용하여 이자비용을 인식하고 계약부채에 가산한다. 해당 계약부채는 재화나 용역이 이전되는 시점에서 수익으로 인식한다.

- 대가의 수령 시

(차) 현금	×××	(대) 계약부채	×××

- 이자비용 인식 시

(차) 이자비용	×××	(대) 계약부채	×××

- 재화의 이전(제공) 시

(차) 계약부채	×××	(대) 매출수익	×××

개념적용 문제

07 **(주)한국은 20×1년 초에 제품 50개(₩1,000,000)를 판매하는 계약을 체결하고 계약시점에서 10%에 해당하는 현금 ₩100,000을 수령하였다. 제품의 인도는 20×2년 말이며, 내재이자율은 10%이다. 제품인도 시 거래가격의 잔금은 현금으로 수취하였다. 일자별로 회계처리를 하시오.**

정답 (1) 계약금 수령 시(20×1년 초)

(차) 현금	100,000	(대) 계약부채	100,000

(2) 이자비용의 계산(20×1년 말)

(차) 이자비용	10,000	(대) 계약부채	10,000

- 100,000 × 0.1 = ₩10,000

(3) 제품 이전 시(20×2년 말)

(차) 이자비용	11,000	(대) 계약부채	11,000
계약부채	121,000	매출수익	1,021,000
현금	900,000		

- 110,000 × 0.1 = ₩11,000

(10) 부동산의 판매

부동산의 판매수익은 법적 소유권이 구매자에게 이전되는 시점에 인식한다. 그러나 법적 소유권이 이전되기 전이라도 소유에 따른 위험과 효익이 구매자에게 실질적으로 이전되는 경우가 있다. 즉, 잔금청산일, 소유권이전등기일 또는 매입자의 사용가능일 중 가장 빠른 날에 인식한다.

(11) 판매대리

기업이 타인의 대리인 역할만 수행하여 재화를 판매하는 경우에는 판매금액 총액을 수익으로 계상할 수 없으며, 판매수수료만을 수익으로 인식해야 한다(㉎ 임대업, 수출대행 종합상사, 인터넷상 중개판매 또는 경매 등).

(12) 재매입약정

자산을 판매하고, 그 자산을 다시 사기로 약속하거나 다시 살 수 있는 선택권을 갖는 계약으로 다음 3가지가 있다.

① 자산을 다시 사야 하는 기업의 의무(선도: Forward)

② 자산을 다시 살 수 있는 기업의 권리(콜옵션: Call Option)

③ 고객이 요청하면 자산을 다시 사야 하는 기업의 의무(풋옵션: Put Option)

4. 기간에 걸쳐 수익을 인식하는 경우(진행기준)

(1) 설치수수료

설치수수료는 재화를 판매한 후 설치하는 용역을 제공하는 경우에는 해당 설치용역이 이전되는 재화와 구별되는 용역인지 여부에 따라 회계처리한다.

① 설치용역이 재화와 구별되는 경우 별도의 수행의무로 보고 수익을 인식한다.

② 설치용역이 재화와 구별되지 않는 경우 단일의 수행의무로 보고 재화의 통제가 이전되는 시점에서 수익을 인식한다.

• 재화나 설치용역의 판매

(차) 계약자산	×××	(대) 매출수익	×××

• 재화의 통제가 고객에게 이전된 시점

(차) 현금	×××	(대) 계약자산	×××
		용역수익	×××

(2) 광고수수료

광고매체수수료는 광고 또는 상업방송이 대중에게 전달될 때 인식하고, 광고제작수수료는 광고제작의 진행률에 따라 인식한다.

(3) 예술공연 등 입장료수익

예술공연, 축하연, 기타 특별공연 등에서 발생하는 수익은 행사가 개최되는 시점에 인식한다. 하나의 입장권으로 여러 행사에 참여할 수 있는 경우의 입장료수익은 각각의 행사를 위한 용역의 수행된 정도가 반영된 기준에 따라 각 행사에 배분하여 인식한다.

(4) 수강료수익

강의 기간에 걸쳐 수익으로 인식한다.

(5) 건설계약

일반적으로 건설계약은 교량, 건물, 댐, 파이프라인, 도로, 선박 또는 터널과 같은 단일 자산을 건설하기 위하여 체결하고 기간에 걸쳐서(진행기준) 수익을 인식한다. 회계처리는 다음과 같다.

구분	차변	금액	대변	금액
공사원가 발생	(차) 미성공사	×××	(대) 현금	×××
공사대금 청구	(차) 계약미수금	×××	(대) 공사진행청구	×××
계약대금 수령	(차) 현금	×××	(대) 계약미수금 계약선수금	××× ×××
계약수익 인식 (결산 시)	(차) 계약원가 미성공사	××× ×××	(대) 계약수익	×××
공사완성 시	(차) 공사진행청구	×××	(대) 미성공사	×××

- 총도급금액 × 발생원가누계액 ÷ (실제발생원가누계액 + 잔존추정원가) = 계약수익
- 계약수익누계액 − 전기말 계약수익 = 당기계약수익

① 재무상태표에는 다음과 같이 표시한다.

㉠ 미청구공사(계약자산) 총액은 자산으로 표시한다.

㉡ 초과청구공사(계약부채) 총액은 부채로 표시한다.

② **진행률의 계산**: 산출법과 투입법이 있다.

$$\text{진행률} = \frac{\text{누적발생원가}}{\text{추정총계약원가}} = \frac{\text{누적발생원가(발생원가 합계)}}{\text{누적발생원가} + \text{(잔존)추정추가원가}}$$

③ **예상손실의 인식**: 총계약원가가 총계약수익을 초과할 가능성이 높은 경우, 예상되는 손실과 전기에 인식한 이익의 합계액을 즉시 당기비용으로 인식한다.

개념적용 문제

08 한국채택국제회계기준에 의할 때 수익인식시점에 관한 설명으로 옳은 것은?

① 위탁판매의 경우 위탁자는 수탁자에게 상품을 인도한 시점에 수익으로 인식한다.
② 정기간행물 구독의 경우 구독료수익은 구독물의 가액이 기간별로 다르다 하더라도 구독기간 동안 정액법으로 인식한다.
③ 방송사의 광고수익은 광고를 대중에게 전달한 시점에 인식한다.
④ 예술공연의 입장료수익은 입장권을 판매한 시점에 인식한다.
⑤ 상품권의 발행과 관련된 수익은 상품권을 판매한 시점에 인식한다.

해설 ① 위탁판매의 경우 수탁자가 제3자에게 위탁품을 판매한 날에 수익으로 인식한다.
② 정기간행물의 구독료수익은 구독물의 가액이 기간별로 동일한 경우에는 정액법으로 인식하고, 그렇지 아니한 경우에는 판매가격의 비율에 따라 수익을 인식한다.
④ 예술공연의 입장료수익은 행사가 개최되는 시점에 인식한다.
⑤ 상품권의 발행과 관련된 수익은 상품을 매출하고 상품권을 회수한 시점에 인식한다.

정답 ③

09 (주)한국은 20×1년 초 계약금액 ₩4,500,000에 서울시 건설공사를 수주하였다. 공사 기간은 3년이며, 공사원가와 관련된 자료는 다음과 같다. 진행기준으로 수익을 인식할 공사계약손익은 각각 얼마인가?

구분	20×1년	20×2년	20×3년
당기 발생원가	₩1,000,000	₩1,250,000	₩1,400,000
추가 소요원가	3,000,000	1,500,000	–
공사대금 청구액	1,000,000	2,000,000	1,500,000
공사대금 회수액	850,000	1,750,000	1,900,000

해설

• 20×1년 진행률: $\frac{1{,}000{,}000}{1{,}000{,}000 + 3{,}000{,}000} = 25\%$

공사수익: 4,500,000 × 25% = ₩1,125,000
공사이익: 1,125,000 − 1,000,000 = ₩125,000

• 20×2년 진행률: $\frac{2{,}250{,}000}{2{,}250{,}000 + 1{,}500{,}000} = 60\%$

공사수익: 4,500,000 × 60% − 1,125,000 = ₩1,575,000
공사이익: 1,575,000 − 1,250,000 = ₩325,000

• 20×3년 진행률: $\frac{3{,}650{,}000}{3{,}650{,}000} = 100\%$

공사수익: 4,500,000 × 100% − 2,700,000 = ₩1,800,000
공사이익: 1,800,000 − 1,400,000 = ₩400,000

10 (주)한국은 고객과 20×1년부터 3년간 용역제공 계약을 체결하고 용역을 제공하고 있다. 최초 계약 시 총계약금액은 ₩2,000이었다. 20×2년 중 용역계약원가의 상승으로 총계약금액을 ₩2,400으로 변경하였다. 용역제공과 관련된 자료가 다음과 같을 때, (주)한국이 인식할 20×2년도 용역계약손익은? (단, 진행률에 의해 계약수익을 인식하며, 진행률은 총추정계약원가 대비 누적발생계약원가로 산정한다) 제23회 기출

구분	20×1년	20×2년	20×3년
당기발생계약원가	₩320	₩880	₩800
총추정계약원가	1,600	2,000	2,000

① 손실 ₩120 ② 손실 ₩80 ③ 이익 ₩120
④ 이익 ₩160 ⑤ 이익 ₩240

해설

구분	20×1년	20×2년
진행률	$\frac{320}{1,600}$ = 20%	$\frac{1,200}{2,000}$ = 60%
공사수익	2,000 × 20% = ₩400	(2,400 × 60%) − 400 = ₩1,040
공사이익	400 − 320 = ₩80	1,040 − 880 = ₩160

정답 ④

제5절 비용회계

1. 비용의 의의

비용(費用, Expenses)은 수익의 획득을 위하여 희생된 경제적 가치로서, 정상적인 영업활동의 결과로 발생하는 경제적 효익의 총유출이다. 따라서 비용은 기업의 경영활동에 의한 자산의 감소 또는 부채의 증가에 의한 자본의 감소액으로서, 지분참여자(자본주)에 대한 분배액을 제외한다.

2. 비용의 측정

비용은 비용발생과 관련하여 감소한 자산 또는 증가한 부채의 공정가치로 측정한다.

3. 비용의 인식

비용의 인식은 수익과 비용의 대응관계에 따라 비용의 기간귀속을 결정하는 것이다. 즉, 비용

금액을 적절히 측정하여 어느 회계기간에 배분할지를 결정하는 과정이다. 비용은 발생시점(발생주의)을 기준으로 인식한다. 비용의 발생은 수익의 획득을 전제하기 때문에 우선적으로 관련 수익과의 인과관계에 따라 판단하고, 인과관계에 따라 판단할 수 없는 경우에는 기간배분과정이나 경제적 사건의 발생시점을 기준으로 판단한다.

(1) 수익과의 인과관계에 따라 인식하는 경우(직접대응)

특정 수익을 획득하기 위하여 희생된 비용으로서 개별적으로 식별가능한 것

㉮ 매출원가, 직접적인 판매비(개별적인 운반비, 포장비, 판매원수당, 판매보증비 등)

(2) 체계적이고 합리적인 기간배분의 원칙에 따라 인식하는 경우(간접대응)

수익과의 개별적인 대응관계는 성립되지 않지만 일정 기간 동안 체계적으로 배분되는 것

㉮ 감가상각비, 무형자산상각비, 보험료, 임차료 등

(3) 발생 즉시 인식하는 경우(발생 즉시)

수익과의 개별적인 대응관계도 불확실하고, 일정 기간 동안 체계적으로 배분되지도 않는 경우에는 자산이 감소하거나 부채가 증가하는 시점을 기준으로 인식

㉮ 수선비, 급여, 대손상각비 등 대부분의 비용

개념적용 문제

11 비용의 인식에서 수익에 직접 대응되어 인식되는 비용으로 옳은 것은? 제12회 기출

① 대표이사 업무용 승용차의 보험료
② 당기에 판매된 상품의 원가
③ 본사건물의 감가상각비
④ 영업자금 조달을 위해 발행된 사채의 이자비용
⑤ 기업의 이미지 제고를 위한 광고선전비

해설
- 직접대응: 매출원가, 운반비, 판매수수료, 포장비 등
- 간접대응: 감가상각비, 보험료 등
- 발생즉시: 급여, 연구비, 광고선전비, 이자비용 등

정답 ②

4. 비용의 분류

한국채택국제회계기준에서는 비용을 포괄손익계산서에 성격별로 구분하여 표시할 것인지, 기능별로 구분하여 표시할 것인지를 선택할 수 있도록 규정하고 있다.

(1) 성격별 표시

당기손익에 포함된 비용은 그 성격(예 감가상각비, 원재료의 구입, 운송비, 종업원급여와 광고비 등)별로 표시하여 미래현금흐름을 예측하는 데 유용한 정보를 제공할 수 있고, 기능별로 재배분하지 않는다.

(2) 기능별 표시

기능별 분류법은 '매출원가법'이라고도 하는데, 비용을 매출원가, 물류원가(물류비), 관리활동원가(일반관리비) 등과 같이 기능별로 분류한다. 이 방법에서는 적어도 매출원가를 다른 비용과 분리하여 공시하고 성격별로 추가 공시를 하여야 한다.

① **매출원가**: 상품 등의 판매 또는 용역의 제공으로 계상된 매출상품(제품)의 원가

② **물류비 및 관리비**: 상품판매와 용역제공의 판매활동에 관련된 비용(물류비)과 기업의 관리와 유지에서 발생하는 비용(관리비)

③ **기타비용 등**: 기업의 주요 영업활동에 직접 관련되지 않은 부수적 활동에 따라 발생하는 거래로 나타나는 비용과 비경상적으로 발생하는 손실

④ **법인세비용**

㉠ 법인세비용은 법인기업의 과세소득에 대하여 일정한 세율을 적용하여 부과하는 세금으로서 법인기업이 부담할 비용이다. 그러나 「법인세법」 규정에 의하여 계산된 과세소득(Taxable Income)과 회계기준에 의하여 계산된 회계이익(Accounting Income)은 일반적으로 그 금액이 일치하지 않는다.

㉡ **일시적 차이**: 예를 들면, 용역제공에 따른 수익발생액 ₩150,000 중 현금수입액은 ₩120,000이며, 미수수익 ₩30,000이 있다고 가정했을 때, 과세소득금액이 현금기준에 따라 ₩120,000만 계산된다면, 회계상의 수익은 ₩150,000으로 계산되어 과세소득과 회계상의 수익에는 ₩30,000의 차액이 발생하게 된다. 이 차액은 미수수익이 미래에 현금으로 회수되는 시점에서 과세소득에 포함되어 장기적으로는 과세소득금액과 회계상의 이익이 일치하게 될 것이다. 이러한 차이를 일시적 차이라고 한다.

㉢ **이연법인세회계**: 이러한 일시적 차이로 인하여 당기에 납부하는 법인세비용은 과세소득 ₩120,000을 기준으로 계산하여 납부하고, 회계상의 이익은 ₩150,000으로 계산되기 때문에 납부한 세금을 당기의 비용으로 손익계산서에 그대로 인식하면 현재의 법인세비용은 과소계상되고 미수수익이 회수되는 시점이 속한 미래의 손익계산서에는 법인세비용이 과대계상되는 결과가 되어 수익과 비용의 합리적인 대응을 기대할 수 없게 되는 문제점이 있다. 이와 같은 이유 때문에 일시적 차이에 대한 법인세비용을 계산하여 '이연법인세자산(부채)'을 인식하여 납부할 세액에서 가감한 잔액을 당기의 법인세비용으로 인식하게 되는데, 이와 같은 회계처리방법을 이연법인세회계라고 한다.
이연법인세회계에는 일시적 차이에 미래세율을 적용하여 이연법인세자산(부채)의 계산

을 중요시하는 '자산·부채법'과 일시적 차이에 현행세율을 적용하여 이연법인세자산(부채)을 차기로 이연하는 '이연법'이 있는데, 자산·부채법은 수익과 비용의 합리적인 대응이라는 관점보다는 이연법인세자산(부채)의 평가를 중요시하는 입장(재무상태표접근법)이고, 이연법은 이연법인세자산(부채)의 평가보다는 법인세비용의 계산을 중요시하는 입장(손익계산서접근법)이다.

㉣ 한국채택국제회계기준에서는 자산·부채법을 채택하고 있다. 자산·부채법의 입장에서 이연법인세회계제도를 정리하면 다음과 같다.

ⓐ 법인세부담액 계산

법인세부담액 = 과세표준액 × 현행세율
= {법인세비용차감전순이익 ± 세무조정(일시적 차이, 영구적 차이)} × 현행세율

ⓑ 이연법인세 계산

- 가산할 차이 × 미래세율 = 이연법인세부채
  - * 가산할 차이 = 회계상의 이익 > 과세표준
- 차감할 차이 × 미래세율 = 이연법인세자산
  - * 차감할 차이 = 회계상의 이익 < 과세표준
  - * 이연법인세자산은 미래의 과세소득이 발생할 가능성이 높은 경우에만 제한적으로 인식한다.
- 특정 실체 내의 이연법인세자산/부채는 서로 상계한 잔액을 모두 비유동항목으로 구분하여 인식한다. 이연법인세자산·부채는 비유동항목이라 하더라도 이를 현재가치로 평가하지 않는다.

ⓒ 법인세비용의 계산

법인세비용 = 법인세부담액 + 이연법인세부채(− 이연법인세자산)
= 법인세부담액 + 이연법인세부채증가액(− 이연법인세자산증가액)

ⓓ 회계처리

구분	차변	금액	대변	금액
중간예납	(차) 법 인 세 비 용	×××	(대) 현 금	×××
법인세의 확정 (결산정리)	(차) 법 인 세 비 용	×××	(대) 미 지 급 법 인 세	×××
	이 연 법 인 세 자 산	×××		
	(차) 법 인 세 비 용	×××	(대) 미 지 급 법 인 세	×××
			이 연 법 인 세 부 채	×××
법인세의 납부	(차) 미 지 급 법 인 세	×××	(대) 현 금	×××

ⓔ **과세소득과 회계이익의 차이:** 과세소득과 회계이익의 차이는 일시적 차이와 영구적 차이로 나뉘는데, 이연법인세회계와 관련된 것은 일시적 차이이다.

i) **일시적 차이**: 기업의 수익·비용 인식시기와 세법의 수익인식시기가 다르기 때문에 발생한다.

ii) **영구적 차이**: 기간이 경과한 후에도 차이가 소멸되지 않는 기부금, 벌과금, 접대비 등이 있다.

개념적용 문제

12 (주)한국의 연도별 회계자료는 다음과 같다. 동사의 법인세율은 30%이다.

	20×1년	20×2년	20×3년
• 법인세비용차감전순이익	₩10,000	₩10,000	₩10,000
• 익금산입	3,000	–	–
• 익금불산입	–	(–) 2,000	(–) 1,000
• 과세소득	₩13,000	₩8,000	₩9,000

연도별 (주)한국이 행할 회계처리를 하시오.

정답

	(차)		(대)	
• 20×1년:	법인세비용	3,000	미지급법인세	3,900
	이연법인세자산	900		
• 20×2년:	법인세비용	3,000	미지급법인세	2,400
			이연법인세자산	600
• 20×3년:	법인세비용	3,000	미지급법인세	2,700
			이연법인세자산	300

13 (주)한국의 연도별 회계자료는 다음과 같다. 동사의 법인세율은 30%이다.

	20×1년	20×2년	20×3년
• 법인세비용차감전순이익	₩10,000	₩10,000	₩10,000
• 손금산입	(3,000)	–	–
• 손금불산입	–	2,000	1,000
• 과세소득	₩7,000	₩12,000	₩11,000

연도별 (주)한국이 행할 회계처리를 하시오.

정답

	(차)		(대)	
• 20×1년:	법인세비용	3,000	미지급법인세	2,100
			이연법인세부채	900
• 20×2년:	법인세비용	3,000	미지급법인세	3,600
	이연법인세부채	600		
• 20×3년:	법인세비용	3,000	미지급법인세	3,300
	이연법인세부채	300		

제6절 결산정리 및 수익·비용의 이연과 예상

1. 결산정리사항

(1) 의의

① 결산정리는 기말정리라고도 하는데, 시산표에서 대차평균의 원리에 의하여 원장 각 계정의 기록·계산의 정확성을 확인했더라도 원장 잔액과 실제 잔액에 차이가 있을 수 있다. 이러한 경우 원장 잔액과 실제 잔액을 일치시켜 보고하여야 한다. 그 내용을 조사하여 변동사항을 기재하는 표를 재고조사표라고 하고, 기재된 원장 잔액의 변동사항을 결산정리(기말정리)사항이라 한다. 이를 분개한 것을 정리분개 또는 수정분개라 하고, 이를 원장 각 계정에 전기하는 것을 정리기입(수정기입)이라 한다.

② 결산정리사항에는 다음과 같은 것들이 있다.

㉠ 재고자산(상품 등)의 평가(측정)
㉡ 재고자산의 감모손실과 평가손실 계상
㉢ 매출채권 등에 대한 대손 추정
㉣ 금융자산(유가증권)의 평가
㉤ 유형자산의 감가상각, 무형자산의 상각
㉥ 수익·비용의 이연과 예상
㉦ 소모품의 정리(비용처리법, 자산처리법)
㉧ 임시계정(가계정)의 정리
㉨ 충당부채의 설정
㉩ 부가가치세계정의 정리
㉪ 법인세비용의 계산
㉫ 현재가치할인차금의 상각(환입) 등
㉬ 사채발행차금의 상각(환입)
㉭ 외화 자산과 부채의 평가(자산의 손상 및 재평가)

(2) 필요성

① 정확한 재무제표 작성을 위해서는 꼭 필요한 절차이다.
② 결산 시에 인식할 거래로서 추가적 수정분개가 필요하다.

(3) 종류

① **자산의 결산정리:** 재고조사표의 작성
② **손익의 결산정리:** 수익·비용의 이연과 예상

이연항목	• 비용의 이연(선급비용): 비용에서 차감하여 자산으로 이월 • 수익의 이연(선수수익): 수익에서 차감하여 부채로 이월
예상항목	• 비용의 예상(미지급비용): 비용에 가산하여 부채로 이월 • 수익의 예상(미수수익): 수익에 가산하여 자산으로 이월

2. 수익·비용의 이연과 예상

(1) 비용의 이연(선급비용)

당기에 속해 있는 비용 중에 차기의 속하는 비용을 당기의 비용으로부터 차감하고 그 금액을 자산(선급비용)으로 계상하는 것을 비용의 이연이라고 한다. 선급비용에는 선급보험료·선급임차료·선급이자비용 등이 있다.

개념적용 문제

14 다음 거래를 회계처리하시오.

(1) 9월 1일에 1년분의 화재보험료 ₩6,000을 지급하고 12월 31일 결산에 있어서 미경과분을 이월하다. 결산 시 비용계정을 손익계정으로 대체하는 결산분개도 하다.
(2) 다음 연도 1월 1일 선급보험료 ₩4,000을 보험료계정에 제대체하다.

해설 • 보험료 지급액: ₩6,000

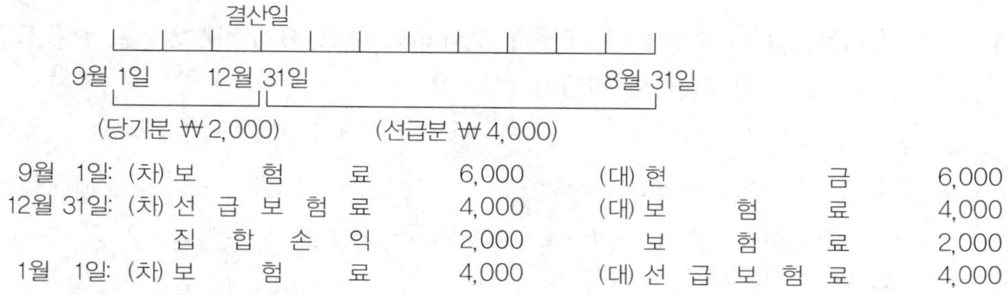

날짜	차변	금액	대변	금액
9월 1일:	(차) 보험료	6,000	(대) 현금	6,000
12월 31일:	(차) 선급보험료	4,000	(대) 보험료	4,000
	집합손익	2,000	보험료	2,000
1월 1일:	(차) 보험료	4,000	(대) 선급보험료	4,000

• 선급보험료는 차기에 비용이 되는 것이므로 다음 연도 초에 비용계정으로 대체한다. 이러한 계정의 대체를 재대체라 하고, 이때 이루어지는 분개를 재수정분개 또는 역분개라고 한다(임의적 사항).

선급보험료

차변		금액	대변		금액
12월 31일	보험료	4,000	12월 31일	차기이월	4,000
1월 1일	전기이월	4,000	1월 1일	보험료	4,000 (재대체)

보험료

차변		금액	대변		금액
9월 1일	현금	6,000	12월 31일	선급보험료	4,000
			12월 31일	손익	2,000
		6,000			6,000
1월 1일	선급보험료	4,000			

15 (주)한국은 20×1년 7월 1일 건물에 대한 향후 1년간의 보험료로 ₩1,200을 지급하였다. 12월 31일 결산 시 회계처리하시오.

해설 20×1년 7월 1일의 분개는 다음의 두 가지 유형이 가능하다.

(1) 보험료 ₩1,200을 자산(선급비용)으로 기록

(차) 선 급 보 험 료	1,200	(대) 현 금	1,200

(2) 보험료 ₩1,200을 비용으로 기록

(차) 보 험 료	1,200	(대) 현 금	1,200

이에 따른 20×1년 12월 31일의 기말수정분개는 다음과 같이 나타난다.

(1)의 경우:	(차) 보 험 료	600	(대) 선 급 보 험 료	600
(2)의 경우:	(차) 선 급 보 험 료	600	(대) 보 험 료	600

위의 어느 방법에 의하든 수정분개 후 각 계정의 잔액은 모두 동일하다.

	보험료	선급보험료
• (1)의 방법	₩600	₩600
• (2)의 방법	600	600

(2) 수익의 이연(선수수익)

당기에 받은 수익 중 차기에 속하는 부분을 당기의 수익에서 제외하고, 부채(선수수익)로 차기에 이월하는 것을 말한다. 선수수익에는 선수임대료·선수이자수익 등이 있다.

개념적용 문제

16 (주)한국은 20×1년 9월 1일 건물을 임대하여 주고, 6개월분 임대료 ₩6,000을 받았다. 12월 31일 결산 시 회계처리하시오.

해설 20×1년 9월 1일의 분개는 다음의 두 가지 유형이 가능하다.

(1) 임대료 ₩6,000을 수익으로 기록

(차) 현 금	6,000	(대) 임 대 료	6,000

(2) 임대료 ₩6,000을 부채로 기록

(차) 현 금	6,000	(대) 선 수 임 대 료	6,000

이에 따른 20×1년 12월 31일의 기말수정분개는 다음과 같이 나타난다.

(1)의 경우:	(차) 임 대 료	2,000	(대) 선 수 임 대 료	2,000
(2)의 경우:	(차) 선 수 임 대 료	4,000	(대) 임 대 료	4,000

위의 어느 방법에 의하든 수정분개 후 각 계정의 잔액은 모두 동일하다.

	임대료	선수임대료
• (1)의 방법	₩4,000	₩2,000
• (2)의 방법	4,000	2,000

(3) 비용의 예상(미지급비용)

당기의 비용을 아직 지급하지 못했지만 당기의 비용으로 계상하고, 그 금액을 부채(미지급비용)로 차기에 이월하는 것을 비용의 예상이라고 한다. 이러한 계정을 계상하지 않으면 비용이 과소계상 되거나 부채가 과소표시 계상되어 이익이 과대표시된다. 미지급비용으로는 미지급이자비용 · 미지급급여 · 미지급임차료 등이 있다.

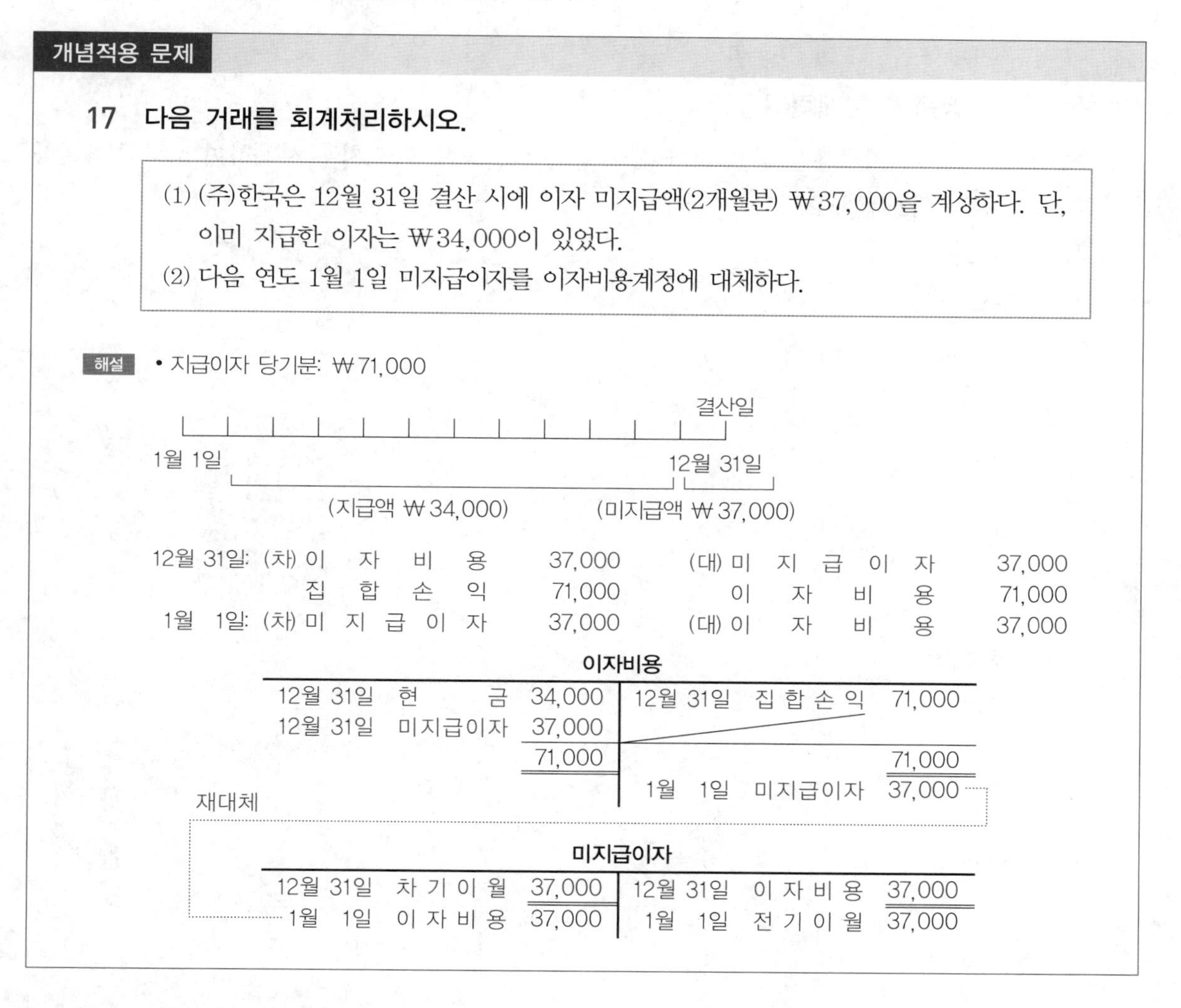

개념적용 문제

17 다음 거래를 회계처리하시오.

(1) (주)한국은 12월 31일 결산 시에 이자 미지급액(2개월분) ₩37,000을 계상하다. 단, 이미 지급한 이자는 ₩34,000이 있었다.
(2) 다음 연도 1월 1일 미지급이자를 이자비용계정에 대체하다.

해설 • 지급이자 당기분: ₩71,000

12월 31일:	(차) 이자비용	37,000	(대) 미지급이자	37,000
	집합손익	71,000	이자비용	71,000
1월 1일:	(차) 미지급이자	37,000	(대) 이자비용	37,000

이자비용

12월 31일	현금	34,000	12월 31일	집합손익	71,000
12월 31일	미지급이자	37,000			
		71,000			71,000
			1월 1일	미지급이자	37,000

재대체

미지급이자

12월 31일	차기이월	37,000	12월 31일	이자비용	37,000
1월 1일	이자비용	37,000	1월 1일	전기이월	37,000

(4) 수익의 예상(미수수익의 계상)

당기에 받아야 할 수익을 아직 받지 못했지만 당기의 수익으로 계상하고, 그 금액을 자산(미수수익)으로 차기에 이월하는 것을 수익의 예상이라고 한다. 이러한 계정을 계상하지 않으면 수익이 과소계상되거나 자산이 과소표시 계상되어 이익이 과소표시된다. 미수수익으로는 미수이자수익 · 미수수수료 · 미수임대료 등이 있다.

개념적용 문제

18 (주)민국은 20×1년 12월 31일 임대료 미수액 ₩1,500을 계상하다. 12월 31일 결산 시 회계처리하시오.

정답 20×1년 12월 31일의 수정분개

(차) 미 수 임 대 료	1,500	(대) 임 대 료	1,500

(5) 소모품·저장품의 회계처리

소모품은 문구류·사무용품 등을 말하며, 저장품은 저장한 후에 차후 사용하여 소모되는 물품으로서 유류·가스·연료 등을 말한다.

① **자산처리법**

㉠ 구입 시

(차) 소 모 품	×××	(대) 현 금	×××

㉡ 결산 시

(차) 소 모 품 비	×××	(대) 소 모 품 (당기 사용액)	×××

② **비용처리법**

㉠ 구입 시

(차) 소 모 품 비	×××	(대) 현 금	×××

㉡ 결산 시

(차) 소 모 품	×××	(대) 소 모 품 비 (당기 미사용액)	×××

개념적용 문제

19 다음 거래를 구입 시 자산으로 처리하는 경우와 비용으로 처리하는 경우로 구분하여 회계 처리하시오.

> (1) (주)대한은 20×1년 12월 4일 사무용 소모품 ₩1,000,000을 현금으로 구입하였다.
> (2) (주)대한은 20×1년 12월 31일 소모품 미사용액 ₩700,000이 있었다.

정답 (1) 20×1년 12월 4일 소모품 구입 시의 분개

① 자산계정으로 기록하는 경우

(차) 소모품	1,000,000	(대) 현금	1,000,000

② 비용계정으로 기록하는 경우

(차) 소모품비	1,000,000	(대) 현금	1,000,000

(2) 20×1년 12월 31일 기말분개

①	(차) 소모품비	300,000	(대) 소모품	300,000
②	(차) 소모품	700,000	(대) 소모품비	700,000

만약 위와 같은 수정분개를 누락하였다면,
①의 경우에는 자산이 ₩300,000 과대평가되고, 비용이 과소계상되며 이로 인해 당기순이익이 ₩300,000 과대평가되는 오류가 발생할 것이다.
②의 경우에도 비용이 ₩700,000 과대계상되어, 당기순이익이 ₩700,000 과소평가되는 오류가 발생할 것이다.

▶▶ 수익계정과 비용계정의 구조

수익

차변		대변	
손익(발생주의)	×××	현금수입액	×××
기초미수수익	×××	기말미수수익	×××
기말선수수익	×××	기초선수수익	×××
	×××		×××

비용

차변		대변	
현금지급액	×××	손익(발생주의)	×××
기초선급비용	×××	기말선급비용	×××
기말미지급비용	×××	기초미지급비용	×××
	×××		×××

3. 기초 재수정분개

기초 재수정분개는 장부기입의 편의를 위한 것일 뿐 임의적 절차로서 기업이 반드시 하여야 하는 것은 아니다. 예를 들면, 건물의 임차료를 20×1년 5월 1일에 6개월분 ₩600을 지급하였고, 20×2년 2월 1일에 미지급액을 포함한 1년분 임차료 ₩1,200을 지급한 경우의 기말수정분개를 하면 다음과 같다.

(1) 기초 재수정분개를 한 경우

• 20×1년 5월 1일 지급 시:	(차) 임 차 료	600	(대) 현 금	600
• 20×1년 12월 31일 기말 시:	(차) 임 차 료	200	(대) 미지급임차료	200
• 20×2년 1월 1일 재수정 분개:	(차) 미지급임차료	200	(대) 임 차 료	200
• 20×2년 2월 1일 지급 시:	(차) 임 차 료	1,200	(대) 현 금	1,200

∴ 20×1년 임차료: ₩800　20×2년 임차료: 1,200 − 200 = ₩1,000

(2) 기초 재수정분개를 하지 않은 경우

• 20×1년 5월 1일 지급 시:	(차) 임 차 료	600	(대) 현 금	600
• 20×1년 12월 31일 기말 시:	(차) 임 차 료	200	(대) 미지급임차료	200
• 20×2년 1월 1일 재수정 분개:	분개 없음			
• 20×2년 2월 1일 지급 시:	(차) 미지급임차료	200	(대) 현 금	1,200
	임 차 료	1,000		

∴ 20×1년 임차료: ₩800　20×2년 임차료: ₩1,000(임차료계정 차변금액 ₩1,000)

CHAPTER 12

기출 & 예상문제로 완벽 복습

01 수익인식 5단계를 순서대로 바르게 나열한 것은? 제23회 기출

㉠ 수행의무를 식별
㉡ 고객과의 계약을 식별
㉢ 거래가격을 산정
㉣ 거래가격을 계약 내 수행의무에 배분
㉤ 수행의무를 이행할 때 수익을 인식

① ㉠ ⇨ ㉡ ⇨ ㉢ ⇨ ㉣ ⇨ ㉤
② ㉠ ⇨ ㉢ ⇨ ㉡ ⇨ ㉣ ⇨ ㉤
③ ㉡ ⇨ ㉠ ⇨ ㉢ ⇨ ㉣ ⇨ ㉤
④ ㉡ ⇨ ㉠ ⇨ ㉣ ⇨ ㉢ ⇨ ㉤
⑤ ㉢ ⇨ ㉠ ⇨ ㉡ ⇨ ㉣ ⇨ ㉤

해설 수익인식 5단계의 순서는 다음과 같다.
㉡ 고객과의 계약을 식별 ⇨ ㉠ 수행의무를 식별 ⇨ ㉢ 거래가격을 산정 ⇨ ㉣ 거래가격을 계약 내 수행의무에 배분 ⇨ ㉤ 수행의무를 이행할 때 수익을 인식

02 기업회계기준서 제1115호 '고객과의 계약에서 생기는 수익'에 관한 다음 설명 중 옳지 않은 것은?

① 거래가격은 고객이 지급하는 고정된 금액을 의미하며, 변동 대가는 포함하지 않는다.
② 수익은 약속한 자산을 이전하여 수행의무를 이행할 때(또는 기간에 걸쳐 이행하는 대로) 수익을 인식한다. 고객이 그 자산을 통제할 때 또는 기간에 걸쳐 통제하게 될 때 자산은 이전된다.
③ 하나의 계약은 고객에게 재화나 용역을 이전하는 여러 약속을 포함하며, 그 재화나 용역들이 구별된다면 약속은 수행의무이고 별도로 회계처리한다.
④ 거래가격은 일반적으로 계약에서 약속한 각 구별되는 재화나 용역의 상대적 개별 판매가격을 기준으로 배분한다.
⑤ 기업이 약속한 재화나 용역을 고객에게 이전하여 수행의무를 이행할 때(또는 기간에 걸쳐 이행하는 대로) 수익을 인식한다.

해설 거래가격은 고객이 지급하는 고정된 금액을 의미하며, 변동 대가를 포함한다.

01 ③ 02 ① 정답

03 다음 계약의 식별에 관한 설명으로 옳은 것은?

① 계약은 둘 이상의 당사자 사이에 집행 가능한 권리와 의무가 생기게 하는 합의이다.
② 고객과의 어떤 계약은 존속 기간이 고정되어 있고 당사자 중 한편이 언제든지 종료하거나 수정할 수는 없다.
③ 계약변경이란 계약당사자들이 승인한 계약의 범위나 계약가격(또는 둘 다)의 변경을 말한다. 계약변경은 서면으로, 구두 합의로, 기업의 사업 관행에서 암묵적으로 승인될 수 없다.
④ 고객에게 재화나 용역을 이전해야 하는 의무가 남아있지 않고, 고객이 약속한 대가를 모두 또는 대부분 받았으며 그 대가는 환불되지 않는다면 수익으로 인식할 수 없다.
⑤ 복수의 계약을 하나의 상업적 목적으로 일괄 협상한다면 둘 이상의 계약을 결합하여 복수 계약으로 회계처리한다.

해설 ② 고객과의 어떤 계약은 존속 기간이 고정되지 않을 수 있고 당사자 중 어느 한편이 언제든지 종료하거나 수정할 수도 있다.
③ 계약변경이란 계약당사자들이 승인한 계약의 범위나 계약가격(또는 둘 다)의 변경을 말한다. 계약변경은 서면으로, 구두 합의로, 기업의 사업 관행에서 암묵적으로 승인될 수 있다.
④ 고객에게 재화나 용역을 이전해야 하는 의무가 남아있지 않고, 고객이 약속한 대가를 모두 또는 대부분 받았으며 그 대가는 환불되지 않는다면 수익으로 인식한다.
⑤ 복수의 계약을 하나의 상업적 목적으로 일괄 협상한다면 둘 이상의 계약을 결합하여 단일 계약으로 회계처리한다.

04 수익의 가격을 산정할 때의 다음 설명으로 옳지 않은 것은?

① 이미 인식한 누적 수익 금액 중 유의적인 부분을 되돌리지(환원하지) 않을 가능성이 매우 낮은 정도까지만 추정된 변동대가의 일부나 전부를 거래가격에 포함한다.
② 고객에게서 받은 대가의 일부나 전부를 고객에게 환불할 것으로 예상하는 경우에는 환불부채를 인식한다.
③ 거래가격을 산정할 때, 계약당사자들 간에 합의한 지급시기 때문에 계약에 있는 유의적인 금융요소를 포함하여 산정한다.
④ 계약을 개시할 때 기업이 고객에게 약속한 재화나 용역을 이전하는 시점과 고객이 그에 대한 대가를 지급하는 시점 간의 기간이 1년 이내일 것이라고 예상한다면 유의적인 금융요소를 조정하지 않을 수 있다.
⑤ 고객이 현금 외의 형태로 대가를 약속한 계약의 경우에 거래가격을 산정하기 위하여 비현금 대가(또는 비현금대가의 약속)를 공정가치로 측정한다.

해설 변동대가와 관련된 불확실성이 나중에 해소될 때, 이미 인식한 누적 수익 금액 중 유의적인 부분을 되돌리지(환원하지) 않을 가능성이 매우 높은 정도까지만 추정된 변동대가의 일부나 전부를 거래가격에 포함한다.

05 다음 설명으로 옳지 않은 것은?

① 거래가격을 배분할 때는 상대적 개별 판매가격에 기초하여 배분한다.
② 고객과의 계약에서 식별되는 수행의무는 계약에 분명히 기재한 재화나 용역에만 한정되지 않을 수 있다.
③ 수취채권은 기업이 대가를 받을 무조건적인 권리이다. 시간만 지나면 대가를 지급받기로 한 때가 되는 경우에 그 대가를 받을 권리는 무조건적이다.
④ 계약당사자 중 어느 한편이 계약을 수행했을 때, 기업의 수행 정도와 고객의 지급과의 관계에 따라 그 계약을 계약자산이나 계약부채로 재무상태표에 표시한다.
⑤ 기업이 고객에게 약속한 재화나 용역을 이전하는 시점과 고객이 그에 대한 대가를 지급하는 시점 간의 기간이 1년 이내일 것이라고 예상되더라도 유의적인 금융요소의 영향을 반영하여 약속한 대가(금액)를 조정한다.

해설 기업이 고객에게 약속한 재화나 용역을 이전하는 시점과 고객이 그에 대한 대가를 지급하는 시점 간의 기간이 1년 이내일 것이라고 예상한다면 유의적인 금융요소의 영향을 반영하여 약속한 대가(금액)를 조정하지 않는 실무적 간편법을 쓸 수 있다.

06 다음 자료에 의하여 (주)한국이 당기에 인식할 매출은 얼마인가?

- 장기할부매출 ₩500,000(원가 ₩300,000, 현재가치 ₩400,000)
- 시송품 ₩300,000(당기말 매입의사를 표시한 금액 ₩120,000)
- 판매위탁을 받은 수탁품 매출액 ₩100,000
- 적송품 매가 ₩500,000 중 ₩200,000을 수탁자가 판매하였으나 대금은 미회수

① ₩1,100,000
② ₩720,000
③ ₩820,000
④ ₩920,000
⑤ ₩1,000,000

해설
- 장기할부매출액 중 이자 상당 부분은 제외하고 매출(현재가치)로 인식한다(₩400,000).
- 시송품은 매입의사표시한 금액만 매출수익으로 인식한다(₩120,000).
- 판매위탁을 받은 수탁품은 위탁자의 매출이다.
- 적송품은 수탁자가 판매 시 매출수익으로 인식한다(₩200,000).

∴ 400,000 + 120,000 + 200,000 = ₩720,000

03 ① 04 ① 05 ⑤ 06 ② **정답**

07 (주)대한의 20×1년 상품의 판매와 관련한 자료이다. 20×1년 매출액은? 제18회 기출

(1) 시송품(매가 ₩50,000)에 대해 20×1년 말 현재 고객으로부터 매입의사표시를 받지 못하였다.
(2) 위탁판매를 위하여 적송된 상품(매가 ₩100,000) 중 최종소비자에게 판매된 금액은 ₩30,000이다.
(3) 장기할부판매상품(총할부대금은 ₩90,000이고, 현재가치는 ₩80,000) 중 50%만 현금으로 수취하였다.

① ₩70,000
② ₩75,000
③ ₩90,000
④ ₩110,000
⑤ ₩120,000

해설
- 시송품은 고객으로부터 매입의사표시를 받지 못하였으므로 재고자산이다.
- 위탁판매 중 판매된 부분 ₩30,000은 매출수익이다.
- 장기할부판매상품은 인도기준이며 현금의 입금과는 무관하다. 총할부대금 ₩90,000에서 이자를 차감한 현재가치 ₩80,000이 매출수익이다.

∴ 30,000 + 80,000 = ₩110,000

08 (주)한국은 20×1년 1월 1일에 액면금액 ₩1,000인 상품권 10매를 1매당 ₩900에 고객에게 최초 발행하였다. 고객은 상품권 액면금액의 80% 이상을 사용하면 잔액을 현금으로 돌려받을 수 있다. (주)한국은 20×1년 12월 31일까지 회수된 상품권 8매에 대해 상품인도와 함께 잔액 ₩700을 현금으로 지급하였다. (주)한국이 상기 상품권과 관련하여 20×1년 포괄손익계산서에 인식할 수익 금액은? 제25회 기출

① ₩6,500
② ₩7,200
③ ₩8,300
④ ₩9,000
⑤ ₩10,000

해설
- 판매 금액(8매 × 900)에서 현금으로 반환하는 금액은 차감한다.
- 수익 금액: (8매 × 900) − 700 = ₩6,500

09 (주)한국은 20×1년 초에 제품을 ₩300,000에 판매(제품을 실질적으로 인도함)하면서, 판매대금 중 ₩100,000은 판매 즉시 수취하고 나머지 ₩200,000은 향후 2년에 걸쳐 매년 말에 각각 ₩100,000씩 받기로 하였다. 동 거래에는 유의적인 금융요소가 포함되어 있고, 판매계약의 할인율은 연 10%로 동 할인율은 별도 금융거래에 적용될 할인율에 해당한다. 판매대금의 회수가능성이 확실하다고 가정할 때, 상기 제품의 판매 거래로 (주)한국이 20×1년에 인식하게 될 수익의 총액은? (단, 현재가치 계산 시 다음의 현가표를 이용하며, 단수차이가 발생하는 경우 가장 근사치를 선택한다) 제26회 기출

기간	연 이자율 10%	
	단일금액 ₩1의 현재가치	정상연금 ₩1의 현재가치
2	0.8264	1.7355
3	0.7513	2.4868

① ₩273,559
② ₩290,905
③ ₩300,000
④ ₩300,905
⑤ ₩330,000

해설
- 매출수익: 100,000 + (100,000 × 1.7355) = ₩273,550
- 이자수익: (100,000 × 1.7355) × 10% = ₩17,355
- 수익총액: 273,550 + 17,355 = ₩290,905

10 (주)한국은 (주)민국과 매출액의 10%를 판매수수료로 지급하는 위탁판매계약을 맺고 있으며, (주)민국에게 적송한 재화의 통제권은 (주)한국이 계속 보유하고 있다. 20×1년에 (주)한국은 (주)민국에 단위당 원가 ₩90인 상품 A 10개를 적송하였으며, (주)민국은 상품 A 8개를 단위당 ₩100에 고객에게 판매하였다. 상품 A의 판매와 관련하여 (주)한국과 (주)민국이 20×1년에 인식할 수익 금액은? 제25회 기출

	(주)한국	(주)민국
①	₩100	₩80
②	₩800	₩80
③	₩800	₩800
④	₩1,000	₩100
⑤	₩1,000	₩800

해설 위탁판매의 경우 수탁자가 상품을 판매하면 그 매출액은 위탁자의 수익으로 인식하고, 수탁자는 위탁자로부터 받기로 약정한 수수료만 수익으로 인식한다.
- 위탁자 (주)한국: 8개 × 100 = ₩800
- 수탁자 (주)민국: 800 × 10% = ₩80

07 ④ 08 ① 09 ② 10 ② 정답

11 (주)한국은 제품 200단위(단위당 취득원가 ₩6,000)를 단위당 ₩10,000에 현금판매 하였다. (주)한국은 동 제품판매와 관련하여 제품 판매 후 2주 이내에 고객이 반품을 요청하는 경우 전액 환불해 주고 있다. 동 제품판매에 대한 합리적인 반품률 추정치가 3%인 경우, (주)한국이 상기 제품의 판매시점에 인식할 매출액은? 제26회 기출

① ₩1,200,000
② ₩1,500,000
③ ₩1,680,000
④ ₩1,940,000
⑤ ₩2,000,000

해설
- 매출액: 200개 × 10,000 = ₩2,000,000
- 환불부채: 2,000,000 × 3% = ₩60,000
- 판매시점 매출액: 2,000,000 × 97% = ₩1,940,000

12 (주)한국은 20×1년 초에 상가건물 신축공사를 ₩900,000에 수주하였다. 상가건물은 20×1년도에 공사를 시작하여 20×3년도에 준공될 예정이다. 상가건물 신축공사와 관련된 자료는 다음과 같다. (주)한국이 진행기준을 적용하는 경우 20×2년도 인식할 공사이익은 얼마인가? (단, 진행률은 발생한 누적계약원가를 추정총계약원가로 나누어 산정한다)

	20×1년	20×2년
• 누적발생공사원가	₩200,000	₩583,200
• 총공사예정원가	800,000	810,000
• 각 연도 공사대금 청구액	180,000	480,000
• 각 연도 공사대금 회수액	150,000	350,000

① ₩39,800
② ₩40,000
③ ₩42,900
④ ₩45,000
⑤ ₩47,900

해설
- 20×1년 공사수익: 900,000 × (200,000 ÷ 800,000) = ₩225,000
- 20×1년 공사이익: 225,000 − 200,000 = ₩25,000(이익)
- 20×2년 공사수익: 900,000 × (583,200 ÷ 810,000) − 225,000 = ₩423,000
- 20×2년 공사이익: 423,000 − (583,200 − 200,000) = ₩39,800

13 건설업을 영위하는 (주)한국은 20×1년 초 (주)대한과 공장건설을 위한 건설계약을 ₩1,200,000에 체결하였다. 총공사기간이 계약일로부터 3년일 때, (주)한국의 20×2년 공사이익은? (단, 동 건설계약의 수익은 진행기준으로 인식하며, 발생한 누적계약원가를 기준으로 진행률을 계산한다) 제20회 기출

구분	20×1년	20×2년	20×3년
실제 계약원가 발생액	₩200,000	₩400,000	₩300,000
연도말 예상 추가계약원가	600,000	300,000	–

① ₩50,000　② ₩100,000　③ ₩150,000
④ ₩250,000　⑤ ₩400,000

해설
- 20×1년 말 진행률: 200,000 ÷ 800,000 = 25%
- 20×1년 말 공사수익: 1,200,000 × 25% = ₩300,000
- 20×1년 말 공사이익: 300,000 − 200,000 = ₩100,000
- 20×2년 말 진행률: 600,000 ÷ 900,000 = 67%
- 20×2년 말 공사수익: $(1,200,000 \times \frac{600,000}{900,000}) - 300,000 =$ ₩500,000
- 20×2년 말 공사이익: 500,000 − 400,000 = ₩100,000

14 (주)한국은 20×1년 초 공장 신축공사(공사기간 3년, 계약금액 ₩8,000,000)를 수주하였으며, 공사 관련 자료는 다음과 같다. (주)한국이 20×2년도에 인식할 공사이익은? (단, 수익은 진행기준으로 인식하며, 진행률은 발생한 누적계약원가에 기초하여 측정한다) 제21회 기출

구분	20×1년	20×2년	20×3년
발생 누적계약원가	₩700,000	₩4,200,000	₩7,000,000
추가소요예정원가	6,300,000	2,800,000	–

① ₩350,000　② ₩500,000　③ ₩600,000
④ ₩800,000　⑤ ₩850,000

해설
- 20×1년 진행률: 700,000 ÷ 7,000,000 = 10%
- 20×1년 공사수익: 8,000,000 × 10% = ₩800,000
- 20×1년 공사이익: 800,000 − 700,000 = ₩100,000
- 20×2년 진행률: 4,200,000 ÷ 7,000,000 = 60%
- 20×2년 공사수익: (8,000,000 × 60%) − 800,000 = ₩4,000,000
- 20×2년 공사이익: 4,000,000 − 3,500,000 = ₩500,000

11 ④　12 ①　13 ②　14 ②　정답

15 (주)한국은 20×1년 초 4년간 용역을 제공하기로 하고 총 계약금액 ₩100,000의 용역계약을 수주하였다. 관련 자료가 다음과 같을 때, 20×3년도 용역계약이익은? (단, 진행률에 의해 계약수익을 인식하며, 진행률은 총추정계약원가 대비 누적발생계약원가로 산정한다.)

제27회 기출

구분	20×1년	20×2년	20×3년	20×4년
누적발생계약원가	₩24,000	₩52,000	₩68,000	₩80,000
추가소요예정원가	56,000	28,000	12,000	–

① ₩4,000 ② ₩5,000 ③ ₩6,000
④ ₩7,000 ⑤ ₩8,000

해설
- 20×2년 진행률: 52,000 ÷ (52,000 + 28,000) = 65%
- 20×2년 공사수익: 100,000 × 65% = ₩65,000
- 20×3년 진행률: 68,000 ÷ (68,000 + 12,000) = 85%
- 20×3년 공사수익: (100,000 × 85%) − 65,000 = ₩20,000
- 20×3년 공사이익: 공사수익 20,000 − 공사원가(68,000 − 52,000) = ₩4,000

16 (주)대한의 건설계약과 관련된 자료는 다음과 같다.

제14회 기출

- 계약기간: 20×1년 1월 1일 ~ 20×3년 12월 31일
- 총계약금액: ₩1,200,000
- 계약원가 관련자료

구분	20×1년	20×2년	20×3년
연도별 발생원가	₩400,000	₩575,000	₩325,000
완성 시까지 추가소요 예정원가	600,000	325,000	–

(주)대한의 20×2년도 계약손실은? (단, 진행기준을 적용하여 수익을 인식하며, 진행률은 발생한 누적계약원가를 추정총계약원가로 나누어 산정한다)

① ₩180,000 ② ₩185,000 ③ ₩190,000
④ ₩195,000 ⑤ ₩200,000

해설
- 20×1년 진행률: 400,000 ÷ 1,000,000 = 40%
- 20×1년 계약수익: 1,200,000 × 40% = ₩480,000
- 20×1년 계약이익: 480,000 − 400,000 = ₩80,000
- 20×2년 예상손실: 계약수익(1,200,000) − 추정총계약원가(1,300,000) = ₩100,000
- 20×2년 당기손실: 예상손실(100,000) + 전기분 계약이익(80,000) = ₩180,000

17 (주)한국은 20×1년 9월 1일에 건물에 대한 12개월분 보험료 ₩60,000을 지급하고 차변에 '보험료 ₩60,000'으로 분개하였다. 20×1년 12월 31일에 필요한 수정분개는?

제16회 기출

	차변	금액	대변	금액
①	(차) 선급보험료	20,000	(대) 보험료	20,000
②	(차) 보험료	20,000	(대) 선급보험료	20,000
③	(차) 선급보험료	40,000	(대) 보험료	40,000
④	(차) 보험료	40,000	(대) 선급보험료	40,000
⑤	(차) 선급보험료	60,000	(대) 보험료	60,000

해설
- 보험료(60,000) ÷ 12개월 = ₩5,000(1개월)
- 경과분: 4개월 × 5,000 = ₩20,000(보험료)
- 미경과분: 8개월 × 5,000 = ₩40,000(선급보험료)

18 (주)한국의 20×1년 초 미지급임차료 계정잔액은 ₩1,500이었다. 20×1년 말 수정후시산표상 임차료 관련 계정잔액이 다음과 같을 때, (주)한국이 임차와 관련하여 20×1년도에 지급한 현금 총액은?

제21회 기출

- 임 차 료 ₩12,000
- 선급임차료 300

① ₩12,300
② ₩12,800
③ ₩13,500
④ ₩13,800
⑤ ₩14,300

해설

임차료(비용)

차변	금액	대변	금액
기말미지급	₩0	기초미지급	₩1,500
기말선급	0	기말선급	300
현금	(13,800)	손익	12,000
	₩13,800		₩13,800

15 ① 16 ① 17 ③ 18 ④ 정답

19 20×1년 말 재무상태표의 선수이자는 ₩1,000, 미수이자의 잔액은 없다. 20×2년 말 재무제표 항목이 다음과 같을 때, 20×2년도 이자의 현금수령액은? 제17회 기출

• 선수이자	₩0
• 미수이자	2,000
• 이자수익	8,000

① ₩0
② ₩1,000
③ ₩3,000
④ ₩5,000
⑤ ₩8,000

해설

이자수익

기초미수이자	₩0	기초선수이자	₩1,000
기말선수이자	0	기말미수이자	2,000
손 익	8,000	현 금	(5,000)
	₩8,000		₩8,000

20 20×1년과 20×2년 말 미수임대료와 선수임대료 잔액이 다음과 같을 때, 20×2년 중 현금으로 수취한 임대료가 ₩118,000이라면, 20×2년 포괄손익계산서에 표시될 임대료는? 제27회 기출

구분	20×1년 말	20×2년 말
미수임대료	₩11,000	₩10,000
선수임대료	7,800	8,500

① ₩116,300
② ₩117,700
③ ₩118,000
④ ₩118,300
⑤ ₩119,700

해설

수익

미 수 기 초	₩11,000	미 수 기 말	₩10,000
선 수 기 말	8,500	선 수 기 초	7,800
손 익	116,300	현 금	118,000
	₩135,800		₩135,800

PART 1

12

21 (주)한국의 20×1년 포괄손익계산서상 종업원급여는 ₩10,000이다. 재무상태표상 관련 계정의 기초 및 기말 잔액이 다음과 같을 때, 20×1년 종업원급여 현금지출액은? 제25회 기출

계정과목	기초잔액	기말잔액
미지급급여	₩1,000	₩2,000

① ₩8,000
② ₩9,000
③ ₩10,000
④ ₩11,000
⑤ ₩12,000

해설

급여

차변	금액	대변	금액
기말미지급	₩2,000	기초미지급	₩1,000
현금	(9,000)	손익	10,000
	₩11,000		₩11,000

22 (주)한국은 빌딩을 임대해 주고 임대료를 받고 있다. 임대료에 대한 자료가 다음과 같을 때 20×1년 중 임대료 수익은 얼마인가? (단, 발생주의에 의한다)

	20×1년 초	20×1년 말
• 미수임대료	₩400,000	₩100,000
• 선수임대료	300,000	200,000

• 20×1년도에 임대료로서 현금 ₩1,000,000을 수취하였다.

① ₩900,000
② ₩1,200,000
③ ₩850,000
④ ₩800,000
⑤ ₩400,000

해설

임대료

차변	금액	대변	금액
기초미수임대료	₩400,000	현금(현금기준)	₩1,000,000
기말선수임대료	200,000	기말미수임대료	100,000
손익(발생기준)	(800,000)	기초선수임대료	300,000
	₩1,400,000		₩1,400,000

19 ④ 20 ① 21 ② 22 ④ 정답

23 (주)한국의 기초와 기말 재무상태표에 계상되어 있는 미수임대료와 선수임대료 잔액은 다음과 같다.

구분	기초	기말
미수임대료	₩500	₩0
선수임대료	600	200

당기 포괄손익계산서의 임대료가 ₩700일 경우, 현금주의에 의한 임대료 수취액은?

제20회 기출

① ₩500
② ₩600
③ ₩700
④ ₩800
⑤ ₩900

해설

임대료

차변		대변	
미 수 기 초	₩500	미 수 기 말	₩0
선 수 기 말	200	선 수 기 초	600
손 익	700	현 금	(800)
	₩1,400		₩1,400

24 (주)한국은 20×1년 12월 31일 다음과 같이 기말수정분개를 하였다. (주)한국은 20×1년 기초와 기말에 각각 ₩100,000과 ₩200,000의 소모품을 보유하고 있었다. 20×1년 중 소모품 순구입액은?

제15회 기출

(차) 소 모 품 비	180,000	(대) 소 모 품	180,000

① ₩80,000
② ₩120,000
③ ₩280,000
④ ₩300,000
⑤ ₩500,000

해설

소모품

차변		대변	
기 초	₩100,000	소모품비(사용)	₩180,000
순 구 입 액	(280,000)	기 말	200,000
	₩380,000		₩380,000

25 **(주)대한의 영업개시 첫 연도의 수정전시산표의 소모품계정에는 ₩124,000으로 차변기입 되어 있다. 기말시점에서 보유하고 있는 소모품 잔액이 ₩36,000이라면 소모품에 대한 적정한 수정분개를 했을 때의 영향으로 옳은 것은?**

① 순이익에 영향이 없다.
② ₩36,000만큼 비용계정에 차변기입하고, 소모품계정에 대변기입한다.
③ 자산이 ₩124,000만큼 감소한다.
④ 비용이 ₩88,000만큼 증가한다.
⑤ 정답 없음

해설 기말수정분개: (차) 소 모 품 비 88,000 (대) 소 모 품 88,000

26 **(주)한국은 12월 1일에 대여금의 향후 3개월분 이자수익 ₩9,000을 현금으로 수령하고 전액 선수수익으로 계상하였다. 다음 거래에 대한 기말 마감분개로 옳은 것은? (단, 모든 거래는 월할 계산한다)**

	차변		대변	
①	선수이자수익	3,000	이 자 수 익	3,000
②	이 자 수 익	3,000	선수이자수익	3,000
③	이 자 수 익	6,000	선수이자수익	6,000
④	이 자 수 익	3,000	집 합 손 익	3,000
⑤	집 합 손 익	3,000	이 자 수 익	3,000

해설
- 현금 수령 시: (차) 현 금 9,000 (대) 선 수 이 자 수 익 9,000
- 결산 수정분개: (차) 선 수 이 자 수 익 3,000 (대) 이 자 수 익 3,000
- 결산 마감분개: (차) 이 자 수 익 3,000 (대) 집 합 손 익 3,000

23 ④ 24 ③ 25 ④ 26 ④ 정답

27 (주)한국은 20×1년 4월 1일에 사무실을 임대하고, 1년분 임대료로 ₩1,200(1개월 ₩100)을 현금 수취하여 이를 전액 수익으로 처리하였다. 20×1년 기말 수정분개가 정상적으로 처리되었을 때, 동 사무실 임대와 관련하여 수익에 대한 마감분개로 옳은 것은? 제26회 기출

	차변		대변	
①	임 대 료	900	집 합 손 익	900
②	임 대 료	300	선 수 임 대 료	300
③	차 기 이 월	300	선 수 임 대 료	300
④	집 합 손 익	900	임 대 료	900
⑤	선 수 임 대 료	900	임 대 료	900

해설
- 1년분 임대료 ₩1,200 중 당기분(임대료) ₩900, 선수분(선수임대료) ₩300이다.
- 현금 수취 시
  (차) 현 금 1,200 (대) 임 대 료 1,200
- 기말 수정분개
  (차) 임 대 료 300 (대) 선 수 임 대 료 300
- 기말 마감분개는 당기에 속하는 임대료를 집합손익으로 대체한다.
- 기말 마감분개
  (차) 임 대 료 900 (대) 집 합 손 익 900

28 (주)한국의 20×1년도 포괄손익계산서의 이자비용은 ₩800(사채할인발행차금 상각액 ₩80 포함)이다. 20×1년도 이자와 관련된 자료가 다음과 같을 때, 이자지급으로 인한 현금유출액은? 제23회 기출

구분	기초잔액	기말잔액
미지급이자	₩92	₩132
선급이자	40	52

① ₩652 ② ₩692
③ ₩748 ④ ₩852
⑤ ₩908

해설

이자비용

미 지 급 기 말	₩132	미 지 급 기 초	₩92
선 급 기 초	40	선 급 기 말	52
현 금	(692)	손 익	720
	₩864		₩864

∴ 800 − 80 = ₩720

29 (주)한국은 수정전 잔액시산표에 소모품 ₩1,350, 소모품비 ₩0이 기록되어 있다. 소모품의 기말 재고가 ₩600이라면, 필요한 결산수정분개는?

	차변	금액	대변	금액
①	(차) 소 모 품	1,350	(대) 소 모 품 비	1,350
②	(차) 소 모 품	750	(대) 소 모 품 비	750
③	(차) 소 모 품 비	750	(대) 소 모 품	750
④	(차) 소 모 품 비	600	(대) 소 모 품	600
⑤	(차) 소 모 품	600	(대) 소 모 품 비	600

해설
- 자산처리법으로 처리하였기 때문에 사용액을 분개하여야 한다.
- 기말 결산 시 소모품 중 사용액을 소모품비계정에 대체하여야 한다.
- 소모품 사용액: 1,350 − 600 = ₩750
- 결산수정분개

(차) 소 모 품 비 750 (대) 소 모 품 750

30 (주)한국은 유형자산의 감가상각방법에 있어서 세무보고목적과 법인세비용 계산목적 간의 차이로 인하여 20×4년 말에 감가상각비가 세무조정 시 손금 불산입 ₩200,000이 되었다. 이 차이는 다음 기간 동안에 조정될 것이다. 또한 (주)한국은 세무상 손금으로 인정하지 않는 벌금 ₩50,000을 손금 불산입하는 세무조정도 행하였다. 20×4년의 법인세율은 30%이고, 20×5년의 법인세율은 40%이다. 20×4년 12월 31일의 재무상태표에서 계상할 이연법인세 효과를 어떻게 보고할 것인가?

① (차) 이연법인세자산 80,000
② (차) 이연법인세자산 100,000
③ (대) 이연법인세부채 80,000
④ (대) 이연법인세부채 100,000
⑤ (차) 이연법인세자산 150,000

해설
- 200,000 × 40% = ₩80,000
- 일시적 차이만을 계상하며, 법인세율은 미래세율을 적용한다.
- 벌금은 영구적 차이로 계상하지 않는다.

27 ① 28 ② 29 ③ 30 ① 정답

CHAPTER

13 회계변경과 오류수정

회독체크 1 2 3

CHAPTER 미리보기

학습전략

본 단원은 회계변경과 오류수정에 관한 내용으로 출제빈도가 낮아 시험에서는 1문항이 출제되고 있습니다. 그중 추정변경에 따른 계산과정과 오류로 인해 당기순이익에 미치는 영향이나 이익잉여금에 미치는 영향을 묻는 문제가 자주 출제됩니다.

학습키워드

- 추정변경(유형자산)
- 자동조정적 오류
- 오류의 영향

제1절 회계변경

회계변경은 종전에 비하여 보다 더 목적적합하거나 신뢰할 수 있는 회계원칙 등이 개발되었거나 또는 새로운 정보를 얻게 된 경우에, 종전에 적용하던 회계원칙이나 추정치 등을 변경하는 것을 말한다.

① 회계변경을 무제한 허용할 경우, 회계정보의 신뢰성과 기간별 비교가능성을 심각하게 훼손시킬 수 있으며 경영자에 의해 이익조작의 수단으로 이용될 수 있다.

② 회계변경은 정당한 사유가 있는 경우를 제외하고는 허용되지 않는다. 회계변경을 하는 기업은 반드시 회계변경의 정당성을 입증해야 한다.

③ 회계변경은 회계정책의 변경과 회계추정의 변경으로 구분되며, 기업은 다음 중 하나의 경우에 회계정책을 변경할 수 있다.

㉠ 한국채택국제회계기준에서 회계정책의 변경을 요구하는 경우

㉡ 회계정책의 변경을 반영한 재무제표가 거래, 기타 사건 또는 상황이 재무상태, 재무성과 또는 현금흐름에 미치는 영향에 대하여 신뢰성 있고 더 목적적합한 정보를 제공하는 경우

1. 회계정책의 변경

(1) 의의

① 회계정책은 한국채택국제회계기준 또는 관련 법규의 개정이 있거나, 새로운 회계정책을 적용함으로써 회계정보의 신뢰성과 목적적합성을 향상시킬 수 있는 경우에 변경한다.

㉠ 경과규정이 있는 한국채택국제회계기준을 최초로 적용하는 경우에 발생하는 회계정책의 변경은 해당 경과규정에 따라 회계처리하고 경과규정이 없는 경우는 소급적용하도록 한다.

㉡ 회계정책변경의 영향을 실무적으로 결정할 수 없는 경우, 소급적용의 누적효과를 실무적으로 적용 가능한 최초 회계기간까지 소급적용하도록 한다. 최초 회계기간은 당기일 수도 있으므로 이 경우에는 당기부터 전진 적용하도록 한다.

㉢ 회계정책의 변경은 일반적으로 인정하는 회계원칙(One GAAP)에서 일반적으로 인정하는 회계원칙(Another GAAP)으로의 변경만을 의미하며 일반적으로 인정되지 아니한 회계원칙(Non-GAAP)에서 일반적으로 인정된 회계원칙(GAAP)으로 수정하는 것은 회계정책변경이 아닌 오류수정이다.

② **회계정책의 변경에 해당하는 사례**

㉠ 재고자산 평가방법을 선입선출법에서 가중평균법으로 변경하는 경우

㉡ 투자부동산·유형자산·무형자산 등을 원가모형에서 재평가모형으로 변경하는 경우 (원가모형 ⇨ 재평가모형)

㉢ 유가증권의 취득단가 산정방법을 총평균법에서 이동평균법으로 변경하는 경우

㉣ 측정기준의 변경 등

③ **회계정책의 변경에 해당하지 않는 사례**

㉠ 과거에 발생한 거래와 실질이 다른 거래, 기타 사건 또는 상황에 대하여 다른 회계정책을 적용하는 경우

㉡ 과거에 발생하지 않았거나 발생하였어도 중요하지 않았던 거래, 기타 사건 또는 상황에 대하여 새로운 회계정책을 적용하는 경우

(2) 개발과 적용

거래 등에 대한 한국채택국제회계기준이 없는 경우, 경영진은 경영진의 판단에 따라 회계정책을 개발하여 적용하도록 규정한다. 단, 판단 시 유사한 재무회계개념체계를 사용하여 회계기준을 개발하는 회계기준제정기구가 최근에 발표한 회계기준을 우선하여 고려하도록 명시하고 기타의 회계문헌과 인정된 산업관행을 고려하도록 규정한다.

(3) 회계처리

회계정책을 변경하는 경우에는 특정 기간에 미치는 영향이나 누적효과를 원칙적으로 소급적용한다. 그러나 그 효과를 실무적으로 결정할 수 없는 경우, 실무적으로 적용 가능한 최초 회계기간까지 소급적용하도록 한다. 최초 회계기간은 당기일 수도 있으므로 이 경우에는 당기부터 전진 적용하도록 한다. 소급적용은 새로운 회계정책을 처음부터 적용한 것처럼 거래, 기타사건 및 상황에 적용하는 것을 말한다.

참고 소급법

소급법은 회계변경의 누적효과를 계산하여, 이를 전기손익수정 항목으로 회계변경연도의 기초이익잉여금을 수정하는 방법이다. 비교목적으로 공시되는 전기의 재무제표는 변경된 방법으로 소급적용하여 재작성하여야 한다. 소급법은 비교가능성은 제고되지만 신뢰성을 저해시키는 문제를 가지고 있다.

개념적용 문제

01 회계변경 및 오류수정에 관한 설명으로 옳지 않은 것은? 제13회 수정

① 감가상각자산의 추정내용연수가 변경되는 경우 그 변경 효과는 전진적으로 인식한다.
② 과거의 합리적 추정이 후에 새로운 정보추가로 수정되는 것은 오류수정이 아니다.
③ 자산으로 처리해야 할 항목을 비용처리한 것은 오류에 해당된다.
④ 거래의 실질이 다른 거래에 대해 다른 회계정책을 적용하는 것은 회계정책의 변경이다.
⑤ 측정기준의 변경은 회계추정의 변경이 아니라 회계정책의 변경이다.

해설 다음의 경우에는 회계정책 변경에 해당하지 않는다.
- 과거에 발생한 거래와 실질이 다른 거래, 기타 사건 또는 상황에 대하여 다른 회계정책을 적용하는 경우
- 과거에 발생하지 않았거나 발생하였어도 중요하지 않았던 거래, 기타 사건 또는 상황에 대하여 새로운 회계정책을 적용하는 경우

정답 ④

2. 회계추정의 변경

(1) 의의

회계추정의 변경은 당초 추정의 근거가 되었던 상황의 변화, 새로운 정보의 획득, 추가적인 경험의 축적에 따라 지금까지 사용해 오던 회계적 추정치를 바꾸는 것이며, 따라서 이는 오류수정에 해당하지 아니한다.

① 회계추정의 변경효과는 그 영향이 미치는 기간에 따라 전진적으로 인식한다. 회계추정 변경이 자산 및 부채에 영향을 주거나 자본의 구성요소에 관련되는 경우, 회계추정을 변경한 기간에 관련 자산, 부채 또는 자본구성요소의 장부금액을 조정하여 회계추정의 변경효과를 인식하도록 한다.

② 재무제표의 많은 항목들은 미래의 불확실성으로 인하여 정확히 측정될 수 없다. 회계추정은 최근의 이용가능하고 신뢰성 있는 정보에 기초한 판단을 수반한다.

③ **회계추정 변경에 해당하는 사례**

㉠ 대손에 대한 추정의 변경

㉡ 재고자산 진부화에 대한 추정의 변경

㉢ 금융자산이나 금융부채의 공정가치

㉣ 감가상각자산의 내용연수 및 잔존가치 또는 감가상각자산에 내재된 미래경제적 효익의 기대소비행태(상각방법)

㉤ 품질보증의무 등

(2) 회계처리

회계추정의 변경은 그 효과를 변경이 발생한 기간과 그 이후의 회계기간에 당기손익에 포함하여 전진적으로 인식한다. 이 경우 회계추정 변경의 효과는 당해 회계연도 개시일부터 적용한다. 그리고 회계추정 변경의 효과가 당기에만 미치는 경우에는 당기손익으로 인식하며, 미래기간에 영향을 미치는 경우에는 미래기간의 손익으로 인식한다. 발생한 기간과 미래기간에 모두 영향을 미치는 경우에는 발생한 기간과 미래기간의 손익으로 인식한다.

참고 전진법

전진법은 과거에 보고된 결과에 대해서는 아무런 수정도 하지 않는 대신 회계변경 연도 초의 장부상 잔액에 근거하여 회계변경 기간과 그 이후의 회계기간에 대해서만 변경된 회계처리방법을 적용한다. 따라서 이 경우에는 변경 전의 회계처리방법상의 차이에 따라 나타날 수 있는 회계변경의 누적효과가 당기와 당기 이후의 기간에 분산되어 반영된다.

참고 회계변경의 주요이론

- 추정의 근거가 되었던 상황의 변화, 새로운 정보의 획득, 추가적인 경험의 축적이 있는 경우의 변경은 과거기간과 연관되지 않으며 오류수정으로 보지 아니한다.
- 측정기준의 변경은 회계추정의 변경이 아니라 회계정책의 변경에 해당한다.
- 정책의 변경과 추정의 변경을 구분하는 것이 어려운 경우, 이를 회계추정의 변경으로 본다.
- 회계정책변경과 추정변경이 동시에 이루어지는 경우, 회계정책의 변경에 의한 효과를 먼저 계산하여 소급적용한 후 회계추정 변경효과를 전진적으로 적용한다.

처리방법	의의(내용)	전기의 재무제표	특징
소급법	과거를 소급하여 미래로 적용함 누적효과를 계산(기초잉여금수정)	재작성	신뢰성 저하 비교가능성 유지
전진법	당기부터 미래로 적용함 누적효과를 계산하지 않음	재작성하지 않음	신뢰성 유지 비교가능성 저하
일괄처리법	당기부터 미래로 적용함 누적효과를 계산(당기손익)	재작성하지 않음	신뢰성 유지 비교가능성 저하

개념적용 문제

02 (1) (주)한국은 20×1년 초에 건물을 ₩1,000,000에 취득하였다. 건물의 내용연수는 5년이고, 잔존가치는 10%로 추정하고, 정액법으로 감가상각을 하였다. (주)한국은 20×3년 초에 동 건물에 대하여 잔존내용연수가 4년이고, 잔존가치도 ₩200,000이 될 것으로 추정하였다. 20×3년 말에 인식할 감가상각비는 얼마인가?

(2) 위의 (1)을 회계처리하시오.

해설

(1) • 20×3년 초의 장부금액: $1{,}000{,}000 - (\frac{1{,}000{,}000 - 100{,}000}{5년} \times 2년) = ₩640{,}000$

• 20×3년 말의 감가상각비: $\frac{640{,}000 - 200{,}000}{4년} = ₩110{,}000$

(2) 20×3년 말의 회계처리는 다음과 같다.

(차) 감 가 상 각 비 110,000 (대) 감 가 상 각 누 계 액 110,000

03 (1) (주)한국은 20×1년 초에 기계장치를 ₩1,000,000에 취득하였다. 취득 당시 기계장치의 잔존가치는 ₩100,000이고, 내용연수는 5년으로 추정하였다. 20×3년 초에 동 기계의 감가상각은 경제적 효익이 소비되는 형태를 정액법에서 연수합계법으로 변경하였다. 또한 잔존내용연수는 4년이고, 잔존가치는 ₩200,000이다. (주)한국이 20×3년 말에 인식할 감가상각비는 얼마인가?

(2) 위의 (1)을 회계처리하시오.

(1) • 20×3년 초의 장부금액: $1{,}000{,}000 - \left(\frac{1{,}000{,}000 - 100{,}000}{5년} \times 2년\right) = ₩640{,}000$

• 20×3년 말의 감가상각비: (640,000 − 200,000) × 4/10 = ₩176,000

(2) 20×3년 말의 회계처리는 다음과 같다.

(차) 감 가 상 각 비	176,000	(대) 감 가 상 각 누 계 액	176,000

제2절 오류수정

오류는 재무제표 구성요소의 인식, 측정, 표시 또는 공시와 관련하여 발생할 수 있다. 기업의 재무상태, 재무성과 또는 현금흐름을 특정한 의도대로 표시하기 위하여 중요하거나 중요하지 않은 오류를 포함하여 작성된 재무제표는 한국채택국제회계기준에 따라 작성되었다고 할 수 없다. 당기 중에 발견한 당기의 잠재적 오류는 재무제표의 발행승인일 전에 수정한다. 그러나 중요한 오류를 후속기간에 발견하는 경우, 이러한 전기오류는 해당 후속기간의 재무제표에 비교 표시된 재무정보를 재작성하여 수정한다.

1. 의의

① 전기 또는 그 이전에 재무제표를 작성할 때 신뢰할 만한 정보를 이용하지 못했거나 잘못 이용하여 발생한 재무제표에의 누락이나 왜곡 표시된 것을 오류라고 하고 그것이 발견되어 이를 올바르게 수정하는 것을 오류수정이라 한다.

② 여기에서 신뢰할 만한 정보란 다음을 모두 충족하는 정보를 말한다.

㉠ 당 회계기간의 재무제표 발행승인일 현재 이용 가능한 정보

㉡ 당해 재무제표의 작성과 표시를 위하여 획득하여, 고려할 것이라고 합리적으로 기대되는 정보

③ 오류는 산술적 계산오류, 회계정책의 적용 오류, 사실의 간과 또는 해석의 오류 및 부정 등의 영향을 모두 포함한다. 여기에는 다음의 경우가 있다.
   ㉠ 회계기준 적용의 오류
   ㉡ 회계추정의 오류
   ㉢ 계정과목의 오류
   ㉣ 계산상의 오류
   ㉤ 사실의 누락 및 오용

④ 이러한 회계상의 오류 중 손익에 관련된 것은 전기오류수정이익(손실)으로서 과거기간의 자산, 부채에 미치는 누적효과는 소급적용하여 기초이익잉여금에 반영하고 비교목적으로 공시되는 재무제표는 재작성한다.

2. 오류의 유형

오류의 유형을 순이익에 영향을 미치는 오류와 순이익에 영향을 미치지 않는 오류로 구분할 수 있으며, 당기와 당기 이후의 순이익에 미치는 영향에 따라 자동조정적 오류와 비자동조정적 오류(영구적 오류)로 구분할 수 있다.

(1) 순이익에 영향을 미치지 않는 오류

순이익에 영향을 미치지 않는 오류는 계정과목 분류상의 오류로서 재무상태표 오류와 포괄손익계산서 오류로 구분된다.

① **재무상태표 오류**: 재무상태표 오류는 재무상태표에만 영향을 미치는 오류를 의미하는 것으로 자산, 부채 및 자본계정의 분류상 오류로 발생한다. 이와 같은 오류는 순손익에는 영향을 미치지 않고, 재무상태표상의 계정과목만의 오류이므로 발견 즉시 적절한 과목으로 재분류한다.

   ㉍ • 비유동자산에 속하는 금융상품을 유동자산으로 분류한 경우
   • 미수금을 매출채권으로 분류한 경우
   • 유동부채를 비유동부채로 분류한 경우
   • 매입채무를 미지급금으로 분류한 경우 등

② **포괄손익계산서 오류**: 포괄손익계산서 오류는 수익과 비용에만 영향을 미치는 오류로서 계정과목을 잘못 분류한 경우에 발생한다. 예를 들어, 이자수익을 수수료수익으로 분류하거나 손상차손을 감가상각비로 분류한 경우 등이다. 또한 포괄손익계산서 오류는 당기순이익에도 영향을 미치지 않는 오류로서, 이러한 오류가 발생한 연도에 발견되었다면 즉시 재분류하는 분개를 하고, 전기 이전에 발생한 오류가 당기에 발견되었다면 당기에는 아무런 영향이 없으므로 오류수정 분개를 할 필요가 없다.

(2) 순이익에 영향을 미치는 오류

① 순이익에 영향을 미치는 오류는 재무상태표와 포괄손익계산서 모두에 영향을 미치는 오류를 말한다(예 손익거래). 순이익에 영향을 미치는 전기 이전의 오류는 원칙적으로 소급적용하여야 한다. 즉, 전기 이전의 순이익이 과대계상된 경우에는 기초이익잉여금을 감소시키고, 과소계상된 경우에는 기초이익잉여금을 증가시키며, 비교 공시되는 전기재무제표는 오류수정을 반영하여 재작성하여야 한다.

② 순이익에 영향을 미치는 전기 이전의 오류에 관한 회계처리는 다음과 같다.

• 전기의 감가상각비 ₩1,000이 ₩1,200으로 과대계상된 경우(순이익의 과소계상)

– 오류분개:	(차) 감 가 상 각 비	1,200	(대) 감 가 상 각 누 계 액	1,200
– 옳은분개:	(차) 감 가 상 각 비	1,000	(대) 감 가 상 각 누 계 액	1,000
– 수정분개:	(차) 감 가 상 각 누 계 액	200	(대) 이 월 이 익 잉 여 금	200

③ 이와 같이 순이익에 영향을 주는 오류는 자동조정적 오류와 비자동조정적 오류가 있다.

㉠ **자동조정적 오류**: 회계오류가 발생하였다 하더라도 두 회계기간이 지나면 오류의 효과가 자동으로 상쇄되는 오류를 말한다(예 기말재고자산, 선급비용의 오류, 미지급비용 오류, 선수수익의 오류, 미수수익의 오류). 자동조정적 오류는 반드시 두 회계기간이 경과하여야만 오류의 효과가 상쇄(0)되는 것이므로 전기에 발생한 오류인 경우 당기말 장부의 마감 여부에 따라 자동조정 여부가 결정된다. 따라서 전기에 발생한 회계상 오류가 당기말 장부가 마감된 경우와 당기말 장부가 마감되지 않은 경우로 구분하여 회계처리한다.

ⓐ **당기말 장부가 마감된 경우**: 두 회계기간이 경과하였으므로 수정분개를 하지 않아도 된다.

ⓑ **당기말 장부가 마감되지 않은 경우**: 두 회계기간이 경과하지 않았으므로 당기의 회계처리를 수정하고 전기손익에 미치는 오류금액을 전기오류수정손익으로 계상하여야 한다. 한국채택국제회계기준에서는 오류의 중요성 여부와 관계없이 재무제표를 재작성하도록 요구하고 있기 때문에 전기오류수정손익은 전기이월미처분이익잉여금(미처리결손금)에서 수정하여야 한다.

㉡ **비자동조정적 오류**(영구적 오류): 두 회계기간의 경과만으로는 자동조정 되지 않는 오류를 말한다(예 기계취득에 따른 지출을 전액 수익적 지출로 처리한 경우, 감가상각비 오류). 이때는 장부의 마감 여부를 불문하고 그 발견시점이 완전히 장부상 제거되는 시점 이전이면 항상 수정분개를 행해야 한다.

(3) 회계처리

① 전기오류는 특정 기간에 미치는 오류의 영향이나 오류의 누적효과를 실무적으로 결정할 수

없는 경우를 제외하고는 소급재작성에 의하여 수정한다. 여기서 소급하여 재작성한다는 뜻은 오류가 처음부터 발생하지 않은 것처럼 재무제표요소의 인식, 측정 및 공시를 수정하는 것을 말한다.

② 실무적으로 소급재작성할 수 있는 가장 이른 회계기간은 당기일 수 있다. 이 경우 당기 기초시점에 과거기간 전체에 대한 오류의 누적효과를 실무적으로 결정할 수 없는 경우, 실무적으로 적용할 수 있는 가장 이른 날부터 전진적으로 오류를 수정하여 비교정보를 재작성한다.

③ 전기오류의 수정은 오류가 발견된 기간의 당기손익으로 보고하지 않는다. 따라서 과거 재무자료의 요약을 포함한 과거기간의 정보는 실무적으로 적용할 수 있는 최대한 앞선 기간까지 소급하여 재작성한다.

④ 오류의 수정은 회계추정의 변경과 구별된다. 회계적 추정치는 성격상 추가 정보가 알려지는 경우 수정이 필요할 수도 있는 근사치의 개념이다. 예를 들면, 우발상황의 결과에 따라 인식되는 손익은 오류의 수정에 해당하지 아니한다.

구분		회계처리방법
회계변경	정책의 변경	원칙: 소급법 예외: 전진법(회계변경누적효과를 실무적으로 결정할 수 없는 경우)
	추정의 변경	원칙: 전진법
오류수정		원칙: 소급법 예외: 전진법(오류수정누적효과를 실무적으로 결정할 수 없는 경우)

개념적용 문제

04 (주)한국은 12월 31일 결산한다. 20×1년 7월 1일에 1년분 임대료 ₩120,000을 현금으로 받아 전액 20×1년의 수익으로 처리하였다. 20×1년의 당기순이익으로 ₩500,000과 20×2년의 당기순이익으로 ₩700,000을 보고하였다. 다음의 각 물음에 답하시오.

(1) (주)한국의 20×1년과 20×2년의 정확한 당기순이익은 얼마인가?

(2) (주)한국이 상기 오류를 20×2년 말에 발견했을 경우와 20×3년 말에 발견한 경우 각 발견시점의 회계처리를 하시오.

해설 (1) 정확한 당기순이익의 계산
- 20×1년의 당기순이익: 순이익(500,000) − 선수(차기분)임대료(60,000) = ₩440,000
- 20×2년의 당기순이익: 순이익(700,000) + 선수(전기분)임대료(60,000) = ₩760,000

(2) 발견시점의 회계처리
- 20×2년에 발견한 경우

(차) 이 익 잉 여 금	60,000	(대) 임 대 료	60,000

- 20×3년에 발견한 경우: 두 회계기간이 경과하였으므로 수정분개 없음

05 (주)대한의 20×1년과 20×2년의 포괄손익계산서에서 발췌한 재고자산에 관련한 자료는 다음과 같다. (주)대한이 20×1년의 기말재고자산 ₩200,000을 과대평가하였을 경우 다음의 각 물음에 답하시오.

	20×1년	20×2년
• 당기 상품 매입액	₩5,000,000	₩8,000,000
• 상품변동액	(1,000,000)	1,500,000
• 매출원가	₩4,000,000	₩9,500,000

(1) (주)대한의 20×1년과 20×2년의 정확한 매출원가는 얼마인가?

(2) (주)대한이 20×1년, 20×2년의 당기순이익을 각각 ₩5,000,000과 ₩7,000,000으로 보고하였을 경우 20×1년과 20×2년의 정확한 당기순이익은 각각 얼마인가?

해설 (1) 정확한 매출원가

- 20×1년의 매출원가: 기말재고액 ₩200,000이 과대계상되면 매출원가는 ₩200,000이 과소계상된다. 따라서 20×1년의 정확한 매출원가는 ₩4,200,000이다.
- 20×2년의 매출원가: 20×1년의 기말재고액 ₩200,000이 과대계상되면 20×2년의 기초재고액 ₩200,000은 과대계상된다. 따라서 매출원가는 ₩200,000이 과대계상된다. 20×2년의 정확한 매출원가는 ₩9,300,000이다.

(2) 정확한 당기순이익

- 20×1년의 당기순이익: 당기순이익 ₩5,000,000에서 매출원가가 ₩200,000이 과소계상되었으므로 정확한 당기순이익은 ₩4,800,000이다.
- 20×2년의 당기순이익: 당기순이익 ₩7,000,000에서 매출원가가 ₩200,000이 과대계상되었으므로 정확한 당기순이익은 ₩7,200,000이다.

06 다음의 오류가 20×2년의 당기순이익과 이익잉여금에 미치는 영향은?

	20×1년	20×2년
• 기말재고액	₩100,000 과대계상	₩50,000 과소계상
• 감가상각비	200,000 과소계상	300,000 과대계상

해설

구분	당기순이익		이익잉여금
	20×1년	20×2년	
기말재고액 ₩100,000 과대계상	₩100,000 과대	₩100,000 과소	–
기말재고액 ₩50,000 과소계상	–	50,000 과소	₩50,000 과소
감가상각비의 오류	200,000 과대	300,000 과소	100,000 과소
계	₩300,000 과대	₩450,000 과소	₩150,000 과소

CHAPTER 13

기출 & 예상문제로 완벽 복습

01 **다음 중 회계변경에 대한 한국채택국제회계기준서 내용으로 옳지 않은 것은?**

① 회계정책을 변경하는 경우에는 특정 기간에 미치는 영향이나 누적효과를 실무적으로 적용 가능한 최초 회계기간까지 소급적용한다.

② 회계추정의 변경은 전진법으로 처리하고, 회계정책의 변경은 경과규정이 없는 경우 소급법으로 처리함을 원칙으로 한다.

③ 과거에 발생한 거래와 실질이 다른 거래, 기타 사건 또는 상황에 대하여 다른 회계정책을 적용하는 경우에는 회계정책의 변경에 해당하지 않는다.

④ 회계정책 변경을 소급적용하는 경우 변경으로 인한 누적효과는 회계변경누적효과의 과목으로 하여 당기손익에 반영한다.

⑤ 거래 등에 대한 한국채택국제회계기준이 없는 경우, 경영진은 경영진의 판단에 따라 회계정책을 개발하여 적용하도록 규정한다.

해설 소급법은 회계변경의 누적효과를 계산하여, 이를 회계변경누적효과의 과목으로 하여 회계변경연도의 기초이익잉여금에서 수정하는 방법이다.

02 **회계추정의 변경에 해당하지 않는 것은?** 제15회 기출

① 유형자산의 잔존가치를 취득원가의 10%에서 5%로 변경하는 경우

② 유형자산의 내용연수를 5년에서 10년으로 변경하는 경우

③ 유형자산의 감가상각방법을 정률법에서 정액법으로 변경하는 경우

④ 제품보증충당부채의 적립비율을 매출액의 1%에서 2%로 변경하는 경우

⑤ 재고자산의 단위원가 결정방법을 선입선출법에서 총평균법으로 변경하는 경우

해설 선입선출법에서 총평균법으로 변경하는 경우는 회계정책변경에 해당한다.

03 회계변경에는 정책변경과 추정변경이 있다. 이에 대한 설명으로 옳지 않은 것은?

① 회계추정을 변경한 때는 변경 전 회계연도의 재무제표를 다시 작성한다.
② 회계추정을 변경한 때는 당기 이후에 그 영향이 미치는 것으로 한다.
③ 선입선출법에서 가중평균법으로 변경한 것은 회계정책의 변경이다.
④ 유형자산의 잔존가치를 변경하는 것은 회계추정의 변경이다.
⑤ 회계변경은 비교가능성의 기준과 관계가 있다.

해설 한국채택국제회계기준상 회계추정의 변경은 전진법에 의해 처리하도록 하고, 재무제표는 재작성하지 않는다. 그러나 소급적용하는 경우에는 재무제표를 재작성한다.

04 회계상의 비자동조정적 오류로 옳은 것은?

① 기말에 감가상각비를 과대 또는 과소하게 계상하였다.
② 기말재고자산을 과대 또는 과소하게 계상하였다.
③ 기말에 미수이자를 계상하지 않았다.
④ 기말에 선급보험료를 인식하지 않았다.
⑤ 기말에 미지급급여를 계상하지 않았다.

해설
- 자동조정적 오류: 기말재고자산, 선급비용, 선수수익, 미수수익, 미지급비용, 매입 등
- 비자동조정적 오류: 감가상각비 과대(과소)계상, 자본적 지출과 수익적 지출의 구분오류 등

01 ④ 02 ⑤ 03 ① 04 ① 정답

05 회계변경과 오류수정에 관한 설명으로 옳지 않은 것은?

① 전기 또는 그 이전의 재무제표에 포함된 오류를 발견하여 이를 수정하는 것을 오류수정이라 한다.

② 중대한 오류는 재무제표의 신뢰성을 심각하게 손상할 수 있는 매우 중요한 오류를 말하므로 당기손익으로 보고한다.

③ 회계정책의 변경과 회계추정의 변경이 동시에 나타나는 경우에는 회계정책의 변경에 따른 누적효과를 먼저 계산하여 소급적용한 후, 회계추정의 변경효과를 전진법으로 적용한다.

④ 추정의 근거가 되었던 상황의 변화, 새로운 정보의 획득 등으로 인하여 새로운 추정이 요구되는 경우에는 이를 변경할 수 있다.

⑤ 과거에는 발생한 경우가 없는 새로운 사건이나 거래에 대하여 회계정책을 선택하는 것은 회계변경으로 보지 않는다.

해설 중대한 오류는 재무제표의 신뢰성을 심각하게 손상할 수 있는 매우 중요한 오류를 말한다. 그러나 중대성 여부와 관계없이 전기오류는 전기이월이익잉여금에서 수정하고, 당기손익으로 보고하지 않는다.

06 회계정책, 회계추정의 변경 및 오류에 관한 설명으로 옳은 것은?

① 회계정책의 변경과 회계추정의 변경을 구분하는 것이 어려운 경우에는 이를 회계추정의 변경으로 보아 전진 적용한다.

② 당기에 미치는 회계추정의 변경효과는 당기손익으로 인식하고, 미래기간에 미치는 회계추정의 변경효과는 당기의 기타포괄손익으로 인식한다.

③ 전기오류의 수정은 오류가 발견된 기간의 당기손익으로 보고한다.

④ 우발상황의 결과에 따라 인식되는 손익은 오류의 수정에 해당한다.

⑤ 측정기준의 변경은 회계정책의 변경이 아니라 회계추정의 변경에 해당한다.

해설 ② 당기에 미치는 회계추정의 변경효과는 당기손익으로 인식하고, 미래기간에 미치는 회계추정의 변경효과는 미래기간의 손익으로 인식한다.
③ 전기오류의 수정은 오류가 발견된 기간의 기초이익잉여금에서 수정한다.
④ 우발상황의 결과에 따라 인식되는 손익은 오류의 수정에 해당하지 않는다.
⑤ 측정기준의 변경은 회계추정의 변경이 아니라 회계정책의 변경에 해당한다.

07 20×1년 초에 설립한 (주)한국의 20×1년 말 수정전시산표상 소모품계정은 ₩50,000이었다. 기말실사 결과 미사용소모품이 ₩20,000일 때, 소모품에 대한 수정분개의 영향으로 옳은 것은?

제23회 기출

① 비용이 ₩30,000 증가한다.
② 자본이 ₩30,000 증가한다.
③ 이익이 ₩20,000 감소한다.
④ 자산이 ₩30,000 증가한다.
⑤ 부채가 ₩20,000 감소한다.

해설 소모품을 자산으로 회계처리한 경우 결산 시 사용액을 분개한다. 그러므로 비용이 ₩30,000 증가한다.
(차) 소 모 품 비 30,000 (대) 소 모 품 30,000

08 (주)대한의 회계담당자는 기중에 인식한 선수임대료 중에서 기간이 경과되어 실현된 금액에 대한 기말수정분개를 하지 않았다. 이러한 오류가 (주)대한의 당기재무제표에 미치는 영향으로 옳은 것은?

제14회 기출

① 당기순이익이 과대표시된다.
② 기타포괄이익이 과대표시된다.
③ 자산이 과대표시된다.
④ 부채가 과대표시된다.
⑤ 자본이 과대표시된다.

해설 기간이 경과된 선수임대료는 임대료계정으로 대체하여야 한다. 그러나 기말수정분개를 하지 않았다면 수익이 과소표시되어 당기순이익은 과소, 자본은 과소, 부채는 과대표시된다.

05 ② 06 ① 07 ① 08 ④ 정답

09 (주)한국은 20×1년 8월 1일 화재보험에 가입하고, 향후 1년간 보험료 ₩12,000을 전액 현금지급하면서 선급보험료로 회계처리 하였다. 동 거래와 관련하여 (주)한국이 20×1년 말에 수정분개를 하지 않았을 경우, 20×1년 말 재무상태표에 미치는 영향은? (단, 보험료는 월할 계산한다) 제24회 기출

	자산	부채	자본
①	₩5,000(과대)	영향 없음	₩5,000(과대)
②	₩5,000(과대)	₩5,000(과대)	영향 없음
③	₩7,000(과대)	영향 없음	₩7,000(과대)
④	₩7,000(과대)	₩7,000(과대)	영향 없음
⑤	영향 없음	₩7,000(과소)	₩7,000(과대)

해설
- 8월 1일 지급 시

(차) 선 급 보 험 료	12,000	(대) 현 금	12,000

- 12월 결산수정분개

(차) 보 험 료	5,000	(대) 선 급 보 험 료	5,000

- 위의 수정분개가 누락되면 자산은 ₩5,000 과대되고, 부채는 영향이 없고, 자본은 ₩5,000 과대계상된다. 또한 비용이 과소되어 이익이 과대계상된다.

10 (주)한국은 20×1년 4월 1일 향후 1년간(20×1년 4월 1일～20×2년 3월 31일) (주)대한에게 창고를 임대하고 그 대가로 ₩1,200(1개월 ₩100)을 현금으로 받아 수익으로 회계처리 하였다. 이 거래와 관련하여 (주)한국이 20×1년 말에 수정분개를 하지 않았을 경우, 기말 재무제표에 미치는 영향으로 옳지 않은 것은? 제22회 기출

① 부채가 ₩300 과대계상된다.
② 자산에 미치는 영향은 없다.
③ 자본이 ₩300 과대계상된다.
④ 비용에 미치는 영향은 없다.
⑤ 수익이 ₩300 과대계상된다.

해설 임대료 1년분 ₩1,200 중 9개월분(₩900)은 당기수익이고 3개월분(₩300)은 차기분으로 선수임대료이다. 이때 3개월분(₩300)은 선수임대료의 회계처리가 누락되었으므로 부채가 ₩300 과소계상된다.

11 **실지재고조사법을 적용하는 (주)한국은 20×1년 기말재고자산(상품) ₩10,000(원가)을 누락하여 과소계상 하였다. 해당 오류가 향후 밝혀지지 않을 경우, 다음 설명 중 옳은 것은?**

제24회 기출

① 20×1년 매출원가는 ₩10,000 과대계상된다.
② 20×1년 영업이익은 ₩10,000 과대계상된다.
③ 20×2년 기초재고자산은 ₩10,000 과대계상된다.
④ 20×2년 매출원가는 ₩10,000 과대계상된다.
⑤ 누락된 기말재고자산이 20×2년 중 판매되었다면, 20×3년 매출총이익은 ₩10,000 과대계상된다.

해설
- 실사법: 20×1년의 기말재고의 누락 ⇨ 20×2년의 기초재고의 누락
- 20×1년: 기말재고자산 누락
  ⇨ 매출원가 과대계상, 영업이익(매출이익) 과소계상
- 20×2년: 기초재고자산 누락
  ⇨ 매출원가 과소계상, 영업이익(매출이익) 과대계상
- 20×3년: 영향 없음

12 **다음 수정분개의 누락이 재무제표에 미치는 영향으로 옳은 것은?**

제21회 기출

(차변) 이자비용	1,000	(대변) 미지급이자	1,000

① 비용, 부채, 자본이 과대표시된다.
② 비용, 부채, 자본이 과소표시된다.
③ 비용, 자본이 과대표시되고 부채는 과소표시된다.
④ 비용, 자본이 과소표시되고 부채는 과대표시된다.
⑤ 비용, 부채가 과소표시되고 자본은 과대표시된다.

해설 비용과 부채가 과소표시되고, 자본은 과대표시되어 이익이 과대표시된다.

09 ① 10 ① 11 ① 12 ⑤ 정답

13 실지재고조사법을 사용하는 기업이 당기 중 상품 외상매입에 대한 회계처리를 누락하였다. 기말 현재 동 매입채무는 아직 상환되지 않았다. 기말실지재고조사에서는 이 상품이 포함되었다. 외상매입에 대한 회계처리 누락의 영향으로 옳은 것은? 제14회 기출

	자산	부채	자본	당기순이익
①	과소	과소	영향 없음	영향 없음
②	과소	과소	과대	과대
③	과소	과소	영향 없음	과소
④	영향 없음	영향 없음	영향 없음	영향 없음
⑤	영향 없음	과소	과대	과대

해설 (차) 매 입 ××× (대) 외 상 매 입 금 ×××
- 매입의 누락으로 매출원가는 과소계상, 매출이익은 과대계상된다.
- 부채의 누락으로 부채는 과소계상, 자본은 과대계상, 자산은 불변이다.

14 (주)한국은 20×1년 10월 1일부터 1년간 상가를 임대하면서 동 일자에 향후 1년분 임대료 ₩6,000을 현금 수령하고 전액 수익으로 회계처리 하였다. 수정분개를 하지 않았을 경우, (주)한국의 20×1년 재무제표에 미치는 영향은? (단, 임대료는 월할 계산한다) 제25회 기출

① 기말부채 ₩1,500 과대계상
② 기말부채 ₩4,500 과대계상
③ 당기순이익 ₩1,500 과대계상
④ 당기순이익 ₩4,500 과대계상
⑤ 당기순이익 ₩6,000 과대계상

해설
- 20×1년 10월 1일
  (차) 현 금 6,000 (대) 임 대 료 6,000
- 20×1년 12월 말 수정분개(누락)
  (차) 임 대 료 4,500 (대) 선 수 임 대 료 4,500
- 수정분개의 누락으로 임대료(수익) ₩4,500이 과대계상되었고 선수임대료(부채)가 ₩4,500 과소계상되어 순이익이 ₩4,500 과대계상되었다.

15 (주)한국은 20×1년 초 기계 1대를 ₩1,000,000에 취득하였다. 동 기계의 내용연수는 10년이며, 잔존가치는 ₩100,000이다. 그리고 20×3년 초 (주)한국은 이 기계에 ₩600,000의 부속장치를 설치하였다. 이로 인하여 기계의 잔존내용연수는 2년 증가하였고, 잔존가치는 ₩150,000으로 증가되었다. 정액법을 사용할 경우 20×3년 말 포괄손익계산서에 인식할 당기손익은 얼마인가? (단, 부속장치 중 ₩100,000은 인식요건을 충족하지 못한다)

① ₩217,000
② ₩235,000
③ ₩280,000
④ ₩285,000
⑤ ₩200,000

해설
- 2년간 감가상각비: (1,000,000 − 100,000) ÷ 10년 × 2년 = ₩180,000
- 20×3년 초 잔존내용연수: 10년 − 2년 + 2년 = 10년
- 20×3년도 감가상각비: (1,000,000 + 500,000 − 180,000 − 150,000) ÷ 10년 = ₩117,000
- 20×3년도 당기손익: 수선비(100,000) + 감가상각비(117,000) = ₩217,000

16 (주)한국은 20×1년 1월 1일에 업무용 차량(취득원가 ₩500,000, 내용연수 5년, 잔존가치 ₩50,000)을 취득하여 연수합계법으로 감가상각하였다. (주)한국은 20×2년 초 동 차량의 잔존내용연수를 3년, 잔존가치를 ₩20,000으로 추정하여 변경하였으며, 동시에 감가상각방법을 정액법으로 변경하였다. 이러한 변경이 정당한 회계변경에 해당할 경우, (주)한국이 20×2년도에 인식할 동 차량의 감가상각비는? (단, 원가모형을 적용한다) 제21회 기출

① ₩110,000
② ₩125,000
③ ₩130,000
④ ₩145,000
⑤ ₩150,000

해설
- 20×2년 초 장부금액: 500,000 − (500,000 − 50,000) × 5년/15년 = ₩350,000
- 20×2년 말 감가상각비: (350,000 − 20,000) ÷ 3년 = ₩110,000

13 ⑤ 14 ④ 15 ① 16 ① 정답

17 (주)한국은 20×1년 7월 초 설비자산(내용연수 4년, 잔존가치 ₩2,000, 연수합계법으로 감가상각)을 ₩20,000에 취득하였다. 20×3년 초 ₩10,000을 지출하여 설비자산의 내용연수를 6개월 더 연장하고, 잔존내용연수는 3년으로 재추정되었으며 잔존가치는 변화가 없다. 20×4년 초 설비자산을 ₩15,000에 처분하였을 때 인식할 처분이익은? (단, 감가상각은 월할 상각하며, 원가모형을 적용한다) 제20회 기출

① ₩1,167
② ₩2,167
③ ₩3,950
④ ₩4,950
⑤ ₩5,500

해설
- 20×3년 초 장부금액: 20,000 − (18,000 × 5.5/10) + 10,000 = ₩20,100
- 20×3년 말 장부금액: 20,100 − (18,100 × 3/6) = ₩11,050
- 20×4년 초 처분이익: 15,000 − 11,050 = ₩3,950

18 (주)한국은 20×1년 1월 1일에 기계장치를 ₩450,000에 취득하면서 운송비와 설치비로 ₩50,000을 지출하였다. 이 기계장치는 내용연수 5년, 잔존가치 ₩0으로 정액법을 적용하여 감가상각하고 있다. 20×3년 1월 1일 사용 중이던 동 기계장치의 생산능력을 높이고 사용기간을 연장하기 위해 ₩100,000을 지출하였으며, 일상적인 수선을 위해 ₩5,000을 지출하였다. 지출의 결과로 기계장치의 내용연수는 5년에서 7년으로 연장되었으며 잔존가치는 ₩50,000으로 변경되었다. (주)한국이 20×3년도에 인식해야 할 감가상각비는? (단, 원가모형을 적용하며 손상차손은 없다) 2019년 세무직 공무원 수정

① ₩50,000
② ₩60,000
③ ₩70,000
④ ₩80,000
⑤ ₩85,000

해설
- 20×3년 초 장부금액: 500,000 − (500,000 × 2년/5년) = ₩300,000
- 20×3년 초 수정 후 장부금액: 300,000 + 100,000 = ₩400,000
- 20×3년 말 감가상각비: (400,000 − 50,000) ÷ 5년 = ₩70,000

19 (주)한국은 회계기록을 검토하던 중 다음과 같은 오류가 있었음이 발견되었다. 이와 같은 오류가 20×2년의 당기순이익과 이익잉여금에 미치는 영향은?

	20×1년	20×2년
• 기말재고액	₩7,000 과소계상	₩10,000 과대계상

	당기순이익	기말이익잉여금
①	₩7,000 과대계상	₩3,000 과소계상
②	₩3,000 과소계상	₩7,000 과소계상
③	₩3,000 과대계상	₩10,000 과대계상
④	₩17,000 과대계상	₩10,000 과대계상
⑤	₩10,000 과소계상	₩3,000 과소계상

해설

구분	당기순이익		이익잉여금
	20×1년	20×2년	
기말재고액	₩7,000 과소 –	₩7,000 과대 10,000 과대	– ₩10,000 과대
계	₩7,000 과소	₩17,000 과대	₩10,000 과대

17 ③ 18 ③ 19 ④ 정답

20 (주)한국은 20×2년 말에 다음과 같은 오류가 발생하였다. 20×2년 12월 31일 현재의 기말 이익잉여금은 얼마나 과대(과소)계상 되었는가?

	20×1년	20×2년
• 감가상각비	₩15,000 과소계상	₩10,000 과대계상
• 기말재고자산	₩20,000 과소계상	₩10,000 과대계상

① ₩15,000 과소계상 ② ₩15,000 과대계상 ③ ₩25,000 과소계상
④ ₩25,000 과대계상 ⑤ ₩50,000 과소계상

해설 각 회계연도의 당기순이익, 이익잉여금에 미치는 영향

구분	당기순이익		이익잉여금
	20×1년	20×2년	
20×1년 기말재고 ₩20,000 과소	₩20,000 과소	₩20,000 과대	–
20×2년 기말재고 ₩10,000 과대	–	10,000 과대	₩10,000 과대
20×1년 감가상각비 ₩15,000 과소	15,000 과대	–	15,000 과대
20×2년 감가상각비 ₩10,000 과대	–	10,000 과소	10,000 과소
계	₩5,000 과소	₩20,000 과대	₩15,000 과대

21 (주)한국은 20×1년 10월 1일 기계장치(잔존가치 ₩1,000, 내용연수 5년, 정액법 상각)를 ₩121,000에 현금으로 취득하면서 기계장치를 소모품비로 잘못 기입하였다. 20×1년 결산 시 장부를 마감하기 전에 동 오류를 확인한 경우, 필요한 수정분개는? (단, 원가모형을 적용하며, 감가상각은 월할 상각한다) 제21회 기출

① (차) 기계장치 115,000 (대) 현금 115,000
② (차) 기계장치 121,000 (대) 현금 121,000
③ (차) 기계장치 115,000 (대) 소모품비 115,000
감가상각비 6,000 감가상각누계액 6,000
④ (차) 기계장치 121,000 (대) 소모품비 121,000
감가상각비 6,000 감가상각누계액 6,000
⑤ (차) 기계장치 121,000 (대) 소모품비 121,000
감가상각비 24,000 감가상각누계액 24,000

해설
- 오류분개: (차) 소모품비 121,000 (대) 현금 121,000
- 수정분개: (차) 기계장치 121,000 (대) 소모품비 121,000
- 감가상각: (차) 감가상각비 6,000 (대) 감가상각누계액 6,000
- 20×1년 말 감가상각: (121,000 − 1,000) ÷ 5년 × 3/12 = ₩6,000

22 **(주)한국의 20×1년 말 결산수정사항 반영 전 당기순이익은 ₩1,070,000이었다. 다음 결산수정사항을 반영한 후의 당기순이익은? (단, 이자와 보험료는 월할 계산한다)** 제19회 기출

- 20×1년 7월 1일 거래처에 현금 ₩200,000을 대여하면서 1년 후에 원금과 이자(연 9%)를 회수하기로 약정하였다.
- 20×1년 12월 1일에 향후 1년치 보험료 ₩24,000을 현금으로 지급하면서 선급보험료로 회계처리하였다.

① ₩1,055,000
② ₩1,061,500
③ ₩1,077,000
④ ₩1,078,500
⑤ ₩1,081,000

해설
- 미수이자의 계상: 200,000 × 0.09 × 6/12 = ₩9,000
- 보험료의 계상: 24,000 × 1/12 = ₩2,000
- 당기순이익: 1,070,000 + 9,000 − 2,000 = ₩1,077,000

23 **20×1년 말 (주)한국이 작성한 재무제표에서 다음과 같은 오류가 발견되었다. 이들 오류가 당기순이익에 미치는 영향은?** 제15회 기출

(1) 선적지 인도조건으로 매입하여 20×1년 말 운송 중인 상품 ₩600,000이 장부에 기록되지 않았으며, 기말재고자산에도 포함되지 않았다.
(2) 20×1년 초 본사의 사무용비품 ₩1,000,000(내용연수 5년, 잔존가치 없음)을 취득하면서 비용으로 처리하였다. 동 비품은 정액법으로 감가상각하여야 한다.

① ₩400,000 과소계상
② ₩800,000 과소계상
③ ₩1,000,000 과소계상
④ ₩1,400,000 과소계상
⑤ ₩1,600,000 과소계상

해설
(1) 선적지 인도조건으로 매입한 상품 ₩600,000이 장부에 기록되지 않았고, 기말재고에도 포함되지 않았다면 매입의 과소계상, 기말재고의 과소계상으로 순이익에는 영향을 주지 않는다.
(2) 비품 ₩1,000,000(내용연수 5년, 잔존가치 없음)을 취득하면서 비용으로 처리하고 비용 ₩1,000,000이 과대계상되었으나 동 비품을 감가상각한다면, 감가상각비는 ₩200,000이 계상되어 결국 비용이 ₩800,000이 과대계상되어 순이익은 ₩800,000이 과소계상된다.

20 ② 21 ④ 22 ③ 23 ② **정답**

24 **(주)한국의 기말수정사항이 다음과 같을 때, 기말수정분개가 미치는 영향으로 옳지 않은 것은?**

- 기중에 구입한 소모품 ₩100,000을 소모품비로 처리하였으나, 기말 현재 남아 있는 소모품은 ₩20,000이다. (단, 기초 소모품 재고액은 없다)
- 당기에 발생한 미수이자 ₩100,000에 대한 회계처리가 이루어지지 않았다.

① 당기순이익이 ₩80,000 증가한다.
② 자산총액이 ₩120,000 증가한다.
③ 부채총액은 불변한다.
④ 자본총액이 ₩120,000 증가한다.
⑤ 수정후 잔액시산표의 대변합계가 ₩100,000 증가한다.

해설 • 당기순이익은 ₩120,000만큼 증가한다.

(1) (차) 소모금 20,000 (대) 소모품비 20,000
⇨ 자산 증가, 순이익 증가, 시산표합계 불변

(2) (차) 미수이자 100,000 (대) 이자수익 100,000
⇨ 자산 증가, 순이익 증가, 시산표합계 증가

25 **20×1년 12월분 관리직 종업원 급여 ₩500이 발생하였으나 장부에 기록하지 않았고, 이 금액을 20×2년 1월에 지급하면서 전액 20×2년 비용으로 인식하였다. 이러한 회계처리의 영향으로 옳지 않은 것은? (단, 20×1년과 20×2년에 동 급여에 대한 별도의 수정분개는 하지 않은 것으로 가정한다)** 제25회 기출

① 20×1년 비용 ₩500 과소계상
② 20×1년 말 자산에는 영향 없음
③ 20×1년 말 부채 ₩500 과소계상
④ 20×1년 말 자본 ₩500 과대계상
⑤ 20×2년 당기순이익에는 영향 없음

해설 • 20×1년 회계처리 누락

(차) 급여 500 (대) 미지급급여 500
⇨ 비용 과소계상, 부채 과소계상, 순이익 과대계상, 자본 과대계상, 자산 영향 없음

• 20×2년 급여지급 분개

(차) 급여 500 (대) 현금 500
⇨ 20×1년 급여의 누락으로 20×2년 비용 과대계상, 순이익 과소계상

24 ① 25 ⑤ 정답

CHAPTER

14 재무제표

회독체크 1 2 3

CHAPTER 미리보기

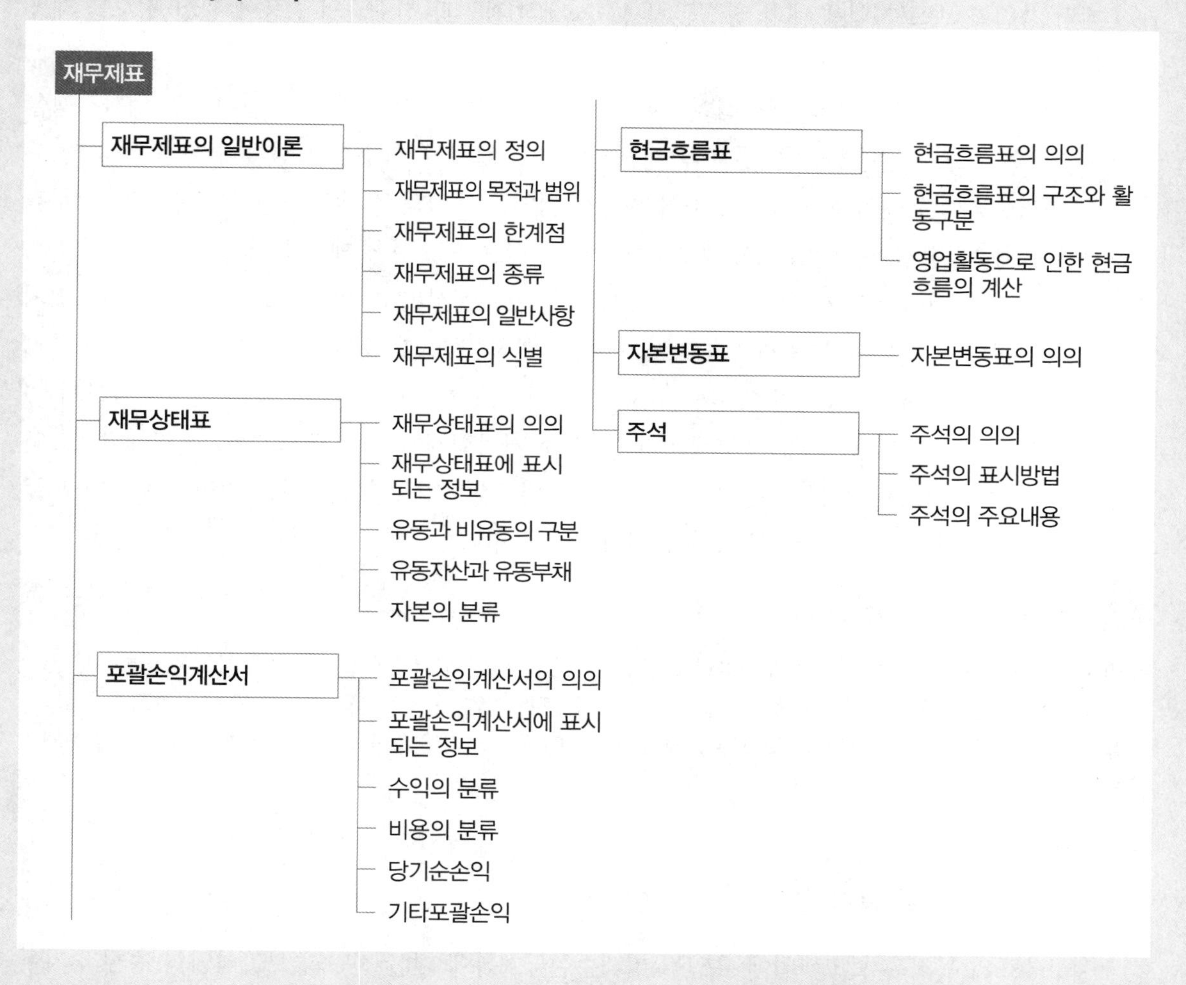

학습전략

본 단원은 재무제표에 관한 설명으로 시험에서는 2~3문항이 출제되고 있습니다. 재무제표의 일반이론과 재무제표 작성의 일반원칙 등이 이론문제로 출제되며, 현금흐름표와 포괄손익계산서에서는 계산문제로 출제됩니다. 특히 현금흐름표는 매회 출제되는 부분으로 다양한 문제를 풀어보는 것이 중요합니다.

학습키워드

- 재무제표 일반원칙(8가지)
- 비용의 분류
- 현금흐름표(영업활동현금흐름)

제1절 재무제표의 일반이론

1. 재무제표의 정의

재무제표(F/S; Financial Statements)는 재무제표 요소의 정의를 충족하는 (1) 보고기업의 경제적 자원 (2) 보고기업에 대한 청구권 및 (3) 경제적 자원과 청구권의 변동에 관한 정보를 제공한다.

① 재무제표는 재무보고의 핵심적인 수단으로서 광범위한 정보이용자가 합리적인 의사결정을 할 수 있도록 유용한 회계정보를 제공하는 재무회계의 최종적인 산물이다.

② 이러한 재무회계의 목적을 달성하기 위해서 기업은 기업의 경제적 사건과 그에 따른 재무적 변동에 대한 정보를 정보이용자에게 전달할 수단을 필요로 하게 되는데 이런 수단 중 가장 핵심적인 것이 재무제표이다. K-IFRS 제1001호에서는 재무제표를 "재무제표는 기업의 재무상태와 재무성과를 체계적으로 표현한 것이다."라고 정의하고 있다.

③ 또한 한국채택국제회계기준에서는 연결재무제표를 기본재무제표로 하고 있다. 따라서 기업회계기준서 제1001호 '재무제표의 표시'는 기업회계기준서 제1027호 '연결재무제표와 별도재무제표'에서 정의하는 연결재무제표나 별도재무제표를 보고하는 기업을 포함한 모든 기업의 재무제표 작성과 표시에 동일하게 적용한다.

참고 연결재무제표와 별도재무제표

연결재무제표는 지배기업과 그 지배기업의 모든 종속기업을 단일의 경제적 실체로 간주하여 작성하는 연결실체의 통합 재무제표를 말한다. 반면에 별도재무제표는 지배기업, 관계기업의 투자자 또는 공동지배기업의 참여자가 투자자산을 피투자자의 보고된 성과와 순자산에 근거하지 않고 직접적인 지분투자에 근거한 회계처리로 표시한 재무제표를 말한다.

2. 재무제표의 목적과 범위

재무제표의 목적은 보고기업에 유입될 미래순현금흐름에 대한 전망과 보고기업의 경제적 자원에 대한 경영진의 수탁책임을 평가하는 데 유용한 보고기업의 자산, 부채, 자본, 수익 및 비용에 대한 재무정보를 재무제표이용자들에게 제공하는 것이다. 이러한 정보는 다음을 통해 제공된다.

(1) 자산, 부채 및 자본이 인식된 재무상태표

(2) 수익과 비용이 인식된 재무성과표

(3) 다음에 관한 정보가 표시되고 공시된 다른 재무제표와 주석

① 인식은 자산, 부채, 자본, 수익 또는 비용과 같은 재무제표 요소 중 하나의 정의를 충족하는 항목을 재무상태표나 재무성과표에 포함하기 위하여 포착하는 과정이다. 자산, 부채 또는 자본이 재무상태표에 인식되는 금액을 '장부금액'이라고 하며, 위험에 대한 정보를 포함한다.

② 인식되지 않은 자산 및 부채, 그 각각의 성격과 인식되지 않은 자산과 부채에서 발생하는 위험에 대한 정보를 포함한다.

③ 현금흐름

④ 자본청구권 보유자의 출자와 자본청구권 보유자에 대한 분배

⑤ 표시되거나 공시된 금액을 추정하는 데 사용된 방법, 가정과 판단 및 그러한 방법, 가정과 판단의 변경

3. 재무제표의 한계점

① 회계추정이 다수 개입되고 있어 신뢰성이 떨어질 수 있다.

예 매출채권의 손상추정, 유형자산의 내용연수, 우발채무의 추정 등

② 재무상태표의 역사적 원가의 채택으로 적정한 현행가치를 반영하지 못하고 있다.

③ 계량화가 어려우나 재무적 가치가 있는 많은 비화폐적 정보들이 생략되고 있다.

예 인간자원에 관한 정보, 경영자의 능력 등

④ 회계변경을 인정함으로써 비교가능성이 저해되고 있다.

⑤ 재무제표는 특정 실체에 관한 정보를 제공하며, 산업 또는 경제 전반에 관한 정보는 제공하지는 않는다.

4. 재무제표의 종류

① 전체 재무제표는 다음을 모두 포함하여야 한다.

㉠ 기말 재무상태표

㉡ 기간손익과 기타포괄손익계산서

㉢ 기간 자본변동표

㉣ 기간 현금흐름표

㉤ 주석(유의적인 회계정책의 요약 및 그 밖의 설명으로 구성)

㉥ 회계정책을 소급하여 적용하거나, 재무제표의 항목을 소급하여 재작성 또는 재분류하는 경우 가장 이른 비교기간의 기초 재무상태표

② 기준서에서 사용하는 재무제표의 명칭이 아닌 다른 명칭을 사용할 수 있다. 예를 들면, '기간손익과 기타포괄손익계산서'라는 명칭 대신에 '포괄손익계산서'라는 명칭을 사용할 수 있다.
   ㉠ 재무제표는 전체 재무제표의 명칭이 아닌 다른 명칭을 사용할 수 있다.
   ㉡ 각각의 재무제표는 전체 재무제표에서 동등한 비중으로 표시한다.
   ㉢ 해당 기간에 인식한 모든 수익과 비용 항목은 단일 포괄손익계산서나 두 개의 보고서 중 한 가지 방법으로 표시한다.

5. 재무제표의 일반사항

(1) 공정한 표시와 한국채택국제회계기준의 준수

① 재무제표는 기업의 재무상태, 재무성과 및 현금흐름을 공정하게 표시해야 한다. 공정한 표시를 위해서는 '개념체계'에서 정한 자산, 부채, 수익 및 비용에 대한 정의와 인식요건에 따라 거래, 그 밖의 사건과 상황의 효과를 충실하게 표현해야 한다. 한국채택국제회계기준에 따라 작성된 재무제표는 공정하게 표시된 재무제표로 본다.
② 한국채택국제회계기준을 준수하여 재무제표를 작성하는 기업은 그러한 준수 사실을 주석에 명시적이고 제한 없이 기재한다. 재무제표가 한국채택국제회계기준의 요구사항을 모두 충족한 경우가 아니라면 한국채택국제회계기준을 준수하여 작성되었다고 기재하여서는 아니 된다.
③ 한국채택국제회계기준을 준수하여 작성된 재무제표는 국제회계기준을 준수하여 작성된 재무제표임을 주석으로 공시할 수 있다.
④ 부적절한 회계정책은 이에 대하여 공시나 주석 또는 보충 자료를 통해 설명하더라도 정당화될 수 없다.

(2) 계속기업

경영진은 재무제표를 작성할 때 계속기업으로서의 존속가능성을 평가해야 한다. 경영진이 기업을 청산하거나, 경영활동을 중단할 의도를 가지고 있지 않거나, 청산 또는 경영활동의 중단 외에 다른 현실적 대안이 없는 경우가 아니면 계속기업을 전제로 재무제표를 작성한다. 계속기업으로서의 존속능력에 유의적인 의문이 제기될 수 있는 사건이나 상황과 관련된 중요한 불확실성을 알게 된 경우, 경영진은 그러한 불확실성을 공시하여야 한다. 재무제표가 계속기업의 기준하에 작성되지 않는 경우에는 그 사실과 함께 재무제표가 작성된 기준 및 그 기업을 계속기업으로 보지 않는 이유를 공시하여야 한다.

(3) 발생기준

① 기업은 현금흐름 정보를 제외하고는 발생기준 회계를 사용하여 재무제표를 작성한다.

② 발생기준 회계를 사용하는 경우, 각 항목이 '개념체계'의 정의와 인식요건을 충족할 때 자산, 부채, 자본, 광의의 수익 및 비용으로 인식한다.

(4) 중요성과 통합표시

유사한 항목은 중요성 분류에 따라 재무제표에 구분하여 표시한다. 상이한 성격이나 기능을 가진 항목은 구분하여 표시한다. 다만, 중요하지 않은 항목은 성격이나 기능이 유사한 항목과 통합하여 표시할 수 있다.

(5) 상계

한국채택국제회계기준에서 요구하거나 허용하지 않는 한, 자산과 부채 그리고 수익과 비용은 상계하지 아니한다. 즉, 자산과 부채 그리고 수익과 비용은 구분하여 표시한다. 그러나 재고자산에 대한 재고자산평가충당금과 매출채권에 대한 손실충당금과 같은 평가충당금을 차감하여 관련 자산을 순액으로 측정하는 것은 상계표시에 해당하지 아니한다.

(6) 보고빈도

전체 재무제표(비교정보를 포함)는 적어도 1년마다 작성한다. 보고기간종료일을 변경하여 재무제표의 보고기간이 1년을 초과하거나 미달하는 경우 재무제표 해당 기간뿐만 아니라 다음 사항을 추가로 공시한다.

① 보고기간이 1년을 초과하거나 미달하게 된 이유

② 재무제표에 표시된 금액이 완전하게 비교가능하지는 않다는 사실

(7) 비교정보

한국채택국제회계기준이 달리 허용하거나 요구하는 경우를 제외하고는 당기 재무제표에 보고되는 모든 금액에 대해 전기 비교정보를 공시한다. 당기 재무제표를 이해하는 데 목적적합하다면 서술형 정보의 경우에도 비교정보를 포함한다.

(8) 표시의 계속성

재무제표 항목의 표시와 분류는 다음의 경우를 제외하고는 매기 동일하게 적용하여야 한다.

① 사업내용의 유의적인 변화나 재무제표를 검토한 결과 다른 표시나 분류방법이 더 적절한 것이 명백한 경우

② 한국채택국제회계기준에서 표시방법의 변경을 요구하는 경우

6. 재무제표의 식별

① 재무제표는 동일한 문서에 포함되어 함께 공표되는 그 밖의 정보와 명확하게 구분되고 식별되어야 한다.

② 각 재무제표와 주석은 명확하게 식별되어야 한다. 또한 다음 정보가 분명하게 드러나야 하며, 정보의 이해를 위해서 필요할 때에는 반복 표시하여야 한다.

㉠ 보고기업의 명칭 또는 그 밖의 식별 수단과 전기 보고기간말 이후 그러한 정보의 변경 내용

㉡ 재무제표가 개별기업에 대한 것인지 연결실체에 대한 것인지의 여부

㉢ 재무제표나 주석의 작성대상이 되는 보고기간종료일 또는 보고기간

㉣ 기업회계기준서 제1021호 '환율변동효과'에 정의된 표시통화

㉤ 재무제표의 금액 표시를 위하여 사용한 금액 단위

참고 재무제표의 표시통화

흔히 재무제표의 표시통화를 천 단위나 백만 단위로 표시할 때 더욱 이해가능성이 제고될 수 있다. 이러한 표시는 금액 단위를 공시하고 중요한 정보가 누락되지 않는 경우에 허용될 수 있다.

개념적용 문제

01 재무제표 작성원칙에 관한 설명으로 옳지 않은 것은? 제20회 기출

① 기업은 현금흐름 정보를 제외하고는 발생기준 회계를 사용하여 재무제표를 작성한다.

② 한국채택국제회계기준의 요구에 따라 공시되는 정보가 중요하지 않다면 그 공시를 제공할 필요는 없다.

③ 재무제표가 한국채택국제회계기준의 요구사항을 모두 충족한 경우가 아니라면 한국채택국제회계기준을 준수하여 작성되었다고 기재하여서는 아니 된다.

④ 일반적으로 재무제표는 일관성 있게 1년 단위로 작성해야 하므로, 실무적인 이유로 특정 기업이 보고기간을 52주로 하는 보고관행은 금지된다.

⑤ 한국채택국제회계기준이 달리 허용하거나 요구하는 경우를 제외하고는 당기 재무제표에 보고되는 모든 금액에 대해 전기 비교정보를 표시한다.

해설 일반적으로 재무제표는 일관성 있게 1년 단위로 작성한다. 그러나 실무적인 이유로 어떤 기업은 예를 들어 52주의 보고기간을 선호한다. 이 기준서는 이러한 보고관행을 금지하지 않는다(K-IFRS 1001호 37).

정답 ④

02 재무제표 작성원칙에 관한 설명으로 옳지 않은 것은? 제17회 기출

① 전체 재무제표(비교정보를 포함)는 적어도 1년마다 작성한다.
② 재무제표의 표시통화는 천 단위 이상으로 표시할 수 없다. 예를 들어, 백만 단위로 표시할 경우 정보가 지나치게 누락되어 이해가능성이 훼손될 수 있다.
③ 자산과 부채, 수익과 비용은 상계하지 않고 구분하여 표시하는 것을 원칙으로 한다.
④ 한국채택국제회계기준이 달리 허용하거나 요구하는 경우를 제외하고는 당기 재무제표에 보고되는 모든 금액에 대해 전기 비교정보를 표시한다.
⑤ 상이한 성격이나 기능을 가진 항목은 구분하여 표시한다. 다만, 중요하지 않은 항목은 성격이나 기능이 유사한 항목과 통합하여 표시할 수 있다.

해설 흔히 재무제표의 표시통화를 천 단위나 백만 단위로 표시할 때 더욱 이해가능성이 제고될 수 있다. 이러한 표시는 금액 단위를 공시하고 중요한 정보가 누락되지 않는 경우에 허용될 수 있다. 재무정보가 지나치게 누락되어 이해가능성이 중요하게 훼손되지 않는 한 재무제표의 표시통화는 천 단위 이상으로 표시할 수 있다.

정답 ②

03 다음 재무제표의 정의 및 목적으로 옳지 않은 것은?

① 재무제표는 재무제표 요소의 정의를 충족하는 보고기업의 경제적 자원과 보고기업에 대한 청구권 및 경제적 자원과 청구권의 변동에 관한 정보를 제공한다.
② 자산, 부채 또는 자본이 재무상태표에 인식되는 금액을 '장부금액'이라고 하며, 위험에 대한 정보는 포함하지 않는다.
③ 재무제표의 목적은 보고기업에 유입될 미래순현금흐름에 대한 전망과 보고기업의 경제적 자원에 대한 경영진의 수탁책임을 평가하는 데 유용한 보고기업의 재무정보를 재무제표이용자들에게 제공하는 것이다.
④ 자산, 부채, 자본, 수익 또는 비용과 같은 재무제표 요소 중 하나의 정의를 충족하는 항목을 재무상태표나 재무성과표에 포함하기 위하여 포착하는 과정을 인식이라 한다.
⑤ 재무제표는 기업의 재무상태와 재무성과를 체계적으로 표현한 것으로 정의하고 있다.

해설 자산, 부채 또는 자본이 재무상태표에 인식되는 금액을 '장부금액'이라고 하며, 위험에 대한 정보를 포함한다.

정답 ②

제2절 재무상태표

1. 재무상태표의 의의

재무상태표(財務狀態表, Statement of Financial Position)는 일정 시점의 재무상태를 나타내는 정태적 보고서로서 기업이 소유하는 경제적 자원인 자산, 경제적 의무인 부채 및 소유주의 지분인 자본에 관한 정보를 제공한다. 회계 정보이용자들은 재무상태표를 분석하여 그 기업의 일반적인 재무상태는 물론 기업의 유동성, 재무적 탄력성, 수익성과 위험 등을 평가하는 데 유용한 정보를 제공한다.

2. 재무상태표에 표시되는 정보

재무상태표에는 적어도 다음에 해당하는 금액을 나타내는 항목을 표시한다.

① 유형자산
② 투자부동산
③ 무형자산
④ 금융자산(단, ⑤, ⑧, ⑨ 제외)
⑤ 지분법에 따라 회계처리하는 투자자산
⑥ 생물자산
⑦ 재고자산
⑧ 매출채권 및 기타 채권
⑨ 현금및현금성자산
⑩ 기업회계기준서 제1105호 '매각예정비유동자산과 중단영업'에 따라 매각예정으로 분류된 자산과 매각예정으로 분류된 처분자산집단에 포함된 자산의 총계
⑪ 매입채무 및 기타 채무
⑫ 충당부채
⑬ 금융부채(단, ⑪, ⑫ 제외)
⑭ 기업회계기준서 제1012호 '법인세'에서 정의된 당기 법인세와 관련한 부채와 자산
⑮ 기업회계기준서 제1012호에서 정의된 이연법인세부채 및 이연법인세자산
⑯ 기업회계기준서 제1105호에 따라 매각예정으로 분류된 처분자산집단에 포함된 부채
⑰ 자본에 표시된 비지배지분(Non-Controlling Interest)
⑱ 지배기업의 소유주에게 귀속되는 주식발행 자본금과 적립금

3. 유동과 비유동의 구분

유동성 순서에 따른 표시방법이 신뢰성 있고 더욱 목적적합한 정보를 제공하는 경우를 제외하고는 유동자산과 비유동자산, 유동부채와 비유동부채로 재무상태표에 구분하여 표시하고, 표시되어야 할 항목의 순서나 형식을 규정하지 아니한다. 다만, 유동성 순서에 따른 표시방법을 적용할 경우 모든 자산과 부채는 유동성의 순서에 따라 표시한다.

(1) 유동성과 비유동성 구분법(2분법) – 원칙

유동성 순서에 따른 표시방법이 신뢰성 있고 더욱 목적적합한 정보를 제공하는 경우를 제외하고는 유동자산과 비유동자산, 유동부채와 비유동부채로 구분하여 표시한다. 다만, 유동·비유동으로 표시할 경우 비유동을 먼저 배열하고 유동을 나중에 배열하더라도 형식에는 규정이 없다.

(2) 유동성순서 – 예외

유동성 순서에 따른 표시방법을 적용할 경우 모든 자산과 부채는 유동성의 순서에 따라 표시한다(유동과 비유동으로 구분하지 않고 유동성이 큰 순서대로 표시하는 방법).

(3) 혼합표시방법

신뢰성 있고 더욱 목적적합한 정보를 제공한다면 자산과 부채의 일부는 유동·비유동 구분법으로, 나머지는 유동성 순서에 따른 표시방법으로 표시하는 것이 허용된다.

4. 유동자산과 유동부채

(1) 유동자산

① 자산과 부채를 재무상태표에 공시할 때에는 정보이용자들이 이해하기 쉽도록 해당 자산과 부채의 성격을 잘 나타낼 수 있는 계정과목을 사용해야 하며, 기업의 재무상태를 용이하게 파악할 수 있도록 표시해야 한다.

② 한국채택국제회계기준에서는 원칙적으로 자산과 부채는 유동항목과 비유동항목으로 구분하여 표시하도록 하고 있는데, 다음의 경우에는 유동자산(Current Assets)으로 분류하고 그 밖의 모든 자산은 비유동자산(Non-Current Assets)으로 분류한다.

㉠ 기업의 정상영업주기 내에 실현될 것으로 예상하거나, 정상영업주기 내에 판매하거나 소비할 의도가 있다.

㉡ 주로 단기매매 목적으로 보유하고 있다.

㉢ 보고기간 후 12개월 이내에 실현될 것으로 예상한다.

ⓔ 현금이나 현금성자산으로서, 교환이나 부채상환 목적으로의 사용에 대한 제한 기간이 보고기간 후 12개월 이상이 아니다.

참고 정상영업주기

- 영업활동을 위한 자산의 취득시점부터 그 자산이 현금이나 현금성자산으로 실현되는 시점까지 소요되는 평균기간으로 대부분의 영업주기는 12개월 이내이다.
- 정상영업주기를 명확히 식별할 수 없는 경우에는 그 기간이 12개월인 것으로 가정한다.
- 현금투입 ⇨ 원재료·노무비·제조간접비 ⇨ 재고자산 ⇨ 매출채권 ⇨ 현금회수

(2) 유동부채

① 부채는 다음의 경우에 유동부채(Current Liabilities)로 분류하고, 그 밖의 모든 부채는 비유동부채(Non-Current Liabilities)로 분류한다.

ⓐ 정상영업주기 내에 결제될 것으로 예상하고 있다.

ⓑ 주로 단기매매 목적으로 보유하고 있다.

ⓒ 보고기간 후 12개월 이내에 결제하기로 되어 있다.

ⓔ 보고기간 후 12개월 이상 부채의 결제를 연기할 수 있는 무조건의 권리를 가지고 있지 않다.

② 다음 모두에 해당하는 경우라 하더라도 금융부채가 보고기간 후 12개월 이내에 결제일이 도래하면 이를 유동부채로 분류한다.

ⓐ 원래의 결제기간이 12개월을 초과하는 경우

ⓑ 보고기간 후 재무제표 발행승인일 전에 장기로 차환하는 약정 또는 지급기일을 장기로 재조정하는 약정이 체결된 경우

③ 기타 유동부채는 정상영업주기 이내에 결제되지 않지만 단기매매 목적으로 분류된 금융부채, 당좌차월, 비유동 금융부채의 유동성 전환 부분, 미지급배당금, 법인세 및 기타 지급채무 등이 있다. 주의할 것은 위 ②의 ⓑ의 경우 보고기간말 이전에 장기차입약정을 위반했을 때 대여자가 즉시 상환을 요구할 수 있는 채무는 보고기간 후 재무제표 발행승인일 전에 채권자가 약정위반을 이유로 상환을 요구하지 않기로 합의하더라도 유동부채로 분류한다.

④ 그 밖의 모든 부채는 비유동부채로 분류한다.

ⓐ 장기적으로 자금을 조달하여 보고기간 후 12개월 이내에 만기가 도래하지 아니하는 금융부채는 비유동부채로 처리한다.

ⓑ 대출계약조건에 따라 보고기간 후 적어도 12개월 이상 부채를 차환하거나 연장할 것으로 기대하고 있고, 그러한 재량권이 있다면 보고기간 후 12개월 이내에 만기가 도래한다 하더라도 비유동부채로 분류한다.

ⓒ 대여자가 보고기간말 이전에 보고기간 후 적어도 12개월 이상의 유예기간을 주는 데 합의하여 그 유예기간 내에 기업이 위반사항을 해소할 수 있고, 또 그 유예기간 동안에는 대여자가 즉시 상환을 요구할 수 없다면 그 부채는 비유동부채로 분류한다.

5. 자본의 분류

일정 시점의 자산총액에서 부채총액을 차감한 순자산을 자본(Capital)이라고 하며, 다음과 같이 분류된다.

(1) 법률적 관점에서의 분류

① **자본금**: 법정자본금이라고도 하며, 채권자를 보호하기 위하여 기업이 보유해야 하는 최소한의 금액으로 '발행주식수 × 액면단가'로 계산한 금액이다.

② **잉여금**: 잉여금은 자본총액 중에서 법정자본금을 초과한 금액으로 자본거래에서 발생한 자본잉여금과 손익거래에서 발생한 이익잉여금으로 구분된다.

(2) 경제적 관점에서의 분류

주식회사의 자본은 경제적 관점에서 분류하면 납입자본(불입자본)과 가득자본인 이익잉여금으로 분류할 수 있다. 납입자본은 주주가 납입한 금액으로 자본금과 자본거래에서 발생한 잉여금인 자본잉여금으로 구성된다. 이익잉여금은 기업의 경영활동의 결과인 순이익을 사외로 유출시키지 않고 기업내부에 유보시킨 금액이다. 한국채택국제회계기준에서는 자본에 대한 분류를 구체적으로 규정하지는 않고 있다. 다만, 자본을 납입자본과 적립금으로 구분하고, 납입자본은 자본금과 주식발행초과금(자본잉여금)으로 세분화하도록 되어 있다. 따라서 이를 종합해보면 다음과 같이 자본을 분류하는 것이 일반적이다.

① **납입자본**: 납입자본은 기업실체가 발행한 주식에 대한 대가로 납입된 금액을 말하며, 자본금(보통주자본금과 우선주자본금)과 주식발행초과금(자본잉여금) 등으로 구성되어 있다.

② **이익잉여금**: 이익잉여금은 기업이 벌어들인 이익 중 배당 등의 형태로 사외 유출되지 않고 기업내부에 유보되어 누적된 금액을 말한다. 기업이 손실을 보고한 경우 손실누적액은 결손금이라는 명칭을 사용한다. 이익잉여금은 법정적립금, 임의적립금 및 미처분이익잉여금으로 구분된다.

③ **기타자본요소**: 기타자본요소는 자본거래의 결과로 발생한 손익과 당기순이익에는 포함되지 않지만 포괄이익에는 포함되는 기타포괄손익을 말하며, 다음과 같은 항목들로 구성되어 있다.

㉠ 자기주식

㉡ 자기주식처분손실

㉢ FVOCI 금융자산평가손익
㉣ 해외사업장환산손익
㉤ 현금흐름위험회피 파생상품평가손익
㉥ 재평가잉여금
㉦ 순확정급여부채(자산)의 재측정요소 등

개념적용 문제

04 재무상태표에 표시되는 정보가 아닌 것은? 제14회 기출

① 납입자본
② 재고자산감모손실
③ 기타포괄손익누계액
④ 보고기간종료일
⑤ 투자부동산

해설 재고자산감모손실은 포괄손익계산서 항목이다.

정답 ②

05 재무상태표에 관한 설명으로 옳은 것은?

① 자산과 부채는 유동성이 큰 항목부터 배열하는 것을 원칙으로 한다.
② 기업의 경영성과에 대한 보고서이다.
③ 기업의 일정 시점의 재무상태를 나타내는 보고서이다.
④ 모든 자산과 부채는 공정한 금액으로 평가한다.
⑤ 자본의 크기와 그 변동에 관한 정보제공을 목적으로 한다.

해설 ① 한국채택국제회계기준에서는 유동성 순서에 따른 표시방법이 신뢰성 있고 더욱 목적적합한 정보를 제공하는 경우를 제외하고는 유동자산과 비유동자산, 유동부채와 비유동부채로 구분하여 표시한다.
② 기업의 경영성과에 대한 보고서는 포괄손익계산서이다.
④ 자산, 부채의 평가방법은 역사적 원가와 공정가치 중 선택하여 평가할 수 있다.
⑤ 자본의 크기와 그 변동에 관한 정보제공을 목적으로 하는 보고서는 자본변동표이다.

정답 ③

참고 **재무제표**

재무상태표

제11기 20×2. 12. 31.
제10기 20×1. 12. 31.

(주)한국 (단위: 원)

	20×2년 12월 31일	20×1년 12월 31일
자산		
유동자산		
현금및현금성자산	×××	×××
매출채권 및 기타채권	×××	×××
기타금융자산	×××	×××
재고자산	×××	×××
기타자산	×××	×××
유동자산 계	×××	×××
비유동자산		
대여금 및 수취채권	×××	×××
기타금융자산	×××	×××
투자부동산	×××	×××
유형자산	×××	×××
무형자산	×××	×××
영업권	×××	×××
기타자산	×××	×××
비유동자산 계	×××	×××
매각예정비유동자산	×××	×××
자산총계	×××	×××
부채		
유동부채		
매입채무	×××	×××
기타금융부채	×××	×××
충당부채	×××	×××
기타부채	×××	×××
유동부채 계	×××	×××
비유동부채		
금융부채	×××	×××
퇴직급여부채(충당부채)	×××	×××
이연법인세부채	×××	×××
기타부채	×××	×××
비유동부채 계	×××	×××
매각예정자산과 관련된 부채	×××	×××
부채총계	×××	×××
자본		
납입자본	×××	×××
이익잉여금	×××	×××
기타자본요소	×××	×××
매각예정자산과 관련된 자본항목	×××	×××
자본총계	×××	×××
부채와 자본총계	×××	×××

제3절 포괄손익계산서

1. 포괄손익계산서의 의의

(1) 의의

포괄손익계산서(包括損益計算書, Statement of Comprehensive Income)는 일정 기간 동안 기업의 경영성과에 대한 정보를 제공하는 동태적 재무보고서이다. 당해 회계기간의 경영성과를 나타낼 뿐만 아니라 기업의 미래현금흐름과 미래수익창출능력 등의 예측에 유용한 정보를 제공한다. 한 기간에 인식되는 모든 수익과 비용 항목은 한국채택국제회계기준이 달리 정하지 않는 한 당기손익으로 인식한다.

(2) 작성방법

포괄손익계산서는 다음 중 한 가지 방법으로 작성한다.

① **단일 포괄손익계산서**

② **두 개의 보고서**

㉠ 별개의 손익계산서: 당기순손익의 구성요소를 표시하는 보고서

㉡ 포괄손익계산서: 당기순손익부터 기타포괄손익의 구성요소까지 표시하는 보고서

2. 포괄손익계산서에 표시되는 정보

① 포괄손익계산서에는 적어도 당해 기간의 다음 금액을 표시하는 항목을 포함한다.

㉠ 수익

㉡ 금융원가

㉢ 지분법 적용대상인 관계기업과 조인트벤처의 당기순이익에 대한 지분

㉣ 법인세비용

㉤ 다음의 ⓐ와 ⓑ를 합한 금액

ⓐ 세후 중단영업손익

ⓑ 중단영업에 속한 자산이나 처분자산집단의 처분으로 인하여 또는 순공정가치의 측정으로 인하여 인식된 세후 중단영업손익

㉥ 당기순손익

㉦ 성격별로 분류되는 기타포괄손익의 각 구성요소(◎의 금액은 제외)

ⓞ 지분법 적용대상인 관계기업과 조인트벤처의 기타포괄손익에 대한 지분

㉧ 총포괄손익

② 기업의 경영성과를 이해하는 데 목적적합한 경우에는 포괄손익계산서와 별개의 손익계산서(표시되는 경우)에 항목, 제목 및 중간합계를 추가하여 표시하며, 수익과 비용의 어느 항목도 당기손익과 기타포괄손익을 표시하는 보고서 또는 주석에 특별손익 항목으로 표시할 수 없다.

3. 수익의 분류

한국채택국제회계기준에서는 포괄손익계산서에 수익을 표시할 때에는 수익(매출액)과 기타수익으로 구분하여 표시하도록 규정하고 있다.

(1) 매출액

매출액은 기업의 주된 영업활동과 관련하여 재화를 공급하거나 용역을 제공함에 따라 발생하는 수익을 말한다. 매출액을 포괄손익계산서에 표시할 때에는 기타수익과 구별하기 위하여 '수익'이라는 과목을 사용하여 표시할 수도 있다.

(2) 기타수익

기타수익은 기업의 주된 영업활동과는 관련이 없이 부수적으로 발생하는 수익으로 매출액을 제외한 모든 수익을 말한다.

4. 비용의 분류

한국채택국제회계기준에서는 비용을 포괄손익계산서에 성격별로 구분하여 표시할 것인지, 기능별로 구분하여 표시할 것인지를 선택할 수 있도록 규정하고 있다. 기업은 비용의 성격별 또는 기능별 분류방법 중에서 신뢰성 있고 더욱 목적적합한 정보를 제공할 수 있는 방법을 적용하여 당기손익으로 인식한 비용의 분석내용을 표시한다.

(1) 성격별 표시방법

당기손익에 포함된 비용은 그 성격(예 감가상각비, 원재료의 구입, 운송비, 종업원급여와 광고비 등)별로 통합하며, 기능별로 재배분하지 않는다. 비용을 기능별 분류로 배분할 필요가 없으므로 적용이 간단할 수 있고 정보이용자의 미래현금흐름을 예측하는 데 유용한 정보를 제공한다. 비용의 성격별 분류의 예는 다음과 같다.

▶▶ **성격별 분류법에 의한 포괄손익계산서**

포괄손익계산서

20×1. 1. 1. ~ 20×1. 12. 31.

(주)한국 (단위: 원)

수　익		×××
기 타 수 익		×××
총 비 용		
제품과 재공품의 변동	×××	
원재료와 소모품의 사용액(상품매입)	×××	
종업원급여비용	×××	
감가상각비와 기타상각비	×××	
기타비용	×××	(×××)
법인세비용차감전이익		×××
법 인 세 비 용		(×××)
당 기 순 이 익		×××
기 타 포 괄 이 익		×××
총 포 괄 이 익		×××

(2) 기능별 표시방법

기능별 분류법은 '매출원가법'이라고도 하는데, 비용을 매출원가, 그리고 물류원가(물류비)와 관리활동원가(일반관리비) 등과 같이 기능별로 분류한다. 이 방법에서는 적어도 매출원가를 다른 비용과 분리하여 공시한다. 이 방법은 성격별 분류보다 재무제표이용자에게 더욱 목적적합한 정보를 제공할 수 있지만 비용을 기능별로 배분하는 데 자의적인 배분과 상당한 정도의 판단이 개입될 수 있다.

비용을 성격별로 분류할 경우 정보이용자의 미래현금흐름을 예측하는 데 유용한 정보를 제공하므로 비용을 기능별로 분류하는 기업은 감가상각비, 기타 상각비와 종업원급여비용을 포함하여 비용의 성격에 대한 추가 정보를 공시한다.

▶ 기능별 분류법에 의한 포괄손익계산서

포괄손익계산서

20×1. 1. 1. ~ 20×1. 12. 31.

(주)한국 (단위: 원)

수익	×××
매출원가	(×××)
매출총이익	×××
기타수익	×××
물류원가	(×××)
관리비	(×××)
기타비용	(×××)
법인세비용차감전이익	×××
법인세비용	(×××)
당기순이익	×××
기타포괄이익	×××
총포괄이익	×××

5. 당기순손익

한 기간에 인식되는 모든 수익과 비용 항목은 한국채택국제회계기준이 달리 정하지 않는 한 당기손익으로 인식한다.

6. 기타포괄손익

① 당해 기간의 기타포괄손익 금액을 성격별로 분류하고, 다른 한국채택국제회계기준서에 따라 후속적으로 당기손익으로 재분류되지 않는 항목과 재분류되는 항목을 각각 집단으로 묶어 표시한다.

② 기타포괄손익의 항목은 관련 법인세비용을 차감한 순액으로 표시하거나, 법인세비용차감전 금액으로 표시할 수 있다.

③ 기타포괄손익의 항목과 관련된 재분류조정을 공시한다.

④ **기타포괄손익의 항목**

㉠ 재평가잉여금의 변동

㉡ 확정급여제도의 재측정요소

㉢ 기타포괄손익-공정가치 측정 금융자산(FVOCI 금융자산)의 평가손익

ⓐ 지분투자상품(주식) ⇨ 재분류 대상이 아님

ⓑ 채무투자상품(사채) ⇨ 재분류 대상임

㉣ 해외사업장의 재무제표 환산으로 인한 손익

㉤ 파생상품 평가손익(효과적인 부분)

개념적용 문제

06 포괄손익계산서의 내용으로 옳지 않은 것은?

① 당기순손익의 구성요소는 단일 포괄손익계산서의 일부로 표시되거나 두 개의 보고서로 표시될 수 있다.
② 당기순손익과 총포괄손익은 지배기업의 소유주와 비지배지분에게 귀속되는 금액을 구분하여 포괄손익계산서에 공시한다.
③ 포괄손익계산서에서 세후 중단 영업손익은 구분되어 표시된다.
④ 비용을 기능별로 분류하는 것이 성격별 분류보다 더욱 목적적합한 정보를 제공하므로, 비용은 기능별로 분류한다.
⑤ 수익과 비용의 어느 항목도 특별손익항목으로 표시할 수 없다.

해설 비용을 기능별로 분류하는 것이 성격별 분류보다 더욱 목적적합한 정보를 제공하지만 두 방법 중 하나를 기업이 합리적으로 선택할 수 있다.

정답 ④

07 당기손익에 포함된 비용을 성격별로 표시하는 항목으로 옳지 않은 것은? 제20회 기출

① 제품과 재공품의 변동
② 종업원급여비용
③ 감가상각비와 기타 상각비
④ 매출원가
⑤ 원재료와 소모품의 사용액

해설 매출원가와 매출총이익은 기능별 손익계산서를 작성하는 경우에 표시되는 항목이다.

정답 ④

08 비용의 분류에 대한 설명으로 옳지 않은 것은? 2019년 관세직 공무원 수정

① 비용은 빈도, 손익의 발생가능성 및 예측가능성의 측면에서 서로 다를 수 있는 재무성과의 구성요소를 강조하기 위해 세분류로 표시한다.
② 비용을 성격별로 분류하면 기능별 분류로 배분할 필요가 없어 적용이 간단하고 배분의 주관적 판단을 배제할 수 있다.
③ 비용을 기능별로 분류하면 재무제표 이용자에게 더욱 목적적합한 정보를 제공할 수 있지만 비용을 기능별로 배분하는 데에 자의적 판단이 개입될 수 있다.
④ 비용을 성격별로 분류하는 기업은 감가상각비, 종업원급여비용 등을 포함하여 비용의 기능별 분류에 대한 추가 정보를 제공한다.
⑤ 비용을 기능별로 분류하면 '매출원가법'이라고도 하며 이 방법은 적어도 매출원가를 다른 비용과 분리하여 공시한다.

해설 비용을 성격별로 분류하는 기업은 감가상각비, 종업원급여비용 등을 포함하여 비용의 기능별 분류에 대한 추가 정보를 제공하지 않는다.

정답 ④

제4절 현금흐름표

1. 현금흐름표의 의의

(1) 의의

현금흐름표(Statement of Cash Flows)는 한 일정 기간의 현금흐름을 표시하는 동태적 보고서로서 기업의 현금(현금및현금성자산)이 기초에 비하여 증가 또는 감소한 원인을 영업활동, 투자활동, 재무활동으로 구분하여 현금이 어떤 원인에 의하여 조달되고 사용되었는가를 분명하게 표시하는 중요한 재무제표이며, 현금및현금성자산의 사용을 수반하지 않는 비현금거래의 투자활동과 재무활동 거래는 현금흐름표에서 제외한다.

(2) 현금흐름표의 유용성

① 기업의 미래순현금흐름의 창출능력의 평가에 관한 정보를 제공한다.
② 기업의 부채상환 능력, 배당금지급 능력, 외부자금조달의 필요성 등의 평가에 관한 정보를 제공한다.
③ 기업의 흑자도산 이유에 관한 정보를 제공한다.
④ 투자 및 재무활동의 성과에 관한 정보를 제공한다.

2. 현금흐름표의 구조와 활동구분

(1) 현금흐름표의 구조

Ⅰ. 영업활동으로 인한 현금흐름	×××
Ⅱ. 투자활동으로 인한 현금흐름	
1. 투자활동으로 인한 현금유입액	×××
2. 투자활동으로 인한 현금유출액	(×××)
Ⅲ. 재무활동으로 인한 현금흐름	
1. 재무활동으로 인한 현금유입액	×××
2. 재무활동으로 인한 현금유출액	(×××)
Ⅳ. 현금의 증가(감소): (Ⅰ + Ⅱ + Ⅲ)	×××
Ⅴ. 기초현금	×××
Ⅵ. 기말현금	×××

(2) 영업활동

① 영업활동 현금흐름은 주로 기업의 주요 수익창출활동에서 발생한다. 따라서 영업활동 현금흐름은 일반적으로 당기순손익의 결정에 영향을 미치는 거래나 그 밖의 사건의 결과로 발생한다.

② **영업활동 현금흐름의 예**

㉠ 재화의 판매와 용역 제공에 따른 현금유입

㉡ 로열티, 수수료, 중개료 및 기타수익에 따른 현금유입

㉢ 재화와 용역의 구입에 따른 현금유출

㉣ 종업원과 관련하여 직·간접으로 발생하는 현금유출

㉤ 보험회사의 경우 수입보험료, 보험금, 연금 및 기타 급부금과 관련된 현금유입과 현금유출

㉥ 법인세의 납부 또는 환급(다만 재무활동과 투자활동에 명백히 관련되는 것은 제외)

㉦ 단기매매 목적으로 보유하는 계약에서 발생하는 현금유입과 현금유출

참고 **현금흐름표의 주요사항**

1. **영업활동의 구분**

① 모든 수익·모든 비용

② 자산·부채로서 다음은 영업활동으로 구분한다.

재고자산, 매출채권, 매입채무, 선급금, 선수금, 미수수익, 미지급비용, 선급비용, 선수수익, 이연법인세자산(부채), 충당부채, 당기손익-공정가치 측정 금융자산 등

2. **영업활동과 관련하여 주의할 점**

구분	내용
미수금	(자산)투자활동이다.
미지급금	(부채)재무활동이다.
당기손익-공정가치 측정 금융자산	(자산)영업활동이다.
이자수익 배당금수익	영업활동으로 분류하고, 투자활동으로도 분류가 가능하다.
이자비용	영업활동으로 분류하고, 재무활동으로도 분류가 가능하다.
배당금지급(미지급배당금)	재무활동으로 분류하고, 영업활동으로도 분류가 가능하다.
법인세비용	영업활동으로 분류 ① 투자활동에 기인한 법인세는 투자활동으로도 분류가 가능하다. ② 재무활동에 기인한 법인세는 재무활동으로도 분류가 가능하다.

(3) 투자활동

① 투자활동은 현금의 대여와 회수, 투자자산·유형자산·무형자산의 취득과 처분 등 자산의 증가·감소에 따른 현금의 유입액과 유출액으로 계산한다. 투자활동은 미래수익과 미래현금흐름을 창출할 자원의 확보를 위하여 지출된 정도를 나타낸다.

② **투자활동의 예**

㉠ 유형자산, 무형자산 및 기타 장기성 자산의 취득에 따른 현금유출, 이 경우 현금유출에는 자본화된 개발원가와 자가건설 유형자산에 관련된 지출이 포함된다.

㉡ 유형자산, 무형자산 및 기타 장기성 자산의 처분에 따른 현금유입

㉢ 다른 기업의 지분상품이나 채무상품 및 조인트벤처 투자지분의 취득에 따른 현금유출(현금성자산으로 간주되는 상품이나 단기매매 목적으로 보유하는 상품의 취득에 따른 유출액은 제외)
㉣ 다른 기업의 지분상품이나 채무상품 및 조인트벤처 투자지분의 처분에 따른 현금유입(현금성자산으로 간주되는 상품이나 단기매매 목적으로 보유하는 상품의 취득에 따른 유입액은 제외)
㉤ 제3자에 대한 선급금 및 대여금(금융회사의 현금 선지급과 대출채권은 제외)
㉥ 제3자에 대한 선급금 및 대여금의 회수에 따른 현금유입(금융회사의 현금 선지급과 대출채권은 제외)
㉦ 선물, 선도, 옵션 및 스왑계약에 따른 현금유출(단기매매 목적으로 계약을 보유하거나 현금유출이 재무활동으로 분류되는 경우는 제외)
㉧ 선물, 선도, 옵션 및 스왑계약에 따른 현금유입(단기매매 목적으로 계약을 보유하거나 현금유입이 재무활동으로 분류되는 경우는 제외)

현금의 유입	현금의 유출
• 장·단기대여금의 현금회수액 • 투자자산, 유형자산, 무형자산의 처분에 의한 현금유입액 • 다른 기업의 지분상품이나 채무상품의 처분에 의한 현금유입액	• 장·단기대여금의 대여 • 투자자산, 유형자산, 무형자산의 취득에 의한 현금유출액 • 다른 기업의 지분상품이나 채무상품의 취득에 의한 현금유출액

(4) 재무활동

① 재무활동은 기업의 납입자본과 현금의 차입과 상환, 사채의 발행과 상환, 유상증자와 감자, 배당금의 지급 등 부채와 자본의 증감으로 인한 현금의 유입과 유출액으로 계산한다. 재무활동의 현금흐름은 미래현금흐름에 대한 자본제공자의 청구권을 예측하는 데 유용하다.

② **재무활동 현금흐름의 예**

㉠ 주식이나 기타 지분상품의 발행에 따른 현금유입
㉡ 주식의 취득이나 상환에 따른 소유주에 대한 현금유출
㉢ 담보·무담보부사채 및 어음의 발행과 기타 장·단기차입에 따른 현금유입
㉣ 차입금의 상환에 따른 현금유출
㉤ 리스이용자의 금융리스부채 상환에 따른 현금유출

현금의 유입	현금의 유출
• 장·단기차입금의 차입 • 사채의 발행 • 유상증자 • 자기주식의 매각 등	• 장·단기차입금의 상환 • 사채의 상환 • 유상감자 • 배당금의 지급(현금배당) • 자기주식의 취득 등

개념적용 문제

09 현금흐름표상 재무활동 현금흐름에 속하지 않는 것은? 제21회 기출

① 토지 취득에 따른 현금유출
② 단기차입에 따른 현금유입
③ 주식 발행에 따른 현금유입
④ 회사채 발행에 따른 현금유입
⑤ 장기차입금 상환에 따른 현금유출

해설 토지 취득에 따른 현금유출은 투자활동이다.

정답 ①

10 다음 자료에 의하여 영업활동, 투자활동, 재무활동의 현금흐름을 계산하시오.

• 현금매출액	₩250,000	• 현금매입액	₩200,000
• 매출채권의현금회수액	200,000	• 매입채무의현금지급액	100,000
• 급여현금지급액	80,000	• 기계장치의취득	400,000
• 단기대여금의회수액	200,000	• 사채의발행	500,000
• FVOCI 금융자산의처분	50,000	• 배당금의지급	30,000

해설
1. 영업활동에 의한 현금흐름

현금유입액: 250,000 + 200,000 =	₩450,000
현금유출액: 200,000 + 100,000 + 80,000 =	(−) 380,000
순유입액:	₩70,000

2. 투자활동에 의한 현금흐름

현금유입액: 200,000 + 50,000 =	₩250,000
현금유출액: 400,000	(−) 400,000
순유출액:	− ₩150,000

3. 재무활동에 의한 현금흐름

현금유입액: 500,000	₩500,000
현금유출액: 30,000	(−) 30,000
순유입액:	₩470,000

3. 영업활동으로 인한 현금흐름의 계산

현금흐름은 가장 먼저 영업활동 현금흐름을 보고한다. 영업활동의 현금흐름은 기업이 외부자금에 의존하지 않고 투자와 재무활동에 사용할 수 있는 현금을 창출하는 정도를 나타내는 것으로서 영업활동 현금흐름은 다음 중 하나의 방법으로 보고한다.

(1) 직접법

직접법은 영업활동에 의한 현금흐름의 표시를 총현금유입과 총현금유출을 주요 항목별로 구분하여 표시하는 방법을 말한다. 한국채택국제회계기준에서는 제1007호 '현금흐름표'의 영업활동 현금흐름을 보고하는 경우 직접법을 사용할 것을 권장한다. 직접법을 사용하여 표시한 현금흐름은 간접법에 의한 현금흐름에서는 파악할 수 없는 정보를 제공하며, 미래현금흐름을 추정하는 데 보다 유용한 정보를 제공한다.

- **현금의 유입액**
  - 매출 등 수익활동에 의한 현금유입액
  - 이자수익, 배당금수익 등에 의한 현금유입액
- **현금의 유출액**
  - 매입 및 종업원에 대한 현금유출액
  - 이자비용, 법인세비용 등에 의한 현금유출액
- 현금의 수입, 지출이 없는 수익·비용의 내용과 영업활동에 의한 자산·부채의 변동은 주석으로 표시한다.

① 매출에 의한 현금흐름의 계산

매출액·매출채권·선수금계정

차변		대변	
기초매출채권	×××	기초선수금	×××
매출액(발생주의)	×××	회수액(현금주의)	(×××)
기말선수금	×××	기말매출채권	×××
		기중손상발생액	×××
	×××		×××

개념적용 문제

11 (주)한국의 20×1년 중 매출액은 ₩1,200,000이었다. 다음 자료를 참고로 상품매출에 의한 현금유입액을 계산하면 얼마인가?

	20×1년 1월 1일	20×1년 12월 31일
• 매출채권	₩420,000	₩380,000
• 선수금	80,000	100,000

해설

매출·매출채권·선수금계정

차변		대변	
매출액(손익)	₩1,200,000	현금유입액	₩1,260,000
기초매출채권	420,000	기말매출채권	380,000
기말선수금	100,000	기초선수금	80,000
	₩1,720,000		₩1,720,000

정답 ₩1,260,000

② 매입에 의한 현금의 유출액 계산

매출원가(비용계정)

차변		대변	
기초상품재고액	×××	매출원가	×××
현금매입액	×××	기말상품재고액	×××
기초선급금 잔액	×××	기말선급금 잔액	×××
기말매입채무 잔액	×××	기초매입채무 잔액	×××
	×××		×××

개념적용 문제

12 20×1년 동안의 매출원가는 ₩850,000이다. 다음 자료에 의하여 상품 매입에 의한 현금유출액을 계산하면 얼마인가?

	기초	기말
• 재고자산	₩100,000	₩200,000
• 매입채무	230,000	270,000
• 선급금	20,000	30,000

해설

매입 · 매입채무 · 선급금계정

차변		대변	
현금유출액	₩920,000	매출원가	₩850,000
기초재고자산	100,000	기말재고자산	200,000
기말매입채무	270,000	기초매입채무	230,000
기초선급금	20,000	기말선급금	30,000
	₩1,310,000		₩1,310,000

정답 ₩920,000

③ 현금의 유출이 있는 이자비용의 계산

이자비용계정(비용)

차변		대변	
이자비용(현금유출액)	×××	이자비용(손익)	×××
기초선급이자	×××	기말선급이자	×××
기말미지급이자	×××	기초미지급이자	×××
사채할인발행차금상각액	×××	사채할증발행차금환입(상각)액	×××
	×××		×××

개념적용 문제

13 다음 자료에 의하여 이자비용과 관련한 현금의 유출액을 계산하면 얼마인가?

1. 손익계산서의 이자비용 ₩260,000
2. 이자비용과 관련한 자산·부채의 변화

	기초	기말
• 선급이자	₩3,000	₩5,000
• 미지급이자	12,000	2,000
• 사채할인발행차금	60,000	50,000

(단, 기중 사채의 매입상환은 없는 것으로 한다)

해설

이자비용

차변	금액	대변	금액
현금유출액	₩262,000	이자비용(손익)	₩260,000
기초선급이자	3,000	기말선급이자	5,000
기말미지급이자	2,000	기초미지급이자	12,000
사채할인발행차금상각	10,000		
	₩277,000		₩277,000

정답 ₩262,000

(2) 간접법

포괄손익계산서의 법인세차감전순이익 또는 당기순이익에서 현금의 수입과 지출이 없는 수익과 비용을 가감하고, 영업활동과 관련된 자산·부채항목을 가감하여 영업활동에 의한 현금흐름액을 계산하는 방법이다.

- **당기순이익(순손실)**
- **현금의 유출이 없는 비용 등의 가산**
  - 감가상각비, 무형자산상각비, 사채할인발행차금상각액
  - ~평가손실, ~처분손실, 상환손실, 재해손실, 손상차손 등
- **현금의 유입이 없는 수익 등의 차감**
  - 사채할증발행차금상각(환입)액
  - ~평가이익, ~처분이익, ~상환이익, 보험차익 등
- **영업활동으로 인한 자산·부채 변동액의 가감**
  - 자산의 증가액과 부채의 감소액 ⇨ 차감
  - 자산의 감소액과 부채의 증가액 ⇨ 가산
  - 이월상품(재고자산), 매출채권, 매입채무, 선급금, 선수금
  - 선급비용, 선수수익, 미지급비용, 미수수익
  - 충당부채, 이연법인세자산(부채) 등

- 기타포괄손익 공정가치 측정 금융자산평가손익은 기타포괄손익(투자활동)으로 고려하지 않지만, 기타포괄손익금융자산처분손익(영업활동)은 당기손익으로 현금흐름에 가감하여야 한다.
- 손상차손은 매출채권 잔액이 손실충당금을 차감한 순매출채권(순실현가능가치)으로 주어진 경우에는 고려하지 않는다. 그러나 매출채권 잔액이 손실충당금을 차감하지 않은 총매출채권으로 주어진 경우에는 손상차손을 현금지출이 없는 비용으로 가산하여야 한다.
- 재고자산의 감모손실과 평가손실은 재고자산의 증가(감소)액에 포함되어 있기 때문에 현금흐름에서 고려하지 않는다.
- 당기손익 공정가치 측정 금융자산의 증감을 고려한 후에는 평가손익과 처분손익은 고려하지 않는다.

▶▶ 영업활동에 의한 현금흐름(간접법)

당기순이익	가산항목	차감항목	영업활동으로 인한 현금흐름
	(1) 현금의 유출이 없는 비용 • 감가상각비 • 무형자산상각비 • ~평가손실(손상차손) • ~처분손실 • 사채할인발행차금상각 • 재해손실 • 손상차손(매출채권 총액일 때) (2) 영업활동의 자산 · 부채의 증감 • 자산의 감소 • 부채의 증가	(1) 현금의 유입이 없는 수익 • ~평가이익 • 사채할증발행차금환입 • ~처분이익 • ~상환이익 • 보험차익 등 (2) 영업활동의 자산 · 부채의 증감 • 자산의 증가 • 부채의 감소	

개념적용 문제

14 **다음은 (주)한국의 20×1년도 재무제표 자료이다. (주)한국의 20×1년도 당기순이익이 ₩500,000일 때, 현금흐름표상 간접법으로 산출한 영업활동 현금흐름은?** 제21회 기출

• 감가상각비	₩130,000
• 매출채권(순액) 증가	140,000
• 사채상환손실	40,000
• 재고자산 감소	120,000
• 단기차입금 감소	50,000

① ₩600,000 ② ₩610,000 ③ ₩640,000
④ ₩650,000 ⑤ ₩690,000

해설

현금흐름표

당기순이익	₩500,000	영업활동현금흐름	(₩650,000)
감가상각비	130,000	매출채권 증가	140,000
사채상환손실	40,000		
재고자산 감소	120,000		
	₩790,000		₩790,000

정답 ④

15 다음은 (주)한국의 20×1년 재무제표 자료이다. (주)한국의 20×1년 법인세비용차감전순이익은 ₩10,000일 때, 간접법으로 산출한 영업활동현금흐름은? 제27회 기출

•감가상각비	₩4,000	•매출채권(순액)의 증가	₩2,000
•재고자산의 증가	4,000	•매입채무의 감소	2,000
•유상증자	2,000	•사채의 상환	4,000

① ₩6,000
② ₩8,000
③ ₩10,000
④ ₩12,000
⑤ ₩14,000

해설

현금흐름표

당기순이익	₩10,000	현금흐름액	₩6,000
감가상각비	4,000	매출채권의 순증가	2,000
		재고자산의 증가	4,000
		매입채무의 감소	2,000
	₩14,000		₩14,000

정답 ①

16 (주)한국은 결산 결과 당기순이익 ₩200,000을 보고하였다. 다음 추가 자료에 의하여 영업활동에 의한 현금흐름을 계산하시오.

•감가상각비	₩5,000
•무형자산상각비	15,000
•사채할인발행차금상각액	10,000
•매출채권 증가	50,000
•재고자산 감소	25,000
•매입채무 증가	30,000
•선수수익 감소	3,000
•선급비용 증가	2,000

해설

당기순이익	₩200,000	영업활동현금흐름	(₩230,000)
감가상각비	5,000	매출채권 증가	50,000
무형자산상각비	15,000	선수수익 감소	3,000
사채발행차금상각액	10,000	선급비용 증가	2,000
재고자산 감소	25,000		
매입채무 증가	30,000		

정답 ₩230,000

참고

현 금 흐 름 표(직접법)

제11기 20×2년 1월 1일부터 20×2년 12월 31일까지
제10기 20×1년 1월 1일부터 20×1년 12월 31일까지

회사명 및 종속기업 (단위: 원)

과목	20×2년	20×1년
영업활동 현금흐름		
고객으로부터 수취한 현금	×××	×××
공급자에게 지급한 현금	(×××)	(×××)
기타영업활동에서 수취한 현금	×××	×××
기타영업활동에서 지급한 현금	(×××)	(×××)
영업활동에서 창출된 현금	×××	×××
이자수취	×××	×××
이자지급	(×××)	(×××)
법인세비용지급	(×××)	(×××)
영업활동 순현금흐름	×××	×××
투자활동 현금흐름		
기타포괄손익 공정가치 측정 금융자산의 취득	(×××)	(×××)
기타포괄손익 공정가치 측정 금융자산의 처분	×××	×××
유형자산의 취득	(×××)	(×××)
유형자산의 처분	×××	×××
무형자산의 취득	(×××)	(×××)
투자활동 순현금흐름	×××	×××
재무활동 현금흐름		
차입금 차입 및 상환	×××	×××
사채의 발행 및 상환	(×××)	(×××)
주식발행	×××	×××
배당금 지급	(×××)	(×××)
재무활동 순현금흐름	×××	×××
현금및현금성자산의 환율변동효과	×××	×××
현금및현금성자산의 증가(감소)	×××	×××
기초의 현금및현금성자산	×××	×××
기말의 현금및현금성자산	×××	×××

참고

현 금 흐 름 표(간접법)

제11기 20×2년 1월 1일부터 20×2년 12월 31일까지
제10기 20×1년 1월 1일부터 20×1년 12월 31일까지

회사명 및 종속기업 (단위: 원)

과목	20×2년	20×1년
영업활동 현금흐름		
법인세비용차감전이익	×××	×××
가감		
현금흐름과 관련 없는 손익제거	×××	×××
(현금의 수지 없는 수익비용의 가감)	×××	×××
영업활동에서 창출된 현금	×××	×××
이자수취	×××	×××
이자지급	(×××)	(×××)
법인세비용지급	(×××)	(×××)
영업활동 순현금흐름	×××	×××
투자활동 현금흐름		
기타포괄손익 공정가치 측정 금융자산의 취득	(×××)	(×××)
기타포괄손익 공정가치 측정 금융자산의 처분	×××	×××
유형자산의 취득	(×××)	(×××)
유형자산의 처분	×××	×××
무형자산의 취득	(×××)	(×××)
투자활동순현금흐름	×××	×××
재무활동 현금흐름		
차입금의 차입 및 상환	×××	×××
사채의 차입 및 상환	(×××)	(×××)
주식의 발행	×××	×××
배당금 지급	(×××)	(×××)
재무활동 순현금흐름	×××	×××
현금및현금성자산의 환율변동효과	×××	×××
현금및현금성자산의 증가(감소)	×××	×××
기초의 현금및현금성자산	×××	×××
기말의 현금및현금성자산	×××	×××

제5절 자본변동표

1. 자본변동표의 의의

(1) 의의

자본변동표는 일정 시점의 자본의 크기와 일정 기간의 자본의 변동에 관한 정보를 나타내는 재무제표이다. 즉, 자본변동표에는 납입자본, 이익잉여금, 기타자본요소의 각 항목별로 기초잔액, 당기 변동사항, 기말잔액을 기록한다.

(2) 자본변동표의 정보

① 지배기업의 소유주와 비지배지분에게 각각 귀속되는 금액으로 구분하여 표시한 해당 기간의 총포괄손익

② 자본의 각 구성요소별로, 한국채택국제회계기준서 제1008호에 따라 인식된 소급적용이나 소급재작성의 영향

③ 자본의 각 구성요소별로 다음의 각 항목에 따른 변동액을 구분하여 표시한 기초시점과 기말시점의 장부금액 조정내역

㉠ 당기순손익

㉡ 기타포괄손익

㉢ 소유주로서의 자격을 행사하는 소유주와의 거래(소유주에 의한 출자와 소유주에 대한 배분, 그리고 지배력을 상실하지 않는 종속기업에 대한 소유지분의 변동을 구분하여 표시)

참고

자 본 변 동 표

제11기 20×2년 1월 1일부터 20×2년 12월 31일까지
제10기 20×1년 1월 1일부터 20×1년 12월 31일까지

(주)한국 (단위: 원)

구분	납입 자본	이익 잉여금	자본유지 조정	기타포괄 손익누계액	일반 적립금	합계
20×1년 1월 1일	×××	×××	×××	×××	×××	×××
회계정책변경누적효과		×××				×××
전기오류수정		×××				×××
수정 후 기초잔액	×××	×××	×××	×××	×××	×××
전기 이익처분						
임의적립금의 이입		×××			(×××)	
연차배당		(×××)				(×××)
기타 이익잉여금 처분		(×××)	×××		×××	
기타 변동사항						
중간배당		(×××)				(×××)
유상증자	×××					×××
자기주식 취득	(×××)					(×××)
기타포괄손익의 대체		×××		(×××)		
총포괄손익		×××		×××		×××
20×1년 12월 31일	×××	×××	×××	×××	×××	×××
회계정책변경누적효과		×××				×××
전기오류수정		×××				×××
수정 후 기초잔액	×××	×××	×××	×××	×××	×××
전기 이익처분						
임의적립금의 이입		×××			(×××)	
연차배당		(×××)				(×××)
기타 이익잉여금 처분		(×××)	×××		×××	
기타 변동사항						
중간배당		(×××)				(×××)
유상증자	×××					×××
자기주식 취득	(×××)					(×××)
기타포괄손익의 대체		×××		(×××)		
총포괄손익		×××		×××		×××
20×2년 12월 31일	×××	×××	×××	×××	×××	×××

제6절 주석

1. 주석의 의의

주석(Notes)은 재무제표에 표시된 내용을 설명하거나 재무제표에 표시되지 않은 정보를 제공한다. 주석으로 제공되는 정보는 다음과 같다.

① 재무제표 작성근거와 구체적인 회계정책에 대한 정보

② 한국채택국제회계기준에서 요구하는 정보이지만 재무제표 어느 곳에도 표시되지 않는 정보

③ 재무제표 어느 곳에도 표시되지 않지만 재무제표를 이해하는 데 목적적합한 정보

2. 주석의 표시방법

(1) 주석은 실무적으로 적용 가능한 체계적인 방법으로 표시한다. 재무상태표, 포괄손익계산서, 별개의 손익계산서(표시하는 경우), 자본변동표 및 현금흐름표에 표시된 개별 항목은 주석의 관련 정보와 상호 연결시켜 표시한다.

(2) 주석의 표시순서

① 한국채택국제회계기준을 준수하였다는 사실

② 적용한 유의적인 회계정책의 요약

③ 재무상태표, 포괄손익계산서, 별개의 손익계산서(표시하는 경우), 자본변동표 및 현금흐름표에 표시된 항목에 대한 보충정보를 재무제표의 배열 및 각 재무제표에 표시된 개별항목의 순서에 따라 표시한다.

④ **다음을 포함한 기타 공시**

㉠ 우발부채와 재무제표에서 인식하지 아니한 계약상 약정사항

㉡ 비재무적 공시항목. 예를 들어, 기업의 재무위험관리목적과 정책

3. 주석의 주요내용

① 재무제표를 작성하는 데 사용한 측정기준

예 역사적 원가, 현행원가, 순실현가능가치, 공정가치 또는 회수가능액 등

② 재무제표를 이해하는 데 중요한 회계정책의 요약

③ 재무제표이용자가 기업이 공시할 것이라고 기대하는 사업내용과 정책

④ 경영진의 판단으로 재무제표에 중요한 영향을 미치는 사항

CHAPTER 14 기출 & 예상문제로 완벽 복습

01 **(주)한국은 포괄손익계산서에 표시되는 비용을 매출원가, 물류원가, 관리활동원가 등으로 구분하고 있다. 이는 비용항목의 구분표시 방법 중 무엇에 해당하는가?** 2019년 세무직 공무원 수정

① 성격별 분류
② 기능별 분류
③ 증분별 분류
④ 행태별 분류
⑤ 세목별 분류

해설 비용을 매출원가, 물류원가, 관리활동원가 등으로 구분하는 것은 기능별 분류에 해당하고 매출원가법이라고도 한다.

02 **재무제표 표시에 관한 설명으로 옳지 않은 것은?** 제26회 기출

① 재무제표가 한국채택국제회계기준의 요구사항을 모두 충족한 경우가 아니라면 한국채택국제회계기준을 준수하여 작성되었다고 기재하여서는 아니 된다.
② 한국채택국제회계기준에서 요구하거나 허용하지 않는 한 자산과 부채 그리고 수익과 비용은 상계하지 아니한다.
③ 기업은 현금흐름 정보를 제외하고는 발생기준 회계를 사용하여 재무제표를 작성한다.
④ 부적절한 회계정책은 이에 대해 공시나 주석 또는 보충 자료를 통해 설명한다면 정당화될 수 있다.
⑤ 유사한 항목은 중요성 분류에 따라 재무제표에 구분하여 표시한다.

해설 부적절한 회계정책은 이에 대해 공시나 주석 또는 보충 자료를 통해 설명하더라도 정당화될 수 없다.

01 ②　02 ④　정답

03 **재무제표의 작성과 표시에 적용되는 일반사항에 관한 설명으로 옳지 않은 것은?** 제27회 기출

① 경영진은 재무제표를 작성할 때 계속기업으로서의 존속가능성을 평가해야 한다.
② 부적절한 회계정책은 이에 대하여 공시나 주석 또는 보충 자료를 통해 설명하더라도 정당화될 수 없다.
③ 전체 재무제표(비교정보를 포함)는 적어도 1년마다 작성한다.
④ 한국채택국제회계기준에서 요구하거나 허용하지 않은 자산과 부채 그리고 수익과 비용은 상계하지 아니한다.
⑤ 모든 재무제표는 발생기준 회계를 사용하여 작성해야 한다.

해설 현금흐름을 제외한 모든 재무제표는 발생기준 회계를 사용하여 작성해야 한다.

04 **재무제표 요소의 정의에 관한 설명으로 옳은 것은?** 제24회 기출

① 자산은 현재사건의 결과로 기업이 통제하는 미래의 경제적 자원이다.
② 부채는 과거사건의 결과로 기업이 경제적 자원을 이전해야 하는 과거의무이다.
③ 자본은 기업의 자산에서 모든 부채를 차감한 후의 잔여지분이다.
④ 수익은 자산의 감소 또는 부채의 증가로서 자본의 증가를 가져온다.
⑤ 비용은 자산의 증가 또는 부채의 감소로서 자본의 감소를 가져온다.

해설 ① 자산은 과거사건의 결과로 기업이 통제하는 미래의 경제적 자원이다.
② 부채는 과거사건의 결과로 기업이 경제적 자원을 이전해야 하는 현재의무이다.
④ 수익은 자산의 증가 또는 부채의 감소로서 자본의 증가를 가져온다.
⑤ 비용은 자산의 감소 또는 부채의 증가로서 자본의 감소를 가져온다.

05 **한국채택국제회계기준에서 제시하고 있는 전체 재무제표에 해당하지 않는 것을 모두 고른 것은?**

제27회 기출

㉠ 기말 재무상태표	㉡ 경영진 재무검토보고서
㉢ 환경보고서	㉣ 기간 현금흐름표
㉤ 기간 손익과 기타포괄손익계산서	㉥ 주석

① ㉠, ㉡
② ㉡, ㉢
③ ㉢, ㉣
④ ㉣, ㉤
⑤ ㉤, ㉥

해설 경영진 재무검토보고서와 환경보고서는 재무제표가 아니다.

06 **재무제표 표시에 관한 설명으로 옳지 않은 것을 모두 고른 것은?**

제25회 기출

㉠ 모든 재무제표는 발생기준 회계를 적용하여 작성한다.
㉡ 한국채택국제회계기준이 달리 허용하거나 요구하는 경우를 제외하고는 당기 재무제표에 보고되는 모든 금액에 대해 전기 비교정보를 표시한다.
㉢ 부적절한 회계정책은 이에 대하여 공시나 주석 또는 보충 자료를 통해 설명함으로써 정당화될 수 있다.
㉣ 상이한 성격이나 기능을 가진 항목은 구분하여 표시한다. 다만 중요하지 않은 항목은 성격이나 기능이 유사한 항목과 통합하여 표시할 수 있다.
㉤ 수익과 비용의 어느 항목도 당기손익과 기타포괄손익을 표시하는 보고서에 특별손익 항목으로 표시할 수 없다.

① ㉠, ㉡
② ㉠, ㉢
③ ㉡, ㉤
④ ㉢, ㉣
⑤ ㉣, ㉤

해설 ㉠ 현금흐름을 제외한 모든 재무제표는 발생기준 회계를 적용하여 작성한다.
㉢ 부적절한 회계정책은 이에 대하여 공시나 주석 또는 보충 자료를 통해 설명하더라도 정당화될 수 없다.

03 ⑤ 04 ③ 05 ② 06 ② 정답

07 **재무제표 표시에 관한 설명으로 옳지 않은 것은?** 제17회 기출

① 재무제표의 목적은 정보이용자의 경제적 의사결정에 유용한 정보를 제공하는 것이다.
② 부적절한 회계정책은 이에 대하여 공시나 주석 또는 보충 자료를 통해 설명함으로써 정당화될 수 있다.
③ 재무제표에 인식되는 금액은 추정이나 판단에 의한 정보를 포함한다.
④ 당기 재무제표를 이해하는 데 목적적합하다면 서술형 정보의 경우에도 비교정보를 포함한다.
⑤ 재무제표의 작성 기준과 구체적 회계정책에 대한 정보를 제공하는 주석은 재무제표의 별도 부분으로 표시할 수 있다.

해설 부적절한 회계정책은 이에 대하여 공시나 주석 또는 보충 자료를 통해 설명함으로써 정당화될 수 없다.

08 **재무제표 표시에 관한 설명으로 옳지 않은 것은?** 제24회 기출

① 전체 재무제표(비교정보를 포함)는 적어도 1년마다 작성한다.
② 재무제표는 기업의 재무상태, 재무성과 및 현금흐름을 공정하게 표시해야 한다.
③ 당기손익과 기타포괄손익은 단일의 포괄손익계산서에서 두 부분으로 나누어 표시할 수 없다.
④ 한국채택국제회계기준에서 요구하거나 허용하지 않는 한 자산과 부채 그리고 수익과 비용은 상계하지 아니한다.
⑤ 한국채택국제회계기준을 준수하여 작성된 재무제표는 국제회계기준을 준수하여 작성된 재무제표임을 주석으로 공시할 수 있다.

해설 당기손익과 기타포괄손익은 단일의 포괄손익계산서에서 두 부분으로 나누어 표시할 수 있다.

09 **재무제표 표시에 관한 설명으로 옳지 않은 것은?** 제16회 기출

① 재무제표의 목적은 광범위한 정보이용자의 경제적 의사결정에 유용한 기업의 재무상태, 재무성과와 재무상태변동에 관한 정보를 제공하는 것이다.

② 당기손익과 기타포괄손익은 단일의 포괄손익계산서에 두 부분으로 나누어 표시할 수 있다.

③ 기업은 재무상태, 경영성과, 현금흐름 정보를 발생기준 회계에 따라 재무제표를 작성한다.

④ 경영진은 재무제표를 작성할 때 계속기업으로서의 존속가능성을 평가해야 한다.

⑤ 부적절한 회계정책은 이에 대하여 공시나 주석 또는 보충 자료를 통해 설명하더라도 정당화될 수 없다.

해설 기업은 현금흐름을 제외한 재무상태, 경영성과 등의 정보를 발생기준 회계에 따라 재무제표를 작성한다.

10 **재무제표에 관한 설명으로 옳지 않은 것은?** 제23회 기출

① 각각의 재무제표는 전체 재무제표에서 동등한 비중으로 표시한다.

② 경영진은 재무제표를 작성할 때 계속기업으로서의 존속가능성을 평가해야 한다.

③ 기업은 현금흐름 정보를 제외하고는 발생기준을 회계를 사용하여 재무제표를 작성한다.

④ 부적절한 회계정책에 대하여 공시나 주석 또는 보충 자료를 통해 설명하면 정당화될 수 있다.

⑤ 재무제표의 목적은 광범위한 정보이용자의 경제적 의사결정에 유용한 기업의 재무상태, 재무성과와 재무상태변동에 관한 정보를 제공하는 것이다.

해설 부적절한 회계정책에 대하여 공시나 주석 또는 보충 자료를 통해 설명하면 정당화될 수 없다.

07 ② 08 ③ 09 ③ 10 ④ 정답

11 **재무제표 구조와 내용에 관한 설명으로 옳지 않은 것은?** 제23회 기출

① 수익과 비용 항목이 중요한 경우 성격과 금액을 별도로 공시한다.
② 유동성 순서에 따른 표시방법을 적용할 경우 모든 자산과 부채는 유동성 순서에 따라 표시한다.
③ 정상적인 활동과 명백하게 구분되는 수익이나 비용은 당기손익과 기타포괄손익을 표시하는 보고서에 특별손익 항목으로 표시한다.
④ 중요한 정보가 누락되지 않는 경우 재무제표의 표시통화를 천 단위나 백만 단위로 표시할 수 있으며 금액 단위를 공시해야 한다.
⑤ 비용의 성격별 또는 기능별 분류방법 중에서 신뢰성 있고 목적적합한 정보를 제공할 수 있는 방법을 적용하여 당기손익으로 인식한 비용의 분석내용을 표시한다.

해설 정상적인 활동과 명백하게 구분되는 수익이나 비용은 당기손익과 기타포괄손익을 표시하는 보고서에는 특별손익 항목은 나타나지 않는다.

12 **재무제표에 관한 설명으로 옳지 않은 것은?** 제15회 기출

① 재무상태표는 일정 시점의 경제적 자원과 그에 대한 청구권을 나타낸다.
② 포괄손익계산서는 반드시 비용을 기능별 분류방법으로 표시하여야 한다.
③ 자본의 구성요소는 각 분류별 납입자본, 각 분류별 기타포괄손익의 누계액과 이익잉여금의 누계액 등을 포함한다.
④ 포괄손익계산서에 포함되는 기타포괄손익 금액은 기말장부마감을 통해 이익잉여금으로 대체되지 않는다.
⑤ 현금흐름표는 기업의 활동을 영업활동, 투자활동, 재무활동으로 구분한 현금흐름으로 표시한다.

해설 포괄손익계산서는 비용을 기능별 분류방법과 성격별 분류방법 중 보다 목적적합하고 신뢰성이 있는 방법을 선택하도록 하고 있다.

13 **재무제표 표시에 관한 설명으로 옳지 않은 것은?** 제19회 기출

① 재고자산의 판매 또는 매출채권의 회수시점이 보고기간 후 12개월을 초과한다면 유동자산으로 분류하지 못한다.

② 재무상태표의 자산과 부채는 유동과 비유동으로 구분하여 표시하거나 유동성 순서에 따라 표시할 수 있다.

③ 수익과 비용의 어느 항목도 당기손익과 기타포괄손익을 표시하는 보고서에 특별손익항목으로 표시할 수 없다.

④ 당기손익의 계산에 포함된 비용항목에 대해 성격별 또는 기능별 분류방법 중에서 신뢰성 있고 더욱 목적적합한 정보를 제공할 수 있는 방법을 적용하여 표시한다.

⑤ 포괄손익계산서는 단일 포괄손익계산서로 작성되거나 두 개의 보고서(당기손익 부분을 표시하는 별개의 손익계산서와 포괄손익을 표시하는 보고서)로 작성될 수 있다.

해설 재고자산의 판매 또는 매출채권의 회수시점이 보고기간 후 12개월을 초과한다고 하더라도 정상영업주기 내에 실현되므로 유동자산으로 분류한다.

14 **현금흐름표상 투자활동 현금흐름에 해당하는 것은?** 제18회 기출

① 설비 매각과 관련한 현금유입

② 자기주식의 취득에 따른 현금유출

③ 담보부사채 발행에 따른 현금유입

④ 종업원급여 지급에 따른 현금유출

⑤ 단기매매목적 유가증권의 매각에 따른 현금유입

해설 ②③ 재무활동에 해당한다.
④⑤ 영업활동에 해당한다.

15 **현금흐름표에서 재무활동으로 인한 현금흐름에 포함되는 항목은?**

① 이자수익으로 인한 현금유입

② 배당금의 수령

③ 현금의 대여, 회수

④ FVPL 금융자산의 취득, 처분

⑤ 차입금의 차입, 상환

해설 ①②④ 영업활동에 해당한다.
③ 투자활동에 해당한다.

11 ③ 12 ② 13 ① 14 ① 15 ⑤ 정답

16 현금흐름표상 영업활동 현금흐름에 관한 설명으로 옳은 것은? 제19회 기출

① 영업활동 현금흐름은 직접법 또는 간접법 중 하나의 방법으로 보고할 수 있으나, 한국채택국제회계기준에서는 직접법을 사용할 것을 권장하고 있다.

② 단기매매 목적으로 보유하는 유가증권의 판매에 따른 현금은 영업활동으로부터의 현금유입에 포함되지 않는다.

③ 일반적으로 법인세로 납부한 현금은 영업활동으로 인한 현금유출에 포함되지 않는다.

④ 직접법은 당기순이익의 조정을 통해 영업활동 현금흐름을 계산한다.

⑤ 간접법은 영업을 통해 획득한 현금에서 영업을 위해 지출한 현금을 차감하는 방식으로 영업활동 현금흐름을 계산한다.

해설 ② 단기매매 목적으로 보유하는 유가증권의 판매에 따른 현금은 영업활동으로부터의 현금유입에 포함한다.
③ 일반적으로 법인세로 납부한 현금은 영업활동으로 인한 현금유출에 포함한다.
④ 간접법은 당기순이익의 조정을 통해 영업활동 현금흐름을 계산한다.
⑤ 직접법은 영업을 통해 획득한 현금에서 영업을 위해 지출한 현금을 차감하는 방식으로 영업활동 현금흐름을 계산한다.

17 제조업을 영위하는 (주)한국의 현금흐름표에 관한 설명으로 옳지 않은 것은? 제20회 기출

① 단기매매 목적으로 보유하는 유가증권의 취득과 판매에 따른 현금흐름은 재무활동 현금흐름으로 분류한다.

② 현금흐름표는 회계기간 동안 발생한 현금흐름을 영업활동, 투자활동 및 재무활동으로 분류하여 보고한다.

③ 유형자산 또는 무형자산 처분에 따른 현금유입은 투자활동 현금흐름으로 분류한다.

④ 차입금의 상환에 따른 현금유출은 재무활동 현금흐름으로 분류한다.

⑤ 법인세로 인한 현금흐름은 별도로 공시하며, 재무활동과 투자활동에 명백히 관련되지 않는 한 영업활동 현금흐름으로 분류한다.

해설 단기매매 목적으로 보유하는 유가증권의 취득과 판매에 따른 현금흐름은 영업활동 현금흐름으로 분류한다.

18 **현금흐름표상 영업활동 현금흐름에 속하지 않는 것은?** 제24회 기출

① 신주발행으로 유입된 현금
② 재고자산 구입으로 유출된 현금
③ 매입채무 지급으로 유출된 현금
④ 종업원 급여 지급으로 유출된 현금
⑤ 고객에게 용역제공을 수행하고 유입된 현금

해설 신주발행으로 유입된 현금은 재무활동이다.

19 **영업활동 현금흐름의 예로 옳지 않은 것은?** 2019년 지방직 공무원 수정

① 단기매매 목적으로 보유하는 계약에서 발생하는 현금유입과 현금유출
② 종업원과 관련하여 직·간접으로 발생하는 현금유출
③ 로열티, 수수료, 중개료 및 기타수익에 따른 현금유입
④ 리스이용자의 리스부채 상환에 따른 현금유출
⑤ 감가상각비 등과 같은 현금의 유출이 없는 비용은 당기순이익에 가산한다.

해설 리스이용자의 리스부채 상환에 따른 현금유출은 재무활동이다.

16 ① 17 ① 18 ① 19 ④ 정답

20 다음의 자료를 사용하여 계산된 당기순이익과 총포괄이익은? (단, 법인세율은 30%이다)

제15회 기출

• 총 매 출 액	₩824,000
• 기 말 재 고 자 산	62,000
• 매 출 할 인	12,000
• 매 입 액	392,000
• 기 타 수 익	30,000
• 물 류 비 와 관 리 비	200,000
• 기 초 재 고 자 산	82,000
• 기타포괄손익-공정가치 측정 금융자산평가이익	20,000

	당기순이익	총포괄이익
①	₩155,000	₩181,000
②	₩167,000	₩181,000
③	₩173,000	₩175,000
④	₩161,000	₩175,000
⑤	₩171,000	₩181,000

해설

1. 순매출액	₩812,000
2. 매출원가	412,000
• 기초재고액(82,000)	
• 매입액(392,000)	
• 기말재고액(62,000)	
3. 매출총이익	400,000
4. 기타수익	30,000
5. 물류비와 관리비	200,000
6. 법인세차감전순이익	230,000
7. 법인세비용(30%)	69,000
8. 당기순이익	161,000
9. 기타포괄손익-공정가치 측정 금융자산평가이익	20,000
• 법인세비용(30%)	(−) 6,000
10. 총포괄이익	₩175,000

21 다음 자료를 이용한 (주)한국의 당기순이익은? 2019년 관세직 공무원 수정

• 매출액	₩60,000	• 임대료수익	₩1,000
• 매출원가	20,000	• 미지급급여	500
• 급여	10,000	• 선급비용	3,000
• 감가상각비	6,000	• 선수수익	6,000
• 대손상각비	2,000	• 미지급 배당금	1,000
• 자기주식처분이익	3,000	• 유형자산처분이익	30,000
• 기타포괄손익－공정가치 측정금융자산평가손실	5,000		

① ₩48,000
② ₩50,000
③ ₩52,000
④ ₩53,000
⑤ ₩54,000

해설

포괄손익계산서

매출원가	₩20,000	매출액	₩60,000
급여	10,000	임대료수익	1,000
감가상각비	6,000	자산처분이익	30,000
대손상각비	2,000		
당기순이익	53,000		
	₩91,000		₩91,000

• 자산: 선급비용
• 부채: 미지급급여, 선수수익, 미지급배당금
• 자본: 자기주식처분이익, 기타포괄손익－공정가치 측정 금융자산평가손실

20 ④ 21 ④ 정답

22 다음 자료를 이용하여 계산한 건물처분으로 유입된 현금흐름은? 제16회 기출

구분	건물	감가상각누계액
기초	₩400,000	₩140,000
기말	460,000	160,000

• 기중 건물 취득금액은 ₩140,000이다.
• 기중 건물의 처분이익은 ₩10,000이다.
• 당기 건물의 감가상각비는 ₩50,000이다.

① ₩30,000
② ₩40,000
③ ₩50,000
④ ₩60,000
⑤ ₩70,000

해설

건물

기초장부금액	₩260,000	처분금액(원가)	₩50,000
취 득 원 가	140,000	감 가 상 각 비	50,000
		기 말 장 부 금 액	300,000
	₩400,000		₩400,000

• 기초장부금액: 400,000 − 140,000 = ₩260,000
• 기말장부금액: 460,000 − 160,000 = ₩300,000
• 처분금액(현금유입액): 처분금액원가(50,000) + 처분이익(10,000) = ₩60,000

23 다음 자료를 이용하여 계산된 20×1년도 재무활동 순현금흐름은? (단, 이자지급은 재무활동으로 분류하며, 납입자본의 변동은 현금 유상증자에 의한 것이다) 제17회 기출

• 이자비용 ₩3,000
• 재무상태표 관련자료

구분	20×1년 1월 1일	20×1년 12월 31일
자본금	₩10,000	₩20,000
주식발행초과금	10,000	20,000
단기차입금	50,000	45,000
미지급이자	4,000	6,000

① ₩4,000
② ₩13,000
③ ₩14,000
④ ₩15,000
⑤ ₩16,000

해설

구분	기초	기말	증감액
자본금	₩10,000	₩20,000	₩(+) 10,000
주식발행초과금	10,000	20,000	(+) 10,000
단기차입금	50,000	45,000	(−) 5,000
미지급이자			(−) 1,000
재무활동 현금흐름액			₩(+) 14,000

이자비용

차변	금액	대변	금액
현금	₩1,000	기초미지급	₩4,000
기말미지급	6,000	손익	3,000
	₩7,000		₩7,000

24 다음은 현금흐름표의 일부이다.

• 영업활동 현금흐름	?
• 투자활동 현금흐름	(₩1,214,000)
• 재무활동 현금흐름	354,000

기초 현금및현금성자산이 ₩80,000이고, 기말 현금및현금성자산이 ₩105,000일 때, 영업활동 현금흐름은 얼마인가? 제14회 기출

① ₩755,000 ② ₩780,000
③ ₩885,000 ④ ₩940,000
⑤ ₩965,000

해설 [현금흐름표]

• 영업활동 현금흐름	₩885,000
• 투자활동 현금흐름	(−) 1,214,000
• 재무활동 현금흐름	354,000
• 순현금흐름	25,000
• 기초 현금및현금성자산	(+) 80,000
• 기말 현금및현금성자산	₩105,000

22 ④ 23 ③ 24 ③ 정답

25 (주)한국의 20×1년도 현금흐름표 자료가 다음과 같을 때, 투자활동 현금흐름은? 제24회 기출

• 기초 현금및현금성자산	9,000
• 기말 현금및현금성자산	5,000
• 재무활동 현금흐름	(−) ₩17,000
• 영업활동 현금흐름	25,000

① (−) ₩12,000
② (−) ₩8,000
③ (−) ₩4,000
④ ₩4,000
⑤ ₩8,000

해설 [현금흐름표]

• 영업활동 현금흐름	₩25,000
• 투자활동 현금흐름	(−) 12,000
• 재무활동 현금흐름	(−) 17,000
• 순현금흐름	(−) 4,000
• 기초 현금및현금성자산	9,000
• 기말 현금및현금성자산	₩5,000

26 (주)한국의 당기순이익은 ₩100,000이고, 장기차입금에서 발생한 이자비용은 ₩5,000이며, 보유하고 있는 유형자산의 감가상각비는 ₩11,000이다. 당기 영업활동과 관련된 자산과 부채의 변동내역은 다음과 같다.

• 재고자산의 증가	₩8,000
• 매출채권(손실충당금 차감 후 순액)의 감소	3,000
• 매입채무의 감소	4,200
• 선수금의 증가	2,000

(주)한국의 당기 영업활동 순현금유입액은? (단, 이자의 지급과 수취는 각각 재무활동과 투자활동으로 분류한다) 제26회 기출

① ₩76,800
② ₩81,800
③ ₩92,800
④ ₩106,000
⑤ ₩108,800

해설

현금흐름표

당기순이익	₩100,000	영업활동	(₩108,800)
이자비용	5,000	재고자산의 증가	8,000
감가상각비	11,000	매입채무의 감소	4,200
매출채권의 감소	3,000		
선수금의 증가	2,000		
	₩121,000		₩121,000

27 다음은 20×1년도 (주)한국의 자료이다. 이 자료를 이용하여 영업활동으로 인한 현금흐름을 구하면 얼마인가?

• 당기순이익	₩20,000,000
• 감가상각비	1,000,000
• 사채할인발행차금상각	2,000,000
• 유형자산처분이익	1,000,000
• 은행차입금상환	5,000,000
• 유형자산의 처분	6,000,000

① ₩23,000,000
② ₩22,000,000
③ ₩21,000,000
④ ₩18,000,000
⑤ ₩17,000,000

해설

당기순이익	₩20,000,000	영업활동현금흐름	(₩22,000,000)
감가상각비	1,000,000	유형자산처분이익	1,000,000
할인발행차금상각	2,000,000		

• 차입금의 상환은 재무활동으로 인한 현금유출에 해당하며, 유형자산의 처분은 투자활동으로 인한 현금유입에 해당한다.

25 ① 26 ⑤ 27 ② 정답

28 다음 주어진 자료를 이용하여 영업활동 현금흐름을 구하면? 제13회 기출

(1) 포괄손익계산서 중의 일부

• 유형자산 감가상각비	₩12,000
• 당기순이익	200,000

(2) 영업 관련 자산/부채

	기초잔액	기말잔액
• 재고자산	₩30,000	₩29,000
• 매입채무	45,000	39,000

① ₩205,000
② ₩207,000
③ ₩213,000
④ ₩215,000
⑤ ₩218,000

해설

당기순이익	₩200,000	영업활동현금흐름	(₩207,000)
감가상각비	12,000	매입채무 감소	6,000
재고자산 감소	1,000		

29 (주)한국은 당기순손실 ₩600,000을 보고하였다. 이 당기순손실을 계산하는 데 다음과 같은 항목이 포함되었다.

• 투자자산처분손실	₩400,000	• 유형자산처분이익	₩350,000
• 재해손실(건물)	630,000	• 사채할증발행차금환입	90,000
• 감가상각비	460,000	• 무형자산상각비	150,000

그리고 영업활동과 관련이 있는 자산과 부채의 증감액은 다음과 같다. 한국채택국제회계기준에 의한 현금흐름표(간접법)의 양식에 의거 (주)한국의 현금흐름표에 표시될 영업활동 현금흐름은 얼마인가?

• 매출채권의 감소	₩200,000	• 선급비용의 증가	₩100,000
• 재고자산의 증가	70,000	• 매입채무의 감소	150,000
• 미지급비용의 증가	50,000		

① ₩70,000
② ₩370,000
③ ₩530,000
④ ₩600,000
⑤ ₩350,000

해설

투자자산처분손실	₩400,000	당기순손실	₩600,000
재해손실	630,000	유형자산처분이익	350,000
감가상각비	460,000	사채할증발행차금환입	90,000
무형자산상각비	150,000	선급비용의 증가	100,000
매출채권의 감소	200,000	재고자산의 증가	70,000
미지급비용의 증가	50,000	매입채무의 감소	150,000
		영업활동현금흐름	(530,000)

30 **(주)한국은 20×1년 ₩160,000의 당기순이익을 보고하였다. 다음의 자료를 이용하여 영업활동으로 인한 현금흐름을 계산하면 얼마인가? (단, 이자수익은 투자활동으로, 이자비용은 재무활동으로 구분한다)**

• 이자수익	₩50,000	• 이자비용	₩60,000
• 무형자산상각비	36,000	• 사채상환	40,000
• 유형자산처분손실	30,000	• 배당금지급	75,000

① ₩236,000
② ₩286,000
③ ₩276,000
④ ₩266,000
⑤ ₩336,000

해설

당기순이익	₩160,000	영업활동현금흐름	(₩236,000)
이자비용	60,000	이자수익	50,000
무형자산상각비	36,000		
유형자산처분손실	30,000		
	₩286,000		₩286,000

• 이자수익은 투자활동으로 차감하고, 이자비용은 재무활동으로 가산한다.
• 배당금지급과 사채상환은 재무활동이다.

28 ② 29 ③ 30 ① 정답

31 (주)한국은 20×1년 한 해 동안 ₩150,000의 당기순이익을 보고하였다. 다음의 자료를 이용하여 영업활동으로 인한 현금흐름은? (단, 이자비용은 영업활동으로 구분한다)

•감가상각비	₩50,000	•이자비용	₩40,000
•손상차손	36,000	•배당금지급	50,000
•기계설비처분손실	30,000	•유형자산처분이익	50,000

① ₩216,000
② ₩256,000
③ ₩266,000
④ ₩306,000
⑤ ₩236,000

해설

당기순이익	₩150,000	영업활동현금흐름	(₩216,000)
감가상각비	50,000	유형자산처분이익	50,000
손상차손	36,000		
기계처분손실	30,000		
	₩266,000		₩266,000

- 이자비용을 영업활동으로 분류하는 경우 미지급이자비용만 계산하고 이자비용은 무시한다.
- 배당금지급은 재무활동으로 인한 현금유출액이다.
- 이자비용을 재무활동으로 분류하는 경우 이자비용만 계산하고 미지급이자비용은 무시한다.

32 (주)한국의 20×1년도 관리활동과 관련한 다음 자료를 이용하여 계산한 영업활동 현금흐름은 얼마인가? (단, 이자지급은 재무활동으로 분류한다) 2012년 국가직 공무원 수정

•법인세비용차감전순이익	₩5,000,000
•감가상각비	750,000
•유형자산손상차손	260,000
•유형자산처분이익	340,000
•매출채권 증가	290,000
•재고자산 감소	300,000
•매입채무 증가	250,000
•미지급이자비용 증가	80,000
•이자비용	310,000
•법인세비용	1,500,000
•미지급법인세 증가	250,000

① ₩4,680,000
② ₩4,760,000
③ ₩4,990,000
④ ₩5,020,000
⑤ ₩4,460,000

해설

당기순이익	₩3,500,000	영업활동현금흐름	(₩4,990,000)
감가상각비	750,000	유형자산처분이익	340,000
유형자산손상차손	260,000	매출채권 증가	290,000
재고자산 감소	300,000		
매입채무 증가	250,000		
이자비용	310,000		
미지급법인세 증가	250,000		

33 (주)한국의 20×1년도 당기순이익이 ₩200,000일 때 영업활동 순현금흐름은?

•법인세비용	₩40,000	•매출채권 감소	₩15,000
•이자비용	35,000	•이자지급	26,000
•이자수익	20,000	•이자수취	18,000
•감가상각비	50,000	•매입채무 감소	12,000
•기계장치처분이익	8,000	•미지급급여 증가	6,000
•재고자산 증가	25,000	•미지급법인세 감소	2,000

① ₩280,000
② ₩231,000
③ ₩281,000
④ ₩239,000
⑤ ₩243,000

해설

현금흐름표

당기순이익	₩200,000	영업활동현금흐름	(₩231,000)
매출채권 감소	15,000	매입채무 감소	12,000
미지급이자비용 증가	9,000	미수이자 증가	2,000
미지급급여 증가	6,000	기계장비처분이익	8,000
감가상각비	50,000	재고자산 증가	25,000
		미지급법인세 감소	2,000
	₩280,000		₩280,000

• 이자수익과 이자비용은 영업활동이다.
• 미수이자수익: 20,000(발생) − 18,000(수취) = ₩2,000(미수이자 증가)
• 미지급이자비용: 35,000(발생) − 26,000(지급) = ₩9,000(미지급이자 증가)

31 ① 32 ③ 33 ② 정답

34 (주)한국의 20×1년 영업활동 순현금유입액은 ₩12,000이다. 다음 자료를 이용할 때, 20×1년 법인세비용차감전순이익과 재무활동 순현금흐름으로 옳은 것은? 제25회 기출

• 재무상태표 관련 자료

계정과목	20×1년 1월 1일	20×1년 12월 31일
매출채권	₩2,800	₩1,300
선급비용	1,000	1,800
미지급이자	80	40
단기차입금	1,500	1,250
자본금	500	1,200

• 20×1년 감가상각비 ₩900
• 20×1년 유형자산처분손실 ₩2,100
• 이자비용(미지급이자)은 영업활동으로 분류한다.
• 자본금 변동은 유상증자로 인한 것이며 모든 자산, 부채, 자본 변동은 현금거래로 인한 것이다.

	법인세비용차감전순이익	재무활동 순현금흐름
①	₩7,800	순유입액 ₩410
②	₩8,300	순유입액 ₩450
③	₩8,340	순유입액 ₩450
④	₩8,640	순유입액 ₩410
⑤	₩8,800	순유출액 ₩250

해설

현금흐름표

당기순이익	(₩8,340)	영업활동현금흐름	₩12,000
매출채권 감소	1,500	선급비용 증가	800
감가상각비	900	미지급이자 감소	40
유형자산처분손실	2,100		
	₩12,840		₩12,840

• 재무활동 현금흐름: 자본금(유입)(700) − 단기차입금(유출)(250) = 순유입 ₩450

35 (주)한국의 영업활동으로 인한 현금흐름이 ₩500,000일 때, 다음 자료를 기초로 당기순이익을 계산하면?

제20회 기출

• 매출채권(순액) 증가	₩50,000
• 재 고 자 산 감 소	40,000
• 미 수 임 대 료 증 가	20,000
• 매 입 채 무 감 소	20,000
• 유 형 자 산 처 분 손 실	30,000

① ₩420,000
② ₩450,000
③ ₩520,000
④ ₩540,000
⑤ ₩570,000

해설

당 기 순 이 익	(₩520,000)	영업활동현금흐름	₩500,000
재 고 자 산 감 소	40,000	매출채권(순액) 증가	50,000
유형자산처분손실	30,000	미 수 임 대 료 증 가	20,000
		매 입 채 무 감 소	20,000
	₩590,000		₩590,000

34 ③ 35 ③ 정답

CHAPTER

15 재무제표 비율분석

회독체크 1 2 3

CHAPTER 미리보기

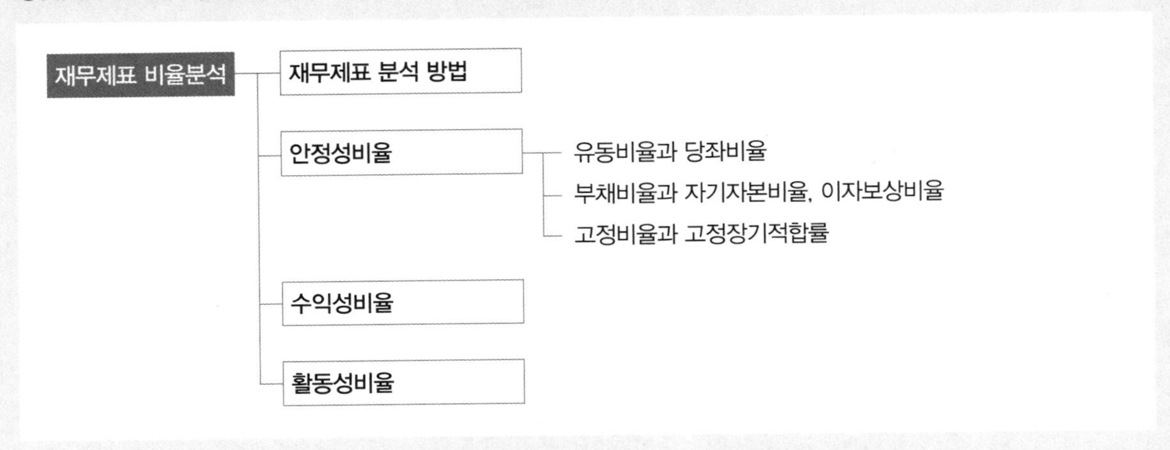

학습전략

본 단원은 재무제표 비율분석에 관한 내용으로 시험에서는 매회 1~2문항이 출제되고 있습니다. 본 단원은 재무적 안정성과 수익성 그리고 활동성 및 주식평가비율에 대한 부분으로 수험생들이 가장 힘들다고 생각하는 단원입니다. 비율에 관한 등식을 정확히 암기하여야 하고, 특히 유동비율과 당좌비율, 재고자산회전율, 매출채권회전율에 관한 문제는 매회 출제되므로 충분히 이해하고 숙지하길 바랍니다.

학습키워드

- 유동비율, 당좌비율
- 순이익률(총자산, 매출액)
- 회전율(매출채권, 재고자산)

제1절 재무제표 분석 방법

재무제표이용자는 재무제표가 제공하는 정보를 적절히 분석하고 해석함으로써 합리적인 의사결정에 효율적으로 이용할 수 있다. 재무제표를 분석하는 방법에는 '추세분석', '재무제표요소의 구성비율분석', '재무비율분석' 등의 방법이 있다.

(1) 추세분석

특정 기준연도를 기준으로 그 이후 기간의 재무제표항목의 변동추이를 분석하는 방법이다.

(2) 재무제표요소의 구성비율분석

자산총액을 기준으로 재무상태표요소의 상대적 비율을 분석하고 매출액을 기준으로 손익계산서요소의 상대적 비율을 분석하는 방법이다.

(3) 재무비율분석

재무제표요소 간의 상대적 관계를 고려하여 분석하는 방법으로 '안전성비율', '수익성비율', '활동성비율', '배당관련비율' 등이 있으며, 가장 많이 사용하는 재무제표분석 방법이다.

제2절 안정성비율

안정성비율은 단기부채상환능력을 나타내는 유동성비율(Liquidity Ratio)과 장기지급능력을 평가 수 있는 안정성비율(레버리지비율, Leverage Ratio)을 포함한다.

유동비율(Current Ratio)과 당좌비율(Quick Ratio)

유동비율

동부채를 상환하기 위하여 기업이 유동자산을 어느 정도 확보하고 있는지를 분석하는 지표며, 재무적인 안전성을 측정하는데 보통 200%를 안정적인 것으로 본다.

비율

산 속에는 재고자산과 같이 단기간 내에 즉시 현금화되기 어려운 자산도 포함되므로 이 외하고 당좌자산만으로 유동성 여부를 측정하기도 하는데 이를 당좌비율(산성비율이라 다)이라 하며, 보통 100%를 안정적인 것으로 본다.

(3) 유동부채를 초과하는 유동자산을 순운전자본이라고 한다.

- 유동비율 = $\dfrac{\text{유동자산}}{\text{유동부채}} \times 100$
- 당좌비율 = $\dfrac{\text{당좌자산}}{\text{유동부채}} \times 100 = \dfrac{\text{유동자산} - \text{재고자산}}{\text{유동부채}} \times 100$
- 유동자산 − 유동부채 = 순운전자본

유동비율	100% 미만일 때	100%일 때	100% 초과일 때
동액이 증가할 때	증가	불변	감소
동액이 감소할 때	감소	불변	증가

▶ 유동부채는 불변이고, 유동자산만 증가하면 ⇨ 유동비율 증가
유동부채는 불변이고, 유동자산만 감소하면 ⇨ 유동비율 감소
유동자산은 불변이고, 유동부채만 증가하면 ⇨ 유동비율 감소
유동자산은 불변이고, 유동부채만 감소하면 ⇨ 유동비율 증가

개념적용 문제

01 다음 (주)한국의 20×1년 기말 자료에 의하여 물음에 답하시오.

• 당좌자산	₩100,000	• 재고자산	₩100,00
• 비유동자산	300,000	• 유동부채	50,0
• 비유동부채	150,000	• 자본총계	300,

(1) **유동비율은?**

(2) **당좌비율은?**

(3) **자기자본비율은?**

(4) **부채비율은?**

(5) **고정비율은?**

(6) **고정장기적합비율은?**

해설

(1) 유동비율: $\dfrac{100{,}000 + 100{,}000}{50{,}000} \times 100 = 400\%$

(2) 당좌비율: $\dfrac{100{,}000}{50{,}000} \times 100 = 200\%$

(3) 자기자본비율: $\dfrac{300{,}000}{100{,}000 + 100{,}000 + 300{,}000} \times 100 = 60\%$

(4) 부채비율: $\frac{50,000 + 150,000}{300,000} \times 100 = 66.67\%$

(5) 고정비율: $\frac{300,000}{300,000} \times 100 = 100\%$

(6) 고정장기적합비율: $\frac{300,000}{300,000 + 150,000} \times 100 = 66.67\%$

2. 부채비율(D/E Ratio)과 자기자본비율(BIS), 이자보상비율

(1) 부채비율

자기자본에 대한 부채의 비율 또는 총자산에서 부채가 차지하는 비율 등으로서, 재무구조상의 안정성을 측정한다. 부채비율이 높을수록 기업의 타인자본 의존도가 높다는 것을 의미하며, 그만큼 재무구조가 부실하다는 것을 나타낸다.

(2) 자기자본비율

기업의 총자산 중 자기자본이 차지하는 비율로서, 비율이 높을수록 기업의 재무구조는 안정적이다.

(3) 이자보상비율

기업의 채무상환능력을 나타내는 지표로서, 기업이 얼마를 벌어 이 중 얼마 가량을 이자비용으로 쓰고 있는지를 나타낸다. 즉, 기업의 영업이익을 이자비용으로 나눠서 구한다. 이때 이자보상배율이 1배라면 영업으로 벌어들인 돈으로 이자비용을 내면 영업이익이 없다는 뜻이 된다.

- 부채비율 = $\frac{\text{부채}}{\text{자기자본}} \times 100$
- 자기자본비율 = $\frac{\text{자기자본}}{\text{총자산}} \times 100$
- 부채구성비율 = $\frac{\text{부채}}{\text{총자산}} \times 100$
- 이자보상비율 = $\frac{\text{영업이익}}{\text{이자비용}} \times 100$

개념적용 문제

02 다음 자료를 이용하여 계산한 유동비율과 부채비율(= 부채/자본)은? 제16회 기출

• 자 본	₩100,000
• 유 동 부 채	40,000
• 비 유 동 자 산	120,000
• 비 유 동 부 채	60,000

	유동비율	부채비율
①	50%	100%
②	50%	200%
③	100%	100%
④	150%	200%
⑤	200%	100%

해설
- 유동자산[부채(100,000) + 자본(100,000)] − 비유동자산(120,000) = ₩80,000
- 유동비율: 유동자산(80,000) ÷ 유동부채(40,000) = 2(200%)
- 부채비율: 부채(100,000) ÷ 자기자본(100,000) = 1(100%)

정답 ⑤

3. 고정비율(Fixed Ratio)과 고정장기적합률(Ratio of Assets to Long-Term Capital)

(1) 고정비율

장기자금에 의한 고정(비유동자산)자산의 조달정도를 나타낸다. 기업의 자기자본이 고정자산(비유동자산)에 어느 정도 투입되어 운용되고 있는가를 나타내는 지표이다. 고정비율은 비유동자산을 자기자본으로 나눈 비율이며 고정비율이 낮을수록 기업의 장기적 재무 안정성이 좋은 것으로 평가된다.

(2) 고정장기적합률

자기자본과 비유동부채를 고정(비유동자산)자산에 얼마나 안정적으로 배분하였는가를 나타내는 비율이다. 일반적으로 고정(비유동자산)자산에 대한 투자는 자기자본의 범위 내에서 이루어지는 것이 바람직하겠지만, 설비투자에 소요되는 자금이 부족한 경우에는 부족자금을 비유동부채에 의존하는 것이 기업의 안전성을 도모할 수 있다. 고정장기적합률의 일반적인 기준은 100% 이하가 바람직한데, 이는 고정(비유동자산)자산에의 투자는 장기자본(자기자본 + 비유동부채)의 범위 내에서 이루어져야 하기 때문이다.

- 고정비율 = $\frac{\text{고정(비유동)자산}}{\text{자기자본}} \times 100$
- 고정장기적합률 = $\frac{\text{고정(비유동)자산}}{\text{고정(비유동)부채} + \text{자기자본}} \times 100$

제3절 수익성비율

일정한 기간에 있어서 기업의 최종적인 성과인 손익의 상태를 측정하고 그 성과의 원인을 분석, 검토하는 수익성분석을 행함으로써 재무제표의 내부 및 외부이용자들은 보다 합리적인 의사결정을 할 수 있다. 수익성비율을 산정하는 데 사용하는 자산과 자본은 기초와 기말잔액의 평균치가 된다. 수익성비율로는 매출액순이익률, 총자산순이익률, 자기자본순이익률, 주당순이익 등이 있다.

- 매출액순이익률 = $\frac{\text{당기순이익}}{\text{순매출액}} \times 100$
- 총자산순이익률(ROI) = $\frac{\text{당기순이익}}{\text{평균총자산}} \times 100$
- 자기자본순이익률 = $\frac{\text{당기순이익}}{\text{평균자기자본}} \times 100$
- 주가수익률(PER) = $\frac{\text{주당시가}}{\text{주당순이익(EPS)}} \times 100$
- 주당순이익(EPS) = $\frac{\text{당기순이익} - \text{우선주배당금}}{\text{가중평균보통주식수}} \times 100$

개념적용 문제

03 다음 자료에 의하여 물음에 답하시오.

(주)한국의 매출액은 ₩2,000,000이며, 당기순이익은 ₩400,000이다. 기초와 기말의 자산과 자기자본은 다음과 같다.

	기초	기말
• 자산총액	₩800,000	₩1,200,000
• 자본총액	300,000	700,000

(1) **총자산순이익률은?**

(2) **자기자본순이익률은?**

(3) **매출액순이익률은?**

해설 (1) 총자산순이익률: $\frac{400,000}{1,000,000} \times 100 = 40\%$

(2) 자기자본순이익률: $\frac{400,000}{500,000} \times 100 = 80\%$

(3) 매출액순이익률: $\frac{400,000}{2,000,000} \times 100 = 20\%$

제4절 활동성비율

활동성비율은 자산의 회전율 또는 회전(회수)기간을 통해 기업이 보유하는 자산이 영업활동 과정에서 얼마만큼 빨리 순환되고 있는지를 나타내는 것으로서 보통 재고자산과 매출채권의 회전율 또는 회전(회수)기간을 통해 측정한다. 일반적으로 회전기간은 회전율의 역수가 되는데 회전율이 높다는 것은 회전기간이 짧다는 의미가 되며 기업자산의 순환주기가 그만큼 짧다는 것이므로 기업의 영업활동이 보다 활발하게 이루어짐을 나타내는 것이다.

- 매출채권회전율 = $\frac{\text{매출액}}{\text{평균매출채권}}$
- 매출채권회전주기 = $\frac{\text{365일}}{\text{매출채권회전율}}$

- 재고자산회전율 = $\frac{\text{매출원가}}{\text{평균재고자산}}$
- 재고자산회전주기 = $\frac{\text{365일}}{\text{재고자산회전율}}$
- 총자산회전율 = $\frac{\text{매출액}}{\text{평균총자산}}$
- 자기자본회전율 = $\frac{\text{매출액}}{\text{평균자기자본}}$

개념적용 문제

04 다음 자료에 의하여 재고자산회전율, 매출채권회전율 및 평균정상영업주기를 계산하시오. (단, 1년은 360일로 가정한다)

•매 출 원 가	₩10,800,000	•평 균 재 고 자 산	₩3,600,000
•순 외 상 매 출 액	14,400,000	•평 균 매 출 채 권	1,920,000
•당 기 순 이 익	1,440,000		

해설

- 재고자산회전율: $\frac{10,800,000}{3,600,000}$ = 3회
- 재고자산회전기간: $\frac{360일}{3회}$ = 120일
- 매출채권회전율: $\frac{14,400,000}{1,920,000}$ = 7.5회 ∴ 평균정상영업주기 = 168일
- 매출채권회수기간: $\frac{360일}{7.5회}$ = 48일

05 다음 재무분석 자료에서 기업의 활동성을 분석할 수 있는 것을 모두 고른 것은?

제18회 기출

㉠ 매출채권회전율	㉡ 재고자산회전율
㉢ 총자산회전율	㉣ 부채비율
㉤ 재고자산평균회전기간	㉥ 자기자본이익률

① ㉠, ㉢, ㉤
② ㉠, ㉡, ㉢, ㉤
③ ㉠, ㉡, ㉣, ㉥
④ ㉠, ㉢, ㉤, ㉥
⑤ ㉡, ㉢, ㉣, ㉤, ㉥

해설
- 기업의 활동성분석은 회전율로 표시한다.
- 부채비율은 안정성비율이고 자기자본이익률은 수익성에 관한 분석이다.

정답 ②

CHAPTER

15 기출 & 예상문제로 완벽 복습

01 (주)한국은 상품을 ₩1,000에 취득하면서 현금 ₩500을 지급하고 나머지는 3개월 이내에 지급하기로 하였다. 이 거래가 발생하기 직전의 유동비율과 당좌비율은 각각 70%와 60%이었다. 상품취득 거래가 유동비율과 당좌비율에 미치는 영향은? (단, 상품거래에 대해 계속기록법을 적용한다) 제23회 기출

	유동비율	당좌비율		유동비율	당좌비율
①	감소	감소	②	감소	변동없음
③	변동없음	감소	④	증가	변동없음
⑤	증가	감소			

해설 • (차) 상품 1,000 (대) 현금 500
외상매입금 500

• 유동비율이 100% 미만인 경우 유동자산과 유동부채가 동액으로 증가하면 유동비율은 증가한다.
• 당좌비율이 100% 미만인 경우 당좌자산이 감소하고 유동부채가 증가하면 당좌비율은 감소한다.

02 (주)한국은 20×1년 말 현금 ₩100,000을 보유하고 있는 상태에서 유동비율은 180%이고 당좌비율은 90%이다. 20×1년 말 (주)한국이 단기차입금 ₩100,000을 상환하기 위해 현금을 모두 사용할 경우 유동비율과 당좌비율에 미치는 영향은? 제15회 기출

① 유동비율 증가, 당좌비율 증가
② 유동비율 증가, 당좌비율 감소
③ 유동비율 감소, 당좌비율 증가
④ 유동비율 감소, 당좌비율 감소
⑤ 유동비율 불변, 당좌비율 불변

해설 유동비율이 1을 초과할 때 유동자산과 유동부채가 동액으로 감소하면 유동비율은 증가하고, 당좌비율이 1 미만일 때 당좌자산과 유동부채가 동액으로 감소하면 당좌비율은 감소한다.

03 (주)한국의 20x1년 초 재무상태표상 당좌자산은 ₩3,500, 재고자산은 ₩1,500, 유동부채는 ₩2,000으로 나타났다. (주)한국이 20x1년 중 상품 ₩1,000을 현금매입하고 외상매출금 ₩500을 현금회수한 경우 (가) 당좌비율과 (나) 유동비율에 미치는 영향은? (단, (주)한국의 유동자산은 당좌자산과 재고자산만으로 구성되어 있으며, 계속기록법을 적용한다.)

제27회 기출

	(가)	(나)
①	감소	감소
②	감소	불변
③	증가	감소
④	증가	불변
⑤	불변	불변

해설
- 당좌자산은 3,500이고 유동자산은 재고자산(1,500)을 포함하여 5,000원에 해당한다.
- 당좌비율: $\frac{3,500}{2,000} = 175\%$
- 유동비율: $\frac{5,000}{2,000} = 250\%$
- 상품매입: (차) 상품(재고자산) 1,000 (대) 현금 1,000(유동자산 증가, 당좌자산 감소)
- 외상매출금회수: (차) 현금 500 (대) 외상매출금 500(유동자산 불변, 당좌자산 불변)
- 당좌비율: 당좌자산이 감소하여 당좌비율은 감소한다.
- 유동비율: 자산이 불변하여 유동비율은 불변한다.

04 20×1년 12월 30일 현재 (주)한국의 유동자산과 유동부채의 잔액이 각각 ₩1,000이었다. 12월 31일 상품 ₩500을 구입하면서 현금 ₩100을 지급하고 나머지는 3개월 후에 지급하기로 한 경우, 동 거래를 반영한 후의 유동비율은? (단, 상품 기록은 계속기록법을 적용한다)

제19회 기출

① 70%
② 80%
③ 100%
④ 140%
⑤ 150%

해설
- 유동자산과 유동부채의 잔액이 각각 ₩1,000이라면 유동비율은 100%이다.
- 상품 ₩500을 구입하면서 현금 ₩100을 지급하고 나머지는 3개월 후에 지급하기로 한 경우, 유동자산이 ₩400 증가하고, 유동부채도 ₩400이 증가하므로 유동비율이 100%일 때 동액이 증가하였으므로 유동비율은 불변하여 100%이다.

01 ⑤ 02 ② 03 ② 04 ③ **정답**

05 (주)한국의 유동비율은 150%, 당좌비율은 70%이다. (주)한국이 은행으로부터 자금대출을 받기 위해서는 유동비율이 120% 이상이고 당좌비율이 100% 이상이어야 한다. (주)한국이 자금대출을 받기 위해 취해야 할 전략으로 옳은 것은? 제20회 기출

① 기계장치를 현금으로 매입한다.
② 장기차입금을 단기차입금으로 전환한다.
③ 외상거래처의 협조를 구해 매출채권을 적극적으로 현금화한다.
④ FVPL 금융자산(주식)을 추가 취득하여 현금비중을 줄인다.
⑤ 재고자산 판매를 통해 현금을 조기 확보하고 재고자산을 줄인다.

해설 재고자산 판매를 통해 현금을 조기 확보하고 재고자산을 줄이면 현금(당좌자산)이 증가하여 당좌비율이 증가한다. 그러나 재고자산 감소와 현금 증가는 유동자산이 불변하므로 유동자산총액이 증가하거나 감소하지 않기 때문에 유동비율은 불변하므로 150%를 유지할 수 있다.

06 다음 거래 중 유동비율이 100% 미만인 경우 기업의 유동비율을 감소시키는 거래는 어느 것인가?

① 건물을 장부가액 이하로 처분하는 경우
② FVPL 금융자산을 장부가격 이상으로 처분하는 경우
③ 단기어음을 발행하고 현금을 차입하는 경우
④ 단기차입금을 현금으로 상환하는 경우
⑤ 장기어음을 발행하고 현금을 차입하는 경우

해설

유동비율	100% 미만일 때	100%일 때	100% 초과일 때
동액이 증가할 때	증가	불변	감소
동액이 감소할 때	감소	불변	증가

④	(차) 단기차입금	×××	(대) 현금	×××	⇨ 감소
①	(차) 현금	×××	(대) 건물	×××	⇨ 증가
②	(차) 현금	×××	(대) FVPL 금융자산	×××	⇨ 증가
③	(차) 현금	×××	(대) 단기차입금	×××	⇨ 증가
⑤	(차) 현금	×××	(대) 장기차입금	×××	⇨ 증가

07 (주)한국은 A은행으로부터 ₩2,000,000(3년 만기)을 차입하여 만기가 도래한 B은행 차입금 ₩1,000,000을 즉시 상환하고 잔액은 현금으로 보유하고 있다. 동 차입 및 상환 거래가 유동비율과 부채비율에 미치는 영향은? (단, 자본은 ₩0보다 크다) 제21회 기출

	유동비율	부채비율
①	증가	증가
②	증가	감소
③	감소	증가
④	감소	감소
⑤	증가	불변

해설
- (차) 현 금 2,000,000 (대) 장 기 차 입 금 2,000,000
  (차) 단 기 차 입 금 1,000,000 (대) 현 금 1,000,000
- 유동비율: $\frac{\text{유동자산(증가)}}{\text{유동부채(감소)}}$ = 증가
- 부채비율: $\frac{\text{부채(증가)}}{\text{자기자본(불변)}}$ = 증가

08 (주)한국의 20×1년 초 재고자산은 ₩25,000이고, 당기매입액은 ₩95,000이다. (주)한국의 20×1년 말 유동비율은 120%, 당좌비율은 70%, 유동부채는 ₩80,000일 때, 20×1년도 매출원가는? (단, 재고자산은 상품으로만 구성되어 있다) 2019년 세무직 공무원 수정

① ₩52,000 ② ₩64,000
③ ₩76,000 ④ ₩80,000
⑤ ₩84,000

해설

재고자산

기 초 재 고	₩25,000	매 출 원 가	₩80,000
매 입 액	95,000	기 말 재 고	40,000
	₩120,000		₩120,000

- 유동비율: $\frac{96,000}{80,000}$ = 120%
- 당좌비율: $\frac{56,000}{80,000}$ = 70%
- 기말재고: 유동자산(96,000) − 당좌자산(56,000) = ₩40,000

05 ⑤ 06 ④ 07 ① 08 ④ 정답

09 (주)한국의 영업주기(상품의 매입시점부터 판매 후 대금회수 시점까지의 기간)는 180일이다. 다음 20×1년 자료를 이용하여 계산한 매출액은? (단, 매입과 매출은 전액 외상거래이며 1년은 360일로 가정한다)

제17회 기출

• 매출액	?
• 매출원가	₩8,000
• 평균매출채권	2,500
• 평균매입채무	2,600
• 평균재고자산	2,000

① ₩8,333
② ₩8,833
③ ₩9,000
④ ₩10,000
⑤ ₩12,000

해설 • 영업주기 180일은 재고자산회전주기와 매출채권회수기간을 더한 기간이다.

• 재고자산회전율: $\frac{\text{매출원가}(8,000)}{\text{평균재고자산}(2,000)} = 4\text{회}$

• 재고자산회전주기: $\frac{360\text{일}}{4\text{회}} = 90\text{일}$ ∴ 매출채권회수기간: 90일

• 매출채권회수기간: $\frac{360\text{일}}{x} = 90\text{일}$ ∴ 회전율: 4회

• 매출채권회전율: $\frac{\text{매출액}(x)}{\text{평균매출채권}(2,500)} = 4\text{회}$ ∴ 매출액: ₩10,000

10 **(주)한국의 20×1년 재무자료가 다음과 같을 때, 20×1년도 매출액은?** 제23회 기출

- 평균재고자산: ₩100,000
- 재고자산회전율: 5회
- 매출총이익: ₩50,000

① ₩400,000
② ₩450,000
③ ₩500,000
④ ₩550,000
⑤ ₩800,000

해설

- 재고자산회전율: $\frac{\text{매출원가(500,000)}}{\text{평균재고자산(100,000)}}$ = 5회
- 매출액: 매출원가(500,000) + 매출이익(50,000) = ₩550,000

11 **(주)한국의 다음 자료를 이용하여 구한 재고자산회전율은? (단, 재고자산회전율은 매출원가 및 기초와 기말의 평균재고자산을 이용하며, 계산 결과는 소수점 둘째 자리에서 반올림한다.)** 제27회 기출

• 기초재고자산	₩18,000	• 당기 매입액	₩55,000
• 당기 매출액	₩80,000	• 매출총이익률	30%

① 2.0회
② 3.2회
③ 4.7회
④ 5.1회
⑤ 6.0회

해설

재고자산

기 초 재 고	₩18,000	매 출 원 가	₩56,000
매 입 액	55,000	기 말 재 고	17,000
	₩73,000		₩73,000

- 매출원가: 80,000 × (1 − 0.3) = ₩56,000
- 평균재고자산: (기초재고 18,000 + 기말재고 17,000) ÷ 2 = ₩17,500
- 재고자산회전율: $\frac{56,000}{17,500}$ = 3.2회

09 ④ 10 ④ 11 ② **정답**

12 **다음 자료를 이용하여 계산된 매출원가는? (단, 계산의 편의상 1년은 360일, 평균 재고자산은 기초와 기말의 평균이다)** 제20회 기출

- 기초재고자산: ₩90,000
- 기말재고자산: ₩210,000
- 재고자산보유(회전)기간: 120일

① ₩350,000
② ₩400,000
③ ₩450,000
④ ₩500,000
⑤ ₩550,000

해설

재고자산

기 초 재 고	₩90,000	매 출 원 가	₩450,000
매 입 액	570,000	기 말 재 고	210,000
	₩660,000		₩660,000

- 재고자산회전율: $\frac{\text{매출원가}(450,000)}{\text{평균재고자산}(150,000)} = 3\text{회}$
- 재고자산보유(회전)기간: $\frac{360\text{일}}{x} = 120\text{일} \quad \therefore x = 3\text{회}$

13 **다음의 20×1년도 자료를 이용하여 계산된 20×1년도 당기순이익은? (단, 매출은 전액 신용매출이다)** 제19회 기출

- 매출채권회전율: 5
- 매출채권평균: ₩20,000
- 매출액순이익률: 5%

① ₩1,000
② ₩2,000
③ ₩3,000
④ ₩4,000
⑤ ₩5,000

해설
- 매출채권회전율: $\frac{\text{매출액}(100,000)}{\text{평균매출채권}(20,000)} = 5\text{회}$
- 매출액순이익률: $\frac{\text{당기순이익}(5,000)}{\text{매출액}(100,000)} = 5\%$

14 외상판매만을 수행하는 (주)한국은 20×1년 12월 31일 화재로 인해 창고에 있던 상품을 전부 소실하였다. (주)한국의 매출채권회전률은 500%이고, 매출총이익률은 30%로 매년 동일하다. 20×1년 (주)한국의 평균매출채권은 ₩600,000이고 판매가능상품(기초재고와 당기순매입액의 합계)이 ₩2,650,000인 경우, 20×1년 12월 31일 화재로 소실된 상품 추정액은?

제24회 기출

① ₩350,000　② ₩400,000
③ ₩450,000　④ ₩500,000
⑤ ₩550,000

해설
- 매출액: $\frac{\text{매출액}(3{,}000{,}000)}{\text{평균매출채권}(600{,}000)} = 5\text{회}(500\%)$
- 매출원가: 매출액(3,000,000) × 0.7 = ₩2,100,000
- 소실된 기말재고: 판매가능액(2,650,000) − 매출원가(2,100,000) = ₩550,000

15 (주)한국의 20×0년 매출액은 ₩800이며, 20×0년과 20×1년의 매출액순이익률은 각각 15%와 20%이다. 20×1년 당기순이익이 전기에 비해 25% 증가하였을 경우, 20×1년 매출액은?

제25회 기출

① ₩600　② ₩750
③ ₩800　④ ₩960
⑤ ₩1,000

해설
- 매출순이익률 = $\frac{\text{순이익}}{\text{매출액}}$
- 20×0년 매출액순이익률: $\frac{\text{순이익}(120)}{\text{매출액}(800)} = 0.15$
- 20×1년 순이익: 120 × (1 + 0.25) = ₩150
- 20×1년 매출액순이익률: $\frac{\text{순이익}(150)}{\text{매출액}(750)} = 0.2$ ∴ 매출액 = ₩750

12 ③　13 ⑤　14 ⑤　15 ② **정답**

16 총자산회전율과 매출채권회전율은 각각 1.5회와 2회이며 매출액순이익률이 3%일 경우 총자산순이익률은?

제15회 기출

① 1.5%
② 2.0%
③ 4.5%
④ 6.0%
⑤ 9.0%

해설
- 총자산회전율: $\frac{\text{매출액(150)}}{\text{총자산(100)}}$ = 1.5회
- 매출액순이익률: $\frac{\text{순이익(4.5)}}{\text{매출액(150)}}$ = 3%
- 총자산순이익률: $\frac{\text{순이익(4.5)}}{\text{총자산(100)}}$ = 4.5%

17 (주)서울의 현재 당좌비율은 100%이고 매출채권회전율은 10회이다. 다음 거래를 모두 반영할 경우 당좌비율과 매출채권회전율의 변동으로 옳은 것은?

- 단기차입금에 대한 이자 ₩100,000을 현금으로 지급하였다.
- 재고자산 ₩200,000을 현금으로 구입하였다.
- 매출채권 ₩400,000을 현금으로 회수하였다.

	당좌비율	매출채권회전율
①	증가	감소
②	감소	증가
③	증가	증가
④	불변	감소
⑤	감소	불변

해설
- 단기차입금에 대한 이자 ₩100,000을 현금으로 지급하였다.
  (차) 이 자 비 용 100,000 (대) 현 금 100,000(당좌자산 감소)
- 재고자산 ₩200,000을 현금으로 구입하였다.
  (차) 재 고 자 산 200,000(유동자산 증가) (대) 현 금 200,000(당좌자산 감소)
- 매출채권 ₩400,000을 현금으로 회수하였다.
  (차) 현 금 400,000(당좌자산 증가) (대) 매 출 채 권 400,000(당좌자산 감소)
- 당좌비율: $\frac{\text{당좌자산(감소)}}{\text{유동부채(불변)}}$ = 감소
- 매출채권회전율: $\frac{\text{매출액(불변)}}{\text{평균매출채권(감소)}}$ = 증가

18 다음은 (주)대한의 20×1년 말 재무비율분석 자료의 일부이다.

- 유동비율: 250%
- 당좌비율: 200%

20×1년 초 재고자산은 ₩80,000이고, 20×1년 말 유동부채는 ₩120,000이다. 20×1년 매출원가가 ₩350,000일 때 재고자산회전율은? (단, 유동자산은 당좌자산과 재고자산만으로 구성되어 있다고 가정한다)

제18회 기출

① 2회 ② 3회 ③ 4회
④ 5회 ⑤ 6회

해설

- 유동비율: $\frac{\text{유동자산}(300,000)}{\text{유동부채}(120,000)} = 250\%$
- 당좌비율: $\frac{\text{당좌자산}(240,000)}{\text{유동부채}(120,000)} = 200\%$
- 기말재고자산: 유동자산(300,000) − 당좌자산(240,000) = ₩60,000
- 평균재고자산: [기초재고자산(80,000) + 기말재고자산(60,000)] ÷ 2 = ₩70,000
- 재고자산회전율: $\frac{\text{매출원가}(350,000)}{\text{평균재고자산}(70,000)} = 5\text{회}$

16 ③ 17 ② 18 ④ 정답

19 (주)한국이 창고에 보관하던 상품이 20×1년 중에 발생한 화재로 인하여 전부 소실되었다. 20×0년과 20×1년의 상품 거래와 관련한 자료가 다음과 같을 때, 20×1년에 화재로 인해 소실된 것으로 추정되는 상품의 원가는? [단, (주)한국의 상품매출은 모두 신용매출이며, 상품 외의 재고자산은 없다] 제25회 기출

- (주)한국의 20×0년 신용매출액과 평균매출채권을 이용하여 계산한 매출채권회전율은 5회이며, 매출원가와 평균재고자산을 이용하여 계산한 재고자산회전율은 4회였다.
- (주)한국의 20×0년 매출총이익률은 20%이다.
- (주)한국의 20×0년 초 매출채권과 상품의 잔액은 각각 ₩500과 ₩200이었으며, 20×0년 말 매출채권 잔액은 ₩700이다.
- 20×1년 초부터 화재발생 시점까지 (주)한국의 상품 매입액과 매출액은 각각 ₩3,000과 ₩3,500이었으며, 매출총이익률은 20×0년과 동일하다.

① ₩600 ② ₩1,000 ③ ₩1,200
④ ₩1,800 ⑤ ₩2,400

해설
- 20×0년 기말재고자산의 추정
  - 20×0년 평균매출채권: (500 + 700) ÷ 2 = ₩600
  - 20×0년 매출채권회전율: $\frac{\text{매출액}(3{,}000)}{\text{평균매출채권}(600)}$ = 5회
  - 20×0년 매출원가: 매출액(3,000) × (1 − 0.2) = ₩2,400
  - 20×0년 재고자산회전율: $\frac{\text{매출원가}(2{,}400)}{\text{평균재고자산}(600)}$ = 4회

  평균재고자산: [기초재고자산(200) + 기말재고자산(x)] ÷ 2 = ₩600

  ∴ 기말재고자산(x): (600 × 2) − 기초재고자산(200) = ₩1,000(20×1년 기초)
- 20×1년 매출원가: 매출액(3,500) × (1 − 0.2) = ₩2,800

재고자산

기초재고	₩1,000	매출원가	₩2,800
매입액	3,000	기말재고(화재손실)	1,200
	₩4,000		₩4,000

20 (주)한국은 20×1년 말 토지(유형자산)를 ₩1,000에 취득하였다. 대금의 50%는 취득 시 현금지급하고, 나머지는 20×2년 5월 1일에 지급할 예정이다. 토지거래가 없었을 때와 비교하여, 20×1년 말 유동비율과 총자산순이익률의 변화는? (단, 토지거래가 있기 전 유동부채가 있으며, 20×1년 당기순이익이 보고되었다) 제17회 기출

	유동비율	총자산순이익률
①	증가	증가
②	증가	감소
③	감소	증가
④	감소	불변
⑤	감소	감소

해설

• (차) 토지 1,000 (대) 현금 500
미지급금 500

• 유동비율: $\frac{\text{유동자산(감소)}}{\text{유동부채(증가)}}$ = 감소

• 총자산순이익률: $\frac{\text{순이익(불변)}}{\text{총자산(증가)}}$ = 감소

• 순이익은 자산과 부채가 증가하므로 자본은 불변, 순이익 불변이다.

21 (주)한국의 평균총자산액은 ₩40,000이고, 매출액순이익률은 5%이며, 총자산회전율(평균총자산 기준)이 3회일 경우, 당기순이익은? 제22회 기출

① ₩2,000
② ₩4,000
③ ₩5,000
④ ₩6,000
⑤ ₩8,000

해설

• 총자산회전율: $\frac{\text{매출액}(x)}{\text{총자산}(40,000)}$ = 3회 ∴ x = ₩120,000

• 매출액순이익률: $\frac{\text{당기순이익}(y)}{\text{매출액}(120,000)}$ = 5% ∴ y = ₩6,000

19 ③ 20 ⑤ 21 ④ 정답

22 **다음은 한국기업의 재무비율이다. 자기자본순이익률은 얼마인가?**

- 매출액이익률: 5%
- 총자산회전율: 200%
- 자기자본비율: 50%

① 5%
② 10%
③ 20%
④ 40%
⑤ 50%

해설
- 매출액순이익률(0.05) × 총자산회전율(2) × 자기자본비율의 역수(2) = 자기자본순이익률(0.2)
- 자기자본비율의 역수(2) = 100/50

23 **다음 자료를 이용하여 계산된 매출액순이익률은? (단, 총자산과 총부채는 기초금액과 기말금액이 동일한 것으로 가정한다)**

제14회 기출

- 총자산: ₩1,000,000
- 자기자본순이익률(= 당기순이익/자본): 20%
- 총자산회전율: 0.5
- 부채비율(= 부채/자본): 300%

① 2%
② 4%
③ 6%
④ 8%
⑤ 10%

해설
- 듀퐁분해법: 매출액순이익률 × 총자산회전율 × 자기자본비율의 역수 = 자기자본이익률
- $x \times 0.5 \times \frac{400}{100} = 0.2$ ∴ 매출액순이익률(x): 10%

24 (주)한국의 당기 자기자본이익률(ROE)은 10%이고, 부채비율(= 부채/자본)은 200%이며, 총자산은 ₩3,000,000이다. 당기 매출액순이익률이 5%일 때, 당기 매출액은? (단, 자산과 부채의 규모는 보고기간 중 변동이 없다)

제26회 기출

① ₩1,000,000
② ₩1,500,000
③ ₩2,000,000
④ ₩2,500,000
⑤ ₩3,000,000

해설
- 자기자본이익률 = 매출액순이익률 × 총자산회전율 × (1 + 부채비율)
- 자기자본이익률(0.1) = 매출액순이익률(0.05) × 총자산회전율(x) × (1 + 2)
  ∴ 총자산회전율(x): 0.1 ÷ 0.15 = 0.66
- 총자산회전율: 매출액(y) ÷ 총자산(3,000,000) = 0.66
  ∴ 매출액(y): 총자산(3,000,000) × 0.66 = ₩1,999,999(₩2,000,000)

22 ③ 23 ⑤ 24 ③ 정답

25 (주)한국의 20×1년도 포괄손익계산서는 다음과 같다.

손익구성항목	금액
매출액 매출원가	₩1,000,000 (600,000)
매출총이익 기타영업비용	₩400,000 (150,000)
영업이익 이자비용	₩250,000 (62,500)
당기순이익	₩187,500

(주)한국의 20×2년도 손익을 추정한 결과, 매출액과 기타영업비용이 20×1년도보다 각각 10%씩 증가하고, 20×2년도의 이자보상비율(= 영업이익/이자비용)은 20×1년 대비 1.25배가 될 것으로 예측된다. 매출원가율이 20×1년도와 동일할 것으로 예측될 때, (주)한국의 20×2년도 추정 당기순이익은? 제26회 기출

① ₩187,500
② ₩200,000
③ ₩217,500
④ ₩220,000
⑤ ₩232,000

해설

손익구성항목	20×1년	20×2년
매출액 매출원가	₩1,000,000 (600,000)	₩1,100,000 (660,000)
매출총이익 기타영업비용	₩400,000 (150,000)	₩440,000 (165,000)
영업이익 이자비용	₩250,000 (62,500)	₩275,000 (55,000)
당기순이익	₩187,500	₩220,000

- 20×1년 이자보상비율: $\frac{\text{영업이익(250,000)}}{\text{이자비용(62,500)}}$ = 4배
- 20×2년 이자보상비율: 4배 × 1.25 = 5배
- 20×2년 이자비용: $\frac{\text{영업이익(275,000)}}{\text{이자비용(55,000)}}$ = 5배

25 ④ 정답

현가표 및 연금현가표

1 현가표

$$P=\frac{1}{(1+r)^n}$$

이자율(r) / 기간(n)	2%	2.5%	3%	4%	5%	6%	7%	8%	9%	10%
1	0.98039	0.97561	0.97087	0.96154	0.95238	0.94340	0.93458	0.92593	0.91743	0.90909
2	0.96117	0.95181	0.94260	0.92456	0.90703	0.89000	0.87344	0.85734	0.84168	0.82645
3	0.94232	0.92860	0.91514	0.88900	0.86384	0.83962	0.81630	0.79383	0.77218	0.75131
4	0.92385	0.90595	0.88849	0.85480	0.82270	0.79209	0.76290	0.73503	0.70843	0.68301
5	0.90573	0.88385	0.86261	0.82193	0.78353	0.74726	0.72199	0.68058	0.64993	0.62092
6	0.88797	0.86230	0.83748	0.79031	0.74622	0.70496	0.66634	0.63017	0.59627	0.56447
7	0.87056	0.84127	0.81309	0.75992	0.71068	0.66506	0.62275	0.58349	0.54703	0.51316
8	0.85349	0.82075	0.78941	0.73069	0.67684	0.62741	0.58201	0.54027	0.50187	0.46651
9	0.83676	0.80073	0.76642	0.70259	0.64461	0.59190	0.54393	0.50025	0.46043	0.42410
10	0.82035	0.78120	0.74409	0.67556	0.61391	0.55839	0.50835	0.46319	0.42241	0.38554
11	0.80426	0.76214	0.72242	0.64958	0.58468	0.52679	0.47509	0.42888	0.38753	0.35049
12	0.78849	0.74356	0.70138	0.62460	0.55684	0.49697	0.44401	0.39711	0.35553	0.31863
13	0.77303	0.72542	0.68095	0.60057	0.53032	0.46884	0.41496	0.36770	0.32618	0.28966
14	0.75788	0.70773	0.66112	0.57748	0.50507	0.44230	0.38782	0.34046	0.29925	0.26333
15	0.74301	0.69047	0.64186	0.55526	0.48102	0.41727	0.36245	0.31524	0.27454	0.23939
16	0.72845	0.67362	0.62317	0.53391	0.45811	0.39365	0.33873	0.29189	0.25187	0.21763
17	0.71416	0.65720	0.60502	0.51337	0.43630	0.37136	0.31657	0.27027	0.23107	0.19784
18	0.70016	0.64117	0.58739	0.49363	0.41552	0.35034	0.29586	0.25025	0.21199	0.17986
19	0.68643	0.62553	0.57029	0.47464	0.39573	0.33051	0.27651	0.23171	0.19449	0.16351
20	0.67297	0.61027	0.55368	0.45639	0.37689	0.31180	0.25842	0.21455	0.17843	0.14864
21	0.65978	0.59539	0.53755	0.43883	0.35894	0.29416	0.24151	0.19866	0.16370	0.13513
22	0.64684	0.58086	0.52189	0.42196	0.34185	0.27751	0.22571	0.18394	0.15018	0.12285
23	0.63416	0.56670	0.50669	0.40573	0.32557	0.26180	0.21095	0.17032	0.13778	0.11168
24	0.62172	0.55288	0.49193	0.39012	0.31007	0.24698	0.19715	0.15770	0.12640	0.10153
25	0.60953	0.53939	0.47761	0.37512	0.29530	0.23300	0.18425	0.14602	0.11597	0.09230

이자율(r) / 기간(n)	11%	12%	13%	14%	15%	16%	17%	18%	19%	20%
1	0.90090	0.89286	0.88493	0.87719	0.86957	0.86207	0.85470	0.84746	0.84034	0.83333
2	0.81162	0.79719	0.78315	0.76947	0.75614	0.74316	0.73051	0.71818	0.70616	0.69444
3	0.73119	0.71178	0.69305	0.67497	0.65752	0.64066	0.62437	0.60863	0.59342	0.57870
4	0.65873	0.63552	0.61332	0.59208	0.57175	0.55229	0.53365	0.51579	0.49867	0.48225
5	0.59345	0.56743	0.54276	0.51937	0.49718	0.47611	0.45611	0.43711	0.41905	0.40188
6	0.53464	0.50663	0.48032	0.45559	0.43233	0.41044	0.38984	0.37043	0.35214	0.33490
7	0.48166	0.45235	0.42506	0.39964	0.37594	0.35383	0.33320	0.31393	0.29592	0.27908
8	0.43393	0.40388	0.37616	0.35056	0.32690	0.30503	0.28478	0.26604	0.24867	0.23257
9	0.39092	0.36061	0.33288	0.30751	0.28426	0.26295	0.24340	0.22546	0.20897	0.19381
10	0.35218	0.32197	0.29459	0.26974	0.24718	0.22668	0.20804	0.19106	0.17560	0.16151
11	0.31728	0.28748	0.26070	0.23662	0.21494	0.19542	0.17781	0.16192	0.14757	0.13459
12	0.28584	0.25668	0.23071	0.20756	0.18691	0.16846	0.15197	0.13722	0.12400	0.11216
13	0.25751	0.22917	0.20416	0.18027	0.16253	0.14523	0.12989	0.11629	0.10421	0.09346
14	0.23199	0.20462	0.18068	0.15971	0.14133	0.12520	0.11102	0.09855	0.08757	0.07789
15	0.20900	0.18270	0.15989	0.14010	0.12289	0.10793	0.09489	0.08352	0.07359	0.06491
16	0.18829	0.16312	0.14150	0.12289	0.10686	0.09304	0.08110	0.07078	0.06184	0.05409
17	0.16963	0.14564	0.12522	0.10780	0.09293	0.08021	0.06932	0.05998	0.05196	0.04507
18	0.15282	0.13004	0.11081	0.09456	0.08081	0.06914	0.05925	0.05083	0.04367	0.03756
19	0.13768	0.11611	0.09806	0.08295	0.07027	0.05961	0.05064	0.04308	0.03670	0.03130
20	0.12403	0.10367	0.08678	0.07276	0.06110	0.05139	0.04328	0.03651	0.03084	0.02608
21	0.11174	0.09256	0.07680	0.06383	0.05313	0.04430	0.03699	0.03094	0.02591	0.02174
22	0.10067	0.08264	0.06796	0.05599	0.04620	0.03819	0.03162	0.02622	0.02178	0.01811
23	0.09069	0.07379	0.06014	0.04911	0.04017	0.03292	0.02702	0.02222	0.01830	0.01509
24	0.08170	0.06588	0.05323	0.04308	0.03493	0.02838	0.02310	0.01883	0.01538	0.01258
25	0.07361	0.05882	0.04710	0.03779	0.03038	0.02447	0.01974	0.01596	0.01292	0.01048

2 연금현가표

$$P_0 = \frac{1 - \frac{1}{(1+r)^n}}{r}$$

이자율(r) / 기간(n)	2%	2.5%	3%	4%	5%	6%	7%	8%	9%	10%
1	0.98039	0.97561	0.97087	0.96154	0.95238	0.94340	0.93458	0.92593	0.91743	0.90909
2	1.94156	1.92742	1.91347	1.88609	1.85941	1.83339	1.80802	1.78328	1.75911	1.73554
3	2.88388	2.85602	2.82661	2.77509	2.72325	2.67301	2.62432	2.57710	2.53129	2.48685
4	3.80773	3.76197	3.71710	3.62990	3.54595	3.46511	3.38721	3.31213	3.23972	3.16987
5	4.71346	4.64583	4.57971	4.45182	4.32948	4.21236	4.10020	3.99271	3.88965	3.79079
6	5.60143	5.50813	5.41719	5.24214	5.07569	4.91732	4.76654	4.62288	4.48592	4.35526
7	6.47199	6.34939	6.23028	6.00205	5.78637	5.58238	5.38929	5.20837	5.03295	4.86842
8	7.32548	7.17014	7.01969	6.73274	6.46321	6.20979	5.97130	5.74664	5.53482	5.33492
9	8.16224	7.97087	7.78611	7.43533	7.10782	6.80169	6.51523	6.24689	5.99525	5.75902
10	8.98259	8.75208	8.53020	8.11090	7.72173	7.36009	7.02358	6.71008	6.41766	6.14457
11	9.78685	9.51421	9.25262	8.76048	8.30641	7.88687	7.49867	7.13896	6.80519	6.49506
12	10.57534	10.25776	9.95400	9.38507	8.86325	8.38384	7.94269	7.53608	7.16073	6.81369
13	11.34837	10.98316	10.63496	9.98565	9.39357	8.85268	8.35765	7.90378	7.48690	7.10336
14	12.10625	11.69091	11.29607	10.56312	9.89864	9.29498	8.74547	8.24424	7.78615	7.36669
15	12.84926	12.38138	11.93794	11.11839	10.37966	9.71225	9.10791	8.55948	8.06069	7.60608
16	13.57771	13.05500	12.56110	11.65230	10.83777	10.10590	9.44665	8.85137	8.31256	7.82371
17	14.29187	13.71220	13.16612	12.16567	11.27407	10.47726	9.76322	9.12164	8.54363	8.02155
18	14.99203	14.35336	13.75351	12.65930	11.68959	10.82760	10.05909	9.37189	8.75563	8.20141
19	15.67846	14.97889	14.32380	13.13394	12.08532	11.15812	10.33560	9.60360	8.95011	8.36492
20	16.35143	15.58916	14.87747	13.59033	12.46221	11.46992	10.59401	9.81815	9.12855	8.51356
21	17.01121	16.18455	15.41502	14.02916	12.82115	11.76408	10.83553	10.01680	9.29224	8.64869
22	17.65805	16.76541	15.93692	14.45112	13.16300	12.04158	11.06124	10.20074	9.44243	8.77154
23	18.29220	17.33211	16.44361	14.85684	13.48857	12.30338	11.27219	10.37106	9.58021	8.88322
24	18.91393	17.88499	16.93554	15.24698	13.79864	12.55036	11.46933	10.52876	9.70661	8.98474
25	19.52346	18.42438	17.41315	15.62208	14.09394	12.78336	11.65358	10.67478	9.82258	9.07704

이자율(r) / 기간(n)	11%	12%	13%	14%	15%	16%	17%	18%	19%	20%
1	0.90090	0.89286	0.88493	0.87719	0.86957	0.86207	0.85470	0.84746	0.84034	0.83333
2	1.71252	1.69005	1.66810	1.64666	1.62571	1.60523	1.58521	1.56564	1.54650	1.52778
3	2.44371	2.40183	2.36115	2.32163	2.28323	2.24589	2.20958	2.17427	2.13992	2.10648
4	3.10245	3.03735	2.97447	2.91371	2.85498	2.79818	2.74324	2.69006	2.63859	2.58873
5	3.69590	3.60478	3.51722	3.43308	3.35216	3.27429	3.19935	3.12717	3.05763	2.99061
6	4.23054	4.11141	3.99755	3.88867	3.78448	3.68474	3.58918	3.49760	3.40978	3.32551
7	4.71220	4.56376	4.42261	4.28830	4.16042	4.03857	3.92238	3.81153	3.70570	3.60459
8	5.14612	4.96764	4.79877	4.63886	4.48732	4.34359	4.20716	4.07757	3.95437	3.83716
9	5.53705	5.32825	5.13166	4.94637	4.77158	4.60654	4.45057	4.30302	4.16333	4.03097
10	5.88923	5.65022	5.42624	5.21612	5.01877	4.83323	4.65860	4.49409	4.33893	4.19247
11	6.20652	5.93770	5.68694	5.45273	5.23371	5.02864	4.83641	4.65601	4.48650	4.32706
12	6.49236	6.19437	5.91765	5.66029	5.42062	5.19711	4.98839	4.79322	4.61050	4.43922
13	6.74987	6.42355	6.12181	5.84236	5.58315	5.34233	5.11828	4.90951	4.71471	4.53268
14	6.98187	6.62817	6.30249	6.00207	5.72448	5.46753	5.22930	5.00806	4.80228	4.61057
15	7.19087	6.81086	6.46238	6.14217	5.84737	5.57546	5.32419	5.09158	4.87586	4.67547
16	7.37916	6.97399	6.60388	6.26506	5.95423	5.66850	5.40529	5.16235	4.93770	4.72956
17	7.54879	7.11963	6.72909	6.37286	6.04716	5.74870	5.47461	5.22233	4.98966	4.77463
18	7.70162	7.24967	6.83991	6.46742	6.12797	5.81785	5.53385	5.27316	5.03333	4.81219
19	7.83929	7.36578	6.93797	6.55037	6.19823	5.87746	5.58449	5.31624	5.07003	4.84350
20	7.96333	7.46944	7.02475	6.62313	6.25933	5.92884	5.62777	5.35275	5.10086	4.86958
21	8.07507	7.56200	7.10155	6.68696	6.31246	5.97314	5.66476	5.38366	5.12677	4.89132
22	8.17574	7.64465	7.16951	6.74294	6.35866	6.01133	5.69637	5.40990	5.14855	4.90943
23	8.26643	7.71843	7.22966	6.79206	6.39884	6.04425	5.72340	5.43212	5.16685	4.92453
24	8.34814	7.78432	7.28288	6.83514	6.43377	6.07263	5.74649	5.45095	5.18223	4.93710
25	8.42174	7.84314	7.32998	6.87293	6.46415	6.09709	5.76623	5.46691	5.19515	4.94759

INDEX

기본용어 다시보기

※ 기본서 학습이 모두 끝나셨나요? 아래 용어 의미를 정확히 알고 있는지 확인해보고, 헷갈리는 용어는 다시 학습합니다.

끝이 좋아야 시작이 빛난다.

– 마리아노 리베라(Mariano Rivera)

여러분의 작은 소리
에듀윌은 크게 듣겠습니다.

본 교재에 대한 여러분의 목소리를 들려주세요.
공부하시면서 어려웠던 점, 궁금한 점,
칭찬하고 싶은 점, 개선할 점, 어떤 것이라도 좋습니다.

에듀윌은 여러분께서 나누어 주신 의견을
통해 끊임없이 발전하고 있습니다.

에듀윌 도서몰 book.eduwill.net
- 부가학습자료 및 정오표: 에듀윌 도서몰 → 도서자료실
- 교재 문의: 에듀윌 도서몰 → 문의하기 → 교재(내용, 출간) / 주문 및 배송

2025 에듀윌 주택관리사 1차 기본서 회계원리

발 행 일 2024년 8월 26일 초판
편 저 자 윤재옥
펴 낸 이 양형남
펴 낸 곳 (주)에듀윌
등록번호 제25100-2002-000052호
주 소 08378 서울특별시 구로구 디지털로34길 55
코오롱싸이언스밸리 2차 3층

www.eduwill.net
대표전화 1600-6700

11,000여 건의 생생한 후기

한○수 합격생

에듀윌로 합격과 취업 모두 성공

저는 1년 정도 에듀윌에서 공부하여 합격하였습니다. 수많은 주택관리사 합격생을 배출해 낸 1위 기업이라는 점 때문에 에듀윌을 선택하였고, 선택은 틀리지 않았습니다. 에듀윌에서 제시하는 커리큘럼은 상대평가에 최적화되어 있으며, 나에게 맞는 교수님을 선택할 수 있었기 때문에 만족하며 공부를 할 수 있었습니다. 또한 합격 후에는 에듀윌 취업지원센터의 도움을 통해 취업까지 성공할 수 있었습니다. 에듀윌만 믿고 따라간다면 합격과 취업 모두 문제가 없을 것입니다.

박○현 합격생

20년 군복무 끝내고 주택관리사로 새 출발

육군 소령 전역을 앞두고 70세까지 전문직으로 할 수 있는 제2의 직업이 뭘까 고민하다가 주택관리사 시험에 도전하게 됐습니다. 주택관리사를 검색하면 에듀윌이 가장 먼저 올라오고, 취업까지 연결해 주는 프로그램이 잘 되어 있어서 에듀윌을 선택하였습니다. 특히, 언제 어디서나 지원되는 동영상 강의와 시험을 앞두고 진행되는 특강, 모의고사가 많은 도움이 되었습니다. 거기에 오답노트를 만들어서 틈틈이 공부했던 것까지가 제 합격의 비법인 것 같습니다.

이○준 합격생

에듀윌에서 공인중개사, 주택관리사 준비해 모두 합격

에듀윌에서 준비해 제27회 공인중개사 시험에 합격한 후, 취업 전망을 기대하고 주택관리사에도 도전하게 됐습니다. 높은 합격률, 차별화된 학습 커리큘럼, 훌륭한 교수진, 취업지원센터를 통한 취업 연계 등 여러 가지 이유로 다시 에듀윌을 선택했습니다. 에듀윌 학원은 체계적으로 학습 관리를 해 주고, 공부할 수 있는 공간이 많아서 좋았습니다. 교수님과 자기 자신을 믿고, 에듀윌에서 시작하면 반드시 합격할 수 있습니다.

다음 합격의 주인공은 당신입니다!

* 에듀윌 홈페이지 게시 건수 기준 (2024년 7월 기준)

더 많은 합격 비법

업계 최초 대통령상 3관왕,
정부기관상 19관왕 달성!

2010 대통령상 | 2019 대통령상 | 2019 대통령상

대한민국 브랜드대상 국무총리상 | 국무총리상 | 문화체육관광부 장관상 | 농림축산식품부 장관상 | 과학기술정보통신부 장관상 | 여성가족부장관상

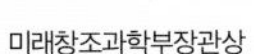

서울특별시장상 | 과학기술부장관상 | 정보통신부장관상 | 산업자원부장관상 | 고용노동부장관상 | 미래창조과학부장관상 | 법무부장관상

- 2004
  서울특별시장상 우수벤처기업 대상
- 2006
  부총리 겸 과학기술부장관 표창 국가 과학 기술 발전 유공
- 2007
  정보통신부장관상 디지털콘텐츠 대상
  산업자원부장관 표창 대한민국 e비즈니스대상
- 2010
  대통령 표창 대한민국 IT 이노베이션 대상
- 2013
  고용노동부장관 표창 일자리 창출 공로
- 2014
  미래창조과학부장관 표창 ICT Innovation 대상
- 2015
  법무부장관 표창 사회공헌 유공
- 2017
  여성가족부장관상 사회공헌 유공
  2016 합격자 수 최고 기록 KRI 한국기록원 공식 인증
- 2018
  2017 합격자 수 최고 기록 KRI 한국기록원 공식 인증
- 2019
  대통령 표창 범죄예방대상
  대통령 표창 일자리 창출 유공
  과학기술정보통신부장관상 대한민국 ICT 대상
- 2020
  국무총리상 대한민국 브랜드대상
  2019 합격자 수 최고 기록 KRI 한국기록원 공식 인증
- 2021
  고용노동부장관상 일·생활 균형 우수 기업 공모전 대상
  문화체육관광부장관 표창 근로자휴가지원사업 우수 참여 기업
  농림축산식품부장관상 대한민국 사회공헌 대상
  문화체육관광부장관 표창 여가친화기업 인증 우수 기업
- 2022
  국무총리 표창 일자리 창출 유공
  농림축산식품부장관상 대한민국 ESG 대상

에듀윌 주택관리사 기본서

1차 회계원리 上

YES24 수험서 자격증 주택관리사 기본서 베스트셀러 1위
(2024년 5월 월별 베스트)

최근 3년 주택관리사 접수인원 대비 평균 합격률
한국산업인력공단 약 12%, 에듀윌 약 47%
(에듀윌 직영학원 1차 합격생 기준)

2023년, 2022년 공동주택관리실무 시험 최고득점
2021년, 2020년 주택관리관계법규, 공동주택관리실무 시험 과목별 최고득점
2019년 주택관리관계법규 시험 최고득점

2020년 제23회 주택관리사(보) 제2차(최종) 시험 원서접수 이벤트 및
풀서비스 시 수험번호를 입력한 수강회원 기준

2023 대한민국 브랜드만족도 주택관리사 교육 1위
(한경비즈니스)

에듀윌 합격 서비스
개정법령 바로가기

고객의 꿈, 직원의 꿈, 지역사회의 꿈을 실현한다

펴낸곳 (주)에듀윌　**펴낸이** 양형남　**출판총괄** 오용철　**에듀윌 대표번호** 1600-6700
주소 서울시 구로구 디지털로 34길 55 코오롱싸이언스밸리 2차 3층　**등록번호** 제25100-2002-000052호

에듀윌 도서몰
book.eduwill.net

- 부가학습자료 및 정오표: 에듀윌 도서몰 > 도서자료실
- 교재 문의: 에듀윌 도서몰 > 문의하기 > 교재(내용, 출간) / 주문 및 배송

합격자 수가 선택의 기준!

2025

에듀윌 주택관리사 기본서

YES24 수험서 자격증 주택관리사
기본서 베스트셀러 1위
산출근거 후면표기

1차 회계원리 下

윤재옥 편저

1,710명 최종 합격생 중
1,103명이 에듀윌! 산출근거 후면표기

eduwill

처음에는 당신이 원하는 곳으로

갈 수는 없겠지만,

당신이 지금 있는 곳에서

출발할 수는 있을 것이다.

– 작자 미상

2025

에듀윌 주택관리사

기본서 1차

회계원리 下

차례

| 下 |

PART 2

원가 · 관리회계

최근 5개년
평균 출제문항 수

8개

최근 5개년
평균 출제비중

20%

PART 2 합격전략

원가·관리회계는 대체로 원가회계보다 관리회계 부분에서 더 많이 출제되고 있습니다. 이번 제27회 시험을 분석해보면, 원가회계 3문항, 관리회계 5문항(변동원가계산 1문항, 표준원가계산 1문항, 손익분기점 2문항, 예산회계 1문항)이 출제되어 지난 시험과 비슷하게 출제되었습니다. 회차가 거듭될수록 수준 높은 문제가 출제되어 수험생들이 어려움을 겪고 있지만, 원가의 기초 부분을 충분히 숙지한다면 8문항 중 4문항을 맞출 수 있습니다. 전략적인 학습이 필요한 PART입니다.

CHAPTER

01 원가의 기초

회독체크 1 2 3

CHAPTER 미리보기

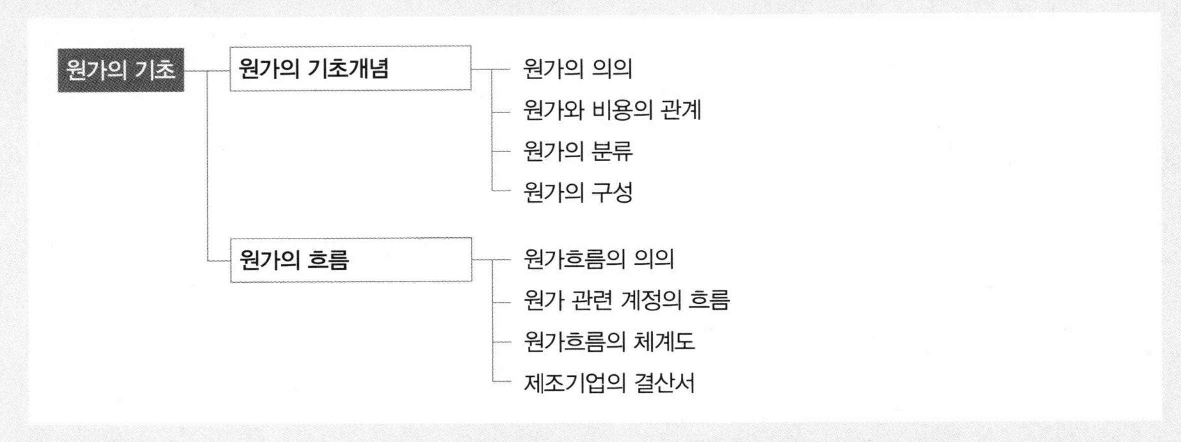

학습전략

본 단원은 원가회계의 가장 기초적인 내용을 다루고 있습니다. 원가회계는 시험에서 40문항 중 8문항(20%)이 출제되고 있으며 이 중 계산문제 7문항, 이론문제 1문항 정도 출제되고 있습니다. 원가회계는 이론보다는 계산문제가 중요한 부분으로 항상 본인이 직접 계산하는 것이 무엇보다 중요합니다. 본 단원에서는 원가의 흐름에서 재공품계정의 구조를 확실히 숙지해야 하고, 총제조원가와 제품제조원가를 구분해야 합니다.

학습키워드

- 원가의 종류
- 재료계정, 재공품계정, 제품계정의 구조
- 원가이론(의사결정에 따른 분류)

※ 본문에 형광펜 처리가 된 용어는 회계원리 학습에서 기본적으로 알아야 하는 용어이니 꼭! 알아두세요.
학습이 끝난 후에는 교재 맨 뒤의 '기본용어 다시보기'에서 내가 제대로 용어를 기억하고 있는지 되짚어보세요.

제1절 원가의 기초개념

1. 원가의 의의

원가는 재화와 용역을 얻기 위하여 희생된 경제적 가치의 소비액을 의미한다. 즉, 제품을 제조하기 위하여 소비된 경제적 가치를 화폐액으로 표시한 것으로서, 경제적 가치가 있어야 하고, 제품제조와 관련하여 소비된 것이어야 한다.

▶ 제조기업의 자금의 흐름

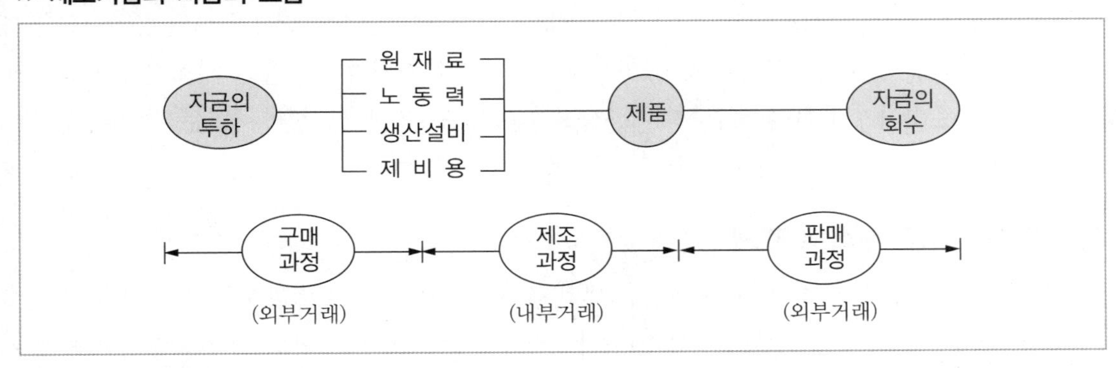

2. 원가와 비용의 관계

(1) 원가와 비용의 일반적 분류

원가와 비용은 기업 경영의 자본순환과정에서 나타나는 경제가치의 희생액을 화폐로 표시한 것이라는 점에서 동일하나, 원가는 제품제조, 판매 또는 특정의 업무를 수행하기 위하여 발생한 소비액임에 비해, 비용은 기업의 경영활동 전체를 위하여 소비된 가치로 기간수익에 대한 기간비용으로서 수익에 대응하여 파악되는 포괄손익계산서상의 회계용어이다.

(2) 원가와 비용의 관계

원가와 비용은 대부분 관련성을 가지게 되므로 회계상 비용은 대부분 원가의 성격에 해당된다고 볼 수 있다. 그러나 회계상의 비용과 제품원가계산상의 원가는 개념적으로 일치하지 않을 수도 있는데, 이러한 것에 해당되는 것이 바로 중성비용과 부가원가이다.

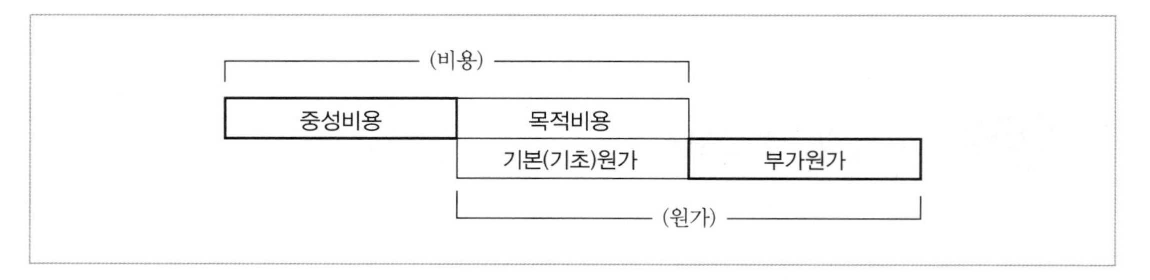

① **중성비용**: 중성비용은 비용에 해당하지만 원가의 개념에는 해당하지 않는 것으로 예를 들면, 이자비용 등 기부금, 금융자산평가손실, 재고자산평가손실, 원가성이 없는 재고자산감모손실 등이 있다.

② **부가원가**: 부가원가는 원가의 개념에는 해당하지만 포괄손익계산서상 비용으로는 계상될 수 없는 것으로 예를 들면, 자기자본에 대한 이자비용, 장부상 상각 완료된 유형자산에 대한 감가상각비, 자본주의 인건비 등이 있다. 이러한 부가원가는 일종의 기회원가의 성격에 해당되는 것이기 때문에 기업회계기준상으로는 제조원가에 산입될 수 없는 것이며, 관리적인 의사결정과정에서만 원가로 고려되는 것이다.

(3) 원가와 비용·손실의 관계

원가는 재화와 용역을 얻기 위하여 희생된 경제적 가치로서 소멸과정을 거쳐 비용과 손실로 구분된다. 즉, 수익을 창출하는 데 기여한 소멸원가를 비용이라 하고 수익을 창출하는 데 기여하지 못한 소멸원가를 손실이라 한다. 원가와 비용 및 손실의 관계는 다음과 같다.

▶▶ 원가와 비용·손실의 관계

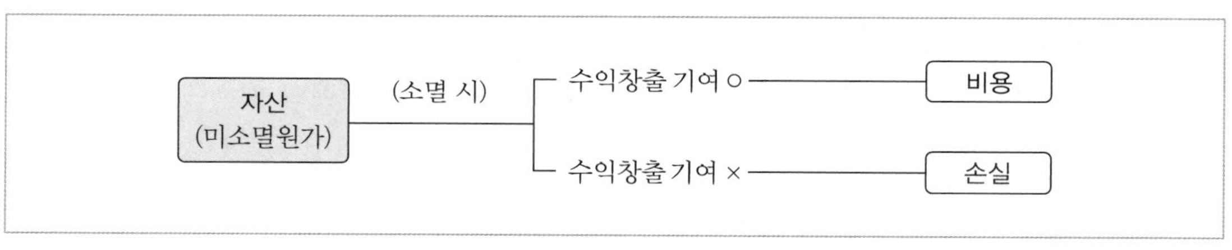

개념적용 문제

01 중성비용에 해당하지 않는 것은?

① 이자비용
② 잡손실
③ 재고자산평가손실
④ 점주의 인건비
⑤ 기부금

해설 점주의 인건비는 부가원가에 해당한다.

정답 ④

02 다음 중 원가에 해당하지만 비용이 될 수 없는 항목은 어느 것인가?

① 부가원가
② 직접비용
③ 중성비용
④ 목적비용
⑤ 기초원가

해설 원가에 해당하지만 비용이 될 수 없는 항목은 부가원가이다.
③ 비용이지만 원가가 아닌 것으로 제품생산에 관련이 없는 비용 등이 해당된다.
④ 비용이면서 동시에 원가가 되는 것으로 대부분의 원가는 목적비용이 된다.
⑤ 원가이면서 동시에 비용이 되는 것으로 직접재료비, 직접노무비 등이 해당된다.

정답 ①

3. 원가의 분류

(1) 형태별 분류

원가의 구성요소(발생형태)에 따라 분류한 것으로 원가의 3요소라고도 한다.

① **재료비**: 제품의 제조를 위하여 소비되는 물품의 원가를 재료비(재료원가) 또는 원료라고 한다.

② **노무비**: 제품의 제조를 위하여 소비되는 노동의 가치를 노무비(노무원가)라 한다.

③ **제조경비**: 재료비, 노무비 이외의 가치로서 계속적으로 제조에 소비되는 것을 제조경비(기타원가)라 한다.

▶▶ **재료비 · 노무비 · 제조경비의 분류**

원가요소	분류	내용
재료비	주요재료	제품의 중요한 구성요소가 되는 재료 및 원료의 소비액
	매입부품	외부에서 매입하여 그대로 제품을 구성하는 부분품의 소비액
	연료비	석유 · 휘발유 등 연료로 사용된 소비액
	소모공구기구비품	내용연수 1년 미만인 소모 · 공구 · 기구 및 비품의 소비액
노무비	임금	생산직 공원의 노동에 대한 대가로서 지급하는 것
	급료	사무원의 월급
	잡급	임시 고용인에게 지급하는 보수
	종업원상여수당(제수당)	종업원에 대한 상여 및 가족수당, 주택수당 등
제조경비	월할경비	매월 지급되어 월할 계상되는 경비(보험료 · 임차료 · 감가상각비 등)
	측정경비	계량기 측정에 의하여 발생하는 경비(전력비 · 수도료 · 가스료 등)
	지급경비	지급함으로써 발생하는 경비(보관료 · 수선비 · 운반비 등)
	발생경비	장부액과 실제액의 차이로 발생한 경비(재료감모손실 등)

(2) 제품과의 관련성에 따른 분류

제품에의 추적가능성에 따라 분류한 것으로 원가요소를 제품에 배분하는 절차에 따라 다음과 같이 두 가지로 분류된다.

① **직접비**: 특정 제품에 직접 부과시킬 수 있는 원가로서 기초원가 또는 기본원가라고도 하며, 원가대상별로 금액을 추적할 수 있는 항목을 말한다.

② **간접비**: 간접원가라고도 하며, 전체의 제품 또는 다수의 제품에 공통적으로 또는 간접적으로 소비되는 원가요소를 말한다. 발생된 원가를 특정 제품별로 부담시키기 위하여 인위적으로 적절한 배분이 필요한데 이를 원가배분이라 한다.

원가요소	재료비	노무비	제조경비
직접비	직접재료비	직접노무비	직접제조경비
간접비	간접재료비	간접노무비	간접제조경비

(3) 원가행태 또는 조업도에 따른 분류

원가행태는 조업도의 변동에 따른 원가의 변동을 말한다.

조업도는 생산설비가 일정한 경우에 그 설비의 이용 정도를 뜻하는데 총생산량, 총매출수량, 총고객수, 총직접작업시간 등이 측정치로 사용된다.

① **변동비**: 조업도의 변동에 따라 비례적으로 변동하는 원가를 변동비라 한다. 따라서 조업도 측정단위당 원가는 일정하다.

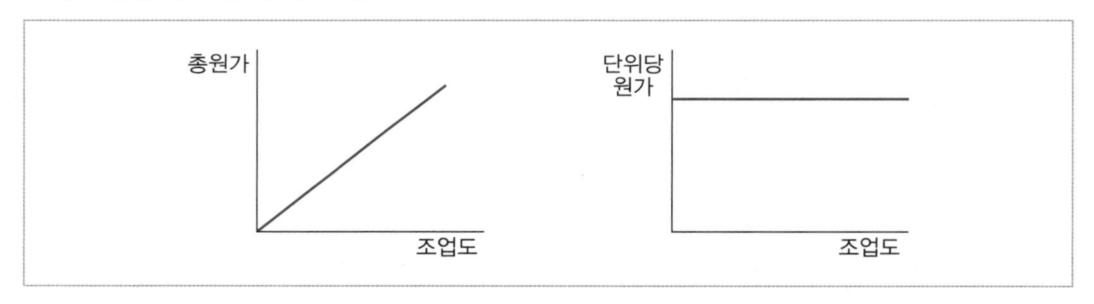

② **고정비**: 일정 기간 동안 조업도의 변동에도 불구하고 변동하지 않는 원가를 고정비라 한다.

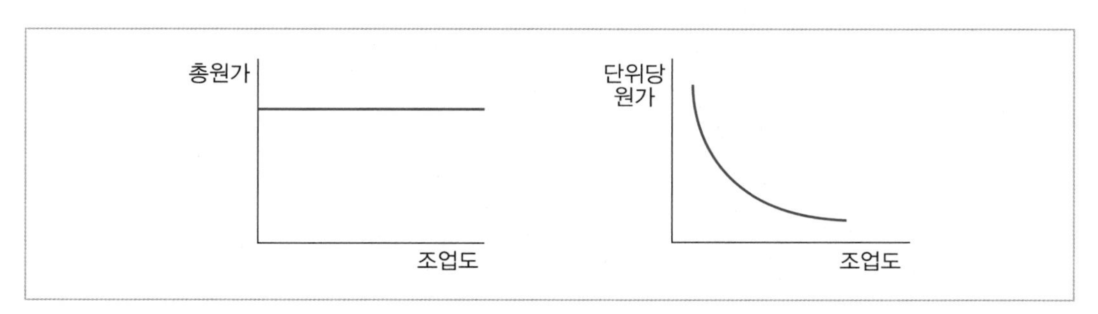

▶ **생산수량의 관계에 의한 분류**

구분	의의	분류		예
변동비	생산수량 변동에 따라 소비액이 변동하는 원가요소	비례비	생산수량의 증감에 비례하여 증감하는 것	직접재료, 직접임금
		체감비	생산수량의 증감에 따라 증감하나 체감하는 비용	동력비, 연료비
		체증비	생산수량의 증감에 따라 증감하나 체증하는 비용	특별감가상각비, 근무 외 작업수당
고정비	생산량의 증감에 따라 변동하지 않고, 소비액이 일정한 원가요소			보험료, 임차료 등

▶ **변동비와 고정비의 관계**

조업도 증가 시	변동비	고정비
제품 총원가	비례적으로 증가	관련범위 내에서 일정
제품 단위당 원가	일정	증감

▶ **고정원가와 변동원가를 합한 총원가의 형태**

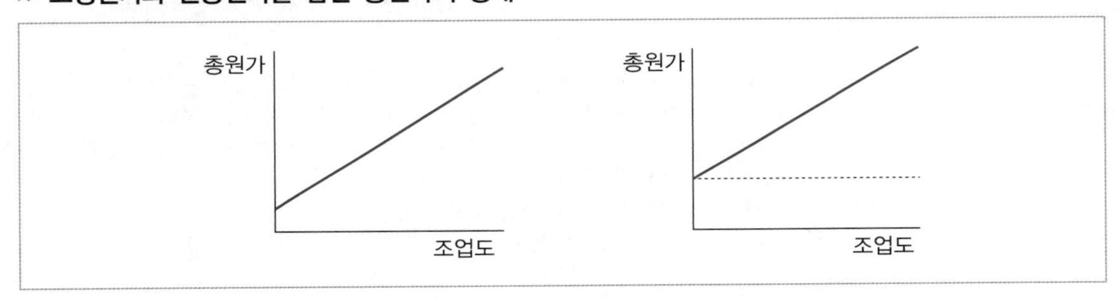

③ **준변동비**: 혼합원가라고도 하는 준변동비는 변동비와 고정비의 두 가지 요소를 모두 가지고 있는 원가를 말한다. 조업도 수준이 영(0)이면 고정비와 같이 일정한 값을 갖고, 조업도 수준이 증가하면 변동비와 같이 증가한다(예 전기료, 수선유지비, 판매직원의 판매수당).

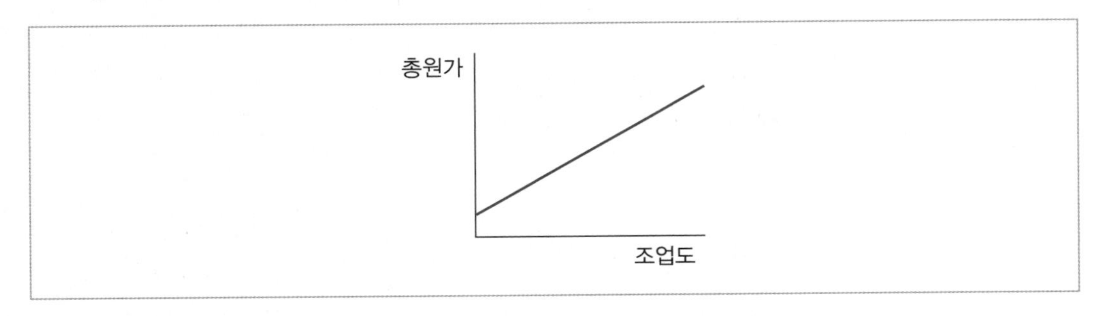

④ **준고정비**: 계단형 원가라고도 하는 준고정비는 일정한 조업도의 범위 내에서는 고정적이지만, 조업도의 범위가 달라지면 그 원가도 계단형으로 달라지는 원가를 말한다. 이는 보통 투입되는 생산요소가 불가분성을 갖기 때문에 발생한다(예 생산감독자의 급료).

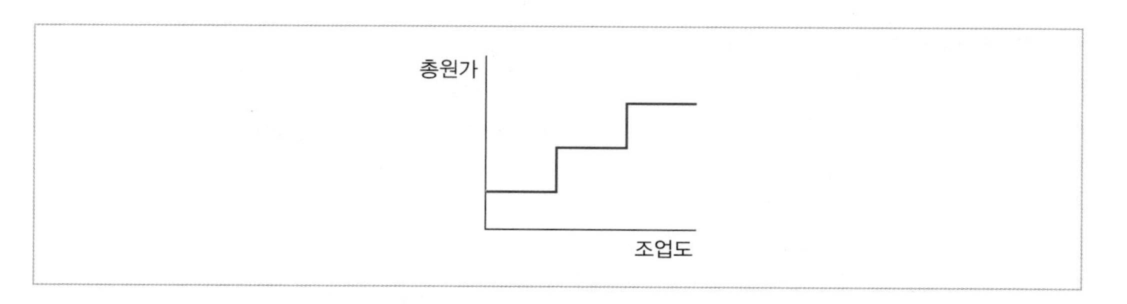

개념적용 문제

03 원가에 관한 설명으로 옳은 것은?

제20회 기출

① 기회원가는 미래에 발생할 원가로서 의사결정 시 고려하지 않는다.
② 관련범위 내에서 혼합원가는 조업도가 0이라도 원가는 발생한다.
③ 관련범위 내에서 생산량이 감소하면 단위당 고정원가도 감소한다.
④ 관련범위 내에서 생산량이 증가하면 단위당 변동원가도 증가한다.
⑤ 통제가능원가란 특정 관리자가 원가발생을 통제할 수는 있으나 책임질 수 없는 원가를 말한다.

해설 혼합원가는 고정비요소와 변동비요소가 혼합된 형태의 원가로 '준변동원가'라고도 한다. 기본요금이 있는 전기, 수도요금이 여기에 해당한다. 따라서 조업도가 '0'인 경우에도 기본요금이 발생한다.
① 기회원가는 최선을 선택함으로써 희생된 차선에서 유입될 현금흐름으로 의사결정 시 고려한다.
③ 관련범위 내에서 생산량이 감소하면 단위당 고정원가는 증가한다.
④ 관련범위 내에서 생산량이 증가하면 단위당 변동원가는 일정하다.
⑤ 통제가능원가란 특정 관리자가 원가발생을 통제할 수 있고, 책임질 수 있는 원가를 말한다.

정답 ②

04 다음 중 준고정비(계단원가)를 설명하고 있는 그림은?

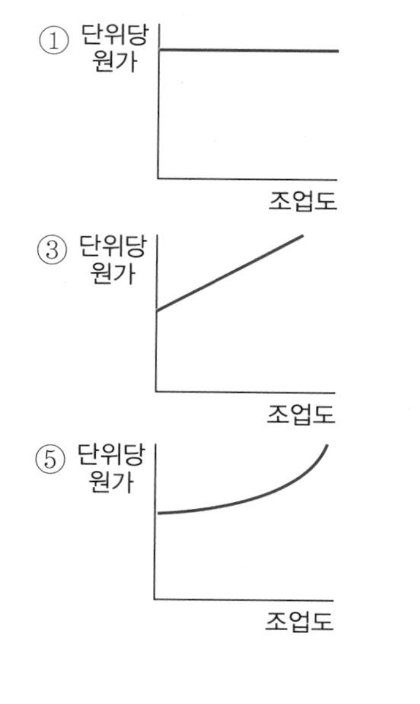

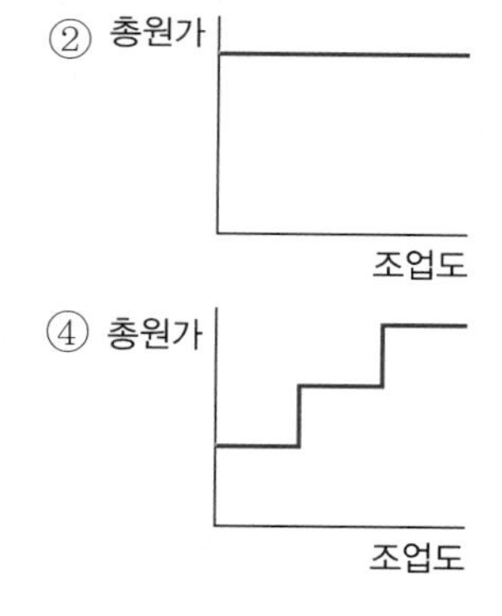

정답 ④

(4) 수익·비용대응에 의한 분류

① **제품원가**: 재고가능원가라고도 하는 제품원가는 제품의 원가를 구성하는 것으로 판매 전까지는 재고자산으로 계상되지만, 판매 시에는 비용화되어 매출원가로 계상됨으로써 수익(매출액)과 대응된다.

② **기간비용**(기간원가): 제품의 제조와 직접 관련 없이 발생하는 원가로서 발생기간에 비용(판매비와 관리비)으로 처리된다.

▶▶ 원가의 구성 형태

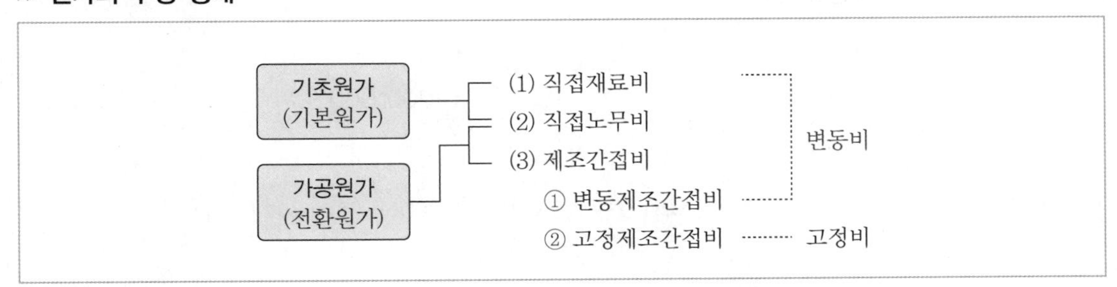

◘ 가공원가(전환원가): 주요재료를 제품으로 전환하는 데 소비된 원가로서 직접노무비와 제조간접비를 합한 것이다.

(5) 의사결정에 따른 분류

① **미래원가**: 미래에 발생되리라 기대되는 원가로서 역사적 원가에 대립되는 개념이다.

② **기회원가**: 선택 가능한 대체안 중에서 한 대체안을 택하고 다른 대체안을 단념할 경우 그 단념된 대체안에서 상실하게 될 순현금유입액이다.

③ **매몰원가**: 특정 의사결정으로 말미암아 과거에 투하된 자금의 전부 내지 일부를 회수할 수 없게 된 원가를 말한다. 매몰원가는 역사적 원가라고도 하며, 차액원가와 대립되는 개념으로서 어느 대체안을 택하더라도 변화하지 않는 과거원가이므로 의사결정에 있어서 비관련 원가이다.

④ **회피가능원가**: 경영목적의 수행에 절대로 필요한 것이 아닌 원가로서 경영관리자의 의사결정에 따라 피할 수도 있는 원가를 말한다.

⑤ **현금지출원가**: 경영자의 경영의사결정에 따라 곧 또는 가까운 시일 내에 현금지출이 수반되는 원가이다.

⑥ **차액원가**: 두 개의 상이한 조업도 간에 나타나는 총원가의 차액을 차액원가라 한다. 즉, 특정 의사결정에 따른 대안별로 관련원가를 열거하고, 각 항목별로 구한 차액(또는 항목별 차액의 합계액)을 말한다. 흔히 차액원가를 단위개념이 아니라 총량개념으로 한 한계원가로 파악하고 변동비를 의미하는 증분원가라고도 하지만 고정비도 차액원가를 구성하는 경우도 있다.

⑦ **관련원가**: 의사결정에 따라 변동하는 원가로서 관련원가가 되기 위해서는 미래원가이어야 하고 차액원가이어야 한다.

개념적용 문제

05 (주)한국은 태풍으로 인하여 총제조원가 ₩1,000,000 상당액의 재고자산이 파손되었다. 이 재고자산을 ₩200,000을 들여 재작업을 하면 ₩900,000에 판매할 수 있고 재작업을 하지 않으면 ₩500,000에 판매할 수 있다. 만약 재작업을 한다고 가정하면 기회비용은 얼마인가?

① ₩200,000
② ₩500,000
③ ₩700,000
④ ₩900,000
⑤ ₩1,000,000

해설 재작업을 선택한다면 재작업을 하지 않는 경우의 ₩500,000이 기회비용이다.

정답 ②

06 의사결정과 관련 없는 비관련원가는?

① 미래원가
② 차액원가
③ 기회원가
④ 매몰원가
⑤ 표준원가

해설 매몰원가와 역사적 원가(취득원가)는 미래 의사결정과 관련이 없는 원가이다.

정답 ④

4. 원가의 구성

제품제조원가는 제조직접비와 제조간접비의 합계로 이루어지지만, 그중 제품제조에 직접적으로 관련하여 발생하는 직접비만을 기본원가(Prime Cost) 또는 기초원가라고 한다. 이러한 직접비에는 직접재료비, 직접노무비, 직접제조경비가 있을 수 있는데, 경비는 그 성격상 대부분이 간접비에 해당되는 경우가 많다. 한편, 가공비(Conversion Cost)는 전환원가라고도 하며, 직접노무비와 제조간접비를 더한 것으로서, 결국은 제조원가 중 직접재료비만을 제외하고는 모두 가공원가(加工原價)에 해당한다고 보면 된다.

▶▶ 원가의 구성도

<table>
<tr><td rowspan="3"></td><td rowspan="2"></td><td></td><td>판매이익</td><td rowspan="6">판매가격</td></tr>
<tr><td>물류비와
관리비</td><td rowspan="5">총원가
(판매원가)</td></tr>
<tr><td>제조간접비</td><td rowspan="4">제조원가</td></tr>
<tr><td>직접재료비</td><td rowspan="3">직접원가
(제조직접비)</td></tr>
<tr><td>직접노무비</td></tr>
<tr><td>직접제조경비</td></tr>
</table>

▶ 가공원가(전환원가) = 직접노무비 + 제조간접비 = 제조원가 − 직접재료비

개념적용 문제

07 다음 자료에 의하여 원가 구성도를 완성하시오.

- 직접원가 합계 ₩100,000
- 제조간접비는 직접원가의 20%
- 판매비와 관리비는 총원가의 40%
- 판매이익은 총원가의 10%

<table>
<tr><td rowspan="2"></td><td></td><td>판매이익(⑤)</td><td rowspan="4">판매가격(⑥)</td></tr>
<tr><td>판매비와 관리비(③)</td><td rowspan="3">총원가(④)</td></tr>
<tr><td>제조간접비(①)</td><td rowspan="2">제조원가(②)</td></tr>
<tr><td>직접원가
₩100,000</td></tr>
</table>

해설 ① 100,000 × 20% = ₩20,000
② 100,000 + 20,000 = ₩120,000
③ 200,000 − 120,000 = ₩80,000
④ 120,000 ÷ 60% = ₩200,000
⑤ 200,000 × 10% = ₩20,000
⑥ 200,000 + 20,000 = ₩220,000

08 다음 자료에 의하여 원가 구성도를 완성하시오.

- 직접재료비 ₩50,000
- 직접노무비 30,000
- 직접제조경비 20,000
- 제조간접비는 직접원가의 30%
- 물류 및 관리활동원가는 제조원가의 20%
- 판매이익은 판매원가의 20%

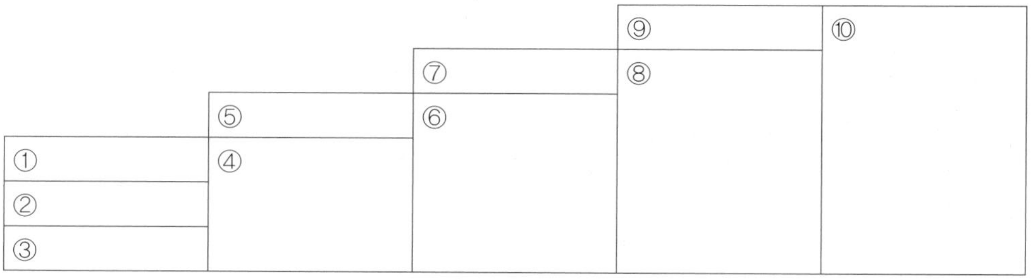

			⑨	⑩
		⑦	⑧	
	⑤	⑥		
①	④			
②				
③				

해설 ① 직접재료비: ₩50,000
② 직접노무비: ₩30,000
③ 직접제조경비: ₩20,000
④ 직접원가: 50,000 + 30,000 + 20,000 = ₩100,000
⑤ 제조간접비: 100,000 × 30% = ₩30,000
⑥ 제조원가: 100,000 + 30,000 = ₩130,000
⑦ 물류및관리활동원가: 130,000 × 20% = ₩26,000
⑧ 총원가: 130,000 + 26,000 = ₩156,000
⑨ 판매이익: 156,000 × 20% = ₩31,200
⑩ 판매가격: 156,000 + 31,200 = ₩187,200

제2절 원가의 흐름

1. 원가흐름의 의의

제조원가에 대응되는 수익은 제품의 생산이 완료되는 시점에서 실현되는 것이 아니라, 제품을 판매하는 시점에 실현되는 것이다. 원가의 흐름이란 제품의 원가(직접재료원가, 직접노무원가, 제조간접원가)를 산출하는 과정에서부터 완성품제조원가를 산출하고, 이를 판매하여 수익이 실현되는 과정까지를 계정으로 표시한 것이다.

▶▶ 원가흐름의 과정

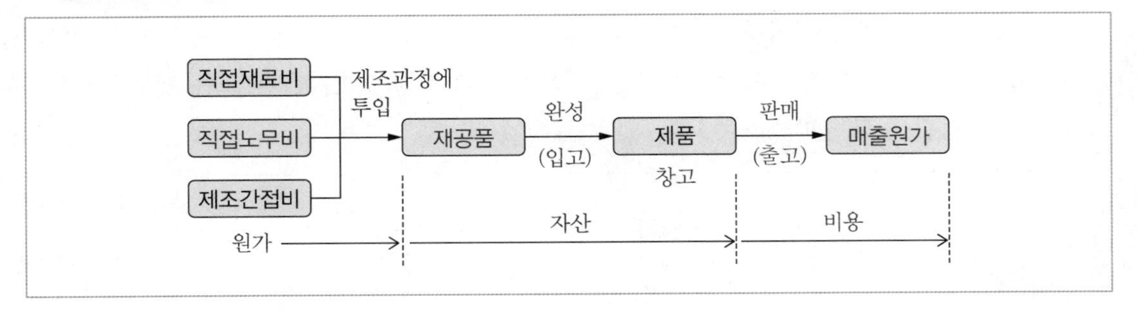

2. 원가 관련 계정의 흐름

(1) 재료비계정

재료계정은 원가요소계정으로서 자산계정이다. 재료 구입 시에는 재료계정의 차변에 기입하며, 소비(출고) 시에는 재료계정의 대변에 기입함과 동시에 재료비계정에 대체하여 직접재료비는 재공품계정에 대체시키고 간접재료비는 제조간접비계정의 차변에 대체시키게 된다.

재료구입 시	(차) 재료	×××	(대) 외상매입금	×××
재료소비 시	(차) 재공품 제조간접비	××× ×××	(대) 재료(재료비)	×××

① **재료**(재료비)**계정의 원가흐름**

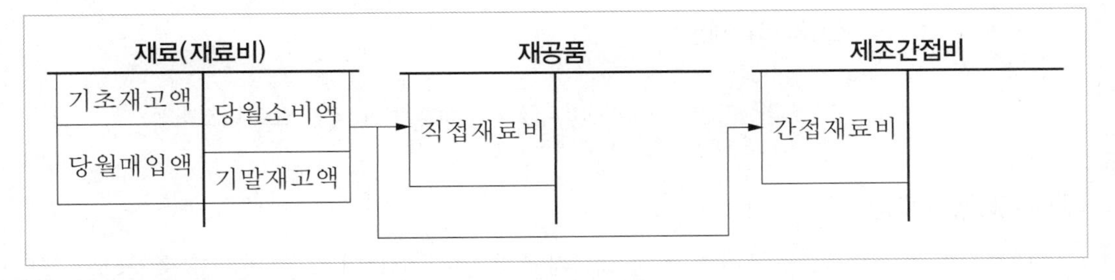

② **재료소비액 계산**

기초재고액 + 당월매입액 − 기말재고액 = 당월소비액

(2) 노무비계정

노무비계정은 제품제조를 위해 발생된 일체의 인건비를 기록하는 집합계정이다. 제품제조를 위해 사용된 노동력에 대해서는 임금, 급료, 수당, 잡급, 퇴직금 등 여러 가지 형태로 그 대가가 지급될 수 있는데, 이러한 계정들의 차변금액은 모두 원가계산 기말에 노무비계정의 차변에 모아졌다가 재공품계정으로 대체되는 것이다.

노무비도 재료비의 경우와 마찬가지로 당월의 노무비발생액 중 직접비는 재공품계정 차변으로, 간접비는 제조간접비계정 차변으로 대체되는데, 노무비 관련 계정의 수가 많지 않을 경우에는 노무비계정을 별도로 설정하지 않고 직접 당해 계정에서 재공품 또는 제조간접비계정으로 대체시킬 수도 있다.

임금지급 시	(차) 임금 ×××	(대) 현금 ×××
임금소비 시	(차) 재공품 ××× 제조간접비 ×××	(대) 임금(노무비) ×××

① **노무비**(임금)**계정의 원가흐름**

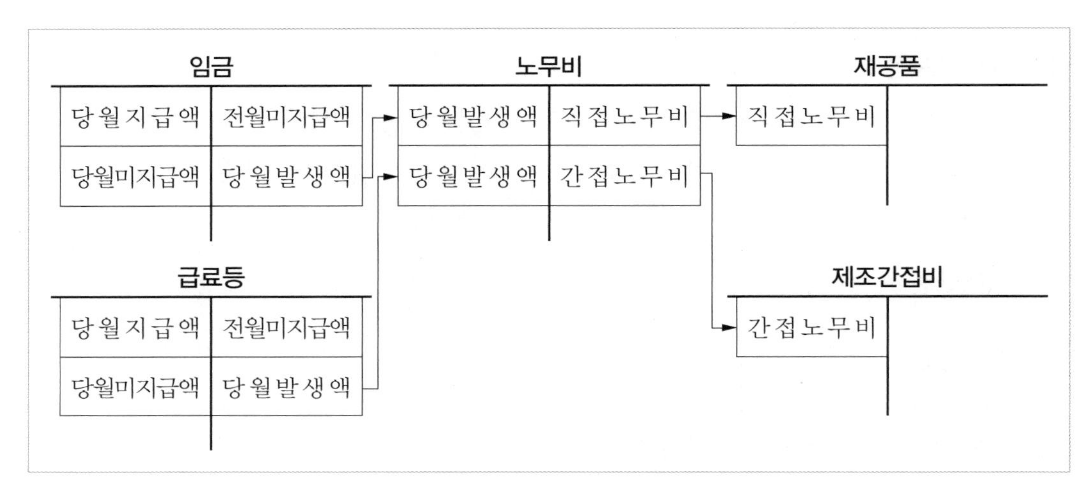

② **노무비**(임금)**소비액의 계산**

당월지급액 + 당월미지급액 − 전월미지급액 = 노무비소비액

(3) 제조경비계정

제조경비는 재료비, 노무비 이외에 제품제조를 위해 소요된 모든 원가를 총칭하는 개념으로서 시설설비 등에 대한 감가상각비, 화재보험료, 임차료 등과 수선유지비, 세금과공과, 전력비 등이 이에 해당한다. 이러한 제조경비는 지급액에 미지급액과 선급액을 가감하여 계산하고 직접비는 재공품계정으로, 간접비는 제조간접비계정으로, 본사 영업활동과 관련된 금액은 물류비와 관리비계정으로 대체하여야 한다. 대부분의 제조경비는 간접비로서 극히 예외적인 것(예 특허권사용료·외주가공비 등)은 직접비로 구분한다.

제조경비지급 (발생) 시	(차) 제조경비(전력비 등) ×××	(대) 현금 ×××
제조경비소비 (대체) 시	(차) 제조간접비 ××× 물류비와 관리비 ×××	(대) 제조경비(전력비 등) ×××

① **제조경비계정의 원가흐름**

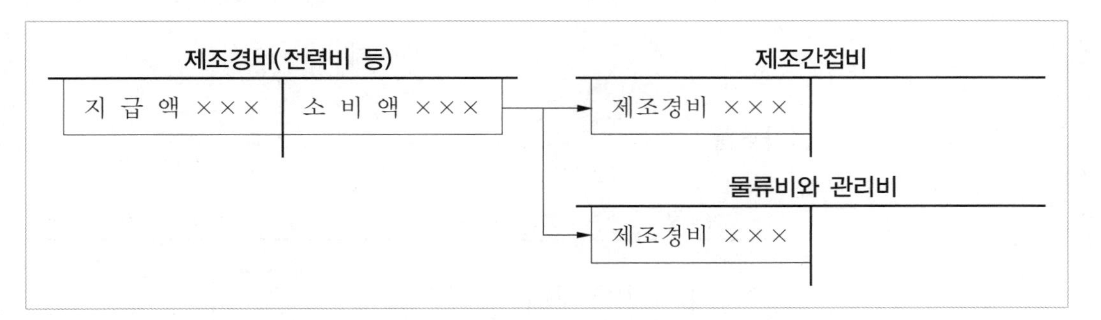

② **경비소비액의 계산**(지급경비)

당월지급액 + 당월미지급액 − 당월선급액 − 전월미지급액 + 전월선급액 = 당월소비액

(4) 제조간접비계정

제조간접비는 여러 제품을 생산하기 위해 공통적으로 발생된 원가를 말한다. 이와 같은 간접비는 개별 제품별로 직접원가를 대응시킬 수가 없으므로 제조간접비라는 집합계정을 설정하여 처리한다. 제조간접비에는 간접재료비, 간접노무비, 간접경비 등이 있으며, 이는 일정한 배부기준에 따라 각 제품별로 배부하게 된다.

① **제조간접비의 배부 시**

(차) 재 공 품	×××	(대) 제 조 간 접 비	×××

② **제조간접비계정의 원가흐름**

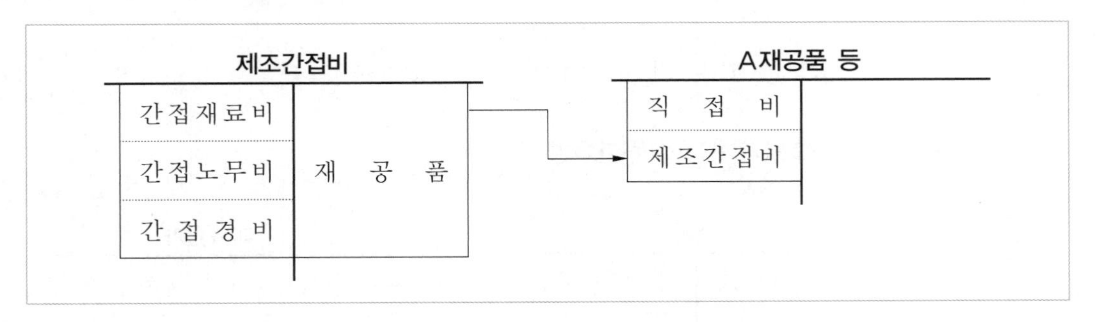

(5) 재공품계정

재공품계정은 특정 제품의 제조를 위하여 발생된 모든 원가를 집계하는 집합계정으로서 생산된 제품의 제조원가를 계산하는 계정이다. 재공품계정에서 계산된 제조원가는 제품계정으로 대체된다.

① **완성된 제품원가를 제품계정에 대체 시**

(차) 제 품	×××	(대) 재 공 품	×××

② **재공품계정의 원가흐름**

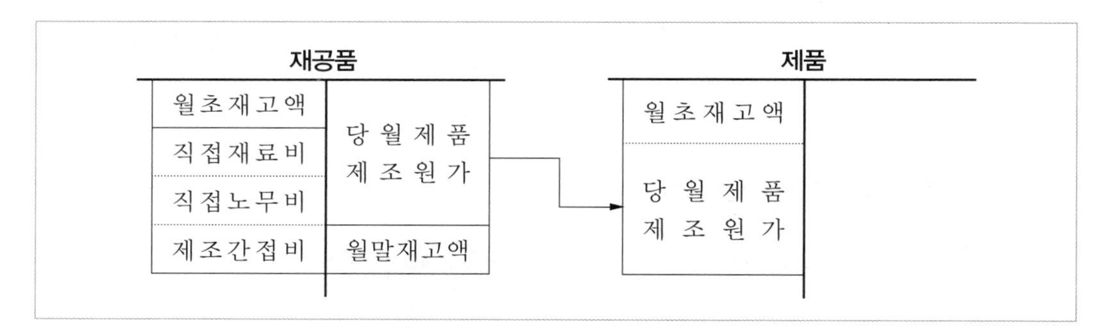

③ **제품제조원가의 계산**

당월제품제조원가 = 기초재공품재고액 + 당기총제조비용(원가) − 기말재공품재고액

(6) 제품계정

제품계정은 제조과정이 완료된 완성품을 기록하는 계정이며, 완성된 제품은 재공품계정의 대변으로부터 제품계정의 차변으로 대체된다. 따라서 제품계정의 차변금액(기초재고액 + 당기제품제조원가)은 당기 중의 판매 가능한 원가를 나타내며 제품이 판매되면 제품계정의 대변에서 매출원가계정으로 대체시키게 된다.

① **제품의 판매 시**

(차) 매 출 원 가	×××	(대) 제 품	×××

② **제품계정과 매출원가계정의 원가흐름**

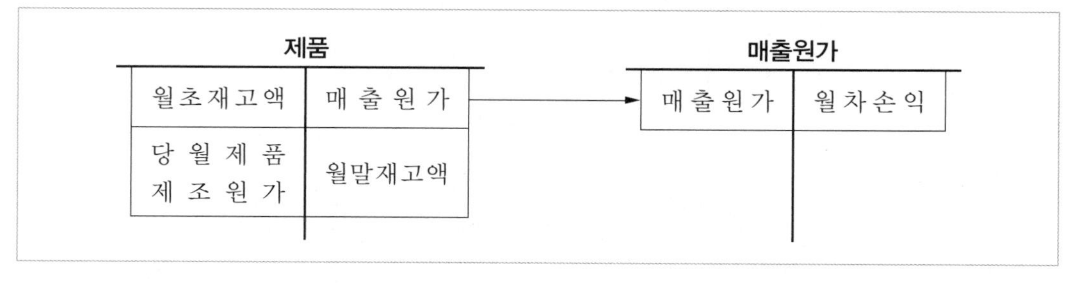

③ **매출원가의 계산**

매출원가 = 월초제품재고액 + 당월제품제조원가 − 월말제품재고액

3. 원가흐름의 체계도

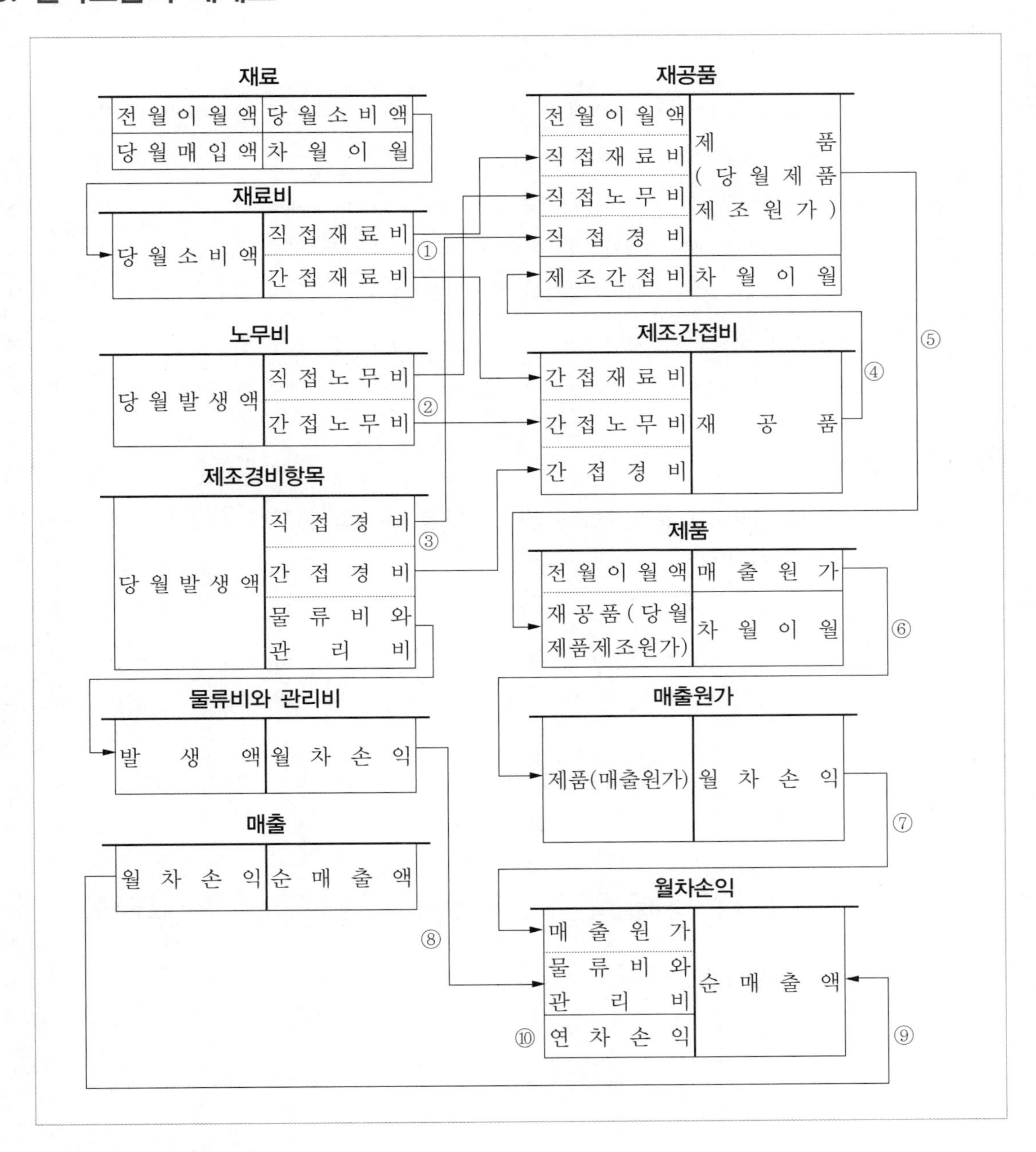

▶▶ 계정 간의 대체분개

거래유형	회계처리
① 재료비의 소비	(차) 재 공 품 ××× (대) 재 료 비 ××× 제 조 간 접 비 ×××
② 노무비의 소비	(차) 재 공 품 ××× (대) 노 무 비 ××× 제 조 간 접 비 ×××

③ 제조경비의 소비	(차) 재 공 품 ××× (대) 제 조 경 비 ××× 제 조 간 접 비 ××× 물류비와관리비 ×××
④ 제조간접비를 재공품계정에 대체	(차) 재 공 품 ××× (대) 제 조 간 접 비 ×××
⑤ 완성품원가를 제품계정에 대체	(차) 제 품 ××× (대) 재 공 품 ×××
⑥ 매출된 제품원가를 매출원가에 대체	(차) 매 출 원 가 ××× (대) 제 품 ×××
⑦ 매출원가를 월차손익에 대체	(차) 월 차 손 익 ××× (대) 매 출 원 가 ×××
⑧ 물류관리비를 월차손익에 대체	(차) 월 차 손 익 ××× (대) 물류비와관리비 ×××
⑨ 매출을 월차손익에 대체	(차) 매 출 ××× (대) 월 차 손 익 ×××
⑩ 월차손익을 연차손익에 대체	(차) 월 차 손 익 ××× (대) 연 차 손 익 ×××

개념적용 문제

09 다음 자료에 의하여 재료비, 제조간접비, 재공품 및 제품계정을 작성하고 필요한 원가계산 분개를 하시오.

㉠ 재료

기 초 재 고 액 ₩850,000 당 기 매 입 액 ₩3,700,000

기 말 재 고 액 595,000 직 접 소 비 액 3,800,000

㉡ 임금

당 기 지 급 액 ₩1,500,000 당 기 미 지 급 액 ₩550,000

(당기소비액 중 ₩400,000은 간접임금이다)

㉢ 제조경비

비목	당기지급액	당기미지급액	전기선급액	전기미지급액
전력비	₩365,000	₩55,000	–	₩25,000
감가상각비	530,000	–	–	–
수선비	260,000	10,000	₩20,000	–
임차료	150,000	50,000	–	80,000
잡비	580,000	–	22,000	–

㉣ 기초 및 기말재고액

	기초	기말
• 재공품	₩1,300,000	₩2,500,000
• 제품	2,700,000	4,200,000

㉤ 제조경비는 모두 간접비이다.

해설 (1) 원가계산 분개

(차) 재공품	3,800,000	(대) 재료비	3,955,000
제조간접비	155,000		
(차) 재공품	1,650,000	(대) 임금	2,050,000
제조간접비	400,000		
(차) 제조간접비	1,937,000	(대) 전력비	395,000
		감가상각비	530,000
		수선비	290,000
		임차료	120,000
		잡비	602,000
(차) 재공품	2,492,000	(대) 제조간접비	2,492,000

• 155,000 + 400,000 + 1,937,000 = ₩2,492,000

(차) 제품	6,742,000	(대) 재공품	6,742,000

(2) 계정기입

재료비

기초	₩850,000	재공품	₩3,800,000
매입	3,700,000	제조간접비	155,000
		기말	595,000
	₩4,550,000		₩4,550,000

재공품

기초	₩1,300,000	제품	₩6,742,000
재료비	3,800,000	기말	2,500,000
임금	1,650,000		
제조간접비	2,492,000		
	₩9,242,000		₩9,242,000

제품

기초	₩2,700,000	매출원가	₩5,242,000
재공품	6,742,000	기말	4,200,000
	₩9,442,000		₩9,442,000

제조간접비

재료비	₩155,000	재공품	₩2,492,000
임금	400,000		
전력비	395,000		
감가상각비	530,000		
수선비	290,000		
임차료	120,000		
잡비	602,000		
	₩2,492,000		₩2,492,000

10 **다음 자료에 의하여 당기 재료매입액을 구하면 얼마인가?**

• 기초재료재고액	₩180,000
• 기말재료재고액	190,000
• 당기재료소비액	386,000

① ₩376,000
② ₩386,000
③ ₩396,000
④ ₩426,000
⑤ ₩436,000

해설

재료

차변	금액	대변	금액
기 초 재 고 액	₩180,000	재 료 소 비 액	₩386,000
당 기 매 입 액	396,000	기 말 재 고 액	190,000
	₩576,000		₩576,000

정답 ③

4. 제조기업의 결산서

제조기업의 결산 또한 상기업의 경우와 다를 바가 없다. 다만, 원가계산과 관련된 계정과목이 추가되고 손익계산을 위한 전단계로서 제조원가를 계산하여야 한다.

(1) 포괄손익계산서

제조기업의 손익계산서 양식은 상기업과는 달리 상품 대신에 제품이, 그리고 당기매입액 대신에 당기제품 제조원가가 사용된다는 점을 제외하고는 동일하다.

포괄손익계산서

(주)한국 20×1. 1. 1. ~ 20×1. 12. 31. (단위: 원)

과목	금액	
Ⅰ. 매출액		×××
Ⅱ. 매출원가		×××
1. 기초제품재고액	×××	
2. 당기제품제조원가	×××	
계	×××	
3. 기말제품재고액	×××	
Ⅲ. 매출총이익		×××
Ⅳ. 물류비와 관리비		×××
Ⅴ. 영업이익		×××

(2) 재무상태표

상기업의 경우와 동일하나 재고자산 중 상품 대신 제품, 재공품, 원재료 등의 계정이 추가된다는 점만 다르다.

(3) 제조원가명세서

제품의 제조원가는 재공품계정을 통해 산출되는데 재공품계정을 통해 계산된 제조원가의 내역을 나타내주는 것을 제조원가명세서라 한다.

제조원가명세서

(주)한국 20×1. 1. 1. ~ 20×1. 12. 31. (단위: 원)

과목	금액	
Ⅰ. 원재료비		
1. 기초재료재고액	×××	
2. 당기재료매입액	×××	
계	×××	
3. 기말재료재고액	(×××)	×××
Ⅱ. 노무비		
1. 기본임금	×××	
2. 제수당	×××	
3. … … … … … … …	×××	×××
Ⅲ. 제조경비		
1. 전력비	×××	
2. 감가상각비	×××	
3. 공장잡비	×××	
4. … … … … … … …	×××	×××
Ⅳ. 당기총제조비용		×××
Ⅴ. 기초재공품재고액		×××
Ⅵ. 합계		×××
Ⅶ. 기말재공품재고액		(×××)
Ⅷ. 당기제품제조원가		×××

개념적용 문제

11 다음 (주)한국의 20×1년도 자료로 제조원가명세서를 작성하시오.

(1) 재료

• 기초재고액	₩850,000
• 기말재고액	595,000
• 당기매입액	3,700,000
• 직접소비액	3,800,000

(2) 기본임금

• 당기지급액	₩1,500,000
• 당기미지급액	550,000

(3) 제수당

• 당기지급액	₩800,000

(4) 제조경비

비목	당기지급액	당기미지급액	당기선급액
전력비	₩365,000	₩55,000	–
감가상각비	530,000	–	–
수선비	287,000	35,000	–
세금과공과	96,000	–	–
임차료	150,000	30,000	–
보험료	750,000	–	₩150,000
통신비	155,000	28,000	–
잡비	580,000	225,000	136,000

* 경비소비액 중에서 ₩2,000,000은 간접소비액이다.

(5) 재공품재고액

• 기초	₩400,000
• 기말	205,000

정답

제조원가명세서

(주)한국 20×1. 1. 1. ~ 20×1. 12. 31.

과목	금액	
Ⅰ. 재료비		
1. 기초재료재고액	₩850,000	
2. 당기재료매입액	3,700,000	
계	4,550,000	
3. 기말재료재고액	(−) 595,000	₩3,955,000
Ⅱ. 노무비		
1. 기본임금	2,050,000	
2. 제수당	800,000	2,850,000
Ⅲ. 경비		
1. 전력비	420,000	
2. 감가상각비	530,000	
3. 수선비	322,000	
4. 세금과공과	96,000	
5. 임차료	180,000	
6. 보험료	600,000	
7. 통신비	183,000	
8. 잡비	669,000	3,000,000
Ⅳ. 당기총제조비용		9,805,000
Ⅴ. 기초재공품		400,000
Ⅵ. 합계		10,205,000
Ⅶ. 기말재공품		(−) 205,000
Ⅷ. 당기제품제조원가		₩10,000,000

CHAPTER 01

기출 & 예상문제로 완벽 복습

01 비원가항목이면서 동시에 중성비용으로만 묶인 것은?

① 급여, 수선비
② 이자비용, 재해손실
③ 배당금, 법인세비용
④ 임차료, 경상개발비
⑤ 당기손익－공정가치 측정 금융자산 평가손실, 감가상각비

해설 이자비용과 재해손실은 중성비용으로서 비원가항목에 해당한다.

02 원가행태에 관한 설명으로 옳지 않은 것은? 제14회 기출

① 계단(준고정)원가는 일정한 범위의 조업도 수준에서만 원가총액이 일정하다.
② 직접재료원가는 변동원가에 속한다.
③ 단위당 변동원가는 조업도가 증가함에 따라 증가한다.
④ 기본료와 사용시간당 통화료로 부과되는 전화요금은 혼합원가에 해당한다.
⑤ 원가－조업도－이익(CVP) 분석에서 고정판매관리비도 고정원가에 포함된다.

해설 단위당 변동원가는 조업도가 증가함에 따라 일정하다.

03 원가의 개념에 관한 설명으로 옳지 않은 것은? 제9회 기출

① 기회원가란 차선의 대체안을 포기함으로 인해 얻게 되는 효익을 말한다.
② 변동원가란 조업도 수준에 관계없이 제품 단위당 원가가 일정한 원가를 말한다.
③ 직접원가란 특정 원가 직접 대상에 추적 가능하거나 식별 가능한 원가를 말한다.
④ 비관련원가(Irrelevant Cost)란 의사결정 대안 간에 차이가 없는 원가를 말한다.
⑤ 고정원가란 제품 단위당 원가가 조업도의 증감과 반대방향으로 변하는 원가를 말한다.

해설 기회원가는 여러 가지 선택가능한 대체안 중에서 특정 대안을 선택함으로써 포기되는 차선의 대체안에 대한 희생된 경제적 효익을 의미한다.

04 **조업도가 변화할 때 원가가 어떻게 달라지는가에 따라 변동비, 고정비, 준변동비, 준고정비로 분류할 수 있다. 고정비에 관한 설명으로 옳은 것은?**

① 조업도의 증감에 따라 비례적으로 증가 또는 감소하는 성격의 원가이다.
② 조업도가 증가하더라도 관련범위 내에서는 고정적이기 때문에 다른 조건이 동일한 경우 제품의 단위당 원가는 조업도의 증가에 따라 감소한다.
③ 조업도가 영(0)인 경우에도 일정액이 발생하고, 그 이후로부터 조업도에 따라 비례적으로 증가하는 원가를 말한다.
④ 조업도와 관계없이 제품의 단위당 원가는 항상 일정하다.
⑤ 생산량이 증가할 때 단위당 원가는 증가한다.

해설 ① 변동비에 관한 설명이다.
③ 준변동비에 관한 설명이다.
④ 변동비에 관한 설명이다.
⑤ 생산량이 증가할 때 단위당 원가는 감소한다.

05 **(주)한국은 ₩73,500에 구입한 원재료 A를 보유하고 있으나, 현재 제품생산에 사용할 수 없다. (주)한국은 원재료 A에 대해 다음과 같은 두 가지 대안을 고려하고 있다.**

(대안 1) 원재료 A를 그대로 외부에 ₩45,600에 판매
(대안 2) 원재료 A에 ₩6,600의 다른 원재료를 혼합하여 원재료 B로 변환한 후, 외부에 ₩58,100에 판매

(주)한국이 (대안 2)를 선택하는 경우, (대안 1)에 비하여 증가 또는 감소하는 이익은?

제22회 기출

① ₩5,900 증가 ② ₩12,500 증가 ③ ₩15,400 감소
④ ₩22,000 감소 ⑤ ₩27,900 감소

해설 • 대안 1과 대안 2의 차이가 손익이다.
• 대안 2(58,100 − 6,600) − 대안 1(45,600) = ₩5,900 증가

01 ② 02 ③ 03 ① 04 ② 05 ① 정답

06 당기제품제조원가의 계산에 관한 계산식으로 옳은 것은?

① 당기총제조원가 − 기말재공품재고액
② 직접재료비 + 직접노무비 + 제조간접비
③ 당기총제조원가 + 기말재공품재고액
④ 기초재공품재고액 + 당기총제조원가 − 기말재공품재고액
⑤ 기초재공품재고액 + 당기총제조원가

해설 완성품제조원가 = 기초재공품재고액 + 당기총제조원가 − 기말재공품재고액

07 다음은 경비에 관한 자료이다. 경비소비액은 얼마인가?

• 전월말미지급액	₩80,000	• 당월말선급액	₩200,000
• 당월말미지급액	160,000	• 전월말선급액	120,000
• 당월중지급액	1,080,000		

① ₩1,240,000 ② ₩1,120,000 ③ ₩1,080,000
④ ₩1,000,000 ⑤ ₩1,100,000

해설

경비

전월선급액	₩120,000	전월미지급액	₩80,000
당월지급액	1,080,000	당월소비액	1,080,000
당월미지급액	160,000	당월선급액	200,000
	₩1,360,000		₩1,360,000

08 (주)한국의 20×1년 제조와 관련된 원가자료는 다음과 같다. 기초제품재고액과 매출원가가 각각 ₩15,000과 ₩45,000일 경우 (주)한국의 20×1년 기말제품재고액은? 제15회 기출

• 직 접 재 료 원 가	₩23,000
• 직 접 노 무 원 가	15,000
• 제 조 간 접 원 가	12,800
• 당 기 총 제 조 원 가	50,800
• 기 초 재 공 품 재 고 액	5,000
• 기 말 재 공 품 재 고 액	5,800

① ₩20,000
② ₩21,600
③ ₩25,000
④ ₩26,600
⑤ ₩31,000

해설

재공품(재고자산)

차변	금액	대변	금액
기초(제품, 재공품)	₩20,000	매 출 원 가	₩45,000
직 접 재 료 원 가	23,000	기 말 재 공 품	5,800
직 접 노 무 원 가	15,000	기 말 제 품	(20,000)
제 조 간 접 원 가	12,800		
	₩70,800		₩70,800

06 ④ 07 ③ 08 ① 정답

09 (주)한국의 20×1년도 매출액은 ₩115,000이며 매출총이익율은 40%이다. 같은 기간 직접재료 매입액은 ₩22,000이고 제조간접원가 발생액은 직접노무원가의 50%이다. 20×1년 기초 및 기말 재고자산이 다음과 같을 때, 20×1년에 발생한 제조간접원가는? 제24회 기출

구분	직접재료	재공품	제품
기초재고	₩4,000	₩8,000	₩20,400
기말재고	5,200	7,200	21,000

① ₩10,400
② ₩16,000
③ ₩20,800
④ ₩26,400
⑤ ₩32,000

해설

재고자산

기 초 재 고	₩28,400	매 출 원 가	₩69,000
직접재료원가	20,800	기 말 재 고	28,200
직접노무원가	(32,000)		
제조간접원가	(16,000)		
	₩97,200		₩97,200

- 직접재료원가: 4,000 + 22,000 − 5,200 = ₩20,800
- 매출원가: 매출액(115,000) × 0.6 = ₩69,000
- 가공원가: 97,200 − 49,200 = ₩48,000
- 제조간접원가: $48,000 \times \frac{50}{150}$ = ₩16,000

10 (주)한국은 당기완성품의 전부를 그 원가에 20% 이익을 가산하여 판매한다. 다음의 자료로 기초재공품의 원가를 구하면?

• 직 접 재 료 비	₩900,000
• 직 접 노 무 비	600,000
• 제 조 간 접 비	300,000
• 기말재공품원가	750,000
• 매 출 액	1,800,000

① ₩350,000
② ₩400,000
③ ₩450,000
④ ₩500,000
⑤ ₩550,000

해설

재고자산

기초재공품	(₩450,000)	매출원가	₩1,500,000
직접재료비	900,000	기말재공품	750,000
직접노무비	600,000		
제조간접비	300,000		
	₩2,250,000		₩2,250,000

• 매출원가: 1,800,000 ÷ (1 + 0.2) = ₩1,500,000

11 (주)한국의 3월 중 생산된 제품제조원가는 얼마인가?

구분	3월 1일	3월 31일
원재료	₩160,000	₩135,000
재공품	81,000	54,000
제품	243,000	324,000

[추가자료]

• 3월 중 원재료 매입액	₩378,000
• 직접노무비 소비액	270,000
• 작업시간당 직접노무비	27.0
• 작업시간당 제조경비	30.0

① ₩1,020,000
② ₩1,062,000
③ ₩1,025,000
④ ₩1,005,000
⑤ ₩1,000,000

해설 • 직접재료원가: 160,000 + 378,000 − 135,000 = ₩403,000
• 제품제조원가를 구할 때는 기초제품과 기말제품은 무시한다.
• 작업시간: 직접노무비(270,000) ÷ @₩27.0 = 10,000시간
• 경비소비액: 10,000시간 × @₩30.0 = ₩300,000

재고자산

기초재공품	₩81,000	제품제조원가	(₩1,000,000)
직접재료원가	403,000	기말재공품	54,000
직접노무원가	270,000		
제조경비	300,000		

09 ② 10 ③ 11 ⑤ 정답

12 (주)한국의 20×1년도 원가자료가 다음과 같을 때, 당기제품제조원가는? (단, 본사에서는 제품생산을 제외한 판매 및 일반관리 업무를 수행한다) 제21회 기출

•직접재료원가	₩3,000	•전기료 – 공장	₩120
•직접노무원가	2,000	•전기료 – 본사	50
•간접노무원가	1,000	•기타 제조간접원가	1,000
•감가상각비 – 공장	250	•기초재공품재고액	6,000
•감가상각비 – 본사	300	•기말재공품재고액	5,000

① ₩6,370
② ₩7,370
③ ₩7,720
④ ₩8,370
⑤ ₩8,720

해설

재공품

기초재공품	₩6,000	제품제조원가	(₩8,370)
직접재료원가	3,000	기말재공품	5,000
직접노무원가	2,000		
제조간접원가	2,370		
	₩13,370		₩13,370

13 (주)한국의 20×1년 6월 영업자료에서 추출한 정보이다. 제23회 기출

•직접노무원가	₩170,000	•기타제조간접원가	₩70,000
•간접노무원가	100,000	•기초직접재료재고액	10,000
•감가상각비(본부사옥)	50,000	•기말직접재료재고액	15,000
•보험료(공장설비)	30,000	•기초재공품재고액	16,000
•판매수수료	20,000	•기말재공품재고액	27,000

6월 중 당기제품제조원가가 ₩554,000이라면 6월의 직접재료 매입액은?

① ₩181,000
② ₩190,000
③ ₩195,000
④ ₩200,000
⑤ ₩230,000

해설

재공품

기초잔액	₩26,000	제품제조원가	₩554,000
재료매입	(200,000)	기말잔액	42,000
직접노무비	170,000		
제조간접비	200,000		
	₩596,000		₩596,000

- 감가상각비(본부사옥)와 판매수수료는 손익계산서 비용으로 처리한다.
- 재료매입을 구할 때는 기초재료(차)와 기말재료(대)를 계정에 기입한다.

14 (주)한국의 재공품 및 제품 관련 정보이다. 기말제품재고액은 얼마인가?

제11회 기출

- 매출액: ₩180,000
- 매출총이익률: 20%
- 재공품의 기초재고와 기말재고는 없다.
- 기초제품재고액: ₩10,000
- 당기제조간접원가: ₩40,000
- 직접재료원가는 기본원가의 60%이고, 직접노무원가는 가공원가의 50%이다.

① ₩4,000
② ₩6,000
③ ₩10,000
④ ₩12,000
⑤ ₩14,000

해설

재고자산

기초제품	₩10,000	매출원가	₩144,000
직접재료원가	60,000	기말제품	(6,000)
직접노무원가	40,000		
제조간접비	40,000		

- 매출원가: 매출액(180,000) × (1 − 0.2) = ₩144,000
- 가공원가: 40,000(노무비 50%) + 40,000(제조간접비 50%) = ₩80,000
- 기본원가: 60,000(재료비 60%) + 40,000(노무비 40%) = ₩100,000

12 ④ 13 ④ 14 ② 정답

15 제조간접원가가 직접노무원가의 3배일 때 기초재공품 원가는?

제20회 기출

• 기본원가	₩250,000	• 전환원가(또는 가공원가)	₩600,000
• 당기제품제조원가	1,000,000	• 기말재공품	250,000

① ₩400,000
② ₩450,000
③ ₩500,000
④ ₩550,000
⑤ ₩600,000

해설

재공품

기초재공품	(₩550,000)	제품제조원가	₩1,000,000
직접재료원가	100,000	기말재공품	250,000
직접노무원가	150,000		
제조간접원가	450,000		
	₩1,250,000		₩1,250,000

- 전환원가(또는 가공원가) ₩600,000: 직접노무원가(1) + 제조간접원가(3)
- 제조간접원가: $600,000 \times \frac{3}{4}$ = ₩450,000
- 직접노무원가: $600,000 \times \frac{1}{4}$ = ₩150,000
- 기본원가: 직접재료원가(100,000) + 직접노무원가(150,000) = ₩250,000

16 (주)한국의 20×1년 원가자료는 다음과 같다. 직접노무원가가 기본원가(prime cost)의 40%일 때 기말재공품 금액은?

제27회 기출

• 직접재료원가	₩90,000	• 제조간접원가	₩70,000
• 당기제품제조원가	205,000	• 기초재공품	5,000

① ₩10,000
② ₩20,000
③ ₩60,000
④ ₩90,000
⑤ ₩110,000

해설

재공품 계정

기초재공품	₩5,000	완성품원가	₩205,000
직접재료원가	90,000	기말재공품	(20,000)
직접노무원가	60,000		
제조간접원가	70,000		
	₩225,000		₩225,000

- 직접노무원가가 가공원가의 40%라면 직접재료원가는 60%에 해당한다.
- 가공원가: 직접재료원가 $90,000 \div 0.6$ = ₩150,000
- 직접노무원가: 가공원가 $150,000 \times 0.4$ = ₩60,000

17 (주)한국의 20×1년도 생산 · 판매 자료가 다음과 같을 때 기본원가(Prime Cost)는?

• 재고자산 내역

구분	기초	기말
원재료	₩10,000	₩12,000
재공품	50,000	60,000
제품	80,000	96,000

• 당기 원재료 매입: ₩40,000
• 당기 매출원가: ₩150,000
• 직접노무원가는 가공원가의 60%이며, 원재료는 직접재료만 사용된다고 가정한다.

① ₩82,800
② ₩105,200
③ ₩120,800
④ ₩132,800
⑤ ₩138,000

해설

재료

차변	금액	대변	금액
기초재고	₩10,000	재료소비	₩38,000
재료매입	40,000	기말재고	12,000
	₩50,000		₩50,000

재고자산

차변	금액	대변	금액
기초재고	₩130,000	매출원가	₩150,000
직접재료원가	38,000	기말재고	156,000
직접노무원가	82,800		
제조간접원가	55,200		
	₩306,000		₩306,000

• 직접재료원가: 기초재료(10,000) + 매입재료(40,000) − 기말재료(12,000) = ₩38,000
• 가공원가: ₩138,000
• 직접노무원가: 가공원가(138,000) × 60% = ₩82,800
• 기본원가: 재료원가(38,000) + 노무원가(82,800) = ₩120,800

15 ④ 16 ② 17 ③ 정답

18 (주)한국의 20×1년 발생 원가는 다음과 같다.

직접재료원가	직접노무원가	제조간접원가
₩10,000	₩20,000	₩24,000

20×1년 기초재공품이 ₩5,000이고, 기말재공품이 ₩4,000일 때, 20×1년 당기제품제조원가는? 제26회 기출

① ₩52,000
② ₩53,000
③ ₩54,000
④ ₩55,000
⑤ ₩56,000

해설

재공품(재고자산)

차변	금액	대변	금액
기초재공품	₩5,000	제품제조원가	(₩55,000)
직접재료원가	10,000	기말재공품	4,000
직접노무원가	20,000		
제조간접원가	24,000		
	₩59,000		₩59,000

19 (주)한국은 실제원가계산을 적용하고 있으며, 20×1년의 기초 및 기말 재고자산은 다음과 같다.

구분	기초	기말
직접재료	₩10,000	₩12,000
재공품	100,000	95,000
제품	50,000	55,000

당기 매출원가가 ₩115,000일 경우, 당기총제조원가는? 제25회 기출

① ₩115,000
② ₩120,000
③ ₩125,000
④ ₩130,000
⑤ ₩135,000

해설 • 당기 총제조원가: 직접재료원가 + 직접노무원가 + 제조간접원가
• 직접재료원가는 기초재료와 기말재료가 계산되었으므로 무시한다.

재공품

기 초 재 고	₩150,000	매 출 원 가	₩115,000
총 제 조 원 가	(115,000)	기 말 재 고	150,000
	₩265,000		₩265,000

20 다음 자료를 이용하여 매출원가를 구하면 얼마인가? (단, 재고자산평가손실과 재고자산감모손실은 없다)

제13회 기출

• 기 초 제 품 재 고 액 ₩17,000
• 기 말 제 품 재 고 액 15,000
• 기 초 재 공 품 3,000
• 기 말 재 공 품 6,000
• 당 기 제 품 제 조 원 가 280,000

① ₩272,000
② ₩274,000
③ ₩280,000
④ ₩282,000
⑤ ₩284,000

해설

제품

기 초 제 품	₩17,000	매 출 원 가	(₩282,000)
제 품 제 조 원 가	280,000	기 말 제 품	15,000
	₩297,000		₩297,000

18 ④ 19 ① 20 ④ 정답

CHAPTER

02 원가의 배분

회독체크 1 2 3

CHAPTER 미리보기

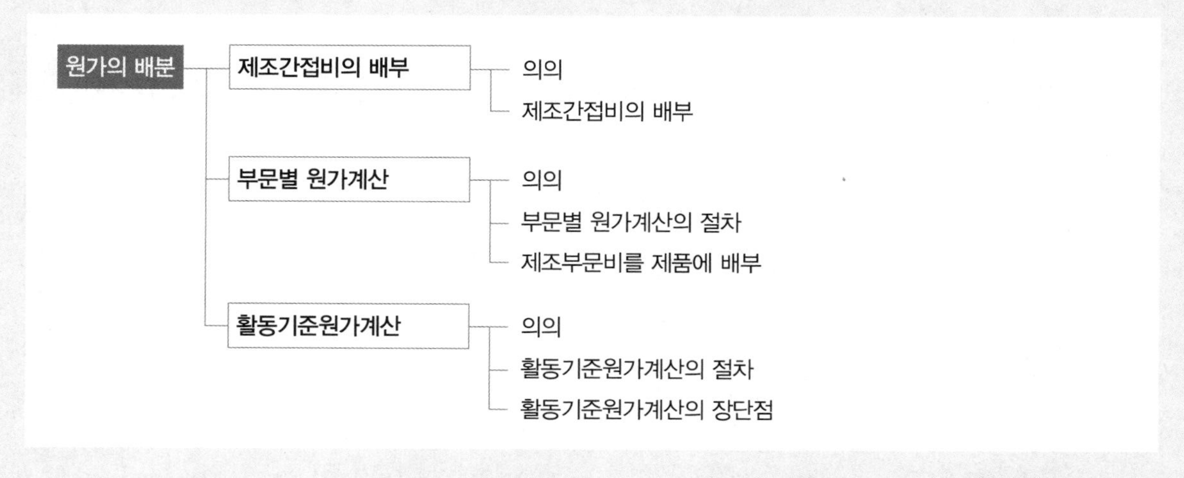

학습전략

본 단원은 제조간접원가를 제품에 배분하는 과정에 대한 내용으로 시험에서는 1문항 정도가 출제되고 있으며, 대부분 계산문제로 출제되고 있습니다. 최근에는 부문별 원가계산이 연속으로 출제되었으며, 제조간접비의 예정배부, 활동별 원가계산 등은 자주 출제되므로 반복해서 비슷한 유형의 문제를 풀어보는 것이 매우 중요합니다.

학습키워드

- 제조간접비 배부차이
- 부문별 원가계산(단계배부법)
- 활동기준원가의 배분

제1절 제조간접비의 배부

1. 의의

제조간접비는 여러 제품에 공통적으로 소비된 원가로서 각 제품에 직접 부과할 수 없는 것이다. 따라서 제조간접비는 월말에 전체발생액을 집계하고, 적당한 배부기준에 의하여 각 제품(재공품계정)에 배부하여야 한다. 반면에 특정 제품의 제조를 위해서 개별적으로 소비된 원가를 제조직접비라고 하며, 이는 특정 제품의 원가로 직접 부과한다.

2. 제조간접비의 배부

제조간접비의 각 제품에의 배부는 무엇을 배부기준으로 할 것인가에 따라 다음과 같이 구분한다. 배부율 산정의 범위에 따라서는 총괄배부율과 부문별배부율로, 배부기준의 측정단위에 따라서는 금액기준, 시간기준, 수량기준으로, 계산의 시점에 따라서는 실제배부율 또는 예정배부율로 구분할 수 있다.

(1) 제조간접비의 실제배부법

원가계산 말에 실제로 발생한 제조간접비를 일정한 기준에 의하여 각 제품에 배부하는 방법으로 다음과 같은 3가지가 있다.

① **가액법**: 금액을 기준으로 제조간접비를 배부하는 방식이다. 배부기준 금액의 설정에 따라 다음과 같은 방법이 있다.

㉠ **직접재료비법**: 개별 제품에서 발생한 직접재료비를 기준으로 제조간접비를 배부하는 방법이다.

- 제조간접비배부율 = $\dfrac{\text{제조간접비총액}}{\text{동 기간의 직접재료비총액}}$
- 제조간접비배부액 = 특정 제품의 직접재료비 × 제조간접비배부율

㉡ **직접노무비법**: 개별 제품에서 발생한 직접노무비를 기준으로 제조간접비를 배부하는 방법이다.

- 제조간접비배부율 = $\dfrac{\text{제조간접비총액}}{\text{동 기간의 직접노무비총액}}$
- 제조간접비배부액 = 특정 제품의 직접노무비 × 제조간접비배부율

㉢ **직접원가법**: 각 제품에서 발생한 직접원가를 기준으로 제조간접비를 배부하는 방법이다.

- 제조간접비배부율 = $\dfrac{\text{제조간접비총액}}{\text{동 기간의 직접원가총액}}$
- 제조간접비배부액 = 특정 제품의 직접원가 × 제조간접비배부율

개념적용 문제

01 다음 자료에 의하여 제품 A와 제품 B의 제조간접비를 계산하시오.

(1) 직접재료비법에 의할 때
(2) 직접노무비법에 의할 때
(3) 직접원가법에 의할 때

• 1개월간의 제조간접비총액 ₩100,000

	제품 A	제품 B
– 직접재료비	₩300,000	₩200,000
– 직접노무비	400,000	600,000
– 직접경비	100,000	0
– 직접원가	₩800,000	₩800,000

해설 (1) 직접재료비법에 의할 때

배부율	$\frac{100,000}{500,000} = 0.2$	제조간접비 배부액	제품 A	300,000 × 0.2 = ₩60,000
			제품 B	200,000 × 0.2 = ₩40,000

(2) 직접노무비법에 의할 때

배부율	$\frac{100,000}{1,000,000} = 0.1$	제조간접비 배부액	제품 A	400,000 × 0.1 = ₩40,000
			제품 B	600,000 × 0.1 = ₩60,000

(3) 직접원가법에 의할 때

배부율	$\frac{100,000}{1,600,000} = 0.0625$	제조간접비 배부액	제품 A	800,000 × 0.0625 = ₩50,000
			제품 B	800,000 × 0.0625 = ₩50,000

② **시간법**: 각 제품제조에 소비된 시간을 기준으로 각 제품에 제조간접비를 배부하는 방법으로서, 배부기준 시간의 설정에 따라 다음과 같은 방법이 있다.

- 직접작업(노동)시간배부법
- 기계시간배부법
  - 단순기계시간법
  - 과학적 기계시간법

㉠ **직접작업(노동)시간법**: 각 제품의 생산에 투입된 직접노동시간을 기준으로 제조간접비를 배부하는 방법이다.

• 제조간접비배부율 = $\frac{\text{제조간접비총액}}{\text{동 기간의 직접노동총시간수}}$

• 제조간접비배부액 = 특정 제품의 직접노동시간 × 제조간접비배부율

㉡ **기계작업시간법**: 각 제품의 생산에 투입된 기계작업시간을 기준으로 제조간접비를 배부하는 방법이다.

> • 제조간접비배부율 = $\frac{\text{제조간접비총액}}{\text{동 기간의 기계작업총시간수}}$
> • 제조간접비배부액 = 특정 제품의 기계작업시간 × 제조간접비배부율

③ **수량법**: 간접비의 배부기준으로 각 특정 제품의 개수, 중량, 면적, 용적 등의 수량을 사용하는 방법이다.

개념적용 문제

02 다음 자료에 의하여 제품 A와 제품 B의 제조간접비를 직접노동시간법으로 계산하시오.

(1) 1개월간의 제조간접비총액	₩200,000	(2) 동 기간의 직접노동총시간수	500시간
(3) 제품 A의 직접노동시간	300시간	(4) 제품 B의 직접노동시간	200시간

해설

제조간접비 배부율	$\frac{200,000}{500\text{시간}}$ = @₩400	제조간접비 배부액	제품 A	300시간 × @₩400 = ₩120,000
			제품 B	200시간 × @₩400 = ₩80,000

03 다음의 자료에 의하여 제조간접비를 직접노무시간기준으로 배부할 경우, 제조지시서 #2의 제조원가는 얼마인가?

• 당해 원가 계산기간의 제조간접비총액	₩400,000
• 당해 원가 계산기간의 직접노무시간	200시간
• 제조지시서 #2	
– 직접재료비	₩1,200,000
– 직접노무비	1,800,000
– 직접노무시간	150시간

① ₩3,000,000
② ₩3,100,000
③ ₩3,200,000
④ ₩3,300,000
⑤ ₩3,400,000

해설
• #2의 제조간접비배부율: 400,000 ÷ 200시간 = @₩2,000
• #2의 제조간접비배부액: 150시간 × @₩2,000 = ₩300,000
• #2의 제조원가: 직접재료비(1,200,000) + 직접노무비(1,800,000) + 제조간접비(300,000) = ₩3,300,000

정답 ④

(2) 제조간접비의 예정배부법

① 예정배부의 필요성

㉠ 제품의 제조원가를 신속히 계산하기 위해서는 예정배부가 필요하다. 직접비는 소비와 동시에 계산되지만 간접비는 원가계산 기말에만 그 금액을 계산할 수 있다. 원가계산 기간 도중에 완성된 제품의 원가를 신속히 계산하기 위해서는 필수적이다.

㉡ 제조간접비에는 변동비와 고정비가 포함되어 있으므로 생산량의 차이에 따라 제품단위당의 제조간접비 부담액이 다르게 되어 불공평하게 되므로 기초에 미리 그 원가계산 기간의 생산량을 고려한 제조간접비에 의하여 예정배부율을 정하고 이에 의하여 각 제품에 제조간접비를 배부한다.

② 예정배부액의 계산

㉠ 제조간접비 예정배부율의 결정

ⓐ 총제조간접비와 총조업도(시간, 생산량)와의 관계를 결정한다.

ⓑ 연간 총제조간접비를 예측한다.

ⓒ 연간 총예정조업도(시간, 생산량)를 예측한다.

ⓓ 예측된 제조간접비를 예측된 조업도로 나누어 배부율을 결정한다.

$$\text{제조간접비 예정배부율} = \frac{\text{1원가계산기간의 제조간접비 예정총액}}{\text{1원가계산기간의 배부기준의 예정조업도(또는 시간)}}$$

㉡ 제조간접비 예정배부액의 계산

제조간접비예정액 = 제조간접비 예정배부율 × 실제작업시간(실제조업도)

③ **예정배부액의 원가흐름**: 제조간접비를 예정배부하는 경우의 원가흐름은 다음과 같다.

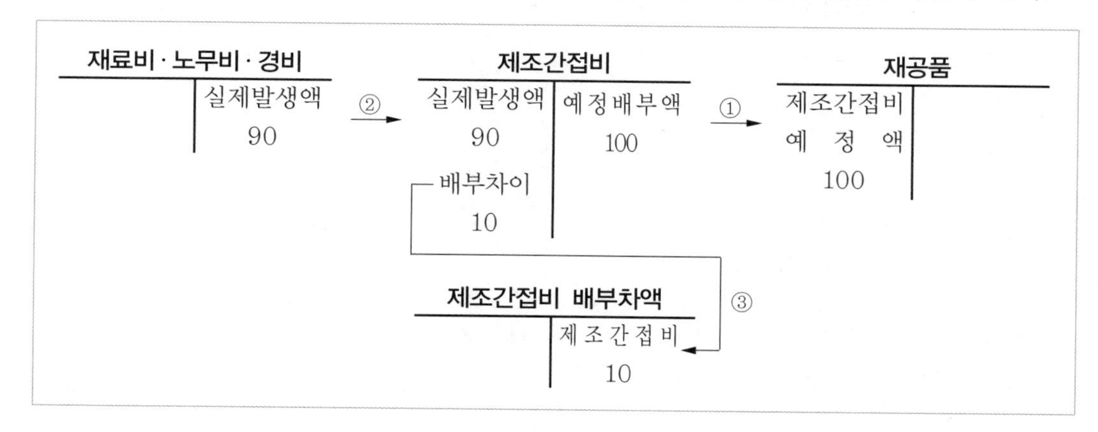

개념적용 문제

04 다음 자료에 의하여 직접노동시간법을 사용하는 경우 제조간접비 예정배부율을 계산하고, 제품 A와 제품 B의 제조간접비를 예정배부액을 계산하시오.

(1) 당연도의 제조간접비 연간 총예상액	₩500,000
(2) 직접노동의 연간 총예상시간	10,000시간
(3) 당월에 완성된 제품 A의 당월 실제 직접노동시간수	500시간
(4) 당월에 완성된 제품 B의 당월 실제 직접노동시간수	400시간

해설

제조간접비 예정배부율	$\frac{500,000}{10,000시간}$ = @₩50	제조간접비 예정배부액	제품 A	500시간 × @₩50 = ₩25,000
			제품 B	400시간 × @₩50 = ₩20,000

05 (주)한국은 제조간접비를 기계시간기준으로 제품에 예정배부하고 있다. 다음 자료를 이용하여 배부차이를 구하시오.

예산		실제	
제조간접비	₩200,000	실제제조간접비	₩180,000
예정기계시간	10,000시간	실제기계시간	9,500시간

해설
- 예정배부율: 200,000 ÷ 10,000시간 = @₩20
- 예정배부액: 9,500시간 × @₩20 = ₩190,000
- 배부차이: 190,000 − 180,000 = ₩10,000(과대배부)

정답 ₩10,000 과대배부

④ **제조간접비 배부차액의 처리**: 제조간접비 예정배부액과 제조간접비 실제발생액의 차액은 제조간접비배부차이계정에 대체한 후 다음과 같이 회계처리한다.

- 제조간접비 실제발생액 < 제조간접비 예정배부액 ⇨ 과대배부(유리한 차이)
- 제조간접비 실제발생액 > 제조간접비 예정배부액 ⇨ 과소배부(불리한 차이)

㉠ **매출원가가감법**: 배부차이를 기간원가로 보는 방법으로서, 과소배부액은 매출원가에 가산하고 과대배부액은 매출원가에서 차감한다.

㉡ **비례배분법**(보충률법): 배부차이를 기간원가가 아니라 제조원가로 보는 방법으로서, 배부차이를 재공품, 제품, 매출원가에 추가적으로 배분하여 실제원가를 계산하는 방법이다.

$$보충률 = \frac{제조간접비\ 배부차액}{배부기준총액(또는\ 시간)}$$

㉢ 기타손익처리법(비정상): 배부차이를 원가성이 없는 것으로 보는 방법으로서, 과소배부액은 기타비용으로 처리하고, 과대배부액은 기타수익으로 처리하는 방법이다.

▶▶ 배부차액의 처리

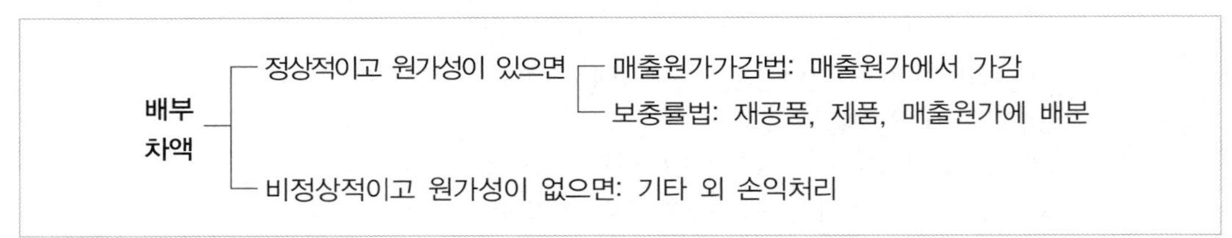

개념적용 문제

06 다음 연속된 거래를 회계처리하시오.

(1) 제조간접비 ₩256,000을 제조에 예정배부하다.
(2) 당기 제조간접비의 실제발생액은 간접재료비 ₩40,000, 간접노무비 ₩70,000, 간접경비 ₩140,000이다.
(3) 배부차액을 제조간접비배부차액계정에 대체하다.
(4) 월말에 제조간접비배부차액계정 대변잔액 ₩6,000을 매출원가로 처리하다.

정답

	차변	금액	대변	금액
(1)	(차) 재공품	256,000	(대) 제조간접비	256,000
(2)	(차) 제조간접비	250,000	(대) 재료비	40,000
			임금	70,000
			경비	140,000
(3)	(차) 제조간접비	6,000	(대) 제조간접비차액	6,000
(4)	(차) 제조간접비차액	6,000	(대) 매출원가	6,000

07 제조간접비 예정액이 ₩123,000이고, 실제액은 ₩125,000이다. 배부차이는 매출원가법으로 회계처리할 때 분개로 옳은 것은?

	차변	금액	대변	금액
①	(차) 제조간접비	2,000	(대) 매출원가	2,000
②	(차) 매출원가	2,000	(대) 제조간접비	2,000
③	(차) 재공품	2,000	(대) 매출원가	2,000
④	(차) 매출원가	2,000	(대) 재공품	2,000
⑤	(차) 제조간접비	2,000	(대) 제조간접비배부차이	2,000

해설

	차변	금액	대변	금액
• 예정배부 시:	(차) 재공품	123,000	(대) 제조간접비	123,000
• 실제배부 시:	(차) 제조간접비	125,000	(대) 각원가요소	125,000
• 배부차이:	(차) 매출원가	2,000	(대) 제조간접비	2,000

정답 ②

08 다음 분개내용을 바르게 추정한 것은?

(차) 제 조 간 접 비	125,000	(대) 제조간접비배부차이	125,000

① 제조간접비 실제소비액이 예정배부액보다 ₩125,000 적다.
② 제조간접비 예정배부액이 실제소비액보다 ₩125,000 적다.
③ 제조간접비 실제소비액은 ₩125,000이다.
④ 제조간접비 예정배부액은 ₩125,000이다.
⑤ 재공품계정 차변에 대체되는 금액은 ₩125,000이다.

해설 제조간접비배부차이가 대변에 있으면 예정배부액이 실제배부액보다 크다는 것을 의미한다. 다시 말하면 실제배부액이 예정배부액보다 적은 것이다.

정답 ①

09 당 원가계산기간의 제조간접비 실제 발생액은 ₩270,000이며, 예정배부율에 의한 배부액은 ₩250,000이었다. 그리고 그 내역은 다음과 같다.

(1) 기 말 재 공 품	₩10,000
(2) 작 업 시 간	400시간
(3) 기 말 제 품	40,000
(4) 작 업 시 간	1,600시간
(5) 당 기 매 출 원 가	200,000
(6) 작 업 시 간	8,000시간

제조간접비배부차액을 보충률을 사용하여 재공품, 제품, 매출원가에 추가배부하는 회계처리를 표시하시오. (단, 보충률은 제조간접비의 예정배부액을 기초로 한다)

해설

(차) 재 공 품	800*	(대) 제 조 간 접 비 차 액	20,000
제 품	3,200**		
매 출 원 가	16,000***		

$* \ 20,000 \times \frac{10,000}{250,000} = ₩800$

$** \ 20,000 \times \frac{40,000}{250,000} = ₩3,200$

$*** \ 20,000 \times \frac{200,000}{250,000} = ₩16,000$

10 **정상원가계산하에서 개별원가계산제도를 적용하는 경우, 과대 또는 과소 배분된 제조간접원가 배부차이를 비례배분법에 의해 조정할 때, 차이조정이 반영되는 계정으로 옳은 것을 모두 고른 것은? (단, 모든 계정잔액은 '0'이 아니다)** 제22회 기출

㉠ 기초재공품	㉡ 기말원재료	㉢ 기말재공품
㉣ 기초제품	㉤ 기말제품	㉥ 매출원가

① ㉠, ㉡, ㉢
② ㉡, ㉢, ㉣
③ ㉡, ㉤, ㉥
④ ㉢, ㉣, ㉤
⑤ ㉢, ㉤, ㉥

해설 제조간접원가 차이는 매출원가에서 조정하거나 비례배분법으로 처리한다. 이때 비례배분법으로 처리하는 경우 비례배분대상은 기말재공품, 기말제품, 매출원가이다.

정답 ⑤

제2절 부문별 원가계산

1. 의의

(1) 원가부문의 의의

원가를 발생한 장소별로 집계할 때 설정되는 계산단위를 말하며, 원가계산을 위해 설정하는 원가발생 장소로서 원가계산을 위한 계산상의 구분으로 원가의 중심점이 된다.

(2) 원가부문의 종류

① **제조부문**: 제품을 직접 제조하는 주된 부문을 말한다.

② **보조부문**: 제품 제조활동에 직접 관여하지 아니하고 제조부문에 자기가 생산한 제품 또는 용역을 제공하는 원가부문을 말하며, 공장관리부문, 보조경영부문 등으로 구분할 수 있다.

(3) 부문별 원가계산의 목적

① **원가계산목적**: 제품의 원가계산에서 제조간접비의 제품별 배부에 정확을 기할 수 있다. 즉, 총제조간접비를 일정한 기준에 의해 바로 제품에 배부하는 것보다 작업직능의 동종성에 따라 원가부문을 설정하여 각 부문별로 제조간접비 발생액과 그 부문에서 가공받은 제품과의 인과관계를 따짐으로써 보다 정확한 제품원가의 계산이 가능해진다.

② **원가관리목적**: 원가발생의 책임과 권한을 부문별로 관리함으로써 실제발생부문비와 표준(또는 예정)발생원가와의 차이에 대하여 원인규명 및 부문관리자에게 책임을 물어 원가관리에 기여한다.

2. 부문별 원가계산의 절차

(1) 부문별 원가계산의 절차

① 부문별로 원가요소를 발생한 장소에 따라 제조부문 및 보조부문에 분류·집계한다.
② 보조부문에 집계된 원가를 적절한 기준에 따라 제조부문에 배부한다.
③ 제조부문비를 적절한 기준에 따라 제품별로 배부한다.

(2) 부문별 원가의 집계

① **부문개별비와 부문공통비**

㉠ 부문개별비: 특정 부문에서 개별적으로 발생하고 그 부문에 대하여 직접 인식할 수 있는 원가요소를 말한다. 따라서 개별비는 각 부문에 직접부과한다.

㉡ 부문공통비: 다수의 부문에서 공통적으로 발생하는 원가요소로서 특정 부문에 직접 부과할 수 없기 때문에 적절한 배부기준에 따라 각 원가부문에 부과한다.

② **부문공통비의 배부**: 부문공통비는 다음과 같은 배부기준에 의해 각 부문에 배부하여, 부문비배분표를 작성하게 된다.

▶▶ 부문공통비의 배부기준 예

부문공통비		배부기준
건물	감가상각비	각 부문의 점유면적 또는 건물의 가액
	보험료	
	재산세	
	수선비	
	임차료	
기계장치	감가상각비	각 부문의 기계장치의 가액
	보험료	
종업원	복리후생비	각 부문의 종업원수
	간접임금	
동력비 등		각 부문의 기계마력수 × 운전시간
전기·가스·수도료 등		측정한 각 부문의 소비량 또는 측정량

개념적용 문제

11 다음 자료에 의하여 부문비배부표를 작성하고 필요한 분개를 하시오.

구분	제1제조부문	제2제조부문	동력부문	수선부문	공장사무부문
종업원수	140명	120명	15명	20명	35명
점유면적	300m²	200m²	30m²	20m²	20m²
작업시간수	8,000시간	7,000시간	400시간	1,000시간	2,000시간

부문비배부표

비목	금액	배부기준	제조부문		보조부문		
			제1부문	제2부문	동력부	수선부	공장사무
부문개별비소계	₩162,000		₩48,000	₩42,000	₩25,000	₩20,000	₩27,000
부문공통비							
간 접 임 금	₩49,500	종업원수					
감가상각비	45,600	점유면적					
임 차 료	22,800	점유면적					
복리후생비	19,800	종업원수					
수도광열비	27,600	작업시간수					
소 계							
합 계							

해설

부문비배부표

원가항목	금액	제1부문	제2부문	동력부문	수선부문	사무부문
부문개별비 소계	₩162,000	₩48,000	₩42,000	₩25,000	₩20,000	₩27,000
부 문 공 통 비						
간 접 임 금	₩49,500	₩21,000	₩18,000	₩2,250	₩3,000	₩5,250
감 가 상 각 비	45,600	24,000	16,000	2,400	1,600	1,600
임 차 료	22,800	12,000	8,000	1,200	800	800
복 리 후 생 비	19,800	8,400	7,200	900	1,200	2,100
수 도 광 열 비	27,600	12,000	10,500	600	1,500	3,000
소 계	₩165,300	₩77,400	₩59,700	₩7,350	₩8,100	₩12,750
합 계	₩327,300	₩125,400	₩101,700	₩32,350	₩28,100	₩39,750

• 간접임금의 배분

– 제1제조부문: $49,500 \times \frac{140명}{330명}$ = ₩21,000

– 제2제조부문: $49,500 \times \frac{120명}{330명}$ = ₩18,000

– 동력부문: $49,500 \times \frac{15명}{330명}$ = ₩2,250

– 수선부문: $49,500 \times \frac{20명}{330명}$ = ₩3,000

– 공장사무부문: $49,500 \times \frac{35명}{330명}$ = ₩5,250

(차) 제1제조부문비	125,400	(대) 제조간접비	327,300
제2제조부문비	101,700		
동력부문비	32,350		
수선부문비	28,100		
공장사무부문비	39,750		

(3) 보조부문의 배부

보조부문비를 제조부문에 대체(배부)하는 방법에는 보조부문 상호간의 용역수수의 반영여부에 따라 다음의 세 가지로 분류하고, 배부하는 기준은 인과관계에 의해 정립되는 것이 이상적이나 인과관계가 명료하지 않은 경우에는 원가의 부담능력 또는 공정성에 의하여 배부기준을 정한다.

보조부문비	배부기준
동력부문비	동력소비량·기계 마력수 또는 마력시간 등
수선부문비	수선작업시간 등
운반부문비	운반중량·운반거리·운반횟수 등
검사부문비	검사수량·검사인원·검사시간 등
재료부문비	출고재료의 가액·수량·중량 등
노무부문비	종업원수·직접작업시간·임금 등
공장사무부문비	종업원수·직접작업시간 등

① **직접배부법**: 보조부문의 원가배분에 있어서 다른 보조부문에 제공한 서비스를 전혀 고려하지 않고 제조부문에만 보조부문의 원가를 배분하는 방법이다. 각 보조부문의 원가는 각 제조부문에 제공한 서비스의 상대적 비율을 기준으로 제조부문에 직접 배분한다. 간편하지만 비합리적이다.

② **단계배부법**: 단계배부법은 보조부문에 제공한 서비스의 일부만을 고려하는 방법이다. 보조부문 상호간의 용역수수 정도를 일부 고려하여 가장 다수의 부문에 용역을 제공하는 차례에 따라 계단처럼 배열한 후 배부하는 방법으로 배부의 순서를 정하는 것이 중요하다.

③ **상호배부법**(연립방정식법): 보조부문 상호간의 용역수수관계를 완전히 고려하여 각 보조부문비를 용역의 제공을 받은 타 보조부문과 제조부문에 배부하는 방법이다. 편의상 1~2차 배부 시에는 보조부문 상호간의 용역수수를 모두 고려하지만, 2~3차 배부 시에는 직접배부법을 채택하여 마무리하는 간편법을 채택하기도 한다.

개념적용 문제

12 다음 중 보조부문비를 제조부문에 배부하는 방법에 해당되지 않는 것은?

① 직접배부법
② 단계식배부법
③ 상호배부법
④ 역계산법
⑤ 연립방정식법

해설 역계산법은 재고자산의 수량을 계산하는 방법이다.

정답 ④

13 다음 자료에 의하여 직접배부법, 단계배부법으로 보조부문비배부표를 작성하고, 보조부문비를 제조부문에 배부하는 분개를 하시오. (단, 단계배부법에서는 수선부문을 먼저 배부한다)

적요	제조부문		보조부문		합계
	절단부문	조립부문	동력부문	수선부문	
자기부문발생액	₩300,000	₩240,000	₩60,000	₩100,000	₩700,000
제공한 용역					
동력부문(kWh)	2,000	2,000	–	1,000	5,000kWh
수선부문(시간)	500	300	200	–	1,000시간

해설

보조부문비배부표(직접배부법)

비목	배부기준	금액	제조부문		보조부문	
			절단부문	조립부문	동력부문	수선부문
자기부문발생액		₩700,000	₩300,000	₩240,000	₩60,000	₩100,000
보조부문비배부						
동력부문비	kWh	60,000	30,000	30,000		
수선부문비	시간	100,000	62,500	37,500		
보조부문비배부액		160,000	92,500	67,500		
		₩700,000	₩392,500	₩307,500		

구분	수선부문비	동력부문비
절단부문	$100,000 \times \frac{500시간}{800시간} = ₩62,500$	$60,000 \times \frac{2,000kWh}{4,000kWh} = ₩30,000$
조립부문	$100,000 \times \frac{300시간}{800시간} = ₩37,500$	$60,000 \times \frac{2,000kWh}{4,000kWh} = ₩30,000$

보조부문비배부표(단계배부법)

원가요소	배부기준	제조부문		보조부문	
		절단부문	조립부문	동력부문	수선부문
자기부문발생액		₩300,000	₩240,000	₩60,000	₩100,000
보조부문비배부					
수선부문비	시간	50,000	30,000	20,000	
동력부문비	kWh	40,000	40,000	₩80,000	
제조부문비합계		₩390,000	₩310,000		

구분	수선부문비	동력부문비
절단부문	$100,000 \times \frac{500시간}{1,000시간} = ₩50,000$	$80,000 \times \frac{2,000kWh}{4,000kWh} = ₩40,000$
조립부문	$100,000 \times \frac{300시간}{1,000시간} = ₩30,000$	$80,000 \times \frac{2,000kWh}{4,000kWh} = ₩40,000$
동력부문	$100,000 \times \frac{200시간}{1,000시간} = ₩20,000$	–

14 다음 자료를 이용하여 상호배부법에 의한 보조부문비배부표를 작성하시오.

적요	제조부문		보조부문		합계
	절단부문	조립부문	동력부문	수선부문	
자기부문발생액	₩300,000	₩200,000	₩140,000	₩200,000	₩840,000
제공한 용역					
동력부문(kWh)	240(40%)	240(40%)	–	120(20%)	600kWh
수선부문(시간)	200(50%)	100(25%)	100(25%)	–	400시간

해설

보조부문비배부표(상호배부법)

원가요소	제조부문		보조부문	
	절단부문	조립부문	동력부문	수선부문
자기부문발생액	₩300,000	₩200,000	₩140,000	₩200,000
보조부문비배부				
동력부문비	80,000	80,000	–	40,000
제부문비	120,000	60,000	60,000	–
제조부문비합계	₩500,000	₩340,000	₩200,000	₩240,000

[상호배부법에 의한 연립방정식]

동력부문의 총원가를 x, 수선부문의 총원가를 y라 하면,

$x = 140,000 + 0.25y$이고, $y = 200,000 + 0.2x$이다.

$x = 140,000 + 0.25(200,000 + 0.2x) = 140,000 + 50,000 + 0.05x$

$x = 140,000 + 50,000 + 0.05x$

$0.95x = 190,000 \quad \therefore x = 200,000$

따라서 수선부문은 $y = 200,000 + (200,000 \times 0.2) = ₩240,000$

3. 제조부문비를 제품에 배부

(1) 제조부문비의 배부

보조부문의 대체가 끝나면 제조부문비를 집계하여 각 제품에 배부하여야 한다. 제조부문비를 배부하는 방법으로 실제배부법과 예정배부법을 사용할 수 있으며, 실제배부액과 예정배부액의 차액은 제조부문비배부차이로 처리한다.

(차) 재 공 품	×××	(대) 절 단 부 문 비	×××
		조 립 부 문 비	×××

(2) 제조부문비의 예정배부

- 제조부문별 제조간접비 예상액 = 자기부문의 연간예상액 + 보조부문비 연간예상액의 배부액
- $\text{제조부문별 예정배부율} = \dfrac{\text{제조부문별 연간 총예상액}}{\text{제조부문별 배부기준의 연간예상액}}$
- 제조부문비 예정배부액 = 실제 배부기준 × 예정배부율

① 제조부문비 예정배부

(차) 재 공 품	×××	(대) 절 단 부 문 비	×××
		조 립 부 문 비	×××

② 부문비 실제배부

(차) 절 단 부 문 비	×××	(대) 제 조 간 접 비	×××
조 립 부 문 비	×××		
동 력 부 문 비	×××		
수 선 부 문 비	×××		

③ 보조부문비 배부

(차) 절 단 부 문 비	×××	(대) 동 력 부 문 비	×××
조 립 부 문 비	×××	수 선 부 문 비	×××

④ 배부차이

㉠ 과대배부 시

(차) 절 단 부 문 비	×××	(대) 부 문 비 배 부 차 이	×××

㉡ 과소배부 시

(차) 부 문 비 배 부 차 이	×××	(대) 조 립 부 문 비	×××

제3절 활동기준원가계산

1. 의의

제품에 대한 소비자의 욕구가 다양화 됨에 따라 제품의 제조방법이 산업 초기의 대량생산방식에서 다품종 소량생산방식으로 전환되고, 그에 따른 제조간접비의 비중이 증가하게 되었다. 제조간접비의 중요성이 증가하는 제조형태에서 전통적인 원가계산방식은 제품별 단순배부기준이나 부문별 배부방식에 의한 원가배분방법으로는 제품의 제조원가가 왜곡되어 원가를 효율적으로 통제하는 것이 어렵게 되었다. 활동기준원가계산(活動基準原價計算, ABC; Activity Based Costing)은 제품을 제조하는 활동을 분석하여 제조간접비를 발생시키는 원가동인을 추적하고 제조간접비를 활동단위별로 집계하여 제품별로 배분하는 원가계산방식이다.

▶ 전통적 원가계산과 활동기준원가계산의 비교

[전통적 원가계산]

원가
- 직접원가 ——— 제품별 직접 집계 ——→ 제품
- 제조간접비 ——— 제품별 배부기준에 따라 배부 ——→ 제품
  - 제품별 직접재료비, 직접노무비, 직접원가기준
  - 기계별, 부문별 제조간접비 배부기준 등

[활동기준원가계산]

원가
- 직접원가 ——— 제품별 직접 집계 ——→ 제품
- 제조간접비 ——— 활동단위별 원가동인에 따라 배부 ——→ 제품
  - 제품단위수준활동
  - 묶음수준활동
  - 제품유지활동
  - 설비유지활동 등

2. 활동기준원가계산의 절차

(1) 활동단위(Activity Level)분석

① **제품단위수준활동**(Unit Level): 제품의 생산량에 따라 제품단위별로 원가가 발생하는 활동으로서 제품의 제조를 위한 기계활동, 직접노동활동, 전수 검사활동 등을 예로 들 수 있다.

② **묶음수준활동**(Batch Level): 개별적인 제품단위별로 발생하지 않고 일정량의 제품묶음단위별로 이루어지는 활동으로서 생산준비작업활동, 재료의 수령 및 관리활동, 묶음별 검사활동 등을 예로 들 수 있다.

③ **제품유지활동**(Product Level): 개별적인 제품이나 생산되는 제품의 묶음단위별로 발생하지 않고 제품의 종류별로 나타나는 활동으로서 제품생산공정의 개발, 제조기술의 개발, 제품종류별 성능검사활동 등을 예로 들 수 있다.

④ **설비유지활동**(Facility Level): 공장 전체의 제조공정을 유지·관리하는 활동으로서 제품의 개별적인 생산활동이나 묶음단위활동, 제품종류별 활동에 영향을 주지 않는다. 공장관리, 조경작업, 냉난방활동, 안전관리활동 등을 예로 들 수 있다.

(2) 활동단위와 단위별 원가동인 결정

제품의 제조활동을 분석하여 제조간접비를 배부하기 위한 활동단위(활동중심점)를 결정하고, 활동별 제조간접비의 배부기준이 되는 원가동인을 결정한다. 원가동인은 원가의 소비형태와 원가동인과의 인과관계가 높아야 한다.

▶▶ 활동중심점별 원가동인의 예

활동중심점	발생원가의 종류	원가동인
단위수준활동	기계운전공 임금	작업시간
	기계동력비	기계운전시간
	공장소모품	제품생산량
묶음수준활동	재료관리원가	재료수량
	제품생산준비활동비용	준비횟수
	묶음별 검사활동비용	검사횟수
제품유지활동	제품생산공정개발비용	제품종류의 수
	제품품질관리비용	품질검사횟수
	부품조달원가	부품종류별 수량
설비유지활동	공장관리비용	노동시간
	안전관리활동비용	종업원수
	시설유지·관리비	시설의 장부가액

(3) 제조간접비의 활동단위별 집계

제조간접비를 제품별로 배부하기 위하여 활동단위별로 집계한다.

(4) 활동단위별 제조간접비 배부율 계산

활동단위별 제조간접비 ÷ 원가동인 = 활동단위별 제조간접비 배부율

(5) 제조간접비의 제품별 배부

제품별 원가동인 × 제조간접비 배부율 = 제품별 제조간접비 배부액

3. 활동기준원가계산의 장단점

(1) 장점

① 전통적 원가계산방법에 비하여 제품의 제조원가의 왜곡현상이 감소하여 정확한 제품제조원가의 계산이 가능하다.
② 제품별 가격 결정, 원가관리·원가의 효율적인 통제에 유용하다.
③ 공정별 성과평가기능이 향상되어 경영조직의 개선 등 경영관리에 유용하다.

(2) 단점

① 활동단위의 분석 및 활동기준원가계산제도 구축을 위한 비용부담이 증가한다.
② 활동단위 결정에 주관적인 판단이 개입될 여지가 크다.
③ 원가의 집계단위수가 증가하여 계산절차가 복잡하다.

개념적용 문제

15 활동기준원가계산에 관한 설명으로 옳지 않은 것은? 제19회 기출

① 전통적인 원가계산에 비해 배부기준의 수가 많다.
② 활동이 자원을 소비하고 제품이 활동을 소비한다는 개념을 이용한다.
③ 제조원가뿐만 아니라 비제조원가도 원가동인에 의해 배부할 수 있다.
④ 활동을 분석하고 원가동인을 파악하는 데 시간과 비용이 많이 발생한다.
⑤ 직접재료원가 이외의 원가를 고정원가로 처리한다.

해설 직접재료원가 등은 변동원가이고 고정제조간접비만 고정원가로 처리한다.

정답 ⑤

16 **활동기준원가계산과 관련된 기술 중에서 옳지 않은 것은?**

① 활동기준원가계산은 제조원가 중에서 제조간접비의 비중이 높은 기업에 특히 유용하다.

② 다품종 소량생산업체가 적용할 경우 도움이 된다.

③ 각 제품에 필요한 원가동인을 파악하고, 이를 바탕으로 불필요한 활동을 제거해 원가를 절감할 수 있다.

④ 활동기준원가계산은 의사결정, 원가계획 및 통제, 제품원가계산 등 경영 전반적인 면에서 도움이 된다.

⑤ 제조업체에서는 유용하게 이용될 수 있지만, 서비스업에는 적용하기 곤란하다.

해설 활동기준원가계산은 제조업뿐만 아니라 서비스업에도 적용이 가능하다.

정답 ⑤

CHAPTER

02 기출 & 예상문제로 완벽 복습

01 제조간접원가에 대한 설명으로 옳지 않은 것은?

① 제품에 배부되는 원가를 직접 추적할 수 없는 간접원가이다.
② 추적이 가능한 경우 인과관계에 의한 배부기준의 선택이 용이하다.
③ 제조간접원가는 가공(전환)원가에 해당된다.
④ 신속한 원가계산과 판매가격의 결정 시 필요성에 따라 예정원가배부법이 적용된다.
⑤ 실제원가배부의 경우 동일한 제품에 매기 상이한 제품단위당 원가가 계산되는 단점이 있다.

해설 제조간접비는 추적이 불가능하며, 인과관계의 기준을 적용하여 원가배분을 하는 것이 쉽지는 않다.

02 제조간접비를 예정배부할 때 적용되는 계산식으로 옳은 것은?

① 실제배부기준 × 실제배부율
② 예정배부기준 × 예정배부율
③ 예정배부기준 × 실제배부율
④ 실제배부기준 × 예정배부율
⑤ 예정배부기준 × 기준배부율

해설
• 예정배부율: 예정제조간접비 총액 ÷ 예정총배부기준(시간)
• 예정배부액: 실제배부기준(시간) × 예정배부율

01 ② 02 ④ 정답

03 제조간접비 연간예산이 ₩1,000,000이고, 기계작업시간 연간예산이 50,000시간일 때, 만일 기말에 실제 기계작업시간이 60,000시간, 실제 제조간접비발생액이 ₩900,000인 것으로 판명되었다면, 제조간접비 과대 또는 과소배부액은?

① ₩100,000 과대
② ₩200,000 과대
③ ₩300,000 과대
④ ₩300,000 과소
⑤ ₩200,000 과소

해설
- 제조간접비 예정배부율: $\frac{\text{제조간접비연간예산액}(1,000,000)}{\text{연간예산기계작업시간}(50,000\text{시간})}$ = @₩20
- 제조간접비 예정배부액: 실제기계작업시간(60,000시간) × 제조간접비 예정배부율(@₩20) = ₩1,200,000
- 배부차이: 예정배부액(1,200,000) − 실제발생액(900,000) = ₩300,000 과대

04 (주)한국은 정상개별원가계산제도를 적용하고 있다. 다음의 자료에 의할 때 기간 중 예정조업도는?

- 연간 제조간접비 예산액: ₩3,600,000
- 연간 제조간접비 예정조업도: (　　)시간
- 실제 직접노무시간: 10,000시간
- 실제 제조간접비 발생액: ₩3,200,000
- 제조간접비배부차이: ₩200,000 과소배부

① 10,000시간
② 11,000시간
③ 12,000시간
④ 13,000시간
⑤ 14,000시간

해설
- 제조간접원가 예정배부액: 3,200,000 − 200,000 = ₩3,000,000
- 제조간접원가 예정배부율: $\frac{3,000,000}{10,000\text{시간}}$ = @₩300
- 제조간접원가 예정조업도(시간): $\frac{3,600,000}{@₩300}$ = 12,000시간

05 (주)한국은 정상원가계산(Normal Costing)을 적용하고 있으며, 제조간접원가 배부기준은 직접노무시간이다. 20×1년 제조간접원가 예산은 ₩10,000이고, 예정 직접노무시간은 100시간이었다. 20×1년 실제 직접노무시간은 90시간, 제조간접원가 부족(과소)배부액은 ₩1,000이었다. 제조간접원가 실제발생액은? 제17회 기출

① ₩7,000
② ₩8,000
③ ₩9,000
④ ₩10,000
⑤ ₩11,000

- 제조간접원가의 예정배부율: $\frac{10{,}000}{100\text{시간}}$ = @₩100
- 제조간접원가의 예정배부액: 90시간 × @₩100 = ₩9,000
- 과소배부 ₩1,000은 실제액보다 예정액이 ₩1,000 적다는 것을 의미하기 때문에 실제제조간접원가는 ₩10,000이다.

06 (주)한국은 기계가동시간을 기준으로 제조간접원가 예정배부율을 계산하고 있다. (주)한국의 20×1년 정상기계가동시간은 10,000시간이고 제조간접원가 예산은 ₩330,000이다. 20×1년 실제기계가동시간은 11,000시간이고 제조간접원가 실제발생액은 ₩360,000이다. 20×1년 제조간접원가 배부차이 조정 전 매출원가가 ₩5,220,000일 경우 매출원가조정법으로 배부차이를 조정한 후의 매출원가는? 제15회 기출

① ₩5,187,000
② ₩5,190,000
③ ₩5,217,000
④ ₩5,223,000
⑤ ₩5,250,000

해설
- 제조간접비 예정배부율: 330,000 ÷ 10,000시간 = @₩33
- 제조간접비 예정배부액: 11,000시간 × @₩33 = ₩363,000
- 제조간접비 배부차이: 363,000(예정) − 360,000(실제) = ₩3,000 과대(유리)
- 배부차이를 조정한 후의 매출원가: 5,220,000 − 3,000[과대(유리)] = ₩5,217,000

03 ③ 04 ③ 05 ④ 06 ③ 정답

07 (주)한국은 직접노무시간을 기준으로 제조간접원가를 예정배부하고 있다. 20×1년도 예산 직접노무시간은 20,000시간이며, 제조간접원가 예산은 ₩640,000이다. 20×1년도 제조간접원가 실제 발생액은 ₩700,000이고, ₩180,000이 과대배부되었다. 실제 직접노무시간은? 제20회 기출

① 16,250시간
② 18,605시간
③ 24,450시간
④ 25,625시간
⑤ 27,500시간

해설
- 제조간접비 예정배부율: 640,000 ÷ 20,000시간 = @₩32
- 제조간접비 예정배부액: 실제발생액(700,000) + 과대배부(180,000) = ₩880,000
- 실제직접노무시간: 880,000 ÷ @₩32 = 27,500시간

08 정상개별원가계산제도를 채택하고 있는 (주)한국의 20×1년도 원가자료는 다음과 같다.

	직접재료원가	직접노무원가	제조간접원가
• 기 초 재 공 품	₩12,000	₩15,000	₩19,500
• 당기실제발생액	72,000	84,000	118,000
• 기 말 재 공 품	5,000	9,000	11,700

(주)한국이 직접노무원가 기준으로 제조간접원가를 예정배부하고 배부차이는 매출원가에서 전액 조정할 경우 20×1년도 제조간접원가 배부차이는? (단, 매년 제조간접원가 예정배부율은 동일하다) 제19회 기출

① ₩7,800 과대
② ₩8,800 과소
③ ₩9,200 과대
④ ₩9,500 과소
⑤ ₩9,800 과대

해설
- 매년 제조간접원가 예정배부율이 동일하므로 기초재공품으로 예정배부율을 구한다.
- 제조간접비 예정배부율: $\frac{19,500}{15,000}$ = 130%
- 제조간접비 예정배부액: 직접노무원가(84,000) × 130% = ₩109,200
- 제조간접비 배부차이: 109,200 − 118,000 = ₩8,800 과소

09 (주)한국은 정상개별원가계산제도를 채택하고 있다. 제조간접원가는 직접노무원가를 기준으로 예정배부하고 있으며, 제조간접원가 배부차이는 전액 매출원가에서 조정하고 있다. 당기 원가 자료가 다음과 같을 때, 당기제품제조원가는? (단, 제조간접원가 예정배부율은 매 기간 동일하다)

제24회 기출

구분	직접재료원가	직접노무원가	제조간접원가
기초재공품	₩2,500	₩2,800	₩4,200
당기실제발생액	15,000	18,000	25,500
기말재공품	3,000	3,800	?

① ₩55,500　　② ₩56,000
③ ₩56,500　　④ ₩57,000
⑤ ₩57,500

해설

재공품

차변	금액	대변	금액
기초재공품	₩9,500	제품제조원가	₩57,000
직접재료원가	15,000	기말재공품	12,500
직접노무원가	18,000		
제조간접원가	27,000		
	₩69,500		₩69,500

- 기초재공품의 제조간접비 예정배부율: 4,200 ÷ 2,800 = 1.5
- 기말재공품의 제조간접원가: 3,800 × 1.5 = ₩5,700
- 제조간접원가 예정배부액: 18,000 × 1.5 = ₩27,000

07 ⑤　08 ②　09 ④　정답

10 **제조간접비의 예정배부 ₩10,000, 실제배부 ₩15,000인 경우의 배부차액을 보충률법에 의하여 회계 처리할 때, 매출원가 가감법에 의해 처리할 때에 비하여 당기순이익에는 어떠한 영향을 미치겠는가?**

매출원가	기말재공품	기말제품
₩6,000	₩1,000	₩3,000

① ₩3,000만큼 당기순이익이 증가한다.
② ₩2,000만큼 당기순이익이 증가한다.
③ ₩1,500만큼 당기순이익이 증가한다.
④ ₩500만큼 당기순이익이 증가한다.
⑤ ₩5,000만큼 당기순이익이 증가한다.

해설 • 보충률법에 의한 회계처리

(차) 매출원가 (60%)	3,000	(대) 제조간접비	5,000
재공품 (10%)	500		
제품 (30%)	1,500		

• 매출원가 가감법에 의한 회계처리

(차) 매출원가	5,000	(대) 제조간접비	5,000

• 보충률법에 의할 때 매출원가가 작으므로 당기순이익이 ₩2,000 크다.

11 **보조부문원가 배부방법에 관한 설명으로 옳지 않은 것은?** 제16회 기출

① 직접배부법은 보조부문 상호간의 용역수수관계를 전혀 고려하지 않은 방법이다.
② 단계배부법은 보조부문원가의 배부순서를 정하여 그 순서에 따라 단계적으로 보조부문원가를 다른 보조부문과 제조부문에 배부하는 방법이다.
③ 단계배부법은 보조부문 상호간의 용역수수관계를 일부 고려하는 방법이다.
④ 상호배부법은 보조부문 상호간의 용역수수관계가 중요하지 않을 때 적용하는 것이 타당하다.
⑤ 상호배부법은 보조부문 상호간의 용역수수관계를 모두 고려하여 보조부문원가를 다른 보조부문과 제조부문에 배부하는 방법이다.

해설 상호배부법은 보조부문 상호간의 용역수수관계가 중요한 경우 적용하는 것이 타당하다.

12 (주)한국은 보조부문 A와 B, 제조부문 X와 Y를 가지고 있다. 단계배부법을 적용할 때 제조부문 X에 집계된 부문원가 총액은? (단, 보조부문 B부터 배부한다) 제20회 기출

• 부문원가 및 배부기준

구분	보조부문		제조부문		합계
	A	B	X	Y	
부문개별원가	₩12,000	₩26,000	₩30,000	₩40,000	₩108,000
부문공통원가					₩40,000
부문공통원가 배부기준	200kWh	100kWh	300kWh	400kWh	1,000kWh

• 각 부문 간 용역수수관계

사용처 / 제공처	보조부문		제조부문	
	A	B	X	Y
A	–	20%	60%	20%
B	30%	–	40%	30%

① ₩71,400
② ₩73,670
③ ₩75,750
④ ₩76,400
⑤ ₩77,600

해설

구분	보조부문		제조부문		합계
	A	B	X	Y	
부문개별원가	₩12,000	₩26,000	₩30,000	₩40,000	₩108,000
부문공통원가	0.2(8,000)	0.1(4,000)	0.3(12,000)	0.4(16,000)	₩40,000
자기부문액	₩20,000	₩30,000	₩42,000	₩56,000	
보조부문배부					
A	–	20%	60%(21,750)	20%(7,250)	
B	30%(9,000)	–	40%(12,000)	30%(9,000)	
제조부문합계			₩75,750	₩72,250	

10 ② 11 ④ 12 ③ 정답

13 (주)한국은 1개의 보조부문 S와 2개의 제조부문 P1과 P2를 통해 제품을 생산하고 있다. 부문공통원가인 화재보험료와 감가상각비는 각 부문의 점유면적을 기준으로 배분한다.

20×1년 6월의 관련자료가 다음과 같을 때 보조부문원가를 배분한 후 제조부문 P1의 부문원가(총액)는? 제27회 기출

	보조부문	제조부문		계
	S	P1	P2	
부문공통원가 화재보험료 감가상각비				 ₩16,000 14,000
부문개별원가	₩10,000	₩15,000	₩18,000	
점유면적(m^2)	20	30	50	100
용역수수관계(%)	20	50	30	100

① ₩21,000 ② ₩24,000
③ ₩28,000 ④ ₩32,000
⑤ ₩34,000

해설
- 보조부문 S의 부문공통비 배부: 30,000 × 0.2 = ₩6,000
- 제조부문 P1의 부문공통비 배부: 30,000 × 0.3 = ₩9,000
- 제조부문 P2의 부문공통비 배부: 30,000 × 0.5 = ₩15,000
- 보조부문 S의 부문비 합계: 10,000 + 6,000 = ₩16,000
- 보조부문 S의 제조부문 P1의 배부: 16,000 × $\frac{50}{80}$ = ₩10,000
- 제조부문 P1의 부문비 합계: 15,000 + 9,000 + (10,000) = ₩34,000

14 (주)한국은 두 개의 보조부문(S1, S2)과 두 개의 제조부문(P1, P2)으로 제품을 생산하고 있다. 각 부문원가와 용역수수관계는 다음과 같다.

구분	보조부문		제조부문		계
	S1	S2	P1	P2	
부문원가	?	₩140,000	–	–	
S1	–	40	20	40	100%
S2	30	–	40	30	100%

직접배부법으로 보조부문원가를 배부한 결과, P1에 배부된 보조부문의 원가 합계액이 ₩120,000인 경우, S1에 집계된 부문원가는? 제25회 기출

① ₩100,000
② ₩110,000
③ ₩120,000
④ ₩130,000
⑤ ₩140,000

해설
- S2 ₩140,000의 배부
  - 제조부문 P1: 140,000 × 4/7 = ₩80,000
  - 제조부문 P2: 140,000 × 3/7 = ₩60,000
- P1의 제조부문 합계: S1(x) + S2(80,000) = ₩120,000 ∴ S1(x) = ₩40,000
- S1에 집계된 부문원가: y × 20/60 = ₩40,000 ∴ y = ₩120,000

15 (주)한국은 보조부문 A와 B 그리고 제조부문 C와 D를 두고 있다. 보조부문 A와 B의 원가는 각각 ₩400,000과 ₩480,000이며, 각 부문의 용역수수관계는 다음과 같다.

사용처 / 제공처	보조부문		제조부문	
	A	B	C	D
A	–	20%	30%	50%
B	40%	–	30%	30%

(주)한국이 단계배부법을 이용하여 보조부문원가를 제조부문에 배부할 경우 제조부문 D가 배부 받을 보조부문원가 합계는? (단, 배부순서는 A부문원가를 먼저 배부한다) 제19회 기출

① ₩320,000
② ₩344,000
③ ₩368,000
④ ₩480,000
⑤ ₩490,000

해설
- A보조부문의 B보조부문 배부액: 400,000 × 0.2 = ₩80,000
- A보조부문의 D제조부문 배부액: 400,000 × 0.5 = ₩200,000
- B보조부문의 D제조부문 배부액: (480,000 + 80,000) × 0.5 = ₩280,000
- D제조부문의 배부액: 200,000 + 280,000 = ₩480,000

사용처 / 제공처	보조부문		제조부문	
	A: ₩400,000	B: ₩480,000	C: ₩400,000	D: ₩480,000
A	–	20%(80,000)	30%(120,000)	50%(200,000)
B	40%	–	30%(280,000)	30%(280,000)

13 ⑤ 14 ③ 15 ④ 정답

16 (주)한국은 두 개의 보조부문(S1, S2)과 두 개의 제조부문(P1, P2)을 운영하며, 단계배부법을 사용하여 보조부문원가를 제조부문에 배분한다. 보조부문원가 배분 전 S1에 집계된 원가는 ₩120,000이고, S2에 집계된 원가는 ₩110,000이다. 부문 간의 용역수수관계가 다음과 같을 때, P1에 배분될 총 보조부문원가는? (단, S1 부문원가를 먼저 배분한다) 제26회 기출

사용 / 제공	S1	S2	P1	P2
S1	20%	20%	20%	40%
S2	30%	–	42%	28%

① ₩88,800　② ₩96,000
③ ₩104,400　④ ₩106,000
⑤ ₩114,000

해설

- S1의 S2 배부: $120,000 \times \frac{20\%}{80\%}$ = ₩30,000
- S1의 P1 배부: $120,000 \times \frac{20\%}{80\%}$ = ₩30,000
- S2의 보조부문원가: 110,000 + 30,000 = ₩140,000
- S2의 P1 배부: $140,000 \times \frac{42\%}{70\%}$ = ₩84,000
- P1의 보조부문원가 합계: 84,000 + 30,000 = ₩114,000

17 (주)한국은 제조부문과 보조부문을 이용하여 제품을 생산하고 있다. 보조부문에서 제공한 용역량은 다음과 같으며, 수선부문과 관리부문에 집계된 원가가 각각 ₩160,000과 ₩80,000이다.

사용처 / 제공처	제조부문		보조부문		합계
	절단	조립	수선	관리	
수선(시간)	400	200	600	400	1,600
관리(m^2)	4,000	4,000	8,000	4,000	20,000

상호배부법으로 보조부문원가를 배부할 때 필요한 연립방정식으로 옳은 것은? (단, 배부해야 할 총수선부문원가와 총관리부문원가를 각각 M과 F라 한다) 제13회 기출

① M = 160,000 + 0.5F, F = 80,000 + 0.25M
② M = 160,000 + 0.4F, F = 80,000 + 0.25M
③ M = 160,000 + 0.5F, F = 80,000 + 0.4M
④ M = 160,000 + 0.4F, F = 80,000 + 0.5M
⑤ M = 160,000 + 0.4F, F = 80,000 + 0.4M

해설

제공처 \ 사용처	제조부문		보조부문		합계
	절단	조립	수선	관리	
수선(시간)	400(0.4)	200(0.2)	–	400(0.4)	1,000
관리(m^2)	4,000(0.25)	4,000(0.25)	8,000(0.5)	–	16,000

- 수선부문 M: ₩160,000 + 0.5F
- 관리부문 F: ₩80,000 + 0.4M

18 (주)한국은 두 개의 보조부문(S1, S2)과 두 개의 제조부문(P1, P2)으로 제품을 생산하고 있다. 각 부문원가와 용역수수관계는 다음과 같다.

구분	보조부문		제조부문		계
	S1	S2	P1	P2	
부문원가	₩250,000	₩152,000	–	–	
S1	–	40	20	40	100%
S2	40	–	40	20	100%

상호배부법으로 보조부문원가를 배부한 결과, S1의 총부문원가는 S2로부터 배부받은 금액 ₩120,000을 포함하여 ₩370,000이었다. P2에 배부되는 보조부문원가 합계액은? 제23회 기출

① ₩164,400
② ₩193,200
③ ₩194,000
④ ₩208,000
⑤ ₩238,400

해설
- S1: 250,000 + [0.4 × S2(300,000)] = ₩370,000
- S2: 152,000 + [0.4 × S1(370,000)] = ₩300,000
- P2의 보조부문원가: S1(370,000 × 0.4) + S2(300,000 × 0.2) = ₩208,000

16 ⑤ 17 ③ 18 ④ 정답

19 (주)한국은 활동기준원가계산 방법을 사용하고 있으며, 제품 A와 제품 B를 생산하고 있다. A 제품의 연간 생산량은 4,000단위이고 B제품은 3,000단위이다. (주)한국은 다음의 활동을 수행하고 있으며 이에 관한 정보는 다음과 같다.

활동집합	제조간접비	원가동인의 수	
		A제품	B제품
자재구매 활동	₩30,000	200	300
조립작업 활동	50,000	600	400
제품검사 활동	20,000	500	500

위의 자료에 의하여 활동기준원가계산 방법을 사용하여 A제품의 단위당 제조간접비를 구하면 얼마인가?

① ₩20　② ₩23　③ ₩17.3
④ ₩13　⑤ ₩15

해설 • A제품의 활동별 배부현황

– 자재구매: $30,000 \times \frac{200}{500}$ = ₩12,000

– 조립작업: $50,000 \times \frac{600}{1,000}$ = ₩30,000

– 제품검사: $20,000 \times \frac{500}{1,000}$ = ₩10,000

• A제품의 제조간접비: 52,000 ÷ 4,000단위 = @₩13

20 (주)한국은 전환원가에 대해 활동기준원가계산을 적용하고 있다. 회사의 생산 활동, 활동별 배부기준, 전환원가 배부율은 다음과 같다.

활동	배부기준	전환원가 배부율
기계작업	기계작업시간	기계작업시간당 ₩50
조립작업	부품수	부품 1개당 ₩10
품질검사	완성품 단위	완성품 1단위당 ₩30

당기에 완성된 제품은 총 50단위이고, 제품 단위당 직접재료원가는 ₩100이다. 제품 1단위를 생산하기 위해서는 2시간의 기계작업시간과 5개의 부품이 소요된다. 당기에 생산된 제품 50단위의 총제조원가는? 제17회 기출

① ₩9,000　② ₩12,000　③ ₩14,000
④ ₩16,000　⑤ ₩18,000

해설
- 직접재료원가: 50개 × 100 = ₩5,000
- 기계작업원가: 50개 × 2시간 × 50 = 5,000
- 조립작업원가: 50개 × 5개 × 10 = 2,500
- 품질검사원가: 50개 × 30 = 1,500
- 총제조원가: ₩14,000

21 (주)한국은 A제품과 B제품을 생산·판매하고, 제조간접원가 배부를 위해 활동기준원가계산을 적용한다. (주)한국은 A제품 200개와 B제품 100개를 생산하여 A제품은 모두 판매하였으며, 제조원가 산정을 위한 자료는 다음과 같다. (주)한국의 매출원가는? (단, 기초제품과 기말제품은 없다)

구분	A제품	B제품
직접재료원가	₩20,000	₩15,000
직접노무원가	15,000	12,500

활동	원가동인	활동사용량		
		A제품	B제품	계
작업준비 ₩8,000	준비횟수	30회	20회	50회
제품검사 ₩5,000	검사시간	7시간	3시간	10시간

① ₩43,300
② ₩43,000
③ ₩42,300
④ ₩33,300
⑤ ₩32,200

해설
- A제품의 제조간접원가: ₩6,500
  - 작업준비: $8,000 \times \frac{30회}{50회}$ = ₩4,800
  - 제품검사: $5,000 \times \frac{7시간}{10시간}$ = ₩3,500
- A제품의 매출원가: 재료비(20,000) + 노무비(15,000) + 제조간접원가(8,300) = ₩43,300

19 ④ 20 ③ 21 ① 정답

22 (주)한국은 복수의 제품을 생산·판매하고 있으며, 활동기준원가계산을 적용하고 있다. (주)한국은 제품원가계산을 위해 다음과 같은 자료를 수집하였다.

구분	활동원가	원가동인	총원가동인 수
조립작업	₩500,000	조립시간	25,000시간
주문처리	75,000	주문횟수	1,500회
검사작업	30,000	검사시간	1,000시간

제품	생산 수량	단위당 직접제조원가		조립 작업	주문 처리	검사 작업
		직접재료원가	직접노무원가			
A	250개	₩150	₩450	400시간	80회	100시간

(주)한국이 당기에 A제품 250개를 단위당 ₩1,000에 판매한다면, A제품의 매출총이익은?

제22회 기출

① ₩65,000 ② ₩70,000
③ ₩75,000 ④ ₩80,000
⑤ ₩85,000

해설 • 매출총이익: 매출액(250개 × 1,000) − 매출원가(250개 × 660) = ₩85,000

− 조립작업: $500,000 \times \frac{400시간}{25,000시간} = ₩8,000$

− 주문처리: $75,000 \times \frac{80회}{1,500회} = ₩4,000$

− 검사작업: $30,000 \times \frac{100시간}{1,000시간} = ₩3,000$

• 단위당 제조간접원가: (8,000 + 4,000 + 3,000) ÷ 250개 = @₩60
• A제품의 제조원가: 150 + 450 + 60 = @₩660

22 ⑤ 정답

CHAPTER

03 개별원가계산

회독체크 1 2 3

CHAPTER 미리보기

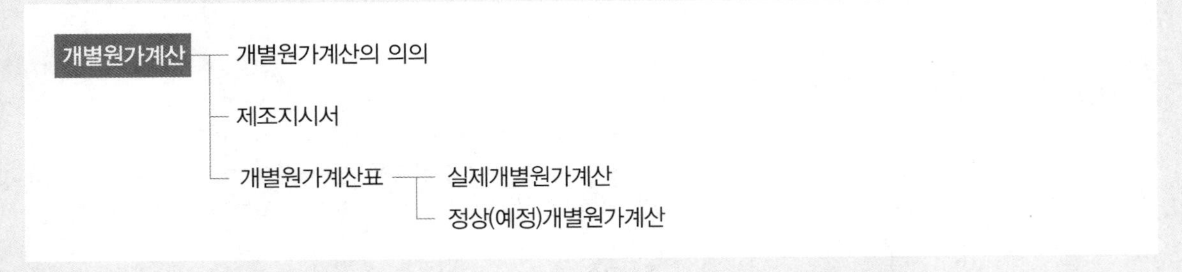

학습전략

본 단원은 개별원가계산에 관한 내용으로 출제빈도가 낮아 시험에서는 1문항 정도 출제되고 있습니다. 주문생산형태의 기업에서 사용하는 원가계산방법으로 제조간접비의 배부가 가장 중요한 과정이며, 실제개별원가계산과 정상(예정)개별원가계산이 있습니다. 이 중 정상개별원가계산이 중요하고, 제조간접원가 배부방법을 암기해야 합니다.

학습키워드

- 실제 제조간접비
- 예정 제조간접비
- 제조지시서(#)

1. 개별원가계산의 의의

개별원가계산은 특별주문이나 개별수요에 따라 제품의 종류나 규격을 달리하는 특정의 제품을 개별적으로 생산하는 기업에서 사용하는 원가계산제도이다. 즉, 여러 종류의 제품을 개별적으로 생산(다품종 소량생산)하는 경우에 주로 사용하는 원가계산 방법이며, 건설업·조선업·기계제작업·가구제조업·영화제작업 등에서 주로 사용한다. 이와 같은 기업들은 개별 제품별로 품질, 규격, 형태 등이 차이가 나기 때문에 각 제품마다 제조지시서별로 원가를 집계한다.

참고 개별원가계산이 적용되는 경우의 사례

- 조선회사가 선박을 제조하는 경우
- 인쇄소가 대학신문의 인쇄를 주문받는 경우
- 주물공장이 특수부품을 제작하는 경우
- 영화제작회사가 영화를 제작하는 경우
- 병원이 환자에게 의료비를 청구하는 경우
- 공구제조회사가 제조용 선반을 제작하는 경우
- 기업이 자체노동력을 이용하여 창고를 건설하는 경우
- 기타

개념적용 문제

01 다음 중 개별원가계산 방식에 의해 제품원가를 계산하는 것이 적합한 경우로 옳은 것은?

① 선박제조
② 화학제품
③ 제분업
④ 시멘트
⑤ 벽돌업

해설 선박을 제조하는 조선업의 경우는 개별적으로 원가계산을 한다.

정답 ①

2. 제조지시서

제조지시서는 어느 특정 제품의 생산을 위하여 발행되는 작업명령서로서 제조지령서(제조명령서)라고도 한다. 이러한 제조지시서의 발행으로 인하여 공장에서는 제조활동을 시작하게 되며 당해 작업에 필요한 원재료, 노동력 및 제반 경비를 사용할 수 있는 권한이 생기고 모든 원가를 집계하게 되어 원가관리를 할 수 있게 된다. 제조지시서에는 특정제조지시서와 계속제조지시서가 있는데, 개별원가계산에서 사용되는 제조지시서를 특정제조지시서라고 하고, 종합원가계산에서 사용되는 제조지시서를 계속제조지시서라 한다. 일반적으로 제조지시서라 함은 특정제조지시서를 의미한다. 제조지시서에는 일련의 번호가 지정되는데, 이 번호는 그 지시서에 의하여 제조되는 제품의 고유번호로 삼게 된다. 또한 원가집계도 제조지시서에 의하여 이루어지게 되므로 제조지시서는 개별원가계산에서 가장 중요하다고 할 수 있다.

3. 개별원가계산표

각 제품의 제조과정에서 발생하는 제조원가를 집계하기 위한 명세서로서 직접재료비, 직접노무비, 제조간접비가 상세히 기록되며 각 제조지시서마다 한 장씩 작성되기 때문에 지시서별 원가계산표라고도 한다. 개별원가계산은 제품원가를 개별 제품별로 구분하여 집계하므로 직접원가와 간접원가의 구분이 필요하다. 여기에서 직접원가(직접재료비, 직접노무비)는 개별 제품과 관련하여 직접 발생한 원가이므로 발생과 동시에 개별 제품에 부과하지만, 제조간접비는 개별 제품과 관련하여 직접 발생한 원가가 아니므로 이를 별도로 배부하는 절차가 필요하다. 직접재료비와 직접노무비는 소비와 동시에 곧 계산이 가능하지만, 제조간접비는 원가계산 기간이 종료된 시점에서만 실제 발생액을 알 수 있으므로 기중에는 제품원가를 파악할 수 없다는 단점이 있다. 이를 해소하기 위하여 제조간접비를 실제 발생액을 기준으로 배부하지 않고 예정배부율을 이용하여 배부하는 경우도 많다.

참고 개별원가계산의 종류

- **실제개별원가계산**: 모든 원가요소(직접비, 간접비)를 실제소비액을 이용하여 원가계산을 하는 방법
- **정상개별원가계산**(예정개별원가계산): 직접비(직접재료비, 직접노무비)는 실제소비액을 이용하여 원가계산을 하고, 제조간접비는 예정배부액을 이용하여 원가계산을 하는 방법

(1) 실제개별원가계산

실제 발생된 직접재료비, 직접노무비, 제조간접비를 사용하여 개별 제품의 원가를 계산하며, 제조간접비의 배부는 실제배부율에 의하는 방법이다.

$$\text{제조간접비 실제배부율} = \frac{\text{제조간접비 실제발생액}}{\text{실제작업시간}}$$

(2) 정상(예정)개별원가계산

직접재료비와 직접노무비는 실제 발생한 원가로 계산하고, 제조간접비는 예정액을 사용하여 개별제품의 원가를 계산하는 방법이다.

$$\text{제조간접비 예정배부율} = \frac{\text{연간 제조간접비 발생액}}{\text{연간 예정작업시간}}$$

▶ 실제개별원가계산과 정상(예정)개별원가계산의 비교

원가항목	실제개별원가계산	정상(예정)개별원가계산
직접재료비	실제원가	실제원가
직접노무비	실제원가	실제원가
제조간접비	실제배부율×실제배부기준	예정배부율×실제배부기준

개념적용 문제

02 다음은 개별원가계산제도를 이용하고 있는 (주)한국의 원가계산 자료이다. 제조간접원가는 직접재료비의 150%를 예정배부한다. 지시서 #1과 #2는 완성되었고, #3은 미완성되었다. (주)한국의 기말재공품으로 계상할 금액은?

원가항목	#1	#2	#3	합계
기초재공품	₩3,000	₩7,000	–	₩10,000
직접재료원가	4,000	5,000	₩3,000	12,000
직접노무원가	5,000	7,000	3,000	15,000
제조간접원가	(　　)	(　　)	(　　)	18,000

① ₩18,000
② ₩26,500
③ ₩10,500
④ ₩44,500
⑤ ₩28,500

해설
- 지시서 #3이 미완성이므로 기말재공품이다.
- 기말재공품(#3): 3,000 + 3,000 + (3,000 × 1.5) = ₩10,500

정답 ③

CHAPTER 03

기출 & 예상문제로 완벽 복습

01 다음 중 개별원가계산제도를 채택하는 산업으로 옳은 것은?

① 의류업
② 제당업
③ 화학공업
④ 영화제작업
⑤ 제과업

해설 개별원가계산제도를 적용하는 전형적인 산업은 건설업, 주조업, 조선업, 항공업, 기계업, 영화제작업 등이 있고, 종합원가계산제도를 적용하는 전형적인 산업은 철강업, 정유업, 섬유업, 시멘트생산업 등이 있다.

02 개별원가계산을 채택하고 있는 (주)한국의 당월 생산과 관련된 원가자료는 다음과 같다. 제조지시서 #1과 #2는 당월에 완성되었고, #3은 미완성이다. 제조간접비를 직접재료비에 대하여 120%를 예정배부한다면 당월제품제조원가는 얼마인가?

구분	#1	#2	#3
전월이월액	₩30,000	₩20,000	–
직접재료비	80,000	70,000	₩50,000
직접노무비	40,000	50,000	30,000

① ₩465,000
② ₩475,000
③ ₩480,000
④ ₩455,000
⑤ ₩470,000

해설

구분	#1	#2	#3
전월이월액	₩30,000	₩20,000	–
직접재료비	80,000	70,000	₩50,000
직접노무비	40,000	50,000	30,000
제조간접비	96,000	84,000	60,000
계	₩246,000	₩224,000	₩140,000

• 당월제품제조원가: 246,000 + 224,000 = ₩470,000

01 ④ 02 ⑤ 정답

03 (주)한국의 제품 제조현황이다. (주)한국은 직접노무비의 80%를 제조간접비로 예정배부하고 있다. 현재 제조지시서 #1만이 미완성이다. 제조지시서 #1의 직접노무비가 ₩50,000인 경우 제조지시서 #1의 직접재료비는 얼마인가? (단, 제조지시서 #1의 월초 재공품원가는 ₩10,000이다)

재공품

차변	금액	대변	금액
전 월 이 월	₩40,000	제 품	₩650,000
직 접 재 료 비	400,000	차 월 이 월	150,000
직 접 노 무 비	200,000		
제 조 간 접 비	( )		

① ₩35,000
② ₩30,000
③ ₩50,000
④ ₩45,000
⑤ ₩40,000

해설

#1 재공품(미완성)

차변	금액	대변	금액
전 월 이 월	₩10,000	차 월 이 월	₩150,000
직 접 재 료 비	50,000		
직 접 노 무 비	50,000		
제 조 간 접 비	40,000		

- 제조지시서 #1은 미완성이므로 제조지시서 #1의 합계액은 ₩150,000(차월이월)이다.
- 직접노무비의 80%가 제조간접비이므로 제조간접비는 50,000 × 0.8 = ₩40,000이다.

04 (주)대한은 정상개별원가계산을 채택하고 있다. 20×1년 1월 재공품 기초금액은 ₩20,000이다. 1월 중 직접재료원가 ₩80,000, 직접노무원가 ₩60,000, 제조간접원가 ₩57,000이 실제 발생하였다. 제조간접원가는 직접노무원가의 90%를 배부하고 있다. 동 기간 완성품계정으로 대체된 금액(당기제품제조원가)은 ₩204,000이다. 1월 말 현재 유일한 재공품인 #101에 제조간접원가가 ₩2,700 배부되었다면 #101의 직접재료원가는 얼마인가? 제11회 기출

① ₩3,000
② ₩4,000
③ ₩4,100
④ ₩4,300
⑤ ₩7,300

해설

재공품

차변	금액	대변	금액
전월이월	₩20,000	제품	₩204,000
직접재료비	80,000	차월이월	10,000
직접노무비	60,000		
제조간접비	54,000		
	₩214,000		₩214,000

#101재공품

차변	금액	대변	금액
전월이월	₩0	제품	₩0
직접재료비	4,300	차월이월	10,000
직접노무비	3,000		
제조간접비	2,700		
	₩10,000		₩10,000

• #101의 직접재료원가: 10,000 − 2,700 − (2,700 ÷ 0.9) = ₩4,300

03 ③ 04 ④ 정답

05 (주)한국은 부품을 주문제작하며, 개별원가계산제도를 적용하여 주문별로 제품원가를 계산하고 있다. 다음은 20×1년 3월의 주문생산에 관한 자료이다. 3월에 생산한 제품원가와 3월 말 재공품원가는? 제12회 기출

- 수주받은 주문: 총 3건(주문1·2는 완성, 주문3은 미완성)
- 총제조원가: 직접재료원가 ₩180,000, 직접노무원가 ₩50,000, 제조간접원가 ₩90,000
- 주문3에 관련된 직접재료원가 ₩24,000, 직접노무원가 ₩10,000
- 제조간접원가는 직접노무원가를 기준으로 실제 배부

	제품원가	재공품원가
①	₩262,000	₩58,000
②	₩264,000	₩56,000
③	₩266,000	₩54,000
④	₩268,000	₩52,000
⑤	₩270,000	₩50,000

해설
- 주문3의 원가(월말재공품): 직접재료원가(24,000) + 직접노무원가(10,000) + 제조간접원가*(18,000) = ₩52,000

  * 제조간접원가: $90,000 \times \frac{10,000}{50,000}$ = ₩18,000
- 완성제품원가: (180,000 + 50,000 + 90,000) − 52,000 = ₩268,000

05 ④ 정답

CHAPTER

04 종합원가계산

회독체크 1 2 3

CHAPTER 미리보기

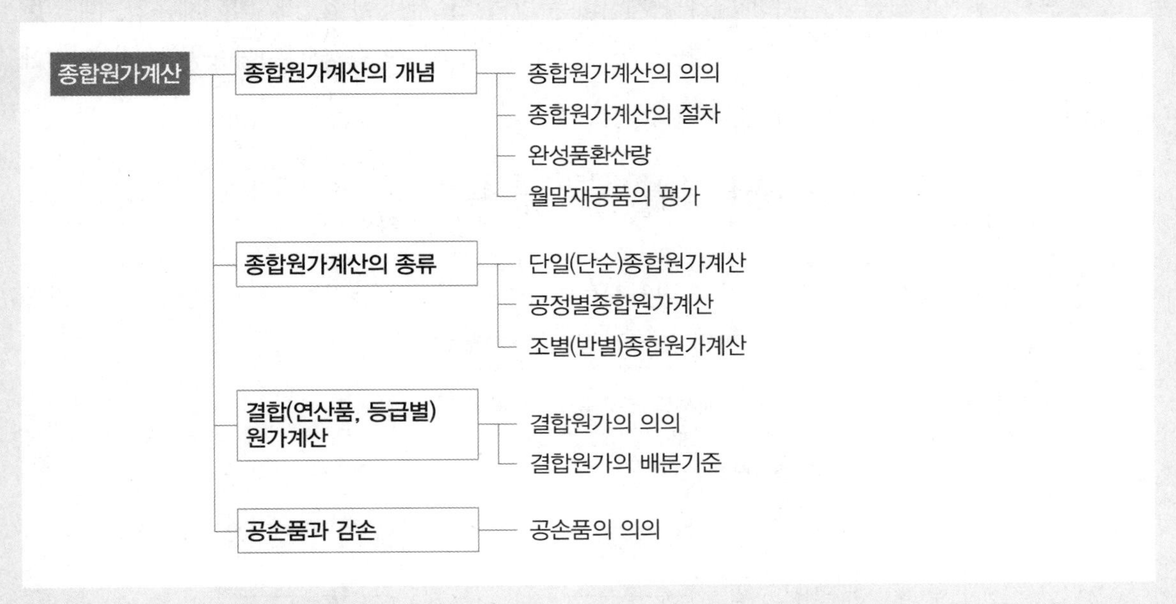

학습전략

본 단원은 종합원가계산에 관한 내용으로 시험에서는 1~2문항 정도 출제되고 있습니다. 연속(종합)생산 형태의 기업에서 사용하는 원가계산방법으로 기말재공품의 평가, 결합원가계산과 공손품의 회계처리가 중요합니다. 특히 재공품 평가에서 완성품환산량의 계산은 출제빈도가 아주 높은 내용입니다. 반복적으로 계산하고 이해하는 것이 좋은 점수를 획득하는 데 도움이 됩니다.

학습키워드

- 기말재공품 평가방법
- 결합원가계산
- 공손품(정상공손, 비정상공손)

제1절 종합원가계산의 개념

1. 종합원가계산의 의의

① 종합원가계산은 일정 기간 동안에 발생한 총원가를 집계한 후 이를 같은 기간의 완성품수량으로 나누어 제품의 단위당 원가를 계산하는 방법으로서 정유업, 제지업, 제분업, 제당업, 화학공업 등과 성능·규격 등이 동일한 한 종류의 제품을 연속적으로 대량생산하는 기업에서 주로 사용한다.

$$\text{제품의 단위당 원가} = \frac{\text{일정 기간 동안에 발생한 총제조원가}}{\text{동 기간의 완성품수량}}$$

② 종합원가계산에서는 제조원가를 직접재료비와 가공비로 구분하여 원가계산을 하며, 가공비는 원가요소 중 직접노무비와 제조간접비를 합계한 것으로서 전환원가라고도 한다.

▶ 개별원가계산과 종합원가계산에서의 원가분류의 비교

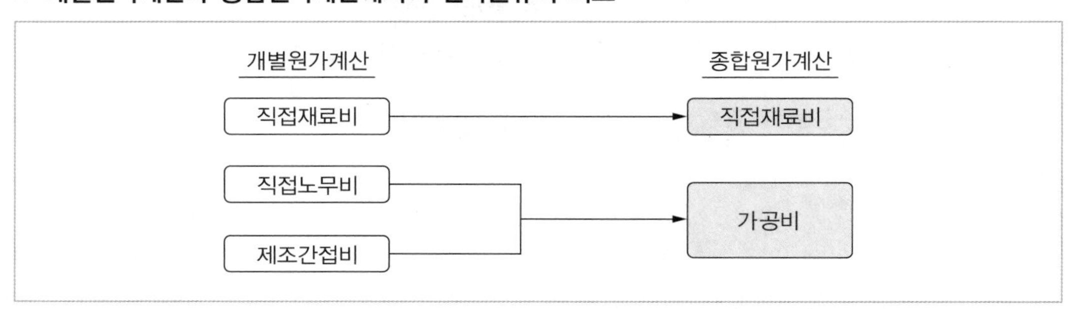

2. 종합원가계산의 절차

종합원가계산은 다음과 같은 절차에 의하여 원가를 계산한다.

① 일정 기간 동안 발생한 총제조원가를 집계한다.

② 당월총제조원가에 월초재공품원가를 가산하고, 이 합계액에서 월말재공품원가를 차감하여 당월제품제조원가를 산출한다.

$$\text{당월제품(완성품)제조원가} = (\text{월초재공품원가} + \text{당월총제조원가}) - \text{월말재공품원가}$$

③ 당월제품제조원가를 당월완성품수량으로 나누어 제품의 단위당 원가를 계산한다.

$$\text{제품의 단위당 원가} = \frac{\text{당월제품제조원가}}{\text{당월완성품수량}}$$

3. 완성품환산량

종합원가계산에서는 총제조원가를 완성품과 월말재공품에 배분하기 위하여 완성도의 개념과 완성품환산량의 개념을 사용한다.

(1) 완성도

완성도는 공정에 투입되어 현재 생산 진행 중에 있는 제품이 어느 정도 완성되었는가를 나타내는 수치로서, 30% 또는 70%와 같은 형태로 표현된다.

(2) 완성품환산량

완성품환산량은 생산활동에 투입된 모든 노력을 제품을 완성하는 데에만 투입하였더라면 완성되었을 수량으로 환산한 것이다.

4. 월말재공품의 평가

완성품환산량은 제품제조에 있어서 가공 중에 재공품은 개별원가계산에서는 특정 제품별로 원가가 집계되므로 기말재공품의 금액은 미완성 제품에 대한 제조지시서의 금액이 되므로 따로 평가할 필요가 없으나 종합원가계산에서는 각 제품별로 원가를 집계하지 않으므로 기말에 재공품 금액을 평가하여야 한다.

월초재공품이 없는 경우에는 원가흐름에 대한 가정이 필요하지 않지만, 월초재공품이 있는 경우에는 원가흐름에 대한 가정이 필요한데, 여기에는 평균법, 선입선출법, 후입선출법 등이 있으며, 월초재공품이나 당기투입액에 변동이 없는 경우 평균법, 선입선출법, 후입선출법은 월말재공품의 계산 및 완성품원가가 같은 금액으로 모두 동일한 결과가 된다.

(1) 평균법

평균법은 당월에 완성된 제품이 월초재공품 또는 당월착수(투입)분을 구분하지 않고 모두 당월에 착수되어 완성된 것으로 가정하여 원가계산을 하는 방법이다. 즉, 완성되는 순서가 평균적으로 완성된다는 것을 의미한다.

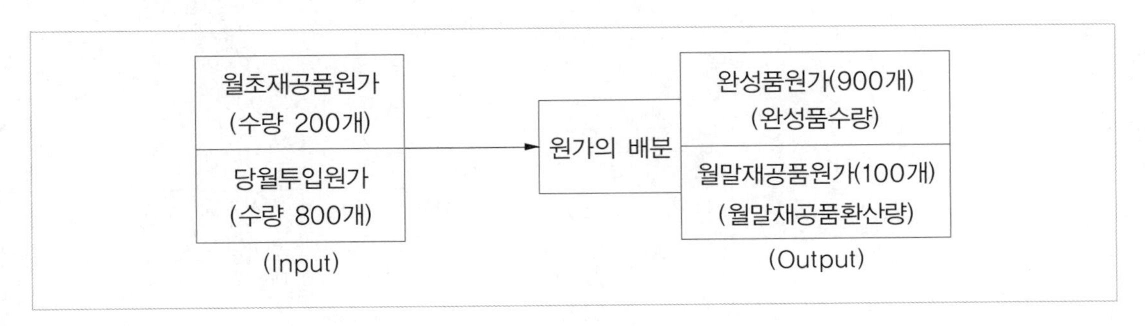

① **완성품환산량**

> 당월착수완성분수량 + 월초재공품환산량 + 월말재공품환산량 = 당월완성품수량 + 월말재공품환산량

② **월말재공품원가**

> 월말재공품의 직접재료비 + 가공비

㉠ 월말재공품 직접재료비

> 월말재공품의 직접재료비 완성품환산량 × 직접재료비의 완성품환산량 단위당 원가
>
> $$= \text{월말재공품환산량} \times \frac{\text{월초재공품직접재료비} + \text{당월직접재료비투입액}}{\text{완성품수량} + \text{월말재공품환산량}}$$

㉡ 월말재공품 가공비

> 월말재공품의 가공비 완성품환산량 × 가공비의 완성품환산량 단위당 원가
>
> $$= \text{월말재공품환산량} \times \frac{\text{월초재공품가공비} + \text{당월가공비투입액}}{\text{완성품수량} + \text{월말재공품환산량}}$$

개념적용 문제

01 (주)한국공업사의 다음 원가자료를 이용하여 평균법에 따라 월말재공품의 원가와 당월완성품제조원가를 계산하시오. (단, 재료비와 가공비는 모두 제조진행에 따라 발생한다)

- 월초재공품원가: 직접재료비 ₩920,000, 가공비 ₩240,000
- 당월총제조비용: 직접재료비 ₩1,400,000, 가공비 ₩920,000
- 당월완성품: 수량 500개
- 월말재공품: 수량 100개(완성도 80%)

해설

완성품환산량	직접재료비	500개 + (100개 × 0.8) = 580개
	가공비	500개 + (100개 × 0.8) = 580개
완성품환산량 단위당 원가	직접재료비	(920,000 + 1,400,000) ÷ 580개 = @₩4,000
	가공비	(240,000 + 920,000) ÷ 580개 = @₩2,000
월말재공품 원가	직접재료비	(100개 × 0.8) × @₩4,000 = ₩320,000
	가공비	(100개 × 0.8) × @₩2,000 = ₩160,000
	합계	320,000 + 160,000 = ₩480,000
당월제품 제조원가	직접재료비	920,000 + 1,400,000 − 320,000 = ₩2,000,000
	가공비	240,000 + 920,000 − 160,000 = ₩1,000,000
	합계	2,000,000 + 1,000,000 = ₩3,000,000
완성품 단위당 원가		3,000,000 ÷ 500개 = @₩6,000

(2) **선입선출법**(FIFO)

선입선출법은 먼저 착수된 것부터 먼저 완성된 것으로 가정하는 방법이다. 따라서 월초재공품은 당기 중에 새로 착수된 것보다 우선적으로 완성된 것으로 보아 완성품원가로 대체하고 월말재공품은 당기에 투입된 원가의 일부가 남은 것으로 보는 것이다.

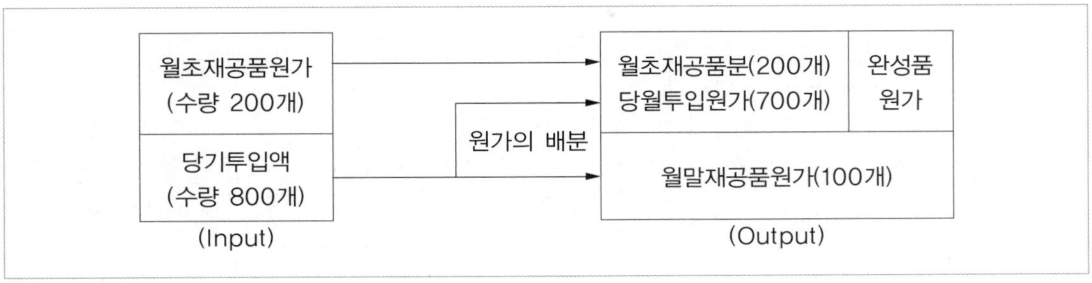

(Input)		(Output)	
월초재공품원가 (수량 200개)	→	월초재공품분(200개) 당월투입원가(700개)	완성품 원가
당기투입액 (수량 800개)	→ 원가의 배분	월말재공품원가(100개)	

① **완성품환산량**

> 당월착수완성품수량 + 월말재공품환산량
> = 당월완성품수량 − 월초재공품환산량 + 월말재공품환산량

② **당월착수 완성품수량**

> 당월완성품수량 − 월초재공품수량

③ **월말재공품원가**

> 월말재공품의 직접재료비 + 가공비

㉠ 월말재공품 직접재료비

> 월말재공품의 직접재료비 완성품환산량 × 직접재료비의 완성품환산량 단위당 원가
>
> $$= \text{월말재공품환산량} \times \frac{\text{당월투입직접재료비}}{\text{완성품수량} - \text{월초재공품환산량} + \text{월말재공품환산량}}$$

㉡ 월말재공품 가공비

> 월말재공품의 가공비 완성품환산량 × 가공비의 완성품환산량 단위당 원가
>
> $$= \text{월말재공품환산량} \times \frac{\text{당월투입가공비}}{\text{완성품수량} - \text{월초재공품환산량} + \text{월말재공품환산량}}$$

개념적용 문제

02 (주)한국의 다음 원가자료를 이용하여 선입선출법에 따라 월말재공품의 원가를 계산하시오. (단, 재료는 제조착수 시에 전부 투입되고, 가공비는 공정이 진행됨에 따라 균등하게 발생한다)

- 월초재공품수량: 300개(완성도 20%)
- 당월완성품수량: 1,000개
- 월초재공품원가: 직접재료비 ₩80,000, 가공비 ₩110,000
- 당월총제조원가: 직접재료비 ₩360,000, 가공비 ₩510,000
- 월말재공품수량: 200개(완성도 40%)

해설

완성품환산량	직접재료비	1,000개 − 300개 + 200개 = 900개
	가공비	1,000개 − (300개 × 0.2) + (200개 × 0.4) = 1,020개
완성품환산량 단위당 원가	직접재료비	360,000 ÷ 900개 = @₩400
	가공비	510,000 ÷ 1,020개 = @₩500
월말재공품원가	직접재료비	200개 × @₩400 = ₩80,000
	가공비	(200개 × 0.4) × @₩500 = ₩40,000
	합계	80,000 + 40,000 = ₩120,000

(3) 후입선출법(LIFO)

후입선출법은 선입선출법과는 반대로 나중에 착수된 것이 먼저 완성되는 것으로 가정하는 방법이다. 따라서 당기투입원가를 우선적으로 완성품원가로 배분하고 월초재공품원가가 월말재공품원가로 배분되는데, 후입선출법에서의 원가배분방법은 월초재공품과 월말재공품의 환산량 차이에 따라 다음과 같이 달라진다.

① **월초재공품환산량 < 월말재공품환산량의 경우**

$$\text{월말재공품평가액} = \text{월초재공품원가} + \left\{(\text{월말재공품환산량} - \text{월초재공품환산량}) \times \frac{\text{당월투입원가}}{\text{당월투입량}}\right\}$$

② **월초재공품환산량 > 월말재공품환산량의 경우**

$$\text{월말재공품평가액} = \text{월말재공품환산량} \times \frac{\text{월초재공품원가}}{\text{월초재공품환산량}}$$

③ **월초재공품환산량 = 월말재공품환산량의 경우**

월초재공품원가가 월말재공품원가이다. 즉, 평가하지 않는다.

제2절 종합원가계산의 종류

1. 단일(단순)종합원가계산

(1) 단일(단순)종합원가계산의 의의

단일종합원가계산은 단 하나의 공정만을 가지고 있는 기업에서 사용하는 원가계산 방법으로서 얼음제조업, 소금제조업 등에서 사용하는 원가계산 방법이다.

(2) 단일(단순)종합원가계산 방법

① 일정한 기간 동안 발생한 원가총액을 집계한다.

② 당월총제조비용에 월초재공품원가를 가산하고, 이 합계액에서 월말재공품원가를 차감하여 당월제품제조원가를 계산한다.

> 당월제품제조원가 = (월초재공품원가 + 당월총제조비용) − 월말재공품원가

③ 당월제품제조원가를 완성품수량으로 나누어 제품의 단위당 원가를 계산한다.

> 제품단위당 원가 = 당월제품제조원가 ÷ 완성품수량

(3) 단일(단순)종합원가계산의 분개와 계정 간의 대체

No	거래내용	차변		대변	
①	재료비소비액은 ₩40,000이다.	재 공 품	40,000	재 료 비	40,000
②	노무비소비액은 ₩30,000이다.	재 공 품	30,000	노 무 비	30,000
③	제조경비소비액은 ₩50,000이다.	재 공 품	50,000	제 조 경 비	50,000
④	당월 완성된 제품의 원가는 ₩100,000이다.	제 품	100,000	재 공 품	100,000
⑤	당월 판매된 제품의 원가는 ₩140,000이다.	매 출 원 가	140,000	제 품	140,000

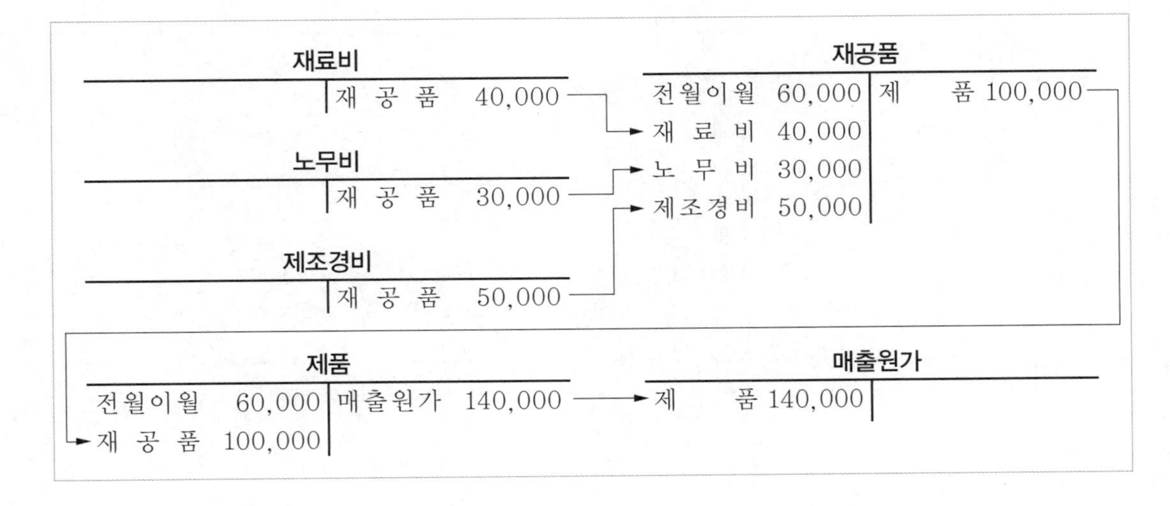

개념적용 문제

03 (주)한국의 다음 자료에 의하여 원가계산표를 작성하고, 재공품계정에 기입 마감하시오. (단, 월말재공품의 원가는 평균법에 의하며, 재료비는 제조착수 시에 전부 투입되고, 가공비는 공정이 진행됨에 따라 균등하게 발생한다)

- 월초재공품: 직접재료비 ₩500,000, 가공비 ₩120,000
- 당월제조비용(당월투입원가): 직접재료비 ₩1,000,000, 노무비 ₩800,000, 제조경비 ₩400,000
- 당월완성품수량: 500개
- 월말재공품수량: 100개(완성도 50%)

해설

단일종합원가계산표

적요	금액
직접재료비	₩1,000,000
가공비	1,200,000
당월총제조비용	2,200,000
월초재공품원가	620,000
합계	2,820,000
월말재공품원가	370,000
당월제품제조원가	2,450,000
당월완성품수량	500개
단위당원가	@₩4,900

재공품

차변	금액	대변	금액
전월이월	₩620,000	제품	₩2,450,000
재료비	1,000,000	차월이월	370,000
노무비	800,000		
제조경비	400,000		
	₩2,820,000		₩2,820,000

〈월말재공품의 평가〉

구분		내용
재료비	완성품환산량	500개 + 100개 = 600개
	단위당 원가	(500,000 + 1,000,000) ÷ 600개 = @₩2,500
	월말재공품원가	100개 × @₩2,500 = ₩250,000
가공비	완성품환산량	500개 + (100개 × 0.5) = 550개
	단위당 원가	(120,000 + 800,000 + 400,000) ÷ 550개 = @₩2,400
	월말재공품원가	(100개 × 0.5) × @₩2,400 = ₩120,000
당월제품제조원가		620,000 + 2,200,000 − 370,000 = ₩2,450,000
단위당 원가		2,450,000 ÷ 500개 = @₩4,900

2. 공정별종합원가계산

(1) 공정별종합원가계산의 의의

공정별종합원가계산은 기본적으로 각 공정마다 단일종합원가계산을 반복하는 것에 불과하며, 화학공업, 제지공업, 제당공업 등과 같이 여러 단계의 제조공정을 가지고 있는 제조기업에서 사용하는 원가계산 방법이다.

(2) 공정별종합원가계산 방법

① 제1공정은 첫 번째(시작) 공정이므로 단일종합원가계산 방식에 따라 원가요소를 직접재료비와 가공비의 원가로 계산한다.

② 제2공정(최종공정)은 공정의 마지막 단계로 제품이 완성되는 공정을 뜻한다. 최종공정은 제1공정에서 완성된 원가(전공정비)에 추가적인 재료비와 가공비를 투입하여 제품을 제조하므로 당월투입원가는 전공정비가 포함되며, 전공정비의 완성도는 100%로 가정하여야 한다.

(3) 공정별종합원가계산의 분개와 계정 간의 대체

No.	구분	차변		대변	
①	제1공정 완성품원가	제2공정재공품	70,000	제1공정재공품	70,000
②	최종공정인 제2공정 완성품원가	제 품	120,000	제2공정재공품	120,000

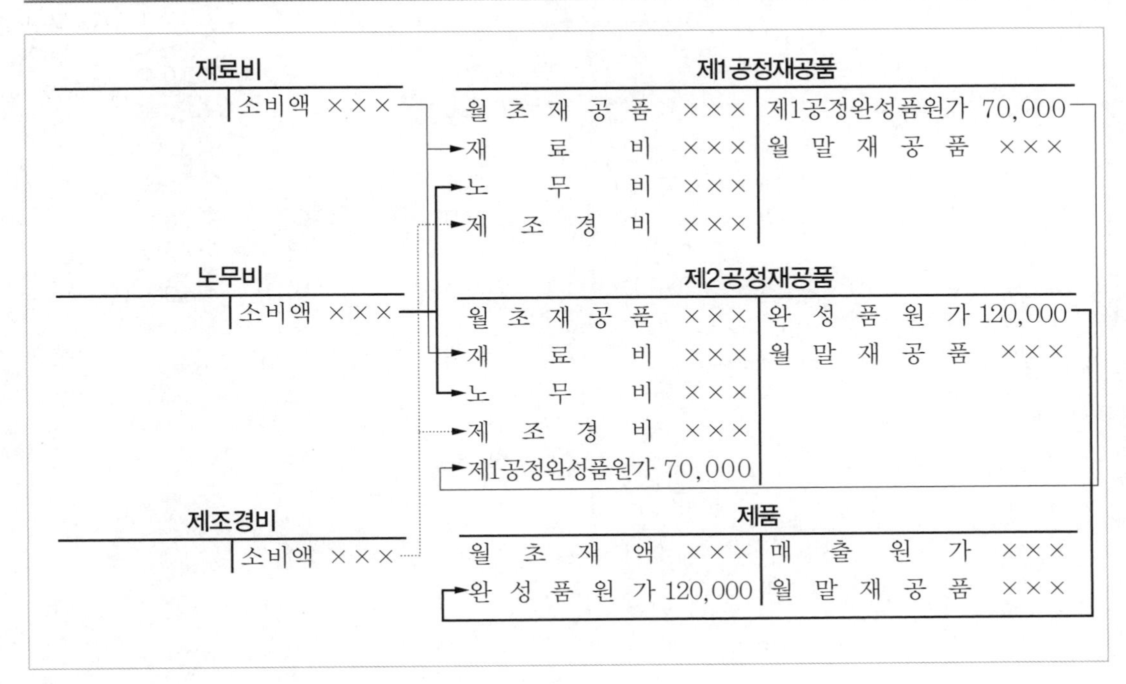

(4) 월말재공품의 평가와 단위당 원가계산

월말재공품의 원가는 단일종합원가계산과 마찬가지로 선입선출법과 평균법이 있으며, 전공정비에 대한 완성품환산량은 공정착수시점에서 전액 투입되는 직접재료비와 동일한 방식으로 계산한다.

개념적용 문제

04 다음 (주)한국의 원가자료에 의하여 공정별종합원가계산표를 작성하시오.

(1) 제1공정의 완성품은 즉시 제2공정에 대체한다.
(2) 월말재공품의 평가는 평균법에 의한다(재료는 제조착수 시 투입된다).

적요		제1공정	제2공정
당월제조 비용	직접재료비	₩360,000	₩600,000
	가공비	300,000	800,000
월초재공품원가	직접재료비	40,000	50,000
	가공비	60,000	144,000
	전공정비	–	140,000
월말재공품수량		100개(완성도 50%)	150개(완성도 60%)
완성품수량		400개	500개

해설

공정별종합원가계산표

적요	제1공정	제2공정
당월직접재료비	₩360,000	₩600,000
당월가공비	300,000	800,000
전공정비	–	640,000
당월총제조비용	660,000	2,040,000
월초재공품원가	100,000	334,000
합계	760,000	2,374,000
월말재공품원가	120,000	474,000
당월제품제조원가	640,000	1,900,000
당월완성품수량	400개	500개
단위당원가	@₩1,600	@₩3,800

〈월말재공품의 평가〉

제1공정	직접재료비	완성품환산량	400개 + 100개 = 500개
		단위당 원가	(40,000 + 360,000) ÷ 500개 = @₩800
		월말재공품원가	100개 × @₩800 = ₩80,000
	가공비	완성품환산량	400개 + (100개 × 0.5) = 450개
		단위당 원가	(60,000 + 300,000) ÷ 450개 = @₩800
		월말재공품원가	(100개 × 0.5) × @₩800 = ₩40,000
제1공정의 월말재공품원가			₩120,000
제2공정	직접재료비	완성품환산량	500개 + 150개 = 650개
		단위당 원가	(50,000 + 600,000) ÷ 650개 = @₩1,000
		월말재공품원가	150개 × @₩1,000 = ₩150,000
	전공정비	완성품환산량	500개 + 150개 = 650개
		단위당 원가	(140,000 + 640,000) ÷ 650개 = @₩1,200
		월말재공품원가	150개 × @₩1,200 = ₩180,000
	가공비	완성품환산량	500개 + (150개 × 0.6) = 590개
		단위당 원가	(144,000 + 800,000) ÷ 590개 = @₩1,600
		월말재공품원가	90개 × @₩1,600 = ₩144,000
제2공정의 월말재공품원가			₩474,000

3. 조별(반별)종합원가계산

(1) 조별(반별)종합원가계산의 의의

조별종합원가계산은 종류가 다른 여러 제품을 연속적으로 대량생산하는 기업에서 사용하는 원가계산 방법으로서 식료품제조업, 제과업, 통조림제조업, 직물업 등과 같은 제조업에서 사용하는 원가계산 방법이다.

(2) 조별(반별)종합원가계산 방법

조별종합원가계산은 단일종합원가계산 여러 개를 하나의 원가계산으로 표시한 것과 같다. 각 제품별로 단일종합원가계산을 하는 것이 조별종합원가계산이다. 다만, 단일종합원가계산과 다른 것이 있다면 조간접비라는 공통비가 발생하여 그것을 각 조별로 배부한다는 것이다.

① 원가요소를 각 조별로 집계하여 조직접비에 속하는 것은 각 조에 직접부과한다.

② 원가요소 중 조간접비에 속하는 것은 적절한 배부기준에 따라 각 조별로 배부한다.

③ 당월제품제조원가를 각 조별로 집계한 다음 이를 각 조별 완성품수량으로 나누어 제품의 단위당 원가를 계산한다.

④ 월말재공품은 단일종합원가계산과 같이 선입선출법 또는 평균법으로 평가한다.

(3) 조별(반별)종합원가계산의 계정 간의 대체와 분개

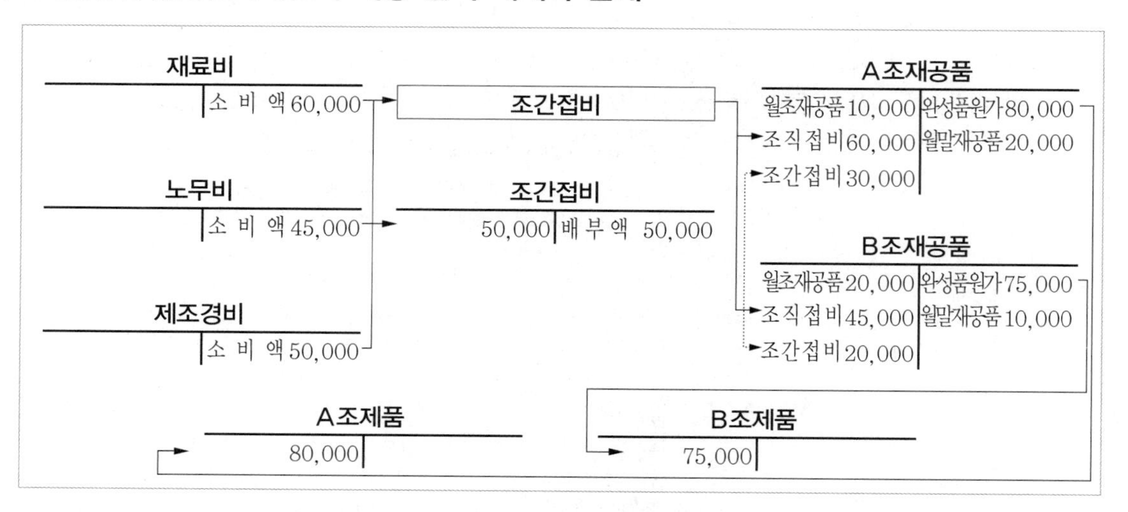

No	구분	차변		대변	
①	재료소비액 A조제품에 ₩30,000, B조제품에 ₩20,000, 조간접비에 ₩10,000	A조재공품 B조재공품 조간접비	30,000 20,000 10,000	재료비	60,000
②	노무비소비액 A조제품에 ₩20,000, B조제품에 ₩10,000, 조간접비에 ₩15,000	A조재공품 B조재공품 조간접비	20,000 10,000 15,000	노무비	45,000
③	제조경비소비액 A조제품에 ₩10,000, B조제품에 ₩15,000, 조간접비에 ₩25,000	A조재공품 B조재공품 조간접비	10,000 15,000 25,000	제조경비	50,000
④	조간접비 ₩50,000 중 A조제품에 ₩30,000, B조제품에 ₩20,000 배부	A조재공품 B조재공품	30,000 20,000	조간접비	50,000
⑤	제품완성품원가 A조제품 ₩80,000, B조제품 ₩75,000	A조제품 B조제품	80,000 75,000	A조재공품 B조재공품	80,000 75,000

개념적용 문제

05 다음 원가자료에 의하여 조별종합원가계산표를 작성하시오.

(1) 월초재공품 원가

비목	A조	B조
직접재료비	₩76,000	₩60,000
가공비	130,000	106,000

(2) 조직접비

비목	A조	B조
직접재료비	₩820,000	₩780,000
가공비	200,000	320,000

- 조간접비의 총액은 ₩480,000이며, 직접재료비를 기준으로 각 조에 배부한다.
- 월말재공품: A조 80개(완성도 50%), B조 50개(완성도 60%)
- 완성품수량: A조 200개, B조 300개
- 월말재공품의 평가는 평균법에 의하며, 재료는 제조착수 시에 전부 투입되고, 가공비는 제조진행에 따라 소비된다.

해설

조별종합원가계산표

적요	A조	B조
조직접비	–	–
직접재료비	₩820,000	₩780,000
가공비	200,000	320,000
조간접비배부액	246,000	234,000
당월총제조비용	1,266,000	1,334,000
월초재공품원가	206,000	166,000
합계	1,472,000	1,500,000
월말재공품원가	352,000	180,000
당월제품제조원가	1,120,000	1,320,000
당월완성품수량	200개	300개
단위당원가	@₩5,600	@₩4,400

〈조간접비의 배부〉

A조	$480{,}000 \times \frac{820{,}000}{1{,}600{,}000}$ = ₩246,000
B조	$480{,}000 \times \frac{780{,}000}{1{,}600{,}000}$ = ₩234,000

〈월말재공품의 평가〉

A조	직접재료비	$80개 \times \frac{76,000 + 820,000}{200개 + 80개} = ₩256,000$
	가공비	$40개 \times \frac{130,000 + 446,000}{200개 + 40개} = ₩96,000$
B조	직접재료비	$50개 \times \frac{60,000 + 780,000}{300개 + 50개} = ₩120,000$
	가공비	$30개 \times \frac{106,000 + 554,000}{300개 + 30개} = ₩60,000$

제3절 결합(연산품, 등급별)원가계산

1. 결합원가의 의의

연산품은 주산물과 부산물을 명백히 구별할 수 없는 2종 이상의 제품이다. 즉, 동일재료에 의하여 주산물과 부산물로 명확히 구별할 수 없는 여러 종류의 제품이 결합적으로 생산되는 것을 말한다. 등급품은 동일제품으로서 형태, 품질 등이 상이하나 연산품은 종류가 다른 제품인 점에서 차이가 있다.

동일한 공정에서 동일 원재료를 사용하여 연산품을 생산하는 경우에 적용하는 원가계산방법을 연산품원가계산이라고 한다. 연산품원가계산은 결합원가를 각 제품에 배분하는 과정이 중요하다.

(1) 연산품

연산품은 둘 이상의 제품을 말하는데 다음과 같은 특징이 있다.

① 상당히 중요한 판매가치가 있다.

② 분리점에 이르기까지는 개별제품으로 서로 구분할 수 없는 제품들이다.

(2) 부산물

① 주산물의 판매가치와 비교해 볼 때 상대적으로 판매가치가 적다.

② 분리점에 이르기까지는 개별제품으로 서로 구분할 수 없는 제품들이다.

(3) 분리점

연산품과 부산물들을 하나하나 구분할 수 있는 제조과정 중의 한 점을 말하는데 이 시점 이전의 모든 원가를 결합원가라 하고, 이 시점 이후의 모든 원가를 개별원가라 한다.

(4) 결합원가

둘 이상의 제품(서비스)을 동시에 생산하는 단일공정에서 발생한 원가로서 분리 이전의 상태에서 발생한 제조원가를 말한다.

▶▶ 결합원가와 분리원가

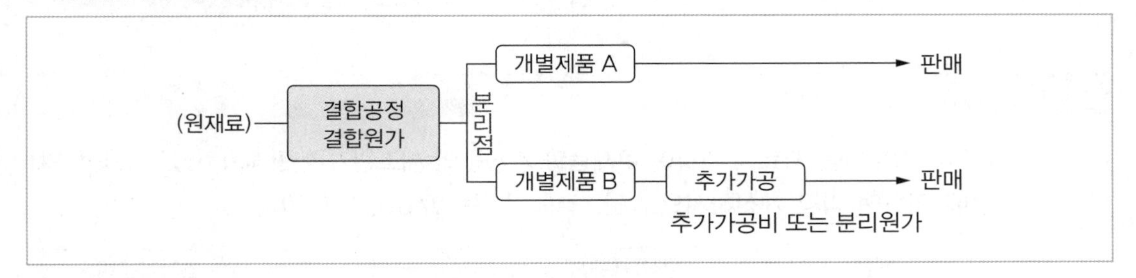

2. 결합원가의 배분기준

연산품원가계산의 과정은 결합원가를 각 제품에 배부하는 과정이 핵심적인 과정이다. 결합원가를 각 연산품에 배분하는 기준으로는 다음과 같이 3가지가 있다.

(1) 물량기준법

결합원가배분의 기준으로서 모든 결합 제품에 공통적인 특성인 물량을 이용하는 방법으로 생산수량, 중량, 용량, 면적 등이 이용되는데, 이러한 물량을 기준으로 한 결합원가배분은 개별제품의 판매가격과 물량 사이에 밀접한 관계가 존재할 때 이용될 수 있다.

- 총물량 = 제품 1단위당 물량 × 생산량
- 개별제품의 결합원가배부액 = 결합원가 × $\frac{\text{개별제품 물량}}{\text{총물량}}$

(2) 판매가치법

결합원가의 배분기준으로서 상대적 판매가치를 이용하는 방법으로, 각 제품의 이익률이 같다는 가정하에 적용할 수 있다.

- 총판매가치 = 제품 1단위당 판매가격 × 총생산량
- 개별제품의 결합원가배부액 = 결합원가 × $\frac{\text{개별제품의 판매가치}}{\text{총판매가치}}$

(3) 순실현가능가치법

제품의 최종 판매가격에서 추가가공원가와 판매비를 차감한 금액(순실현가능가치, NRV; Net Realizable Value)을 기준으로 배분하는 방법으로, 가장 많이 사용하는 방법이다.

순실현가치 = 최종 판매가격 − (추가가공비 + 판매비)

개념적용 문제

06 (주)한국의 다음 자료에 의하여 甲제품과 乙제품의 제조원가를 판매가치법, 순실현가치법에 의하여 각각 계산하시오. (단, 결합원가는 ₩60,000이다)

제품	생산량(개)	단가	추가가공비
甲제품	150	@₩200	−
乙제품	200	300	₩10,000

해설 1. 판매가치법

연산품원가계산표

제품	생산량	판매단가	총판매가치	결합원가배부	추가가공비	총제조원가
甲제품	150개	@₩200	₩30,000	₩20,000	−	₩20,000
乙제품	200개	300	60,000	40,000	₩10,000	50,000

• 甲제품 결합원가배부액: $60,000 \times \frac{30,000}{90,000}$ = ₩20,000

• 乙제품 결합원가배부액: $60,000 \times \frac{60,000}{90,000}$ = ₩40,000

2. 순실현가치기준법

연산품원가계산표

제품	생산량	판매단가	총판매가치	추가가공비	순실현가치	결합원가배부액	제조원가
甲제품	150개	@₩200	₩30,000	−	₩30,000	₩22,500	₩22,500
乙제품	200개	300	60,000	₩10,000	50,000	37,500	47,500

• 甲제품 결합원가배부액: $60,000 \times \frac{30,000}{80,000}$ = ₩22,500

• 乙제품 결합원가배부액: $60,000 \times \frac{50,000}{80,000}$ = ₩37,500

제4절 공손품과 감손

1. 공손품의 의의

공손품은 품질이나 규격이 일정한 수준에 미달하는 불합격품을 말한다. 공손품은 원재료의 불량, 작업부주의, 기계설비의 정비 불량, 부품의 지연된 조달 등의 원인에 의하여 발생하며 대부분 폐기처분되거나 처분가치가 있는 경우에는 매각하기도 한다. 그리고 감손의 경우에는 제조과정에서 증발, 가스화 등으로 인해 제품화되지 못하고 소실된 원재료 부분으로서 처분가치가 전혀 없는 것을 말한다.

(1) 정상공손과 비정상공손

① **정상공손**: 생산공정이 효율적인 상태에서도 공손은 발생하는데 이러한 공손을 정상공손이라 하고, 정상공손은 제품 생산과정에서 불가피하게 발생하는 것으로 원가성이 인정되어 제품원가에 포함시킨다. 정상공손은 일반적으로 검사시점을 통과한 정상제품(합격품)의 일정비율로 계산한다.

② **비정상공손**: 비정상공손은 생산 활동을 효율적으로 수행하였다면 회피할 수 있는 공손으로서, 경영의 비효율성으로 인해 발생한 것이므로 제품원가에 포함하지 않고 기간비용으로 처리하여야 한다.

(2) 공손품의 계산

재공품

차변		대변	
월초재공품수량	×××	완성품수량	×××
당월투입수량	×××	정상공손품수량	×××
		비정상공손품량	×××
		월말재공품수량	×××

① 정상공손품은 검사시점을 통과한 합격품(정상제품)의 일정 비율로 계산한다.

② 비정상공손품은 전체 공손품수량에서 정상공손품수량을 차감하여 계산한다.

③ **합격품**(정상제품)**의 수량 계산방법**: 합격품 수량은 월초재공품 및 월말재공품의 완성도와 검사시점에 따라 계산한다.

개념적용 문제

07 검사시점이 50%이고, 정상공손은 검사를 통과한 합격품의 10%로 가정한 경우의 정상공손품수량을 계산하시오.

- 월초재공품: 1,500개(완성도 40%)
- 당월투입수량: 4,500개
- 완성품수량: 3,300개
- 월말재공품: 2,100개(완성도 60%)

해설 (1) 재공품계정을 이용하여 공손품수량을 계산한다.

재공품

차변		대변	
기초재공품	1,500개	완성품수량	3,300개
당월투입수량	4,500개	공손품수량	600개
		기말재공품	2,100개

(2) 합격품수량을 계산한다.

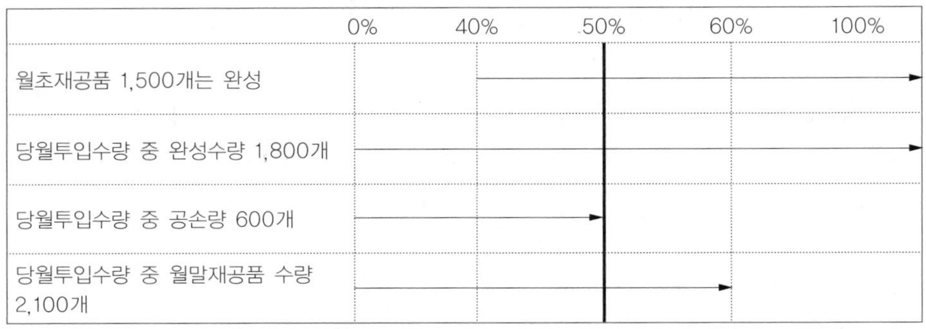

① 제품의 생산을 위한 작업을 시작할 때에는 월초재공품부터 생산(제조)에 투입하기 때문에 월초재공품 수량은 모두 완성품수량에 배분된다.
② 당월투입수량 중 일부는 완성품, 공손품, 기말재공품에 배분된다.
③ 월초재공품의 완성도는 40%이므로, 당기에는 40%에서 출발하여 100%(완성)에 도달되었으므로 검사시점을 통과하였다. 즉, 합격품이다.
④ 당월투입수량 4,500개는 당기에 투입되었으므로 0%에서 출발한다.
⑤ 당월투입수량 중 1,800개는 0%에서 출발하여 100%에 도달되었으므로 검사시점을 통과하였다. 즉, 합격품이다.
⑥ 당월투입수량 중 600개는 0%에서 출발하여 50%까지만 통과하였다. 즉, 검사시점을 통과하지 못하였으므로, 불합격품이다.
⑦ 당월투입수량 중 2,100개는 0%에서 출발하여 60%에 도달하였으므로 검사시점을 통과하였다. 즉, 합격품이다.
⑧ 따라서 합격품 수량은 5,400개(1,500개 + 1,800개 + 2,100개)이고, 정상공손은 합격품의 10%이므로 540개이다.
⑨ 공손품수량 600개 중 정상공손품은 540개, 나머지 60개는 비정상공손품에 해당한다.

08 (주)한국은 선입선출법에 의한 종합원가계산제도를 채택하고 있다. 직접재료원가는 공정초에 전량 투입되고, 전환원가(또는 가공원가)는 공정 전반에 걸쳐 균등하게 발생한다. 품질검사는 전환원가 완성도 60% 시점에서 이루어진다. 원가계산결과 정상공손원가가 ₩32,000이었다면 완성품에 배분될 정상공손원가는? 제20회 기출

계정	수량(단위)	전환원가 완성도
기초재공품	100	70%
당기투입량	1,000	
당기완성량	820	
정상공손	60	
비정상공손	40	
기말재공품	180	80%

① ₩25,600
② ₩26,240
③ ₩26,760
④ ₩27,200
⑤ ₩27,560

해설
- 기초재공품 100단위는 지난달에 70% 완성되었으므로 이미 검사시점(60%)을 통과하였다. 선입선출법은 완성수량 중 기초부분을 제외한 당기투입량에서 완성된 720단위(820단위 − 100단위)와 기말재공품 180단위의 합 900단위로 정상공손원가 ₩32,000를 배분하면 된다.
- 완성품에 배분될 정상공손원가: $32,000 \times \frac{720단위}{900단위}$ = ₩25,600

정답 ①

CHAPTER 04

기출 & 예상문제로 완벽 복습

01 다음은 종합원가계산에 관한 설명이다. 옳지 않은 것은?

① 원가요소는 재료비와 가공비로 구분하여 계산한다.

② 선입선출법을 적용하는 경우, 완성품 단위당 원가는 당기총제조비용에 월초재공품원가를 가산한 후 그 합계액을 완성품수량과 월말재공품환산량의 합계로 나누어 계산한다.

③ 종합원가계산에 있어서 완성품원가와 월말재공품원가는 완성품환산량에 의하여 선입선출법 또는 평균법 등 기타 합리적인 방법을 적용하여 계산한다.

④ 월말재공품의 완성품환산량은 재료의 투입정도 또는 가공정도 등을 고려하여 직접재료비와 가공비로 구분하여 산정할 수 있다.

⑤ 종합원가계산은 동일 종류의 제품을 연속하여 반복적으로 생산하는 생산형태에 적용한다.

해설 평균법을 설명하고 있다. 선입선출법을 적용하는 경우에는 단위당 원가를 당기총제조비용에 완성품수량과 월말재공품환산수량을 가산한 후 월초재공품환산수량을 차감한 수량으로 나누어 계산한다.

02 (주)한국은 단일 공정으로 제품 A를 생산하고 있으며, 종합원가계산제도를 채택하고 있다. 직접재료는 공정 초에 전량 투입되며, 가공원가는 공정 전체에 걸쳐 균등하게 발생한다. 20×5년의 물량자료는 다음과 같다. 선입선출법에 의한 직접재료원가의 완성품환산량은 몇 단위인가?

제13회 기출

- 월초재공품: 20단위(가공원가 완성도 50%)
- 당월착수: 250단위
- 당월완성: 170단위
- 월말재공품: 100단위(가공원가 완성도 50%)

① 210단위
② 220단위
③ 230단위
④ 240단위
⑤ 250단위

해설 완성수량(170단위) − 월초재공품수량(20단위) + 월말재공품수량(100단위) = 250단위

03 다음은 종합원가계산제도를 채택하고 있는 (주)한국의 20×1년 생산관련 자료이다.

• 기초재공품	60,000단위	• 당기착수량	240,000단위
• 완성품수량	198,000단위	• 정상공손수량	12,000단위
• 기말재공품	90,000단위		

직접재료는 공정 초에 모두 투입되고, 가공원가는 공정 전반에 걸쳐 균등하게 발생한다. 기초재공품 및 기말재공품의 완성도는 각각 70%, 40%이다. 공손은 공정 말에 발견된다. (주)한국이 원가흐름가정으로 평균법을 적용할 경우, 20×1년 가공원가의 완성품환산량은?

제16회 기출

① 240,000단위 ② 242,000단위
③ 244,000단위 ④ 246,000단위
⑤ 250,000단위

해설 • 가공원가의 완성품환산량: 198,000단위 + (90,000단위 × 0.4) + 12,000단위 = 246,000단위
• 공손은 공정 말에 발견되었으므로 100%로 한다.

04 (주)한국은 종합원가계산을 적용하고 있다. 다음은 20×1년 생산관련 자료이다.

• 기초재공품	600단위	• 공손수량	100단위
• 당기착수량	2,400단위	• 기말재공품	900단위
• 완성수량	2,000단위		

기초재공품과 기말재공품의 가공원가가 각각 70%, 40% 완성되었다. 가공원가는 공정 전체에 걸쳐 균등하게 발생한다. 검사는 완성도 80%에서 이루어진다. 선입선출법을 사용할 경우 20×1년 가공원가의 완성품환산량은 몇 단위인가?

① 2,020단위 ② 2,260단위
③ 2,360단위 ④ 2,440단위
⑤ 2,460단위

해설 • 완성품환산량: 2,000단위 + (900단위 × 0.4) + (100단위 × 0.8) − (600단위 × 0.7) = 2,020단위
• 공손품이 정상공손인 것은 제품원가에 포함한다.

01 ② 02 ⑤ 03 ④ 04 ① 정답

05 (주)한국은 종합원가계산을 사용하고 있다. 20×1년 생산에 관련된 자료는 다음과 같다.

	수량	완성도
• 기초재공품	200단위	30%
• 당기착수량	1,300단위	
• 당기완성량	1,000단위	
• 기말재공품	500단위	40%

가공원가(전환원가)가 공정 전반에 걸쳐 균등하게 발생한다면, 가중평균법과 선입선출법 간에 가공원가(전환원가)의 완성품환산량 차이는? 제25회 기출

① 60단위
② 120단위
③ 180단위
④ 240단위
⑤ 300단위

해설 • 가중평균법과 선입선출법 간에 가공원가의 완성품환산량 차이는 기초재공품의 차이다.
• 200단위 × 0.3 = 60단위

06 단일 제품을 생산하는 (주)한국은 선입선출법을 적용하여 종합원가계산을 한다. 전환원가(가공원가)는 전체 공정에 걸쳐 균등하게 발생한다. 생산 관련 자료는 다음과 같으며, 괄호 안의 숫자는 전환원가 완성도를 의미한다.

기초재공품	당기착수량	기말재공품
100단위 (40%)	1,000단위	200단위 (50%)

기초재공품 원가에 포함된 전환원가는 ₩96,000이고, 당기에 발생한 전환원가는 ₩4,800,000이다. 완성품환산량 단위당 전환원가는? (단, 공손과 감손은 발생하지 않는다) 제26회 기출

① ₩4,800
② ₩4,896
③ ₩5,000
④ ₩5,100
⑤ ₩5,690

해설 • 완성수량: 기초수량(100개) + 착수량(1,000개) − 기말수량(200개) = 900개
• 가공비완성품환산량: 900개 + (200 × 50%) − (100 × 40%) = 960개
• 완성품환산량 단위당 전환원가: $\frac{4,800,000}{960}$ = ₩5,000

07 (주)한국은 종합원가계산제도를 채택하고 있으며, 기말재공품의 평가는 평균법을 이용하고 있다. 모든 원가는 공정 전체를 통하여 균등하게 발생되고 있는데, 당기의 제조활동에 관한 자료는 다음과 같다. 월말재공품의 원가는 얼마인가?

- 월초재공품: 200단위(완성도 40%), 재료비 ₩10,000, 가공비 ₩5,000
- 당월투입원가: 재료비 ₩250,000, 가공비 ₩110,000
- 당월완성품수량: 450단위
- 월말재공품수량: 100단위(완성도 50%)

① ₩37,500
② ₩72,000
③ ₩75,000
④ ₩80,000
⑤ 정답 없음

해설 월말재공품원가: $(15,000 + 360,000) \times \frac{50단위}{450단위 + 50단위} = ₩37,500$

08 (주)한국은 원가계산 당시 완성품환산량 단위당 원가를 직접재료원가 ₩400, 가공원가 ₩300으로 산정하였다. 기말재공품 수량은 500개이고, 직접재료원가는 공정 초기에 모두 투입되었고 가공원가 완성도는 80%에 소비된다면 기말재공품의 원가는?

① ₩200,000
② ₩320,000
③ ₩120,000
④ ₩350,000
⑤ ₩280,000

해설
- 기말재공품원가: 200,000 + 120,000 = ₩320,000
- 직접재료원가: 500개 × 400 = ₩200,000
- 가공원가: (500개 × 0.8) × 300 = ₩120,000

05 ① 06 ③ 07 ① 08 ② 정답

09 (주)한국은 단일제품을 대량으로 생산하고 있으며, 종합원가계산제도를 채택하고 있다. 원재료는 공정 초기에 모두 투입되고, 가공원가는 공정 전반에 걸쳐 균등하게 발생하고 있다. 원가계산 시 평균법을 사용할 경우 월말재공품의 직접재료원가는 얼마인가? (단, 공손품은 없다)

	수량	완성도	직접재료원가	가공원가
• 월초재공품	800개	25%	₩240,000	₩30,000
• 당월착수량	2,000개		740,000	470,000
• 월말재공품	400개	25%		

① ₩35,000
② ₩80,400
③ ₩120,000
④ ₩140,000
⑤ ₩156,000

해설
- 완성품수량: 800개 + 2,000개 − 400개 = 2,400개
- 완성품환산량: 2,400개 + 400개 = 2,800개
- 완성품환산량 단위당 원가: (240,000 + 740,000) ÷ 2,800개 = @₩350
- 월말재공품원가: 400개 × @₩350 = ₩140,000

10 (주)한국은 종합원가계산제도를 채택하고 있으며, 모든 원가는 공정 전반에 걸쳐 균등하게 발생한다. 20×1년도 관련 자료가 다음과 같을 때 선입선출법을 사용하여 계산한 기말재공품 원가는? (단, 공손 및 감손은 없다) 제19회 기출

- 기초재공품: 300단위, 완성도 40%
- 기초재공품원가: 직접재료원가 ₩10,000, 전환원가 ₩5,000
- 당월총제조원가: 직접재료원가 ₩240,000, 전환원가 ₩120,000
- 완성품: 900단위
- 기말재공품: 200단위, 완성도 60%

① ₩37,500
② ₩40,000
③ ₩48,000
④ ₩75,000
⑤ ₩80,000

해설
- 완성품환산량: 900단위 + (200단위 × 0.6) − (300단위 × 0.4) = 900단위
- 기말재공품원가: $\frac{240{,}000 + 120{,}000}{900\text{단위}}$ × 120단위 = ₩48,000

11 **다음 자료를 보고 평균법에 의한 월말재공품원가를 계산하면 얼마인가? (단, 직접재료는 제조 착수 시에 전부 투입되며, 가공비는 제조진행에 따라 발생하는 것으로 가정한다)**

- 월초재공품 수량
  - 수량: 1,000개(완성도 30%)
  - 원가: 직접재료비 ₩500,000, 가공비 ₩160,000
- 당월총제조비용: 직접재료비 ₩2,200,000, 가공비 ₩1,540,000
- 월말재공품수량: 1,000개(완성도 50%)
- 완성품수량: 8,000개

① ₩410,000
② ₩390,000
③ ₩380,000
④ ₩400,000
⑤ ₩420,000

해설
- 재료비 완성품환산량: 8,000개 + 1,000개 = 9,000개
- 가공비 완성품환산량: 8,000개 + (1,000개 × 0.5) = 8,500개
- 재료비 완성품환산량 단위당 원가: (500,000 + 2,200,000) ÷ 9,000개 = @₩300
- 가공비 완성품환산량 단위당 원가: (160,000 + 1,540,000) ÷ 8,500개 = @₩200
- 월말재공품원가: 재료비(1,000개 × @₩300) + 가공비(500개 × @₩200) = ₩400,000

09 ④　10 ③　11 ④　정답

12 (주)한국은 단일공정에서 단일제품을 생산·판매하고 있다. 회사는 실제원가에 의한 종합원가계산을 적용하고 있으며, 원가흐름 가정은 선입선출법이다. 당기의 생산 활동에 관한 자료는 다음과 같다.

항목	물량(단위)	전환원가 완성도
기초재공품	500	50%
기말재공품	600	50%
당기착수량	4,000	–

전환원가는 공정 전반에 걸쳐 균등하게 발생한다. 기말에 전환원가의 완성품환산량 단위당 원가는 ₩20으로 계산되었다. 당기에 실제로 발생한 전환원가는? (단, 공손과 감손은 발생하지 않았다)

제17회 기출

① ₩75,000
② ₩79,000
③ ₩82,000
④ ₩85,000
⑤ ₩90,000

해설
- 완성품수량: (500단위 + 4,000단위) − 600단위 = 3,900단위
- 완성품환산량: 3,900단위 + (600단위 × 0.5) − (500단위 × 0.5) = 3,950단위
- 완성품환산량 단위당 원가: $\frac{x}{3,950\text{단위}}$ = @₩20 ∴ 전환원가(x) = ₩79,000

13 (주)대한의 20×1년 생산 및 원가자료는 다음과 같다.

	수량	완성도	원가
• 재공품 재고:			
기초재공품	200개	60%	₩56,800
기말재공품	400개	40%	?
• 당기투입된 제조원가:			
재료원가			₩144,000
가공원가			83,200
• 당기 완성품:	1,000개		?

원재료는 공정의 착수시점에 전부 투입되며 가공원가(전환원가)는 공정 전반에 걸쳐 균등하게 발생한다. 선입선출법하의 종합원가계산을 적용할 경우 완성품의 원가는? (단, 공손 및 감손은 없다)

제18회 기출

① ₩160,000
② ₩166,400
③ ₩216,800
④ ₩223,200
⑤ ₩264,800

해설
- 완성품의 원가: 기초재공품원가(56,800) + 당월투입원가(144,000 + 83,200) − 기말재공품원가(60,800) = ₩223,200
- 재료비의 기말재공품원가: @₩120(= $\frac{144,000}{1,200개}$) × 400개 = ₩48,000
- 가공비의 기말재공품원가: @₩80(= $\frac{83,200}{1,040개}$) × 160개 = ₩12,800

14 **(주)한국은 가중평균법으로 종합원가계산을 적용하고 있다. 모든 원가는 공정 전반에 걸쳐 균등하게 발생한다. 20×1년 기초재공품수량은 100개(완성도 60%), 당기착수수량은 1,100개, 당기완성품수량은 900개, 기말재공품수량은 200개(완성도 30%)이다. 20×1년의 완성품 환산량 단위당 원가는 ₩187이다. 품질검사는 완성도 40% 시점에서 이루어지며, 검사를 통과한 합격품의 5%를 정상공손으로 간주한다. 정상공손 원가를 정상품에 배분한 후의 기말재공품 금액은?**

제27회 기출

① ₩11,220
② ₩11,430
③ ₩11,640
④ ₩11,810
⑤ ₩11,890

해설
- 검사시점이 40%이고 기말수량은 30%가 진행되어 아직 검사를 통과하지 않았다. 그래서 공손 비용은 기말수량과는 관계없다.
- 공손수량: 기초 100개 + 착수수량 1,100개 − 완성량 900개 − 기말 200개 = 100개
- 정상공손원가: (100개 × 40%) × 187 = ₩7,480
- 완성품원가: 900개 × 187 = ₩168,300
- 기말재공품원가: (200개 × 30%) × 187 = ₩11,220

12 ② 13 ④ 14 ① 정답

15 (주)한국은 가중평균법에 의한 종합원가계산제도를 채택하고 있으며, 모든 원가는 공정 전반에 걸쳐 균등하게 발생한다. (주)한국의 당기 제조활동에 관한 자료는 다음과 같다.

• 기초재공품:	수 량	200단위
	직접재료원가	₩25,000
	전 환 원 가	₩15,000
	완 성 도	30%
• 당기투입원가:	직접재료원가	₩168,000
	전 환 원 가	₩92,000
• 완 성 품:	수 량	900단위
• 기말재공품:	수 량	400단위
	완 성 도	?

(주)한국의 당기 완성품 단위당 원가가 ₩250일 경우, 기말재공품의 완성도는? (단, 공정 전반에 대해 공손과 감손은 발생하지 않는다) 제24회 기출

① 55% ② 60% ③ 65%
④ 70% ⑤ 75%

해설
• 완성품환산량: [기초(40,000) + 당월(260,000)] ÷ x = @₩250 ∴ x = 1,200개
• 기말재공품환산량: 완성품환산량(1200개) − 완성수량(900개) = 300개
• 기말재공품완성도: 기말수량(400개) × y = 300개 ∴ y = 75%

16 다음 자료에 의하여 산출된 월말재공품 완성도로 옳은 것은?

• 기초재공품가공비: ₩80,000
• 당기투자가공비: ₩120,000
• 기말재공품가공비: ₩40,000(평균법에 의함)
• 당기완성품수량: 200개
• 기말재공품수량: 100개

① 60% ② 50% ③ 40%
④ 20% ⑤ 25%

해설
월말재공품원가: $(80,000 + 120,000) \times \frac{100x\text{개}}{200\text{개} + 100x\text{개}}$ = ₩40,000 ∴ x = 0.5(50%)

17 (주)한국은 단일공정으로 단일제품을 제조판매하는 회사로서 종합원가계산제도를 채택하고 있다. 그런데 월말재공품에 대한 완성도가 실제보다 과대평가되고 있다면 이 오류는 완성품환산량, 완성품환산량 단위당 원가 그리고 완성품의 제조원가에 각각 어떤 영향을 주었겠는가?

	완성품환산량	환산량 단위당 원가	완성품제조원가
①	과소평가	과대평가	과대평가
②	과소평가	과소평가	과소평가
③	과대평가	과소평가	과소평가
④	과대평가	과대평가	과대평가
⑤	과대평가	영향없음	영향없음

해설 월말재공품 완성도가 과대평가되면 월말재공품이 과대평가되므로 완성품환산량이 과대계상되고 환산량 단위당 원가는 과소계상된다. 그리고 완성품제조원가는 과소계상된다.

18 결합원가에 관한 설명으로 옳은 것은?

① 연산품 결합원가의 배부기준으로 이용되고 있는 순실현가치는 판매가액에서 정상이윤을 차감한 가액이다.
② 판매가액에서 제품 분리점 이후의 가공비를 차감한 가액을 말한다.
③ 직접재료비와 직접노무비를 합한 제품과 관련성이 있는 원가를 말한다.
④ 연산품에 있어서 제품별로 구분이 되는 분리점 이전까지의 총제조원가를 말한다.
⑤ 판매가액에서 추가가공비를 가산한 가액을 말한다.

해설 동일 제조과정에서 발생한 원가로서 제품별로 구분이 되는 분리점 이전까지의 총제조원가를 말한다.

15 ⑤ 16 ② 17 ③ 18 ④ **정답**

19 (주)대한은 연산품(결합제품) A와 B를 생산하고 있다. 이 제품의 결합원가는 ₩80,000이다. 제품 A를 완성하는 데 ₩25,800의 추가가공비가 소요되었으며, 제품 B는 추가가공비가 발생하지 않았다. 제품 A와 B의 총판매가치는 각각 ₩75,000과 ₩60,000이며, 두 제품 모두 각각 ₩9,600씩의 판매비가 소요된다. 순실현가치법을 적용할 때 제품 A에 배분될 결합원가는 얼마인가?

① ₩32,500
② ₩33,880
③ ₩35,200
④ ₩42,000
⑤ ₩44,800

해설
- 제품 A의 순실현가치: 75,000 − 25,800 − 9,600 = ₩39,600
- 제품 B의 순실현가치: 60,000 − 9,600 = ₩50,400
- 제품 A의 결합원가배분액: $80,000 \times \frac{39,600}{90,000}$ = ₩35,200

20 (주)한국은 분리점에서 x, y의 두 가지 제품을 생산하고 있다. 10월 중 ₩760,000의 결합원가를 투입하여 300단위의 x와 200단위의 y를 생산하였다. 그러나 분리점 이후에 추가가공비를 x에 ₩50,000, y에 ₩10,000을 투입해 두 제품을 각각 단위당 ₩1,000과 ₩800에 팔고자 한다. 또한 판매비용이 x에 ₩15,000과 y에 ₩5,000이 발생하였다. (주)한국이 순실현가치를 이용해 결합원가를 배분할 경우 x제품에 배분될 결합원가는 얼마인가?

① ₩470,000
② ₩290,000
③ ₩475,000
④ ₩300,000
⑤ ₩480,000

해설
- 순실현가치 = 판매가격 − 추가가공비 − 판매비용
- x제품 순실현가치: (300단위 × @₩1,000) − 50,000 − 15,000 = ₩235,000
- y제품 순실현가치: (200단위 × @₩800) − 10,000 − 5,000 = ₩145,000
- x제품에 배분된 결합원가: $760,000 \times \frac{235,000}{380,000}$ = ₩470,000

21 (주)한국의 제조현황이다. 원재료를 투입한 후 결합공정에서 A제품과 B제품을 생산한다. 분리점 이후 추가가공하여 제품이 완성된다. 제품의 생산을 위해 투입되는 결합원가는 총 ₩720,000이다. B제품의 단위당 원가는 얼마인가? (단, 결합원가는 순실현가치기준으로 배분한다)

구분	추가가공비	단위당 판매가격	생산량(개)
A	₩150,000	₩1,000	800
B	50,000	1,500	400

① @₩575
② @₩675
③ @₩775
④ @₩950
⑤ @₩475

해설
- 순실현가치 = 판매가격 − 추가가공비 − 판매비
- 순실현가치: A제품(650,000), B제품(550,000)
- B제품에 배분된 결합원가: $720,000 \times \frac{550,000}{1,200,000}$ = ₩330,000
- B제품의 제조원가: 결합원가(330,000) + 추가가공비(50,000) = ₩380,000
- B제품의 단위당 원가: 380,000 ÷ 400개 = @₩950

22 (주)한국은 세 가지 결합제품(A, B, C)을 생산하고 있으며, 결합원가는 분리점에서의 상대적 판매가치에 의해 배분된다. 관련 자료는 다음과 같다.

구분	A	B	C	합계
결합원가 배분액	?	₩10,000	?	₩100,000
분리점에서의 판매가치	₩80,000	?	?	200,000
추가가공원가	3,000	2,000	₩5,000	
추가가공 후 판매가치	85,000	42,000	120,000	

결합제품 C를 추가가공하여 모두 판매하는 경우 결합제품 C의 매출총이익은? (단, 공손과 감손, 재고자산은 없다) 제23회 기출

① ₩65,000
② ₩70,000
③ ₩80,000
④ ₩110,000
⑤ ₩155,000

해설
- A의 결합원가 배부액: $100,000 \times \frac{80,000}{200,000}$ = ₩40,000
- C의 결합원가: A(40,000) + B(10,000) + C(50,000) = ₩100,000(합계)
- C의 제조원가: 결합원가(50,000) + 추가가공비(5,000) = ₩55,000
- C의 매출총이익: 판매가치(120,000) − 원가(55,000) = ₩65,000

정답 19 ③ 20 ① 21 ④ 22 ①

CHAPTER

05 전부원가계산과 변동원가계산

회독체크 1 2 3

CHAPTER 미리보기

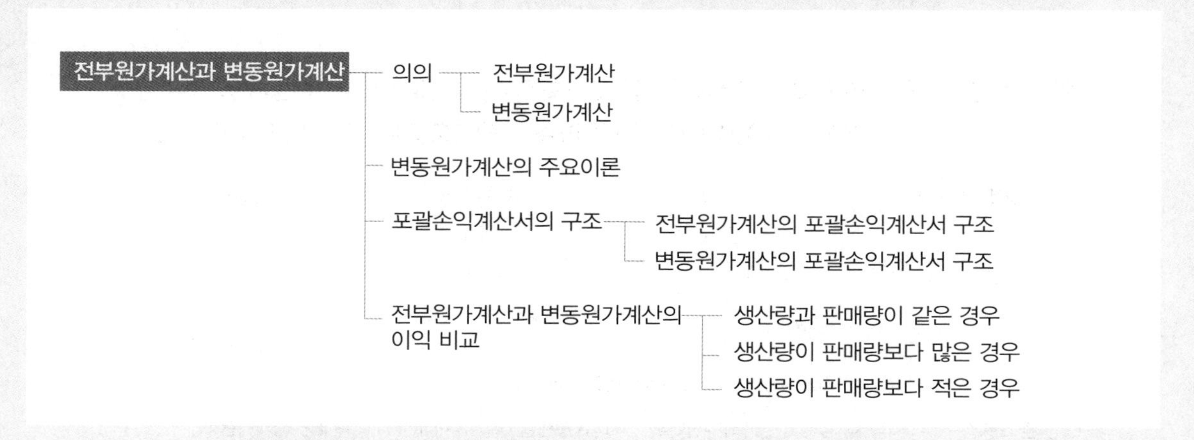

학습전략

본 단원은 전부원가계산과 변동원가계산에 관한 내용으로 시험에서 평균 1문제가 출제되고 있습니다. 전부원가계산과 변동원가계산, 순이익의 차이와 간단한 이론문제가 출제될 수 있습니다. 조금만 노력하면 확실히 점수를 획득할 수 있는 단원으로, 고정제조간접원가를 알고 있어야 합니다.

학습키워드

- 영업이익의 차이
- 기말제품의 원가
- 변동원가계산의 영업이익
- 생산수량과 판매수량 구하기

1. 의의

제품의 원가를 계산할 때 고정제조간접비를 원가에 포함할 것인가의 여부에 따라 전부원가계산과 변동원가계산으로 구분한다.

(1) 전부원가계산

제조과정에서 발생한 변동비(직접재료비, 직접노무비, 변동제조간접비), 고정제조간접비 모두를 제품원가로 계산하는 방법으로서, 기업이 외부정보이용자들에게 재무보고의 목적으로 사용한다.

(2) 변동원가계산

제조과정에서 발생한 변동비(직접재료비, 직접노무비, 변동제조간접비)만을 제품원가로 계산하고, 고정제조간접비는 조업도와 관계없이 기간비용으로 처리하는 원가계산방법이다.

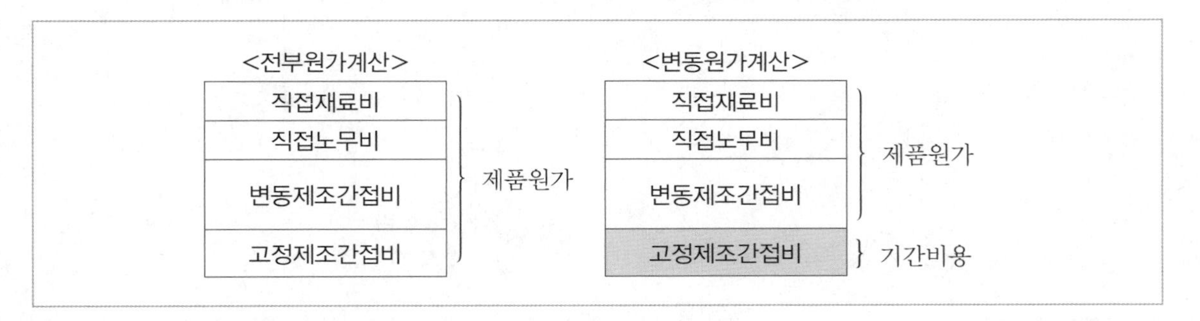

2. 변동원가계산의 주요이론

① 제조활동에서 소요된 모든 원가는 고정비와 변동비로 분리 가능하다.
② 변동비 중 제조활동과 관련된 변동원가만을 제품원가로 처리하고 고정비는 모두 기간비용으로 처리한다. 따라서 고정제조간접비는 재고자산에 포함되지 않는다.
③ 손익분기점 분석에 적합한 원가계산 방식이며 의사결정에 유용하다.
④ 조업도(생산량)와 관계없이 제품의 단위당 원가는 항상 일정하게 유지된다.
⑤ 전부원가계산은 재고자산의 변동이 순이익에 영향을 미치지만 변동원가계산은 재고자산의 변동이 순이익에 영향을 미치지 않는다.
⑥ 고정제조간접비가 재고자산에 포함되지 않으므로 재고자산이 과소평가된다.
⑦ 고정제조간접비도 제품생산을 위해서 투입된 원가이므로 제품원가에 포함시켜야 타당하다.
⑧ 한국채택국제회계기준(K-IFRS)에서는 수용하지 않고 있으며 세무회계에서도 받아들여지지 않는 방법으로, 재무보고 목적으로 사용할 수 없다.

3. 포괄손익계산서의 구조

(1) 전부원가계산의 포괄손익계산서 구조

고정제조간접비도 제품원가에 포함되므로, 매출원가와 재고자산에 배분되며, 전통적인 손익계산방법으로 작성된다.

(2) 변동원가계산의 포괄손익계산서 구조

고정제조간접비는 발생한 기간비용으로 처리하므로 제품원가에 포함되지 않으며, 공헌이익접근방법으로 작성된다.

전부원가계산의 포괄손익계산서 (전통적인 방법)		변동원가계산의 포괄손익계산서 (공헌이익접근법)	
수익(매출액)	×××	수익(매출액)	×××
매출원가	(×××)	직접재료비	(×××)
매출총이익	×××	직접노무비	(×××)
기타수익	×××	변동제조간접비	(×××)
기타비용	(×××)	변동판매관리원가	(×××)
당기순이익	×××	공헌이익	×××
		기타수익	×××
		기타비용	(×××)
		당기순이익	×××

개념적용 문제

01 **(주)한국의 다음 원가자료에 의하여 전부원가계산과 변동원가계산의 영업이익을 계산하시오. (단, 제품 단위당 판매가격은 ₩200이다)**

구분	금액
직접재료비	@₩60
직접노무비	@₩40
변동제조간접비	@₩30
고정제조간접비	₩1,000,000
변동판매비와관리비	@₩20
고정판매비와관리비	₩800,000

구분	수량
기초제품수량	0개
당기생산량	50,000개
당기판매량	40,000개
기말제품수량	10,000개

해설 1. 전부원가계산의 포괄손익계산서

Ⅰ. 매출액	40,000개 × 200	₩8,000,000
Ⅱ. 매출원가		6,000,000
기초제품재고액	0	
당기제품제조원가	(50,000개 × @₩150)7,500,000	
기말제품재고액	(10,000개 × @₩150)1,500,000	
Ⅲ. 매출총이익		2,000,000
Ⅳ. 판매관리비		1,600,000
변동판매관리비	(40,000개 × @₩20)800,000	
고정판매관리비	800,000	
Ⅴ. 영업이익		₩400,000

- 당기제품의 제조원가: 40,000개 × (@₩60 + @₩40 + @₩30 + @₩20) = ₩6,000,000
- 고정제조간접비 단위당 원가: 1,000,000 ÷ 50,000개 = @₩20

2. 변동원가계산의 포괄손익계산서

Ⅰ. 매출액	40,000개 × 200	₩8,000,000
Ⅱ. 변동원가		
변동매출원가		5,200,000
기초제품재고액	0	
당기제품제조원가	(50,000개 × @₩130)6,500,000	
기말제품재고액	(10,000개 × @₩130)1,300,000	
변동판매관리비	40,000개 × @₩20	800,000
Ⅲ. 공헌이익		2,000,000
Ⅳ. 고정원가		1,800,000
고정제조간접원가	1,000,000	
고정판매관리비	800,000	
Ⅴ. 영업이익		₩200,000

- 당기제품의 변동원가: 40,000개 × (@₩60 + @₩40 + @₩30) = ₩5,200,000

02 (주)대한은 20×1년 초 영업을 개시하여 제품 A 5,000단위를 생산하고, 4,000단위를 단위당 ₩1,000에 판매하였다. 이와 관련된 자료는 다음과 같다.

	단위당 변동원가	연간 고정원가
• 직접재료원가	₩200	
• 직접노무원가	150	
• 제조간접원가	50	₩1,500,000
• 판 매 관 리 비	100	300,000

20×1년의 변동원가계산에 의한 영업이익은? 제18회 기출

① ₩100,000 ② ₩200,000 ③ ₩300,000
④ ₩400,000 ⑤ ₩500,000

해설 • 단위당 공헌이익: 단위당 판매가격(@₩1,000) − 단위당 변동비(@₩500) = @₩500
• 공헌이익: 판매수량(4,000단위) × @₩500 = ₩2,000,000
• 영업이익: 공헌이익(2,000,000) − 고정비(1,800,000) = ₩200,000

정답 ②

4. 전부원가계산과 변동원가계산의 이익 비교

구분	전부원가계산	변동원가계산
목적	정상적인 재무보고(재무제표 작성)	경영관리 및 의사결정
제품제조원가	(변동원가 + 고정원가) 직접재료비와 직접노무비 변동제조간접비와 고정제조간접비	(변동원가) 직접재료비와 직접노무비 변동제조간접비
고정제조간접비	제품제조원가	기간 비용
순이익의 비교	• 생산량 = 판매량: 기초재고 = 기말재고(전부원가계산 = 변동원가계산) • 생산량 > 판매량: 기초재고 < 기말재고(전부원가계산 > 변동원가계산) • 생산량 < 판매량: 기초재고 > 기말재고(전부원가계산 < 변동원가계산)	
순이익의 조정	변동원가계산의 순이익 (−) 기초재고에 포함된 고정제조간접비 (+) 기말재고에 포함된 고정제조간접비 = 전부원가계산의 순이익	

(1) 생산량과 판매량이 같은 경우(순이익은 같다)

생산량과 판매량이 같은 경우에는 기초재고와 기말재고가 같기 때문에 고정제조간접비 모두 기간수익에 대응되어 전부원가계산의 당기순이익과 변동원가계산의 당기순이익은 같다.

(2) 생산량이 판매량보다 많은 경우(전부원가계산의 순이익이 크다)

생산량이 판매량보다 많은 경우에는 전부원가계산 시 당기에 발생한 고정제조간접비의 일부가 판매되지 않아 기말재고자산은 포함되어 재고자산이 과대계상되고, 변동원가계산 시 고정제조간접비는 전액 기간비용으로 처리되기 때문에 전부원가계산의 순이익이 변동원가계산의 순이익보다 고정제조간접비가 기말재고자산에 포함된 금액만큼 크다.

(생산량 − 판매량) × 단위당 고정제조간접비 = 전부원가계산이 큰 금액

(3) 생산량이 판매량보다 적은 경우(전부원가계산의 영업이익이 적다)

생산량이 판매량보다 적은 경우에는 전부원가계산의 순이익이 변동원가계산의 순이익보다 적게 계상된다.

(판매량 − 생산량) × 단위당 고정제조간접비 = 전부원가계산이 적은 금액

개념적용 문제

03 다음 자료에 의하여 전부원가계산의 제품 단위당 원가와 변동원가계산의 제품 단위당 원가는? (단, 기초재고 및 기말재고는 없다)

• 직접재료비	₩500,000
• 직접노무비	400,000
• 변동제조간접비	200,000
• 고정제조간접비	250,000
• 변동판매비와관리비	100,000
• 고정판배비와관리비	150,000
• 생산량	1,000단위
• 판매량	800단위

	전부원가	변동원가
①	₩1,350	₩1,100
②	₩1,250	₩1,000
③	₩1,450	₩1,200
④	₩1,100	₩1,350
⑤	₩1,350	₩1,350

해설
- 전부원가계산의 제품 단위당 원가: (500,000 + 400,000 + 200,000 + 250,000) ÷ 1,000단위 = @₩1,350
- 변동원가계산의 제품 단위당 원가: (500,000 + 400,000 + 200,000) ÷ 1,000단위 = @₩1,100
- 변동판매비와 고정판매비는 고려하지 않는다(영업이익을 계산할 때는 고려함).

정답 ①

CHAPTER 05

기출 & 예상문제로 완벽 복습

01 변동원가계산방법에 따라 계산된 당기순이익이 전부원가계산방법에 따라 계산된 당기순이익보다 큰 경우는 무엇인가? (단, 다른 조건은 같다)

① 생산량이 판매량을 초과한 경우
② 고정제조원가가 증가한 경우
③ 판매량이 생산량을 초과한 경우
④ 변동제조원가가 증가한 경우
⑤ 판매량이 같을 경우

해설
- 생산량 > 판매량(또는 기말수량 > 기초수량)인 경우: 전부원가계산에 의한 순이익이 더 크다.
- 생산량 < 판매량(또는 기말수량 < 기초수량)인 경우: 변동원가계산에 의한 순이익이 더 크다.
- 생산량 = 판매량(또는 기말수량 = 기초수량)인 경우: 전부원가계산에 의한 순이익과 변동원가계산에 의한 순이익은 같다.

02 변동원가계산과 전부원가계산의 설명으로 옳은 것은?

① 변동원가계산은 전부원가계산의 경우보다 항상 이익이 낮게 산정된다.
② 전부원가계산은 재고자산의 변동이 순이익에 영향을 미치지만 변동원가계산은 재고자산의 변동이 순이익에 영향을 미치지 않는다.
③ 원가계산에 관련된 표준원가는 변동원가계산에는 사용될 수 없고, 전부원가계산에서만 사용된다.
④ 변동원가계산은 의사결정에 유용하므로 외부보고용으로 사용되고 전부원가계산은 내부보고용으로 사용된다.
⑤ 변동원가계산에서는 고정제조간접비를 제품원가로 인식하고 전부원가계산에서는 기간비용으로 인식한다.

해설
① 변동원가계산과 전부원가계산의 이익은 생산량과 판매량에 따라 달라진다.
③ 원가계산에 관련된 표준원가는 변동원가계산에도 사용될 수 있다.
④ 변동원가계산은 의사결정에 유용하므로 내부보고용으로 사용되고 전부원가계산은 외부보고용으로 사용된다.
⑤ 변동원가계산에서는 고정제조간접비를 기간비용으로 인식하고 전부원가계산에서는 제품원가로 인식한다.

03 변동원가계산 시스템을 사용하는 기업은 고정제조원가를 무엇으로 분류하는가?

① 변동원가
② 매출원가
③ 고정원가
④ 기간비용
⑤ 제품원가

해설 변동원가계산에 있어 고정제조원가는 기간비용으로 처리한다.

04 (주)한국은 20×1년 초에 설립되었다. 20×1년 중 제품을 10,000단위 생산하여 8,000단위를 판매하였다. 이와 관련된 원가자료는 다음과 같다.

구분	총고정원가	단위당 변동원가
직접재료원가	–	₩22
가공원가	₩110,000	18
판매비와 관리비	70,000	10

전부원가계산과 변동원가계산에 의한 20×1년 기말제품재고액은 각각 얼마인가? (단, 재공품은 없다)

제13회 기출

	전부원가계산	변동원가계산
①	₩122,000	₩80,000
②	₩122,000	₩100,000
③	₩102,000	₩100,000
④	₩102,000	₩80,000
⑤	₩80,000	₩60,000

해설
• 단위당 고정제조간접비: 110,000 ÷ 10,000단위 = @₩11
• 전부원가계산: (22 + 18 + 11) × 2,000단위 = ₩102,000
• 변동원가계산: (22 + 18) × 2,000단위 = ₩80,000

01 ③ 02 ② 03 ④ 04 ④ 정답

05 20×1년 초에 설립된 (주)한국의 20×1년도 영업활동에 관한 자료는 다음과 같다.

• 단위당 판매가격	₩1,500
• 단위당 변동판매관리비	50
• 단위당 직접재료원가	700
• 고정제조간접원가	800,000
• 단위당 직접노무원가	350
• 고정판매관리비	400,000
• 단위당 변동제조간접원가	100

20×1년도에 제품을 8,000단위 생산하여 6,500단위 판매하였을 경우, 전부원가계산에 의한 영업이익과 변동원가계산에 의한 영업이익의 차이는? (단, 기말재공품은 없다)

제19회 기출

① ₩100,000
② ₩120,000
③ ₩150,000
④ ₩180,000
⑤ ₩200,000

해설
- 생산량이 판매량보다 크므로 전부원가계산의 영업이익이 변동원가계산의 영업이익보다 고정제조간접비에 재고로 남은 금액만큼 크다.
- 영업이익의 차이: $800{,}000 \times \frac{1{,}500\text{단위}}{8{,}000\text{단위}} = ₩150{,}000$

06 (주)한국은 20×1년 초에 설립되었으며, 20×2년 제품생산은 150개이며. 자료는 다음과 같다. 전부원가계산에 의한 영업이익이 ₩6,000일 때 변동원가계산에 의한 영업이익은?

제15회 기출 수정

• 20×1년 말 재고수량	80단위
• 20×2년 말 재고수량	100단위
• 단위당 판매가격	₩100
• 단위당 변동제조원가	30
• 단위당 변동판매관리비	10
• 총고정제조원가	1,500
• 총고정판매관리비	500

① ₩5,800　② ₩6,200
③ ₩5,500　④ ₩6,500
⑤ ₩5,700

해설
- 전부원가와 변동원가의 영업이익 차이는 기말재고에 포함된 고정제조간접비의 차이이다.
- 단위당 고정제조원가: 1,600 × $\frac{1,500단위}{150단위}$ = @₩10
- 영업이익의 차이: (100개 − 80개) × @₩10 = ₩200
- 변동원가계산의 영업이익: 전부원가계산에 영업이익보다 ₩200만큼 적다. (6,000 − 200) = ₩5,800

07 **(주)한국은 당기 초에 영업을 개시하였으며, 다음은 생산에 관련된 자료이다.**

• 직접재료비	₩600,000	• 직접노무비	₩300,000
• 변동제조간접비	200,000	• 고정제조간접비	300,000
• 생산량	10,000단위	• 판매량	8,000단위
• 기말재고	2,000단위		

전부원가계산에 의할 경우 20×1년 순이익이 ₩200,000이라고 할 때 변동원가계산에 의한 당기순이익은 얼마인가?

① ₩124,000　② ₩116,000
③ ₩120,000　④ ₩140,000
⑤ ₩132,000

해설
- 생산량 > 판매량: 전부원가 > 변동원가
- 단위당 고정제조간접비: 300,000 × (2,000단위 ÷ 10,000단위) = ₩60,000

∴ 변동원가계산의 순이익이 ₩60,000만큼 적다(200,000 − 60,000 = ₩140,000).

05 ③　06 ①　07 ④　정답

08 (주)한국은 20×1년 1월 1일에 설립되었다. 20×1년부터 20×4년까지 생산량 및 판매량은 다음과 같으며, 원가흐름 가정은 선입선출법이다.

구분	20×1년	20×2년	20×3년	20×4년
생산량	6,000단위	9,000단위	4,000단위	5,000단위
판매량	6,000단위	6,000단위	6,000단위	6,000단위

전부원가계산과 변동원가계산을 적용한 결과에 관한 설명으로 옳지 않은 것은? (단, 단위당 판매가격, 단위당 변동원가, 연간 고정원가총액은 매년 동일하다) 제21회 기출

① 변동원가계산하에서 20×1년과 20×2년의 영업이익은 동일하다.
② 변동원가계산에 의한 단위당 제품원가는 매년 동일하다.
③ 20×1년부터 20×4년까지의 영업이익 합계는 전부원가계산과 변동원가계산에서 동일하다.
④ 20×1년에는 전부원가계산 영업이익과 변동원가계산 영업이익이 동일하다.
⑤ 전부원가계산하에서 20×4년의 영업이익은 20×2년의 영업이익보다 크다.

해설 전부원가계산하에서 20×4년의 생산량은 5,000단위이고 20×2년의 생산량은 9,000단위이므로 20×2년의 영업이익이 더 크다.

09 (주)한국은 20×1년 초에 설립되었다. 20×1년과 20×2년의 생산 및 판매활동은 동일한데 생산량은 500개이고, 판매량은 300개이다. 원가 및 물량흐름은 선입선출법을 적용한다. 20×2년 전부원가계산의 영업이익이 변동원가계산의 영업이익보다 ₩120,000 더 많았다. 20×2년 말 기말제품 재고에 포함된 고정제조간접원가는? (단, 재공품은 없다.) 제27회 기출

① ₩210,000
② ₩220,000
③ ₩230,000
④ ₩240,000
⑤ ₩250,000

해설
- 20×2년 말 재고수량: 생산량 500개 − 판매량 300개 = 200개
- 20×2년 말 누적 재고수량: 기초 200개 + 생산 500개 − 판매 300개 = 기말수량 400개
- 영업이익의 차이 120,000원은 기말재고량에 포함된 고정제조간접비 차이이다.
- 고정제조간접비: 120,000 ÷ 200개 = @₩600 × 400개 = ₩240,000

10 (주)한국의 연간 고정제조간접원가는 ₩400,000이고, 고정판매관리비는 ₩150,000이 발생하였다. 제품 단위당 생산과 판매에 관련된 자료는 다음과 같다.

(1) 단위당 판매가격 ₩1,000
(2) 단위당 변동원가
- 직접재료원가 ₩250
- 직접노무원가 ₩200
- 변동제조간접원가 150
- 변동판매관리비 120

(3) 당기 생산량은 4,000개이며, 3,500개가 판매되었다. 기초재고는 없다.

위의 자료를 이용할 때 변동원가계산에 의한 영업이익은 얼마인가?

① ₩430,000
② ₩450,000
③ ₩460,000
④ ₩470,000
⑤ ₩480,000

해설 전부원가계산에 의한 손익계산서

Ⅰ. 매출액	3,500개 × @₩1,000	₩3,500,000
Ⅱ. 매출원가		2,450,000
기초제품재고액	0	
당기제품제조원가	(4,000개 × 700)2,800,000	
기말제품재고액	(500개 × 700)350,000	
Ⅲ. 매출총이익		1,050,000
Ⅳ. 판매관리비		570,000
변동판매관리비	(3,500개 × 120)420,000	
고정판매관리비	150,000	
Ⅴ. 영업이익		₩480,000

- 단위당 공헌이익: 판매가격(1,000) − 변동비(250 + 150 + 200 + 120) = ₩280
- 총공헌이익: 3,500개 × 280 = ₩980,000
- 변동원가계산에 의한 영업이익: 980,000 − 550,000 = ₩430,000

08 ⑤ 09 ④ 10 ① 정답

11 20×1년 초에 영업을 개시한 (주)한국의 원가관련 자료는 다음과 같다.

• 생산량	10,000개
• 판매량	8,000개
• 단위당 변동제조원가	₩110
• 단위당 변동판매관리비	40
• 고정제조간접원가	180,000
• 고정판매관리비	85,000

제품의 단위당 판매가격이 ₩200인 경우에 (주)한국의 20×1년 말 변동원가계산에 의한 영업이익과 기말제품재고액은? 2019년 세무직 공무원 수정

	영업이익	기말제품재고액
①	₩135,000	₩220,000
②	₩135,000	₩256,000
③	₩171,000	₩220,000
④	₩171,000	₩256,000
⑤	₩135,000	₩171,000

해설
- 공헌이익: 8,000개 × (200 − 150) = ₩400,000
- 영업이익: 400,000 − 고정비(265,000) = ₩135,000
- 기말제품재고액: 2,000개 × 변동원가(110) = ₩220,000

12 (주)한국은 20×1년 초에 영업을 개시하고 5,000단위의 제품을 생산하여 단위당 ₩1,500에 판매하였으며, 영업활동에 관한 자료는 다음과 같다.

• 단위당 직접재료원가	₩500	• 고정제조간접원가	₩1,000,000
• 단위당 직접노무원가	350	• 고정판매관리비	700,000
• 단위당 변동제조간접원가	150		
• 단위당 변동판매관리비	100		

변동원가계산에 의한 영업이익이 전부원가계산에 의한 영업이익에 비하여 ₩300,000이 적을 경우, (주)한국의 20×1년 판매수량은? (단, 기말재공품은 존재하지 않는다) 제24회 기출

① 1,500단위 ② 2,000단위 ③ 2,500단위
④ 3,000단위 ⑤ 3,500단위

해설 • 순이익의 차이는 고정제조간접원가 중 기말의 재고수량 차이다.
• 기말재고량: $1,000,000 \times \frac{\text{재고량}(x)}{\text{생산량}(5,000\text{개})} = ₩300,000 \quad \therefore x = 1,500\text{개}$
• 판매량: 생산량(5,000개) − 재고량(1,500개) = 3,500개

13 **(주)한국은 20×1년 1월 1일에 설립되었다. 20×1년부터 20×2년까지 제품 생산량 및 판매량은 다음과 같으며, 원가흐름은 선입선출법을 가정한다.**

구분	20×1년	20×2년
생산량	8,000단위	10,000단위
판매량	7,000단위	?
총고정제조간접원가	₩1,600,000	₩1,800,000

20×2년 변동원가계산에 의한 영업이익이 전부원가계산에 의한 영업이익에 비하여 ₩20,000 많은 경우, (주)한국의 20×2년 판매수량은? (단, 재공품 재고는 없다)

제25회 기출

① 8,500단위
② 9,000단위
③ 9,500단위
④ 10,000단위
⑤ 11,000단위

해설 • 20×1년 단위당 고정비: 1,600,000 ÷ 8,000단위 = @₩200
• 20×1년 기말재고에 포함된 고정비: 1,000단위 × @₩200 = ₩200,000
• 20×2년 단위당 고정비: 1,800,000 ÷ 10,000단위 = @₩180
• 변동원가의 순이익이 전부원가의 순이익보다 ₩20,000 크다면 기초재고가 기말재고보다 크므로 20×2년 기초재고가 ₩200,000이라면 20×2년 기말재고는 ₩180,000이다.
• 20×2년 기말재고수량: x × @₩180 = ₩180,000 $\therefore x$ = 1,000단위

제품

기초재고	1,000단위	판매수량	10,000단위
생산수량	10,000단위	기말재고	1,000단위
	11,000단위		11,000단위

11 ① 12 ⑤ 13 ④ 정답

CHAPTER

06 표준원가계산

회독체크 1 2 3

CHAPTER 미리보기

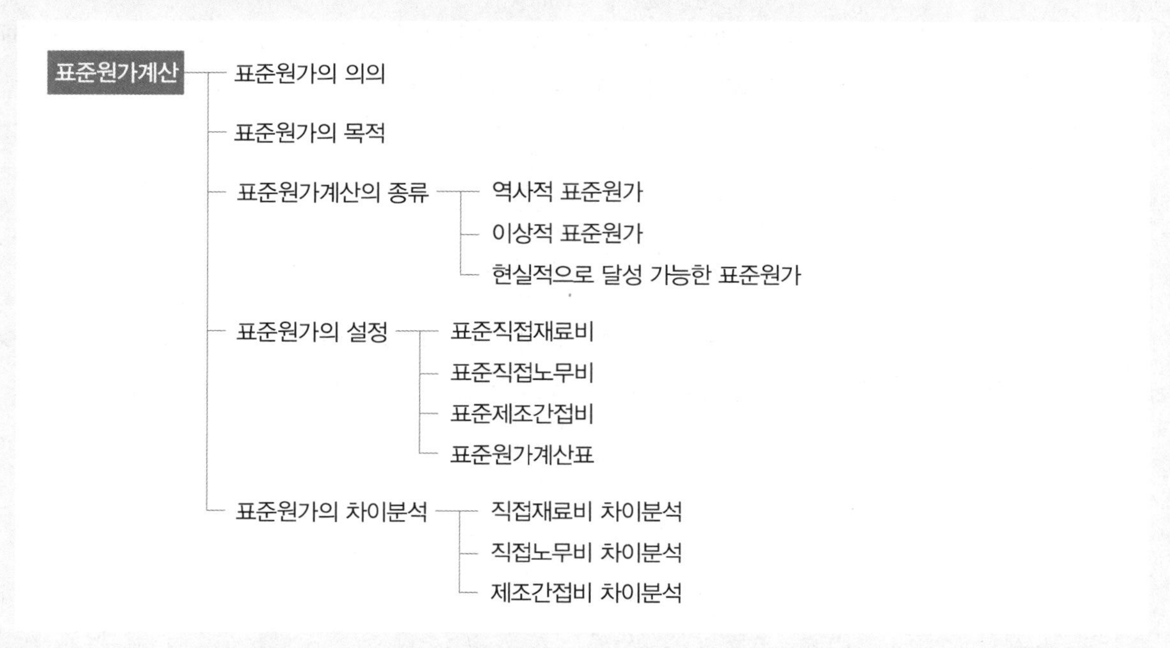

학습전략

본 단원은 표준원가계산에 관한 내용으로 최근 매회 출제되고 있으며, 최근에 고정제조간접원가 차이분석 중 조업도 차이를 묻는 문제가 출제되었습니다. 계산문제 위주로 출제되며, 원가를 어떻게 효율적으로 절감하는 것이 제품제조 원가에 효과적인가를 분석하고 회사경영에 얼마나 유리한지 또는 불리한지를 분석하는 문제가 출제됩니다. 특히 재료비 차이분석과 노무비 차이분석은 물론 다양한 문제가 출제되고 있으며, 매회 출제가능성이 아주 높습니다.

학습키워드

- 재료비 차이
- 노무비 차이
- 변동(고정) 제조간접비 차이: 능률차이 조업도차이

1. 표준원가의 의의

표준원가(Standard Cost Accounting)는 모든 원가요소를 과학적 방법과 통계적 방법에 의하여 표준이 되는 원가를 제품생산 이전에 미리 산출하고, 이를 제품생산 후 실제로 발생된 원가와 비교하여, 그 차이를 분석함으로써 원가통제에 도움이 되도록 하는 사전원가계산방법이며, 실제원가와 유사한 경우만 허용된다.

2. 표준원가의 목적

① 표준원가의 설정에 따른 원가절감에 대한 동기부여로 원가를 절감시킬 수 있는 원가관리의 목적이 있다.
② 각각의 부문별 예산편성에 따른 실적, 측정 및 예산차이의 분석을 통한 예산관리의 목적이 있다.
③ 기장절차를 간략화하고 신속화한다.
④ 조업도 및 공손 등에 따라 변동과 관계없이 가격결정의 기초로 사용하기가 적절하여 경영자의 의사결정 목적이 있다.

3. 표준원가계산의 종류

(1) 역사적 표준원가

표준원가가 설정되던 과거시점의 수량과 가격을 그대로 현재시점에서도 사용되는 경우의 표준원가이다.

(2) 이상적 표준원가

기존의 설비와 제조과정에서 정상적인 기계고장, 정상감손 및 근로자의 휴식시간 등을 고려하지 않고, 최선의 조건하에서만 달성할 수 있는 이상적인 목표하의 최저목표원가이다.

(3) 현실적으로 달성 가능한 표준원가

역사적 표준원가와 이론적 표준원가의 중간개념에서 설정되는 표준원가로서, 효율적인 작업상태에서 발생하리라 기대되는 표준원가이다.

4. 표준원가의 설정

(1) 표준직접재료비

표준직접재료비는 재료단위당 표준가격과 제품단위당 표준직접재료수량을 통하여 결정된다.

표준직접재료비 = 표준재료수량 × 표준재료가격

(2) 표준직접노무비

표준직접노무비는 시간당 표준임률과 제품단위당 표준작업시간을 통하여 결정된다.

> 표준직접노무비 = 표준작업시간 × 표준임률

(3) 표준제조간접비

표준제조간접비는 그 구성항목들이 매우 다양하여 정확한 표준을 설정하기 위해서는 표준제조간접비를 변동제조간접비와 고정제조간접비로 분류하는 것이 필수적이다.

① **변동제조간접비**: 변동제조간접비는 조업도 단위당 표준배부율과 제품단위당 표준조업도(시간 등)를 통하여 결정한다.

> 단위당 변동제조간접비 = 제품단위당 표준조업도(시간) × 단위당 표준변동배부율
>
> * 표준변동배부율 = $\frac{\text{변동제조간접비원가예산}}{\text{기준(정상)조업도}}$

② **고정제조간접비**: 고정제조간접비는 조업도 단위당 예정배부율과 제품단위당 표준조업도를 통하여 결정한다.

> 단위당 표준고정제조간접비 = 제품단위당 표준조업도(시간) × 단위당 표준고정배부율
>
> * 표준고정배부율 = $\frac{\text{고정제조간접비원가예산}}{\text{기준(정상)조업도}}$

(4) 표준원가계산표

제품단위당 표준원가는 제품단위당 표준직접재료비, 표준직접노무비, 표준제조간접비를 합산하여 산출하는 것으로서, 이때 제품단위당 각각의 표준원가를 항목별로 계산하는 표를 표준원가계산표라 한다.

5. 표준원가의 차이분석

(1) 직접재료비 차이분석

직접재료비 차이는 실제로 발생한 직접재료비와 표준원가에 의한 직접재료비의 차액을 말하며, 이에는 수량차이와 가격차이가 있다.

> 표준수량 × 표준가격 　　 실제수량 × 표준가격 　　 실제수량 × 실제가격
>
> 　　　　　 수량차이 　　　　　　　　 가격차이
>
> • 수량차이 = (표준수량 − 실제수량) × 표준가격
> • 가격차이 = (표준가격 − 실제가격) × 실제수량

① **수량차이**: 수량차이는 제품제조에 실제로 소비된 수량과 실제산출량에 허용된 표준수량의 차이를 말한다.

수량차이 = (표준수량 − 실제수량) × 표준가격

② **가격차이**

㉠ 구입시점에서의 분리: 재료의 구입시점에 표준가격과 실제가격과의 차이를 계산하는 것으로 재료의 가격차이를 빨리 계산함으로써 구매부문의 업적을 신속히 평가할 수 있고 재료계정에서부터 표준가격을 적용하므로 기장사무를 간략화할 수 있다.

구입가격차이 = (표준가격 − 실제가격) × 실제구입량

㉡ 소비시점에서의 분리: 실제로 출고되어 소비된 재료의 가격차이를 분석하는 방법이다.

소비가격차이 = (표준가격 − 실제가격) × 실제소비량

개념적용 문제

01 **(주)한국은 표준원가계산방법을 사용하고 있다. 제품 1,000개를 생산하기 위해 실제 투입된 직접재료비는 ₩120,000(실제소비량 10,000kg, 실제단가 @₩12)이고 이에 대한 제품단위당 표준직접재료원가는 ₩117(표준소비량 1개당 9kg, 표준단가 @₩13)이다. 직접재료비의 가격차이와 능률차이를 옳게 나타낸 것은?**

	가격차이	수량(능률)차이
①	₩9,000(불리)	₩14,000(불리)
②	₩10,000(유리)	₩13,000(불리)
③	₩9,000(유리)	₩14,000(유리)
④	₩10,000(불리)	₩13,000(불리)
⑤	₩13,000(불리)	₩10,000(유리)

해설

표준수량 × 표준가격	실제수량 × 표준가격	실제수량 × 실제가격
(9,000kg) × @₩13 = ₩117,000	(10,000kg) × @₩13 = ₩130,000	(10,000kg) × @₩12 = ₩120,000

수량(능률)차이 ₩13,000(불리)　　가격차이 ₩10,000(유리)

- 가격차이: (@₩13 − @₩12) × 10,000kg = ₩10,000(유리)
- 수량차이: (9,000kg − 10,000kg) × @₩13 = ₩13,000(불리)

정답 ②

02 다음은 7월 중 제품생산과 관련된 자료이다. 직접재료비 가격차이를 구입시점과 소비시점에서 계산하는 경우와 직접재료의 수량차이를 계산하시오.

• 직접재료구입수량	600kg
• 실제구입단가	@₩200
• 직접재료소비수량	560kg
• 표준구입단가	@₩180
• 제품 1단위 생산을 위한 표준소비수량	5kg
• 7월 중 제품생산량	100개

해설
- 직접재료비 구입가격차이: (@₩180 − @₩200) × 600kg = ₩12,000(불리)
- 직접재료비 소비가격차이: (@₩180 − @₩200) × 560kg = ₩11,200(불리)
- 직접재료비 수량차이: (500kg − 560kg) × @₩180 = ₩10,800(불리)

(2) 직접노무비 차이분석

직접노무비 차이는 시간차이(또는 능률차이)와 임률차이로 구분할 수 있다.

표준시간 × 표준임률 　　실제시간 × 표준임률 　　실제시간 × 실제임률

시간차이 　　임률차이

- 시간차이(능률차이) = (표준시간 − 실제시간) × 표준임률
- 임률차이(예산차이) = (표준임률 − 실제임률) × 실제시간

① **능률차이**(시간차이): 직접노무비의 시간(능률)차이는 제품제조에 실제 사용된 작업시간과 실제산출량에 허용된 표준작업시간과의 차이에 대한 금액을 말한다.

능률(시간)차이 = (표준시간 − 실제시간) × 표준임률

② **임률차이**: 직접노무비의 임률차이는 실제로 발생한 직접노무비의 단위당 임률과 표준원가로 산정한 단위당 표준임률의 차이에 대한 금액을 말한다.

임률차이 = (표준임률 − 실제임률) × 실제시간

개념적용 문제

03 **직접노무비의 시간(능률)차이를 계산하시오.**

- 실제직접노무비: ₩400,000
- 실제작업시간: 200시간
- 제품단위당 표준작업시간: 24시간
- 표준임률: ₩1,800
- 실제생산량: 10개
- 예정생산량: 15개

① ₩72,000 유리
② ₩40,000 유리
③ ₩72,000 불리
④ ₩40,000 불리
⑤ ₩60,000 불리

해설
- 임률차이: (1,800 − 2,000) × 200시간 = ₩40,000(불리)
- 능률차이: (240시간 − 200시간) × 1,800 = ₩72,000(유리)

정답 ①

04 **(주)한국은 표준원가계산제도를 사용하고 있으며, 3월의 직접노무원가 차이분석 결과는 다음과 같다.**

	임률차이	능률차이
직접노무원가	₩9,000(유리)	₩1,500(불리)

3월에 실제 직접노무시간은 18,000시간이고, 실제 임률은 시간당 ₩2.5이다. 3월의 실제 생산량에 허용된 표준직접노무시간은? (단, 재공품재고는 없다) 제21회 기출

① 17,300시간
② 17,400시간
③ 17,500시간
④ 17,600시간
⑤ 17,700시간

해설

표준시간 × 표준임률	실제시간 × 표준임률	실제시간 × 실제임률
17,500시간 × @₩3 = ₩52,500	18,000시간 × @₩3 = ₩54,000	18,000시간 × @₩2.5 = ₩45,000

₩1,500(불리) ₩9,000(유리)

정답 ③

(3) 제조간접비 차이분석

제조간접비차이는 실제로 발생한 제조간접비와 표준제조간접비 배부율에 의하여 제품제조에 배부된 제조간접비의 차액으로서, 일반적으로 변동제조간접비의 차이와 고정제조간접비의 차이로 분류한다.

① **변동제조간접비의 차이:** 변동제조간접비의 차이는 변동제조간접비의 실제발생액과 표준원가로서의 변동제조간접비의 차액을 말하며, 이에는 예산(소비)차이와 능률차이가 있다.

$$\text{변동제조간접비 표준배부율} = \frac{\text{변동제조간접비 예산액}}{\text{기준조업도(정상조업도)}}$$

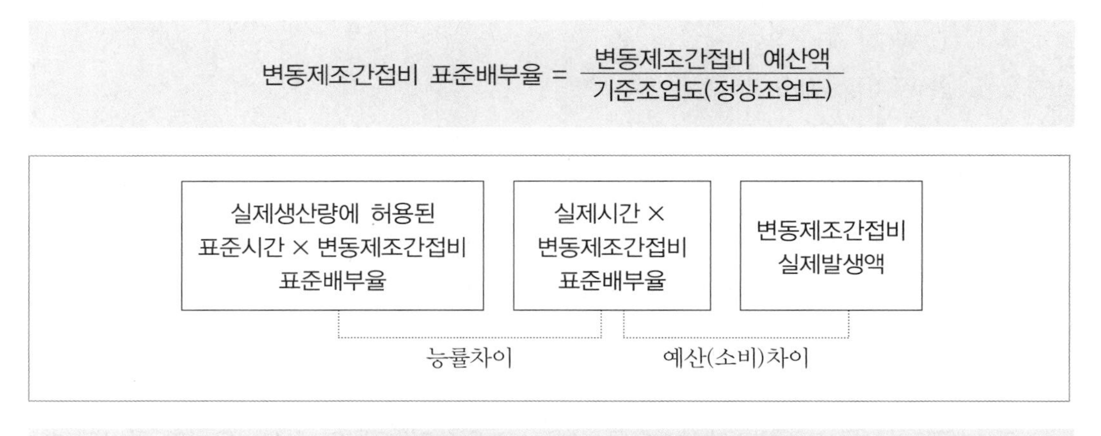

- 예산(소비)차이 = 변동제조간접비 실제발생액 − 실제조업도에 허용된 변동제조간접비
  = (변동제조간접비 표준배부율 − 실제변동제조간접비 배부율) × 실제작업시간
- 능률차이 = 실제조업도에 허용된 변동제조간접비 − 표준조업도에 대한 변동제조간접비 배부액
  = (표준시간 − 실제시간) × 변동제조간접비 표준배부율

② **고정제조간접비의 차이:** 고정제조간접비의 차이는 고정제조간접비의 실제발생액과 표준원가로서의 고정제조간접비의 차액을 말하며, 이에는 예산(소비)차이와 조업도차이가 있다.

$$\text{고정제조간접비 표준배부율} = \frac{\text{고정제조간접비 예산액}}{\text{기준(정상)조업도}}$$

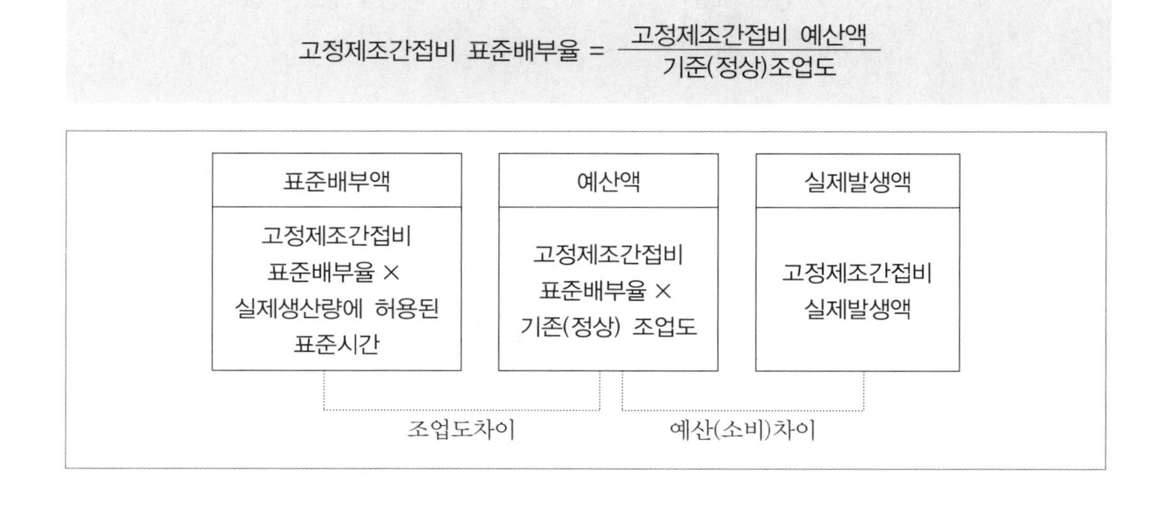

> • 예산(소비)차이 = 고정제조간접비 실제발생액 − 고정제조간접비 예산액
> • 조업도차이 = 고정제조간접비 예산액 − 고정제조간접비 배부액
> = 고정제조간접비 표준배부율 × [실제산출량에 허용된 표준시간 − 기존(정상) 조업도]

③ **2분법에 의한 제조간접비차이:** 2분법에 의한 제조간접비차이는 제조간접비를 변동비와 고정비로 구분하지 않고, 관리가능차이(예산차이)와 관리불가능차이(조업도차이)를 말한다.

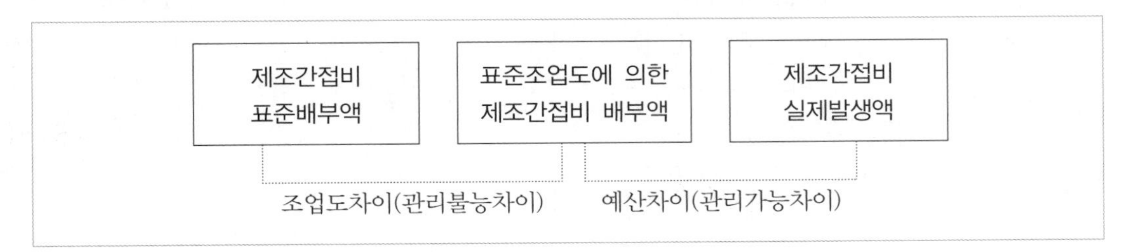

> • 예산차이 = 총제조간접비 실제발생액 − {(변동제조간접비 배부율 × 실제산출량에 허용된 표준조업도) + 고정제조간접비 예산액}
> • 조업도차이 = 고정제조간접비 예산액 − 고정제조간접비 배부액

④ **3분법에 의한 제조간접비차이:** 3분법에 의한 제조간접비차이는 제조간접비를 변동비와 고정비로 구분하지 않고, 예산(소비)차이, 능률차이, 조업도차이를 말한다.

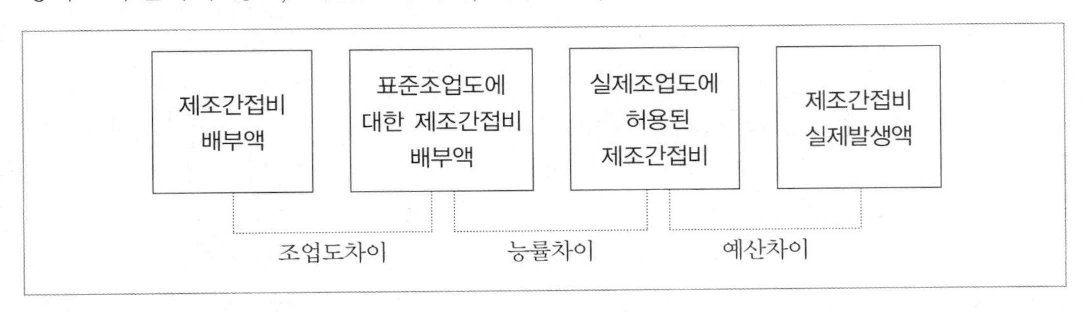

> • 예산차이 = 총제조간접비 실제발생액 − {(변동제조간접비 배부율 × 실제조업도) + 고정제조간접비예산}
> • 능률차이 = (변동제조간접비 배부율 × 실제조업도) − (변동제조간접비 배부율 × 실제산출량에 허용된 표준조업도)
> • 조업도차이 = 고정제조간접비 예산액 − 고정제조간접비 배부액

개념적용 문제

05 **다음은 7월 중 제품생산과 관련된 자료이다. 변동제조간접비 예산차이와 능률차이를 계산하고, 고정제조간접비 예산차이와 조업도차이를 계산하시오.**

<제조간접비 변동예산>

• 변동제조간접비 배부율	₩200
• 고정제조간접비(기준조업도, 5,000시간)	600,000
• 제품단위당 표준작업시간	2시간
• 7월 중 제품생산량	1,500개

<제조간접비 실제발생액>

• 변동제조간접비	₩750,000
• 고정제조간접비	650,000
• 실제작업시간	3,500시간

해설 • 변동제조간접비 차이분석

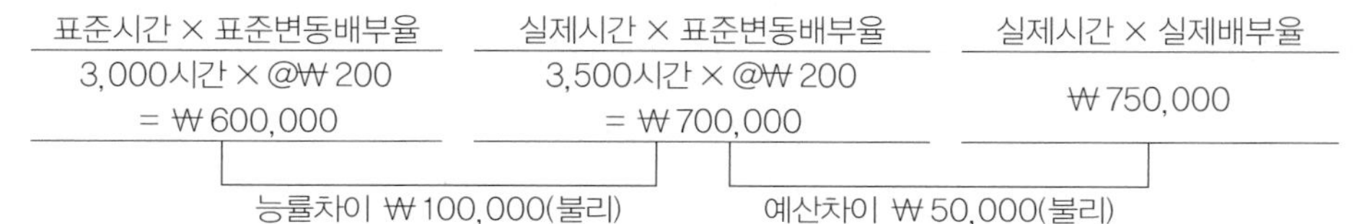

• 고정제조간접비 차이분석

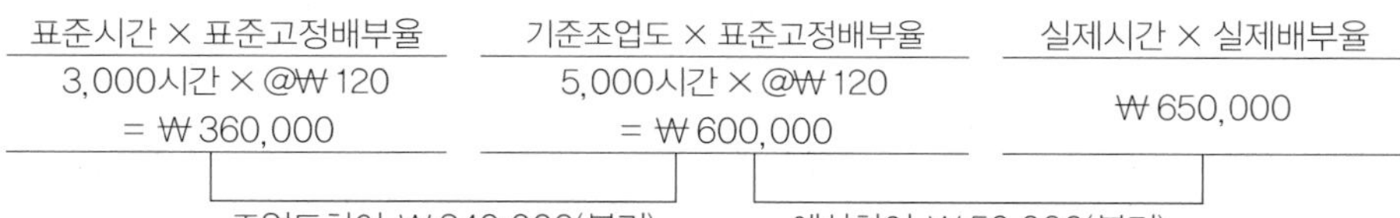

• 변동제조간접비 예산차이: 750,000 − (3,500시간 × 200) = ₩50,000(불리)
• 변동제조간접비 능률차이: (3,500시간 − 3,000시간) × 200 = ₩100,000(불리)
• 고정제조간접비 표준배부율: $\frac{600,000}{5,000\text{시간}}$ = ₩120
• 고정제조간접비 예산차이: 600,000 − 650,000 = ₩50,000(불리)
• 고정제조간접비 조업도차이: (3,000시간 − 5,000시간) × @₩120 = ₩240,000(불리)

CHAPTER 06

기출 & 예상문제로 완벽 복습

01 직접재료비의 가격차이는 어떻게 계산되는가?

① (표준가격 − 실제가격) × 실제수량
② (표준가격 − 실제가격) × 표준수량
③ (표준수량 − 실제수량) × 실제가격
④ (표준수량 − 실제수량) × 표준가격
⑤ (표준가격 − 실제수량) × 표준가격

해설 가격차이: (표준가격 − 실제가격) × 실제수량
④ 수량차이에 대한 식이다.

02 표준원가계산에 관한 설명으로 옳지 않은 것은?

① 표준원가계산은 실제원가가 표준원가에 근접하도록 효과적인 원가의 통제를 하기 위하여 적용하는 사전원가계산 방법이다.
② 종합원가계산제도에서도 적용할 수 있으며, 이러한 표준종합원가계산에서는 완성품환산량의 단위당 원가를 별도로 계산할 필요가 없다.
③ 표준원가와 실제원가가 차이나는 경우 원가통제를 할 수 없다.
④ 표준원가계산방법을 적용함에 있어서 제품제조기술을 향상시키고자 함은 아니다.
⑤ 원가흐름의 가정이 필요 없으며, 제품의 수량만 파악되면 표준단가를 이용하여 제품원가를 신속하게 계산할 수 있다.

해설 표준원가와 실제원가가 차이나는 경우 원가를 보다 효율적으로 통제할 수 있다.

01 ① 02 ③ 정답

03 **(주)한국은 표준원가계산제도를 채택하고 있으며, 단일 제품을 생산 · 판매하고 있다. 20×1년 직접재료원가와 관련된 표준 및 원가 자료가 다음과 같을 때, 20×1년의 실제 제품생산량은? (단, 가격차이 분석시점은 분리하지 않는다)** 제25회 기출

• 제품단위당 직접재료 수량표준	2kg
• 직접재료 단위당 가격표준	₩250/kg
• 실제 발생한 직접재료원가	₩150,000
• 직접재료원가 가격차이	₩25,000(불리)
• 직접재료원가 수량차이	₩25,000(유리)

① 250단위　② 300단위　③ 350단위　④ 400단위　⑤ 450단위

해설
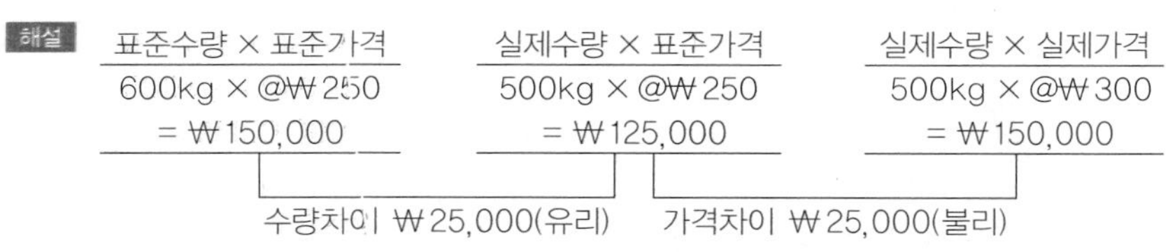

• 실제 제품생산량 : 표준수량(600kg) ÷ 개당/표준수량(2kg) = 300단위

04 **다음은 (주)대한의 원가자료이다. 직접재료비 능률차이는 얼마인가?**

• 예정 생산량	600개
• 실제 생산량	400개
• 직접재료 실제 구입가격	kg당 @₩300
• 제품 1단위당 표준소비량	3kg/개당
• 직접재료의 표준가격	kg당 @₩200
• 직접재료비의 가격차이	₩180,000(불리)

① ₩300,000 불리　② ₩180,000 유리　③ ₩120,000 불리　④ ₩120,000 유리　⑤ ₩180,000 불리

해설
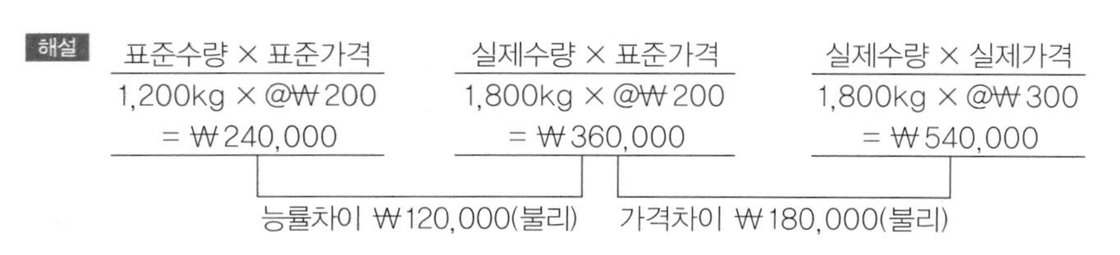

05 (주)한국은 표준원가계산제도를 도입하고 있다. 지난달 직접재료 600kg을 ₩240,000에 구입하였고, 이 가운데 450kg을 제품생산에 투입하였다. 제품단위당 표준직접재료수량은 4.0kg이며, 예산 생산량은 150단위이다. 직접재료원가의 가격차이는 ₩4,500(유리)이었고, 수량차이는 ₩13,940(불리)이었다. 실제 생산량은? (단, 가격차이 분석시점을 분리하지 않는다) 제20회 기출

① 104단위
② 108단위
③ 110단위
④ 118단위
⑤ 121단위

해설

표준수량 × 표준가격	실제수량 × 표준가격	실제수량 × 실제가격
416kg × @₩410 = ₩170,560	450kg × @₩410 = ₩184,500	450kg × @₩400 = ₩180,000

능률차이 ₩13,940(불리)　가격차이 ₩4,500(유리)

- 실제구입단가: 240,000 ÷ 600kg = @₩400
- 실제생산량: 표준수량(416kg) ÷ 개당/표준수량(4.0kg) = 104단위

06 (주)한국은 표준원가계산제도를 사용하고 있다. 20×1년 3월 중에 직접재료 1,500kg을 kg당 ₩50에 구입하였다. 3월의 예정생산량은 300단위이며, 실제생산량은 350단위이다. 직접재료의 가격표준은 kg당 ₩45이다. 수량차이가 ₩11,250(유리)일 때 직접재료의 표준수량은 몇 kg인가? (단, 20×1년 3월 직접재료의 월초재고와 월말재고는 없다)

① 3.6kg
② 4.0kg
③ 4.9kg
④ 5.0kg
⑤ 5.4kg

해설

표준수량 × 표준가격	실제수량 × 표준가격	실제수량 × 실제가격
1,750kg × @₩45 = ₩78,750	1,500kg × @₩45 = ₩67,500	1,500kg × @₩50 = ₩75,000

수량차이 ₩11,250(유리)　가격차이 ₩7,500(불리)

- 단위당 직접재료의 표준수량: 350단위 × x = 1,750kg　∴ x = 5.0kg

03 ②　04 ③　05 ①　06 ④　정답

07 직접재료원가의 제품단위당 표준사용량은 5kg이고, 표준가격은 kg당 ₩3이다. 4월에 직접재료 20,000kg을 총 ₩65,000에 구입하여 18,000kg을 사용하였다. 4월에 제품 3,000단위를 생산했을 때, 직접재료원가의 가격차이와 능률차이는? (단, 직접재료원가의 가격차이는 구입시점에서 계산한다) 제14회 기출

	가격차이	능률차이
①	₩5,000(불리)	₩6,000(불리)
②	₩5,000(불리)	₩9,000(불리)
③	₩6,000(유리)	₩6,000(유리)
④	₩6,000(유리)	₩15,000(유리)
⑤	₩7,000(불리)	₩15,000(유리)

해설

표준수량 × 표준가격	실제수량 × 표준가격	실제수량 × 실제가격
(3,000단위 × 5kg) × @₩3 = ₩45,000	(18,000kg) 20,000kg × @₩3 = (₩54,000) ₩60,000	20,000kg × @₩3.25 = ₩65,000

능률차이 ₩9,000(불리)　가격차이 ₩5,000(불리)

08 (주)한국은 표준원가계산제도를 채택하고 있다. 20×1년도 9월에 제품 2,100개를 생산했으며, 직접노무원가는 ₩4,000,000이 발생하였다. 시간당 실제임률은 ₩1,000이며, 시간당 표준임률은 ₩900이고, 제품단위당 표준직접노무시간은 2시간이다. 9월의 직접노무원가 능률차이(유리)는 얼마인가? (단, 재공품은 없다)

① ₩150,000　② ₩160,000

③ ₩170,000　④ ₩180,000

⑤ ₩190,000

해설

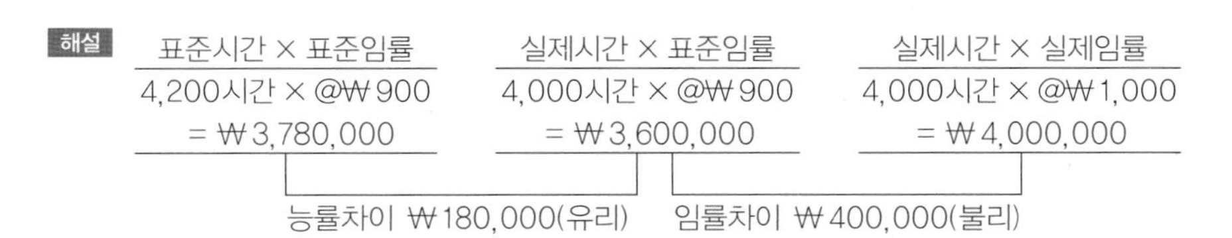

09 (주)한국은 표준원가계산제도를 채택하고 있다. 직접노무원가 관련 자료가 다음과 같을 때, 직접노무원가 시간당 표준임률은? 제24회 기출

• 표준직접노무시간	9,000시간
• 실제직접노무시간	8,600시간
• 실제발생 직접노무원가	₩3,569,000
• 능률차이	₩160,000(유리)
• 임률차이	₩129,000(불리)

① ₩380　② ₩385
③ ₩397　④ ₩400
⑤ ₩415

해설

표준시간 × 표준임률	실제시간 × 표준임률	실제시간 × 실제임률
9,000시간 × 400 = ₩3,600,000	8,600시간 × 400 = ₩3,440,000	8,600시간 × ? = ₩3,569,000

능률차이 ₩160,000(유리)　임률차이 ₩129,000(불리)

07 ② 08 ④ 09 ④ 정답

10 (주)한국은 표준원가계산을 사용한다. 관련 자료가 다음과 같을 때, 고정제조간접원가 조업도 차이는? (단, 재공품 재고는 없다)

제26회 기출

• 고정제조간접원가 실제발생액	₩119,700	• 기준조업도	4,200기계시간
• 제품 단위당 표준기계시간	8시간	• 목표 제품 생산량	525단위
• 고정제조간접원가 예산차이	₩6,300(유리)	• 실제 제품 생산량	510단위

① ₩0
② ₩3,240(유리)
③ ₩3,240(불리)
④ ₩3,600(유리)
⑤ ₩3,600(불리)

해설

표준시간 × 표준고정배부율	기준조업도 × 표준고정배부율	실제고정제조간접비
4,080시간 × @₩30 = ₩122,400	4,200시간 × @₩30 = ₩126,000	= ₩119,700

조업도차이 ₩3,600(불리) / 예산차이 ₩6,300(유리)

11 (주)한국은 표준원가계산제도를 도입하고 있다. 20×1년 기준조업도 900기계작업시간하에서 변동제조간접원가 예산은 ₩153,000이며, 고정제조간접원가 예산은 ₩180,000이다. 당기의 실제기계작업시간은 840시간, 실제 발생된 변동제조간접원가는 ₩147,000이었다. 조업도차이가 ₩10,000(불리)인 것으로 나타났다면, 변동제조간접원가 능률차이(유리)는?

제23회 기출

① ₩1,700
② ₩2,000
③ ₩18,700
④ ₩32,400
⑤ ₩47,200

해설

- 표준변동비배부율: $\frac{\text{변동제조간접원가예산액}}{\text{기준조업도 기계작업시간}} = \frac{153,000}{900\text{시간}}$ = ₩170
- 표준고정비배부율: $\frac{\text{고정제조간접원가예산액}}{\text{기준조업도 기계작업시간}} = \frac{180,000}{900\text{시간}}$ = ₩200
- 표준고정비: 표준고정비(170,000) − 고정비예산(180,000) = −₩10,000 조업도차이
- 표준작업시간: 표준고정비(170,000) ÷ 표준고정비배부율(200) = 850시간
- 변동제조간접비 능률차이: [표준작업시간(850시간) − 실제작업시간(840시간)] × 표준변동비배부율(170) = ₩1,700(유리)

12 (주)한국의 20×1년 제조간접원가 표준 자료는 다음과 같다.

구분	수량표준	표준배부율
변동제조간접원가	2시간	₩5
고정제조간접원가	2시간	4

20×1년 제조간접원가의 기준조업도는 2,500직접노무시간, 실제 발생한 직접노무시간은 2,750시간이다. 20×1년 제조간접원가의 조업도차이는 ₩2,000(불리)이었다. 제조간접원가 능률차이는? 제27회 기출

① ₩1,250(유리)
② ₩1,250(불리)
③ ₩2,450(유리)
④ ₩2,450(불리)
⑤ ₩3,750(불리)

해설 • 변동제조간접비 차이분석

표준시간 × 표준변동배부율	실제시간 × 표준변동배부율	실제시간 × 실제배부율
2,000시간 × @₩5 = ₩10,000	2,750시간 × @₩5 = ₩13,750	2,750시간 × ?

능률차이 ₩3,750(불리) / 예산차이 ₩?

• 고정제조간접비 차이분석

표준시간 × 표준고정배부율	기준조업도 × 표준고정배부율	실제시간 × 실제배부율
2,000시간 × @₩4 = ₩8,000	2,500시간 × @₩4 = ₩10,000	–

조업도차이 ₩2,000(불리) / 예산차이 ₩?

10 ⑤ 11 ① 12 ⑤ 정답

CHAPTER

07 원가추정(원가행태)

회독체크 1 2 3

CHAPTER 미리보기

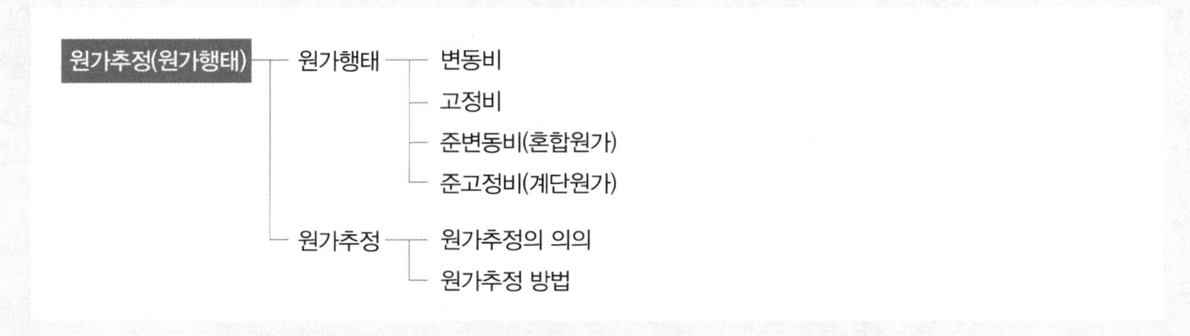

학습전략

본 단원은 과거 또는 현재의 회계자료를 이용하여 미래원가를 추정하는 내용으로 시험에서 자주 출제되는 부분입니다. 조금만 열심히 하면 원가회계에서 점수를 획득할 수 있는 단원으로, 여러 가지 원가추정방법이 있지만 그중 고저점법에 관한 내용은 꼭 알아야 합니다.

학습키워드

- 고저점법
- 변동예산에 의한 원가추정

1. 원가행태

원가행태는 조업도 수준의 변동에 따라 일정한 양상으로 변화하는 원가발생액의 변동양상을 말하는 것으로서 변동비, 고정비, 준변동비(혼합원가), 준고정비(계단원가)로 분류할 수 있다.

(1) 변동비

조업도의 증감에 따라 원가총액이 비례적으로 증감하는 것으로 직접재료비, 직접노무비, 변동제조간접비 등이 있다.

(2) 고정비

조업도의 증감에 관계없이 원가총액이 불변인 것으로 감가상각비, 보험료, 임차료 등이 있다.

(3) 준변동비(혼합원가)

조업도가 영(0)인 경우에도 일정액이 발생하고 조업도의 증가에 따라 원가총액이 비례적으로 증가하는 것으로 전기요금, 수도요금, 전화요금 등이 있다.

(4) 준고정비(계단원가)

일정한 조업도 내에서는 원가총액이 불변하나, 일정 조업도를 초과하면 고정비의 일정액이 추가 발생되어 원가총액이 일정액으로 증가하는 것으로 공장 감독자의 급료 등이 있다.

2. 원가추정

(1) 원가추정의 의의

원가추정은 과거 또는 현재의 회계자료를 이용하여 원가(y, 종속변수)와 조업도(x, 독립변수)사이의 관계를 규명한 후 미래원가를 추정하는 것을 말한다.

원가함수 추정 등식: $y = a + bx$
(y = 총원가, a = 고정비, b = 단위당 변동비, x = 조업도)

(2) 원가추정 방법

원가의 추정 방법으로는 산업공학적 방법, 계정분석법, 산포도법, 학습곡선, 고저점법 등이 있으며, 여기에서는 고저점법을 학습하는 것으로 한다.

① **산업공학적 방법**: 산업공학적 방법은 투입량과 산출량 간의 기술적 관계를 계량적으로 분석하여 원가방정식을 추정하는 방법이다. 이 방법은 시간연구, 동작연구 등을 통하여 직접재료의 사용량, 직접노동시간 등을 이용하여 과학적 방법으로 정밀하게 측정한다. 이 방법은 과학적이고 정확하다는 장점이 있으나, 시간과 비용이 많이 소요된다는 단점이 있다.

② **계정분석법**: 계정분석법은 각 계정에 기록된 원가를 회계담당자의 전문적 지식과 경험, 판단에 따라 변동비, 고정비, 준변동비, 준고정비로 분석하여 원가방정식을 추정하는 방법이다. 이 방법은 원가추정을 신속히 할 수 있고 비용이 적게 소요된다는 장점이 있으나, 과거자료에 비효율적 상황이 반영되면 미래원가추정의 신뢰성이 떨어지는 단점이 있다.

③ **산포도법**: 산포도법은 그래프의 x축을 독립변수인 조업도로, y축을 종속변수인 원가총액으로 표시한 후 조업도의 변동에 따른 과거의 실제원가를 도표에 점으로 표시하고 산재하는 각 점들의 중앙을 지나는 직선을 그어 y축과의 교차점을 고정비로, 그 기울기를 단위당 변동비로 추정하는 방법이다.

④ **학습곡선**: 처음으로 어떤 작업을 수행한다면 작업에 익숙하지 않아서 많은 시간을 필요로 한다. 하지만 작업을 반복할수록 숙달이 되어 작업하는 시간이 줄어드는데, 이 같은 현상을 학습효과라 하고, 어떤 모델로 표현한 것을 학습곡선(연습곡선)이라 한다.

⑤ **고저점법**: 고저점법은 가장 높은 최고조업도에서의 총원가와 가장 낮은 최저조업도에서의 총원가의 차이를 이용하여 변동원가요소와 고정원가요소를 추정하는 방법이다.

㉠ 단위당 변동비의 추정: 최고조업도의 총원가에서 최저조업도의 총원가를 차감한 금액을 최고조업도와 최저조업도의 차이로 나누어 추정한다.

$$\text{단위당 변동비} = \frac{\text{최고조업도의 총원가} - \text{최저조업도의 총원가}}{\text{최고조업도} - \text{최저조업도}}$$

㉡ 고정비의 추정: 고정비는 단위당 변동비를 이용하여 최고조업도 또는 최저조업도의 원가자료에 대입하여 산정한다.

$$\begin{aligned}\text{총고정비} &= \text{최고조업도 총원가} - \text{단위당 변동비} \times \text{최고조업도} \\ &= \text{최저조업도 총원가} - \text{단위당 변동비} \times \text{최저조업도}\end{aligned}$$

개념적용 문제

01 A아파트 전기작업반의 월별 직접노무시간과 경비에 대한 기록이 다음과 같다.

구분	4월	5월	6월
직접노무시간	250시간	200시간	150시간
경비	₩10,000	₩11,000	₩7,000

7월의 직접노무시간은 200시간으로 예상된다. 고저점법을 적용하여 7월의 경비를 추정하면? 제14회 기출

① ₩8,500 ② ₩8,600
③ ₩8,700 ④ ₩8,800
⑤ ₩8,900

해설
- (10,000 − 7,000) ÷ (250시간 − 150시간) = @₩30
- 고정비: 10,000 − (250시간 × @₩30) = ₩2,500
- 7월 추정원가: 2,500 + (200시간 × @₩30) = ₩8,500

정답 ①

CHAPTER

07 기출 & 예상문제로 완벽 복습

01 (주)한국은 20×1년도 변동예산을 준비하기 위해 공장에서 쓰이는 난방비를 고정요소와 변동요소로 구분하려고 한다. 지난달의 난방비와 직접노동시간에 대한 자료는 다음과 같다.

월	직접노동시간	난방비
1월	3,650시간	₩19,800
2월	2,770시간	17,600
3월	2,850시간	18,500

(주)한국은 고저점법을 사용하여 4월의 난방비를 추정한다. 4월의 직접노동시간이 3,000시간으로 추정되었다면 추정난방비는 얼마인가?

① ₩15,060　　② ₩15,800
③ ₩18,175　　④ ₩16,140
⑤ ₩16,340

해설
• 원가추정방정식을 y = a + bx라 하면

$$b = \frac{19,800 - 17,600}{3,650\text{시간} - 2,770\text{시간}} = \frac{2,200}{880\text{시간}} = 2.5/\text{시간당}$$

a = 19,800 − (3,650시간 × 2.5) = ₩10,675

• 추정방정식: y = 10,675 + 2.5x
• 4월의 추정난방비: y = 10,675 + (2.5 × 3,000시간) = ₩18,175

02 최근 2년간 총고정제조원가와 단위당 변동제조원가는 변화가 없으며 생산량과 총제조원가는 다음과 같다.

	생산량	총제조원가
• 20×1년	200단위	₩600,000
• 20×2년	300단위	800,000

20×3년도에 총고정제조원가가 10% 증가할 경우, 생산량이 400단위일 때 총제조원가는 얼마인가? 제16회 기출

① ₩1,000,000 ② ₩1,020,000
③ ₩1,040,000 ④ ₩1,060,000
⑤ ₩1,080,000

해설
• 고저점법을 이용하여 계산한다.
• 단위당 변동비: (800,000 − 600,000) ÷ (300단위 − 200단위) = @₩2,000
• 고정비의 계산: 800,000 − (300단위 × @₩2,000) = ₩200,000
• 20×3년도의 고정비: 200,000 × 1.1 = ₩220,000
• 20×3년도 400단위일 때 총제조원가: 220,000 + (400단위 × @₩2,000) = ₩1,020,000

03 다음은 (주)한국의 20×1년 전반기 생산활동 자료이다. 이 자료를 이용하여 고저점법을 적용할 때 단위당 변동원가가 ₩40이다. 3월의 발생원가는 얼마인가? 제11회 기출

월	생산량	발생원가
1월	240개	₩14,600
2월	210개	13,600
3월	200개	?
4월	230개	14,200
5월	220개	13,900
6월	250개	15,000

① ₩12,900 ② ₩13,000 ③ ₩13,100
④ ₩13,200 ⑤ ₩13,300

해설
• 고정비: 총원가 − 변동비
• 고정비: 최고조업도에서의 총원가(15,000) − 최고조업도에서의 변동비(250개 × 40) = ₩5,000
• 3월의 발생원가: 고정비(5,000) + 변동비(200개 × 40) = ₩13,000

01 ③ 02 ② 03 ② 정답

04 (주)한국은 고저점법을 사용하여 전력비를 추정하고 있다. 20×1년 월별 전력비 및 기계시간에 근거한 원가추정식에 의하면, 전력비의 단위당 변동비는 기계시간당 ₩4이었다. 20×1년 최고 조업도수준은 1,100 기계시간이었고, 이때 발생한 전력비는 ₩9,400이었다. 20×1년 최저 조업도수준에서 발생한 전력비가 ₩8,800일 경우의 조업도수준은? 제22회 기출

① 800 기계시간
② 850 기계시간
③ 900 기계시간
④ 950 기계시간
⑤ 1,000 기계시간

해설
단위당 변동비: $\frac{9,400 - 8,800}{1,100 - x}$ = @₩4 ∴ x = 950 기계시간

05 (주)한국의 20×1년 5개월 간의 기계시간과 전력비 관련 자료는 다음과 같다.

월	기계시간	전력비
1	1,000시간	₩41,000
2	1,300	53,000
3	1,500	61,000
4	1,400	57,000
5	1,700	69,000

(주)한국이 위의 자료에 기초하여 고저점법에 의한 전력비 원가함수를 결정하였다. 이를 사용하여 20×1년 6월 전력비를 ₩81,000으로 예상한 경우, 20×1년 6월 예상 기계시간은?

제25회 기출

① 1,800시간
② 1,900시간
③ 2,000시간
④ 2,100시간
⑤ 2,200시간

해설
- 고저점법: $\frac{69,000 - 41,000}{1,700\text{시간} - 1,000\text{시간}}$ = @₩40
- 고정비 추정액: 69,000 − (1,700시간 × 40) = ₩1,000
- 20×1년 6월 기계시간: ₩81,000 = 1,000 + (@₩40 × x) ∴ x = 2,000시간

06 (주)한국은 정상원가계산제도를 채택하고 있으며, 직접노무시간을 기준으로 제조간접원가를 배부하고 있다. (주)한국의 20×1년 제조간접원가는 다음과 같이 추정된다.

$$y = 30,000 + 400x \ (x: \text{직접노무시간}, \ y: \text{제조간접원가})$$

다음 설명 중 옳지 않은 것은? (단, 직접노무시간 1,000시간까지는 관련범위 내에 있다)

제23회 기출

① 직접노무시간이 200시간으로 예상될 때 제조간접원가는 ₩110,000으로 추정된다.
② 직접노무시간이 300시간으로 예상될 때 제조간접원가 예정배부율은 ₩500이다.
③ 직접노무시간이 400시간일 때 제조간접원가의 변동예산액은 ₩160,000이다.
④ 직접노무시간당 제조간접원가는 ₩400 증가하는 것으로 추정된다.
⑤ 직접노무시간이 영(0)일 때 제조간접원가는 ₩30,000으로 추정된다.

해설
- 직접노무시간이 400시간일 때 제조간접원가의 변동예산액은 ₩190,000이다.
- 30,000 + (@₩400 × 400시간) = ₩190,000

07 타일시공 전문업체인 (주)한국은 새로운 프리미엄 타일시공법을 개발하고, 이에 대한 홍보를 위해 $10m^2$ 면적의 호텔객실 1개에 대하여 무료로 프리미엄 타일시공을 수행하면서 총 20시간의 직접노무시간을 투입하였다. (주)한국은 프리미엄 타일시공의 경우 직접노무시간이 90%의 학습율을 가지는 학습효과가 존재하고, 누적평균시간 학습곡선모형을 따를 것으로 추정하고 있다. (주)한국은 동 호텔로부터 동일한 구조와 형태 및 면적($10m^2$)의 7개 객실(총 $70m^2$)에 대한 프리미엄 타일시공 의뢰를 받았다. 이와 관련하여 투입될 것으로 추정되는 직접노무시간은? (단, 시공은 $10m^2$ 단위로 수행된다)

제24회 기출

① 90시간
② 96.64시간
③ 116.64시간
④ 126시간
⑤ 140시간

해설
- 학습곡선모형의 경우 배수로 계산하여 학습율을 적용하고 7개의 시공이므로 처음 1개의 시공 시간을 차감한다. (간편법)

누적단위	1단위당 작업시간	총작업시간
1개($10m^2$)	20시간	20시간
2개($20m^2$)	20시간 × 0.9 = 18시간	18시간 × 2개 = 36시간
4개($40m^2$)	18시간 × 0.9 = 16.2시간	16.2시간 × 4개 = 64.8시간
8개($80m^2$)	16.2시간 × 0.9 = 14.58시간	14.58시간 × 8개 = 116.64시간

- 7개 시공: 116.64시간(8개) − 20시간(1개) = 96.64시간

04 ④ 05 ③ 06 ③ 07 ② 정답

CHAPTER

08 C·V·P분석(손익분기점)

회독체크 1 2 3

CHAPTER 미리보기

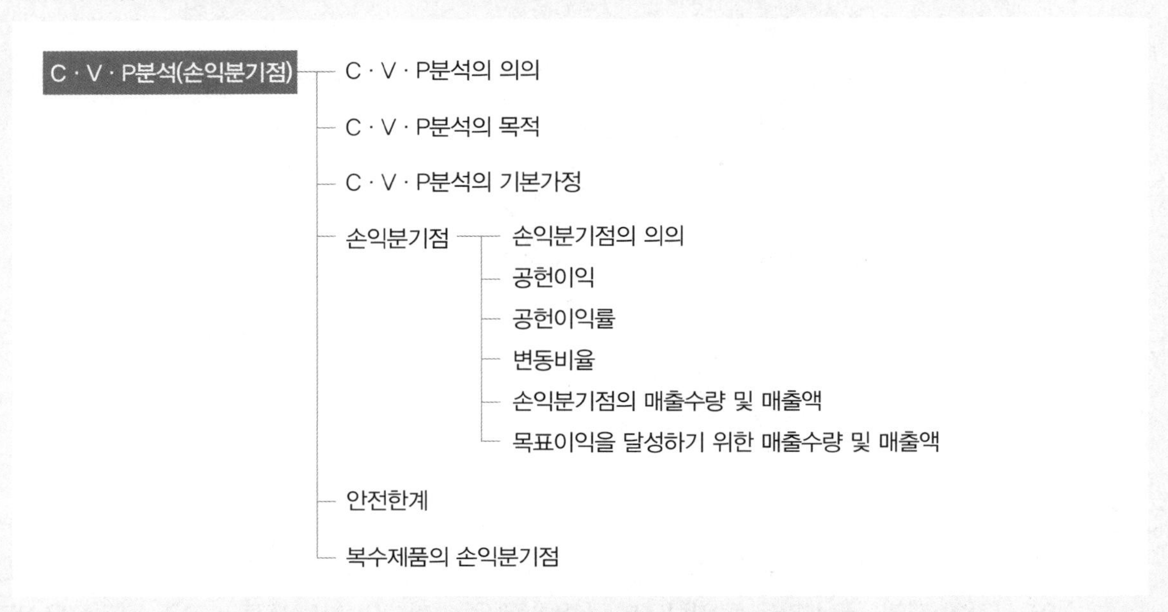

학습전략

본 단원은 C·V·P분석(손익분기점)에 관한 내용으로 시험에서는 매회 1문항 이상 출제되는 부분입니다. 원가계산에서 가장 중요한 단원이며, 손익분기점매출액과 손익분기점매출수량 등 다양한 계산문제와 이론문제가 출제되어 수험생들이 가장 어려워하는 단원입니다. 특히 계산문제는 반복해서 풀어보며 본인이 직접 계산하는 것이 매우 중요합니다. 이 단원에서는 공헌이익(률)을 먼저 계산하여 푸는 것이 중요합니다.

학습키워드

- 공헌이익
- 공헌이익률
- 안전한계율
- 손익분기점 매출수량, 매출액

1. C·V·P분석의 의의

C·V·P분석(Analysis of Cost－Volume－Profit, 원가－조업도－이익)은 원가, 조업도, 이익의 관계에서 조업도의 증가 또는 감소에 따라 원가와 이익에 미치는 영향을 분석하는 기법이다. C·V·P분석을 통하여 손익분기점매출액 또는 일정 매출액을 달성하기 위하여 소요되는 원가총액과 손익, 목표이익을 달성하기 위한 조업도의 정도 또는 매출액, 판매가격 변동이 기업이익에 미치는 영향, 조업도 변화에 따른 이익의 크기 등 경영관리목적에 유용한 정보를 얻을 수 있다.

2. C·V·P분석의 목적

① 단기적 경영계획 수립의 자료
② 예산편성 및 이익계획의 자료
③ 제품구성 및 판매상품구성 계획 등의 의사결정에 필요한 자료
④ 기업의 일부의 업적이나 경영성과의 평가
⑤ 경영의사결정에 유용한 정보제공 등

3. C·V·P분석의 기본가정

① 모든 원가는 고정비와 변동비로 구분되고, 모든 수익과 원가는 관련범위 내에서 선형이다.
② 고정비는 관련범위 내에서 일정하고 관련범위 내에서 변동하지 않는다.
③ 변동비는 조업도에 따라 총원가가 비례적으로 변동한다.
④ 기초재고액과 기말재고액은 일정하다. 즉, 생산량과 판매량은 동일하다.
⑤ 원가요소 및 제품의 판매가격은 항상 일정하다.
⑥ 단일제품을 대상으로 하며, 복수제품일 경우에는 매출배합이 일정하다.
⑦ 공장설비의 능률과 생산성은 일정하다.

4. 손익분기점

(1) 손익분기점의 의의

손익분기점(BEP; Break Even Point)은 매출액(총수익)과 총비용이 일치하여 이익도 손실도 없는 '0'상태의 판매량이나 매출액을 말한다. 즉, 총공헌이익이 총고정비와 일치되는 시점을 말한다.

손익분기점(BEP): 매출액(총수익) － 총비용(변동비 ＋ 고정비) = 0

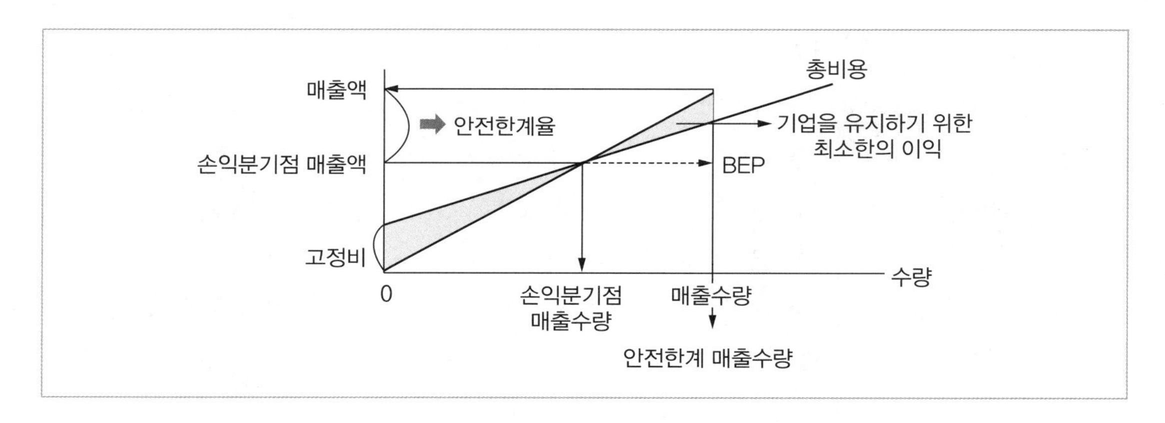

(2) 공헌이익

공헌이익은 매출액에서 변동원가를 차감한 금액으로 고정비를 회수하거나 목표이익을 창출하는 데 기여한 이익을 말하며, 통상 단위당 공헌이익을 뜻한다.

단위당 공헌이익 = 단위당 판매가격 − 단위당 변동비(매출액 − 변동비)

(3) 공헌이익률

공헌이익률은 공헌이익의 개념을 비율개념으로 나타낸 것으로서 단위당 공헌이익을 단위당 판매가격으로 나누거나, 총공헌이익을 매출액으로 나눈 것이다.

$$\text{공헌이익률} = \frac{\text{단위당 공헌이익}}{\text{단위당 판매가격}} = \frac{\text{단위당 판매가격} - \text{단위당 변동비}}{\text{단위당 판매가격}}$$

(4) 변동비율

변동비율은 단위당 변동비를 단위당 판매가격으로 나누거나 총변동비를 매출액으로 나눈 것이다.

$$\text{변동비율} = \frac{\text{단위당 변동비}}{\text{단위당 판매가격}} = \frac{\text{총변동비}}{\text{매출액}}$$

(5) 손익분기점의 매출수량 및 매출액

① **손익분기점 매출수량:** 총수익과 총원가(비용)가 일치되는 매출수량

$$\text{손익분기점 매출수량} = \frac{\text{총고정비}}{\text{단위당 판매가격} - \text{단위당 변동비}} = \frac{\text{총고정비}}{\text{단위당 공헌이익}}$$

② **손익분기점 매출액**: 총수익과 총원가(비용)가 일치되는 매출액

$$\text{손익분기점 매출액} = \frac{\text{총고정비}}{\text{공헌이익률}} = \frac{\text{총고정비}}{1 - \text{변동비율(단위당 변동비} \div \text{판매가격)}}$$

(6) 목표이익을 달성하기 위한 매출수량 및 매출액

목표이익이 금액으로 주어지면 고정비처럼 취급하고, 목표이익이 비율로 주어지면 공헌이익률에서 차감하여 계산한다. 다만, 목표이익은 법인세를 차감하기 전 순이익을 말한다.

① **법인세가 없는 경우**

$$\text{매출수량} = \frac{\text{총고정비} + \text{목표이익}}{\text{단위당 판매가격} - \text{단위당 변동비}} = \frac{\text{총고정비} + \text{목표이익}}{\text{단위당 공헌이익}}$$

$$\text{매출액} = \frac{\text{총고정비} + \text{목표이익}}{1 - \text{변동비율}} = \frac{\text{총고정비} + \text{목표이익}}{\text{공헌이익률}}$$

② **법인세가 있는 경우**

$$\text{목표이익달성 매출수량} = \frac{\text{총고정비} + \dfrac{\text{세후목표이익}}{(1 - \text{법인세율})}}{\text{공헌이익}} = \frac{\text{총고정비} + \dfrac{\text{세후목표이익}}{(1 - \text{법인세율})}}{\text{단위당 판매가격} - \text{단위당 변동비}}$$

$$\text{목표이익달성 매출액} = \frac{\text{총고정비} + \dfrac{\text{세후목표이익}}{(1 - \text{법인세율})}}{\text{공헌이익률}} = \frac{\text{총고정비} + \dfrac{\text{세후목표이익}}{(1 - \text{법인세율})}}{1 - \text{변동비율}}$$

개념적용 문제

01 다음은 (주)한국의 회계자료이다. 다음 자료에 의하여 손익분기점 매출수량과 손익분기점 매출액을 계산하시오.

• 제품단위당 판매가격	@₩1,000
• 제품단위당 변동비	@₩800
• 총고정비	₩200,000

해설
- 손익분기점 매출수량: $\frac{200,000}{@₩200}$ = 1,000개
- 손익분기점 매출액: $\frac{200,000}{0.2}$ = ₩1,000,000 또는 1,000개 × 1,000 = ₩1,000,000

정답 • 매출수량: 1,000개
• 매출액: ₩1,000,000

02 다음은 (주)한국의 회계자료이다. 다음 원가자료에 의하여 목표이익을 달성하기 위한 매출수량과 매출액을 계산하시오.

• 단위당 판매가격	₩100
• 단위당 변동비	70
• 연간 고정비	30,000
• 연간 목표이익	15,000

해설
- 목표이익을 달성하기 위한 연간 매출수량: $\frac{30,000 + 15,000}{100 - 70}$ = 1,500개
- 목표이익을 달성하기 위한 연간 매출액: 1,500개 × 100 = ₩150,000 또는 $\frac{30,000 + 15,000}{0.3}$ = ₩150,000

정답 • 매출수량: 1,500개
• 매출액: ₩150,000

5. 안전한계

안전한계(MS; Margin of Safety Ratio)는 예상매출액 또는 실제매출액이 손익분기점의 매출액을 초과하는 것을 말한다.

- 안전한계 = 매출액 − 손익분기점 매출액
- 안전한계율 = $\frac{\text{안전한계}}{\text{매출액}} = \frac{\text{매출액} - \text{손익분기점 매출액}}{\text{매출액}}$

개념적용 문제

03 다음은 (주)한국의 회계자료이다. 다음 원가자료에 의하여 손익분기점 매출액, 안전한계, 안전한계율을 계산하시오.

• 단위당 판매가격	₩1,000	• 단위당 변동비	₩600
• 판매수량	1,000개	• 고정비	300,000
• 매출액	1,000,000	• 변동비	600,000

해설
- 손익분기점 매출액: $\frac{\text{고정비}(300,000)}{\text{공헌이익률}(0.4)}$ = ₩750,000
- 안전한계: 매출액(1,000,000) − 손익분기점 매출액(750,000) = ₩250,000
- 안전한계율: $\frac{\text{안전한계}(250,000)}{\text{매출액}(1,000,000)}$ = 0.25(25%)

정답
- 손익분기점 매출액: ₩750,000
- 안전한계: ₩250,000
- 안전한계율: 25%

04 다음 자료에 의하여 안전한계율을 계산하시오.

• 매출액	₩2,000,000
• 공헌이익률	30%
• 고정원가	450,000

① 20% ② 25% ③ 30%
④ 35% ⑤ 40%

해설
- 손익분기점 매출액: $\frac{\text{고정원가}(450,000)}{\text{공헌이익률}(0.3)}$ = ₩1,500,000
- 안전한계율: $\frac{\text{안전한계}(2,000,000 - 1,500,000)}{\text{매출액}(2,000,000)}$ = 0.25(25%)

정답 ②

6. 복수제품의 손익분기점

두 가지 이상의 여러 제품을 판매하는 경우의 손익분기점은 여러 제품을 하나의 세트로 판매하는 것으로 하여 단일제품의 손익분기점을 계상한다. 이때 분모에 계상되는 각 제품의 공헌이익은 더하여 가중공헌이익을 사용한다. 가중공헌이익은 공헌이익을 매출비율로 가중평균한 것을 말한다.

개념적용 문제

05 (주)한국공업은 A제품과 B제품을 생산, 판매하는데 A제품 3단위와 B제품 2단위를 묶음으로 판매한다. A제품의 단위당 판매가격은 @₩800, 변동원가는 @₩300이며, B제품의 단위당 판매가격은 @₩500, 변동원가는 @₩200이다. 월고정비는 ₩420,000이라면 손익분기점에서의 A제품과 B제품의 판매량은 몇 개인가?

해설
- 단위당 공헌이익: (A제품 500 × 3단위) + (B제품 300 × 2단위) = ₩2,100
- 세트당 손익분기점 매출수량: 고정비(420,000) ÷ 단위당 공헌이익(2,100) = 200세트
- 1세트당 A제품이 3단위, B제품이 2단위가 들어있으므로
  A제품 = 200세트 × 3단위 = 600단위
  B제품 = 200세트 × 2단위 = 400단위

정답
- A제품: 600단위
- B제품: 400단위

CHAPTER 08

기출 & 예상문제로 완벽 복습

01 C·V·P(원가－조업도－이익)분석에 필요한 기본가정으로 옳지 않은 것은?

① 제품의 판매가격은 일정하다.
② 조업도의 변화에 따라 매출배합은 증감한다.
③ 모든 원가는 변동비와 고정비로 분리가 가능하다.
④ 원가요소의 가격은 일정하다.
⑤ 생산량과 판매량은 일정하다.

해설 복수제품의 손익분기점을 분석할 때 매출배합은 항상 일정한 것으로 가정한다.

02 손익분기점 매출수량의 공식 중 옳은 것은?

① 고정원가 ÷ (1 － 법인세율)
② 고정원가 ÷ 단위당 변동원가
③ 고정원가 ÷ (단위당 판매가격 － 단위당 변동원가)
④ 단위당 판매가격 ÷ (고정원가 － 단위당 변동원가)
⑤ 단위당 판매가격 ÷ (고정원가 － 법인세율)

해설 손익분기점 매출수량: 고정원가 ÷ 공헌이익(단위당 판매가격 － 단위당 변동원가)

01 ② 02 ③ 정답

03 만일 변동비와 판매가격이 일정하고 제품단위당 고정비가 증가한다면 공헌이익과 손익분기점은 어떻게 되는가?

	공헌이익	손익분기점		공헌이익	손익분기점
①	증가	감소	②	감소	증가
③	불변	증가	④	불변	불변
⑤	증가	증가			

해설
- 매출액(일정) − 변동비(일정) = 공헌이익(불변)
- 따라서 고정비가 증가하면 공헌이익은 불변하지만, 손익분기점은 증가한다.

04 (주)한국의 20×1년 손익분기점은 500단위이고 제품단위당 변동원가는 ₩300이며 연간 고정원가는 ₩200,000이다. 단위당 판매가격은? 제15회 기출

① ₩400
② ₩500
③ ₩600
④ ₩700
⑤ ₩800

해설
- 손익분기점 매출수량: $\frac{200,000}{400}$ = 500단위
- 단위당 판매가격: 단위당 변동원가(@₩300) + 단위당 공헌이익(@₩400) = @₩700

05 (주)한국의 손익분기점 수량이 900단위일 때, 변동비는 ₩180,000이며, 고정비가 ₩45,000이다. (주)한국이 930단위를 판매하여 달성할 수 있는 영업이익은? 제22회 기출

① ₩500
② ₩900
③ ₩1,100
④ ₩1,300
⑤ ₩1,500

해설
- 단위당 공헌이익: $\frac{\text{고정비}(45,000)}{\text{공헌이익}(x)}$ = 900개 $\therefore x$ = @₩50
- 영업이익(목표이익): $\frac{\text{고정비}(45,000) + \text{목표이익}(y)}{\text{공헌이익}(50)}$ = 930개 $\therefore y$ = ₩1,500

PART 2

08

06 다음 자료를 이용할 경우 목표 영업이익 ₩20,000을 달성하기 위한 판매량은? 제16회 기출

• 단위당 판매가격	₩400
• 단위당 변동원가	300
• 총고정원가	6,000

① 60단위
② 200단위
③ 260단위
④ 300단위
⑤ 340단위

해설 • 공헌이익: 400 − 300 = ₩100
• 판매량: (20,000 + 6,000) ÷ 100 = 260단위

07 (주)한국은 단일제품을 생산한다. 20×1년의 단위당 판매가격은 ₩200, 고정원가총액은 ₩450,000, 손익분기점 판매량은 5,000단위이다. (주)한국이 20×1년에 목표이익 ₩135,000을 얻기 위해서는 몇 단위의 제품을 판매해야 하는가? 제21회 기출

① 6,300단위
② 6,400단위
③ 6,500단위
④ 6,600단위
⑤ 6,700단위

해설
•단위당 공헌이익: $\frac{450,000}{\text{공헌이익}(90)}$ = 5,000단위

• 매출수량: $\frac{450,000 + 135,000}{\text{공헌이익}(90)}$ = 6,500단위

03 ③ 04 ④ 05 ⑤ 06 ③ 07 ③ 정답

08 (주)한국은 20×1년 단위당 판매가격이 ₩500이고, 단위당 변동원가가 ₩300인 단일 제품을 생산·판매하고 있다. 총고정원가는 ₩600,000이고, (주)한국에 적용되는 법인세율은 20%이다. 20×1년 법인세차감후순이익 ₩40,000을 달성하기 위한 20×1년 제품 판매수량은?

제26회 기출

① 2,500단위
② 2,750단위
③ 3,000단위
④ 3,250단위
⑤ 3,500단위

해설
- 단위당 공헌이익: 단위당 판매가격(500) − 단위당 변동원가(300) = ₩200
- 세전이익: 40,000 ÷ (1 − 0.2) = ₩50,000
- 판매수량: $\frac{600{,}000 + 50{,}000}{200}$ = 3,250단위

09 (주)대한은 제품단위당 변동비가 ₩1,600이며 연간고정비 발생액은 ₩3,600,000이다. 공헌이익률은 20%이며 법인세율이 20%인 경우, 법인세비용차감후순이익 ₩2,400,000을 달성하기 위해서 연간 몇 단위의 제품을 제조·판매해야 하는가?

제10회 기출

① 14,000단위
② 15,000단위
③ 16,500단위
④ 18,750단위
⑤ 19,000단위

해설
- 단위당 공헌이익: (1,600 ÷ 0.8) × 0.2 = ₩400
- 매출수량: $\frac{\text{고정비}(3{,}600{,}000) + \text{목표이익}(2{,}400{,}000 \div 0.8)}{\text{공헌이익}(400)}$ = 16,500단위

10 **(주)한국의 내년 예상손익자료는 다음과 같다. 연간 생산 · 판매량이 20% 증가한다면 영업이익은 얼마나 증가하는가?** 제27회 기출

• 단위당 판매가격	₩2,000	• 변동원가율	70%
• 손익분기점 판매량	300개	• 연간 생산·판매량	400개

① ₩48,000
② ₩54,000
③ ₩56,000
④ ₩60,000
⑤ ₩66,000

해설
• 공헌이익율: (1 – 변동비율 70%) = 30%
• 공헌이익: 판매가격 2,000 × 0.3 = @₩600
• 증가한 판매량: 판매량 400개 × 20% = 80개
• 증가한 영업이익: 80개 × @₩600 = ₩48,000

11 **(주)한국의 20×1년 제품 생산·판매와 관련된 자료는 다음과 같다.**

• 판매량	20,000단위	• 공헌이익률	30%
• 매출액	₩2,000,000	• 손익분기점 판매량	16,000단위

20×2년 판매량이 20×1년보다 20% 증가한다면 영업이익의 증가액은? (단, 다른 조건은 20×1년과 동일하다) 제23회 기출

① ₩24,000
② ₩120,000
③ ₩168,650
④ ₩184,000
⑤ ₩281,250

해설
• 20×2년이 20×1년보다 20% 증가한다면 매출액도 20% 증가하게 된다.
• 영업이익 증가액: [매출액(2,000,000) × 0.2] × 0.3 = ₩120,000

08 ④ 09 ③ 10 ① 11 ② 정답

12 매출액 ₩500,000, 변동원가 ₩325,000, 고정원가 ₩150,000일 때 매출액의 10%에 해당하는 순이익을 달성하려면 매출액은 얼마나 증가하여야 하는가?

① ₩120,000
② ₩200,000
③ ₩50,000
④ ₩150,000
⑤ ₩100,000

해설
• 목표이익 매출액(x) = $\dfrac{\text{고정비}(150,000) + \text{목표이익}(0.1x)}{1 - \dfrac{\text{변동비}(325,000)}{\text{매출액}(500,000)}}$

$0.25x = 150,000 \quad \therefore x =$ ₩600,000

• 600,000 − 500,000 = ₩100,000(증가)

13 (주)대한은 단위당 판매가격이 ₩100인 제품만을 생산·판매하고 있다. 20×3년도의 예상판매량은 7,000단위이며, 원가자료는 다음과 같다. 법인세율이 40%일 때, 20×3년도의 예상세후이익은 얼마인가?

제12회 기출

단위당 변동원가		연간 고정원가	
직접재료원가	₩20	고정제조간접원가	₩100,000
직접노무원가	20	고정판매관리비	100,000
변동제조간접원가	5		
변동판매관리비	15		

① ₩48,000
② ₩56,000
③ ₩64,000
④ ₩72,000
⑤ ₩80,000

해설
• 예상판매량: $\dfrac{\text{고정비}(200,000) + \text{세전순이익}(80,000)}{\text{공헌이익}(40)}$ = 7,000단위

• 예상세후이익: 80,000 × (1 − 0.4) = ₩48,000

14 (주)한국은 단일제품을 생산·판매하고 있으며, 20×1년도 예산 자료는 다음과 같다.

항목	단위당 금액
판매가격	₩150
직접재료원가	10
직접노무원가	30
변동제조간접원가	40
변동판매비	20

20×1년도 예산 고정원가 총액은 ₩60,000이다. 회사는 생산설비를 충분히 보유하고 있으며, 법인세율은 20%이다. 세후목표영업이익 ₩70,000을 달성하기 위한 판매량은?

제17회 기출

① 1,500단위
② 2,000단위
③ 2,350단위
④ 2,600단위
⑤ 2,950단위

해설
- 단위당 공헌이익: 150 − (10 + 30 + 40 + 20) = ₩50
- 세전목표이익: 70,000 ÷ 0.8 = ₩87,500
- 판매량: $\frac{60,000 + 87,500}{50}$ = 2,950단위

12 ⑤ 13 ① 14 ⑤ 정답

15 (주)한국은 단일제품을 생산하여 판매하고 있다. 제품단위당 판매가격은 ₩500이며, 20×1년 매출 및 원가자료는 다음과 같다. 법인세율이 30%라고 할 때, (가) 손익분기점 판매량과 (나) 세후목표이익 ₩70,000을 달성하기 위한 매출액은? (단, 기초재고와 기말재고는 없다)

2019년 지방직 공무원 수정

• 매출액	₩600,000
• 변동원가	360,000
• 고정원가	200,000

	(가)	(나)
①	1,000개	₩675,000
②	1,000개	₩750,000
③	1,200개	₩675,000
④	1,200개	₩750,000
⑤	1,000개	₩700,000

해설
- 단위당 공헌이익: 500 × 0.4 = ₩200
- 세전 목표이익: 70,000 ÷ 0.7 = ₩100,000
- 손익분기점 매출수량: $\frac{200,000}{200}$ = 1,000개
- 매출액: $\frac{200,000 + 100,000}{0.4}$ = ₩750,000

16 (주)한국의 20×1년도 예상매출액과 고정비총액은 각각 ₩500,000과 ₩160,000이고, 공헌이익률은 40%이다. (주)한국의 20×1년도 안전한계율은 얼마인가?

① 5% ② 10%
③ 15% ④ 20%
⑤ 25%

해설
- 안전한계율: $\frac{\text{매출액}(500,000) - \text{손익분기점 매출액}(400,000)}{\text{매출액}(500,000)}$ = 0.2
- 손익분기점 매출액: 160,000 ÷ 0.4 = ₩400,000

17 (주)한국은 당기 손익분기점 매출액을 ₩250,000으로 예상하고 있으며, 고정비는 ₩100,000이 발생할 것으로 추정하고 있다. (주)한국이 당기에 매출액의 15%에 해당하는 영업이익을 획득할 경우, 안전한계율은? 제24회 기출

① 22.5%
② 27.5%
③ 32.5%
④ 37.5%
⑤ 42.5%

해설
- 공헌이익율: $\frac{\text{고정비}(100,000)}{\text{공헌이익율}(x)}$ = ₩250,000 $\therefore x = 0.4$
- 영업이익이 비율로 주어지면 공헌이익율에서 차감(0.4 − 0.15)하여 계산한다.
- 예상매출액: $\frac{\text{고정비}(100,000)}{0.25}$ = ₩400,000
- 안전한계율: $\frac{400,000 - 250,000}{400,000} = 0.375$

18 (주)대한은 형광등을 제조하여 20×1년에 개당 ₩500에 400개를 판매하였다. 형광등 1개를 제조하는 데 직접재료원가 ₩150, 직접노무원가 ₩80, 변동제조간접원가 ₩70이 소요되며, 연간 고정제조간접원가는 ₩30,000이 발생하였다. 제품 판매과정에서 단위당 변동판매관리비는 ₩50, 연간 고정판매관리비는 ₩15,000이 발생하였다. 20×1년의 손익분기점 판매량은? 제18회 기출

① 225개
② 300개
③ 360개
④ 450개
⑤ 600개

해설
- 단위당 변동비: 150 + 80 + 70 + 50 = ₩350
- 단위당 공헌이익: 500 − 350 = ₩150
- 손익분기점 판매량: $\frac{45,000}{150}$ = 300개

15 ② 16 ④ 17 ④ 18 ② 정답

19 (주)한국은 단일제품을 생산하고 있다. 20×1년의 예산자료가 다음과 같을 때, 손익분기점 분석에 관한 설명으로 옳지 않은 것은? 제21회 기출

• 판매량	15,000단위
• 단위당 판매가격	₩20
• 단위당 변동원가	15
• 고정원가총액	50,000

① 고정원가총액이 ₩10,000 증가하면 안전한계 판매량은 3,000단위가 된다.
② 손익분기점에서 총공헌이익은 고정원가총액인 ₩50,000과 동일하다.
③ 판매량이 4,000단위 감소하면 총공헌이익은 ₩15,000 감소한다.
④ 고정원가총액이 ₩10,000 감소하면 손익분기점 판매량은 8,000단위가 된다.
⑤ 단위당 변동원가가 ₩5 감소하면 손익분기점 판매량은 5,000단위가 된다.

해설 • 판매량이 4,000단위 감소하면 총공헌이익은 ₩20,000 감소한다.
• 총공헌이익: 판매량(4,000단위) × 단위당 공헌이익(5) = ₩20,000
• 단위당 공헌이익: 단위당 판매가격(20) − 단위당 변동원가(15) = ₩5

20 다음은 제품 A의 판매가격과 원가구조에 대한 자료이다.

단위당 판매가격		₩10,000
고정원가	생산량 20,000단위 미만	5,000,000
	생산량 20,000단위 이상	8,000,000

제품 A의 공헌이익률이 10%이고 법인세율이 20%일 때 세후순이익 ₩2,000,000을 달성하기 위한 판매량은? 제23회 감정평가사

① 7,000단위
② 7,500단위
③ 9,000단위
④ 10,000단위
⑤ 10,500단위

해설 판매량: $\frac{\text{고정비}(5{,}000{,}000) + \text{세전목표이익}(2{,}000{,}000 \div 0.8)}{\text{공헌이익}(1{,}000)}$ = 7,500단위

21 (주)태백의 제품생산 및 판매 관련 정보는 다음과 같다. (주)태백이 목표이익을 달성하기 위한 판매량은 몇 단위인가? (단, 법인세는 없는 것으로 가정함) 제11회 기출

생산량	고정비
1,000개 이하	₩100,000
1,000개 초과	120,000

- 단위당 판매가격: ₩500
- 변동비율: 80%
- 목표이익: ₩50,000

① 1,300개　② 1,700개
③ 1,500개　④ 2,000개
⑤ 2,500개

해설
- 매출수량: $\frac{\text{고정비 + 목표이익}}{\text{공헌이익}}$
- 단위당 공헌이익 = 500 × (1 − 0.8) = ₩100
- 판매량: $\frac{120,000 + 50,000}{100}$ = 1,700개

22 (주)한국의 20×1년도 손익분기점 판매량은 4,000개이고 제품 5,000개를 판매하여 영업이익 ₩700,000을 달성하였다. 20×2년도에 제품 단위당 판매 가격을 ₩100 인상할 경우 손익분기점 판매량은? (단, 연도별 원가행태는 변동이 없다) 제19회 기출

① 700개　② 1,000개
③ 3,500개　④ 4,000개
⑤ 4,200개

해설
- 손익분기점을 초과하여 판매한 수량은 1,000개이며, 이를 통해 ₩700,000의 영업이익이 발생하였다.
- 단위당 공헌이익: $\frac{700,000}{1,000\text{개}}$ = ₩700
- 20×1년도 고정비: $\frac{2,800,000}{700}$ = 4,000개
- 20×1년도 판매가격 ₩100을 증가시키면 공헌이익이 증가한다.
- 20×1년도 손익분기점 판매량: $\frac{2,800,000}{800}$ = 3,500개

19 ③　20 ②　21 ②　22 ③　정답

23 20×1년 초 설립된 (주)한국은 생산된 제품을 당해연도에 모두 판매한다. 20×1년에 제품A 900개를 생산하여 단위당 ₩3,000의 가격으로 판매하였다. 20×1년의 제품A의 원가구조는 다음과 같다.

• 단위당 변동제조원가	₩800	• 고정제조원가(총액)	₩800,000
• 단위당 변동판매관리비	600	• 고정판매관리비(총액)	600,000

20×2년 초 (주)한국의 경영자는 제품A의 제조공정을 개선하려고 한다. 제조공정을 개선하면 고정제조원가는 연간 ₩317,800 증가하고, 직접노무원가는 단위당 ₩100 절감된다. 단위당 변동판매관리비와 판매가격, 고정판매관리비는 20×1년과 동일하다. 20×2년 제품A의 영업이익을 20×1년과 동일하게 유지하기 위한 제품A의 생산 · 판매수량은? (단, 재공품은 없다.)

제27회 기출

① 1,021개
② 1,034개
③ 1,045개
④ 1,073개
⑤ 1,099개

해설
• 20×1년 공헌이익: 판매가격 3,000 – 변동비 1,400 = 공헌이익 1,600
• 20×1년 영업이익: 1,600 × 900개 = 1,440,000 – 고정비 1,400,000 = ₩40,000
• 20×2년 공헌이익: 판매가격 3,000 – 변동비 1,300 = 공헌이익 1,700
• 20×2년 총 공헌이익: (x) – 고정비 1,717,800 = ₩40,000, (x) = ₩1,757,800
• 20×2년 영업이익: 1,700 × (?개) = ₩1,757,800, (?) = 1,034개

24 (주)한국은 단일제품을 생산·판매하고 있으며, 20×1년 공헌이익계산서는 다음과 같다.

구분	금액	단위당 금액
매 출 액	₩2,000,000	₩5,000
변 동 비	1,200,000	3,000
공헌이익	₩800,000	₩2,000
고 정 비	600,000	
영업이익	₩200,000	

(주)한국은 현재 판매 사원에게 지급하고 있는 ₩150,000의 고정급여를 20×2년부터 판매수량 단위당 ₩700을 지급하는 판매수당으로 대체하기로 하였다. 다른 모든 조건이 동일할 경우, (주)한국이 20×1년과 동일한 영업이익을 20×2년에도 달성하기 위해 판매해야 할 수량은?

제22회 기출

① 450개 ② 500개
③ 550개 ④ 600개
⑤ 650개

해설
- 수정 후 고정비는 판매사원의 고정급여 ₩150,000을 차감하면 ₩450,000이다.
- 단위당 공헌이익은 판매가격 ₩5,000에서 변동비(고정급여)가 ₩700만큼 증가한 ₩3,700을 차감한 ₩1,300이다.
- 영업이익이 20×1년과 20×2년이 동일하다면 영업이익은 ₩200,000이다.
- 매출수량: $\frac{\text{고정비}(450,000) + \text{목표이익}(200,000)}{\text{공헌이익}(1,300)} = 500\text{개}$

25 (주)한국은 A와 B, 두 가지 제품을 생산하여 판매하고 있다. 판매수량 중에서 제품 A가 차지하는 비율은 80%로 일정하다. 다음 자료에 의하여 제품 A와 B의 손익분기점 매출수량을 구하면?

구분	제품 A	제품 B
단위당 판매가격	₩50	₩60
단위당 변동비	25	40

* 총고정비는 ₩90,000이다.

	제품 A	제품 B
①	2,500개	500개
②	3,000개	500개
③	2,500개	750개
④	3,000개	750개
⑤	2,200개	500개

해설
- 세트당 공헌이익: 제품 A(0.8 × 25) + 제품 B(0.2 × 20) = ₩24
- 손익분기점 매출수량: $\frac{90,000}{24} = 3,750\text{개}$
- 각 제품의 손익분기점 매출수량
  - 제품 A: 3,750개 × 0.8 = 3,000개
  - 제품 B: 3,750개 × 0.2 = 750개

23 ② 24 ② 25 ④ 정답

CHAPTER

09 단기 의사결정

회독체크 1 2 3

CHAPTER 미리보기

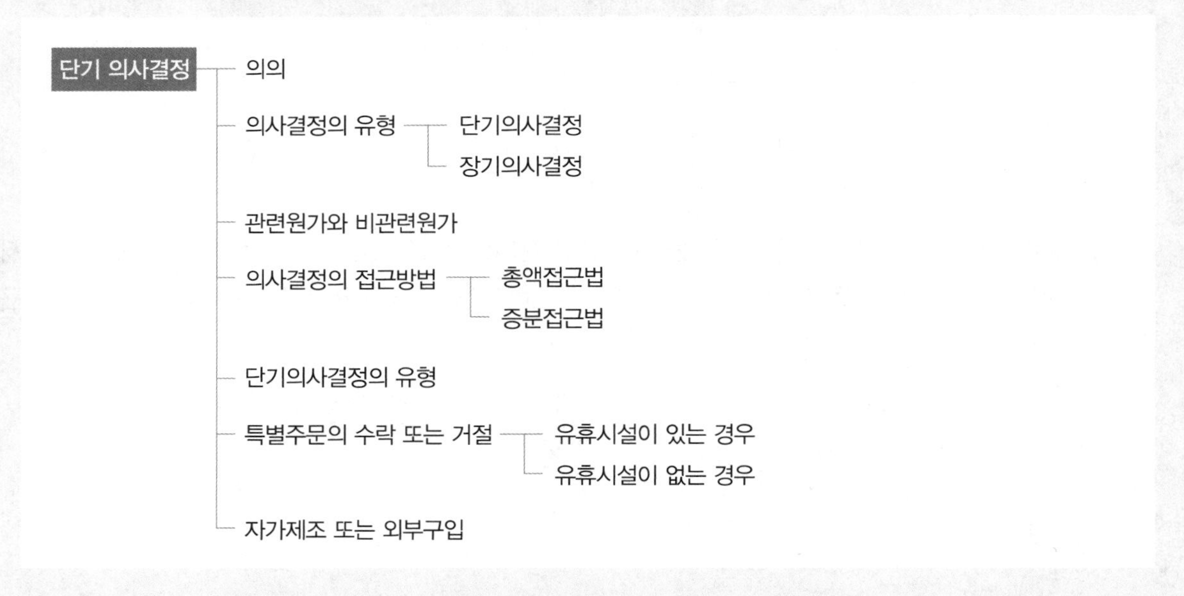

학습전략

본 단원은 단기 의사결정에 관한 내용으로 최근 시험에서 매회 1문항 이상 출제되며, 대부분 계산문제가 출제되고 있습니다. 특별주문 시 의사결정과 자가제조 또는 외부구입 시 의사결정에 관한 문제가 주로 출제되는데, 반복적으로 풀어보고 특히 본인이 직접 계산하는 것이 매우 중요합니다. 최근에는 예산의사결정이 출제되고 있습니다.

학습키워드

- 특별주문
- 외부구입과 자가제작
- 변동판매관리비의 처리
- 예산회계

1. 의의

의사결정은 여러 가지 선택 가능한 대안 중에서 특정한 목적을 달성하기 위하여 최선의 대안을 선택하는 논리적인 사고 과정을 말한다. 또한 의사결정의 영향이 미치는 기간에 따라 단기의사결정과 장기의사결정으로 구분할 수 있다. 이 단원에서는 단기의사결정의 회계처리에 관한 내용만을 다루기로 한다.

2. 의사결정의 유형

의사결정은 의사결정 대상기간에 따라 단기의사결정과 장기의사결정으로 구분할 수 있다.

(1) 단기의사결정

의사결정 기간이 일반적으로 1년 이내인 의사결정을 말하는 것으로서, 기간이 단기이므로 화폐의 시간적 가치는 무시하고 설비자산의 변동도 고려하지 않는 의사결정을 말한다.

(2) 장기의사결정

의사결정 기간이 일반적으로 1년 이후인 장기간이 소요되는 의사결정을 말하는 것으로서, 반드시 화폐의 시간적 가치를 고려하여 의사결정을 수행하여야 한다.

3. 관련원가와 비관련원가

(1) 관련원가

여러 선택 가능한 대안들 간에 차이가 있는 미래원가로서 의사결정에 직접적으로 영향을 미칠 수 있는 원가를 말한다.

① **기회비용**: 기회비용은 여러 가지 선택 가능한 대체안 중에서 어느 하나를 선택하고 다른 것을 포기한 결과 희생된 최대의 이익을 화폐액으로 측정한 것이다.
예를 들어, 대안1 · 대안2 · 대안3에서 발생하는 이익이 각각 ₩100 · 150 · 200이라고 가정할 경우, 만약에 여러 대안 중 대안1을 선택하게 되면 기회비용은 ₩200이 되고, 또한 만약에 대안3을 선택하게 되면 기회비용은 ₩150이 된다.

② **회피가능원가**: 회피가능원가는 경영목적을 달성하는 데 반드시 필요로 하지 않는 원가로서, 이는 경영자의 의사결정에 따라 회피할 수도 있는 원가를 말한다. 이에 반하여 회피불가능원가는 경영활동을 수행하는 데 반드시 필요한 불가피하게 발생되는 원가를 말한다.

(2) 비관련원가

비관련원가는 여러 선택 가능한 대안들 간에 차이가 발생하지 않는 원가로서 의사결정에 영향을 미치지 않는 원가를 말한다. 비관련원가의 대표적인 형태에는 매몰원가와 역사적(취득) 원가가 있다. 매몰원가는 경영자가 통제할 수 없는 과거 의사결정의 결과 발생한 원가로서 의사결정에 영향을 미치지 않는 원가를 말한다. 그러므로 의사결정 시 고려할 필요가 없는 원가이다.

4. 의사결정의 접근방법

의사결정의 접근방법에는 총액접근법과 증분접근법이 있는데, 이는 분석과정에서만 차이가 나고 분석결과는 동일하게 나타난다.

(1) 총액접근법

총액접근법은 여러 선택 가능한 대안들의 총수익과 총원가를 계산·비교하여 이익이 가장 큰 대안을 선택하는 방법을 말한다. 여기에서는 관련원가뿐만 아니라 비관련원가도 모두 고려한다.

(2) 증분접근법

증분접근법은 여러 선택 가능한 대안들 사이에 차이가 나는 수익과 원가만을 분석하여 의사결정을 하는 방법으로서 차액접근법이라고도 한다. 여기에서 비관련원가는 고려하지 않는다.

5. 단기의사결정의 유형

① 특별주문의 수락 또는 거절
② 자가제조 또는 외부구입 여부
③ 보조부문의 폐지 여부
④ 특정 제품라인의 유지 또는 폐지
⑤ 특정 제품라인의 추가
⑥ 결합제품의 즉시 판매 또는 추가가공 후 판매
⑦ 제한된 자원의 최적배분
⑧ 투입배합 의사결정 등

위 여러 가지 유형 중에서 본 시험에 출제 가능성이 높은 문제로는 특별주문의 수락 또는 거절, 자가제조 또는 외부구입 여부에 관련된 의사결정 관련 내용이다.

6. 특별주문의 수락 또는 거절

(1) 유휴시설이 있는 경우

유휴시설이 있는 상태에서 특별주문을 받는 경우에는 기존 설비능력만으로도 특별주문품의 생산이 가능하므로 기회비용이 발생하지 않는다. 즉, 특별주문으로 인하여 추가로 발생하는 증분원가만이 관련된 원가가 된다.

- 증분수익 > 증분원가 → 특별주문 수락
- 증분수익 < 증분원가 → 특별주문 거절

(2) 유휴시설이 없는 경우

유휴시설이 없는 상태에서 특별주문을 받는 경우에는 특별주문으로 인하여 희생이 되는 기회비용이 발생하거나 추가적인 설비투자로 인하여 증가하는 고정원가가 발생한다. 그러므로 이 경우에는 특별주문으로 인한 증분원가뿐만이 아니라 기회비용도 같이 고려하여 의사결정을 하여야 한다.

- 증분수익 > 증분원가 + 기회비용 → 특별주문 수락
- 증분수익 < 증분원가 + 기회비용 → 특별주문 거절

개념적용 문제

01 **(주)한국은 甲제품을 단위당 ₩15에 판매하고 있는데, 최근 (주)대한상사로부터 甲제품 1,000단위를 단위당 ₩10에 구입하겠다는 주문을 받았다. 甲제품의 제조와 관련한 변동원가 자료는 다음과 같다.**

• 직 접 재 료 비	@₩3
• 직 접 노 무 비	3
• 변동제조간접비	2
계	@₩8

(주)한국의 고정비는 월 ₩5,000이 발생한다. (주)한국은 추가적인 주문량을 생산할 수 있는 유휴생산설비를 보유하고 있다. (주)대한의 주문을 수락하는 경우 순이익에 미치는 영향은 얼마인가?

① ₩1,000 증가
② ₩2,000 증가
③ ₩3,000 증가
④ ₩1,000 감소
⑤ ₩2,000 감소

해설
- 증분수익: 1,000단위 × @₩10 = ₩10,000
- 증분원가: 1,000단위 × (@₩3 + 3 + 2) = ₩8,000
- 증분이익: 10,000 − 8,000 = ₩2,000 증가

정답 ②

7. 자가제조 또는 외부구입

부품을 외부에서 구입하게 되면 자가제조 시에 발생하는 변동원가를 절감할 수 있으며, 또한 외부구입에 따른 생산 감독자나 기계장치의 감가상각비 중 일부를 절감할 수 있다. 즉, 부품을 외부에서 구입하게 되면 회피가능원가는 변동원가와 회피가능고정원가의 합계액이며, 외부구입으로 인해 발생하는 유휴설비의 이용 수익(임대수익 등)은 의사결정에 고려하여야 한다.

- 외부구입원가 > 회피가능원가 → 자가제조가 유리
- 외부구입원가 < 회피가능원가 → 외부구입이 유리

개념적용 문제

02 부품을 제조·판매하는 (주)한국의 20×1년 중 원가자료는 다음과 같다. 최근 다른 업체로부터 부품 1,000개를 단위당 @₩300에 공급하겠다는 제의가 들어왔다. 이를 외부에서 구입할 경우 고정제조간접원가 중 감독자 임금 ₩20,000은 회피 가능한 원가이다. 또한 외부에서 구입할 경우 기존설비를 임대하여 임대수익 ₩30,000이 발생한다. 옳은 경우는?

•직접재료원가	₩100,000	•직접노무원가	₩75,000
•변동제조간접원가	65,000	•고정제조간접원가	130,000
•생산량	1,000개	•단위당원가	@₩370

① 외부구입 시 연간 ₩10,000만큼 유리하다.
② 자가제조 시 연간 ₩10,000만큼 유리하다.
③ 자가제조 시 연간 ₩20,000만큼 유리하다.
④ 외부구입 시 연간 ₩15,000만큼 유리하다.
⑤ 자가제조 시 연간 ₩15,000만큼 유리하다.

해설
- 외부구입 원가: 1,000개 × @₩300 = ₩300,000
- 자가제조 시 원가(회피가능원가 + 기회비용): 100,000 + 75,000 + 65,000 + 20,000 + 30,000 = ₩290,000
- 외부구입원가 ₩300,000 > 자가제조 시 ₩290,000
  ∴ 자가제조 시 유리 ₩10,000

정답 ②

CHAPTER

09 기출 & 예상문제로 완벽 복습

01 특별주문의 의사결정과 관련하여 관계가 없는 것은?

① 이상공손
② 직접재료비
③ 고정제조간접비
④ 직접노무비
⑤ 변동제조간접비

해설 고정제조간접비는 조업도에 관계없이 일정하게 발생하므로 특별주문의 수락여부와는 의사결정에 아무런 관련이 없는 원가이다.

02 A제품의 판매가격은 단위당 @₩1,000이며 변동비는 단위당 @₩700이다. 고정비는 100,000단위 기준 단위당 @₩100이고 50,000단위에서 150,000단위까지 관련범위 내에서는 변하지 않는다. 120,000단위의 판매계획을 세운 후 추가적으로 15,000단위에 대한 특별주문을 받았다. 이익을 ₩3,000,000만큼 증가시키기 위해서는 특별주문에 대한 판매가격을 얼마로 책정해야 하는가?

① ₩700
② ₩800
③ ₩900
④ ₩1,100
⑤ ₩1,500

해설
- 특별주문 15,000단위를 추가로 받아도 조업도 관련범위 내이므로 고정비가 추가 증가하지는 않는다.
- 개당 변동비 ₩700이므로 공헌이익만큼 영업이익이 증가한다.
- 개당 공헌이익: 3,000,000 ÷ 15,000단위 = @₩200
- 특별주문에 대한 판매가격: 변동비(@₩700) + 공헌이익(@₩200) = @₩900

01 ③ 02 ③ 정답

03 (주)한국은 컴퓨터를 제조하여 대당 ₩2,000에 판매하고 있다. (주)한국의 생산능력은 매년 12,000대이며 이때 대당 생산원가는 직접재료비 ₩750, 직접노무비 ₩550, 변동제조간접비 ₩360, 고정제조간접비 ₩120이다. (주)한국은 고객으로부터 3,000대의 컴퓨터를 특별주문 받았다. 이 특별주문에 따른 판매비용은 운송료로 1대당 ₩100이 소요된다. 현재 (주)한국은 8,000대를 생산·판매하여 정상적인 판매경로를 통하여 판매하고 있다. 이 특별주문과 관련하여 받아야 할 최소금액은 얼마인가?

① ₩1,760
② ₩2,000
③ ₩1,660
④ ₩1,780
⑤ ₩1,820

해설
- 유휴설비능력 범위 내에서 특별주문을 받은 상태이다.
- 증분이익이 ₩0을 초과한 경우에만 특별주문을 수락하여야 한다. 최소한의 판매가격은 증분이익이 ₩0이 되는 판매가격이다. 즉, 증분수익과 증분원가가 일치되는 가격을 의미한다.
- 최소한 받아야 할 증분원가: 750 + 550 + 360 + 100 = ₩1,760

04 (주)한국은 한 종류의 제품 X를 매월 150,000단위씩 생산·판매하고 있다. 단위당 판매가격과 변동원가는 각각 ₩75과 ₩45이며, 월 고정원가는 ₩2,000,000으로 여유생산능력은 없다. (주)한국은 (주)대한으로부터 매월 제품 Y 10,000단위를 공급해 달라는 의뢰를 받았다. (주)한국은 제품 X의 생산라인을 이용하여 제품 Y를 즉시 생산할 수 있다. 그러나 (주)한국이 (주)대한의 주문을 받아들이기 위해서는 제품 X의 생산·판매량 8,000단위를 포기해야 하고, 제품 Y를 생산·판매하면 단위당 ₩35의 변동원가가 발생한다. (주)한국이 현재의 이익을 유지하려면 이 주문에 대한 가격을 최소한 얼마로 책정해야 하는가? (단, 재고자산은 없다)

제23회 기출

① ₩43
② ₩59
③ ₩63
④ ₩69
⑤ ₩73

해설
- 단위당 공헌이익: 75 − 45 = ₩30
- 받아야 할 최소금액은 변동원가 + 추가비용 + 매출감소에 따른 공헌이익이다.
- 매출감소에 따른 단위당 공헌이익: (8,000개 × 30) ÷ 10,000개 = ₩24
- 단위당 받아야 할 최소금액: 변동원가(35) + 추가비용(0) + 공헌이익(24) = ₩59

05 (주)한국은 연간 최대 5,000단위의 제품을 생산할 수 있는 생산설비를 보유하고 있다. (주)한국은 당기에 4,000단위의 제품을 기존 거래처에 단위당 ₩500에 판매할 수 있을 것으로 예상하고 있으며, 영업활동에 관한 자료는 다음과 같다. 제24회 기출

• 단위당 직접재료원가	₩150
• 단위당 직접노무원가	100
• 단위당 변동제조간접원가	50
• 단위당 변동판매관리비	50
• 고정제조간접원가(생산설비 감가상각비)	300,000
• 고정판매관리비	100,000

(주)한국은 최근 중간도매상으로부터 2,500단위에 대한 특별주문을 요청받았다. (주)한국이 해당 특별주문을 수락하는 경우 기존 거래처에 판매하던 수량 일부를 감소시켜야 한다. (주)한국이 이 특별주문을 수락할 경우, 중간도매상에 제안할 수 있는 단위당 최소 판매가격은? (단, 기초 및 기말 재고자산은 없으며, 특별주문은 전량 수락하든지 기각해야 한다)

① ₩410
② ₩440
③ ₩450
④ ₩500
⑤ ₩510

해설 • 특별주문에 의한 최소판매가격은 특별주문 수락으로 인한 증분수익(특별주문 매출액)과 증분비용이 일치하는 가격이다.
• 증분비용: 875,000 + 225,000 = ₩1,100,000
  – 변동원가: 350 × 2,500단위 = ₩875,000
    * 단위당 변동원가: 150 + 100 + 50 + 50 = ₩350
  – 특별주문 수락으로 인한 일반판매 포기분에 대한 이익
    (500 − 350) × 1,500단위 = ₩225,000
• 단위당 최소 판매가격: 1,100,000 ÷ 2,500단위 = ₩440

03 ① 04 ② 05 ② 정답

06 (주)한국은 단위당 판매가격이 ₩1,000인 제품 A를 생산·판매하고 있으며 제품 A의 단위당 제조원가는 다음과 같다.

• 직접재료원가	₩250	• 변동제조간접원가	₩200
• 직접노무원가	150	• 고정제조간접원가	50

(주)한국은 제품 A 1,000개를 개당 ₩800에 구입하겠다는 특별주문을 받았다. 동 주문에 대해서는 개당 ₩80의 특수포장원가가 추가로 발생하고, 동 주문에 대한 생산은 유휴설비로 처리될 수 있다. (주)한국이 특별주문을 수락하여 생산·판매할 경우 이익 증가액은? (단, 특별주문은 기존 제품판매에 영향을 미치지 않고, 기초 및 기말재고는 없다) 제19회 기출

① ₩70,000
② ₩120,000
③ ₩220,000
④ ₩270,000
⑤ ₩320,000

해설
• 증분수익: 1,000개 × 800 = ₩800,000
• 증분원가: 1,000개 × (600 + 80) = ₩680,000
• 증분이익: 800,000 − 680,000 = ₩120,000

07 (주)한국은 단일제품을 생산 · 판매한다. 제품의 단위당 판매가격은 ₩1,000, 단위당 변동원가는 ₩500, 총고정원가는 ₩1,800,000이다. 10월 중에 700단위를 단위당 ₩600에 구입하겠다는 특별주문을 받았다. 유휴생산능력은 충분하지만 700단위를 추가생산하기 위해 초과근무수당이 단위당 ₩80씩 추가 발생할 것으로 예상된다. 이 특별주문을 수락하는 것이 영업이익에 미치는 영향은? (단, 특별주문은 정규 판매에 영향을 미치지 않는다) 제26회 기출

① ₩14,000 증가
② ₩14,000 감소
③ ₩16,000 증가
④ ₩16,000 감소
⑤ ₩24,000 감소

해설
• 증분수익: 700개 × 600 = ₩420,000
• 변동원가 및 추가비용: 700개 × 580 = ₩406,000
• 영업이익에 미치는 영향: 420,000 − 406,000 = ₩14,000 증가

08 20×1년 예산공헌이익 계산서는 다음과 같다.

• 매출액(단위당 판매가격 ₩40)	₩20,000
• 변동원가	12,000
• 공헌이익	8,000
• 고정원가	3,000
• 영업이익	5,000

연간 최대생산능력은 1,000단위이다. 그런데 신규고객이 20×1년 초에 단위당 ₩30에 500단위를 구입하겠다고 제의하였다. 이 제의를 수락할 경우, 20×1년 예산상 영업이익에 미치는 영향은?

제16회 기출

① 영향 없음
② ₩3,000 증가
③ ₩5,000 증가
④ ₩8,000 증가
⑤ ₩10,000 증가

해설
- 증분수익: 500단위 × 30 = ₩15,000
- 증분원가: 500단위 × 24 = ₩12,000
- 증분이익: 15,000 − 12,000 = ₩3,000 증가
- 연간 최대생산능력은 1,000단위, 이 중 자체 생산량은 20,000 ÷ 40 = 500단위이며, 주문량이 500단위이므로 특별주문에 따른 매출감소분은 발생하지 않는다.
- 단위당 변동원가: 12,000 ÷ 500단위 = ₩24

06 ② 07 ① 08 ② 정답

09 (주)대한은 20×1년에 생수 200병을 판매할 것으로 예상하고, 다음과 같은 예산손익계산서를 작성하였다. 회사의 연간 최대생산능력은 250병이다.

	단위당 금액	총금액
• 매 출 액	₩200	₩40,000
• 변 동 원 가	120	24,000
• 공 헌 이 익	80	16,000
• 고 정 원 가	50	10,000
• 영 업 이 익	30	6,000

(주)대한은 백화점으로부터 생수 100병을 병당 ₩180에 구입하겠다는 특별주문을 받았다. 이 주문을 수락하면 병당 ₩10의 포장비용이 추가로 발생하며, 생산능력의 제약으로 기존 시장의 예산판매량 중 50병을 감소시켜야 한다. 이 특별주문을 수락하는 경우 이익에 미치는 영향은? 제18회 기출

① ₩1,000 증가
② ₩1,000 감소
③ ₩2,000 증가
④ ₩2,000 감소
⑤ ₩5,000 감소

해설
- 증분수익: 100병 × 180 = ₩18,000
- 증분원가: ₩17,000
  - 변동원가: 100병 × 120 = ₩12,000
  - 추가비용: 100병 × 10 = ₩1,000
  - 매출감소: 50병 × 80 = ₩4,000
- 증분이익: 18,000 − 17,000 = ₩1,000 증가

10 A아파트는 건물의 수선·유지에 필요한 소모품을 자체생산하고 있다. 현재 필요한 수량은 월 20단위이고, 단위당 생산변동원가는 ₩100이며 고정원가는 월 ₩1,200이다. 이 소모품을 외부에서 구입하는 경우 A아파트의 생산설비를 월 ₩400에 임대할 수 있으며 A아파트의 월 고정원가는 80% 수준으로 감소한다. A아파트가 이 소모품을 외부에서 구입할 때 지급할 수 있는 단위당 최대금액은? 제14회 기출

① ₩92
② ₩132
③ ₩148
④ ₩168
⑤ ₩192

해설
- 자가제작 시: (20단위 × 100) + 1,200 = ₩3,200
- 외부구입 시 회피가능한 원가: (20단위 × 100) + 240 + 400 = ₩2,640
- 외부구입 시 지급할 수 있는 단위당 최대금액: 2,640 ÷ 20단위 = @₩132

11 **(주)한강은 부품 A를 자가제조하고 있다. 연간 5,000단위의 부품 A를 자가제조 시 단위당 제조원가는 다음과 같다.**

• 직 접 재 료 원 가	₩120
• 직 접 노 무 원 가	150
• 변동제조간접원가	80
• 고정제조간접원가	250
계	₩600

(주)금강은 (주)한강에게 부품 A를 단위당 ₩550에 연간 5,000단위를 납품하겠다고 제의하였다. (주)한강이 이를 수락할 경우 유휴시설을 임대하여 연간 ₩600,000의 임대수익을 얻을 수 있으며, 부품 A에 배부된 고정제조간접원가는 단위당 ₩100만큼 회피가능하다. 다음 중 옳은 것은? 제11회 기출

① 외부구입 시 연간 ₩100,000만큼 이익 증가
② 외부구입 시 연간 ₩125,000만큼 이익 증가
③ 자가제조 시 연간 ₩75,000만큼 이익 증가
④ 자가제조 시 연간 ₩100,000만큼 이익 증가
⑤ 자가제조 시 연간 ₩125,000만큼 이익 증가

해설
- 외부구입원가: 5,000개 × @₩550 = ₩2,750,000
- 자가제조 시 관련원가(회피가능원가) + 기회비용(임대수익)
  - 변동비 절감액: 5,000개 × (120 + 150 + 80) = ₩1,750,000
  - 고정비 절감액: 5,000개 × 100 = ₩500,000
  - 기회비용(임대수익): ₩600,000
  - 자가제조 시 관련원가 합계: ₩2,850,000
- 외부구입원가 ₩2,750,000 < 자가제조 시(회피가능원가) ₩2,850,000

  ∴ 외부구입 유리 ₩100,000

09 ① 10 ② 11 ① 정답

12 (주)한국은 제품 A를 포함하여 여러 종류의 제품을 생산한다. 20×1년도 제품 A에 관한 예산 자료는 다음과 같다.

• 매 출 액	₩840,000
• 공헌이익	280,000
• 고정원가	320,000
• 영업이익	(−) 40,000

만일 제품 A의 생산을 중단하면 제품 A의 고정원가 ₩320,000 중 ₩190,000을 절감할 수 있다. 제품 A의 생산 중단이 (주)한국의 20×1년도 예산영업이익에 미치는 영향은?

제21회 기출

① ₩90,000 증가
② ₩90,000 감소
③ ₩130,000 증가
④ ₩190,000 감소
⑤ ₩190,000 증가

해설
• 만일 제품 A의 생산을 중단하면 제품 A에서 발생하는 매출액과 변동원가는 발생하지 않는다. 그러므로 제품 A의 공헌이익 ₩280,000만큼 손실이 발생한다. 그러나 고정원가 ₩320,000 중 ₩190,000을 절감할 수 있어 비용을 절감할 수 있다.
• 순이익에 미치는 영향: 공헌이익(280,000) − 회피가능원가(190,000) = ₩90,000 감소

13 (주)한국은 제품 A와 제품 B를 생산·판매하고 있으며, 제품 A의 20×1년도 공헌이익계산서는 다음과 같다.

구분	금액
매 출 액	₩1,200,000
변 동 비	810,000
공헌이익	₩390,000
고 정 비	480,000
영업이익	₩(90,000)

(주)한국의 경영자는 지난 몇 년 동안 계속해서 영업손실이 발생하고 있는 제품 A의 생산중단을 고려하고 있다. 제품 A의 생산을 중단하더라도 고정비 중 ₩210,000은 계속해서 발생된다. (주)한국이 제품 A의 생산을 중단할 경우, 영업이익에 미치는 영향은? 제22회 기출

① ₩100,000 증가
② ₩100,000 감소
③ ₩120,000 증가
④ ₩120,000 감소
⑤ ₩180,000 감소

해설 • 제품 A의 생산을 중단하면 제품 A에서 발생하는 공헌이익 ₩390,000만큼 손실이 생기고 고정비 ₩480,000 중 ₩210,000은 계속 발생하지만 나머지 ₩270,000은 회피가 가능하다.
• 예상 손실: 270,000 − 390,000 = ₩120,000

14 (주)한국은 상품매매업을 영위하고 있다. 20×1년 3분기의 상품매입예산은 다음과 같다.

구분	7월	8월	9월
상품매입액(예산)	₩70,000	₩90,000	₩80,000

매월 상품매입은 현금매입 40%와 외상매입 60%로 이루어진다. 매입시점의 현금매입에 대해서는 2%의 할인을 받고 있다. 외상매입의 30%는 매입한 달에 지급하고, 나머지는 그 다음 달에 지급한다. 20×1년 9월의 현금지출예상액은? 제27회 기출

① ₩78,560
② ₩79,560
③ ₩83,560
④ ₩85,560
⑤ ₩88,560

해설 • 7월 상품매입액은 8월에 지출이 완료되므로 9월 지출에 영향이 없다.
• 8월 매입액 90,000원 중 외상매입은 60%(54,000)에 해당한다. 이중 9월에 지출해야하는 금액은 70%(37,800)이다.
• 9월 매입액 80,000원 중 현금매입 40%(32,000) 중 현금지급 31,360(40% − 2%)원이고 외상매입 60%(48,000) 중 9월에 지출해야 하는 금액은 30%(14,400)이다.

구분	상품매입액(예산)	8월 지급액	9월 지급액
8월	₩90,000	현금(40%) 36,000 외상(60%) 54,000	54,000 × 0.7 = ₩37,800
9월	₩80,000	현금(40%) 32,000 외상(60%) 48,000	32,000 × 0.98 = 31,360 48,000 × 0.30 = 14,400
9월 지출액			₩83,560

12 ② 13 ④ 14 ③ 정답

15 (주)한국의 20×1년 종합예산의 일부 자료이다.

	2월	3월	4월
매출액	₩100,000	₩200,000	₩300,000

월별 매출은 현금매출 60%와 외상매출 40%로 구성되며, 외상매출은 판매된 다음달에 40%, 그 다음달에 나머지가 모두 회수된다. 20×1년 4월 말 매출채권 잔액은? 제23회 기출

① ₩48,000
② ₩56,000
③ ₩72,000
④ ₩144,000
⑤ ₩168,000

해설

구분	2월말 잔액	3월말 잔액	4월말 잔액
2월 매출 ₩100,000	4월까지 모두 회수됨		
3월 매출 ₩200,000	–	200,000 × 0.4	80,000 × 0.6 = ₩48,000
4월 매출 ₩300,000	–	–	300,000 × 0.4 = ₩120,000

16 (주)한국의 최근 3개월간 매출액은 다음과 같다.

	4월	5월	6월
매출액	₩100,000	₩120,000	₩156,000

월별 매출액은 현금매출 60%와 외상매출 40%로 구성된다. 외상매출은 판매된 달에 40%, 판매된 다음달에 58%가 현금으로 회수되고, 2%는 회수불능으로 처리된다. 6월의 현금유입액은? 제21회 기출

① ₩118,560
② ₩121,440
③ ₩137,760
④ ₩146,400
⑤ ₩147,360

해설
- 매월 매출액은 현금매출 60%, 외상매출 40%로 구성되고, 외상매출액 중 40%는 판매한 달에 회수되고 나머지는 다음달에 58%(2% 회수불능)가 현금으로 회수된다.
- 그러므로 4월 매출액은 5월까지 모두 회수되므로 6월 현금회수와는 무관하다.
- 5월 매출액 중 6월에 회수되는 금액: 120,000 × 0.4 × 0.58 = ₩27,840
- 6월 매출액 중 6월에 회수되는 금액: (156,000 × 0.6) + (156,000 × 0.4 × 0.4) = ₩118,560
- 6월 현금회수액: 5월분(27,840) + 6월분(118,560) = ₩146,400

17 (주)한국은 상품매매기업이다. 20×1년 상품 월별 예상판매량은 다음과 같다.

	1월	2월	3월
상품 예상판매량	400단위	600단위	800단위

20×1년 1월 초 상품 재고는 없으며, 매월 말 상품의 적정재고수량은 다음 달 예상판매량의 25%이다. 2월 상품 구입수량은? 제25회 기출

① 550단위 ② 575단위
③ 600단위 ④ 625단위
⑤ 650단위

해설
- 2월 기초재고: 600단위 × 0.25 = 150단위(1월 기말재고)
- 2월 기말재고: 800단위 × 0.25 = 200단위

2월 재고자산

기초재고	150단위	판매수량	600단위
구입수량	650단위	기말재고	200단위
	800단위		800단위

18 (주)한국은 제품 단위당 2kg의 재료를 사용하며, 재료의 kg당 가격은 ₩50이다. (주)한국은 다음 분기 재료 목표사용량의 30%를 분기말 재료 재고로 유지한다. 2분기 목표생산량은 1,000단위이고, 3분기 목표생산량은 1,200단위이다. 2분기의 재료구입예산은? (단, 재공품 재고는 없다) 제26회 기출

① ₩94,000 ② ₩100,000
③ ₩106,000 ④ ₩112,000
⑤ ₩120,000

해설
- 1분기 기말재고: 1,000개 × 30% = 300개
- 2분기 기말재고: 1,200개 × 30% = 360개
- 2분기 재료구입수량: 기초(300개) + 재료구입(1,060개) − 기말(360개) = 생산수량 1,000개
- 2분기 재료구입예산: 구입량(1,060개) × (2kg × 50) = ₩106,000

15 ⑤ 16 ④ 17 ⑤ 18 ③ 정답

INDEX

기본용어 다시보기

※ 기본서 학습이 모두 끝나셨나요? 아래 용어 의미를 정확히 알고 있는지 확인해보고, 헷갈리는 용어는 다시 학습합니다.

끝이 좋아야 시작이 빛난다.

– 마리아노 리베라(Mariano Rivera)

memo

memo

memo

2025 에듀윌 주택관리사 1차 기본서 회계원리

발 행 일 2024년 8월 26일 초판
편 저 자 윤재옥
펴 낸 이 양형남
펴 낸 곳 (주)에듀윌
등록번호 제25100-2002-000052호
주 소 08378 서울특별시 구로구 디지털로34길 55
코오롱싸이언스밸리 2차 3층

www.eduwill.net
대표전화 1600-6700

여러분의 작은 소리
에듀윌은 크게 듣겠습니다.

본 교재에 대한 여러분의 목소리를 들려주세요.
공부하시면서 어려웠던 점, 궁금한 점,
칭찬하고 싶은 점, 개선할 점, 어떤 것이라도 좋습니다.

에듀윌은 여러분께서 나누어 주신 의견을
통해 끊임없이 발전하고 있습니다.

에듀윌 도서몰 book.eduwill.net

- 부가학습자료 및 정오표: 에듀윌 도서몰 → 도서자료실
- 교재 문의: 에듀윌 도서몰 → 문의하기 → 교재(내용, 출간) / 주문 및 배송